河北大学历史学强势学科建设基金资助项目

河北书院史研究

HEBEI SHUYUANSHI YANJIU

吴洪成　刘园园　王 蓉　刘 达　著

河 北 大 学 出 版 社

图书在版编目（C I P）数据

河北书院史研究 / 吴洪成等著. -- 保定 : 河北大学出版社, 2014.12
ISBN 978-7-5666-0872-7

Ⅰ. ①河… Ⅱ. ①吴… Ⅲ. ①书院－教育史－研究－河北省 Ⅳ. ①G649.299.22

中国版本图书馆CIP数据核字(2015)第018768号

责任编辑：王殊宁
装帧设计：赵　谦
责任印制：靳云飞

出版：河北大学出版社（保定市五四东路180号）
经销：全国新华书店
印制：河北天普润印刷厂
开本：1/16（787mm×1092mm）
字数：531千字
印张：23.5
版次：2014年12月第1版
印次：2014年12月第1次印刷
书号：ISBN 978-7-5666-0872-7
定价：45.00元

序

书院是我国古代一种独特的教育组织形式，同时也是我国古代文化教育的一块独具风格的瑰宝，自唐代的初露端倪至清末的改制衰落，在历史的长河中延绵达千年之久。在漫长的沧桑岁月中，书院的发展不是一帆风顺的，而是伴随着社会和时代的变化而历经起伏与波折，或因政府提倡而迅速发展，或受时局所限而遭遇遏制，并由最初的藏书、著书的场所发展为颇具规模和影响力的教育机构，至明清更是取代官学成为社会中最主要的教育机构和人才培养场所。作为一种复杂的结合体，书院至清代已产生了不少弊端，尤其是由于书院教育与科举之间的关系过于紧密，导致书院在教学内容和体制等方面都走向僵化，成为科举考试的附属物，最终在发展的顶峰被强行改制，个中缘由发人深思。从这个角度来看，清代的书院颇具研究价值。

河北因其拱卫京师的特殊地位，被称作京畿重地、畿辅首善之区，为各行省之冠。① 河北省独特的地理优势，无疑促使其成为封建统治力量最为强大的地方，其行动步调历来与最高统治者保持高度一致。抛开其独特的地理优势外，河北省无论是在政治经济领域，还是在思想文化方面，都在中国省份中占据着重要地位，因此很有必要对河北地区的书院发展状况加以梳理、探讨和研究。

长期以来，历史学、教育学界并未将河北书院纳入重点研究的范围，少有全面、系统、详细的专题研究。基于此，本课题拟达到以下两个目的：首先，通过对各历史时期河北书院及其近代改制的探讨，重新审视河北书院从辉煌走向衰落的历程，梳理河北教育发展的脉络，并期望能够抛砖引玉，引起更多教育理论工作者对该领域的重视。其次，通过研究，寻找传统书院对当今河北省高等教育改革可资借鉴的经验及启示。

近些年，书院研究在中国教育史学界处于稳中有升的态势，相关专家学者发表了许多论著，系统梳理了中国书院的千年历史，并力图全面论述书院制度及其运作情况，可谓成果颇丰。例如张柳泉先生的《中国书院史话——宋元明清书院的演变及其内容》（教育科学出版社 1981 年版）、李国钧先生主编的《中国书院史》（湖南教育出版社 1994 年版）、白新良编著的《中国古代书院发展史》（天津大学出版社 1995 年版）、季啸风先生主编的《中国书院辞典》（浙江教育出版社 1996 年版）、胡青编著的《书院的社会功能及其文化特色》（湖北教育出版社 1996 年版）、陈谷嘉、邓洪波主

---

① 由于直隶所辖区域尚包括今天北京、天津直辖市的大部分区县，与今天河北省并不对等。为免分歧，本书以当前河北省行政区划为基础，讨论历代书院发展、清末书院改制潮流中河北书院的相关内容。

编的《中国书院制度研究》(浙江教育出版社 1997 年版)和《中国书院史资料》(浙江教育出版社 1998 年版)、王炳照编著的《中国古代书院》(商务印书馆 1998 年版)、刘少雪编著的《书院改制与中国高等教育近代化》(上海交通大学出版社 2004 年版)以及邓洪波先生编著的《中国书院史》(中国出版集团东方出版中心 2006 年版)等。上述各部著作偏重于书院的整体性,书院的区域性研究稍显不足。据我们掌握的资料,王兰荫的《河北省书院志初稿》是最早的河北古代书院系统文献整理。吴洪成、刘园园等著《河北书院史》“考察了唐代至清末河北地区书院的发展演变及其在各个时期的重要特征,呈现出浓重的地域色彩”①,是目前对河北书院最为完整的呈现。在中国知网对“书院”所作的检索中,题名中含“河北”(即文章研究河北省书院)的有 13 篇。尚未被中国知网收录的《清代河北书院研究》②,是第一篇对河北书院系统论述的硕士论文。该文对清朝河北书院的发展背景、发展特点、书院管理及教学活动等方面作了清晰的论述。如再加上对河北古代著名书院如邯郸漳南书院③,保定莲池书院④的大量论述,以及近年来有关考察冀中南各市书院⑤和书院与科举、书院与文化及书院近代改制⑥的论文,则相关文章已超过 70 篇。另外,美国波特兰州立大学中国历史学教授、历史系主任、书院研究者万安玲(Linda Walton)教授在《元代华北的书院:蒙汉文化关系》⑦一文中,以包括河北书院在内的几所华北地区书院为例,认为元代北方和南方的文化是统一的,汉族文化的传承是连续的,而非断裂的。由此可见,有关河北省古代书院的研究已形成一定规模。

虽已有个别篇什试图从时空、主题及着眼点等方面对书院这一文化载体在社会、历史等领域潜藏的多元价值进行探索,但已有河北书院成果不免遗有早期中国书院史研究的陈旧传统,大多成果为书院个体视域下的单方面作战,更多聚焦于著名书院及书院人物的办学实践。

清代在传统书院史上占居最重要地位。清代河北书院作为全国书院的一部分,并未受到足够的重视,相关探讨一般散见于各部著作或文章当中,且大多是只言片语的描述,不够系统和详尽。2008 年刘玉才先生的《清代书院与学术变迁研究》(北京大学出版社)问世,该书遵循历史发展

---

① 邓洪波、赵路卫.2011 年中国书院研究综述.北京联合大学学报(人文社会科学版).2012(04):21.

② 刘园园.清代河北书院研究.保定:河北大学,2012.

③ 论述漳南书院的文章诸如,王胜军、邓洪波的《实学思潮影响下的漳南书院》,《河北师范大学学报》(教育科学版)2004 年第 6 期;王瑜《颜元实学教育思想的实践探索——以漳南书院为例》,《理论月刊》2006 年第 6 期;吴洪成、于洋《明清之际实学教育家颜元与河北漳南书院》,《江西教育学院学报》,2009 年第 4 期,等等.

④ 论述莲池书院的文章诸如,吴洪成、李占萍、张文超《试论近代教育家吴汝纶的事业与思想——以主持保定莲池书院为中心的考察》,《华东师范大学学报》(教育科学版)2010 年第 2 期;.尤文远、陈美健《论莲池书院的办学特色》,《文物春秋》,1996 年第 3 期;汪效驷.《吴汝纶与莲池书院》,《安庆师范学院学报》(社会科学版),2004 年第 3 期;吴洪成、苏国安《论保定莲池书院的课程与教学》,《河北师范大学学报》(教育科学版),2009 年第 12 期,等等.

⑤ 吴洪成、张会哲.唐宋元历史时期石家庄书院初探.衡水学院学报,2012,02:89—98.相同主题的文章诸如,吴洪成、张振、张彩云《唐宋元历史时期保定书院初探》,《教育实践与研究》(A),2010 年第 11 期;吴洪成、刘长宽《古代衡水书院教育》,《衡水学院学报》,2013 年第 5 期,等等.

⑥ 此类文章如,赵奎生《清朝河北书院对联》,《对联·民间对联故事》,1997 年第 6 期;刘虹、张森《明清河北书院与科举关系刍议》,《河北师范大学学报》(教育科学版),2008 年第 1 期;吴洪成、刘园园《河北书院的近代改制研究》,《江西教育学院学报》,2012 年第 2 期,等等.

⑦ 万安玲.元代华北的书院:蒙汉文化关系.中国社会历史评论,2010,03:50—61.

的轨迹，侧重于清学变迁的视角，其中有一个章节谈到清代桐城文派在莲池书院院长张裕钊和吴汝纶等人的倡导下，借助莲池书院传入河北，并发展成为当时极具影响的全国性的学术流派。2010 年，河北人民出版社出版了吴洪成、李占萍、苏国安编著的《名胜之巨擘，文化之源泉——保定莲池书院研究》，该著作从微观视角入手，详细而系统地叙述了保定莲池书院产生、发展与演变的历程，涉及莲池书院的制度与管理、教学与供祀、书院环境及著名院长等众多内容。可以说，这部以莲池书院为个案对象的著作迈出了专门研究清代河北书院的重要一步。

通过对中国知网(CNKI)的集中搜索，目前国内尚未发现专门研究清代河北书院的博士论文。大部分研究生依旧将目光锁定在整体或某些书院发达地区的区域，2005 年华南师范大学慕容勋的硕士毕业论文《清代广州书院城市化研究》、2006 年湖南大学谢丰的硕士毕业论文《晚清湖南书院改制研究》、2007 年江西师范大学郑飞的硕士毕业论文《明清江西书院学规初探》、2007 年河北大学张淑芳的硕士毕业论文《晚清书院改制研究》以及 2009 年山东师范大学车红霞的硕士毕业论文《书院官学化研究》等就是如此，具体涉及清代河北书院的内容少之又少。2004 年厦门大学博士生李兵的毕业论文《书院与科举关系研究》中提及了清代河北的部分书院，但内容较为零散。此外，还有一种类型的硕博论文，在梳理人物教育思想的过程中，不可避免地谈到该教育家在河北某书院掌教或讲学的一些内容，但是侧重点在人物的教育思想实践而非书院本身。2001 年西南师范大学陈兴德的硕士毕业论文《近代教育家吴汝纶教育思想及实践活动研究》、2005 年安徽大学秦熠的硕士毕业论文《承先与启后——吴汝纶教育思想研究》、2005 年华中师范大学王瑜的硕士毕业论文《颜元教育思想研究》以及 2008 年西南大学张梦的硕士毕业论文《颜元书院教学改革思想研究》等就是这种情况。

在学术期刊论文方面，有关清代河北书院的作品稍显丰富，并可分为三类：

第一类论文并未将清代河北书院列为独立的主题进行研究：徐雁平在《南京晓庄学院学报》2006 年第 1 期发表题为《书院与桐城文派传衍考论》的文章，谈到了桐城文派在北方的活动中心——保定的莲池书院，着重描述了桐城文派经由莲池书院传入河北的过程；刘虹、张森在《河北师范大学学报》(社会科学版)2008 年第 1 期发表文章《明清河北书院与科举关系刍议》，文中阐述了清代河北书院基本的发展状况以及书院与科举的密切关系。

第二类专门针对清代河北书院进行研究，尤其是将莲池书院和漳南书院进行个案分析的成果颇为丰硕：王胜军、邓洪波在《河北师范大学学报》(教育科学版)2004 年第 6 期发表文章《实学思潮影响下的漳南书院》，介绍了颜元在主持漳南书院期间以其独特而可贵的实学精神，对传统的书院教育进行的大胆改革。柳春蕊在《东方论坛》2008 年第 1 期发表文章《莲池书院与以吴汝纶为中心的古文圈子的形成》，对清代河北学风的演变、士风的转移以及吴汝纶古文圈子的形成与莲池书院的关系进行了细致的论述；田海龙、赵宏欣在《安康学院学报》2008 年第 5 期发表文章《莲池书院办学特色探析》，重点论述了莲池书院的办学特点；李墨在《贵图学刊》2008 年第 1 期发表《黄彭年与莲池书院藏书》一文，从藏书的角度考察了莲池书院的教育；靳志朋在《河北经贸大学学报》(综合版)2008 年第 4 期发表的《从经世致用到融合中西——晚清莲池书院研究》侧重于莲池书院的改制过程;吴洪成、于洋在《江西教育学院学报》2009 年第 4 期发表文章《明清之际实学教育家颜元与河北漳南书院》,从办学宗旨、管理规章、课程设计和教学方法四个方面介绍了漳南书院以及颜元的教育思想;吴君楠、李占萍和于洋在 2010 年第 1 期的《河北大学成人教育学院学报》上发表《保定莲池书院与近代西方科学技术的传播》,论述了在清末危机之下,莲池书院引进西学并对书院的课程及教学活动进行调整改革的过程;吴洪成、李占萍于 2010 年第 3 期的《河北大学学报》(哲学社会科学版)发表题为《清代保定莲池书院与科举制度》的文章,重点论述莲池书院与科举制度之间割舍不清的复杂关系。衣长春在 2010 年第 3 期的《商业文化》上发表《清代河北书院述论》。这是一篇较为系统全面的介绍清代河北书院概况的文章,简要呈现了清代河北书院的兴衰过程,并将统计所得的清代河北的 83 所新建书院的具体信息及部分书院的章程进行了有益的梳理。

第三类是关于清代河北书院(主要是莲池书院)与部分院长以及直隶官员的关系研究,力图说明并彰显个人与书院发展之间的相互关系。例如汪效驷在《安庆师范学院学报》(社会科学版)2004 年第 3 期发表的文章《吴汝纶与莲池书院》;彭小舟、周晓丽于 2006 年第 3 期的《贵州社会科学》发表《曾国藩与莲池书院》一文;杨佑茂在《衡水学院学报》2008 年第 3 期发表的文章《李鸿章与莲池书院》;王浩、张倩在《唐山师范学院学报》2010 年第 3 期发表文章《黄彭年与莲池书院》。

通观当前的相关文献,关于清代河北书院的成果不够丰硕,究其原因,最重要的无外乎以下几点:首先,资料零散,搜集不便。有关清代河北书院的资料大都散落在河北省各市县的地方志之中,研究者全面查找困难。其次,记载不详。资料中往往只是记录了书院的名称、地址和创办过程等初步信息,对于书院的章程、碑记、院志等深度资料的记载不够详细和全面。最后,许多学者将重点集中于漳南书院、莲池书院等知名书院,但是这些书院毕竟不能涵盖河北境内所有书院的特点。只有全面而详尽地展现清代河北书院的发展面貌,才能准确而真实地反映河北书院的基本情况。

就书院史专题研究而言,书院的区域性研究相对比较薄弱,并且过于集中在古代书院较为发达的江西、广东、四川和湖南等地,有关河北书院的论述寥寥无几。故本著作具有补充河北书院区域性研究的学术价值,同时也是对河北教育史内容的丰富。另外,书院是中国古代高等教育的楷模和典范,它在教育教学方式、师生关系的处理、学术气氛的营造、教育与科研的结合、文化的传承等方面对现代大学教育具有较大的借鉴意义。

本著作以时间为轴线,按照历史的演变过程对历代的河北书院进行分析研究,拟分七章进行阐述:第一至四章介绍并论述唐、宋、元、明各代河北的书院状况、重点书院剖析、书院教育家的思想及活动、书院教育的特点分析。第五章、第六章分别为清代河北书院的上下两篇,上篇对清代河北书院普遍发展的背景作了梳理,对清代河北书院普遍发展情况作了描述及刻画,并对其特点进行分析总结;下篇从河北书院的组织管理、教学、考核、经费以及藏书等几个维度详细阐述清代河北书院的办学活动,其中就河北书院的个案代表进行了详细论述。第七章主要论述清末河北书院的改制,内容涉及改制的进程、结果以及历史影响。

这就赋予了本著作以创新性。具体而言,有如下几方面:

首先,虽然书院的区域性研究已开展许久,但是选取河北省作为研究对象的相对较少,并且其成果大多为期刊论文,目前还很少有专门针对河北书院及其改制进行系统研究的著作和博士论文。作者选取河北书院作为研究对象,较以往在选题上有所突破。其次,作者搜集了较为丰富和完备的文献方志资料,其中有相当一部分内容是以往河北教育史,包括书院史中所未曾涉及的,可以说在资料的挖掘、运用方面有所创新。

本选题的重点是著作文本的主体部分,即清代河北书院的教育思想及活动。选取清代河北书院为主干、重心或聚焦区,除了此期书院数量扩张、社会影响广泛之外,目的就是为了尽量还原河北书院的原貌,因为清代书院教育与近现代教育联系紧密,与当代教育距离最近,甚至今天的一些现成的教育机构都与其存在渊源关系,如此也就更有现实性与实践价值。清代河北书院怎样实现了高速发展,其管理和教学的优势何在,对这些问题的研究有利于我们借鉴清代河北书院成功的经验和失败的教训,推动我省教育事业的进一步发展和人才培养长效机制的建立。

著作的难点在第一手资料的收集和梳理以及文章的创新两个方面。课题的研究必然要建立在掌握大量真实可靠的第一手文献资料的基础之上,加之研究对象为河北省境内各个县市的各个书院,故各种方志资料和书院资料的收集和梳理是一项极为困难的工作。另外,本课题涉及从隋末五代、唐、宋、元、明、清各代政治、经济、文化、思想等多个领域的内容,并且需要与全国的教育文化变动历程、书院教育在社会特殊场景下的调整与转型紧密联系,这样又会增加系统梳理和分析材料的难度。

本着历史为现实服务、以古鉴今的治史原则以及科学主义和现实主义的态度,本书综合运用以下几种研究方法:第一,文献研究法。这是作者采用的最基本的研究方法,运用这种方法对河北省各市县地方志中的有关书院的内容做详细而全面的搜集整理,并尽可能多地参阅教育学、社会学、文化学、哲学等各个学术领域内与河北书院相关的著作或专题,力求真实而深刻地展现河北书院的全貌和发展轨迹,夯实研究的根基。第二,统计分析法。运用该方法对河北各县市个书院的数量、分布区域、创办时间、创建者身份等因素的数量关系进行分析,通过绘制量化表格,直观便捷地展现出各因素之间相互关系,从而有助于揭示并解释书院发展的某些规律及趋势。第三,实地调查法。通过对莲池书院、滹南书院、毛公书院、封龙书院等古代书院的遗址或改建后的学校进行实地参观和考察,感悟流传千年的书院精神,追寻师生学习和生活的足迹。

诚然,由于时间过于仓促,水平又有限,本书的撰述从史料的搜求到整理分析,费却了大量的心血与精力,但仍然存在许多不足,与原来设想的目标间肯定会存在不小的距离,请专家学者不吝赐教,广大读者给予宝贵意见和批评指正。

三年前我曾组织学生完成了《河北书院史》书稿,交由河北大学出版社出版,此次又重新在原稿的基础上修订、编纂《河北书院史研究》,仍旧由河北大学出版社出版,其中的编写缘由及努力方向主要有如下几点:第一,在书稿出版以后发现有不少书院的资料,包括书院的数量、地理方位、办学内容、经费与管理、章程与思想学术等内容需要进行必要的补充;第二,对书院办学的思想及实践还可进行进一步的挖掘与分析,以便于当代教育改革的吸收和发挥;第三,国家提出京津冀一体化的战略蓝图，河北省在此间的地域范围、人口数量以及所涉及的升级等问题都更为突出，教育文化的历史资源与区域社会的发展、产业的优化转型都有密切的联系，书院教育史是其间的重要内容，新的时代场景赋予了其活力或现实的开发意义；最后，《河北书院史》出版以后有不少教师学者、社会才俊及传统书院的爱好者纷纷来函来电索求此书，但出版印量极少，早已缺货，经作者召集新一届的研究生合作，重新写作，重新研究，在原书的基础上充实加强相关的素材内容，并力图与当代的社会现实加以沟通，重新出版印行。上述种种，就成为此书问世的背景，望读者在关注的同时予以理解。如果我们的工作能对京津冀协同发展背景下的社会需求、产业调整开发、教育改革实践提供有用的资源或借鉴，那将是最大的欣慰。

吴洪成　刘园园

2014 年 11 月 20 日　河北保定

河北大学教育学院

目　录

前 言

东临渤海，西靠太行，南望黄河，北依燕山，实为京津之腹地——河北省。

河北省因位于黄河下游以北而得名，简称冀，蕴含和寄托着美好的希望，省会为石家庄市。全省地跨北纬36°01′至42°37′，东经113°04′至119°53′。陆地面积约18.88万平方千米，辽阔广袤，居全国第十四位，全省共有11个地级市，39个市辖区，18个县级市，106个县，6个自治县，将近2000个乡镇，5万多个村民委员会。户籍人口超过7000万，为我国的人口大省，高居全国第六位。

河北省地势西北高、东南低，由西北向东南呈倾斜之状，是我国唯一一个兼有平原、丘陵、高原、山地、湖泊、海滨等地形的省份，地貌特征可以说是复杂多样，类型齐全，是华北大地上最富有魅力的省份之一。全省现有已查明的古遗址、古建筑群落约310处，拥有国家级重点文物保护单位约90家，历史文物收藏总量位居全国前列。河北省属于温带大陆性气候，四季分明，气候条件随季节变化，造就了河北千姿百态、秀美独特的自然风光：风吹草低见牛羊的坝上，巍峨壮美的太行，水光涟漪的衡水湖，芦苇青翠的沧州湿地，波涛汹涌的海湾，等等，自然人文景观数量也居全国前列，极有代表性的当属承德避暑山庄、北戴河海滨度假区、被誉为华北明珠的保定白洋淀景区等。

河北省是中华民族的发源地之一，中华民族三大始祖黄帝、炎帝和蚩尤"战于涿鹿之野，邑于涿鹿之阿"，开创了中华文明新篇章。河北省被称为燕赵之地，自远古以来就是北方民族与中原民族交错杂居之地带，各族人民之间往来密切，文化在这里相融。历史灿烂而悠久，文化博大而精深，河北人不仅敦实稳重，不事张扬，而且慷慨悲歌，粗犷豁达，与之相伴的河北文化深厚而又激昂，赵州桥被誉为中国桥梁建筑史上的一个奇迹，万里长城始于天下第一关山海关，木兰围场、坝上草原兼具华夏气派，河北省民风简朴，饮食追求实惠，不尚奢华，河北著名小吃保定驴肉火烧、承德驴打滚等远近闻名，唐山皮影、永年太极、沧州武术、吴桥杂技，河北梆子等特色文化全国享誉。

河北为我国华北平原的中心区域，扼中原大地与塞外蒙古高原及东北平原之要津，居山地（太行山、燕山）、草地（张家口坝上、承德木兰围场）、平原以及沿海（沧州、唐山、秦皇岛）各种地形、地貌的形态特征。书院成为河北社会文化史及教育史的重要构成部分，也能集中体现我国中原与塞外、关内与关外、平原与山区、沿海与内陆统辖、兼容及过渡地带书院教育的样本或典型，由此可以管窥、展示中国书院的兴衰、转型色彩斑斓的历史及其变幻特色。

第一章　唐代的河北书院

唐朝(618—907)是中国封建社会鼎盛时期。著名历史学家、原复旦大学校长周予同先生认为,“唐代的学校制度较诸中古的任何一代,为复杂而完备”。① 他的话真实地反映了唐代学制的主要特点,就其学制的完整性来说,不仅当时在亚洲处于遥遥领先的地位,即使是与处于同时代的欧洲学校教育相比,也远远超过了后者。这一封建教育从发展走向成熟的气势磅礴时代,不仅表现在封建官学制度的日益完善和科举制度的确立,而且体现在各级各类专门学校的创立和经学内容的相对统一上。

唐代中央官学的主干是国子监领导下的“六学一馆”。六学是:国子学、太学、四门学、书学、算学、律学。前三学主要学习儒经,学历层次也大致相同,只是学生的出身不同。后三学主要是专科教育。唐代对六学中教师和学生的人数、招收学生的标准以及教学内容,都做了具体规定。一馆指广文馆,主要招收在京准备参加进士科考试者,属于科举应试教育性质。唐代中央官学的旁支是中央各专职行政机构所属的学校。其中,最重要的是二馆:弘文馆和崇文馆。前者由门下省主办;后者由东宫主办,规定只有皇亲国戚子弟方能入学。此外,还有太医署的医学,太卜署的卜筮,太乐署的音乐、舞蹈、艺术,司天台的天文、历数、漏刻,太仆寺的兽医以及尚书省的崇玄等学校。这些学校专业门类齐整,有利于培养国家各方面需要的各类专门技术人才。唐代继承了北魏以来地方学校发展的成果并进一步加以完善,规定地方府有府学,州有州学,县有县学。依府、州、县大小分为大、中、小三等,确定学校教师和学生的人数,定其规模。这些学校的生源以庶民子弟为多,以学习儒家经典为主,学生毕业后可升入中央官学——四门学——继续学习,也可直接参加科举考试,还可由州县委派去做地方小官吏。此外,在府、州两级还设有医学,招收学生数略少于经学学生的数量。唐代尊崇道教,不仅在中央设置了崇玄学,而且在各州也建立了崇玄学,设博士 1 人,讲授《道德经》《庄子》《文子》《列子》等道教经典,学生毕业后可参加道举考试。州县学校统归地方长史管辖,毕业时也由长史主持考试。可见唐代地方官学已较为普遍,组织管理也趋于严密。

为推行礼教,唐初已命令按行政区设学,府州县学均由官办,乡里学校则归私办。地方学校的实际发展是在贞观年代(627—649),公元 629 年,唐政府还命令州设医学,在中国历史上也属首

① 周予同.(民国丛书)中国学校制度.上海:商务印书馆,1933.56.

创。到开元(713—741)年代,府州县学已具有一定制度和规模。开元二十八年(749年),唐帝国有328个府州,1573个县。府学可收经学生50—80名,医学生12—20名。州学可收经学生40—60名,医学生10—15名,县学可收经学生20—40名。这样规模的学校网,在当时世界上是独一无二的。学生入学,由府州县长官选补,可免除课役,并享受按例的物质供应。经学除读经之外,还学习书法和实务策,并兼习礼仪,考试重在岁考,合格的,县学可升于州学,州县学也可升于四门学。医学限于地方条件,着重学《本草》《百一集验方》等,学生结业后就地使用。

隋唐政府着重办官学,对乡里学校有时也加以提倡,但大多是听任私人办理,任其发展,不施加过多的强制,私学遍布城乡,制度不一,程度悬殊,既有名士大儒的传道授业,也有村野俗儒的启蒙识字。①

为了解决由于师说多门、章句繁杂、释义多歧的问题,唐太宗命令国子监祭酒孔颖达、颜师古等人负责编撰《五经正义》,令天下传习以统治思想。《五经正义》的撰定与颁布标志着儒家经典的统一,儒家思想又居正统地位,同时对教育和选士也有着重大影响,魏晋南北朝时期多元、复杂的学术流派、文化观念开始走向相对整齐或体系化,自此教育思想、教育内容又趋向统一,科举取士以儒经为准。为了进一步统一儒学,维护儒家经典的权威性,唐文宗开成二年(837年)命人刻制了《开成石经》,共九经,加上《孝经》《论语》《尔雅》共159卷,65万字。另附张参的《五经正字》和唐元度的《九经字样》。

公元874—875年,河南、山东爆发了王仙芝、黄巢农民起义,转战南北,历时10年,对唐朝是一次毁灭性的打击。唐朝灭亡后,在中原一带相继出现了梁(907—923)、唐(923—936)、晋(936—947)、汉(947—950)、周(951—960)五个朝代,史称“五代”。同时,在南方和河东地区,先后存在过十个割据政权,分别是吴、南唐、吴越、楚、闽、南汉、前蜀、后蜀、荆南、北汉,史称“十国”。这一历史时期,又是一次历史变动急骤、朝代嬗递频繁、离乱动荡的岁月。

宋代文学家、思想家欧阳修在《新五代史・一行传》“序”中称:“五代之乱极矣。……干戈兴,学校废,而礼义衰,风俗坠坏。”说明处于乱世期间各朝极少办学,成效甚微。十国之中,南方诸国得以稳定内部、发展经济,比起北方来,显得较为安宁。其中佛教禅林制度的精密、士林读书名山大川的风气,尤其是以雕版印刷术刻印儒学经典,唐代称“九经”,颁行全国,印刷术水平提高并开始世俗民间化走向。这些都促成一种新型教育组织——书院的出现或诞生。

其中,尤以士人读书山林风尚、印刷术的使用这两个事件与书院之间的关系最为密切。

唐代读书人除隐居乡野偏壤外,更钟情于名山。如终南山、太白山、华山、中条山、嵩山、王屋山、泰山、会稽山、庐山、衡山、罗浮山、青城山、峨眉山等,均为优先选择的住所。分析可知,上列名山一则因风景绮丽,能怡情陶性;二则离都市不是太远,交通尚属便利,信息也远非闭塞;三则有现成寺观可以租借,无须耗资费力地营建房舍;四则均有文化或宗教传统,名气和精神遗产方面也有着一定的优势。因此之故,隐居讲学便成为唐代私学的一个显著特点。《全唐诗》中收有刘得人

① 中国大百科全书编委会.中国大百科全书・教育.北京:中国大百科全书出版社,1985.358.

《送车涛罢举归山》一诗，其中咏道："要路知无援，深山必遇师。"所言虽略显夸张，但实有可能。颜真卿隐居于福山、庞氏隐居于嵩山、李渤隐居于衡山、李宽隐居于石鼓山，均有讲学授徒的记载。

汉立石经，魏、晋均有续刻，至今有文字可考的，有"正始石经""开成石经"等七种。这比较竹简，已便利了许多。但究竟图书藏在公府，限于官学，一般人的读书，仍赖于手抄。即使在官府，手写仍占重要地位。唐后期开始有印版书，它比手工抄写效率大大提高，印刷成本大幅度降低，书籍流通便利，价格低廉，为书院图书建设、教学研究、学术交流及人才培养提供了极大的便利。

在五代十国紊乱的政局中正式提倡印书事业的，首推蜀的宰相毋昭斋。他于后蜀广政十六年(953年)上书请求用镂版刻印"九经"，颁发给郡县学校。蜀主批准了他的建议。这是我国古代刻印书籍之始。除刻印"九经"外，昭斋还命令他的门人句中正、孙逢吉书《文选》《初学记》《白氏六贴》等刻成书，通行在市面上。他们二人在校定石经，刻印书籍工作中立功最多。后来昭斋之子毋守素将之带到宋朝，因而得以在宋代流行起来，对后世有深远影响。

五代时期刻印儒学"九经"的功业，主要归功于后唐至后周重臣冯道的作为。由于冯道是河北籍人士，故此处介绍如下：冯道(882—954)，字可道，自号长乐老，谥文懿，瀛洲景程(今河北沧州)人。幼好学，且能文。唐末(904—907)为藩镇刘守光参军，后以河东监军张承业荐，隶李存勖为掌书记，后唐立国后(923)，历任户部侍郎、翰林学士、端明殿学士、兵部侍郎，吏部和户部尚书、集贤殿和弘文馆大学士、中书侍郎同中书门下平章事等职。后晋高祖天福元年(936)后晋灭后唐，被晋高祖石敬瑭拜为司空，同中书门下平章事，加司徒兼侍中，封鲁国公，又加太尉，封燕国公，后罢为匡国公、节度使。出帝开运三年、辽会同八年(946)契丹灭后晋，辽朝耶律德光于京师又命为太傅。次年耶律德光北归，从至常山。后汉高祖刘知远立(947)，被召为太师。隐帝乾祐三年(950)后周灭后汉，被周太祖郭威拜为太师兼中书令。历仕4朝，凡10君。三入中书，居相位20余年，于政无补，在教育文化上却多有功绩。他主张以儒家典籍为教育内容，并批评当时科举考试只尚"文场秀句"之弊病。又倡请于国子监内校定"九经"文字，并组织雕工镂版刻印，成"五代监本"。此举是中国官方大规模刻书之始，也是利用雕版印刷术成批刊印教材之始，对五代教育事业的发展有所推动。后周太祖显德元年(954)4月卒，终年73岁。著有《长乐老自叙》等。

诚然，被海外学者喻之为"欧洲中世纪大学"或"大学研究机构"的书院制度破土萌发，因素复杂，但士人山林读书讲学以及与书院禅林的交互作用当为突出之缘。鉴此，隐逸学者讲学的专门私学作为私学教育史的地位必远逊于书院教育史的意义。与宋代教育相比，唐代的教育在广泛性与实际效果方面有所不足，但教育的理念及组织方法或教育内部的因素活动能量更富有创造性。这对于正在兴起中的书院是一种有益的背景支撑与资源力量。

第一节　河北书院的萌生

我国书院始于唐代，据《新唐书》卷47《百官志》记载："上置丽正书院，聚文学之士。或修书，或侍奉文章。"可见当时官立的书院主要是为修书、侍讲而设。清乾隆朝江南名士袁枚关于书院起源的言论可为之佐证。“书院之名，起唐玄宗时丽正书院、集贤书院，皆建于朝省，为修书之地，非士子肄业之所也”①。唐贞元年间(785—805)，李渤隐居读书于庐山五老峰下白鹿洞。南唐时，在白鹿洞遗址置学田建学馆，并授生徒，《江西通志》(光绪七年刊本)卷82记有“命国子监李善道为洞主”，号庐山国学。至宋时改称为白鹿洞书院，作为藏书与讲学之所。宋代，白鹿、石鼓(一说为崇阳)、淮阳、岳麓、应天府、茅山称为六大书院。书院兴盛于宋代以后，创办者或私人或官府，办学方式是聘有名学者讲学其间，采用个别钻研、相互问答、聚众讲解等相结合的教学方法，以研习儒家经籍为主，辅以议论时政。作为藏书与讲学之所，元代各路、州、府设书院者多有，明清两代书院尤盛，但学术思想日薄，多成为准备科举的场所。

李煜(937—978)是五代时南唐国主，世称李后主，能诗文、音乐、书画，尤以词作名世。前期作品大都描写宫廷享乐生活，风格柔靡；后期则抒写对昔日生活的怀念，吟叹身世，表现了浓厚的伤感情绪，形象生动，在题材与意境上也突破了晚唐五代词以写艳情为主的窠臼。公元975年，北宋兵攻破金陵城，出降，后被毒死。这位亡国之君，被文史家称为“作为帝王可以无李后主，而作为文学家则不能无李后主”。他主政南唐时期，重视发展文教，泽及萌生期的书院，如对庐山国子，增拨学田，完善制度，鼓励藏书，学子常百十人，并使其声名日隆。

书院出现于唐朝，形成制度于宋朝，这是不争的事实。但并不是唐朝所有的行政区划之内都出现了书院这种独特的新兴文化教育机构，然而据现在所能查到的资料显示河北却有3所，这显现出燕赵大地与书院的渊源。“河北”一词在两千多年前的西汉时就出现了，但作为大行政区的名称是从唐太宗贞观元年(627年)并省分道后才出现的。这也许只是一种巧合，但这种历史的巧合却在河北与书院之间平添了几分韵味。本章探讨河北书院的源头或发端，即唐代的河北书院问题，由于历史久远，史料散佚，搜求、分析殊为不易，认识难免有种种疏漏，请有关专家学者指正。

据当代书院史著名专家邓洪波先生所著《中国书院史》中的统计，合计地方志中的记载和唐诗中的记载，唐朝全国共有地方书院49所。② 除四川、湖南、江西、福建和浙江这些书院发达的省份外，河北名列其中，记载了河北满城县的张说书院和正定县的西谿书院2所书院。此外，据《易县志》中的记载，易县棠荫书院始建于唐代。合计起来，唐朝河北共有3所书院，占当时全国书院的6%。

然而，通过翻阅《中国书院辞典》可知，这部大型的工具书对张说书院、西谿书院没有作记载，易县的棠荫书院只提及明代创建的片断文字信息。③ 20世纪最后十年间，中国教育学会、上海教育出版社联合倡议、组织编纂的《教育大辞典》是教育科学研究的一项巨大工程，被国家新闻出版署列为出版规划重点项目，共计25分册，总计收词目约3万条，1000余万字，分12卷陆续出版。其中的第8、9卷是“中国古代教育史”，内容丰富，在第8卷末附录“中国书院名录”长达近180页，占有文献资料浩繁广博，内称：“本名录主要收录省志和有关书院志所载书院。个别地区补充了

---

① (清)袁枚.随园随笔.卷14“书院”，江苏古籍出版社，1993.247.

② 邓洪波.中国书院史.上海：东方出版中心，2004.26.

③ 季啸风主编.中国书院辞典.杭州：浙江教育出版社，1996.745.

府、州、县所载资料，亦吸收部分考证资料。”①目下我国普通高等教育中国教育史学科国家级规划教材“中国教育史”最有代表性的当推华东师范大学教育科学院孙培青教授主编，杜成宪教授副主编的《中国教育史》，“《中国教育史》是主要面向教育专业本科生的教材，自出版之后，许多师范大学、教育学院以及师资培训、学位课程先后采用本教材。为满足教学需要，第一版印刷8次，第二版印刷19次，累计印刷27次，印数271600册。”②足以反映该教材反响之大，影响之广。其中对隋唐五代教育研究有所拓展，在第六章第二节“隋唐学校教育的发展”中对私学之组成部分书院作了描述：

> 书院是由私人读书藏书的场所演化为讲学授徒的场所产生的，也是由实行科举考试制度以选士之后，要求应试者必须博学广识这种现实需要推动而形成的。初期书院的藏书，都是手工抄写的。自己抄写而成的，数量有限，或是雇佣书手抄写，或是购自书肆，长时间收藏积累，逐渐丰富。有了藏书，就为教学活动扩大知识面和自学研究，创造了有利的条件。
>
> 既有藏书，又有教学活动，才是名副其实的书院，创立于唐贞元(785—805)、元和(806—820)年间，最早见于志书的就有三处：一为四川遂宁张九宗书院；二为江西高安桂岩书院；三为湖南衡阳石鼓书院。都是由私人创办，作为讲学之所，既开风气之先，产生广泛社会影响，又引起仿效追随的效应，书院逐渐扩散开来。这种由民间私家设立，既有藏书，又有教学活动，学习内容适应科举考试的需要，不同于以前以单科学习为主的私学，而形成知识面较广的新型教育机构。
>
> 唐诗反映唐代社会发展变化，从《全唐诗》诗题中，看到提及的书院就有十多所：李秘书院，第四郎新修书院、赵氏昆季书院、杜中丞书院、费君书院、李宽中书院、南溪书院、(李群玉)书院、田将军书院、子侄书院、白鹿洞等。
>
> 见于地方志记载为唐代创建的书院则更多。邓洪波《唐代地方书院考》列举了以下一些书院：张九宗书院、丹梯书院、凤翔书院、瀛洲书院、李公书院、丽正书院、青山书院、松州书院、鳌峰书院、草堂书院、孔林书院、光石山书院、天宁书院、李宽中秀才书院、南岳书院、韦宙书院、卢藩书院，杜陵书院、桂岩书院、景星书院、东佳书堂等。这表明书院不是个别现象，而是比较广泛的存在。由私人创办的小规模书院，随着时间的推移，逐渐扩展为地方公众办理规模较大的书院。③

但是，笔者经过寻觅，未见有上述河北3所书院的内容。这些情况均表明编者的资料搜求仍有空缺或明显遗漏，有必要在可能的范围加以补充。

这3所书院中“张说书院”被邓洪波教授认为是唐代最早的4所书院之一，在书院发展中占一

---

① 《教育大辞典》编纂委员会.教育大词典(8).上海：上海教育出版社，1991.375.

② 见孙培青，杜成宪编《中国教育史》第三版前言部分，华东师范大学2010年版。

③ 孙培青，杜成宪.中国教育史.上海：华东师范大学出版社，2010.174—175.

席之地，也显现河北在书院起始发展中的领先位置。对于河北而言，张说、西谿、棠荫3所书院更是河北书院发展的源头，点燃了河北书院的星星之火。

第二节　唐代河北的三所书院

通过考辨及资料挖掘，可以发现，在古代书院创始阶段的唐代，全国书院诚为寥落星辰，河北拥有3所书院，在全国分布的相对比例仍然较高，这是否能反映在唐末乃至宋初社会历史，尤其经济文化或学术思想发展的重心仍在黄河及其周边地域，包括当今的河北。下面笔者将依据可考并能够查阅的资源，对三所书院加以必要的梳理及介绍。

一、张说书院

又名张相公堂，在满城县花阳山中，武则天永昌元年(689年)以前张说创建，为其读书藏修之所。① 此外，江西教育学院书院研究专家李才栋教授也曾经提到，"张说的永乐(今满城)花阳山书院。② 花阳山，因南山谷内"气暖山无雪，天寒树未秋"，草木葱郁，花香四溢而得名，位于满城县城西3公里处，属太行山东麓的余脉，抱阳山北峰为主峰，海拔3165米，占地约8平方公里，自主峰两翼向西南和东南延伸，呈环山抱日月之势，故又名"抱阳山"。1989年被河北省人民政府定为省级风景名胜区。

《弘治保定郡志》卷20"祠庙"对此作了记载："相公堂，在郡城西五十里，属满城县。唐燕国公张说布衣时，此地山水清奇，尘嚣屏绝，率其徒若干人卜居讲道，后拜相。乡人思之，因广其制，构屋三间，周以桓墙，崇以台阶，塑像于中而奉祀焉。"

《全宋文》第四十八册《保州抱阳圣教院重修相公堂记》刻画更为翔实：

> 相公者，唐之张燕公也。燕公开元贤相，布衣时肄业寓此山，今宝教寺之东岩书院，乃其所也。院有石室三，南而下者曰五经堂，上者曰进士堂，北而又上者，其名不传。石室与山同生，皆非人力之所能为也。燕公贵，念生平为学之所依，思有以传其贵，重其报，遂自山叠石为岸，以广寺地。就山镌室，贮泉为石。寺之上构宇，引流以为上方；寺之下七曲，石磴以便登降。书院之上，因山南北，廊百步，廊下又得三泉，皆镌石堂以蓄之。石堂之东，别构一堂，造白石像以为堂之庄严，仪像之美，宛然生动。时人德公，思欲旦夕奉之，乃塑公像于此堂。此堂所由名也。③

---

① 邓洪波.中国书院史.上海：东方出版中心，2004.19.

② 李才栋.从儒家书院起源及辩学性质说开去.第二届儒学国际学术研讨会论文集.http://www.confucius－custom.com/index.php? option＝com_content&task＝view&id＝456&Itemid＝92

③ 四川大学古籍整理研究所.全宋文(第四十八册).成都：巴蜀书社，1994.138.

这篇碑文作于北宋宋神宗赵顼元丰三年(1080 年),该文题下原署“乡贡进士张纬记,监瀛州仓草场滕中书并篆额”,内容描述了张说还是布衣时在圣教堂东岩的书院读书,还详细描述了书院的房屋构造:周边环境,山石泉水,万廊设计以及张说塑像的神态仪表等细节因素,真可谓栩栩如生,质朴自然。石室三间,与山同生,名曰五经堂和进士堂,另一佚名。张说发达以后,为了纪念自己学习的地方,“叠石为案,以广寺地,就山镌室,贮泉为石”,南北廊下凿石室以蓄泉水,石廊之东又建一堂供奉石像。至于相公堂的名称也是因为百姓塑了张燕公的像在这里供奉而得来的。可见,年代久远,时光流逝,岁月匆匆真如白驹过隙。物是人非,旧貌也因时空剥蚀而变迁转移,其间的历史风云,纷争扰乱,又不知几多影响。张说书院遗址旧物在民国时期的这种变化应是自然而然不必惊诧的,唯有诗书传道的余韵价值弥久常新。

另据民国时期的《满城县志略》记载:“旧志在抱阳山东岩下深一丈五尺上篆书大唐张燕公读书处,谨按此篆刻今追寻不见,惟寺后东岩下西北隅下有一堂,内有石床,岩上有横嵌石碑处,疑石在此,今不见矣。”①“大唐张燕公”即为张说。现今去抱阳山可见其八景之一的读书堂,为天然石洞,即为“滴水堂”的一部分,堂前荆盘藤绕,岚气升腾,壁间刻有“大唐张燕公读书处”8 个篆书大字,由此可见,读书堂即为张说书院的所在地。

张说(667—730),字道济,一字说之。原籍范阳(今河北涿州市),世居河东(今山西永济),徙家洛阳。弱冠应诏对策及第,历官太子校书、右補阙、右史内供奉、凤阁舍人、兵部员外郎、兵部侍郎、弘文馆学士、中书侍郎、尚书左丞、中书令、相州刺史、岳州刺史、右羽林将、兵部尚书同中书门下三品、朔方军节度大使、中书令、尚书左丞相、集贤院学士等。又据可资参考的文献记载:唐玄宗在位期间,张说曾先后三次为相,掌文学之任凡三十年,为开元前期一代文宗,品评文苑,奖掖后进,深孚众望。他为文俊丽,用思精密,朝廷大手笔,多特承帝旨撰述,尤长于碑文墓志,有文集 30 卷,今通行武英殿聚珍本《张燕公集》25 卷、《四部丛刊》影明嘉靖丁酉本《张说之集》25 卷。还有一种说法:张说能写小说,相传《虬髯客传》为其所作,但无确证。②

二、西豁书院

在河北元氏县与鹿泉市交界的封龙山龙首峰西面。封龙山是华北历史文化名山,其主体在今元氏县境属于南北走向的太行山,东西 11 公里,南北 10 公里,西倚雄伟太行,东望广袤平原,宛如盘绕欲飞的巨龙,俗称飞龙山,是一座有着 2000 多年的历史名山。相传是大禹在这里治水,把蛟龙封于此山,故名封龙山。另据当代学者分析:封龙山之名是有两个方面原因,一是因为其形状像龙;二是因为此山是当时官员率民众祭祀天神、祈求天神(龙王)保佑风调雨顺、五谷丰登的场所。祭祀就是“封”,天神就是“龙”,因此名曰“封龙山”。③ 山上有一通东汉时期的碑刻,叫做《封龙山之颂碑》,上面记载此山说:“天作高山,实惟封龙,平地拔起,灵亮上通,嵯峨峭峻,高丽无双,神

① 陈昌源等.(民国)满城县志略·卷 14“史迹金石”.民国二十年铅印本.
② http://baike.baidu.com/view/119197.htm
③ 史全斌,戴永洲.《元氏历史文化小常识》.冀内出 ysx2012—002,33.

耀赫赫，理物含光，……”这就是说封龙山上通天神，下接地祇，胸围壮丽无比，险峻巍峨的封龙山透着钟灵秀气。

元氏封龙山汉碑共有7通，全部建于东汉中晚期。即从汉安帝元初四年(即公元117年)到汉灵帝光和六年(即公元183年)，中间经过了66年的时间。现存的原碑只有两通，即《祀三公山碑》和《白石神君碑》。其余五通(《封龙山颂碑》《三公御语山神碑》《三公山之碑》《无极山碑》《八都神庙碑》)已佚，仅存拓片。

封龙山自古是文化教育发达之区。最早见诸记载的，可远溯公元41年，即东汉建武十七年，著名学者伏恭迁常山(正定)太守，敦修学校。学者李躬开始在封龙山收徒讲学。西谿书院为“唐隐士姚敬栖遁之所”。宋代曾得到“九经”，张著任山长时，复加修葺。①

“九经”是九部儒家经典的合称，它相对于汉代经学教育中由太学五经博士所执掌的《诗》《书》《礼》《易》《春秋》五种经学学科而言的。唐代中央官学“六学一馆”中将经学仍作通识必修课程，但名称、程度有别，并在沿袭汉代今文经学、古文经学与师法、家法的基础上演化为“九经”：包括《三礼》(《周礼》《仪礼》《礼记》)、三传(《左传》《公羊传》《穀梁传》)和《易》《尚书》《诗经》，为唐代国子学、太学、四门学各中央学校学习的主要课程，亦是唐代科举制度《明经》科考试的主要内容。② 从中得知西谿书院的创设约为唐末五代，至宋初仍沿袭唐代经学的版本及体系内容，而教学内容的设计及组织方法应属较为正规，且程度、水准达到高等教育水平。

三、棠荫书院

始建于唐代，原名为五华书院，在旧易州(今易县)署东召公祠，原为学者士子自修场所。宋代改为官办肄业学校，明代永乐十三年(1415年)御史张维恕在兴庆寺建书院，清雍正五年知州彭人瑛重修，后移到东大街新建，有房舍百余间，占地30亩，并改称棠荫书院。明人孔天胤撰有《易州荣阴书院记》。至清光绪二十九年(1904年)十二月，清政府推行“新学制”，遂改为州立中学，招易州、涞水、广昌(涞源)三县学生，学生同时也来自附近各县。因学校经费由易、涞、广三县筹集，故对本州学生的学费有所优待，凡易、涞、广三县的学生，每月缴大洋一元，凡外县的客籍学生，则每月缴大洋二元。民国三年改为省立第八中学。③ 另据嘉庆年间《大清一统志》“易州直隶州一”记载：“棠荫书院，在州学西，本朝雍正五年建。五华书院，在州治，又旧有源泉书院、凌云书院，本朝乾隆年间，知州周元理、黄可润相继重修。”只有寥寥数十字对棠荫书院、五华书院有所记录，具体情况再无其他旁证说明。在此列出，仅供参考之用。

第三节 历史思索

学界一般认为，书院一词最早见于唐代。唐玄宗开元(713—741)中置丽正殿书院、集贤殿书

---

① 邓洪波.中国书院史.上海：东方出版中心，2004.19.

② 朱作仁主编.教育词典.南昌：江西教育出版社，1987.20.

③ 易县地方志编纂委员会.易县志.北京：中央编译出版社，2000.901.

院。这种书院是兼具某些政治职能的图书搜集、整理与收藏机构。唐代也有一些私人读书处被称之为书院,基本上是学者个人读书或研讨学问的场所,其中虽有极少数书院已有讲学活动,具有社会教育功能,但作为书院制度尚处于肇始时期。五代十国期间(907—960),南唐境内已有几所书院。①

张说曾任集贤殿书院学士一职,是一个重要信息,这表明地方书院的创办仍有修书、藏书及学者研讨的渊源传统,同时也反映了河北唐代书院的办学根基深厚,学术底蕴扎实。这样,就有必要了解唐末五代书院的背景,也可以藉此拓宽丰富对唐代书院状况的一般认识。

丽正修书院,后名"集贤(殿)书院"。唐代宫廷修书、藏书之所。开元中建于朝省。据《新唐书·百官志·集贤殿书院》注:开元五年(717 年),乾元殿写四部书,置乾元院使,有刊正官四人,以一人判事;押院中使一人,掌出入宣奏,领中官监守院门;知书官八人,分掌四库书。六年,乾元院更名丽正修书院,置使及检校官,改修书官为丽正殿直学士。八年,加文学直,又加修撰、校理、刊正、校勘官。十一年,置丽正院修书学士;光顺门外,亦置书院。十二年,东都明福门外亦置丽正书院。十三年,改丽正修书院为集贤殿书院。《唐六典》载集贤殿书院"有学士、直学士、侍讲学士、修撰官、校理官、知书官等。集贤院学士,掌刊辑古今之经籍,以辨明邦国之大典,而备顾问应对,凡天下图书之遗逸,贤才之隐滞,则承旨而征求焉。其有筹策之可施于时,著述之可行于代者,较其才艺,考其学术而申表之。凡承旨撰集文章,校理经籍,月终则课于内,岁终则考最于外。"②虽为较早的著名书院,尚非主要属于士子读书肄业之所,但修书、藏书则读书问学,讨论请益、指点问答等教学活动在所难免,已有教育机构功能及现代学校教育的意蕴,属于后来以讲学探究为特征的书院教育组织办学的雏形。

由此可知,书院源于读书人私人治学的书斋与官府整理典籍的机构,即有官府与民间两大源头。在唐代书院的起始阶段,民间社会是书院的主要源头,读书人在书院之中藏书读书,以书会友,以书传授,讨论时政,著书立说。唐代河北书院均为民间书院,以读书为主要功能。可见,其时河北书院的发展与全国书院总体趋势和状况相一致。

唐代河北三所书院的所在地是有历史渊源的,它曾经有过很多名字:轩辕台、幽州台、卧牛城、候台、五华台。这些名称的由来与皇帝、周武王兄弟、燕王等有关。

由于资料限制,对于张说书院、西谿书院、棠荫书院的建制规模、入院条件、生徒人数等基本情况几无了解。但从书院的选址花阳山、龙首峰、轩辕台这样的事实,我们又可对其遥想一二:风景雅致的山林花木掩映之间,静水鸣虫、清风飞鸟相伴……正是读书学习的好场所。如张说书院所处的花阳山便是自然风光荟萃旖旎宜人的胜景:山上名胜古迹繁多,寺院遗迹遍布景区,形成了以佛教为主的抱阳山文化。此山亦名花阳山,为"满城第一名胜"。主要有八景:"一亩石",名为一亩,实有数亩之多;"百步廊",有天然石廊百余丈;"上天梯",有天然石蹬数十级,直通苍穹;"托天树",为山崖突兀向前,如奋力托天;"滴水堂",是坐北朝南的一溶洞,面阔和进深两丈多;"乾坤

---

① 胡昭曦.四川书院史.成都:四川大学出版社,2005.1.

② 《教育大辞典》编纂委员会.教育大辞典(8).上海:上海教育出版社,1991.55—56.

柏”,是两株并生的古柏;“牛角洞”,为一弯似牛角形的溶洞,深数十米,洞内有泉,终年积水;“明珠窝”,为百步廊上一半圆形凹坑,传说是一个蜘蛛千年修炼的地方,因拯救当地百姓而违背天意,遭雷轰电击,留下一个光滑而又洼陷的窝窝。为了雅气,后人把“虫”旁“蛛”改为“王”旁“珠”。① 抱阳山除了拥有雄伟壮观、幽静清雅、郁郁葱葱的自然风光外,历代古刹、金石碑刻和文人墨客的诗词墨迹衬托着人文历史的深厚积淀,收拢了沧桑历史的悠远与变幻。而这符合中国文人的择胜而居、寄情山水的精神追求,也体现着书院创建者们对于自然的陶冶功能的认同以及对人与自然和谐相处的重视。

唐代河北书院除了在古代有延续、发展之外,有的在当代教育中仍能见到踪迹,说明地方古代教育的强大惯性力量及教育机构的延续继承性特点。如源于唐代棠荫书院,在清代兴学运动中脱胎为州立中学堂。

“河北易县中学”校史资料对该书院的后续沿革及当今的状况成就作了较为翔实的描述:②

民国三年(1914 年),该校由清末易州州立中学改为省立第八中学,由直隶省教育厅直辖。由于办学经费不再由本地筹措,学生学费才一律改为大洋一元。州立中学改为八中后,学生的招收范围进一步扩大,除附近的定兴、新城、徐水、满城、完县(今顺平县)、曲阳等县外,远离易县的房山(今北京市房山区)、涿县、束鹿(今鹿泉市)、安平、新安、定县等县也有学生前来投学,学生范围前后共涉及十五六个县份,是保定地区西北四县的第一所中学。

易县中学位于河北省易县城内中心地带,坐落在狼牙山下、易水河畔、燕下都旁,西接紫荆关、清西陵、荆轲塔,北傍 112 国道,人杰地灵,交通便利。校园门庭气派大方,求知花园和生态园树木葱茏、花草茂美、藤架相连、环境优雅。

学校师资力量雄厚。具有一支学历、职称、年龄结构合理,素质优良的教学管理队伍;坚持“以人为本”的教育理念和“从严治校、以德育人”的原则,教学成绩逐年提高,科研兴校初见成效;先后为国家培养数万名合格毕业生,为清华大学、北京大学、复旦大学、浙江大学、中国人民大学、南开大学、北京航空航天大学等名牌大学输送了大批优秀人才。

通过上述河北唐代书院历史的梳理及文献的考辨,尤其是河北易县中学的古昔与当代发展脉络关系的追忆,使我们感悟到教育现象及实践活动的历史传承与后世发展之间的某些割舍不断的渊源,真可谓“长风万里送秋雁,对此可以酣高楼。蓬莱文章建安骨,中间小谢又清发。俱怀逸兴壮思飞,欲上青天揽明月。”(唐・李白《宣州谢脁楼饯别校书叔云》)或称:“剪不断,理还乱,是离愁,别是一般滋味在心头。”(南唐・李煜《乌夜啼》)教育事业是古老而又年轻的,沧桑而又充满活力,更昭示了其博大深远。

---

① 李春宁.河北自助游.石家庄:河北人民出版社,2002.258.

② http://baike.baidu.com/view/1161790.htm

第二章　宋代的河北书院

宋代自太祖建隆元年(960年)立国,至帝昺祥兴二年(1279年)为元朝所灭,历时320年,包括北宋(960—1127)和南宋(1127—1279)两个时期。差不多与此同时,我国北方少数民族契丹族、女真族和党项族,先后建立了辽(916—1125)、金(1115—1234)、西夏(1038—1227)政权。1279年,我国北方的又一少数民族蒙古族灭南宋,建立全国统一的元朝(1271—1368),历时98年。

公元960年,祖籍河北涿州(又有一说是河北清苑,两地现均属保定市统辖)的赵匡胤发动中国历史上著名的"陈桥兵变",推翻后周,建立宋朝。而此后300多年的发展中,宋朝的统治者们在军事和政治上并非那样强势。两宋先后与辽、西夏、金以至蒙古不断进行着斗争,直到南宋偏安以至于灭亡。元王朝不断地镇压汉民族的反抗,而汉民族却没有停止过反抗斗争。但同时,各族人民在频繁的相互接触中,在生活上文化上融合交流的过程中相互学习,这在推进社会进步上,起到了很大的作用。

赵宋王朝重建了统一的中央集权的封建国家,社会环境较之前代平稳安宁,为农业、手工业和商业的恢复和振作扫清障碍,并创造了条件。宋代社会经济在唐五代的基础上进一步发展繁荣,在经济方面,农、工、商业自宋到明朝都有发展。宋代在水利、农具、耕作方法、牛医及种子等方面都有一些进步。随着农业的发展,手工业和商业日渐发达。北宋已出现了如东京(开封)、成都等大都市,同帮同行有了行会的组织,手工业方面主要是官办的,但也有了一些私人手工业作坊,磁器、采冶、军器、造船、纺织和造纸等占有重要位置。南宋的临安(杭州)、苏州、成都、广州等都是重要的都市。民间手工业作坊较多,丝织、造纸、印刷、造船等业都很发达。这为书院的创立提供了客观需求,同时也具备了相对坚实的经济基础。

宋朝吸取唐代藩镇割据的教训,实施"重文事,抑武备"(重文轻武)的政策,建立了一个庞大的官僚机构。它通过学校和科举制度,来培养和招揽社会中上阶层的政治代表参加到政权中来,企图由此调节地主阶级内部矛盾并形成一个统一的力量,以巩固封建主义的中央集权制。出于这种目的,宋代统治者不仅扶植官学,而且充分关注私学,从而使各类学校并行发展,相互补充,使我国封建社会的学校教育发展到一个新的阶段。宋朝的教育制度基本上沿袭唐制。宋初由于重视科举取士,虽设官学,而未被重视,自北宋仁宗、徽宗年间(1023—1119)的庆历四年(1044年),熙宁、元丰(1068—1078),崇宁元年(1102)掀起的庆历兴学,熙宁、元丰兴学与崇宁兴学(史称"三次兴学运动”)后,才在中央和地方陆续建立起了完备的官学教育体系。南宋虽偏安江南,但在绍兴、乾道、淳熙年间(1131—1173),官学亦有一定程度的发展。官学教育制度分为中央官学和地方官学,中央官学属于国子监管辖的有国子学、太学、辟雍、四门学、广文馆、武学、律学、小学等;属于中央各局管辖的有医学、算学、书学、画学等;直属于中央政府的有资善堂、宗学、诸王宫学、内小学等。地方官学有州学、府学、军学、监学以及县学,属于地方政府及诸路提举学事司管辖。书院的设立与私人办学是这一时期学校教育的突出特点。书院与私学是紧密联系的,从某种形式上看,书院是专业性或具有较高层次的私学。

作为一个矛盾而奇特的时期,宋代政治软弱、军事退让、外交妥协,却经济繁荣、科技发达、思想博大。就科学技术方面说,宋代以来取得较高的成就。被称为三大发明的印刷术、指南针与火药的发明并不始于宋代,但到宋代及宋以后技术上就更进步了,应用的范围扩大了。北宋“布衣”(平民)毕升发明的活字版是一件大事。毕升的发明比德国的谷腾堡早了400年。(毕升的发明约在1040—1049年;谷腾堡印行42行《圣经》在1456—1457年)毕升所用活字的材料是胶泥(他也试验过用木质),到元朝《农书》的作者王桢制木活字,到明朝铜活字极流行。元明还有锡活字,明有铅活字。印刷术的发明推广对于文化教育的发展有巨大的影响。

在学术思想方面,主要是理学各流派的形成和对于理学进行批判的一些具有唯物主义因素的进步学说的出现。理学亦称道学(宋史上即把理学家们都归入道学传)或宋学,发端于唐代的韩愈、李翱,其思想渊源则受之于道教、佛教者不少,但是骨干思想依然是儒家纲纪伦常的道理。北宋时,封建地主阶级为了加强思想统治,以巩固并加强中央集权统治和封建等级秩序以及与此相应的伦理道德,更需要一种正统哲学,理学便是在这种要求下产生的。自宋到清,理学中程朱(程颢、程颐与朱熹)一派成为正统的官方思想。北宋主要的理学家是周敦颐(1017—1073)、张载(1020—1077)、司马光(1019—1086)、邵雍(1011—1077)、程颢(1032—1085)、程颐(1033—1107)。南宋时朱熹(1130—1200)综合各家,形成了理学的正统理论。元明两朝亦出现了一些理学家,同为理学家而与正统派的二程、朱熹不同的,在南宋有陆九渊(1139—1192),到明朝有王守仁(1472—1528),这一派一般称为“陆王派”或“陆王心学”,以相对于“程朱理学”。他们在本质上都是力求说明封建道德的永恒性,为书院在此一时期成为可以与官学、私学抗衡并成为鼎足而立的文教机构提供了宏阔的思想资源、文化背景。

书院这一独具特色的文教机构萌芽于唐代,在宋朝形成制度。宋朝书院发展既盛,曾一度在教育上起过地方学校的作用,发生过深远影响。马端临《文献通考·学校考》中说:“是时未有州县之学,先有乡党之学。……乡党之学,贤大夫留意斯文所建也,故前规后随,皆务兴起,后来所至,书院尤多。而起田土之赐,教养之规,往往过于州县学,盖欲皆仿四书院云。”但北宋书院不久相继衰落,“书院至崇宁末乃尽废”,这个变化的主要原因是北宋经过“三次兴学”,中央和地方官学得到了发展,对于书院便不再热心提倡。读书士子看到只有通过官学才能仕进,自然也就不愿再常守山林,潜心为学了。于是书院在读书人心里也渐渐淡漠了。南宋偏安江南,战事不断,政治腐朽,国力衰微,虽然于中央和地方勉强设学,却是有名无实,于是私人书院又应运而起,日益发达,几乎取代官学成为当时的主要教育机构，当时最著名的有岳麓(张栻主持)、白鹿洞(朱熹主持)、丽泽(吕祖谦主持)、象山(陆九渊主持)四书院。其他著名书院亦甚多。据《文献通考》载，有20余处，其他"士大夫讲习之所，自为建置者"尚不在此书。南宋孝宗淳熙六年(1179年)，朱熹任南康军太守，重修白鹿洞书院，为书院订立学规，亲自教授生徒，对于南宋书院的发展起了巨大的推动作用。南宋书院和理学家讲学有密切关系。如白鹿洞书院为朱熹讲学之所，岳麓书院为张栻、朱熹讲学之所，丽泽书院是吕祖谦讲学之所，象山书院是陆九渊讲学之所等。由于南宋书院十分发达，不仅为封建统治阶级培养了大批统治人才，对维护封建制度起了重要作用，而且书院重视和提倡讲学的风气，影响了整个社会并积累了不少有益的经验，在教育史上占有一定的地位。①

然而，与全国书院发展的整体趋势不同，两宋时期的河北书院发展相当缓慢，数量偏少，落后于南方许多地区。在全国各地书院蓬勃发展之时，河北书院的发展并没有以唐朝书院崛起的良好态势为基础形成新一轮攀升的繁荣景象，其原因值得探究。

第一节 宋代河北书院概述

据可见的文献材料，目前可知两宋320年的时间，河北一地仅有5所书院，在此前的书院研究中，无论是李国钧先生主编的《中国书院史》还是近年邓洪波先生著的《中国书院史》中都仅记载3所。笔者搜求河北方志类资料加以弥补，扩充至5所，以下加以描述。

一、封龙书院

又称龙山书院，在石家庄元氏县境内封龙山南麓，宋初李昉创建为书院。② 从李昉本人的生卒年代可知，封龙书院的创建应是在北宋初年，具体的创建时间不详。《元氏县志》中记载："封龙书院在县西北封龙山下，相传汉李躬授业之所，唐郭震，宋李昉、张皤叟③，金李冶，元安熙皆尝结庐讲学于此。有孔颜曾三石像，盖即诸儒所建，朝夕敬事者。后书庐圮。"④书院原有讲堂、读书窑洞等，今已不可见，但书院遗址尚存。院内有两眼清泉，一曰蒙泉，水清而甜，是书院饮炊之水源。另一曰墨池，又称洗笔池，池水墨黑，相传为古人洗笔之处。

封龙书院与随后出现的中溪书院、西溪书院和莲池书院并称"江北四大书院"，传说梁山伯与祝英台曾在该书院读书。民间至今还流传着"梁祝读书院，互拜弟和兄"，说的是宋代没有女校，祝英台女扮男装与梁山伯一同到书院求学。诗句中"书院"指的就是封龙书院。封龙书院目前为止仍然保留着相传梁祝二人一起读书的读书洞。明代崇祯版《元氏县志》里明确记载"在南佐村西北隅，书院路所经由也，桥西南塔有古冢，山水涨溢，冲击略不赛移，若有阴为封护者，相传为梁山伯

① 王炳照等著.简明中国教育史.北京：北京师范大学出版社，2007.190—191.
② 河北省地方志编纂委员会.河北省志·教育志.北京：中华书局，1995.42.
③ 一些资料中记为"张蟠叟"，究竟哪一个正确，无从考证。
④ 李林奎、王自尊纂修.中国地方志丛书·河北省·元氏县志.台北：成文出版社，民国二十年铅印本.499.

祝英氏之墓。”①这些史料和民间资料为梁祝的传说增加了可信度,更为封龙书院的历史增加了一层浪漫主义色彩。

当下流行的越剧与黄梅戏名典《梁山伯与祝英台》描摹刻画了梁祝的真挚爱情故事,剧情曲折起伏,缠绵动人,其中,尤以“十八相送”“楼台会”“化蝶”脍炙人口。对这一悲剧性的感情剧作,西方文坛比拟为英国剧作家莎士比亚的名作“罗密欧和朱丽叶”。虽然,剧情中的男女主人公求学机构场地不在河北封龙山,而在杭州西湖南高峰山麓的敷文书院(对真实出处以及史实由来固可再做考究),但故事流传之广,影响之深,着实耐人寻味。《梁祝》作为名曲为各种乐器弹奏,媲美于《春江花月夜》《虞美人》《十面埋伏》《二泉映月》《出塞曲》等声乐上乘佳作。

封龙山现为河北省省级风景名胜区,与天桂山并列,但在有关旅游类书籍中鲜见封龙山的资料信息,看来当代的保护及开发有所不及。诚然,封龙山只是一座享誉冀西南的教育文化名山,与体现明末崇祯皇帝为暮年归隐设计的行宫青龙观的天桂山相较,显然缺乏感召力,而后者因其政治神圣及王朝兴衰所潜藏的奥秘也会更吸引人们的关注。这一切都自在情理之中。

李昉(925—996),字明远,深州饶阳人(今河北饶阳县人),五代至宋初著名的文学家、史学家。后汉乾佑进士,为秘书郎。改右拾遗,集贤殿修撰。后周显德中期,擢主客员外郎、知制诰、集贤殿直学士,加使馆修撰、判馆事。迁屯田郎中、翰林学士。宋初,加中书舍人。参预薛居正修《五代史》。太宗即位,加户部侍郎,受诏与扈蒙、李穆、郭贽、宋白同修《太祖实录》。迁工部尚书兼承旨,改文明殿学士、参知政事。未几,拜平章事,兼修国史。② 另外又主持编撰了《太平御览》《太平广记》《文苑英华》等几部鸿篇巨著,成为中国古代著名的文献典籍。

《太平御览》属于类书。宋太平兴国八年(983 年)李昉等奉敕撰,初名《太平总类》,书成后经太宗阅览,诏令改今名《太平御览》,亦简称《御览》,全书 1000 卷,目录 10 卷,初名《太平总类》《太平编类》。因书将成时,日进呈太宗御览三卷,诏令改今名,亦简称《御览》。该书在前代类书基础上修葺增删而成,以引书繁富著称。分天、时序、地、皇王、偏霸、皇亲、州郡、居处、封建、职官、兵、人事、逸民、宗亲、礼义、乐、文、学、治道、刑法、释、道、仪式、服章、服用、方术、疾病、工艺、器物、杂物、舟、车、奏使、四夷、珍宝、布帛、资产、百谷、饮食、火、休征、咎征、神鬼、妖异、兽、羽族、鳞介、虫豸、木、竹、果、菜、香、药、百卉等 55 五门。下分 4558 类。依时代先后排列,先列书名,再录原文。据近人马念祖考订,其引书为 2579 种,今十之七八已佚。较前类书完整,且注明出处,保存了大量古代佚书遗文。此书在宋代即几经刊刻,明清亦有多种刻本。1935 年上海商务印书馆影印宋刊本出版,收入《四部丛刊三编》。1960 年中华书局缩印商务印书馆影宋本。③

《太平广记》,小说总集。500 卷,又名录 10 卷。宋太宗命李昉等人编纂。始编于太平兴国二年(977 年),次年即竣,故名。专收汉至宋初野史小说。按题材分为神仙、道术等 92 大类。又分 150 余细目,古来轶闻琐事、僻籍遗文搜罗甚众。书中故事多次被宋元话本、杂剧、诸宫调及明清

---

① http://baike.baidu.com/subview/16675/5762752.htm? fr=aladdin

② 吴泽、杨翼壤.中国历史大辞典·史学史.上海:上海辞书出版社,1983.205.

③ 《教育大辞典》编纂委员会.教育大辞典(8).上海:上海教育出版社,1991.360—361.

小说戏曲采用，对后世文学发展影响颇大。引用书籍，多达 526 种，其中大半早已散佚，多凭此书校勘辑佚。现存最早刻本为明嘉靖四十五年(1566 年)无锡谈恺刻本(今藏北京图书馆，有 1925 年傅增湘影印本)，出自谈刻本的有隆庆活字本、万历许自昌刻本等。另有清吴骞原藏曾由陈鳣依残宋本校过的明刻本，明沈氏野竹斋钞本(均藏北京图书馆)。人民文学出版社 1959 年出版校点本，精装 5 册。中华书局 1961 年新版，平装 10 册，1981 年重印。有邓嗣禹编《太平广记篇目及引书引得》(哈佛燕京学社，1934 版)，罗锡厚、周锡英、马绪传等编《太平广记索引》(中华书局，1982 版)。①

《文苑英华》，诗文总集，宋李昉、扈蒙、徐铉、宋白等编，共 1000 卷。从北宋太平兴国七年(982 年)奉敕始编，至雍熙三年(986 年)成书。后经四次修订，刊刻出版。与宋初官修《太平御览》《太平广记》《册府元龟》合称"宋四大类书"。内容上续《文选》，辑集南朝梁至唐末五代作家 2200 余人，作品近两万篇。体例沿袭《文选》，按文体分赋、诗、歌行、杂文、中书制诰、翰林制诰、策问、策、判、表、牋、状、露布、弹文、移文、启、书、疏、序、论、议、连珠、喻对、颂、赞、铭、箴、传、记、谥哀册文、谥议、诔、碑、志、墓表、行状、祭文等 38 类，保存了丰富的历史资料，是研究文化史的重要资料书。南宋嘉泰初、明万历间曾两次修订重刊。1966 年中华书局据商务印书馆影印旧版，增收南宋彭叔夏《文苑英华辩证》、清劳格《文苑英华辩证拾遗》，又附《作者姓名索引》出版。②

据现代教育学原理，决定办学效果与质量的核心因素有三方面：教师、学生及教育资源与环境。其中教师的素质、能力及教育智慧充分地体现了教育组织、引导中重要力量的功用或价值，是教育性活动呈现干预、塑造力量的符号喻义。"名师出高徒"这一古谚带有教育学命题普泛性的特征。它与"师傅领进门，修行在个人"恰成互相联系、耦合的教育要素的一个统一体，前者彰显教育的教师主导性，后者体现另一方学生的主体性，而且教师的主导性的表征之一恰在发挥出学生的主体性。由李昉这样一位大学者所创建的书院，可以想见它的教学水平和影响。由此可以推测：封龙山是区域性历史文化名山，封龙书院是宋代的名校。

二、中溪书院

书院文献称河北元氏县有中溪书院，由宋初名相著名史学家、文学家李昉建立。当代方志资料对此有进一步的说明："在龙首峰下，宋李昉、张皤叟，金李冶等相继授徒，学者甚重。"③由此可以判断，其创办年代与封龙书院相近。北宋时"山长张皤叟诸人相继聚徒常百人"，是当时河北最大的书院，在河北教育史上具有重要历史意义。④ 学者众，生徒也不会少，在"学者甚众"的描述中，可以推断当时中溪书院盛极一时的状况，名流大师在此宣讲授徒，远近向学之士诚心而至，潜心钻研学习。从师生数量上可以推测其办学规模较大。元中统初，李冶增修中溪书院，并讲学其中。

---

① 赵国璋、潘树广主编.文献学大辞典.扬州：广陵书社，2005.140—141.

② 《教育大辞典》编纂委员会.教育大辞典(8).上海：上海教育出版社，1991.357—358.

③ 李林奎、王自尊纂修.中国地方志丛书・河北省・元氏县志.台北：成文出版社，民国二十年铅印本.499.

④ 张彦娟、赵敏.河北教育史上的名山——封龙山.河北教育.2005，(2)：42.

三、西溪书院

有关的书院文献同样简略记述:河北元氏县有西溪书院,宋张著建。① 现代方志资料及学者著作对此作了拓展。“在龙首峰西,唐隐士姚敬栖遁之所,宋有“九经”,张著曾为山长。”②宋代西溪书院的情况可从元人安熙的诗中窥见一斑,诗云:“世道有升降,乾坤几消磨。谁知昔年中,师生此弦歌。我来爱佳名,策杖时经过。深寻得遗经,山径信非讹。”③可见,西谿书院在宋代是师生弦歌肄业之所。

张著(1221—1292),字仲明,宋末元初人,其赋性颖悟,有志于学业。蒙古太宗(窝阔台)十年(1238年),张著15岁以词赋中选,列为路学儒生。之后居家20年,教书育人,研讨伊洛理学,造诣颇深,中统元年(1260年)擢为潞城尹,因不习惯官场应对,不久,即辞归故里,继续任教,至元二十二年(1285年)62岁擢为平阳路儒学教授。任满,随同儿子思敬到其南阳教官任所寄居。至元二十九年(1292年)病故于寓所,终年69岁。张著自小有志于学,少年成名,终生执教,以成就后进者为己任;对贫而有志于学的士子不收酬金,尽心教诲,务期成名而后已;对前日避席恭敬,今朝见如路人的无义之辈,亦从不计较,施教如往。任平阳路儒学教授后,士风为之一变,所谓:“年弥高,德弥劭;学益博,文益奇。”翰林学士王恽赞颂他:“晋人以文名而达者,多出其门。”张著为人诚厚寡欲,不因贫贱而卑视,不因权贵而趋仰;与其交始若疏澹,久之春风为露,很受人们的尊敬。至正四年(1267年)村人修里门,张著门名为“训义”,并作《训义门记》,镌石于楼门上,文中鼓励人以义为训,成为数百年之村规民约。后人于门楼上建“三乡贤祠”(张良、张安世、张著)永远追念。张著一生有《蒙溪集》12卷,《诗学渊源》20卷,《春秋隐括》2卷行于世。④ 从以上经历来看,张著可谓一代贤师,由他主持书院,组织管理,并亲自讲学育才,是书院管理及师资选聘以名家声望卓著者及德艺双馨的有道者为目标追求的一个鲜活案例。这是保障书院办学质量,并赢得社会持久声誉的先决条件及首要因素,值得当今民办学校教育及管理活动资鉴。

四、张子书院

在安国市(旧称蒲阴县)境内。北宋理学名家张载于仁宗嘉祐二年(1057年)赴汴京(开封)应考,中进士,时年38岁,科举及第后,被派往祁州(今安国市)任司法参军。由此可以推测,张子书院设立于1057年之后。《安国县志》中记载:“宋仁宗时,著名理学家张载莅任司法参军,于县城东北角辟馆讲学,‘启群蒙于旭旦’,时人称为张子书院。张载离任,书馆寻废,书院改为张子祠。”⑤张子书院的讲学内容主要是理学典籍文化、理学思想。

---

① 季啸风主编.中国书院词典.杭州:浙江教育出版社,1996.714.

② 李林奎、王自尊纂修.中国地方志丛书·河北省·元氏县志.台北:成文出版社,民国二十年铅印本.499.

③ 邓洪波.中国书院史.上海:东方出版中心,2004.19.

④ http://baike.sogou.com/v6057327.htm

⑤ 安国市地方志编纂委员会.安国县志.北京:方志出版社,1996.714.

五、龙冈书院

“邢台的书院始于宋,称龙冈书院。”[①]关于龙冈书院的记载只有这一点提到是在宋朝出现的。另据其他文献的记载:“龙冈书院,在邢台。明嘉靖间提学御史阮木戉建。万历十七年(1589年)重修,更名莲城书院。清顺治十年(1653年)重修,改名国士书院。”[②]对此说作者无旁证说明,暂作留存参考。

当下出版问世的各种中国教育史、书院史论及宋代书院形成制度,与官学、私学形成三足鼎立之势,均叙述北宋的著名书院,一般持嵩阳书院、岳麓书院、白鹿洞书院、茅山书院、应天府书院、石鼓书院“六大书院”,但其中有数量、名称等的不同说法,“无论是宋初四书院、六书院、八书院、十二书院之说有多少差异,宋初已形成一批颇有影响的著名书院却是符合历史事实的,也是古今学者的共识”。[③] 而这些书院的地理分布却无一例在河北境内。

通过上文分析,从中可知宋代河北书院发展与全国书院发展态势的不相协调。在宋代,全国的书院发展呈现初盛局面,数量剧增,分布趋于平衡。而河北仅有的5所书院中就有3所集中在石家庄元氏县的封龙山,1所在保定,1所在邢台。这固然说明封龙山在河北古代教育中的地位,同时也反映当时河北书院的相对落后和暂时停滞。

第二节 河北书院的理学教育特色——以张载为中心

考察河北书院演变布局及其内容,我们诧异地发现河北书院在宋朝的发展与全国其他地域思想水平保持一致,其中彰显河北书院特色的就是张子书院的理学教育。

政治上极为软弱的赵宋王朝,却承载了中国历史中一段学术思想的繁盛,文人学者于弱世中奏响了思想的强音。一种高深的学问——理学在两宋时期完成了从萌芽到成熟的过程,并且在此后的中国封建社会中长久地占据正统地位。理学是以儒家哲学为骨干,杂糅了佛学和道学的思想资料而形成的与封建专制主义中央集权相适应的新儒学。学术总是与教育息息相关的,教育的繁荣总是和一种新兴的学术思潮联系在一起,古代中国尤为如此。先秦私学繁荣是与春秋时期诸子百家的百家争鸣紧密相关的;汉代精舍讲学是与两汉经学的鼎盛紧密相关的;宋代书院的发达则是与理学的勃兴密不可分的。而同样的,任何一种学术思潮的兴起、发展和深入都伴随着某种教育组织、教育活动的广泛开展,因为教育既是此种学术思想要得以绵延伸展的外在要求,又是其学术思想内容注重道德教化的内在要求。在宋代,一种更高水平、更具内涵的学术思潮——理学的勃兴,需要一种组织更精密、层次更高的教育形式与之呼应,于是书院作为中国古代教育发展的

---

① 邢台市教育委员会.邢台市教育志(1251—1993).北京:教育科学出版社,1998.56.

② 《教育大辞典》编纂委员会.教育大辞典(8).上海:上海教育出版社,1991.379.

③ 王炳照、郭齐家主编.中国教育史研究·宋元分册.上海:华东师范大学出版社,2000.325.

特例或范型,应运而生。对于一种学问,特别是一种高深的学问的研究,总是存在着不同的见解,并存着不同的声音。理学的研究当然也是这样。通常认为宋代理学又分为濂、洛、关、闽四个主要学派,濂学以周敦颐为代表,洛学以程颢、程颐两兄弟为代表,关学以张载为代表,闽学以朱熹为代表。各学派的名师宿儒及其尊奉者们为了宣扬和普及自己学派的观点,纷纷择名山幽境创建书院,宣讲授徒,实现其教育目标,客观上极大地推动了宋代书院的发展。

尤其值得我们注意的是,主持张子书院的管理者张载在宋代教育史,乃至中国古代学术思想史上更是居于举足轻重的地位,是理学教育家的早期代表。因此,解读、探讨张载的著述及其教育思想,一方面有助于理解宋代河北书院的教育教学实况,另一方面也能领会理学家办书院的理念及方法。

张载(1020—1077),字子厚,陕西凤翔眉县横渠镇人,时人称横渠先生。张载是北宋著名的理学家、教育家,也是宋代理学四大学派(濂、洛、关、闽)之一的关学学派的创始人和领袖,其学术思想在中国思想文化发展史上占有重要地位,对以后的思想界产生了较大的影响。张载的著作一直被明清两代政府视为哲学的代表之一。

张载一生著述颇丰,据宋人朱熹《近思录》、晁公武《郡斋读书志》及赵希弁《郡斋读书志附志》《后志》、陈振孙《直斋书录解题》、魏了翁《为周二程张四先生请谥奏》等所著录的记载及后人所编纂者来分析,有《文集》《易说》《礼乐说》《论语说》《孟子说》《春秋说》《信闻记》《崇文集》《语录》《祭礼》《西铭》《东铭》《经学理窟》《正蒙》等。现存张载著作有《西铭》《东铭》《正蒙》《横渠易说》《经学理窟》《张子语录》和《文集》(现编入《张载集》,中华书局 1978 年出版),另有明人吕柟所纂《张子抄释》等,这些均是研究张载思想的主要资料。

张载少年时志气昂扬,才华横溢,无所不学,尤喜谈兵。范仲淹启导他:"儒者自有名教可乐,何事于兵?"并劝他读《中庸》。从此,"其学尊礼贵德,乐天安命,以易为宗,以中庸为体,以孔孟为法。"并常以"为天地立心,为生民立道,为去圣继绝学,为万事开太平"自任。嘉祐二年(1057 年)中进士。此后任祁州(今保定安国市)司法参军、丹州云岩县令、著作佐郎、签文院校书。后因与王安石政见不合,托病辞归于关中横渠镇,专门从事著述与讲学。从游者聚众,形成了以他为中心的关中学派,成为理学教育的主要奠基者之一。①

在北宋的理学家中间,张载的学派被称为"关学",最谨严刻苦。横渠学堂双牖,右书《订顽》(后被称为《西铭》)左书《砭愚》(《东铭》)各一篇,以引起学生的精神警觉。他要求他们"言有教,动有法,昼有为,宵有得,息有养,瞬有存",勇猛前进,一刻也不能停止,而且几乎分秒必争。他自己也常中夜起坐,取烛疾书。后来朱熹说:"横渠教人,夜间不合睡。他做《正蒙》时,或夜里默坐彻晓,直是恁地勇,方做得。"二程(颢、颐)见他强探力索之功多,涵泳完养之意少,总说他太谨严、太迫切了,"无宽舒之气",程颢特意写《定性书》一篇寄给他,婉婉规劝,可见他们存在着分歧。②

张载早期讲学关中,提出"太虚即气"的学说,肯定"气"是充塞宇宙的实体,由于"气"的聚散变

---

① 周德昌.北宋教育论著选.北京:人民教育出版社,1998.178.

② 孟宪承、孙培青.中国古代教育文选.北京:人民教育出版社,2003.242.

化，形成各种事物、现象。批判了佛、道两家的“空”“无”观点。在《正蒙·太和》中又认为凡统一的事物中，一定含有对立的两个方面，“天地变化，二端而已”，①探究到事物对立统一的某些原理。《正蒙·大心》反映了其认识论主张：“人谓已有知，由耳目有受也。人之有受，由内外之合也。”但又将认识分为“闻见之知”与“德性所知”，并认为“德性所知，不萌于见闻”。② 在人性问题上，他提出“天地之性”和“气质之性”的命题，认为前者是本然之性，是善的。后者是人形成后才有的性，有善与不善、刚与柔、才与不才的区别。《经学理窟·气质》高度重视学习和训练对学生后天成长的意义，“气质恶者，学即能移”。③ 教育的作用就在于“学以变化气质”。变化气质的主要手段是“知礼”“守礼”，所谓“知礼成性”。教育的终极目的是学为圣人。《正蒙·大心》揭示出圣人独特的思想品质，“圣人尽性，不以见闻梏其心”。④ 张载秉持人性情感与万物自然融和协调的人文主义精神，具有“民吾同胞，物吾与也”的意识，“仁民爱物”，“乐天安命”。

在教育方法上，张载继承了孔子以后儒家的经验，并有所发展，提出了许多宝贵意见。他坚持教学上的因材施教和循序渐进，要求教师培养学生“刚绝果断”的志气，以发挥学习的积极性，不停地前进。如在《经学理窟·学大原下》中倡导教育者应“两知”：“知至学之难易，知人之美恶”。⑤ 既要求教师了解学生年龄的大小、程度的高下、教材的难易，施以适当的教育；又因学生个人天资的不同，学业爱好的差异，因势利导，因材施教。他特别重视“思”和“疑”在学习上的作用。“学则须疑”，“逐事要深思”，“濯去旧见，以来新意”。他认为学生能提出疑问，便说明他有进步，如果可疑而不疑，就表示他不曾学。同时他又认为，“思”可以促进“疑”和“记”，经过思索才能产生疑问，只有理解了的东西才容易记忆。他还认为“记”是“思”的基础，“不记则思不起”。⑥ 张载在这里指出了教学过程中记忆、思考和疑难的辩证关系。张载还要求学生虚心，多读书，对书中义理进行比较研究，融会贯通。⑦

张载的上述言论主张其实触及了积累与提高、记忆与加工以及经验与感悟等学习论中的内在关系，并揭示了知识之于能力或以思维为核心创新力的基础、资源及依存作用，应该是教学理论的可贵思想与宝贵财富。

总之，理学和书院一样也产生于宋朝，它的产生及发展与诸多因素相关，但有一点毋庸置疑——书院和理学之间有着千丝万缕的联系。一方面，理学在宋的兴起促进了书院的发展；另一方面，书院的勃兴又促进了理学思想的传播。两宋的很多书院，因宣传理学思想而创立，久而久之又成为某一理学学派或某一理学大师思想传承的重要阵地。当然，与闻名全国的理学书院相比，张子书院的存在并没有突出的位置和显赫的名声，但却依然发挥了宣扬理学思想，为地方文教贡

---

① 张载.张子正蒙.上海：上海古籍出版社，2000.98.
② 周德昌.北宋教育论著选.北京：人民教育出版社，1998.188.
③ 孟宪承、孙培青.中国古代教育文选.北京：人民教育出版社，2003.244.
④ 周德昌.北宋教育论著选.北京：人民教育出版社，1998.188.
⑤ 顾树森.中国古代教育家语录类编(下册).上海：上海教育出版社，1983.110.
⑥ 孟宪承、孙培青.中国古代教育文选.北京：人民教育出版社，2003.247.
⑦ 中国大百科全书编委会.中国大百科全书·教育.北京：中国大百科全书出版社，1985.513.

献力量的积极作用。

宋代河北的5所书院却为后世时期河北书院的兴盛奠定了基础，积蓄了力量。封龙书院、西谿书院、龙岗书院都在元明时期显赫一时。

第三节　河北书院发展缓慢的原因分析

两宋320年，是书院在全国初盛的重要历史时期。书院从唐末的萌芽到此期发展壮大，在全国多地蓬勃兴盛并形成制度，诸如山长负责与师生协同管理、民间与政府集资办学、自由讲学与门户开放、讨论探究相结合、藏书与祭祀圣哲先贤等常规内容及活动特色。在这种场域背景下，即使在唐代未有书院出现的地区也都相继创建书院，并且书院在较短的时间内成为一地主要的教育教学组织形式，但是在同期的河北，却出现和全国书院发展整体趋势不一致的态势，其中缘由，值得探究。

一、军事战争的影响

宋朝与北方少数民族辽、金两国曾在河北境内拉锯作战上百年。北宋立国于无险可守的开封，只得以驻扎重兵作为"天险"，直接与辽国接壤的广大河北地区，就成了宋人防御辽人进攻的前沿地带，屯驻了重兵。北宋与辽国以今京冀接壤交错的十渡、野山坡风景区拒马河为界，对峙于河北平原中部。

当时河北地区的实际情况据《宋史·河渠志》中记载："雍熙后，数用兵，歧沟、君子馆败衄之后，河朔之民，农桑失业，多闲田，且戍兵增倍，……"，"盖自河而南，地势平衍，直抵京师，长虑却顾，可为寒心。又朝廷捐东南之利，半以宿河北重兵，备预之意深矣。"①北宋时期，主要的财政来源，首先当属东南的江淮之地，而"东南之利"的半数又被用于"宿河北重兵"，可见屯驻于河北的军队数量之大。满足这样一支人数庞大的军队的基本生活需求，虽然有财政支援，但河北地区自身的租赋也是其中之一。

自唐末五代以来，河北一直是封建统治者进行争夺的战场。战乱频发，使大片农田荒芜，人口逃亡，农业生产和人民生活受到了严重破坏。北宋建国后，宋辽之间的矛盾又不断激化，战衅屡开，以致"河北之民岁遭劫虏"。辽兵在统和十七年(999)纵入河北中南部，致邢、洺间，"大纵抄掠"，百姓扶老携幼纷纷争逃，致使镇(今正定)、定(今保定)关逾月不通。可见，兵燹所达，百姓受害无穷。在战争中，宋辽在河北还大量抽丁以充军，或应役，或漕粮，民不堪命。宋淳化元年(990年)、咸平三年(1000年)，宋廷规定，河北民家凡二丁、三丁籍一，四丁、五丁籍二，六丁、七丁籍三，八丁以上籍四以为强壮(一种地方兵)，令其平日习武，战时守城。由于大批农民脱离了生产，以致"农桑废业，户口减耗"。战争的破坏还使农民更无力抵御水、旱、蝗虫等自然灾害，只有挣扎在死

---

① 李月红.北宋时期河北地区的御河.中国历史地理论丛，2000，(4)：161—169.

亡线上。

屯重兵严重影响了河北经济的发展，人民又要以赋税养兵，生存和生活尚不能保证，文教等精神方面的需求自退而居之。而社会动荡，战祸连绵，更是冲击教育的生存空间及办学基础，书院往往是择胜地而设，追求清净雅致，讲究环境选择，当时河北的经济和社会状况显然不适合书院的生态要求。

二、南北分裂，隶属辽、金

宋代的地方行政建制主要设路、府、州、县等，宋朝初年，曾将全国划分为15路，今河北主要属河北路，后来又分为河北东路和河北西路两个行政区。河北东路所辖地区主要有：大名府（本路治所）、隆德府、河间府，以及沧州、冀州、霸州、德州、博州、棣州、莫州、雄州、滨州、恩州、清州等11州，德清、保顺、永静、信安、保定等57县。河北西路所辖地区主要有：真定府（本路治所）、中山府、信德府、庆源府，以及相州、卫州、深州、濬州、怀州、洺州、磁州、祁州、保州等9州，天威、北平、安肃、永宁、广信、顺安等56个县。上述两路基本包括了今河北省大清河以南的全部地区。

辽朝的地方区划在辽太祖时已置三省，地方分州、县。设五京道，即上京道、中京道、东京道、南京道、西京道。道以下又设府、州、县，其中南京道的全部及部分中京道、西京道所辖地域相当于今河北省大清河以北的承德地区、张家口地区、唐山市辖区、秦皇岛市辖区，以及保定、廊坊的部分地区。

公元1004年，宋、辽缔结嬗渊之盟，约定以白沟河（今大清河一线）为界，双方罢兵求和，从此进入和平相持时期。这种稳定的环境有利于河北经济文化的发展和人们安定生活。但另一方面，河北也进入一个南北分裂的时代，中南部地区属宋，北部地区属辽。这种情况直到公元1127年，金灭北宋后，河北全境统一属金。

辽朝916年立国，积极推行"汉化"政策，注意发展文教事业，中央官学和地方官学都有发展，逐步建立了官学体系。金国的学校教育制度效法唐宋，逐步建立起了较为完整的官学体系和相应的管理制度，而且重视本民族的教育，建立起了完整的女真族教育体系。但是在辽、金的教育之内，几乎没有书院发展的痕迹。此一时期的河北在辽、金的统治之下，与同时期处于宋统治之下的全国其他地区书院的蓬勃发展相比，河北书院发展的缓慢甚至停滞不前也就不难理解。

三、蝗灾、洪灾

北宋时期，河北境内蝗灾、洪灾严重，受灾区域广，持续时间长。灾情对民众的生活影响较重。今河北境内的有大名府、澶州、磁州、沧州、赵州、深州、雄州、霸州、邢州、洺州、冀州、洛州、乾宁军等州军府在北宋时期都曾遭受蝗灾25次。其中比较严重的几次为：建隆三年（962年）七月，兖、济、德、磁、洺五州蝗，深州蝻虫生。是岁河北、陕西、京东诸州旱、蝗，河北尤甚。乾德二年（964年）六月，河北、关西诸州蝗。是时，河北、河南、陕西诸州有蝗。大中祥符二年（1009年）五月，雄州蝻虫食苗。大中祥符九年（1016）六月，京畿、京东西、河北路蝗蝻继生，弥覆郊野，食民田殆尽，入公私庐舍。熙宁五年(1072年)河北大蝗。崇宁四年(1105年)连岁大蝗,其飞蔽日,来自山东及府界,河北尤甚。①

黄河是中华民族的母亲河,创造了光辉灿烂的文明历史,但同时又是水患连连,制造人间灾害的渊薮。就北宋时期而言,黄河的频繁泛滥乃至改道更为严重,黄河水患对北方农业,尤其是对河北农业所构成的危害尤为突出。黄河频频决溢造成人员惨重伤亡,河役负担沉重,农田大量损毁,这样就造成了农业劳动力大规模外迁、农田大批损毁乃至荒弃等社会问题。而长期的黄河河役,致使大量社会资金和财富遭到耗费,受此重压,农业耕作无法正常进行,北宋河北地区的农业生产条件极度地恶化。②

农业收入是宋朝地方经济收入最主要的来源。农业靠天吃饭,蝗灾、洪灾对河北各地的农业生产影响巨大。百姓受灾无粮,经济发展屡遭毁坏,民间和官府都缺乏经济实力发展文教机构,开展文教活动。书院作为新兴的教育组织形式,无经济的支持,更不能在此地有大发展。

由上述三方面可见,种种原因造成当时河北的经济发展受到影响,政治不稳定,区域社会缺乏书院这一新兴的独具特色的教育组织机构生存和发展的大环境,这才是宋朝河北书院发展落后的本质所在。实际上这正符合现代教育学中的观点。教育的本质是培养人的社会活动,作为人类一种特有的社会现象和社会实践活动,它的发展本身就是社会发展的一个重要方面。教育和社会的关系中,教育虽然有自身的规律,具有相对独立性,但依然要受到经济、政治和文化等因素的决定和制约。经济发展是促进教育发展的动力,决定教育发展的规模、速度,教育内容及技术方法;政治影响教育制度、道德意识和思想认识;文化模式和观念也会制约教育模式和观念。没有稳定的社会经济、政治环境,文化理念的引导或支撑力量缺乏,教育无法获取自身发展的财力物力和人力的支持,人民生存和生活的基本条件无法得到满足,没有盈余的时间和经费开支,灾难频频,田园荒芜,人口迁移频度过量,使生存环境恶化,社会秩序混乱。由于教育受制于政治经济的性质、特点及水平,在这种社会背景之下,人们必然会忽略文教的发展,宋代河北书院滞后的历史状态即是鲜活的案例。

---

① 陈鑫.北宋蝗灾浅探.内蒙古农业大学学报(社会科学版),2008,(4):327—329.

② 郭志安、李京龙.北宋黄河水患与河北农业生产条件的恶化.保定学院学报,2009,(6):77—79.

第三章　元代的河北书院

元代(1279—1368)是蒙古族统治下的封建王朝,中国千余年封建王朝统治中第一个统一全国的少数民族政权。蒙古族是历史悠久的民族,公元 1206 年,成吉思汗建国于漠北,号大蒙古国;1235 年,窝阔台建哈剌和林城(即和林)为国都;1260 年,忽必烈继位,遵用汉法,改革旧制,以升平为上都,燕京(今北京)为中都,将政治中心南移。1271 年,元世祖忽必烈取《易经》"大哉乾元"之义,改国号为"元"。次年,升中都为大都。1279 年,蒙古贵族金戈铁马灭南宋,统一全国。封建政权又传九代,至 1368 年,元末农民起义军领袖朱元璋率兵攻入大都,元顺帝退出中原,其继承者据有漠北,仍用元为国号,史称北元。

元朝是当时世界上强大和富庶的国家。《元史·地理志》记载元朝的疆域"北逾阴山,西极流沙,东尽辽东,南越海表","东、南所至不下汉、唐,而西北则过之"。在幅员如此辽阔的疆域内,居住着处于不同社会发展阶段的许多民族,以及由各不同民族建立起来的政权,它们的生产力发展水平和文化教育、科学技术发展状况是迥然有别的。历史发展的必然规律是:落后甚至野蛮征服者,最终总是要被他们所征服民族较高、先进的文明所征服。蒙古统治者在征服南宋、金、西夏、西辽、大理、吐蕃政权,统一中国的历史进程中,必然要受到这些周边王朝较高文明的影响;而以具有先进封建文化传统的汉族为主构成的南宋政权,其社会制度、文化教育、科学技术以及政令措施等,对元代更是产生了深刻而广泛的影响。正因如此,元代所实行的文化教育政策,就与宋代有直接或间接的承袭关系;但由于元代社会实际情况已发生了很大变化,故元代的文化教育又有着自己独有的鲜明特色。

从整体上观察,元朝的文化教育也有所发展。在书院发展历程中,元朝一大贡献就是将书院和理学推及至北方各地,而此一时期书院发展最显著的特征就是书院官学化。

清代学者朱彝尊在《日下旧闻》(清康熙二十七年刻本)中语"书院之设,莫盛于元,设山长以主之,给廪饩以养之,几遍天下"。就全国而言,这一说话或有溢美之嫌,然而就区域而言,河北书院的发展正与此契合。在元代统治广袤的区域社会格局之中,相对于南方的大部分地区,河北书院的势头强劲,如旭日东升,其发展达到初盛的状态。全国大部分地区书院的发展都是在两宋时期,河北书院同期水平与其他地区书院发展态势相比,明显落后,但到了元代,就北方诸省而论河北书院处于前列,而除了南方江西、浙江、江苏等省之外,在全国各行省书院地理分布格局中,仍处上游位置。而同期书院教育下降最为急剧,滑落显著的则是西南诸省,以四川、重庆及广西最为典型,这令人发生诧异或疑惑,其中缘由复杂,不在此处作枝蔓舒张,其中个性化的因素恐与该地域抗元斗争顽强剧烈相关,最著者为合州(今重庆直辖市合川区)的"钓鱼城之战",致使"横扫天下无敌手"的蒙军元帅蒙哥在此丧命,延续南宋王朝命运达 40 余年。因此,无论从哪一个方面来说,此期河北书院依然呈现一种上升现象或进步趋势。

第一节　元代书院发展的政策背景

蒙古政权统一全国之后,面对政治、经济、文化都远比本民族进步的汉族地区,蒙古贵族统治者一方面采用武力镇压和民族歧视的政策,将全国人民分为蒙古、色目、汉人、南人四个等级进行统治;另一方面采取"尊用汉法"的政策,极力笼络汉族地主阶级及其知识分子,重视政治思想和文化教育方面的控制,以巩固政权。其主要措施是:尽量争取和吸收宋代原有的文官、武将,利用汉族知识分子,大力提倡程朱理学和宗教;继续推行科举制度;注意保护和奖励学校教育和书院制度。

元代的文教政策,是推行"汉化"政策,提倡尊孔崇儒,施文德之政,行礼义之教,提出"孔子大圣,万世祈尊"的主张。元代推行"汉化"文教政策,首先体现在尊孔崇儒方面。元太宗六年(1234年),元朝刚刚灭金夺取燕京之后便采纳汉族官员宣抚王楫的建议,将全国的枢密院改为宣圣庙,以示尊崇孔子。至元八年(1271 年)正式设立国子学。对于地方教育,元朝也很重视,元世祖中统二年(1261 年)决定设立诸路提举学校官。至元十年(1273 年)授提举学校官六品官印。1287 年,又设江南各道儒学司。1291 年,更令江南诸路学及各县学内设立小学,选老成之士教之。但南宋文人和汉族子弟多不愿入官学,遂规定"或自愿招师,或自受家学于父兄者,亦从其便"。① 这显然是为了适应宋代文人和汉族子弟不愿入官学的实际情况而放宽的政策。

元代统治者吸收两宋、辽、金及西夏的办学经验,重视兴学育才,学校的设置因民族关系而有其特色。中央官学包括在京师设立的国子学,蒙古国子学,回回国子学三种,另有隶属于司天台、太史院的学校,以培训天文、星历等领域的专业技术人才;地方官学除了按路、府、州、县四级设立相应学校外,还举办有民族特点的蒙古字学、医学和阴阳学以及小学教育程度的小学、社学等;民间私学有各种不同的名称,有的称为"小学",在农村地区农家子弟利用冬闲时节读书的蒙学,则称为"冬学"。此外,还有称作"乡校""家塾""私塾""蒙馆"等。由于官方设立的小学数量有限,而办理蒙学一般所需经费不多,所以在中小城镇和乡村地区,这一类私人设立的蒙学较为普遍。

元朝政府对于书院也采取同样的奖励政策,积极加以保护和提倡。元代初入中原时,对书院采取了注意保护的政策。1261 年,忽必烈下诏:"宣圣庙及管内书院,有司岁时致祭,月朔释奠,禁诸官员及使臣军马,毋得侵扰亵渎,违者加罪。"②这道诏令对书院的确起到了保护的作用,如至元

---

① (明)宋濂等.元史·选举制.北京:中华书局.1976.2032.

② (明)宋濂等.元史·世祖本纪.北京:中华书局.1976.71.

十二年(1275)二月二十七日,元军进入集庆(今江苏南京),"大军入城,平章阿珠占居明道书院,军事舁弃圣像野中。书院儒人古之学等诣丞相淮安王前告给榜王,还复书院房屋租产,招安秀才。当奉钧旨,令书院依例复旧,由是诸学弦诵不辍"。① 这条政策取得了积极的效果,安抚了人心,争取和团结了一大批文人儒士效力于元朝政府,为文教事业的进一步发展奠定了基础。

元太宗八年(1236年),行中书省事杨惟中征宋时,就收集大量宋儒所著书籍送到燕京,并建立宋儒周敦颐祠,设立太极书院。这是元代建立的第一所书院,也为全国书院的恢复和创建树立了信心。

元代政府还鼓励私人创建学院。南宋的一批儒士不愿在元政府做官,也不愿到元办官学中任教,元政府允许建立书院自行讲学。这既缓和了宋儒的反抗情绪,又争取他们为元朝的文化教育事业贡献力量,整体上有助于书院办学质量的提高。

元代宽松的政策环境,对书院的创建形成了有利的气候和环境。任士林在《重建文公书院记》中说:"世祖皇帝混一区宇,郡县学益崇且侈,愿以力创书院者,有司弗夺其志,部使者加察详焉,行者设官以主之,其选视学正录。"②元世祖至元二十八年(1291年)明文规定:"先儒过化之地,名贤经行之所,与好事之家出钱粟赡学者,并立为书院。"③

元朝政府不仅在政策上保护并鼓励创立书院,而且还采取一系列切实的措施扶持书院的发展。主要措施有四个方面:1.为书院赐匾额;2.为书院设立专立的官员,并授予官衔,领取官俸。至元十九年(1282年)颁布的《郡县书院官职员数》规定"书院设山长两员,钱粮官一员,学正、学录各一员,斋长、教谕各一员"。④ 山长级别与州府儒学学正相同,所领俸禄也是每月粮米三石,钞三两。3.恢复书院的学田并拨给书院经费。4.书院肄业的学生与地方官学学生享受同等待遇。"自京学及州县学以及书院,凡生徒之肄业于是者,守令举荐之,台宪考核之,或用为教官,或取为吏属,往往人材辈出矣。"⑤

这些措施使学者和民众对书院恢复往日的辉煌充满信心,并愿意为重振书院尽自己的力量,也正因为元代对书院采取一系列切实有力的措施加以扶持,元代书院得以继续发展,其数量在一些地区甚至超过宋代。元代河北书院的发展得益于元代的教育政策,正是受其导引及规范,书院教育才取得了相应成效。

第二节　元代河北书院发展概况

元代实行行省制度,今河北地区置大都(路治所在今北京)、永平(今卢龙县)、兴和(今张北)、保定(今保定)、真定(今正定县)、河间(今河间市)、顺德(今邢台市)、广平(今永年东南)、大名(今

① (元)张铉.至正金陵新志・卷9.清乾隆年间文渊阁四库全书本.
② (元)任士林.元松乡先生文集・卷1.明初刻本.
③ (明)宋濂等.元史・选举制.北京:中华书局.1976.2032.
④ 陈谷嘉、邓洪波.中国书院史资料(下册).杭州:浙江教育出版社,1998.278.
⑤ (明)宋濂等.元史・选举制.北京:中华书局.1976.2032.

大名南)等路,直属中书省。另今承德、围场、张家口、丰宁、滦平、赤城、崇礼、涿鹿、兴隆、蔚县属上都路,临彰属彰德路,涉县以北属晋宁路,海兴以东属济南路。

摆脱宋代河北书院停滞落后的局面,元代河北书院开始发展。各种资料显示,元代河北新建书院 16 所,重修书院 1 所,总数 17 所。根据邓洪波先生《中国书院史》对于元朝全国书院发展的统计,元代共有书院 406 所,其中新建书院 282 所,修复旧有书院 124 所。① 根据邓先生"元代书院分省统计表"的统计,元代直隶省新建书院 20 所,重建书院 2 所,共计 22 所。仅就数量而言,在全国排第 7 名。② 由于朝代及历史的变迁,河北省所辖范围与当时的直隶省所辖区域有所区别,当时的直隶省包括了现在北京和天津等地。本书中只以现今河北省的行政区域的书院发展作为研究对象,去除元代北京、天津等地域内 4 所书院之外,河北省拥有 18 所书院,在当时的全国各省书院中排在第 9 位。这一大致的比较优势排名,却可以最直接体现河北书院由宋至元的蓬勃发展。

表 3—1　元代河北书院统计表

书院名称	书院地址		创办时间	创办人	官办或民办
	州县	具体位置			
紫金山书院	邢台	西南 65 公里	1247 年	刘秉忠	民办
观光书院	保定安新县	城东北角	不详	不详	不详
景贤书院	张家口宣化县	不详	至元间③	丞相 康里脱脱	不详
安仁书院	邯郸邱县	安仁镇	大德元年(1297)	耿仁等	民办
静修书院	保定安新县	县西三台乡	大德四年(1300)	梁志刚、刘因	民办
滋溪书院	石家庄新乐县	新城铺	至顺二年(1331)	苏天爵	民办
益津书院	廊坊霸县	城内东北	至顺三年(1332)	宫君祺	民办
乐善书院	石家庄深泽县	县城东	至正五年(1345)	杜儒	民办
忠孝书院	保定顺平县	城南门内	至正间(1341—1368)	王庸	民办
毛公书院	沧州河间市	城北	至正间(1341—1368)	王思诚	官办
董子祠书院	衡水景县	广川镇	至正间(1341—1368)	王思诚	官办

① 邓洪波.中国书院史.上海:东方出版中心,2004.190.

② 邓洪波.中国书院史.上海:东方出版中心,2004.191.

③ 元代年号为"至元"的有两个,一个为元世祖忽必烈在位期间的至元(1264—1294),另一个为元顺帝在位期间的至元(1335—1340).此处至元间创办来源于李国钧主编的《中国书院史》,笔者所能见得其他资料中未对景贤书院的创办时间有记载,只是记录创于元代。所以,景贤书院的创办时间尚不明确。

续表

书院名称	书院地址		创办时间	创办人	官办或民办
	州县	具体位置			
太行书院	石家庄鹿泉市	县城北 20 里	至正间 (1341—1368)	元学士 高健	民办
壁里书院	石家庄新乐县	笔头村	不详	赵恕、张愿 赵士廉等	民办
林公书院	邢台内丘县	不详	不详	林起宗①	民办
暖泉书院	张家口蔚县	暖泉镇	不详	工部尚书王敏②	民办
和阳书院	邢台南和县	县治西	不详	不详	不详
封龙书院	石家庄元氏县	封龙山	1251 年	李治	民办
中溪书院	石家庄元氏县	封龙山龙首峰	中统初年	李治	民办

(图表资料来源:作者据王兰荫著《河北省书院志初稿》,国立北平师范大学出版社 1936 年印行及河北省有关方志资料整理而成。)

诚如有的学者所描述的那样:由于统治者的大力提倡,这一时期河北书院有所发展,一些书院在全国享有较高声誉,如见于《续文献通考》中河间毛公书院、景州董子祠书院、宣府景贤书院等,都是有较高知名度的书院。毛公书院与董子祠书院为河间路总管王思诚创办,景贤书院为丞相康里脱脱所建,并受到朝廷赐额以示褒扬。著名数学家李冶主持元氏中溪书院,在封龙书院和中溪书院传授数学知识,开创了我国古代书院实施科技教育的先河。理学家刘因创办主持的静修书院,传授宋代理学思想,为理学在北方的传播做出重要贡献。文学家苏天爵创办新乐滋阳书院也有一定声望。至元年间(1264—1294),获鹿(今河北鹿泉市)高健曾师承刘因,此后,高健在获鹿城北阎同村刘因讲学处创建太行书院,并“筑静修祠”于书院内,收徒讲学。③ 以下按照行政区划对元代河北省部分书院的情况作简要介绍。

---

① 林起宗(1252—1337),字伯始,顺德内邱(今邢台内邱县)人。在《河北省志》中记为“林起宗读书处”,而不是创办人为林起宗。李国钧主编《中国书院史》中记为林起宗。存此待查。

② 有些文献资料中记载暖泉书院创办人为工部尚书王敬,见季啸风主编:《中国书院辞典》,浙江教育出版社 1996 年版,第 746 页。据笔者所查资料元惠宗至正年间(1341—1368)的工部尚书为王敏而非王敬。是否笔误,或历史文献流传中的讹误,不得而知。

③ 阎国华等编.河北教育史·第一卷.石家庄:河北教育出版社,2003.308.

一、石家庄

(一)深泽县

乐善书院

在深泽县东故罗村。元至正五年(1345 年)乡人杜儒创建,顺帝妥懽帖睦尔闻而义之,擢为教授,赐以兹名。① 另据《深泽县志・人物志》记载:杜儒,字席珍,父惟谦,常以成就后学为己任。儒克承父志,建义学,延名师以教子弟及四方来学者,且置田为廪饩,至正间朝廷闻其贤聘为雷州教授。② 由此可见,杜儒从父辈那里继承了以造士为已任的传统,不仅创建义学、延请名师,还置田给学校做师生生活供给。元顺帝听说后认为杜儒是明大义的贤人,聘他做雷州教授,赐给他的学校“乐善”之名。

笔者认为,这里的义学,应是书院的别称或误笔,因为义学的办学机构及称谓流行于明、清时期,清咸丰朝的志书将地方私人办学称为义学,当是以现今套用历史的表述方式。

(二)新乐市

壁里书院

在县西四十五里笔头村,村内有先师孔子庙,邑人赵恕、张愿、董愿创建。③ 壁里书院在(乾隆)《正定府志》卷 8“书院志”及(光绪)《畿辅通志》卷 115“学校志”又称“壁里书院”。明成化二年(1466 年),知县张静同邑绅马宗仁重修。

壁里书院的创建人不同文献中有不同的说法:《新乐县教育志》记为“赵愿”,(光绪)《新乐县志》为董愿、赵士廉创办。④ 据元代真定(今河北正定市)籍教育家苏天爵在《滋溪文稿》卷 3《新乐县壁里书院记》所称:“新乐永寿乡壁里书院者,赵氏兄弟作之以诲来学者也。初,赵氏仅有中人之产,其父孝弟力田,兼通阴阳五行之说,母亦贤明,延师以教其子。久之,乡邻从学者众,黉舍至不能容,始捐家赀修建书院。中为礼殿,以祠夫子,颜、曾、思、孟、十哲列焉。前树仪门,翼以两庑,后为讲艺之堂,东西栖士之舍,合五十楹,坚完可久。割侯神里田三百亩,以廪师生。经始于至正四年三月,告成于七年五月。监察御史杨君俊民表以书院之号,郡县之官既蠲除差役,复言于朝,请设学官,欲其规制永久而弗替也。”苏天爵十分赞赏赵氏兄弟之举,认为意义重大,值得大力提倡,促使更多的人效法。同时,还对对壁里书院寄予厚望,认为新乐汇聚山川清淑之气,朝廷治理有方,设立书院,可以“善风教而淑人心,明礼义以厚乡党”,在书院的教化之下,“他时壁里之士,将有经明行修,以应有司之选,则中国文明之盛,人材长育之多,而远近皆有所则效焉,非徒以称观美而已!”其间对于书院的人才培养与地方道德精神提升意义寄予厚望,殷殷之情,至为动人。

在此搜求、整理后人所写有关壁里书院的诗歌、章程,以供参考、赏析:

---

① (清)许来音纂修.(康熙)深泽县志・卷 2“学校志”.清康熙十四年刊本.

② (清)王肇晋纂.(咸丰)深泽县志・卷 8“人物志”.清咸丰三十年刊本.

③ (清)于成龙等修,郭菜等纂.(康熙)畿辅通志・卷 6“书院志”.清康熙二十二年刻本.

④ 新乐县教育志编纂委员会.新乐教育志.石家庄:河北教育出版社,1999.61.

壁里书院

(明)杨浚

壁里诗书府,宣尼古庙存。
堂阶荒草合,碑碣鲜苔昏。
昔日弦歌地,今朝樵牧屯。
我来重吊古,感慨不堪论。

壁里书院

(明)孙昌

前元赵氏重斯文,没后荒村孔庙村。
百载春秋虚俎豆,四时松桧锁烟云。
诗书废却浑无迹,讲诵咿唔总不闻。
寄语乐城贤令尹,政暇葺理为殷勤。

壁里书院七律

(清)鲁起

圣辙曾经地不□,流风远被古鲜虞。
因从伟晃追芳绩,为向丹青觅旧图。
俎豆摇光六气合,诗书□瑞月华敷。
当年鳞获遗毫□,留与新乡照后儒。①

新乐县壁里书院记(节选)

(元)苏天爵

古者学校之设,所以明彝伦而兴贤材也。盖彝伦不明,则不能以立教;贤材不兴,则不足以敷治。甚矣,学校不可一日亡于天下也。故于家有塾,于党有庠,于遂有序,于国有学。夫内外学制既严,教养之方又备,兹隆古治教之盛,后世有不能及者矣。我国家戡定中夏,治化斯彰,兴学之典屡颁于诏书,而山林清旷之地,亦有建立黉舍,以为藏修游息之所者焉。新乐永寿乡壁里书院者,赵氏兄弟作之以诲来学者也。初,赵氏仅有中人之产,其父孝弟力田,兼通阴阳五行之说,母亦贤明,延师以教其子。久之,乡邻从学者众,黉舍至不能容,始捐家赀修建书院。中为礼殿,以祠夫子,颜、曾、思、孟、十哲列焉。前树仪门,翼以两庑,后为讲艺之堂,东西栖士之舍,合五十楹,坚完可久。割侠神里田三百亩,以廪师生。经始于至正四年三月,

① http://blog.sina.com.cn/s/blog_52cc1b540100s187.html

告成于七年五月。监察御史杨君俊民表以书院之号，郡县之宫既蠲除其差役，复言于朝，请设学官，欲其规制永久而弗替也。

尝闻先贤之言曰：善言治天下者，不患法度之不立，而患人材之不成。善言人材者，不患器质之不美，而患师学之不明。人材不成，虽有良法美意，孰与行之！师学不明，虽有受道之质，孰与成之！今海宇宁谧，法制具张，第患人材之不足尔。夫中国者，圣贤之教所由兴也，礼乐之用所由出也，远近之人所则效也。新乐虽曰小邑，近在邦畿之中，山川清淑之气，朝廷治化之隆，岂无豪杰出而为世用者欤！书院之设，岂苟云哉。盖善风教而淑人心，明礼义以厚乡党，莫大于斯。故其幽深寂寞之滨，朴野醇一之俗，讲诵乎诗书六艺之训，访求乎圣贤千古之迹，庶几作新其人，观感于善。不然，将见为狂为愚，伥伥冥行，无所依归，岂国家化民成俗之意乎！苟非读书好义之家，则亦孰知以是为重乎！呜呼，世有田畴连阡，岁收万钟，终岁不捐一钱，宁肯兴学作士以化其乡里哉！

天爵间尝行过新乐之境，瞻拜壁里先圣祠下，登堂以听诸生之讲习，盖亦彬彬有足嘉者。方今朝廷开设贡举，三年大比，旁求硕彦，聿修治平。他时壁里之士，将有经明行修以应有司之选，则中国文明之盛，人材长育之多，而远近皆有所则效焉，非徒以称观美而已。赵氏之兄曰恕，开元路教授。弟曰愿，好义，处士。孝友雍睦，为一方之楷范云。是岁秋七月辛丑记。①

(三)鹿泉市(获鹿县)

太行书院

在获鹿县(今石家庄鹿泉市)北 20 里。元大学士高健曾师承理学家刘因，高健退隐归田后，在城北阎同村刘因讲学的地方设置书院，并筑静修祠于院内，“以教授来学，不一二年从游者百余人，今废。”②

元末历史学家、文学家危素记载太行书院的先贤祠建于 14 世纪中叶，高氏妻子也捐赠嫁妆以维持书院，“国子伴读高健作太行书院……其先君子惧其亵也，欲作庙以祀，未果而死，既终丧。健之母房发所蓄粟帛以构书院。”③另据万安玲的文章《元代华北的书院：蒙汉文化关系》所载，太行书院的存在时间应该是在 1300—1350 年左右。

二、保定

(一)安新县

1.静修书院

始建于元大德四年(1300 年)，院址在三台，前身为刘因讲学处。④

---

① (元)苏天爵.滋溪文集・卷 2.见张鸣歧主编.辽金元教育论著选.北京：人民教育出版社，1991.498—499.

② (清)于成龙等修，郭棻等纂.(康熙)畿辅通志・卷 6“书院志”.清康熙二十二年刻本.

③ (元)危素.太行书院先贤祠记.说学斋稿.四库全书电子版，2.33a—34b.

④ 安新县地方志编纂委员会.安新县志.北京：新华出版社，2000.860.

静修书院的创建时间及创办者，不同的资料有所差异。季啸风主编，浙江教育出版社 1986 年版《中国书院辞典》第 15 页记载为“元皇庆元年(1312 年)刘因创建于县西三台乡”。河北省地方志编纂委员会编，中华书局 1995 年出版《河北省志·教育志》第 51 页则记为“元大德四年(1300 年)，元刘因设教处”。根据刘因的生卒年代为 1249—1293 年可知，《中国书院辞典》不准确，静修书院并非刘因本人兴办，是后人为了纪念他而创设的。《中国书院辞典》有关该书院释文称：“保定刘先生以道德学问高于天下，既殁之七年，安新县三台乡作颛祠以祀之，并立孔子庙与明伦堂、诸生斋室。”因此，其他的材料中以刘因为书院创办人也是错误的。皇庆元年(1312 年)的说法却透露了其他消息，是年朝廷赐额曰“静修书院”。

《安新县志》对刘因及其静修书院有更翔实的描述：金末元初刘因拒官不出，潜心治学。三台是其主要授徒之地，影响很大。刘死后 7 年，即 1270 年，其挚友梁志刚、弟子刘英等人为纪念他，为其修祠堂一处，并在孔庙西兴建书院。平章何玮、留守不答实里等京官亦捐资。至元五年(1268 年)知县达鲁花赤花赤普化公、山长王朝佑增修了两个大堂房，绘从祀像。至正十五年(1355 年)，乡贡进士、山长杜禹请示县尹刘德亨修建神庙，绘先生及弟子梁泰等 4 人像以供祀奉，并建碑石以记事迹。元末兵荒，书院、文庙均废。①

其他更多相关文献对此介绍或描述大同小异，但详略有别，以下择要缕列，可丰富认识。如有的认为，以“静修”为书院之名，是因为“静修者，先生之别号也”。② 清代方志典籍的观点有所不同：静修书院“乃元儒刘因设教地，当时隐居弟子梁浩然修宣圣庙，绘四配十哲像，大德中石刻有加封先师语。既而达鲁花赤普化公督儒士王荣祖重修七十子及从祀大儒三十四于壁门，山长兰阳王朝佑为记，先师庙西，建静先生祠三楹”。③ 静修书院“在三台社，元至元中，乡耆梁浩然建置，当时留守知县助成之。闻于朝，赐额，设山长以主教”。④

静修书院在元代以后仍延绵不衰，表明其存在的价值以及自身的地位。安新知县周伦、李升、周冕、王德新、胡士栋等曾分别于明弘治十五年(1502 年)、正德七年(1512 年)、嘉靖二十年(1541 年)、隆庆三年(1569 年)、崇祯二年(1629 年)先后增修。如李升建两廊各三楹，胡士栋重修院门，匾曰“先贤风教之地”。行世的书院记有元危素《静修书院》、吴宽《建静修书院记》、刘恺《重修静修书院记》。其中以危素的“书院记”最勘笃实谨严，体现其中赏识阐发的用意、邃密深沉的思虑，而略加考察又可发现著者与书院有极为密切之渊源联结关系，故需加以介绍，以增益对静修书院教育学术及门派人脉等多种因素的理解。

危素(1303—1372)，元抚州金溪(今江西金溪人)，字太朴，至正元年(1341 年)，以大臣荐授经筵检讨，历官国子助教、翰林编修、太常博士、监察御史、大司农丞、礼部尚书等。预修宋、辽、金三史。1358 年，参议中书省事，兼经筵官。1360 年，拜参知政事。1364 年，除翰林学士承旨，及孛罗

---

① 安新县地方志编纂委员会.安新县志.北京：新华出版社，2000.860.

② 季啸风主编.中国书院辞典.杭州：浙江教育出版社，1996.15.

③ (清)唐执玉修，陈仪纂.(雍正)畿辅通志·卷 29“学校志”.清雍正十三年刊本.

④ (清)纪弘谟修，郭棻等纂.(康熙)保定府志·卷 3“建置志”.清康熙十九年刻本.

帖木儿入相,出为岭北行省左丞。①

作为一代教育家,危素对教育教学问题有深刻而独到见解。他认为兴学设教目的是“作成人材,备国家之任使”,教育对国家社会绝非小事;虽人性皆善,但后天环境容易使民“陷于最罟”而不自知,所以无论“长才秀民”或“蚩蚩之氓”,都待教而后明,当政者应该注意兴学明教。但是,在科举制度影响下,学者往往徒事空言,汩没实学,学风败坏;而到元末,士子亦“沉溺于雕琢之文”,“局于章句文词之末”,背离儒家“明体适用”的为学传统。他站在心学教育家立场,主张“德者本吾之所固有,而非自外至”,但为矫正学风,也吸取理学家教育思想,提倡为求义理真知而读书,还捐束脩为国子监刻书购书。危素主要的著作有《说学斋稿》《云林集》《危太朴文续集》。②

2.观光书院

始建于元代安新(时称安州),后世又称“正学书院”。书院坐落于安州城东北角,由旧葛城县衙改建,元代名流刘因曾在此讲学。③ 具体创办时间了无史料记载,暂存待查。

刘因(1249—1293)字梦吉,号静修,初名骃,字梦骥,雄州容城(今保定徐水县)人,元代教育家、诗人。因爱诸葛亮“静以修身”之语,题所居之所为“静修”。《元史·刘因传》称其“天资绝人,三岁识书,日记千百言,过目即成诵。六岁能诗,七岁能属文,落笔惊人,刘因的家业门第世为儒家,攻习程朱之学,设塾教授,弟子造其门者,因其材而教之,皆有成就”。元世祖至元十九年(1282年)应召入朝,为承德郎、右赞善大夫。又命于宫学中教近侍子弟。未几,以母疾辞归。1291年,再受诏征,辞谢未赴。一生主要以传授弟子、从事著作为业,其门人有当时显官郝经之弟郝庸等。死后追赠翰林学士。

刘因在长期从事教育实践活动中,形成丰富的教育思想,对北方教育有一定的影响。他提倡“士希贤,贤齐圣”。认为民与贤在人性上并无区别,都禀有“五常之性”,“材无不全”,后来所产生的“学术之差,品节之紊”,乃“异端之害惑之也”。经过“读大圣大贤惠世之书”,分别正邪、诚伪;通过精修,“不与物接”,专一而不动心,皆可以由贤入圣。在读书的次序上,主张先读六经、《论语》《孟子》,然后依次读史及诸子书,认为“古无经史之分”。④ 刘因同时是元代诗人,他的诗是元初文人中反映移民思想较多的,虽然隐晦曲折,但感情比较真挚沉痛。其著作有《四书精要》30卷,《诗》5卷,《易系辞说》以及由门人、故友所编《精修文集》。

叙 学

(元)刘因

性无不统,心无不宰,气无不充,人以是而生,故材无不全矣。其或不全,非材之罪也,学

① 中国历史大辞典编纂委员会.中国历史大辞典·辽夏金元史.上海:上海辞书出版社,1986.52.

② 《教育大辞典》编纂委员会.教育大辞典(9).上海:上海教育出版社,1992.302.

③ 安新县地方志编纂委员会.安新县志.北京:新华出版社,2000.860.

④ 《教育大辞典》编纂委员会.教育大辞典(9).上海:上海教育出版社,1992.297.

术之差，品节之紊，异端之害惑之也。今之去古远矣，众人之去圣人也下也，幸而不亡者，大圣、大贤惠世之书也。学之者以是性，与是心，与是气，即书以求之，俾邪正之术明，诚伪之辨分，先后之品节不差，笃行而固守，谓其材之不能全，吾不信也。保下诸生从余问学有年矣，而余梗于他故，不能始卒，成夫教育英才之乐，故具为陈读书为学之次叙，庶不至于差且紊而败其全材也。

先秦三代之书，六经、《语》《孟》为大，世变既下，风俗日坏，学者与世俯仰，莫之致力，欲其材之全，得乎？三代之学，大小之次第，先后之品节，虽有余绪，竟亦莫之适从，惟当致力六经、《语》《孟》耳。世人往往以《语》《孟》为问学之始，而不知《语》《孟》圣贤之成终者，所谓"博学而详说之，将以反说约"者也。圣贤以是为终，学者以是为始，未说圣贤之详，遽说圣贤之约，不亦背驰矣乎？所谓颜状未离于婴孩，高谈已及于性命者也。虽然句读、训诂不可不通，惟当熟读，不可强解。优游讽诵，涵泳胸中，虽不明了，以为先入之主可也，必欲明之，不凿则惑耳。六经既毕，反而求之，自得之矣。治六经必自《诗》始。古之人，十三诵《诗》。盖《诗》吟咏情性，感发志意，中和之音在是焉。人之不明，血气蔽之耳。《诗》能导情性而开血气，使幼而常闻歌诵之声，长而不失刺美之意，虽有血气焉得而蔽也。《诗》而后《书》。《书》，所谓圣人之情见乎辞者也。即辞以求情，情可得矣。血气既开，情性既得，大本立矣。本立则可以征夫用。用莫大于礼。三代之礼废矣。见于今者，汉儒所集之《礼记》，周公所著之《周礼》也。二书既治，非《春秋》无以断也。《春秋》以天道王法断天下之事业也。《春秋》既治，则圣人之用见矣。本诸《诗》以求其情，本诸《书》以求其辞，本诸《礼》以求其节，本诸《春秋》以求其断，然后以《诗》《书》《礼》为学之体，《春秋》为学之用，一贯本末，具举天(阙)穷，理穷而性尽矣。穷理尽性以至于命，而后举夫《易》。《易》也者，圣人所以成终而成始也。学者于是用心焉。是故(阙)《礼》《乐》不明则不可以学《春秋》，五经不明则不可以学《易》。夫不知其粗者，则其精者岂能知也；迩者未尽，则其远者岂能尽也。学者多好高骛远，求名而遗实，逾分而远探，躐等而力穷，故人异学，家异传，圣人之意晦而不明也。

六经自火于秦，传注于汉，疏释于唐，议论于宋，日起而日变，学者亦当知其先后，不以彼之言，而变吾之良知也。近世学者往往舍传注、疏释，便废诸儒之议论。盖不知议论之学，自传注、疏释出，特更作正大高明之论尔。传注、疏释之于经，十得其六七。宋儒用力之勤，铲伪以真补，其三四而备之也。故必先传注而后疏释，疏释而后议论。始终原委，推索究竟，以己意体察，为之权衡，折之于天理人情之至。勿好新奇，勿好辞异，勿好诋讦，勿生穿凿。平吾心，易吾气，充周隐微，无使亏欠。若发强弩，必当穿彻而中的；若论罪囚，棒棒见血而得情。毋惨刻，毋细碎，毋诞妄，毋临深以为高，渊实昭旷，开朗恳恻，然后为得也。

六经既治，《语》《孟》既精，而后学史。先立乎其大者，小者弗能夺也。胸中有六经、《语》《孟》为主，彼兴废之迹不吾欺也，如持平衡，如悬明镜，轻重寝扬，在吾目中。学史亦有次第。古无经史之分，《诗》《书》《春秋》皆史也。因圣人删定笔削，立大经大典即为经也。史之兴自汉氏始。先秦之书，如《左氏传》《国语》《世本》《战国策》皆掇拾记录，无完书。司马迁大集群书为《史记》，上下数千载，亦云备矣。然而议论或驳而不纯，取其纯而舍其驳可也。后世史记，皆宗迁法，大同而小异，其创法立制，纂承六经，取三代之余烬，为百世之准绳。

史既治，则读诸子者，《庄》《列》《阴》《符》四书皆出一律，虽云道家者流，其间有至理存，取其理，而不取其寓可也。《素问》一书，虽云医家者流，三代先秦之要典也，学者亦当致力。孙、吴、姜、黄之书，虽云兵家智术、战阵之事，亦有名言不可弃也。荀子议论，过高好奇，致有性恶之说，然其王霸之辩、仁义之言不可废也。《管子》一书，霸者之略，虽非王道，亦当读也。杨子云《太玄》《法言》，发孔孟遗意，后世或有异论者，以其有性善、恶混之说，剧秦美新之论，事莽而篡汉，韩子谓其文颇滞涩，苏子谓艰险之辞文肤浅之理，而温公甚推重之，以为在孟荀之上。或抑或扬，莫适所定，虽然，取其辞而不取其节可也。贾谊、董仲舒、刘向皆有书，惜其犹有战国纵横之余习，惟董子《三策》明白纯正，孟轲之亚，非刘、贾所企也。文中子生于南(阙)之后，(阙)横流之际，而立教河汾，作成将相(阙)之治，可谓大儒矣。其书成于门弟子董、薛、姚、窦之流，故比拟时有太过，遣辞发问甚似《论语》，而其格言至(阙)汉儒所未道者，亦孟轲氏之亚也。韩子之书删(阙)丽李唐一代之元气也，与汉氏比隆矣。其诋斥佛老，扶持周孔，亦孟轲氏之亚也。

诸子既治，宋兴以来诸公之书，周、程、张之性理，邵康节之象数，欧、苏、司马之经济，往往肩汉唐而踵三代，尤当致力也。

孔子曰：志于道，据于德，依于仁矣，艺亦不可不游也。今之所谓艺，与古之所谓艺者不同。礼、乐、射、御、书、数，古之所谓艺也。今人虽致力而亦不能，世变使然耳。今之所谓艺者，随世变而下矣，虽然，不可不学也，诗、文、字、书，今所谓艺，亦当致力。所以华国，所以治物，所以节身，无不在也。如是而治经、治史，如是而读诸子及宋与诸公书，如是而为诗文，如是而为字书，大小、长短、深浅、迟速、各底于成，则可以为君相，可以为将帅，可以致君为尧舜，可以措天下如泰山之安。时不与志，用之至善，怀己之全材也。(阙)哉诸生，毋替兹命。①

三、邢台

1. 和阳书院

在邢台南和县。据方志资料所载："书院为本县高等学府，始建于元朝。在县治西，前冠当时县名，故称'和阳书院'。"②笔者查阅了其他文献，对此无多少记录，认定为本县高等学校，当非子虚乌有，看来书院程度水准较高。

2. 董公书院

元代大儒董朴创建，又称龙冈书院。董朴(1232—1316)，字太初，元顺德(今邢台市)人，元初大儒，学者尊称为"龙冈先生"。董朴自幼强记，曾向乐顺卿、刘德渊学习，对六经及孔孟融会贯通，

① (元)刘因.静修文集续集·卷3.见：张鸣歧主编.辽金元教育论著选.北京：人民教育出版社，1991.268—272.

② 南和县地方志编纂委员会.南和县志.北京：方志出版社，1996.448.

成为一代大儒。至元十六年(1279),胡壁垒慕名请董朴出任陕西提刑按察使。董朴因亲老归养后。忽必烈又请其为太史院主事,领导天文历算等科研工作,董朴后以年老告辞还乡,在邢台创办龙冈书院,教书授学。皇庆初,董朴年已逾80岁,元仁宗爱育黎拔力八达再次特诏董朴为翰林院修撰。① 从董朴生平中可以看出,他前期精通儒学,对六经和孔孟之道融会贯通,后期又主持天文历算等科研工作,因此可以推算,在他创建并担任主讲的书院里,教育内容应该既有孔孟之道,又有天文历法,是传统儒学和先进科学的交融与碰撞。

四、张家口

(一)宣化县

景贤书院

元至元年间(1264—1294)康里脱脱用元世祖忽必烈的赐地筑别墅,"延师教其二子,俾有成立……里人化之,无不悦学",因而"以父老之请,为创精舍,聚其子弟而教育之"。地方官府上报中书省,"畀之额曰景贤书院,立山长为学者师"。② 从中可知,书院的创设及办学活动基于多方力量的共同促成,既有退居乡里的贵族,也有地方官员及民间乐教好学之士。这是多种资源协同完成的一项工作。

(二)蔚县

暖泉书院

在蔚县暖泉镇。暖泉镇中心有眼泉"其水澄清如鉴,三冬不冻,故云暖泉"。暖泉镇由此得名,书院亦因之而得名。暖泉书院的妙处就在于把书院与泉水有机结合,体现出南宋理学家朱熹《读书有感》诗作中"问渠哪得清如许,为有源头活水来"的深刻寓意。书院内还建有凉亭,下砌八角井,井内泉水流淌,不断向亭内散发着清爽之气。据说每当暖泉水池中荇藻繁盛时,必有学子科举高中。凉亭上嵌一副对联:"五六月中无暑气;二三更里有书声。"惟妙惟肖地写出了凉亭之凉与书声之朗。

暖泉书院保存较为完整,如今到此地游览,还能看到正中间书屋外还有清光绪年间的一幅抱柱联:"汩汩其来,悟词源之出峡;明明在上,毋坐井以观天。"书院东北角建有魁星楼,楼为三层砖木结构,底层是石砖结构,共有三个门,南门称"云蒸",东门为"天梯",北门叫"龙门",上两层为木质结构,楼顶四角攒尖。从底层拾级而上,极目远望,但见南山一带,岚翠欲滴,云霞变换,此情此景更使书院学子增添刻苦学习、发誓夺魁的雄心壮志。这匠心独具的暖泉书院的建造者是元代工部尚书、建筑专家王敏。王敏,蔚州灵仙(今张家口蔚县)暖泉人氏,字善甫。曾在元朝任甄用监丞,掌管皇室仓库出纳之事。元惠宗至正年间(1341—1370)升为工部尚书。王敏一生勤敏好学,为培养家乡人才,并希望他们在科举中夺得魁星,特建此书院。③ 暖泉书院在后世一直发挥着培

---

① http://baike.baidu.com/view/4394677.htm? fr=aladdin《元史·董朴》

② 佚名.丞相冀宁文忠王祠堂记.见:(元)黄溍·金华集.四部丛刊本.

③ http://www.eu169.com/place/sceneDetail_9227_0.html;http://baike.baidu.com/view/235704.html

育贤才的作用,从这里走出了不少文人才子,如明代兵部侍郎张邦齐、清初直臣之冠的魏象枢、礼乐学家李周望等。

五、邯郸

安仁书院

在邯郸邱县。该书院信息留存不完整,且有纷歧,尚待进一步考察。由《教育大辞典》编纂委员会编,上海教育出版社 1992 年版的《教育大辞典》第 9 卷第 379 页,只登录了书院名及“在曲周”数字。河北省地方志编纂委员会编,中华书局 1995 年出版《河北省志·教育志》第 55 页记载,该书院在曲周马落堡,创办人及所属年代均不详。曲周与邱县今均属邯郸市所辖,且是邻县,是否元代以降地域行政区划有所调整而影响了书院的归属,这有待日后考证,但均属邯郸则是无疑。现依据所查方志文献介绍相关内容如下,是否确凿,仍可进一步挖掘辨析。

安仁书院,“一名夫子庙堂,在今安仁镇。元大德元年(1297 年),广平路总管司千户镇抚耿渊之子耿仁并耆宿刘聚等 12 人,在国子助教张云林赞襄下,各倾资异地建庙堂三区,延师以教乡村弟子,翰林侍诏王公儒‘夫子庙堂记’叙其事。”①

又据王公孺《安仁书院记略》记载,大德年间耿仁和耆宿刘聚等相同兴趣、志向的 120 人,每月朔望相聚,“欢然以道义缔交,灿然以文雅相接”,交流文学爱好,遂协商每人捐资在安仁镇的空地建夫子庙三区,设夫子像以祀之。夫子庙前为祭祀之用,后为讲诵之室,延请师儒教诲居民子弟,明伦善俗,风动一乡。国子助教张文非常赞成他们的出资建学的做法,他认为夏商周时期上至都邑下至乡遂都建有学校,请圣贤老师诱民于善,到秦朝这种制度就废除了,汉、唐虽然开始兴学,但多在都邑,乡镇很少有学校。如今耿仁等人以义起祀,建立夫子庙学,可谓吻合古制,值得称赞。安仁书院有复活古制地方教育设置并发挥育才化俗、正德厚义功能的诉求,体现教育的延绵及承德力量以及办学者的志向高远,情趣脱俗。

下附王公孺作《安仁书院记略》:

安仁书院记略

(元)王公孺

燕、赵,古称多悲歌慷慨之士,易于强仁慕义,由激其性分之固有者,然也。风俗移易,乌知其不异于古?顾亦在乎其人之振起耳,于曲周安仁镇夫子庙堂见之矣。国朝大德间,总管司千户镇抚耿渊,于县之东北起聚落曰“安仁镇”,不数年,居民逾百家。司侯男仁并耆宿刘聚等同志一百二十人,每朔望盍簪,欢然以道义缔交,灿然以文雅相接。遂协议各倾赀,易镇之爽垲地建夫子庙堂三区,立像设位焉。前则仪闲有门,后则讲诵有室,屹然为一方具瞻。仍请师儒教诲居民弟子,明

① 邱县地方志编纂委员会.邱县志.北京:方志出版社,2001.878.

伦善俗,风动一乡。非义气感激,安能致如是者哉?国子助教张文,林县人也,赞成其事,为请记文于不肖。乃告之曰:"三代盛时,上自都邑,下及乡遂,皆有学,以时释菜于先圣先师,所以感发良心,诱民于善。迨至于秦,其制尽废。汉兴,虽云开设学校,其在都邑如文翁者屈指可数。至唐,始令天下建立庙学,通祀孔子,至于乡镇,则未闻也。今诸君能以义起祀,可谓吻合古制矣。喜闻而道之。"①

六、廊坊

益津书院

在廊坊霸县。元至顺三年(1332年)本邑学者宫君祺创建于家乡宫家庄,招收附近韩、谢两村庄子弟肄业其中,设庙祭祀先圣先贤,令学子春秋旦望拜谒。书院以"益津"命名,是因为当时霸县名益津县。② 宫家庄位于霸州城西,大清河北岸,风景优美,物产丰饶。宫君祺是本村士绅,学识渊博。他不汲汲于个人仕途,更关心家乡的教育,所以在村中闲地建立了庙学,名为"宣圣庙学"。庙学占地5亩,建房数十楹,正殿祭祀圣贤先哲,两侧是教授弟子的明伦堂、讲堂、诵诗堂,西为藏书室,东为厨房、库房等。建筑完备,规模宏大。宣圣庙学为益津书院的前身,最初只是宫家庄及附近村子的学子在此读书,以后文风渐盛,在霸州都小有名气,越来越多的学子慕名前来求学。庙学空前兴旺,不久改名为"益津书院",成为霸州学者讲经论道之所,广大文人学士向往的文化圣地。③

书院坐西向东,有讲堂五间,门额曰"养根堂",有南北配房六间,仪门一座,外有东向大门一间,门额曰"益津书院",北有门房一间,南有斋房四间;南院东向街门一间,门南有东房二间,内有南房三间,敞棚二间;北院便门二间,西房二间;讲堂后院西房共六间,南有夹道后门一座。

下附明代刘为楫所作《益津书院记》:

益津书院记

(明)刘为楫

上御极之初,申饬功令,首以兴贡育材为务。一时海隅丕变,云蒸涛涌,以应化育。维时维扬溆湖钱公实备兵吾士,仰承德意,谓国家造士,既录之黉序,文以衿佩,丽泽杉杉,非不足以成德而达材。第士匪择,则良伫淆,教匪令,则勤偷混。昔管子以区区之齐,犹令四民群萃州处,毋为异物迁业。矧奉敕大吏,坐镇畿南,匪以俎豆兴治,而以军旅,如上右文之理何?于

① 《重修广平府志》卷二十九,清光绪二十年刊本.陈谷嘉、邓洪波.中国书院史资料(上册).杭州:浙江教育出版社,1998.373—374.

② 季啸风主编.中国书院辞典.杭州:浙江教育出版社,1996.12.

③ http://baike.baidu.com/view/1912275.htm? fr=aladdin

是度地庀材，即郡之东北隅有公馆一区，倾圮湫隘，不足即安宾旅，而徒为榛莽蒙翳，是命郡守鹤铉郝公，因址宇加黝垩焉，遂岿然为士林敬业乐群所矣。匾曰“益津书院”。合道属十三学弟子员，拔其尤其聚肄于中，择广文学富行优者董其事。日省月试，饩馔丰旨。而郝公故上郡博雅士也，修政之暇，时与广文递相校雠，谆切提命，于以佐淑湖公作人美意，意甚笃至。士故灵者实，怠者勤。若水部杜君允继、大行王君乐善、河曲胡君永定、灵口于君尚□、孝廉勇君慎，咸出选列。骎骎乎与武夷、白鹿方驾焉。不佞为榻，滥厕鼓箧，蒙受诲迪，亦成进士，读中秘书，且叨簪笔、侍琐垣矣。由是观之，文教兴废，存乎人耳。

淑湖公、鹤铉公相继迁出，事渐坠落，垂二十年，书院虽存，其榛莽蒙翳，无异畴昔。济翔之范，不临于堂；弦诵之声，不闻于舍。惟夕阳蝉噪，夜雨蛙鸣而已。兹姑苏褋宇顾公以备兵至，培垣钱公以守郡至，起敝维新，敦师选士，意者亦如钱、郝二公故事，且谓淑湖公理创义起，楷模后进，弗可泯也，而属记于不佞。

余惟：昔者子游宰武城，礼乐化洽，仅得澹台子羽，其言曰：“行不由径，非公事不至偃室。”所谓笃行君子，非耶？夫羔雉特逢世之具，非涉世之资，惟砥节砺行者称焉。故折衷于圣门，而今之士可知已。显晦殊致，大小殊用。总之，节行为兢兢，则士不负所遭。而此一役也，即与武夷、白鹿并垂不朽可矣。不然，后之视今，犹今之视昔。顾、钱二公方嘉与士类，嗣美前轨，英游之侣，象指顾化，必有如澹台子羽也者出乎其间，谓吾党何如也？不佞故乐为之记，与同志共勖之。

淑湖公名藻，如皋人。鹤铉公名汝松，绥德人。褋宇公名云程，培垣公名达道，俱常熟人。创始更新，功等也，得并书。①

七、沧州

毛公书院

在沧州河间。元至正年间(1341—1368)河间路总管王思诚为了纪念汉代诗学博士毛苌，奏请元顺帝妥懽帖睦尔创设于城北毛苌墓前，名“毛公书院”。王思诚聘请山长负责书院的教学。元朝末年，书院毁于兵火。

由于毛公书院触及了地域学术文化与教育历史资源的渊源及深阔背景，故对此得做一翻考察与挖掘。源头或来历至少得从汉代初期叙述。

刘德(？—前130)，汉景帝刘启之子。景元二年(公元前155年)被封为河间王，封地位于今河北省河间、献县、任丘、沧县为中心的辖区。卒于武帝元光五年(公元前130年)，谥献，共在位26年。

河间献王刘德致力于儒家经典的整理和传播，其领导下的河间学术倡导古文经学，成为当时

① 陈谷嘉、邓洪波.中国书院史资料(上册).杭州：浙江教育出版社，1998.622—624.

一个颇有特色的地方学术中心。自景帝至武帝统治期间，中国学术进入一个重要的转折时期，被称之为“从子学时代向经学时代转变”。由河间献王刘德倡导并领导的河间儒学学术中心在这一转折时期有着不可忽视的推动作用，对儒学的复兴和传承做出了巨大贡献。

汉初，长年战乱使社会经济文化遭到重创，统治者采取“休养生息”的政策，奉行无为而治的黄老思想，为私学的恢复及学术的复苏营造了宽松的社会环境。秦始皇三十四年(公元前 213 年)李斯制定的以“禁私学”“焚书坑儒”以及“以法为教，以吏为师”为基本内容的文教政策，被秦始皇采纳，并加以推行，即“挟书律”。由此导致文化教育的倒退，也加速秦朝政权的覆亡。汉惠帝四年(公元前 191 年)废除“挟书律”，逐渐放松了思想控制。汉文帝设置了诸子传记博士和儒家专经博士。随着统治阶级政策的逐渐开明，文化建设日益发展繁荣起来，形成了一些颇有特色的诸侯王国中心，成就比较大的有分别以吴、楚、梁、淮南和河间五国为中心的学术中心。

河间学术中心形成的原因大致有以下三个方面：

汉初统治者鉴于强秦统治时间短暂，其间的深刻教训在于严刑苛法、大兴土木、赋税及劳役的繁重。因此，在历史反思的基础上，从汉高祖刘邦直到景帝的半个多世纪内，纷纷认识到要“反秦之弊，与民休息，凡事简易，禁网疏阔”，于是奉行以“无为”为特征的黄老学说，黄老思想在汉初 70 余年占统治地位，尤其是在“文景之治”年代更为风靡。相对于黄老学说的盛行，其他学术尤其是儒家，“流行复盛于社会之下层”，也就是在民间私家授业传授为主，论者称：儒学则抱残守缺，尤盛于北方之农村。三时耕作，一时讲习而通六经。称诗书，法先王，进可以淑世，退可以淑身。先秦百家言，惟儒最为渊远而流长，亦其学术之本身，固已异于其他诸家矣。然汉廷虽有博士之官，儒术固掩抑而不扬，而河间一国，独先尊崇之。此固献王之贤，亦缘儒术之在北方民间，固已有根基，声光已露，故献王亦注意及之耳。①

儒家学术本身在北方源远流长，河间献县等地是齐鲁、燕赵交汇之地，河间献王之所以尊崇儒术，也是因为地理上的有利条件，使他注意到河间拥有的深厚的儒家文化底蕴。正是基于这种地理条件和儒学基础，加上献王的提倡，儒术在河间这一区域才有了后来的盛行。

从学术发展的地域资源看，河间国疆域宽广，比较富庶。“河间国十一城，户九万三千七百五十四户，口六十三万四千四百二十一。”②河间王刘德有足够的财力和权力来营造适宜学术发展的环境。河间王所给予的富丽堂皇的宫殿、风景如画的苑囿和文酒高会的生活，都让无数文士向往不已，故而文人雅士云集于此。《史记·秦始皇本纪》记载秦始皇依从李斯奏请，秦朝“史官非秦记皆烧之，非博士官所职，天下敢有藏《诗》《书》、百家语者，悉诣守、尉杂烧之。有敢偶语《诗》《书》者弃市，以古非今者族，吏见知不举与同罪。令下三十日不烧，黥为城目。”③在这种高压文化政策下，儒学从秦至汉一直处于受压抑的状态。汉兴以来，统治者重黄老，儒士仍不得志。汉高祖刘邦在战争年代和建国之初，信用武功之辈，鄙薄知识分子，尤其讨厌儒生，他骂郦食其为“竖儒”，甚至

---

① 钱穆.秦汉史.北京：生活·读书·新知三联书店，2005.85.

② (明)樊深.河间府志(卷十二).上海：上海古籍出版社，1964 影印本.

③ (汉)司马迁.史记(卷六).长沙：岳麓书社，1988.61.

取儒冠“溲溺其中”，以示对儒者的蔑视。与此相对应，汉初黄老之学的学习和传授者甚众，如曹参、陈平、汲黯、直不疑等均以黄老之学身居要职，显名于世。此外，汉初因学习法家、刑名之学等其他各家的学说而受朝廷重视的也为数不少。在儒学经历过血腥的摧残和长期的冷落和压抑后，献王刘德首次以官方名义兴倡纯正的儒学，再加上当时士人仍盛行着稷下学宫的游学遗风，于是天下俊雄众儒皆归之。儒者云集河间，必然带来河间儒学的繁荣。

汉初“无为而治”的统治政策对思想界的直接影响就是形成了较为宽松的学术气氛。具有广泛儒学社会基础的河间国的开风气之先，承先秦养士之风，广纳宾客，着手于复兴儒学，河间儒学逐渐兴盛。随后，汉代儒学得到了较快的恢复和传播。据班固《汉书·儒林传》记载：伏生以《尚书》教授齐、鲁间；韩婴在燕、赵授《诗》和《易》；申公、辕固生是《诗》学大师；胡母生则以教授《春秋》闻名。他们均受到当时学者的尊敬和朝廷的某种礼遇。

河间学术的兴盛，与献王刘德本人卓越的见识和执着的个人追求有直接关系。史称献王“修礼乐，被服儒术，造次必于儒者。山东诸儒多从而游”。① 求征天下典籍，得数之多，可与汉廷相媲美。丰富的文献资料以及河间王所提供的物质条件，为儒者提供了优质的学术研究环境。据汉代史学家刘向《说苑》所记刘德有关经学教育言论，认为其大要有二：其一为履行孔子的“庶、富、教”理论，此乃“治国之本”。其二强调勤勉学习经学，“惟学问可以广明德慧”；并认为“学圣王之道”，则如目之明；“独居静思”，则如火之明。火之明只可以见小，不可以用大。② 基于这种思想主张，献王礼贤下士，求才若渴，个人修养极高，一时间海内名士竞相投奔，著名文士毛公、贯公等都被奉为上宾。

献王刘德举六艺号召天下，天下俊雄众儒皆归之，以刘德为首的河间学术中心最终形成。公元前770年，周平王东迁都城于洛邑（今洛阳），史称“东周”。周室丧失往昔“天下共主”发号施令的地位，诸侯称雄争霸，学术下移，许多文化典籍散失。公元前221年。秦始皇完成国家统一大业，8年后又采用法家主张，“禁私学”“焚书坑儒”，所存书籍更是散乱、残缺不全。在儒学的传承过程中，献王刘德对儒家典籍的搜集、整理和流传做出了巨大贡献。他爱好儒学，广求民间散佚书籍，立经学博士，开儒学复兴之风，他领导的河间学术成为当时儒学中心，河间就成为秦焚书坑儒后儒学文化的复兴地。

河间献王德以孝景前二年立王，修学好古，实事求是。从民得善书，必为好写与之，留其真本，加金帛赐以招之。由是四方道术之人不远千里，或有先祖旧书。多奉以献王者，故得书多，与汉朝等。是时，淮南王安亦好书，所招致率多浮辩。献王所得书皆古文先秦旧书，《周官》《尚书》《礼》《礼记》《孟子》《老子》之属，皆经传说记，七十子之徒所论。其学举六艺，立《毛氏诗》《左氏春秋》博士。③

河间献王广泛搜集书籍，凡得到善本，便派人将其抄下来，原本留下，抄本送给献书者，并给献

① （汉）班固.汉书.景十三王传.北京：中华书局，1962.2410.

② 武修敬，喻本伐.中国教育大系.历代教育名人志（修订版）.武汉：湖北教育出版社，2004.16.

③ （汉）班固.汉书.景十三王传.北京：中华书局，1962.2410.

书者一定的经济补偿。这样既保存了书籍，保证文献的真实可靠，又在一定程度上扩大了书籍传播。各地人等踊跃献书，各种典籍云集河间，数量之多与汉廷藏书不相上下，且皆是先秦旧书《周官》《尚书》《礼》《礼记》《孟子》《老子》之属，这些都是纯正的儒家经典著作，持守原始儒学的精髓。相对于诸儒口授的今文经学，其原始性、可信性更强，史学价值更高。各地征集进献的图书很是繁杂，真伪难辨，各种版本中以先秦版本为正宗。而先秦文字未曾统一，文字混乱，所以需要学者细心校勘，久而久之就形成了“实事求是”的学术理念。所以班固在《汉书》中评刘德“修学好古，实事求是”。关于河间献王及其所治儒学，文献记载甚少。当前学者对于河间献王所做的研究，集中在对他所得古书典籍的考证。综合相关记载，河间献王所研求的经籍有《毛诗》《左氏春秋》《礼》《周官》《礼记》《乐经》《孝经》等。

刘德在位期间，曾经在河间国的都城乐城(今河北省献县河城街)建立日华宫征请毛苌为博士讲授《毛诗》。还相继在河间国辖区的武垣(今河间市西南)、中水(今河间市西南)、弓高(今阜城市西南)和今河间市西北诗经村乡诗经村，以及侯井(今东光)、阿武(今河间的西南，肃宁的东南)等县设立学馆，由毛苌轮流去学馆传授《毛诗》。这些学馆实际上就是献王设立的地方官学。①

河间丰富的文献资料，为儒者提供了绝好的学术研究条件，特别是在那个儒学长期遭到压抑，经籍泯灭的时代，更增添了对学者的吸引力。学者与典籍的结合，促进了儒学在河间的繁荣，进一步影响了汉朝中后期儒学的发展。可以说，之后汉代儒学的兴盛，是借助河间搜集整理的典籍发展起来的，后世的古文经学和今文经学也得益于这一时期典籍的整理和搜集。河间作为一个小小的藩国，有修学好古之风，保存了大量的古典文献，为后世的文化传承做出巨大贡献，献王刘德功不可没。后世也有儒生认为河间献王之功堪与孔子相较。

献王刘德好儒术，他以文人的身份参与儒学事业，又以王侯的身份凭借权力给予实质性的帮助，所以天下儒生皆集河间。综合相关记载和相关考证分析，毛公、贯长卿、董仲舒、韩婴、王定等学者与河间治学或与河间学术有密切关系。他们在河间整理典籍，阐释经典，授徒讲经，培养了大批儒学人才。

毛苌，为河间献王刘德博士，相传孔子删定《诗经》授予子夏，子夏传给曾申，曾申传给李克，李克又传给孟仲子，孟仲子传给根牟子，根牟子传给荀卿，荀卿传给毛亨。可见，自孔子始，《诗经》经七传授与毛亨。毛亨作《毛诗诂训传》，简作“毛传”，晚年授予他的侄儿毛苌，故世称亨为“大毛公”，苌为“小毛公”。毛苌继承伯父毛亨的事业，在今河北省河间市诗经村设立学官讲授《毛诗》。河间献王刘德发现在他的辖区内有这位大学者，于是求访，征请毛苌为博士，还在诗经村北三里外，另设君子馆，一面由毛苌主持讲学，修订《诗经》；一面招聘天下贤才至此学习，讨论、争鸣儒家学术。毛苌传授《诗经》培养出的著名弟子是河间人贯长卿。后来，贯长卿又传给阿武县令解延年，解延年又传授给同县人徐敖，阿武徐敖再传给九江陈侠。再后来，陈侠担任王莽的讲学大夫。到了东汉，《毛诗》经过马融、郑玄的训诂、笺注后逐渐通行于全国各地。②《诗经》经秦始皇焚书之

---

① 熊明安.古代最早的地方官学辩.教育评论，2010，(4)：128.

② 熊明安.古代最早的地方官学辩.教育评论，2010，(4)：128.

后，至西汉传抄本有齐、鲁、韩、毛四家。四家之中，唯毛公之学未立学官，但民间传学者甚多。李时在《毛公书院记》中说：“宋之大儒称之曰：毛诗之义最得其精。又曰汉有儒者三人，毛公、董仲舒、扬雄。”清梁志恪也说：“夫汉孝文时，诗始萌芽，毛公以专经名家教授徒众，功不在贾生、董子下。”可见毛公之学识及其所作《毛诗》在历代学者心中都颇有地位。康熙帝曾作诗称“毛氏诠诗真独诣，献王得士本无双”。

据班固撰《汉书·儒林传》记载：“汉兴，北平侯张苍及梁太傅贾谊、京兆尹张敞、太中大夫刘公子皆修《春秋左氏传》。谊为《左氏传》训故，授赵人贯公，为河间献王博士；子长卿为荡阴令，授清河张禹长子。”贾谊(公元前200—前168)，西汉初年杰出的政治评论家、文学家。文帝时受召为博士，因年少才高被破格提拔为太中大夫，又曾先后拜为长沙王、梁怀王太傅，著有政论集《新书》，从中可体现其经学政治思想和贵族家庭学前教育思想。贯公受业于名家大师，成为献王所聘博士，自然得其师真传。贯长卿在家学深厚的氛围熏陶下治《左传》，同时也修《毛诗》，学术造诣及影响自然斐然。

董仲舒，少学《公羊春秋》，景帝时为博士，下帷讲诵，弟子以次相传授，或莫见其面。武帝即位，尊崇儒术，以贤良文学对策被举，出为江都相。董仲舒是西汉经学教育的正统，有“汉代孔子”之称，著有《春秋繁露》123篇。在《春秋繁露·五行对》中，记有河间献王向董仲舒问《孝经》一事。“河间献王问温城董君曰：‘《孝经》曰夫孝，天之经，地之义。何谓也？’对曰：‘天有五行，木火土金水是也……’”①董仲舒家居广川，离河间都城乐城仅相距八十里。因此，董仲舒曾在河间游学是极有可能的。

韩婴为西汉经师、学官，“韩诗”学派开创者，燕(今河北易县)人。文帝时为博士，景帝时为常山太傅。推《诗》之意，作内外传数万言，成“诗学”派系之一，燕、赵之地言《诗》者出其门下不乏其人。据明嘉靖年刻本《河间府志》卷二十所载，距河间献王城四十里有韩婴之墓，古迹尚存。据此推测，韩婴极有可能曾游学河间。如若这一假设成立，则表明“诗学”两大派系之间的渊源联系深远，也为古代学术流派交流、碰撞与吸纳提供了例证。

如此多高层次的名师大家云集以河间为中心的河北中东部地区讨论经典学术、传播研究心得及前沿成果，培养弟子，继承并创新社会文明，蔚为汉初中原的一大学术荟萃之地、人文争鸣中心，仿佛又重现了逝去不太悠远、空间毗邻的齐国稷下学宫的胜景。

在图书征集整理的过程中，献王刘德更注重传播儒家学说。刘德在今河间市君子馆村设立君子馆，接纳四方饱学之世在此切磋学问，传授生徒。陈直先生在《汉书新证》中批注：“翟云升禁编摹有河间献王君子馆砖，苗夔墓志亦云得君子馆砖。余在西安白集武处，见旧拓君子馆、日华宫两砖，合拓本一幅。君子二字直书，日华二字横书，旁有大兴刘位坦题记。大意谓：河间献王宫馆遗址，时时发现君子二字砖，纂形各不相侔，日华宫砖，尤为罕见。云云。《西京杂记》所记，与近世出土砖瓦，完全符合，可见《杂记》成书虽晚，所载西汉故事，可信者多。”刘德先设君子馆，后又修建

① (汉)董仲舒.春秋繁露(中册).凌曙(注).北京：中华书局，1975.378—379.

日华宫为藏书讲学、整理校对古籍之所。日华宫位于河北省泊头市严铺村。关于日华宫,《河间府志》《献县志》等书中均有记载。“日华宫在献县,《西京杂记》卷四云,河间献王筑此以待学士。”“河间王德筑日华宫,置客馆二十余区以待学士,自奉养不踰宾客。”《三辅黄图》记载亦同。河间王礼贤众儒,尝曰:“寡人有衣不敢自衣,寡人有食不敢自食,愿与诸君子共之,相与谈经与论史。”“彼齐鲁之鸿儒,吴越之硕彦,莫不连袂于燕南赵北而趋之如流水。”①

清人时多珍在《日华宫赋》中用文学的方式对日华宫进行了详细的描述:“大启尔宇,新宫嵯峨,文石则采自诸岩洞,大木则从自江河,经营缔造宛若鸾坡。著日华之佳号历千载之弗磨。繄宫之左,清斋相接,潇洒无尘,吟风弄月,架满缥缃,以翻以阅。可濡墨而亡忧,可呼茶而消渴。繄宫之右,间庭相列,一望疏棂,允称修洁。袅袅庐烟,晨夕不绝。助高雅之高杯,怡出人之窟穴。计其附宫之馆,盖有廿余区,专以迓君子之车辙。而且莳名葩,植异卉,弱柳垂青,乔松挺翠。循碧槛之蜿蜒,眺朱栏之迢遥,既不浅陋以荒凉,亦不纤秾以靡丽。盖参酌于华朴之交,以听诸君子之朝游而暮憩,方其散处。”②

从赋中可知,日华宫所有木材、石料都经过细筛精选,采自大江南北,幽山深谷。建筑恢宏,朱栏玉砌,雕梁画栋,古松参天,垂柳袅袅,更兼有奇葩异草,名贵花卉,还有专供儒者消遣的书房茶室,喂马放车的马厩车棚。献王刘德在这里优待儒士,齐、鲁、燕、赵等地儒者上千人聚集于此,昼夜讲读、校理、编辑从民间求索来的诗书典籍。广集鸿儒于天下,遍搜典籍于四方。海内精英,汇聚于日华宫内,积残补缺,核实取正。这里“古光璀璨,纵横断策纷纭缪纂”,校对残书遗文繁忙。“清声琅琅,磬于齿牙,沉吟断弦,蠹蚀咨嗟”,读书诵典之声不绝,堪称西汉最大的儒学研究院和图书收藏馆所。③ 日华宫招天下名士,汇集了当时大批有名的学者,如毛公、贯公等。这些饱学之士在此阐释经典,授徒讲经。因此,日华宫也可以视作献王刘德所办地方官学。有学者认为:“汉景帝时所立河间王刘德创办的国学,才是地方官学的开始。”“中国历史上最早的地方官学应是刘德于景帝时期,在河间国的都城乐城及河间县君子馆村等地建立的学馆。”④日华宫、君子馆、诗经村等学馆是否为古代最早的地方官学,在此不作争辩。需要申明的一点是:日华宫等地作为教学机构不是像我们今天所理解的那种进行经常性教学的学校,它没有正规的课程设置,只是讲经问业,从严格意义上并没有形成一个真正的教学系统,但却为后世研究性讲学、探究教育机构提供了案例或资源。日华宫的儒士们开拓了儒学知识分子自在又自为的一方心灵秘土,文明的成果就是从这方心灵秘土中蓬勃生长起来的,以后各个门类的千年传承,都与此有关。

作为一个思想流派,儒者之所以能继续和保持自己的思想传统,并与其他学派分清界限,在很大程度上依靠的是它的师生与经典的传授系统。日华宫的这些讲学论经无疑传播了儒学,促进了儒家学派的发展壮大。各地名儒齐集于此,必然会产生思想的碰撞和交流,读经研经蔚然成风,

---

① 陈直.汉书新注.天津:天津人民出版社,1959.310.
② (清)杜甲.河间府志.文苑志.清乾隆年间(1736—1795)刻本.
③ 政协献县文史委员会学习文史委员会.献县文史资料(第八辑)(原书无时间).53.
④ 熊明安.古代最早的地方官学辩.教育评论,2010,(4),129.

这也促进了探究性学风的形成,这是一种令人心醉的学习气氛。许多流传后世的儒家典籍都在日华宫治理完成,日华宫以其丰硕的成果弘扬了教育对文化传承的极端重要性。教学是人类的精神和生命在一种文明层面上的代代递交,而这项事业的辛劳和光辉也由日华宫的庭院见证和承载一二。或者是声名远播的儒学大师所拥有的社会知名度和号召力,或是献王身上超逸的人格力量的贯注,或是日华宫优质的典籍资源和优渥的物质待遇,最终激发形成了日华宫的文化品格。对一个教学和研究结构来说,这种力量便是一种灵魂。

儒学经数代人努力建立思想体系和实行措施,其中心便是仁义礼乐,仁义学说是儒家学派的核心思想,礼乐制度则是实施仁义学说的根本之路。汉兴以来,儒家学说不绝如缕。河间献王对先秦儒学的憧憬向往之情,体现在两方面:一是穷搜毕究散失遗存的儒家经典,网罗有志于儒学之人,讲诵六经,传播群书。二是在实际生活中,在其统御的国土内,实施儒家礼乐之教,把儒家精神注入现实生活中。关于献王刘德的言论记载甚少,刘向的《说苑》有四处引河间献王语,《君道篇》《建本篇》各有两处,示之如下:

> 尧存心于天下,加志于穷民,痛万姓之罹罪,忧众生不遂。有一民饥,则曰:"此我饥之也。"有一人寒,则曰:"此我寒之也。"有一民罪,则曰:"此我陷之也。"仁昭而义立,德博而化广。故不赏而民劝,不罚而民治,先恕而后教,是尧道也。(《说苑·君道》)

> 禹称民无食,则我不能使也;功成而不利于人,则我不能劝也。故疏河以导之,凿江通于九派,洒五湖而定东海,民亦劳矣,然而不怨苦者,利归于民也。(《说苑·君道》)

> 汤称学圣王之道者,譬如日焉,静居独思,譬如火焉。夫舍学圣王之道,若舍日之光;何乃独思若火之明也?可以见小耳,未可用大知。惟学问可以广明德慧也。(《说苑·建本》)

> 管子称仓廪实,知礼节,衣食足,知荣辱。夫谷者,国家所以昌炽,仕女所以姣好,礼仪所以行,而人心所以安也。尚书五福,以富为始。子贡问为政,孔子曰,富之,既富乃教之也。此治国之本也。(《说苑·建本》)①

分析以上资料,可把献王的政治思想归结如下:一是效尧舜禹以仁义治天下;二是重民衣食,利归于民;礼乐教化,化民成俗。短短几段言论尽显献王一代贤王和儒家君子的风范。

据相关文献记载:"武帝时,献王来朝献雅乐,对三雍宫及诏策所问二十余事。其对推道术而言,得事之中,文约指明。"②《乐记》是战国时期至汉初儒家学者论述"礼"著作汇编而成《礼记》中的一篇。对于作者和成文时间,认识不一。一说是孔子的再传弟子公孙尼子所作,成书于战国初期;

---

① 熊承涤.秦汉教育论著选.北京:人民教育出版社,1986.98—99.

② (汉)班固.汉书.景十三王传.北京:中华书局,1962.2410.

一说是汉初儒生纂辑、附会先秦诸子的。由于《乐记》和《荀子·乐论》中有些段落文字基本相同，故孰先孰后，学术界历来存在争议。孔子整理的《六经》中原有《乐经》，但据说失传于秦始皇的"焚书"或项羽烧毁秦宫苑阿房宫。汉初刘德召集毛公等一批儒生，杂采《周礼》及先秦诸子音乐资料，加以重新编纂创作，后又献书皇朝秘府。但汉武帝对《乐记》所提倡的古乐、雅乐并不太重视。此事《汉书·礼乐志》有所记录："河间献王有雅材，亦以为治道非礼乐不成，因献所集雅乐。天子下大乐官，常存肄之，岁时以备数，然不常御，常御及郊庙皆非雅声。"①

孔子云："安上治民，莫善于礼；移风易俗，莫善于乐。""所谓乐教就是诗乐一方面反映人们的各种思想感情，另一方面又反过来对人们的思想感情产生巨大的教育、感染作用。因此，他们重视利用诗乐辅助政治，使人们通过诗乐的感染，更容易接受统治者的教化，从而巩固当时的阶级关系。这就是所谓的诗教和乐教。"②国家用法律赏罚无法解决的社会问题，可以通过文艺来移风易俗。昔日秦朝试图建立一个完全依靠外在的制度与法律管理的国家，因此"以吏为师"。到了汉代，献王早于汉武帝十数年就敏锐地意识到儒家所承载的礼乐文化具有教化人心、支撑社会治理的巨大作用。他认为治道非礼乐不成，主张礼乐治天下，其认识之敏锐准确，见识之超前，令人叹服。同时，儒家思想的传播过程也是教化的过程。献王刘德尽心整理典籍，开设官学，授徒讲经，儒学得到推广，那么国民对儒家伦理道德的崇尚，对儒家的政治伦理规范的践行，都在潜移默化地影响他们的价值取向。献王刘德经术通明，举止儒雅，他所秉持的儒家思想渗透到他作为地方行政官员的管理政策的文本内容之中，对社会各阶层认同统治思想和封建伦理规范发挥重要的教育、引导作用，带动了社会风气的改变，与献王的社会政治理想形成彼此互动的同构关系。

在西汉景武之世的 26 年间，河间理典籍、揽名师、修馆阁、献雅乐、兴庠序等活动，培养了大批儒学人才，实现了儒学的文艺复兴，形成了汉初以河间为中心的儒学文化圈，并带动辐射了周边地区。由于诸多原因，河间学术在献王去世后很快地消散、沉寂，但是它的古香风韵常存世间。

河间古老大地蕴藏着深厚文化学术资源，成为崇尚文教风尚的一种资源力量绵延不息，穿越时空的限制。献王刘德重视文教，召集名儒研究经典，培养人才，泽被后世，促进了河间学术教育事业的历代发展。元代的毛公书院就是一个鲜活的案例。

据(雍正)《畿辅通志》卷 29"学校志"记载：元代至正年间，河间路总管王思诚在河间县尊福乡崇德里毛精垒奏建书院，设山长，以奉祀。后书院几遭破坏，仅剩"汉博士毛苌公讲经处"石碑一座、石狮一对及"毛公学堂"匾额一方。明正德十年(1515 年)御史卢雍巡察至河间，询毛公遗址，并嘱河间郡守陆栋重修毛公祠，辟地冢南，建堂三间，以奉公像，翼以两庑设重门，用垣树以杂木，阅数月厥功告成。万历四十六年(1618 年)知县吕下问又加修葺，并亲自勒记于石，外大门三间，内享堂三间，以祀毛公，左有庑三楹，围墙四周，以后日久渐坯。

清乾隆二十三年(1758 年)知县吴山凤以"各县皆有义学，独河间久废，向附于府，顾府书院为合属生徒肄业地，迩来人文蔚兴，愿学者众，未可以私诸河间……因捐资于毛公祠增修书院，添建

---

① (汉)班固.汉书.礼乐志.北京：中华书局，1962.1070.

② 顾易生、蒋凡.先秦两汉批评史.上海：上海古籍出版社，1990.392.

西庑三间,复捐备修脯,堪为居业之所,延师教授,并亲自评骘诸士课艺,凡邑中俊秀愿学者听”。①今河间诗经村西北面三里处的君子馆村,据称就是当年毛苌讲经的地方,其遗址现为三十里铺初级中学。

明代李时撰有《毛公书院精垒记》,清代梁志恪有《毛公书院记》传世。据清康熙十三年(公元1674年)刻本《河间县志·毛公书院精垒记》记载:“毛公者,汉儒毛苌也……河间献王响儒术,访礼、乐,得鲁人毛亨《诗诂训传》,献王征公为博士,公善为讲说,演释其义号为《毛诗》。卒,葬河间城北三十里,世代既邈,士人俱称为毛精垒,而郡志亦因之。元至正间,总管王思诚即其地建立书院,设山长一人以奉祀……汉兴,言诗者于鲁有申公,于齐有辕固生,燕有韩太傅。然皆词多同异,戾于经旨。维公之学,出于子夏,而其释诗与《金滕》《孟子》《国语》《左传》《仪礼》诸书合一。时学《诗》者翕然宗之,而三家之《诗》俱废……东汉毛诗遂盛传焉,迄今数千年,学士大夫犹私淑之。宋之大儒称之曰:毛诗之义最得其精。”据上引明朝大学士李时所写《毛公书院精垒记》,也证明刘德的确在其封国地域的河间县今诗经村、君子馆村等处设立国学,征请毛苌为博士,为国学弟子讲授《毛诗》,创下万世莫灭的功绩。② 对河间诸学术文化大师及其文化教育经营者刘德的思想及业绩上面已有所描述,此处结合书院办学的历史进一步丰富拓展,以突显这一流派及其举办者的地域文化教育贡献,也能进一步丰富汉代早期地方兴学的历史认识。

下附明代李时、清代梁志恪及清代戴鸾图为毛公书院分别作的《毛公书院精垒记》《毛公书院记》及《毛公书院》七律诗。

毛公书院精垒记

(明)李时

毛公者,汉儒毛苌也。公赵人,武帝时,河间献王响儒术,访礼乐,得鲁人毛亨《诗诂训传》,献王征公为博士,公善为讲说演释,其义号为毛诗。卒葬河间城北三十里。元至正间,总管王思诚即其地,奏建书院,设山长一人以奉祀。元末毁于兵。正德己亥,御史吴郡卢公雍按部至郡,询其遗址,慨然兴叹,乃命郡守陆君栋辟地冢南,建堂三间,以奉公像,翼以两庑设重门,用垣树以杂木,阅数月厥功告成。陆君栋以时郡人也,征言以记。时闻古之君子,博学乎六艺之文。六艺者,王教之典籍,先王所以明天道,正人伦,致治之法也。六艺之义弗明,天下有不可得而治者。况夫诗之为教,理性情,谨风教,所以移风响道,尤为切至者耶?六艺自厄于秦火,独诗以讽诵相传,汉兴,言诗者于鲁有申公,于齐有辕固生,燕有韩太傅。然皆词多同异,戾于经旨。维公之学出自子夏,而其释《诗》与《金滕》《孟子》《国语》《左转》《仪礼》诸书合一,时学诗者,翕然宗之,而三家之诗俱废。厥后以授同国贯长卿,卿授解延年,延年授阿武徐敖,敖授九江陈侠。侠为莽讲学大夫,东汉毛诗遂盛传焉。迄今数千年,学士大夫犹私淑之,

① (清)吴山凤修,黄文莲纂.(乾隆)河间县志·卷6“学校志”、卷2“署官志”.清乾隆二十五年刻本.

② 熊明安.古代最早的地方官学辩.教育评论,2010,(4):128—129.

宋之大儒称之曰:毛诗之义最得其精。又曰汉有儒者三人,毛公、董仲舒、扬雄。则其翼教裨世之功,夫岂浅哉?朝廷崇重文教,自都邑以至郡县,皆立孔子庙,以公从祀,亦既报公矣。至于公至葳衣冠之所,乃委之榛莽,咸兴景仰之心,盖不但诵其诗、论其世而已。诸君之志不亦可尚欤?卢君博雅好古,刻意于诗,于公盖有契焉,而陆君又克相成之,其贤皆可书也,于是乎书。①

毛公书院记

(清)梁志恪

皇帝御极二十二年春,再举南巡之典,道出河间,特遣重臣致祭于先儒汉博士毛公祠,昭右学也。祠故有碑可读。盖自元至正年,河间路总管王思诚以此当毛公藏衣冠之地,因奏置书院,设掌教,为文学宗仰,旋毁于兵,嗣后兴废者屡矣。夫汉孝文时,诗始萌芽,毛公以专经名家教授徒众,功不在贾生、董子下。顾其道,要以启迪后人为主,迄今祠宇俨然,而书院未复,岂冥汉式凭意哉?邑侯吴公曰:上有享堂足以妥先儒,旁有两庑足以庀群材,此一举而两得也。况郡治既有瀛洲书院比次馆舍,诱掖十一属之俊秀,蒸蒸日上,而又何不可别为乡学以重私吾邑民乎?越日捐廉俸,缮墙屋,集生徒,益筑室二间,种树卉为诸士息游所。余以勷赞末议,荐李明经文延主讲席,时丁丑三月事也。邑人感公雅化,向慕而至者愈众。公又以案牍之暇,设为月课,呈艺必亲评骘焉。勤增葺之工,尚修脯之具,厚奖赏激劝之资,盖昔之夜月秋霜凭吊寂寞,阅兹三载而春风时雨鼓荡郊圻矣。呜呼!文章政事,得失相通。自夫以法律为诗书,而褒衣博带之徒,几欲束诸高阁。于是后学小儒,乱道误人,益不自重,世更以此揶揄之。今公独以贤明,来莅斯土,力培元气,敦笃斯文。下车数日,百废俱举,其卓著者,讼庭无绅衿,比户识廉耻。继乃引伸其道,复毛公书院,进群黎于沐泽,用知弦诵歌咏追间,应有金石其音出,而报公之作养,仰副圣天子崇儒重道之至意,于以景先儒灵爽,且偕岳麓、嵩阳、应天、白鹿祠诸名流传不朽也,是为记。②

毛公书院

(清)戴鸾图

毛诗不著汉西京,书院何年傍郡城?
风雅颂中歌舞少,鲁韩齐外管弦清。
冠裳济济学传磬,妇孺嘻嘻习弄笙。
太息劫灰留胜地,授经剩此有村名。③

---

① 河间市地方志编纂委员会.河间县志.北京:书目文献出版社,1992.938.
② 河间市地方志编纂委员会.河间县志.北京:书目文献出版社,1992.939.
③ 河间市地方志编纂委员会.河间县志.北京:书目文献出版社,1992.924.

八、衡水

董子祠书院

在衡水景县。元至正年间(1341—1368)河间路总管王思诚奉令于广川镇汉代大儒董仲舒乡祠修建书院,设山长,由于是为了纪念董仲舒创办的,故名"董子祠书院"。《河北省志》"河北历代书院一览表"名"董子书院",这也是有依据的。据史料记载:"董子书院……即汉董仲舒乡祠。元至正中,总管王思诚奏建,今置学宫东隅。"①但为避免与明代沧州泊头县的董子书院发生混淆,此处仍称之"董子祠书院"。

元末社会动荡混乱中,书院废弛。明正德年间(1560—1521),巡按卢雍、知州徐政重建。明嘉靖二十五年(1546 年)邑监生冯时选再建董子祠,并置书院田 17 亩,以资膏火。明末清初的战争剧变中又遭毁灭,清同治十三年(1874 年)知州宋彭寿重修,因经费无着,未能延师讲学。②

董仲舒(前 179—前 104),广川人,西汉时著名的哲学家、教育家。年轻时好学不倦,专攻《春秋公羊传》,为今文经学大师。汉代史学家、文学家班固在《汉书》卷 56"列传"第 26《董仲舒传》中称:"盖三年不窥园,其精如此。进退容止,非礼不行,学士皆师尊之。武帝即位,举贤良文学之士,前后百数,而仲舒以贤良对策焉……自武帝初立,魏其武安侯为相,而隆儒矣。乃仲舒对策,推明孔氏,抑黜百家,立学校之官,州郡举茂材孝廉,皆自仲舒发之。所著《闻举》《玉杯》《蕃露》《清明》《竹林》之属,复数十篇,十余万言。"③汉景帝时任儒学博士官,汉武帝时举贤良文学之士,他的对贤良文学策取得第一。后任江都相和胶西王相,晚年还乡,专门著述讲学,采取"下帷讲诵","弟子传以久次相授业"的教学方法,即在幕后讲诵,由程度高的学生对程度低的学生进行转相传授的方法,以提高教学效率。18 世纪之后欧洲惯称为"培尔—兰卡斯特导生制"。董仲舒的哲学理论以及独尊儒术、兴太学、重选举、广教化的教育方案以及道德教育与教学思想,影响了汉武帝的政治调整方略与汉代的学术思想及文化教育,也为后代封建统治者们所遵循。

董子祠书院所在地究竟在何处,《中国书院辞典》和《河北省志》中的记载不同,前者记为"河北河间",而后者记为"河北景州"。依照《汉书》中的记载,河间府有广川县,今景县旧属河间府。由此可见两者的记载无大分歧。董仲舒是广川人,无异议,但究竟广川属于哪儿却有不同的说法。一些重要的文献中提到董仲舒都只说他是广川人。如司马迁在《史记·儒林列传》中曰:"董仲舒,广川人也。"班固在《汉书·董仲舒传》曰:"董仲舒,广川人也。"当时,由于广川在中国比较繁荣而且有名,所以他们直接称董仲舒为广川人,而未加县或者府,为今人的研究设置了疑问,现行河北省行政区划地名表所列为河北枣强县广川镇。古今地名辖区变迁之大,可见一斑。

魏文华 2000 年出版的《儒学大师董仲舒》中对董仲舒的故里有过分析,可进一步丰富我们的认识,并印证上述判断。今景县城西三里有周亚夫墓。据史载,汉文帝时封周亚夫为条侯,景县在

---

① 季啸风主编.中国书院辞典.杭州:浙江教育出版社,1996.15.
② (清)唐执玉等修,陈仪等纂.(雍正)畿辅通志·卷 29"学校志".清雍正十三年刻本.
③ 孟宪承、陈学恂等.中国古代教育史资料.北京:人民教育出版社,1961.284.

当时为条国地。条国系商朝后期“殷民六族”条氏的封地。春秋时，景县为晋之条地。战国时属赵，秦时属巨鹿郡。西汉时分置脩县与修市县，当时脩县位于今景县中部，属信都国或广川国，西南境与广川县为邻。广川为县时，辖今景县西南部与枣强东北部；为国时，辖今景县、武邑以南，南宫、故城以北，滏阳河西岸以东和山东德州市一部。枣强于汉朝置县时，属清河郡。北齐天宝七年(公元556年)，广川县划入枣强，广川镇也划归枣强县治。元朝初年，广川镇改属景州脩县，明朝洪武时脩县省入州治，民国初景州改为景县。据以上推断现景县广川镇就是《史记》《汉书》所记载的广川。①

第三节　元代河北的著名书院

元代河北书院的勃兴并非偶然，于种种复杂的因素之外，还应注意到程朱理学与河北书院之间千丝万缕的联系。时至元代，程朱理学在全国范围内广泛传播，并得以上升至官方哲学。然而，这一变化并非一蹴而就，而是随着作为理学载体的书院的勃兴与官学化而逐渐地完成自身由民间学术向官学的转变。反过来，理学的北传及其官学化也促进了河北书院的发展，同时为河北书院的兴盛提供了价值依托及思想资源的知识内容。北方出现了一大批出色的书院，河北作为毗邻元朝大都之要地，得天独厚的地理优势自然使其不乏卓有成效的知名书院，如紫金山书院、滋溪书院和封龙书院等，兹依次加以介绍。

一、刘秉忠与紫金山书院

紫金山书院是元代闻名全国的书院，因坐落在今河北邢台紫金山上而得名。元定宗二年(1247年)由元代名臣刘秉忠创办。紫金山位于邢台市西南65公里处，山阴岩石呈紫色，学名紫砂岩，这便是紫金山的来历。紫金山地处太行山分水岭上，拔地而起，有一股超凡脱俗的灵气，当地民众称之为“灵山”。紫金山书院在紫金山小寨处的北部山腰，山顶上还有“紫金山书院”石碑一块。书院有10几间房屋和数十丈长的围墙遗址，包括大门、书房、操场、宿舍、读书台、观象台共六部分。

紫金山以及在此创建的紫金山书院与当时一批出类拔萃的人物有着密切关系，被后人称为“紫金山五杰”或“紫金山学派”。从历史资料分析，紫金山学派代表人物为刘秉忠、张文谦、张易以及传承并超越其思想及方法的郭守敬、王恂等人。

刘秉忠(1216—1274)，元朝重臣，著名政治家，辽、金贵族后裔，邢台县人，初名侃，字仲晦，号藏春，释名子聪。17岁时，当元太宗初年，为邢台节度使府令史，不安心所事，即弃去，后出家为僧。乃马真后元年(1242年)，经海云禅师荐入忽必烈幕府，因博学善论，深得赏识。海云迷失后二年(1250年)向忽必烈上书言策，深得嘉纳，又举用张文谦、王恂等。中统元年(1260年)元世祖忽必

① 魏文华.儒学大师董仲舒.北京：新华出版社，2000.3.

烈即帝位,命制定各种制度,至元元年(1264 年),令其还俗,复姓刘,易名秉忠,官居太保、参领中书省事等职。此后,主持设计大都(今北京)城,奏建国号大元,定朝仪、官制等,精通天文、历法、水利、算术,皆有论著,合辑为《藏春集》。

刘秉忠的治学甚为驳杂,擅于糅合释道,拓宽学识,构筑自身学术体系。其学术特色与流行的程朱之学相较有如下个性:学术的价值取向偏于实用,对象数之学予以嘉许,并躬身精研,在"六经"与"四书"的课程体系上与理学家相左,偏向"六经"的经世致用。

元定宗二年(1247 年),刘秉忠回故乡邢州奔父丧之际,在邢州西紫金山设书院讲学,至今仍留存的紫金山山阴断壁残垣就是紫金山书院的旧址,《元史》有列传记载,崖头村公庙前之碑碣对此也有简要记述。

张文谦(1217—1283),字仲谦,邢州沙河(今河北沙河)人,少时与刘秉忠同学。元定宗二年(1247 年),由刘秉忠推荐,入仕元世祖忽必烈幕府,后历任王府书记、中书左丞参知政事、大司农卿、御史中丞、昭文馆大学士、领太史院事、枢密副使等要职。为改革蒙古旧制,用汉法,在元王朝统一和治理过程中立下功绩,如入忽必烈幕府掌管教令笺奏。元至元元年(1264 年),以中书左丞行省事于西夏中兴等路,用郭守敬浚唐来、汉延二渠,灌田 10 余万顷。1271 年,拜大司农卿,请立诸道劝农司,与窦墨请立国子学。次年,主持修订历法。

张易(？—1282),元太原交城(今属山西)人,字仲一,元中统元年(1260 年),任燕京行省参政,至元年间(1264—1294)由中书右丞累官至中书平章政事、枢密副使、知秘书监、太史院、司天台事。

王恂(1234—1281),元中山唐县(今属河北唐县)人,字敬甫,少从刘秉忠求学,精通算术。元宪宗三年(1253 年),因刘秉忠荐,辅导忽必烈子真金,元世祖至元十三年(1276 年),受命与郭守敬、杨恭懿等创制新历,又与郭守敬共创招差术,为独特的球面三角学。1280 年,所制新历完成,号《授时历》,颁行天下。

郭守敬(1231—1316),字若思,邢台县人,元代著名天文学家、数学家、水利专家和仪表制造家,曾任都水监、太史院同知。忽必烈时期郭守敬修复西夏诸渠,疏通燕京旧漕河,开凿通河,引西山泉水入京,"一生相治河渠坝堰百余所"。郭守敬还是世界"海拔"概念最早提出者和应用者,黄河源头第一个探测者。在王恂、张易和郭守敬主持的太史院(相当于科学院)里,天文、数学取得了世界领先的成就,郭守敬创制的"简仪"是世界最早的大型赤道仪,比欧洲第谷早 300 年,所发明的滚珠轴承比欧洲达·芬奇的设计早 200 年。他组织了空前规模的天文测量,创建了登封观星台、大都司天台,在此基础上制定了《授时历》,在世界数学史上最早提出和运用了三次内插法和球面三角法的计算公式,规定一回归年为 365.24 日,和现在世界通用的公历计算数值完全一样。

刘秉忠、张文谦、王恂、张易、郭守敬诸人从事天文、水利工程、数学、土木建筑等方面科技创造,取得了重大成果,形成了一个科研团体,史称"邢州学派"。同时他们又劝农桑,减赋税,兴学校,在社会的诸多领域做出了很大贡献,被称为"邢州五杰"。

上言国事书

(元)刘秉忠

典章、礼乐、法度、三纲五常之教,备于尧、舜,三王因之,五霸败之。汉兴以来,至于五代,一千三百余年,由此道者,汉文、景、光武,唐太宗、玄宗五君,而玄宗不无疵也。然治乱之道,系乎天而由乎人。天生成吉思皇帝,起一旅,降诸国,不数年而取天下。勤劳忧苦,遗大宝于子孙,庶传万祀,永保无疆之福。

愚闻之曰"以马上取天下,不可以马上治"。昔武王,兄也;周公,弟也。周公思天下善事,夜以继日,每得一事,坐以待旦,以匡周室,以保周天下八百余年,周公之力也。君上,兄也;大王,弟也。思周公之故事而行之,在乎今日。千载一时,不可失也。

君之所任,在内莫大乎相,相以领百官,化万民;在外莫大乎将,将以统三军,安四域。内外相济,国之急务,必先之也。然天下之大,非一人之可及;万事之细,非一心之可察。当择开国功臣之子孙,分为京府州郡监守,督责旧官,以遵王法;仍差按察官守,治者升,否者黜。天下不劳力而定也。

天下户过百万,自忽都那演断事之后,差徭甚大,加以军马调发,使臣烦扰,官吏乞取,民不能当,是以逃窜。宜比旧减半,或三分去一,就见在之民以定差税,招逃者复业,再行定夺。官无定次,清洁者无以迁,污滥者无以降。可比附古例,定百官爵禄仪仗,使家足身贵。有犯于民,设条定罪。威福者君之权,奉命者臣之职。今百官自行威福,进退生杀惟意之从,宜从禁治。

天下之民未闻教化,见在囚人宜从赦免,明施教令,使之知畏,则犯者自少也。教令既设,则不宜繁,因大朝旧例,增益民间所宜设者十数条足矣。教令既施,罪不至死者皆提察然后决,犯死刑者覆奏然后听断,不致刑及无辜。

天子以天下为家,兆民为子,国不足,取于民,民不足,取于国,相须如鱼水。有国家者,置府库,设仓廪,亦为助民;民有身者,营产业,辟田野,亦为资国用也。今宜打算官民所欠债负,若实为应当差发所借,宜依合罕皇帝圣旨,一本一利,官司归还。凡赔偿无名,虚契所负,及还过元本者,并行赦免。

纳粮就远仓,有一废十者,宜从近仓以输为便。当驿路州城,饮食祇待偏重,宜计所费以准差发。关市津梁正税十五分取一,宜从旧制。禁横取,减税法,以利百姓。仓库加耗甚重,宜令权量度均为一法,使锱铢圭撮尺寸皆平,以存信去诈。珍贝金银之所出,淘沙炼石,实不易为。一旦以缠丝缕,饰皮革,涂木石,妆器仗,取一时之华丽,废为尘而无济,甚可惜也。宜从禁治。除帝胄功臣大官以下章服有制外,无职之人不得僭越。今地广民微,赋敛繁重,民不聊生,何力耕耨以厚产业?宜差劝农官一员,率天下百姓务农桑,营产业,实国之大益。

古者庠序学校未尝废,今郡县虽有学,并非官置。宜从旧制,修建三学,设教授,开选择才,以经义为上,词赋论策次之,兼科举之设,已奉合罕皇帝圣旨,因而言之,易行也。开设学校，宜择开国功臣子孙受教，选达才任用之。

天下莫大于朝省，亲民莫近于县宰。虽朝省有法，县宰宜择，县宰正，民自安矣。关西、河南地广土沃，以军马之所出入，治而未丰。宜设官招抚，不数年民归土辟，以资军马之用，实国之大事。移剌中丞拘榷盐铁诸产、商贾酒醋货殖诸事，以定宣课，虽使从实恢办，不足亦取于民，拖兑不办，已不为轻。奥鲁合蛮奏请于旧额加倍榷之，往往科取民间。科榷并行，民无所措手足。宜从旧例办榷，更或减轻，罢繁碎，止科征，无从献利之徒削民害国。鳏寡孤独废疾者，宜设孤老院，给衣粮以为养。使臣到州郡，宜设馆，不得于官衙民家安下。

孔子为百王师，立万世法，今庙堂虽废，存者尚多，宜令州郡祭祀，释奠如旧仪。近代礼乐器具靡散，宜令刷会，征太常旧人教引后学，使器备人存，渐以修之，实太平之基，王道之本。今天下广远，虽成吉思皇帝威福之致，亦天地神明阴所祐也。宜访名儒，循旧礼，尊祭上下神祇，和天地之气，顺时序之行，使神享民依，德极于幽明，天下赖一人之庆。

见行辽历，日月交食颇差，闻司天台改成新历，未见施行。宜因新君即位，颁历改元。令京府州郡置更漏，使民知时。国灭史存，古之常道，宜撰修《金史》，令一代君臣事业不坠于后世，甚有励也。

国家广大如天，万中取一，以养天下名士宿儒之无营运产业者，使不致困穷。或有营运产业者，会前圣旨，种养应输差税，其余大小杂泛并行蠲免，使自给养，实国家养才励人之大也。明君用人，如大匠用材，随其巨细长短，以施规矩绳墨。孔子曰："君子不可小知而可大受，小人不可大受而可小知。"盖君子所存者大，不能尽小人之事，或有一短；小人所拘者狭，不能同君子之量，或有一长。尽其才而用之，成功之道也。

君子不以言废人，不以人废言，大开言路，所以成天下、安兆民也。天地之大，日月之明，而或有所蔽。且蔽天之明者，云雾也；蔽人之明者，私欲佞说也。常人有之，蔽一心也；人君有之，蔽天下也。常选左右谏臣，使讽谕于未形，忖画于至密也。君子之心，一于理义，怀于忠良；小人之心，一于利欲，怀于谗佞。君子得位，有容于小人；小人得势，必排于君子。明君在上，不可不辨也。孔子曰"远佞人"，又曰"恶利口之覆邦家者"，此之谓也。

今言利者众，非图以利国富民，实欲残民而自利也。宜将国中人民必用场冶，付各路课税所，以定榷办，其余言利者并行罢去。古者明王不宝远物，所宝惟贤，如使贤者在位，能者在职，此皆一人之睿知，贤王之辅成也。古者治世均民产业，自废井田为阡陌，后世因之不能复。今穷乏者益损，富盛者增加。宜禁行利之人勿恃官势，居官在位者勿侵民利，商贾与民和好交易，不生擅夺欺罔之害，真国家之利也。

笞箠之制，宜会古酌今，均为一法，使无敢过越。禁私置牢狱，淫民无辜，鞭背之刑宜禁治，以彰爱生之德。立朝省以统百官，分有司以御众事，以至京府州郡亲民之职无不备，纪纲正于上，法度行于下，是故天下不劳而治也。今新君即位之后，可立朝省，以为政本。其余百官，不在员多，惟在得人焉耳。①

二、苏天爵与滋溪书院

滋溪书院又名滋阳书院、滋阳书堂，在新乐县西南古新市(今石家庄正定新城铺)，元至顺二年(1331年)创办。滋溪书院为元参政苏天爵幼时读书之所，也是由苏天爵创办。元代后期学者安熙，思想家、教育家虞集均在此讲学，尤其是虞集作为苏天爵之师，他钟情并极力推崇滋溪书院，由此所产生的教育影响明显增大。

苏天爵(1294—1352)，元代国子监监生，著名文学家、历史学家，字伯修，真定(今河北正定市)人，因居滋水之畔，人称滋溪先生。苏天爵少时从安熙学习，后又以吴澄、虞集等为师。历任大都路蓟州判官、翰林国史院典籍官、湖广行省参知政事、江南行台监察御史、集贤侍讲学士兼国子祭酒、江浙行省参知政事、大都路总管等职，著作有诗稿7卷，今佚。另著《春风亭笔记》2卷，撰《元朝名臣事略》15卷、《滋溪文稿》30卷。

安熙(1270—1311)，元真定藁城(今属石家庄市藁城市)人，字敬仲，号默庵，自幼随祖父学经书，宗刘因，竭力阐发朱熹之学，在家乡执教数十年，终身未仕，有《默庵集》行世。他又曾主持封龙山封龙书院，为谱写元代河北书院教育辉煌篇章做出了应有的贡献。

虞集(1272—1348)，元临川崇仁(今属江西)人，原籍四川仁寿，字伯生，世称邵庵先生，就学于当世大儒、教育家吴澄。元成宗大德初，入京为大都路儒学教授、国学助教。元仁宗时(1312—1320)为集贤修撰。泰定初为国子监司业迁秘书少监，与集贤侍读学士王约执经从天子幸上都，用蒙、汉语讲解经书，升翰林直学士兼国子祭酒。文宗时(1328—1331)任奎章阁侍书学士，受命与中书平章赵世延等修撰《经世大典》。任集贤修撰期间，因会议学校，乃上疏曰："师道立则善人多。学校者，士之所受教以至于成德达材者也。今天下学官，猥以资格授，强加之诸生之上，而名之曰'师'尔。有司弗信之，生徒弗信之，于学校无益也。如此而望师道之立，可乎？下州小邑之士无所见闻，父兄所以导其子弟，初无必为学问之实。意师友之游从，亦莫辨其邪正。然则所谓贤材者，非自天降地出，安有可望之理哉！为今之计，莫若使守令求经明行修成德者，身师尊之，至诚恳恻以求之，其德化之及，庶平有所观感也。其次则求夫操履近正而不为诡异骇俗者，确守先儒经义师说而不敢妄为奇论者，众所敬服而非乡愿之徒者。延致之日讽诵其书，使学者习之，入耳著心，以正其本，则他日亦当有所发也。其次则取乡贡至京师罢归者，其议论文艺，犹足以耸动，其人非若泛泛莫知根柢者矣。"②针对当时师道不立，师资困顿，士风、学风低落衰微的状况，倡言尊师，并提出重建"师道"的对策。虞集著有《道园学古录》50卷，其中"书院记"15篇，可见其关怀、促进书院事业的挚情，可谓一代书院教育家。

虞集主张读圣贤书、造就圣贤之士，多次强调"我国家表章圣经以兴文化，各地书院授圣贤之

---

① (明)宋濂等.元史·卷157·刘秉忠列传.见：张鸣歧主编.辽金元教育论著选.北京：人民教育出版社，1991.160—164.

② 张鸣歧主编.辽金元教育论著选.北京：人民教育出版社，1991.447.

书,以教乎其人"。并将其教育主张贴之于国子墙壁,称"今吾学之所讲,其书,易、诗、书、论语、大学、中庸、孟子;其道,则尧、舜、禹、汤、文、武、周公、孔子。所以明其道者,颜、曾、思、孟、周、程、邵、朱之言","舍此无以为教矣"。读圣贤书之目的在于深明经义,"使不至于陷于差谬,必至于圣人而后已。"主张学、辨、思、行相结合,学即导学,辨即论辩,思即慎思,强调笃行。笃行的先决条件是知,知愈明则行愈力,两者结合则能经世致用。①

虞集不仅作为滋溪书院创办者苏天爵的业师,以知识、思想,尤其是专业精神、教育学说教导、引领门生弟子,而且还直接撰文描述、介绍滋溪书院,并饱含其讲学论道、切磋研讨的浓厚心怀。如《赋苏伯修滋溪书堂诗》:"滋源恒伏流,春雨川乃盈。林畴广敷润,草木俱繁荣。林深见游悠,仰乔有鸣莺。君子乐在斯,斋居托令名。积学抱沈默,时至有攸行。抽简鲁史存,采诗商颂并。禹穴追马公,湘江歌屈生。纫兰不盈握,伐木有馀情。浩然欲浮海,归兴还濯清。方舟我为楫,白发愧垂缨。"②元代诗人潘纯撰有《题苏伯修滋溪书堂诗》,对此作了进一步揭示:"华屋书充栋,清溪树拂檐。波光浮藻井,云影乱牙签。四世风流在,诸生礼数严。归来谢宾客,长日下疏帘。"上述二首诗生动描绘了滋溪书院的环境和师生状况,从中我们可以推想师生在此期间读书研习的情景。

滋溪书院记(节选)

(元)苏天爵

天之生材足周一世之用,方无事时,人材或不克显,及临大节决大事,则忠义材能之士始表见焉。然则有天下者,可不以贤材为务乎!夫学校者,所以长育人材,而风纪之司又所以敦劝其教者也。

今国家承平既久,德泽涵濡,虽荒服郡县亦皆有学,而部使者按临所经,又即山林胜地访求先贤遗迹,以广为学之所,则其风厉治化,乐育贤材,不亦重且大欤。传曰:"志士仁人无求生以害仁,有杀身以成仁。"盖天下之事,岂怀禄观望之徒所可与谋,必振世豪杰而后能有为也。

上都庙学碑阴记(节选)

(元)苏天爵

上京夫子庙学,既建六十有八年,尚未勒碑以纪成绩。留守贺惟一始为具石,教授李溥请于朝,中书以闻。敕参知政事许有壬为之文,卜日树立。溥复请记其碑阴。

天爵曰:"圣人之道,昭如日月,不待碑而后着也。独列圣右文隆儒之盛,可不论载以传于后?欤夫以国家建黉宫、延师儒、栋宇之隆、笾豆之列,岂徒观美而已?亦曰崇教以范俗,育材以任官。为师者思所以作乎人,学者思所以修其业,庶不负朝廷兴学养士之美意也。"维昔世

① 季啸风主编.中国书院辞典.杭州:浙江教育出版社,1996.542.

② 新乐县教育志编纂委员会.新乐教育志.石家庄:河北教育出版社,1999.61.

十有一月甲子，具官苏天爵谨记。

扬州路学田记(节选)

(元)苏天爵

古之为士者，所以学乎道也。道也者，忠于君、孝于亲、弟于长上、信于朋友之谓也。后世之士，有志于道德者矣，有志于功名者矣。其志于富贵利达者，则未足与议也，矧志于刀笔、筐箧之习者乎？呜呼！世之有官君子，俾俊秀之民，役役乎文法之末，是岂朝廷乐育贤材之意欤？盖古之学者为己，非为人也。身修于一时，则道德可以表于后世矣。

常州路新修庙学记(节选)

(元)苏天爵

或曰："胡公之学，古学也。今学者方从事于贡举，宁可同欤？"是不然。夫今之贡举革近代声律之陋，复隆古正学之规。朝廷立法既周，诸儒讲论又至。试之以疑义者，所以使人通经学古，明乎道德性命之本，达乎诗、书、六艺之文，非章句括帖之是尚也。继之以古赋、制诰、章表，所以验其登高能赋，则可以为大夫，应制代言，则可以敷号令，非雕虫篆刻之为工也。终则试之以制策，于以考古今治乱之原，推天地事物之变，民之利疚，政之美恶，皆得指陈。它日措诸实用，将见真儒善治之效出焉。虽然，此特试之以言也，不尚察其行欤？故必孝弟称于乡闾，信义服于朋友，始得宾兴于乡，荐之春官，贡于天子之廷，论定而后官之。其所学所能，不有胡公所谓经义者乎，所谓政事者乎！

夫国家之设贡举，所以求贤才也。学校者，养士之原，贤才之所出也。然世有古今，而人之生同具此理，山川人物流风遗俗之传，精神意气之相感，宁无可望者欤！

伊洛渊源录序(节选)

(元)苏天爵

伊洛渊源录者，新安子朱子之所辑也。朱子既录八朝名臣言行，复辑周、程、邵、张遗事以为是书，则汴宋一代人材备矣。天爵家藏是书有年，及来鄂省，谋于宪府诸公，刊置郡学，与多士共传焉。

间尝诵程子之言曰："周公没，百世无善治；孟轲死，千载无真儒。"盖治不出于真儒，虽治弗善也。自圣贤既远，治教渐微，汉、唐数百年间，逢掖之徒岂无名世者欤！盖溺于词章记诵之习者，既不足以知道德性命之原，訹于权谋功利之说者，又不足以求礼乐刑政之本。此教之所以不明，治之所以弗古若也。宋氏之兴，儒先挺出。周子得不传之学于图书，阐发幽秘。二程子扩大而推明之，穷理致知，以究其极。邵子、张子则又上下其论议。然后天理之微、人伦之著、事物之众、鬼神之幽焕然复明于世。一时及门之士，讲明正学，风采言论，各有所传。朱子悉登载于是书，以为训焉，其有望于天下后学，可谓至矣。盖自古为政者，必明道术以正人心，育贤材以兴治化。然则是书所述，其有关于世教已夫。

昔我世祖皇帝既定天下，惇崇文化，首征覃怀许文正公为之辅相。文正之学，尊明孔、孟之遗经，以及伊、洛诸儒之训传，使夫道德之言，衣被四海。故当时学术之正，人材之多，而文正之有功于圣世，盖有所不可及焉。逮仁庙临御，肇兴贡举，网罗俊彦。其程试之法，表章六经。至于论语、大学、中庸、孟子，专以周、程、朱子之说为主，定为国是，而曲学异说，悉罢黜之。是则列圣所以明道术以正人心、育贤材以兴治化者，其功用顾不重且大欤。夫伊、洛之书固家传而人有之，然学之者欲以见诸实用，非徒诵习其文以为决科之计而已。尝即是书而考之，谓人君当防未萌之欲，辅养君德要使跬步不离正人；谓一命之士苟存心于爱物，于人必有所济；则正主庇民之道，岂有外此者乎！谓杀人以媚人，吾不为也；谓荐士当以才之所堪，不当问所欲；则慎刑官人之法，岂有不本于此者乎！其他一言行之嘉，一政令之善，莫不皆可以为法焉。读者能即是而求之，本乎圣贤修己之学，自不溺于词章记诵之习；明乎圣贤治人之方，必不訹于权谋功利之说。庶几先儒次辑是书，有望于后学者哉。盖学问之传授，不以时世而存亡；师友之渊源，不以风俗而间断。然而巽懦无志者不足以有望，必得豪杰特立之士，观感兴起，知求圣贤之学而学焉，则真儒善治之效可得而致矣。至正癸未十月既望，赵郡苏天爵书。（序）

鲁斋先生遗书后

（元）苏天爵

呜呼，言语文字果君子之所尚乎？沉沦于言语文字者常背驰于圣贤之道。言语文字果君子之所绝乎？舍弃夫言语文字者又何以求圣贤之心。自洙、泗、伊、洛之教行，盖未有绝此而不习以从事于空无所援者。而世不察，皆曰："言语文字，末也，此不足治也。"曾不知千载而下，去圣益远，舍此吾何从而求哉！乃曰："吾惟躬行云尔。"呜呼，吾未闻学之不博而有以为致思之地者，吾未闻言之不文而可以传精微于久远者。鲁斋先生非笃学力行君子欤，平生盖未尝为言语文字者。今先生远矣，学者不可得而见矣，幸有遗书六卷者在，犹得见其彷彿焉。不然，百世之下，先生之学何自而见也耶。①

三、李冶、元好问与封龙书院

封龙书院在河北石家庄元氏县与鹿泉市交界的封龙山上。

元氏汉碑的碑刻文字内容充分反映了封龙山的风韵与内涵，这里先介绍《祀三公山碑》。此碑为元氏汉碑中已知建立最早的一通，建立于东汉安帝刘祐元初四年(公元 117 年)，全称为《汉常山相冯君祀三公山碑》，一般称《祀三公山碑》。该碑为长方形竖碑，高 150 厘米，宽 69 厘米。碑文

① （元）苏天爵.滋溪文集・卷 2.以上诸篇均见：张鸣岐主编.辽金元教育论著选.北京：人民教育出版社，1991.499—505.

10 行,全碑 196 个字,现存 187 个字(有 9 个字漫漶不清),是当时常山相冯君祭祀三公山神的祭文,全文如下:"元初四年,常山相陇西冯君到官,承饥衰之后。敬惟三公、御语山,三条别神,迥在领西。吏民祷祀,兴云肤寸,徧雨四维。遭离羌寇,蝗旱隔并,民流道荒,醮祀希罕,敬奠不行。由是之来,和气不臻。乃求道要,本祖其源。以三公之德广,其灵尤神。处幽道艰,存之者难。卜择吉土,治。东就衡山,起堂立坛,双阙夹门。荐牲纳礼,以宁其神,神熹其位,甘雨屡降,报如影响。国界大丰,谷斗三钱,民无疾苦,永保其年。长史鲁国颜浮,五官掾闫佑,户曹史纪受,将作掾王称。元氏令茅匡,承吴音,廷掾郭洪,户曹史翟福。工宋高等刊石纪焉"。①

清人倪涛《六艺之一录》卷 38"古今碑刻记"写道:"封龙山,一名飞龙山。势如伏龙,有飞举状。其山诸峰,曰华盖,曰熊耳,曰飞首,皆奇峻。"清代地理学家顾祖禹辑著《读史方舆纪要》卷 14 载:封龙山,(元氏)县西北五十里。史记赵武灵王伐中山,取封龙,盖因山以名邑。唐代著名学者梁载言在唐代地理总志《十道志》中称:"封龙,河北之名山也,本名飞龙山,山势如伏龙欲飞举状,峰峦泉石,回环错列,称为奇胜,其聚著者为龙首、熊耳、华盖诸峰。晋永嘉三年,幽州都督王浚遣其将祁弘率鲜卑击石勒,战于飞龙山,勒大败。"②李鸿章、黄彭年编纂(光绪)《畿辅通志》卷 19:"长山,元氏县西北四十里,顶有石墙围砌,可容万人。南麓有长山泉。其相接着曰黄山,与封龙山隔溪相对,又西北十里曰白石山。无极以下诸山与封龙山皆冈脉相接,所谓县境六名山也。东汉光和中俱锡以封号,载在祀典。"由元氏县境内的六座名山"东汉光和中俱锡以封号,载在祀典"可知,封龙山地方曾是汉代重要几所祀所集中的祠祀中心之一。《封龙山颂》碑文云:

> 惟封龙山者,北岳之英援,三条之别神,分体异处,在于邦内。磥硌吐名,与天同耀。能烝云星雨,与三公、灵山协德齐勋。国旧秩而祭之,以为三望。遭亡新之际,去其典祀。延熹七年,岁贞执涂,月纪豕韦,常山相汝南富波蔡苍、长史甘陵广川沐乘敬天之休,虔恭明祀,上陈德润加于百姓,宜蒙珪璧七牲法食。圣朝克明,靡神不举。戊寅,诏书应时听许,允敕大官吏郎巽等与义民修缮故祠,遂采嘉石,造立观阙。黍稷既馨,牺牲博硕,神歆感射,三灵合化,品物流形,农寔嘉谷,粟至三钱,天应玉烛。于是纪功刊勒,以炤令问。其辞曰:天作高山,寔惟封龙。平地特起,灵亮上通。嵯峨峯峻,高丽无双。神耀赫赫,理物含光。赞天休命,德合无疆。惠此邦域,以绥四方。国富年丰,穑民用章。刻石纪铭,令德不忘。③

同样出于河北元氏的《白石神君碑》,也有说到相关的内容。此碑建立于汉灵帝刘宏光和六年,即公元 183 年,是元氏汉碑中最晚的一通。此碑碑额有透雕双人叉退擎龙图案,生动活泼。碑额与碑身比例恰当,看起来和谐完美,是元氏诸汉碑中最细致完美的一通。全碑高 180 厘米,宽 109 厘米。碑阳隶书 16 行,每行 35 字。后边空白处有前燕增刻"燕元玺三年……"题刻一行 29

---

① 史全斌、戴永州编:元氏历史文化小常识.冀内出 ysx2012—002,8—9.

② 赵平分.李治和封龙书院.保定师范专科学校学报,2001,(7):42—43.

③ 王子今.《封龙山颂》及《白石神君碑》北岳考论.文物春秋,2004,(4):2—3.

字。碑阴竖刻题名三列，上列隶书4行，中列隶书23行，下方有明代增刻不规则楷书19行。1800多年来，此碑保存完好，碑文基本不缺，碑首、碑身完整无损，只是碑座丢失了。这里撇开碑阴的内容和碑阳“燕元玺三年”的题刻不论，碑阳的碑文云：

盖闻经国序民，莫急于礼。礼有五经，莫重于祭。祭有二义，或祈或报。报以彰德，祈以弭害。古先哲王，类帝禋宗。望于山川，遍于群神。建立兆域，修设坛屏。所以昭孝息民，缉宁上下也。白石神君居九山之数，参三条之壹，兼将军之号，秉斧钺之威，体连封龙，气通北岳，幽赞天地，长育万物。触石而出，肤寸而合。不终朝日，而澍雨沾洽。前后国县，屡有祈请，指日刻期，应时有验证。犹自挹损，不求礼秩序。县界有六名山，三公、封龙、灵山先得法食去。光和四年，三公守民盖高等，始为无极山诣太常求法食。相县以白石神君道德灼然，乃具载本末上尚书，求依无极为比，即见听许。于是开祏旧兆，改立殿堂，营宇既定，礼秩有常。县出经用，备其牺牲。奉其珪璧，絜其粢盛。旨酒欣欣，燔炙芬芬。敬恭明祀，降福孔殷。故天无伏阴，地无蠡阳，水无沉气，火无灾燀。时无逆数，物无害生。用能光远宣朗，显融昭明。年谷岁熟，百姓丰盈。粟升五钱，国界安宁。尔乃陟景山，登峥嵘，采玄石，勒功名。其辞曰：岩岩白石，峻极太清。皓皓素质，因体为名。惟山降神，髦士挺生。济济俊乂，朝野充盈。灾害不起，五谷熟成。乃依无极，圣朝见听。遂兴灵宫，于山之阳。营宇之制，是度是量。卜云其吉，终然允臧。匪奢匪俭，率由旧章。华殿清闲，肃雍显相，玄图灵像，穆穆皇皇。四时礼祀，不衍不忘。择其令辰，进其馨香。牺牲玉帛，黍稷稻粮。神降嘉祉，万寿无疆，子子孙孙，永永蕃昌。①

碑末刻有“光和六年，常山相南阳冯巡字季祖。长史颍川申屠熊。元氏令京兆新丰王翊字元辅。丞河南李郡。左尉上郡白士樊玮，祠祀吴宣。史解微。石师王明。”②

此碑自宋代以来就引起了许多名家的热议评论。南宋宰相洪适，宋代金石家及词人赵明诚、李清照夫妇，清代康熙时凤阳训导吴玉搢，清乾隆时内阁大学士翁方纲，翰林院侍讲学士钱大昕以及现代学者张铁民等，都对此碑有所研究评论，足见此碑影响之大。③

《封龙山颂》《白石神君碑》透露出当时社会神秘主义信仰在山川崇拜方面的重要信息。碑文所见封龙山“北岳之英援”说及白石神君“气通北岳”说，都体现出元氏地方封龙山、白石神君祀所和秦汉北岳之祀之间的特殊关系。这座文化名山自然会延及文化传承及育人活动的办学授徒。东汉时期，著名学者伏恭“迁常山太守，敦修学校，教授不辍”，极大地促进了常山郡（治元氏，今封龙山南25里故城村）教育的发展。伏恭（前6—84），东汉经师、学官，字叔齐，琅琊东武（今山东诸城）人。少时过继于其叔伏黯为子，得“齐诗学”之传，遂收徒教授，因黯之章句繁多，乃省减浮辞，

① 史全斌、戴永洲编：元氏历史文化小常识，冀内出ysx2012—002，14—17.

② 史全斌、戴永洲编：元氏历史文化小常识，冀内出ysx2012—002，17.

③ 史全斌、戴永洲编：元氏历史文化小常识，冀内出ysx2012—002，18—19.

裁定为20万言。以父任为郎，建武四年(28年)任剧县令，视事十三年，以惠政廉洁闻名。青州举为优异，试经名列第一，拜博士，升任常山太守。兴修学校，教授不断，因而“伏氏学”流行于北方州郡。永平二年(59年)为太仆。四年，明帝临辟雍，行礼中拜为司空，儒者以为荣。建初二年(77年)，章帝行乡礼，尊为三老。① 封龙山是郡内名山，文人荟萃，文化发达，兴学之风盛行。据《续文献通考》及《大清一统志》记载，封龙山为汉代李躬授业场所，唐代郭震，宋代李昉、张皤叟皆讲学、授徒于此。

郭震，即郭元振，魏州贵乡人，长七尺，美须髯，有大志，尝游学于封龙山，狮子峰有石兀然高耸，一日，闻霹雳声，其石中裂出五色之气，元振观之，得宝剑于石罅中，遂作《宝剑篇》16首。李昉，饶阳人，举进士，累官中书侍郎平章事，以司空致仕，卒谥文正。李昉和厚多恕，不念旧恶，太宗尝称为善人君子，幼学于封龙山书院。张皤叟尝聚徒讲学于封龙山书院。从汉代以来，封龙山书院一直就是儒者授业教学的场所，②至元朝更是进入其发展的鼎盛和辉煌的时期，而这种高潮的出现是与当时的著名学者李冶、安熙及元好问紧密相关。

李冶(1192—1279)，字仁卿，号敬斋，金元之际河北西路真定(今河北栾城县)人，著名数学家。金大正七年(1230年)以词赋登进士第，授均州(今属河南禹县)知事。开兴元年(1232年)蒙古军攻陷钧州，乃微服渡河，流落忻、崞间(今山西忻县、原平一带)，由词赋转向算理研究。元世祖忽必烈闻其贤，召至潜邸，问治天下之法，答以“立法度，正纲纪”。晚年居元氏封龙山，时年在蒙古宪宗元年(1251年)，李冶从此结束了流亡生活，从山西东归。“冶晚家元氏，买田封龙山下，学徒益众”，③潜心治学，主讲书院，诲人不倦。为接纳更多学子求学，在乡民及真定路都元帅使史天泽、真定督学张德辉和著名学者元好问(李冶好友，时隐居获鹿县，即今石家庄西郊鹿泉市)等人支持下，修整李昉讲堂，重振封龙书院。至元二年(1265年)，以学士召见，就职一月即辞去，返归封龙书院讲学授徒。

李冶晚年家居元氏，是有历史渊源的。他幼年曾在元氏县县学读书，在李修生主持编纂《全元文》所收入《真定府元氏县重修庙学记》(江苏古籍出版社1997年版)中说：“泰和中，胡沙虎知大兴府事，蔑弃王法，虐杀不辜。我先人东平府君，列职推幕，不忍庶戮之横，日争曲直。虎积阚怒，欲陷先人死地”，“先人亦虑苕折卵破，尽遣幼弱还里闾。当时冶垂髫儿，因挟书从师元氏县学中，常顾觇其礼殿巍如，两庑翔如，论堂邃如，斋房缜如，门楣闳如，垣墉环如，园圃缛如，丰碑矗如，高树蓊如然，目击其盛美，而童心懵其所以为美也。”元氏县学在李冶幼小的心灵中留下了深刻的印象。

李冶回到元氏，教授学子，为何要选择封龙山？这与他嗜好山水，恬淡自然的性情不无关系。据苏天爵所著《元朝名臣事略》卷13记载：“先生(李冶)平生爱山嗜书，余无所好。”而封龙山自古就是河北之名山，无论是官办书院还是私立书院，学术空气都较浓厚，可以自由阐述自己的学术观

---

① 《教育大辞典》编纂委员会.教育大辞典(9).上海：上海教育出版社，1992.186.

② 赵平分.李冶和封龙书院.保定师范专科学校学报，2001，(7)：44.

③ (明)宋濂等.元史·卷160·李冶传.北京：中华书局，1976.3760.

点，没有太多的拘束。在书院讲学，也是减少心理负担的一种选择，因而从事的人很多，那些淡泊名利、讲求修身之法的儒家学者都愿到书院讲学，把书院作为一个与元朝统治政权保持一定距离的庇护所。李冶自然是属于这种情况。以上所引著作也记载了李冶买田封龙山下，聚徒讲学，并重建了封龙山书院的经过："先生平生爱山嗜书，余无所好。晚家元氏，买田封龙山下，以供一粥，学者稍稍从之。岁久，从游者日益多，所居不能容，乡人相与言曰：'封龙山中有李相昉读书故基，兵革以来，荆棘湮废不治。若芟而葺之，令先生时憩杖履，而栖生徒，岂不为吾乡之盛事？'以告先生，先生欣然从之，则相与聚材鸠工，日增月积，讲堂斋舍以次成就。旧有大成殿倾欹，又重新之。"书院重建于何时，从《事略》记载中可作一大致推测："未几，朝廷闻先生贤，安车聘之。既至，奏对称旨，欲封以要职，先生谢曰：'老病非所堪也。'恳求还山，朝廷知不可留，遂其意。"这是忽必烈第二次召见李冶时的情景，这一年是公元 1261 年，此时刚刚重修了书院不久。①

相对于唐宋而言，元代科举实行的时间短，规模小，录取人数少，且带有浓厚的民族歧视色彩，并且不是元代选官取士的主要途径。元代选官的主要标准是门荫特权和血统，元代统治者对科举取士的相对轻视使科举的发展极不稳定，出现时兴时废的现象，再加上科举录取名额太少，及第授官品次较低，元代科举对应考者没有明确的学历要求等因素的影响，因此学校与科举关系相对疏远，但科举对学校教育的影响依然相当强大。元代的中央官学、地方官学、书院及各种私学都受到科举制度的影响，甚至逐渐成为科举的附庸。元代的各级儒学、书院、庙学甚至私学，教学内容就以四书等儒家经典和程朱理学对儒学经典的注释为主。②

由于元代初年社会大变动刚刚结束，科举制度还没有恢复，封龙书院生徒在书院中的求学活动不可能为科举考试作准备，而是为了道德的圆满、学业的完成。而担当实际教职的教师又多是受传统文化影响极深的儒者学士，因而元初书院的教学，很自然地充满了对"圣贤一脉"传承的关怀，对中原文化的钟情和保护。封龙书院在元朝北方是重建较早的，受元代初期南方书院教学内容的影响，他的讲授内容自然也离不开对程朱理学的学术思想的承袭与传播。③ 李冶在封龙书院主要向学生传授赵复(元代大儒)、许衡(赵复传人)之学，并旁及天文、数学。在李冶的影响下，许衡、赵复的理学思想，在真定地区兴盛起来，而且在封龙书院，李冶培养了许多很有作为的知名人物，元代学者袁桷在《清容居士集》所收入的《封龙山书院重修记》中载："世祖皇帝以盛德深仁正位纂图，二年，始立翰林院，真定李文正公首以硕德耆寿，俊召为翰林学士，未几，告老，以归隐于封龙山，封龙山在恒山之阳，公幼侍东平府君受业焉地。旧有书院，兵革蹂躏，公拮据尽力以成之，故其居朝廷也，食息不忘兹山。天子察悯其志，俾食致政之禄以终老。于是公作新斯文，远近之士咸秀出。暨公下世，逾二十年，其从公而显者，曰史忠武公诸子：曰杠、曰(阙)、曰杞、曰辉，廉访使荆幼纪，集贤学士焦养直，廉访佥事张翼，宣抚崔某，其余赞成均授乡里，名不能悉数。而真定之学者，升公之堂，拜公之像，未尝不肃容以增远想也，……文正公恬进取，率躬以化其乡。耄至辞禄，德之

---

① 赵平分.李冶和封龙书院.保定师范专科学校学报，2001，(7)：42—44.

② 张传燧主编.中国教育史.北京：高等教育出版社，2010.214—215.

③ 赵平分.李冶和封龙书院.保定师范专科学校学报，2001，(7)：42—44.

本也;导掖其秀民,仁之本也。其徒卒昌于时,孰不曰文正公所作成也。”

在封龙书院,李冶教学相长,学术传授与专业研究紧密结合,相互促进,相得益彰。他进一步总结、研究中国古代天元术(用代数方法列方程),并有所发展创新,对他在山西撰著的《测圆海镜》一书进行补充、修订,集中国天元术之大成,并加以弘扬普及;又用通俗朴实的语言著成《益古衍段》一书,讲授不辍。在天元术、几何学(关于直角三角形和内接圆所造成的各线段间关系)上有卓越成就,著有《敬斋集》。李冶所创立的天元术代数,不仅是对中国古代独创的半符号代数的重大发展,而且比欧洲代数的产生至少早300年左右,在当时世界数学史上具有尖端地位。他的两部天元术著作,奠定了他在13世纪世界数学史和中国自然科学史上的重要地位。封龙书院也因李冶在此集中国天元术之大成并加以推广,成为我国古代自然科学教育史上的一处圣地。以下摘引两书“序言”片断,以窥一斑:

测圆海镜序

(元)李冶

数本难穷,吾欲以力强穷之。彼其数不惟不能得其凡,而吾之力且惫矣。然则数果不可以穷耶?既已名之数矣,则又何为而不可穷也,故谓数为难穷斯可,谓数为不可穷斯不可,何则?彼其冥冥之中,固有昭昭者存;夫昭昭者,其自然之数也,非自然之数,其自然之理也。数一出于自然,吾欲以力强穷之,使隶首复生,亦未如之何也已。苟能推自然之理,以明自然之数,则虽远而乾端坤倪,幽而神情鬼状,未有不合者矣。余自幼喜算术,恒病夫考圆之术例,出一牵强,殊乖于自然。如古率、徽率、密率之不同,截弧、截矢、截备之互见,内外诸角,析剖支条,莫不各自名家,与世作法,及反复研究,卒无以当吾心焉。……于是乎又为衍之,遂累一百七十问,既成编,客复目之测圆海镜,蓄取夫天临海镜之义也。……戊申秋九月晦日栾城李治序。

益古演段(自序)

(元)李冶

术数中居六艺之末,而施之人事,则最为切务。故古之博雅君子,马、郑之流,未有不研精于此者也。其撰著成书者,无虑百家,然皆以九章为祖。而刘徽、李淳风又加注释,而此道益明。今之为算者,未必有刘、李之工,而偏心局见,不肯晓然示人,惟务隐互错糅,故为溟涬黯甚,惟恐学者得窥其仿佛也。……近世有某者,以方圆移补成编,号《盖古集》,真可与刘、李相颉颃,余犹恨其闷匿而不尽发,遂再为移补条段,细翻图式,使粗知十百者,便得入室唱其文,顾不快哉。客有订愚曰:“子所述,果能尽轩隶之秘乎?”余应之曰:“吾所述虽不敢追配作者,诚令后生辈优而柔之,则安知轩隶之秘,不于是乎!”始客退。因书以外自序,时大元己未夏六月二十有四日，栾城李冶自序。①

书院受佛教禅林制度影响，又直接地导源于唐末宋初文人士子“读书山林”的风尚及活动，其办学环境设计、建筑群院落选址，往往是山水名胜之地、名山大川之景，悠远深阔，具有自然审美意蕴，亦富浓郁厚重的人文氛围，能有效地发挥出环境的育人效果。封龙书院的教育环境也是一个鲜活的案例。明代大学士石瑶在《登元氏封龙山》中便形象具体、生动细微地描述了封龙山的优美景色：“石子抱病登于封龙，览燕赵之墟，望沧滇之浦，慨然太息，顾谓二三子曰：‘美乎佳哉！此陶唐氏之故都也。’巨岳棰峙，长河峻奔，崇冈复阜，如抱如蹲，万壑竞流，汇为九泽，太行崛立，溢出平原。川横夏后之橇，地藏虞舜之壁，八年于外，地平天成。五月朔，巡诸侯万国。天文别野，星当昴毕之区；土壤分州，域介幽并之宅。川行岭迴，郁郁崔摧，峭壁耸秀，丹降凝辉。晴瀑挂百寻之长练，丽崖转万谷之惊雷，上有蔽日干霄之古树，下有陵迁谷变之寒灰。俗有避秦，山多入晋，岳被重封，川经几濬，虎啸风冽，龙行电迹。寒烟色旧，李躬灯火之台，右石光寒，季子合纵之印。万里交乎胸中，千岩纵耳一瞬……”②

封龙山上有许多古迹：封龙山书院洗笔池，池中水色黑暗，去旧注新，水色如故。有读书二洞，山上有试剑石。据流传民间的传说，唐郭元振游学此山，见一石中裂出五色之云气，得石中宝剑，中书左丞史彬书“试剑石”三字于石上。还有龙首熊耳峰、玉石狮子峰、华盖峰、仙人岭，在玉石狮子峰上有蝦蟆石，在山的陡涧中有龙泉，传说遇旱祈雨辄应，三晋间人不远千里来祷，莫不遂请，又名老龙池。在山的东腰东石堂上有长丈余的好汉石，山上有白云洞、希夷洞、洞宾洞。山上还有曲折数里的槐花沟，沿沟上下无数古槐树，春夏时节槐花盛开，满沟灿烂，清香溢鼻，沁人心脾，景色十分宜人。于封龙山胜境的描摹、刻画或感悟抒怀、应景写实、状物拟人，历来都有文人吟诗作曲盛赞，唐郭元振《古剑篇》，金李橘《狮子峰》、元安熙《白云洞》《熊耳峰》《龙首峰》，明石瑶《熊耳峰》，清乔宇《游封龙山三首》，赵维藩《龙山耸翠》《书院春风》《龙山书院》，杜藉《登封龙山怀古》《洗笔池》等都是流传下来的诗歌。

李冶主持书院期间，元好问、张德辉等著名学者经常到此讲学，史称“龙山三老”。既然“龙山三老”对封龙书院的办学活动有如此重大影响，那么这里尚须对李冶之外的两位加以叙述：

元好问（1190—1257）金元之际著名文学家、学者和教育家。秀荣（今山西忻州）人，字裕之，晚号遗山，是北魏拓跋氏的后人。幼年在父亲元德明的指导下熟读诗文，有“神童”之誉。年十四师事郝天挺，肆意经传，贯串百家，深受礼部尚书赵秉文的赏识，人称“元才子”。金宣宗兴定五年（1221年）中进士，相继任翰林院知制诰、尚书省掾，行尚书省左司员外郎等职。金亡后，隐居不仕。元宪宗二年（1252年）与张雄飞北上见忽必烈，请其保护儒生。此后，致力于金朝典籍的搜集、整理和写作，“凡金源君臣遗言往行，采摭旧闻，有所得辄以寸纸细字为记录，至百余万言”。经过20年艰辛努力，撰成《中州集》。又为元人修《金史》，为后人提供了宝贵的金朝历史资料。同时还从事

① 叶新民.辽夏金元史徵·元朝卷.呼和浩特：内蒙古大学出版社，2007.430—431.
② （明）唐臣.真定府志.嘉靖间（1522—1566）刻本.

一些教育工作,一生培养了众多生徒。元好问以文名世,时人比之为汉代司马迁,唐代李白、杜甫、韩愈,能“用俗为雅”,“变故作新”,可谓诗文俱佳,蔚为一代宗师。①

《金史》卷126《元好问传》对此有更为详尽的叙述,可以增益我们的了解。文称:

> 好问字裕之。七岁能诗。年十有四,从陵川郝晋卿学,不事举业,淹贯经传百家,六年而业成。下太行,渡大河,为《箕山》《琴台》等诗,礼部赵秉文见之,以为近代无此作也。于是名震京师。中兴定五年(1221)第,历内乡令。正大中,为南阳令。天兴初,擢尚书省掾,顷之,除左司都事,转行尚书省左司员外郎。金亡,不仕。
>
> 为文有绳尺,备众体。其诗奇崛而绝雕刿,巧缛而谢绮丽;五言高古浓郁;七言乐府不用古题,特出新意;歌谣慷慨挟幽、并之气。其长短句,揄扬新声,以写恩怨者又数百篇。兵后,故老皆尽,好问蔚为一代宗工,四方碑板铭志尽趋其门。其所著文章诗若干卷、《杜诗学》一卷、《东坡诗雅》三卷、《锦机》一卷、《诗文自警》十卷。
>
> 晚年尤以著作自任,以金源氏有天下,典章法度几及汉、唐,国亡史作,己所当任。时金国实录在顺天张万户家,乃言于张,愿为撰述,既而为乐夔所沮而止。好问之不可令一代之迹泯而不传,乃构亭于家,著述其上,因名曰野史。凡金源君臣遗言往行,采摭旧闻,有所得辄以寸纸细字为记录,至百余万言。今所传者有《中州集》及《壬辰杂编》若干卷。②

元好问一生著述,留下大量诗作。清代学者施国祁笺注的《元遗山诗集》录其诗1408首之多。元好问早年成名之作《箕山》:

幽林转阴崖,鸟道人迹绝。
许君栖隐地,唯有太古雪。
人间黄屋贵,物外只自洁。
尚厌一瓢喧,重负宁所屑。
降衷均义禀,汩利忘智决。
得陇又望蜀,有齐安用薛。
干戈几蛮触,宇宙日流血。
鲁边蹈东海,夷齐采薇蕨。
至今阳城山,衡华两丘垤。
古人不可作,百念肺肝热。
浩歌北风前,悠悠送孤月。

① 《中国教育大系》编纂出版委员会.中国教育大系·历代教育名人志.武汉:湖北教育出版社,2004.145.
② (元)脱脱等.金史·卷126.北京:中华书局,1975.2742—2743.

《八月并州雁》描述离乱中的飘徙之感：

八月并州雁，清汾照旅群。
一声惊晚笛，数点入秋云。
灭没楼中见，哀牢枕畔闻。
南来还北去，无计得随君。

元好问的“纪乱诗”最有名。《壬辰十二月车驾东狩后即事》之三曰：

郁郁围城度两年，愁肠饥火日相煎。
焦头无客知移突，曳足何人与共船。
白骨又多兵死鬼，青山元有地行仙。
西南三月音书绝，落日孤云望眼穿。

又其名作《癸巳四月二十九日出京》云：

塞外初捐宴赐金，当时南牧已骎骎。
只知灞上真儿戏，谁谓神州竟陆沉。
华表鹤来应有语，铜盘人去亦何心。
兴亡谁识天公意，留著青城阅古今。

《癸巳五月三日北渡三首》：

道旁僵卧满累囚，过去旃车似水流。
红粉哭随回鹘马，为谁一步一回头。

随营木佛贱于柴，大乐编钟满布排。
虏掠几何君莫问，大船满载汴京来。

白骨纵横似乱麻，几年桑梓变龙沙。
只知河朔生灵尽，破屋疏烟却数家。①

① 齐木德道尔吉.辽夏金元史徵·金朝卷.呼和浩特：内蒙古大学出版社，2007.394—395.

元好问是我国金元之际的一位大文学家、历史学家，诗文创作成就突出，历来学者多倾力于研究其文学、史学成就。然而，元好问还是一位教育家，有自己丰富的教育活动，并形成较为全面的教育思想，其中积极成分对当代教育有着某种积极的启示。遗憾的是，人们对此尚未引起普遍注意，故作者尝试作一补阙，不当或遗漏之处，望达者教正。

"学校，王政之大本"——教育价值论。元好问生当乱世，兵火过后百废待兴，条理万端，犹如丝线缠绕，真可谓"剪不断，理还乱"。其中的结点、纲目为何？法治、军事、经济，抑或其他？元好问将目光投向了教育，把教育的价值意义衡定为国家政治的根本，"学校，大事也。"①"夫风俗，国家之元气；学校，王政之大本。"②在"学记""碑铭墓表"等作品中，他一再申述这种观点。"仁、义、礼、知，出于天性，其为德也四；君臣、父子、兄弟、夫妇、朋友，著于人伦，其为典也五。惟其不能自达，必待学政振饬而开牖之，使率其典之当然，而充其德之所固有者耳。"③四德、五典是人类社会根本的纲常伦理，但这些是无法"自达"的，也就是说不能够与生俱来、不学而能、不问自晓的。人虽有善的"因子"，学的"潜能"或本性冲动，但应该经由社会环境习染，由代表着意识规范主流导向的师长加以有计划、有组织地训导。尤其是必须通过学校这种社会化专门培养人的教育机构来有序地设计、精心地培养，从而使社会由乱返治并得以有秩序地正常运行。如果没有了学校教育，社会就会出现一种茫然无知、冲突动荡、混乱无序状态。他勇于揭示当时教育的状况及弊病，可谓触目惊心：

> 学政之坏久矣！人情苦于羁检，而乐于纵恣。中道而废，从恶若崩。时则为揣摩，为捭阖，为钩距，为牙角，为城府，为穽获，为溪壑，为龙断，为捷径，为贪墨，……为狐媚，为狙诈，为鬼幽，为怪魅，为心失位。心失位不已，合谩疾而为圣癫，敢为大言，居之不疑。始则天地一我，既而古今一我。小疵在人，缩颈为危。怨讟熏天，泰山四维。吾术可售，无恶不可。宁我负人，无人负我。从则斯朋，违则斯攻。我必汝异，汝必我同。自我作古，孰为周孔？人以伏膺，我以发冢。④

学政荒废既久，社会风俗人情坏到不可收拾。苦于纪律的约束，乐于放纵是人之常情。学政中道而废，人们效仿坏的行为就像山崩之势不可止。社会风俗变坏，人情狡诈、阴险，唯利是图，为达目的不择手段，党同伐异，自我本位，以自己利益判断是非。教育不振之害可谓大矣！元好问对教育缺失之危害的描述虽有夸大之嫌，但反映了对现实教育流弊的清醒而理性的分析与认识，并以思想家的睿智与勇气，敢于指陈，犀利披露，甚至直面地加以批判，也正表明了他对学校教育在社会国家中所寄予的崇高的定位：学校教育是国家政治之本，是国家的头等大事。具体而言：社会

---

① 李修生.全元文.南京：江苏古籍出版社，1999.354.
② 李修生.全元文.南京：江苏古籍出版社，1999.354.
③ 李修生.全元文.南京：江苏古籍出版社，1999.344.
④ 李修生.全元文.南京：江苏古籍出版社，1999.347—348.

的道德纲纪、风俗民情，乃至治乱之渊薮、制衡之枢纽均赖于学校教育。这是对先秦《礼记·学记》中“建国居民，教学为先”思想的诠释与深化。正因为元好问对教育的这种认识，他乐于写作“学记”这种议事论理的散文，并对兴学行为极力颂扬，热情讴歌，极力推崇。他曾写过《赵州学记》《寿阳县学记》《东平府学记》《博州重修学记》《忻州修学疏》《南宫庙学大成殿上梁文》《令旨重修真定庙学记》《代冠氏学生修庙学壁》等多篇“学记”，大力宣扬发展教育、兴修学校、培养人才，并期望以此稳定社会。

“化民成俗”——教育功能论。元好问不仅重视教育，而且对学校教育有着较为系统、明晰的理论思考。元好问对教育理想的憧憬和诉求正和原始儒家的看法一样，以上古时期周代为理想时代。“三代皆有学，而周为备。”“民生于其时，出入有教，动静有养，优柔餍饫，于圣贤之化，日加益而不自知，所谓人人有士君子之行者，非过论也。”①周代教育系统而完备，其作用也是很大的，以至于人人有君子之行。同时，元好问对周朝教育钦羡不已，其对周朝教育的描述，很大程度上就是他的教育理想。周代教育完备，致使人们“于圣贤之化，日加益而不自知”。这正是他心目中教育的最高境界，亦即以圣贤教义为理念灵魂，谋求“化民成俗”的理想社会。教育要“化”，要“成俗”，使人们浸染在道义习俗中，渐进而不自知。这是教育影响的重要特色，环境、氛围及文化对人的养成价值。恰如春风化雨，潜移默化，陶冶习染，感化滋生。恰如当代所论的暗示教育或潜在课程的教育意义，既是教育的力量，也是教育的巧妙与艺术。对此，他作如下的叙述：

> 先王之时，治国、治天下以风俗为元气。庠序党术无非教，太子至于庶人无不学。天下之人幼而壮，壮而老，耳目之所接见，思虑之所安习，优柔于弦诵之域，而餍饫于礼文之地。一语之过差，一跬步之失容，即赧然自以为小人之归。若犯上，若作乱，虽驱逼之，从臾之，诱引之，有不可得者矣。故以之为俗则美，以之为政则治，以之为国则安且久。理之固然，而事之必至者盖如此。②

在此，元好问将环境氛围及文化因素构成的潜在教育力量称为习俗、风俗，带有了政治道德或伦理关系的社会化取向，因此也将教育与个体及教育与社会的两大功能自然移向了后者。在他看来，风俗是治理天下的“元气”，即好的风俗是实现“王政”最重要的因素。学校教育制度完备，社会上无论贫富贵贱都积极向学，形成一种醇美的风俗。人们一生生活在此风俗之中，耳濡目染，一切美好成为自然而然。一旦有任何微小错误就会惭愧地认为自己堕入小人之伍。有了这样醇美的风俗，则政治清明，国家长治久安！所以“癃老扶杖，思见德化之成”。③ 风俗是教育资源力量或重要因素，但要生成积极有效或优化的环境文化——风俗或习俗，一种社会道德精神或理念，又由学校教育而来。“夫风俗，国家之元气，而礼义由贤者出。学校所在，风俗之所在也。吾欲涂民

① 李修生.全元文.南京：江苏古籍出版社，1999.344.
② 李修生.全元文.南京：江苏古籍出版社，1999.349.
③ 李修生.全元文.南京：江苏古籍出版社，1999.345.

耳目，尚何事于学？如曰‘如之何使吾民君臣有义而父子有亲也？夫妇有别而长幼有序也？’则天下岂有不学而能成之者乎？”[①]没有好的学校教育就没有好的风俗，从而就没有一个和谐、积极的教育力量或依据作为外在资源，其结果又削弱或下降了教育有效优化的支撑因子。这就是教育与文化基于社会政治的媒介而发生的互动双向耦合关系。作为一位“穷则独善其身，达则兼济天下”的儒学家，其活动及创作的动因在于“为生民立命，为往圣继绝学，为万世开太平”。这种崇高使命或责任促使元好问将这两者的线性联系转向教育的社会化追求。

学校教育形成好的风俗的境界，亦即教育对社会产生作用，在元好问看来，是一种“化”的作用方式或特征，其实现的过程及追求，是多种因素共同作用的结果。在《寿阳县学记》中描述金代皇统、正隆间(1135—1160)学校设置情况：朝廷在京城设置太学、国子学，县官按月供给粮食，学生常不下数百人。教职人员有祭酒、博士、助教。各地方行政区也设置学官，州县各有相当数量的学生。更重要的是，由于朝廷的鼓励，官员的推动，朝廷以词赋、明经取士，预此选者，多可仕至公卿、达官。读书在当时成为一种仕进的捷径，促使大量士人争相从事。“文治既洽，乡校、家塾，弦诵之音相闻。上党、高平之间，士或带经而锄，有不待风厉而乐为之者。化民成俗，槩见于此。”[②]社会政治、地方重视以及仕进制度等多种因素的合力促成了读书为乐、助人为怀与伦理醇厚及秩序井然的士风民俗的形成。

综合元好问的陈述，“化”的过程就是完善学校教育，结合各种有利条件或要素，使社会形成一种醇美的风俗。在这种风俗的浸染之中，人们对一切美好的追求由自觉走向自发，走向一种无意而自至的境界，整个社会与教育形成一种良性循环：教育促成了美俗之形成，风尚又使教育很自然地得到进一步发展，尤其是提高办学的有效性及人才培养的实用价值，从而更好地实现教育对社会的作用。元好问将好的风俗视为国家、社会良性发展的保证，又以学校教育为形成风俗的基本方法。前人多据“儿郎伟，抛梁东，人笑家山蕙帐空，老大读书无用处，且将耕获教儿童”[③]一句，认为元好问重视实用，主张教授儿童耕获之艺。然考察诗文全文，此句似为其对官场失望之后的愤慨之语，并不是真的批判读书而单纯强调耕获。物质生产固然极为重要，但元好问没有将教育仅仅从属于实用。他不把教育只是作为职业培养手段，而是要以教育“化民成俗”。实际上，元好问认为教育是“无用之用”，即教育应该作为社会发展的依托力量而非直接推动力。这种对教育价值或性质属性的理解是颇有创意的，或许是当前合理解读教育人力资本投资向度及产业化适度关系的一剂良方，而且颇为符合社会可持续发展的思想理念。

“教所以作新民”——教育本体论。与其美好的政治理想相联系，元好问十分重视通过教育培养时代需要的人才。他明确指出：

治国、治天下者有二：教与刑而已。刑所以禁民，教所以作新民，二者相为用，废一不可。

---

① 李修生.全元文.南京：江苏古籍出版社，1999.353.

② 李修生.全元文.南京：江苏古籍出版社，1999.352.

③ 李修生.全元文.南京：江苏古籍出版社，1999.715.

然而有国则有刑,教则有废有兴,不能与刑并。理有不可晓者,故刑之属不胜数,而贤愚皆知其不可犯。教则学政而已矣。①

教育作为一种"无用之用""化民成俗",在正方向上引导人们健全积极地发展,刑法则在反方向上警示、制约着人们的言行误区,两者相互补充,共同促进社会发展。这无疑是非常正确的治国之道。

教育是人才培养的有意识的专门组织活动,其核心及要素是人,主体或客体同样是在角色变化中的师生。教育的理想体现社会时代的文化精神,作用于组织实践的运转过程,传承文化经验,塑造时代性差异及个性化风格的教育产品——人才,通过不同层次水平的人才又反作用于社会机体并发挥出相应功能,也就在现实中发挥了不同层阶人才的价值。这应是教育的本体问题。而为了实现人才的质量目标,就需要有资源素材及环境工具的媒介或手段,并运用一定的组织,调控及实施的方式、方法等。诚然,这是现代教育学的框架体系,不可能让中古时期的文学家本色的元好问完全应答或诠释,但以此来透视,或许更带有理论的共通性。

元好问的人才观主要体现在《癸巳岁寄中书耶律公书》中。此文是给元初宰辅耶律楚材的一封信。其指出:"夫天下大器,非一人之力可举,而国家所以成就人材者,亦非一日之事也。"人才之于社会主要有两种作用:"求百执事之人,随左右而取之,衣冠礼乐、纲纪文章尽在于是。""假而不为世用,此诸人者可以立言,可以立节,不能泯泯默默以与草木同腐。"②人才或者可以经略世事,佐助宰辅以成名臣贤相之不世功业;或者立言、立德,影响世人,亦在"三不朽"之列,其实肯定了不同层次规格人才的价值地位,反对以同一的标准度量、苛刻一切人的成长,因为这样只会压抑人才。

人才在社会历程中起着重要作用,是十分可贵的,应予以爱护和珍惜,不应埋没糟蹋,更不允许摧残败坏,但是人才的养成并非一日之功。在人才生长过程中教育又是决定因素。"从古以来,士之有立于世,必藉学校教育、父兄渊源、师友之讲习,三者备而后可。"③元好问认为学校、家学、师学等教育是养成人才的必要条件。

文史名家郝经的成才与元好问教导有方的相关性极大。这一事例亦恰能说明师友、家庭对个体发展的意义。元好问于1249年,时年60岁时到顺天府(今保定)④。郝经拜元好问为师。元好问称"子貌类汝祖,才器非常,勉之",⑤认为郝经与郝天挺相类,才器非凡,勉励他虚心向学,成就一番事业。在保定,两人真诚交流,相遇甚欢。元好问非常赏识郝经,赞同郝经"读书为用,论尚时事"的思想,与其"相与论诗作文"。郝经献《寿诗》为元好问祝寿。元好问答诗《赠答郝经伯常伯常之大父余少日从之学科举》:"故家珠玉自成渊,重觉英灵赋予偏。文阵自怜吾已老,名场谁与子

---

① 李修生.全元文.南京:江苏古籍出版社,1999.347.
② 李修生.全元文.南京:江苏古籍出版社,1999.285.
③ 李修生.全元文.南京:江苏古籍出版社,1999.285.
④ 秦鸿昌.郝经传.太原:山西古籍出版社,2001.64.
⑤ (明)宋濂等.元史.北京:中华书局,1976.3698.

争先。撑场正有五千卷，下笔须论二百年。莫把青春等闲了，蔡邕书籍待渠传。”①叙述郝家家学渊源，自己有幸从郝天挺为学，纵有些许声名，现在年老了，郝经才是人杰，更应勉励，延续一代学术。以学统传人相勉励，元好问对郝经的期许不可谓不高。郝经终也没有辜负老师的期望，成为著名学者。

为了发现人才，促使具有潜质能力英才脱颖而出，元好问专门写信向元代重臣耶律楚材推荐一批士人，并希望元中央朝廷能优待他们。“以阁下之力，使脱指使之辱，息奔走之役，聚养之，分处之，学馆之”，以促成更多“有用于世者”发挥才智，推动社会进步。

1252年，元好问与张德辉北上，觐见忽必烈，请忽必烈为儒教大宗师，忽必烈接受。复请降旨免儒户兵赋，也得应允。这与元好问上述思想形成互动关系：人才选拔与培养两者相依相存，缺一不可。培养学生，才能使人才后继勃发，蒸蒸日上，否则只是杀鸡取卵，竭泽而渔。而要兴学社教，就必须解决经费问题，除了常规经费支出外，减轻学生负担，使其得以尽心学业，无疑是有效举措。元好问重视教育，且能从实际考虑，为学统延续而请命，从物质和经费上为文化事业的发展，争取了极大利益，这是极富胆识魄力与远见的。此次觐见，忽必烈仍命张德辉主管真定府(今河北正定)。“德辉与元裕、李冶游封龙山，时人号为龙山三老云。”②古代河北最负盛名的封龙书院的教育事业，元好问必定参与其中并做出了应有的贡献。

元好问所主张的教育，其目的是维护封建统治，创建封建时代的“王政”。其实，这也正能体现他对教育培养人才的目标取向或规格要素。“吾道之在天下，未尝古今，亦未尝废兴。君臣、父子、夫妇、兄弟、朋友之际，百姓日用而不自知。”③“仁、义、礼、知，出于天性，其为德也四；君臣、父子、兄弟、夫妇、朋友，著于人伦，其为典也五。惟其不能自达，必待学政振饬而开牖之，使率其典之当然，而充其德之所固有者耳。”④元好问认为学校教育就是要引导、培养四德、五典，维护、延续纲常伦理道德。正基于此，他竭力维系儒学教育的经典正统性、伦理纲常道德规范的神圣性以及儒学道德薪火相继的表率形象。与此同时，他又对道家放任无为的保守退让特征，法家偏于刑法、纲纪，而忽略人文道德体验感化的困惑以及佛教寂灭出世，无益现实生计及世俗人生的出世悲情作了讥刺与批评，从而借以选择宋元新儒学——理学的知识内容及道德范畴。“六经不可不尚，邪说不可不绌，王教不得不立，而旧染不得不新。”⑤他又作如下剖析：

凡此皆杀身之学，而未若自附于异端杂家者为尤甚也。居山林，木食涧饮，以德言之，则虽为人天师可也，以之治世则乱。九方皋之相马，得天机于灭没存亡之间，可以为有道之士，而不可以为天子之有司。今夫缓步阔视，以儒自名，至于徐行后长者亦易为耳，乃羞之而不为。窃无根源之言，为不近人情之事，索隐行怪，欺世盗名，曰‘此曾颜子思之学也’！不识曾

① 元好问.元遗山诗集笺注.清道光二年南浔瑞松堂蒋氏刻本.228.
② (明)宋濂等.元史.北京：中华书局，1976.3826.
③ 李修生.全元文.南京：江苏古籍出版社，1999.351.
④ 李修生.全元文.南京：江苏古籍出版社，1999.344.
⑤ 李修生.全元文.南京：江苏古籍出版社，1999.345.

颜子思之学固如是乎？夫动静交相养，是为弛张之道，一张一弛，游息存焉。而乃强自矫揉，以静自囚，为常学而曰‘绝学’，不知所以言而曰‘忘言’。静生忍，忍生敢，敢生狂。缚虎之急，一怒故在，宜其流入于申、韩而不自知也。古有之：‘桀纣之恶，止于一时；浮虚之祸，烈于洪水。’夫以小人之中庸，欲为晋魏之易，与崇观之周礼，又何止杀其躯而已乎？道统开矣，文治兴矣，若人者必当戒覆车之辙，以适改新之路。特私忧过计，有不能自已者耳，故备述之。既以自省，且为无忌惮者之劝。①

可见，在元好问看来，要更好地在社会中发挥教育的重要作用，实现教育的目标要求，教育内容的纯正性是首要条件。

人才培养有赖于组织活动及方法措施，教育目标的“入地功夫”或现实依托在教学工作，缺乏教学的教育只是空想或价值思辨，缺乏任何现实的意义。由于受所处封建小农经济模式及等级性层次状态的种种限制，在教育实施的具体手段上，元好问主张主要是诵读和游学。他在“学记”“书信”中多次强调诵读的学习方法。吟诵经典是其教育的重要内容，也是常用而有效的经典知识课程认识巩固的方法。他喜欢“日课一诗”，以诗传授弟子，把诗当做了教材。此外，元好问认为教学不应局限于学校，通过社会交往来丰富学识，加深理解，能够在一定程度上克服讲堂刻板灌输的模式，并有利于师生关系的融洽。他特别提倡在习学的过程中广泛地交友和游历。自己交了很多的朋友，包括当时金朝的许多学者，如王若虚、赵秉文、杨云翼、郝天挺、李纯民、张德辉、李冶、赵复等人。元好问和他们辩论学术、友好往来，从他们身上吸取了不少思想的精华，为他以后学术上取得成就奠定了基础。元好问的成功案例恰恰例证了现代协作教学、团体小组学习以及活动情境体验的教学发展性真谛与学生生命成长的意义。

综上所述，元好问的教育思想不可避免地带有其历史局限性，但他对教育的高度重视，对教育目标、人才培养规格要求的设计以及教育培养手段与养成条件的阐述则无疑是有合理性的。

元好问一生关注教育事业，在山西、河南、山东、河北等地游历期间，与各地书院山长、主讲者交游往来，对各地教育做出贡献，也培养了一批优秀学生。他撰写了为数众多的“学记”，为一些教育家写“碑文”“神道碑”，对各地教育事业及其实施者的进行鼓励、奖掖，他又热心培养士子，造就出一批卓有成就的优秀人才，经史名家郝经、“元曲四大家”之一的白朴就是其中之佼佼者。此外，见于史籍的还有王思廉、王恽、张润之、李文蔚、信世昌、张孔孙等。他们都曾活跃于历史舞台，成为颇有建树的人才。可以说，元好问为元代教育事业做出了应有贡献。②

---

① 李修生.全元文.南京：江苏古籍出版社，1999.348.

② 以上元好问教育思想的部分材料得到河北大学教育学院教育学原理专业硕士研究生张艳芳的合作，特此致谢。

东平府新学记(节选)

(元)元好问

治国、治天下者有二:教与刑而已。刑所以禁民,教所以作新民,二者相为用,废一不可。然而有国则有刑,教则有废有兴,不能与刑并。理有不可晓者,故刑之属不胜数,而贤愚者皆知其不可犯。教则学政而已矣,去古既远,人不经见,知所以为教者,亦鲜矣,况能从政之所道,以率于教乎!何谓政?古者,井天下之田,党、庠、遂、序国学之法立乎其中,射乡饮酒,春秋合乐,养老劳农,尊贤使农,尊贤使能,考艺选贤之政皆在,聚士于其中,以卿大夫常见于设施而去焉。为之师,教以德以行,而尽之以艺。淫言、诐行、诡怪之术,不足以辅世者,无所容也。士省于斯时,揖让、酬酢、升降、出入如于礼文之间。学成则为卿、为大夫,以佐王,经邦国;虽未成而不害其能,至焉者,犹为士,犹作室者之养吾栋也。所以承之、庸之者如此。庶顽谗说,若不在时,侯以明之,挞以记之,记之而又不从,是蔽陷畔逃,终不可与有言,然后弃之为匪民,不得齿于天下。所以威之者,又如此。学政之坏久矣!人情苦于羁捡,而乐于纵恣。中道而废,从恶若崩。时则为揣摩,为捭阖,为钩距,为牙角,为城府,为穽获,为溪壑,为龙断,为捷径,为贪墨,为盖灭,为较固,为乾没,为面谩,为力诋,为贬驳,为讥弹,为姗笑,为陵轹,为癖瘕,为睚眦,为构作,为操纵,为麾斥,为劫制,为把持,为绞讦,为妾妇妬,为形声吠,为崖岸,为阶级,为高亢,为湛静,为张互,为结纳,为势交,为死党,为囊橐,为渊薮,为阳挤,为阴害,为窃废,为公行,为毒螫,为蛊惑,为狐媚,为狙诈,为鬼幽,为怪魁,为心失位。心失位不已,合谩疾而为圣癫,敢为大言,居之不疑。始则天地一我,既而古今一我。小疵在人,缩颈为危。怨讟熏天,泰山四维。吾术可售,无恶不可。宁我负人,无人负我。从则斯朋,院则斯攻。我必汝异,汝必我同。自我作古,孰为周孔?人以伏膺,我以发冢。凡此皆杀身之学,而未若自附于异端杂家者为尤甚也。居山林,木食涧饮,以德言之,则虽为人天师可也,以之治世则乱。九方皋之相马,得天机于灭没存亡之间,可以为有道之士,而不可以为天子之有司。今夫缓步阔视,以儒自名,至于徐行后长者亦易为耳,乃羞之而不为。窃无根源之言,为不近人情之事,索隐行怪,欺世盗名,曰'此曾颜子思之学也',不识曾颜子思之学固如是乎?夫动静交相养,是为弛张之道,一张一弛,游息存焉。而乃强自矫揉,以静自囚,为常学而曰'绝学',不知所以言而曰'忘言'。静生忍,忍生敢,敢生狂。缚虎之急,一怒故在,宜其流入于申、韩而不自知也。古有之:'桀纣之恶,止于一时;浮虚之祸,烈于洪水。'夫以小人之中庸,欲为晋魏之易,与崇观之周礼,又何止杀其躯而已乎?道统开矣,文治兴矣,若人者必当戒覆车之辙,以适改新之路。特私忧过计,有不能自已者耳,故备述之。既以自省,且为无忌惮者之劝。①

① (元)元好问.遗山先生集·卷32.见:张鸣歧主编.辽金元教育论著选.北京:人民教育出版社,1991.98—100.

癸巳岁寄中书耶律公书

（元）元好问

四月二十有二日，门下士太原元某，谨齐沐献书中书相公阁下。《易》有之，“天造草昧”，“君子以经纶”。伏惟阁下辅佐王室，奄有四方。当天造草昧之时，极君子经纶之道，凡所以经造功业，考定制度者，本未次第，宜有成策，非门下贱士所敢于闻。独有一事，系斯文为甚重，故不得不为阁下言之。自汉唐以来，言良相者，在汉则有萧、曹、丙、魏，在唐则有房、杜、姚、宋。数公者，固有致太平之功，而当时百执事之人，毗助赞益者，亦不为不多。传记具在，盖可考也。夫天下大器，非一人之力可举，而国家所以成就人材者，亦非一日之事也。从古以来，士之有立于世，必藉学校教育，父兄渊源，师友之讲习。三者备而后可喻。如修明堂，总章必得楩楠、豫章，节目磥砢，万牛挽致之材，预为储蓄数十年之间，乃能备一旦之用，非若起寻丈之屋，欂栌椳楔、楹杙薨桷，杂出于榆、柳、槐、柏，可以朝求而暮足也……百年以来，教育讲习非不至，而其所成就者无几。丧乱以来，三十四人而止矣。夫生之难，乃今不死于兵，不死于寒饥，造物者挈而授之。维新之朝其亦有意乎，无意乎？诚以阁下之力，使脱指使之辱，息奔走之役，聚养之，分处之，学馆之，奉不必尽具，食粥足以糊口，布絮足以蔽体，无甚大费。然施之诸家，固以骨而肉之矣。他日，阁下求百执事之人，随左右而取之，衣冠、礼乐、纪纲、文章，尽在于是，将不能少助阁下萧、曹、丙、魏、房、杜、姚、宋之功乎！假而不为世用，此诸人者可以立言，可以立节，不能泯泯默默以与草木同腐，其所以报阁下始终生成之赐者，宜如何哉？阁下主盟吾道，且乐得贤才而教育之，一言之利，一引手之劳，宜不为诸生惜也。冒渎台严，不胜惶恐之至，某再拜。①

张德辉（1195—1274），元太原交城（今属山西）人，字耀卿，号颐斋。金末为御史台掾。金亡，真定史天泽聘为经历官，后升参议。定宗二年（1247年），忽必烈（世祖）召见，进讲儒术，推荐儒士。宪宗二年（1252年），又与元好问觐见忽必烈，请求蠲免儒户兵赋。忽必烈即帝位，为河东宣抚使，迁东平路宣慰使。至元三年（1266年）参议中书省事。②

继李冶之后，元至大年间（1308—1312）学者安熙主持封龙书院。安熙，河北藁城人，元代著名学者、教育家。他推崇程朱之学，“尊信力行，故其教人，必尊朱氏”。他的教育主张主要是：“追忆旧闻，卒究前业。洒扫应对，谨行慎言。余力学文，穷理尽性。循循有序，发轫圣途。以存诸心，以行诸已，以及于物，以化于乡。”从中获悉，主要内涵得益于程朱理学教育脉络，重在行为习惯养成，读书明理，循序致思，反躬践实以及教育化民的社会功德。安熙本人“不屑仕进，家居垂教数十年，四方之来学者，多所成就”。“其教人以敬为本，以经术为先，弟子去来，常至百人”。著名文学家苏

---

①　（元）元好问·遗山先生集.卷39.见：张鸣歧主编·辽金元教育论著选.北京：人民教育出版社，1991.100—101.

②　中国历史大词典编纂委员会.中国历史大辞典·辽夏金元史.上海：上海辞书出版社，1986.277.

天爵就是安熙的门生。①

另据其他文献披露:在元氏县龙首峰下有中溪书院,宋李昉、张皤叟常聚徒百人,任山长,相继授徒讲业于此。“元中统初,李冶增葺,今废”。② 看来中溪书院开办时间很早,历史悠久,而李冶在元代该院的重振发展中,又起着突出的作用。这一点又得到了新见材料的证明:“元中统初,李冶增修封龙山龙首峰下宋代李昉所创中溪书院,讲学其中。”③

由于李冶、安熙等教育家的不懈努力,封龙书院在元代一度成为当时河北的文化教育中心,盛极一时。元曲四大家之一的白朴、著名的元杂剧家李文蔚、名士王仲常等人都曾随学于封龙书院山中,而他们都是河北真定府名士。史天泽的儿子史杠、史杞,官至廉访使的荆幼纪,集贤学士焦养直,廉访佥事张翼,翰林修撰承直郎王德渊,宣抚崔莱等名人都曾就学于此。封龙书院遂“学徒益众”,常常“聚徒数千人,朝暮讲诵不辍”,“四方负笈来学者,如坐春风”,封龙山有一景,名“书院春风”。

第四节　元代河北书院的特点

元代特定王朝河北书院的组织建置、管理章程、书院功能以及官学化走向,既有宋代书院的基本因素及结构成分,也有元代少数民族政权统治下的某些转向,尤其是社会政治对学术文化的干预及控制更为突出,这些都是一些基本认识。在此基础上,我们应考察元代河北书院嬗变的一些特殊性表现。

一、河北书院的地位在全国范围有明显提升

纵向比较,河北书院在元代有长足发展,横向对比,与发达省份仍然有落差,但已经翘楚北方。按照邓洪波先生的统计,元代全国各省书院的平均值是27.066所,而显然河北在这个平均值之下,属于不发达地区。④ 但这种结论显然存在着比较对象参照系的混淆及结构单位处理上的偏颇。

1929年12月至1930年1月间,曹松叶先生在《中山大学语言历史研究所周刊》第十集第111—11期上,连续发表了《宋元明清书院概况》一文,主要依据各省通志,对我国历代书院的各种情况,诸如书院创设兴复的时间、地点、人物等,作了比较详尽的统计。根据曹先生的这项统计,元代共创设兴复书院227所,其中直隶11所、山东10所、山西7所、陕西6所、河南9所、江苏16所、安徽11所、湖北7所、四川3所、浙江33所、江西59所、湖南23所、福建19所、广东10所、广西3所。在这项统计中,以江西的书院为最多,占全部书院数的近26%,其次是浙江、湖南、福建和江苏,分别占14.53%、10.56%、8.73%和7.05%。如果将它们纳入我国的三大流域来统计,则黄河流

---

① 关于封龙书院的少量内容源自:河北省地方志编纂委员会.河北省志·教育志.北京:中华书局,1995.42—43.张彦娟,赵敏.河北教育史上的名山——封龙山.河北教育,2005,(2):42.

② (清)郑大进等纂修.(乾隆)正定府志·卷8“书院志”.清乾隆二十七年刻本.

③ 季啸风主编.中国书院辞典.杭州:浙江教育出版社,1996.419.

④ 邓洪波.中国书院史.上海:东方出版中心,2004.192.

域有 43 所，占 18.94%，长江流域有 152 所，占 66.96%，珠江流域有 32 所，占 14.10%。

在 1956 年第二卷第一期的香港《新亚学报》上，何佑森先生发表了《元代书院之地理分布》一文，其中统计出江西有书院 73 所、浙江 62 所、福建 55 所、湖南 37 所、江苏 26 所、广东 24 所、四川 23 所、山东 22 所、河北 20 所、湖北 19 所、安徽 17 所、山西 12 所、河南 10 所、陕西 7 所。

湖南大学岳麓书院中国文化研究所的学者，经过近 10 年辛勤地工作，依据大量的地方志、书院志和文集等文献，对历史书院的创建情况，按现行行政区做了统计。根据这一统计，元代共有书院 296 所。其中北京 3 所、河北 12 所、河南 12 所、山东 23 所、山西 10 所、安徽 15 所、江苏 6 所、上海 4 所、浙江 49 所、福建 11 所、江西 94 所、湖北 10 所、湖南 21 所、广东 9 所、广西 1 所、四川 5 所、贵州 3 所、云南 1 所、陕西 7 所。数量最多的前五名依次是江西、浙江、山东、湖南和安徽，分别约占总数的 32%、17%、8%、7%和 5%。而福建排在河北、河南之后，位居第八名，所占比例，不到总数的 4%。

王颋先生的《元代书院考略》所统计出的元代书院数量最多，共有 408 所。这些书院，分布在元代 13 个一级行政区中的 7 个之内。其中中书省 55 所、河南行省 37 所、陕西行省 8 所、四川行省 9 所、江浙行省 169 所、江西行省 79 所、湖广行省 42 所，另有 9 所书院不详所属地区。我们按现在的行政区归并，则江西省有 98 所，浙江省有 63 所，福建省有 63 所，湖南省有 31 所，江苏省有 22 所，安徽省有 19 所，占居前六位，依次约占总数(9 所院址不详的书院除外)的 24.56%、15.79%、9%、7.77%、5.51%、4.76%。

白新良先生在 1995 年出版的《中国古代书院发展史》一书，统计出元代新建和复修的书院共 406 所，其中直隶 22 所、河南 18 所、山西 15 所、陕西 8 所、山东 23 所、江苏 25 所、浙江 58 所、安徽 32 所、江西 91 所、福建 31 所、湖北 23 所、湖南 31 所、广东 18 所、广西 4 所、四川 7 所。居前 5 名的依然是江西、浙江、安徽、福建和湖南，分别约占全国院数的 22.4%、14.3%、7.9%、7.6%。①

大体江南的江浙、江西、湖广三行省文化发达，又有南宋时期的基础，故书院较多，北方的书院原来几乎是空白，在元代虽不断兴建，仍难与江南相比，而岭北、辽阳、云南等边陲地区，尚未有书院建置的发展。由上述情况介绍及分析得知，元代河北书院在北方诸省中处于前列，而从宋代向元代的朝代更替在书院史的演变中更能凸显其昌盛及攀升的势头。

二、河北书院区域分布不平衡

依照目前行政区划，河北省共有 11 个地级市，元代有书院记载的市共有 8 个，但主要集中在河北中南部地区，分布不平衡。兹将书院的区域分布情况列于下表。

表 3—2　元代河北书院区域分布统计表

地区	石家庄	张家口	承德	秦皇岛	唐山	廊坊	保定	沧州	衡水	邢台	邯郸
数量	5	2	0	0	0	1	3	1	1	3	1

(图表为作者自行设计)

① 徐梓.元代书院研究.北京：社会科学文献出版社，2000.162—164.

由上表可见,处于河北北部的四个市除张家口市有 2 所书院外,承德、秦皇岛和唐山 3 市无书院建制;河北中部的廊坊和保定 2 市共建有书院 4 所;河北南部石家庄、沧州、衡水、邢台和邯郸 5 市建有书院 11 所。占河北总面积一半强的北部地区却只有书院 2 所,元代河北书院分布的不平衡可见一斑。

元代河北 17 所书院分布在 8 个市,平均每个市 2.125 所。只有石家庄、保定、邢台在平均值之上。按照 17 所书院,11 个地级市来计算,平均每个市 1.55 所,石家庄、张家口、保定和邢台四个市在平均值之上。大体可以把河北的各个地级市书院的发展划分为三个层次:第一层次:书院数量高于平均值的石家庄、张家口、保定、邢台四市,属于书院发达地区。第二层次:有书院建制但数量低于平均值的廊坊、沧州、衡水、邯郸四市,属于书院一般发展地区。第三层次:无书院建制的承德、秦皇岛和唐山三市,属于书院欠发展地区。

三、元代河北书院的时间分布疏密相间

元代河北见诸文献的书院共有 17 所,其中 5 所具体创建年代不详,其他 12 所书院中元朝建国号之前新建 1 所,修复前代书院 1 所,其余 10 所书院创设于大德(1297—1307)、至顺(1330—1332)、至元(1335—1340)和至正(1341—1367)之间。兹将元代河北书院创建的时间分布列于下表。

表 3—3 元代河北书院时间分布统计表

时间	新建书院数	修复书院数	合计
定国号前(1271 年前)	1	1	2
大德年间(1297—1307)	2	–	2
至顺年间(1330—1333)	2	–	2
至正年间(1341—1368)	5	–	5
至元年间	1	–	1
小计	11	1	12
不详	5	–	5
合计	16	1	17

(图表为作者自行设计)

从上面内容得知,元朝统治者初入中原时,对书院采取了保护的政策,而随着巩固中原,统一江南的进程,对书院展开了有利的举措。元太宗七年(1235 年)在燕京立宋儒周敦颐祠,建太极书院,是元代在北方创办书院之始。该书院成为北方传播儒学和程朱理学的重要基地。

然而,此后近 50 年,元代统治者对书院几乎未加顾及。其原因,一是由于连年忙于军事征讨,

文教事业多采取就地维持措施,新兴文教事业未遑着力;二是书院之设历来多在南方,而北方和中原一带的人士对书院不甚熟悉,兴办与否反映不甚强烈。至元中期之后,中原一带全部控制,南方各省陆续占据,对书院的政策日益突出,成为文教事业中的热点问题。元代统治者转而采取积极创办,鼓励发展的政策,正是适应了形势发展的需要。①

元代河北书院的创设以至正年间的5所为最多,之前是断断续续时有创设。元朝统治后期,河北书院迎来发展的一个高峰期。

四、河北书院以民办书院居多

书院的官办与民办,决定了办学性质问题,根源在于办学经费源于官方或是民间,或者其间有多大比例、份额的资金是由政府投入,抑或是民众筹集的,由此就会在管理权限、师生选拔,教学内容以及办学思想上有所不同。前者更偏于国家控制、官方主流意识的规范引导及制度化;而后者则有更多的自主、差异以及学术性探讨等。根据河北书院官办或民办的情况,可以列出下表:

表3—4　元代河北书院创办力量统计表

创办力量	官办	民办	不详	合计
书院数	2	12	3	17
百分比	11.76	70.59	17.65	–

(图表为作者自行设计)

显而易见,元代河北书院建设中,民间力量是主导,元代河北书院以民办书院居多。这与元代政府对书院采取的策略有关:宋元战争时期,发布政令保护书院以使它免于人为破坏;统一全国后,承认既成事实,让宋朝遗民所创建的书院合法化。这些主要出于缓和民族矛盾、稳定统治秩序的动因,对于元初的书院恢复和存续是有利的。在新的封建政权建立并稳定以后,积极鼓励私人捐助田产钱谷兴修书院,直至政府主动创办书院,促进了元代书院的重新兴盛。②

元代为了稳定人心,允许不愿意到官学就读的汉族子弟自愿招师或者受学于父兄,不愿意到元办官学中任教的儒士也可以建立书院自行讲学。这些都促进了民办书院的发展。元政府还提倡个人出钱、捐钱赡学创立书院。如苏天爵在《新乐县壁里书院记》中记载的赵氏兄弟捐钱建书院就是一个个案:"新乐永寿乡壁里书院者,赵氏兄弟作之以诲来学者也。初,赵氏仅有中人之产,其父孝弟力田,兼通阴阳五行之说,母亦贤明,延师以教其子。久之,乡邻从学者众,黉舍至不能容,始捐家赀,修建书院。中为礼殿,以祠夫子,颜、曾、思、孟,十哲列焉。前树仪门,翼以两庑,后为讲艺之堂,东西栖士之舍,合五十楹,坚完可久。割侠神里田三百亩,以廪师生。经始于至正四年三

---

① 李国钧.中国书院史.长沙:湖南教育出版社,1994.409.

② 徐梓.元代书院研究.北京:社会科学文献出版社,2000.52—53.

月,告成于七年五月。监察御史杨君俊民,表以书院之号,郡县之官既蠲除差役,复言于朝,请设学官,欲其规制永久而弗替也。”①书院建成之后,代表元朝政府的官员不仅为书院题名,还免除了赵氏兄弟的差役,反映了元朝政府鼓励私人出资建书院的政策导向。

元代封建统治者除了尽量保护、维护原有书院,竭力提倡私人捐资办书院之外,对捐助兴学者予以精神奖励,甚至授予一定官职,尤其是任书院山长。据当时文献记载:“国家混辟区宇,崇植学校,布人文义化天下,兴礼乐而敦经训。凡东南郡县学,向之因陋就简者,无不更新美大。当路省视,推广益勤。间好义向风、创建书院者以闻,恩锡奖重,如诸学规。”②只是在现有资料中无法分辨河北民办书院中官方的控制和管理占多大程度,可以肯定的是,较之宋代而言,政府对书院的控制、官方意识形态或封建社会主流思想文化对书院干预或影响正在加深。

因此,事实上元朝政府对书院的发展并不是放任自流,不加过问的,而是在积极提倡和扶持的同时,逐步加强控制和管理,使书院办学或教育活动得以按照统治阶级的意志运转。其主要措施是由政府掌握书院的领导权,书院的山长由政府委派,都是政府的命官,并授予官衔,领取俸禄。书院的教授、学正、学录、直学等职务的任命、提升也由政府批准。通过这些措施,使书院置于政府的有效管理之下,实际上已为政府所控制。书院官学化趋势出现,从此书院再没有宋代那样超然独立的状态。正如笔者数年前在对西南重镇重庆区域所作的分析:元代的书院已经走向“官学化”。元朝政府在全国安定之后,他们看到,宋朝的书院是官学的重要补充,可以起到与官学相同的作用,甚至超过官学的作用。凡经书院教学培养出来的学生,水平高,有创见,在政治、文化、学术上都起到了重要的作用。掌握了这些人,就基本上掌握了全国最优秀的人才。元朝政府加强对书院的控制,促使书院官学化,主要是出于政治统治的目的。首先,通过书院可以笼络一些高级知识分子,靠他们影响广大学术界和思想界,加强其精神统治。从书院发展的历史来看,书院的官学化固然在一定程度上限制了书院学术思想的活跃,使封建朝廷的一些腐败官吏以及官员的亲属掌握了部分书院的大权,降低了书院的教学质量。但是“官学化”的用词是相对意义的,不能认为书院的绝对官学化。书院教学的传统依然保持了下来,延请名流讲论学术仍是当时的一种风气。③上述元代书院办学思想倾向及书院管理模式转变,自然适用于元代河北书院的办学评议,更可视为古代书院教育制度转型变更的界碑或分水岭。

第五节　元代河北书院初盛原因

在现行中国教育史教材中,有关元代教育,包括书院的介绍,较为薄弱,甚至有些苍白,而对历史动态差异、区域变化、教育地理分布格局及其成因更是付之阙如。探讨元代河北书院在全国范围内的地位及其缘由问题,便有了多重意义。笔者认为,元代河北书院初盛原因可分解如下。

---

① (元)苏天爵.滋溪文集.卷2.见张鸣歧主编.辽金元教育论著选.北京:人民教育出版社,1991.499.

② (元)刘将孙.养吾斋集·卷15.四库全书本.

③ 吴洪成.重庆的书院.重庆:西南师范大学出版社,2008.51.

一、河北重归中央政府一体化，区域政治相对稳定

1271年，忽必烈建国号元，1279年灭南宋，真正统一全国，河北重归中央版图，是中书省直辖的中南部区域。这一地区由于具有贯通南北的地理位置和广袤平原以及毗邻海洋的自然资源，既是政治统治、军事征服的主要干线，又是经济发展、人文荟萃的重要区域，故在元代历史上具有重要的地位。元朝初期河北的行政建制随着蒙古对中原地区统治时间增加、熟悉程度的加深而表现为逐步稳定及完善化。正是由于这些变化，为此一时期河北区域书院的初盛奠定基础。

二、元朝书院向北方推广的趋势

在元之前书院的兴盛集中在南方，王旭在《中和书院记》中有“书院一事盛于南国，而北方未之有”的观点。至元朝，书院向北方地区推广。顺应全国书院区域发展的趋势，河北作为中书省的直辖地区，无论在数量还是规模与前代相比均有所发展。

书院向北方推广与理学的北传有着千丝万缕的联系。尽管宋代以后，程朱理学得到统治阶级的提倡，逐步取得了儒学正宗的地位，成为官方哲学，但是由于金灭北宋以后的宋室南迁以及大批知识分子南下，江南地区逐渐取代中原地区发展成为新的理学重镇，程朱理学缺少在北方进行大规模传播的条件。在这种南北声教不通情况下，理学在北方并没有完全销声匿迹。程颐、程颢在河南伊洛等地兴办的学校、教授的生徒，保留了理学的种子，洛学在北方并未绝迹，虽然不是显学，却也始终绵延不绝，加上宋、金双方的信使往还及金末汉族知识分子因战乱避居宋地，朱熹的理学在北方也得到了零星的北传。在中原地区理学发展衰而不绝之时，南宋的一些理学著作开始向北传播。其中最有影响的要数《诸儒鸣道集》和《道学发源》二书。

《诸儒鸣道集》为宋儒所辑，收录了周敦颐《通书》，司马光《迂书》，张载《正蒙》《经学理窟》《横渠语录》，程颢、程颐《二程语录》，谢良佐的《上蔡先生语录》，刘安世《元城先生语录》《谭录》《道护录》，江公望《心性说》，杨时《龟山语录》《安正忘荃集》，刘子翚《崇安圣传论》，张九成《恒蒲日新》等两宋重要理学著作。①《道学发源》由金尚书省诸生傅起等刊行，以南宋理学家张九成的经解为主，并加入张载的《东铭》《西铭》及刘子翚的《圣传论》等理学文献。赵秉文、王若虚分别为该书撰写了引与后续。②

金朝灭亡后，随着蒙宋战争的大规模爆发与南北隔绝的状态的打破，南宋理学北传，无论是在规模上还是在影响方面，都远远超过了以往。元朝统治者采取了与武力相将结合的文化掠夺政策，即通过俘虏南宋的士人、掠夺汉人的书籍等形式，达到为其所用的目的。1235年蒙古大军南下伐宋时，杨惟中担任军前行中书省事，姚枢则奉命于军中搜求儒、道、释、医、卜等各类人才。结果，“得名士数十人，收集伊洛诸书载运燕都”。③ 人称汉江先生的赵复也在其中。

---

① 陈高华.元代文化史.广州：广东教育出版社，2009.101—102.

② 陈高华.元代文化史.广州：广东教育出版社，2009.103.

③ 陈高华.元代文化史.广州：广东教育出版社，2009.104.

在文化掠夺的基础上，元朝统治者建立了第一所书院——太极书院，使其成为程朱理学北传的大本营。元太宗七年(1235)，中书省事杨惟中、姚枢在燕京创建太极书院，延请赵复为主讲。书院以程朱理学开创者周敦颐所提倡的“太极”命名，直接向世人表明其宗旨是传播程朱理学。与此相应，书院的教学内容也以程朱理学为主，其中尤以朱熹的《四书集注》为重。北方的著名学者如许衡、窦默、姚枢、刘因、梁枢等人皆为赵复主讲太极书院时的高足，他们学成之后成为北方地区利用书院传播程朱理学的中坚力量。①

在促进理学北传的艰难进程中，赵复的贡献最为突出。赵复(约 1215—1306)字仁甫，世称江汉先生。德安(今湖北安陆)人。《元史》对他评价很高，甚至称：“北方知有程朱理学，自复始。”元太宗窝阔台汗七年(1235 年)，阔端太子攻宋，他在德安被俘，时姚枢奉命搜访儒、道、释、医、卜之士，挽其北去，以传“圣教”。赵复得到了姚枢的悉心照顾。“先是，南北道绝，载籍不相通。至是，复以所记程、朱所著诸经传注，尽录以付枢。”在他的影响下，姚枢、杨惟中等人成为较早一批理学信徒。北上燕京后，赵复埋头致力于理学思想的传播，并执教于太极书院。为使学者了解儒家经典及其源流，作《传道图》《伊洛发挥》，认为“原羲・农、尧、舜所继天立极，孔子、颜、孟所以垂世立教，周、程、张、朱氏所以发明绍续者”，即为道统。② 随着时间的推移，名气越来越大。“游其门者将百人，多达才其间。”在潜心传播理学若干年之后，赵复离燕南下，在中原各地广为游历，并印《伊洛发挥》数百本随身携带，以为馈赠之物。

1241 年，姚枢隐退河南辉县(今属新乡市所辖)苏门山南麓百泉书院讲学③，他的朋友许衡听说他在附近教书，讲授赵复所传的理学著作，立即登门访求。“得《易传》，晦庵《论语集注》《中庸》《大学章句》《或问》《小学》等书，读之，深有默契于中，遂一一手写以还。”归来后将生徒召集在一起，进行传授。在姚枢、许衡以及窦默等人的大力提倡下，卫辉一带研习理学蔚然成风，发展成理学传播的一个重要基地。④

此外，与赵复一起北上的砚坚，主要是进行儒籍的著述和理学的讲授，培养了刘因、滕安上等一批学者大家，对理学的传播也做出了一定贡献。

正是在这些学者的大力推动下，北方地区出现了创建、讲学书院的热潮，进而促成了书院向北推广与程朱理学北传之间的积极的互动关系。一方面，作为理学北传载体的书院在理学蓬勃发展的基础之上得以勃兴，并且理学的北传为书院向北方拓展提供了契机；另一方面，书院的发展对

① 李兵.元代书院与程朱理学的传播.浙江大学学报，2007，(1)：37.

② 季啸风.中国书院辞典.杭州：浙江教育出版社，1996.481.

③ 《教育大辞典》编纂委员会编，教育大辞典卷 8・中国古代教育史(上)，上海教育出版社，1991 年版，第 69 页。载：百泉书院，原址在河南辉县西北苏门山南麓百泉汇聚处。其地初因景色秀丽和文人学者如晋孙登、宋邵雍、元耶律楚才等于此隐居读书而得名。元初姚枢弃官讲学百泉湖东，置私庙祀孔子，傍垂周敦颐、程颢、程颐、张载、邵雍、司马光六人之像，与许衡、窦默等倡明濂洛性理之学。来学者甚众。明成化十七年(1481)督学副使吴伯通始建书院。万历六年(1578)知县聂良杞重修书院志，订讲会规约，有立志、虚心、励勤、辨文、刻期、饬行等条。申明讲会虽体为举业，但士子仍需以行俭为第一义。明清之际，一度作为贡院。清初孙奇逢讲学其中达 25 年，耿介、汤斌、申涵光等皆出其门。乾隆十五年(1750)，因帝巡临至此，改成翠花行宫，院移湖南西。道光六年(1826)，知县周际华移建于城内，立“学约十条”。光绪二十三年(1907)改为辉县高等小学堂。

④ 陈高华.元代文化史.广州：广东教育出版社，2009.105—106.

理学的传播也产生了有力的推动作用，不但提高了北方地区的文化水平，更重要的是将原来在南方占统治地位的程朱理学向北方推广，最终实现理学官学化的转变。

三、元朝对书院的政策倾斜

元朝采取的保护和提倡书院发展的文教取向，科举取士南北配额并且向北方倾斜的政策以及书院学生可以参加科举考试的规定综合发挥作用，刺激了包括河北在内的北方书院的增加，同时又迫使书院朝着官学化方向移动。

元代统治者在早先一段时间内把工作重心放在对世界的征服上，没有把文化教育问题真正摆到议事日程上来。忽必烈对儒士的真才实学曾表示怀疑，认为多数儒士的才学基本上停留在书本知识的层面上，长于空泛的议论，而短于实际操作的真功夫。同时，出于协调蒙古、色目、汉族官僚及士子之间多重复杂矛盾的政治需要，元初曾一度停止科举。

除了元太宗九年(1237 年)实行科举取士，到了元仁宗皇庆二年(1313 年)十一月的时候，元朝政府才正式下诏，并于延佑二年(1315 年)实施了科举考试。元代科举，仍依前代成例，每 3 年开试一次。科举考试程序仍分为乡试、会试和殿试自下而上的三级别，依次进行严格的考试与选拔。时属中书省统辖的河北地区，也照章办事。

乡试即行省考试。统一在 11 个行省、2 个宣慰司和 4 个直隶省分别举行。从明文规定来看，蒙古人和色目人同试 2 场，考试的范围与难度较小，汉人和南人同试 3 场，考试的范围和难度则相对较大。显然，从初始阶段起，元代的科举就已明显地打上了民族歧视的烙印。至于乡试的录取名额，则明确规定"天下选合格者三百人赴会试"。① 其中，蒙古人、色目人、汉人、南人各取合格者 75 人。这实际上是实行按种族和地区分配的原则，规定乡试录取名额总数限在 300 人，而由 4 类人平分秋色。

会试亦即礼部试，由中书省和礼部主持。关于会试的录取名额，按规定，须从乡试考选的 300 人中，"于内取中选者一百人，内蒙古、色目、汉人、南人分卷考试，各二十五人。"②具体会试情形虽未可知，但此种依种族划分实行分卷考试的做法却是有悖公平竞争之常理。再就数量而言，汉人、南人加起来约占全国人口的 90%以上，而乡举名额与中选进士名额仅占全国总数之一半。

殿试又称廷试、御试，是元朝科举考试的最后一关。它由天子亲自主持，考试地点设在国史院。史称"御试，三月初七日，前期奏委考试官二员、监察御史二员，入殿廷考试。汉人、南人，试策一道，限一千字以上成。蒙古、色目人，时务策一道，限五百字以上成。"③据《钦定续文献通考・选举考・举士》卷 34 的记载，元制："蒙古、色目人作一榜，汉人、南人作一榜，第一名赐进士及第，从六品，第二名以下及第二甲，皆正七品，第三甲以上，皆正八品。两榜并同。"据统计，元代共开科举 16 次，两榜并同共计取进士 1100 多人。

---

① (明)宋濂等.元史・卷 81.北京：中华书局，1976.2021.

② (明)宋濂等.元史・卷 81.北京：中华书局，1976.2021.

③ (明)宋濂等.元史・卷 81.北京：中华书局，1976.2020.

在书院为科举服务实施过程中，元代科举所实行的南北榜制度，对北方书院的发展也有相当大的促进作用。元代科举考试制度中的民族歧视色彩相当浓厚，虽然名额是在蒙古、色目、汉人和南人这四类人之间平均分配，但是因为汉人和南人的人口数量是蒙古人和色目人的数倍不止，因此科举录取名额的分配实际上是非常不公平的，而且在考试的难易程度和及第后待遇上的民族差别也相当明显。其次，汉人和南人相对庞大的人口总数导致其录取比例极小，所以汉人和南人在科举考试当中的竞争异常激烈。元朝统治者还通过给予蒙古士人任官的特权，鼓励其读书应举。至元五年(1268 年)统治者明确宣布，“凡投下官需用蒙古人”，在中央和地方有实权的省台院等部门长期奉行排斥南人的政策，“有旨：省台院不用南人”。这种科举倾斜政策，极大地刺激了北方士人的求学积极性，为书院提供了发展的动力，促进了北方书院的发展。①

元朝是少数民族政权，蒙古的社会刚从奴隶制的游牧生活向封建制转变，处于较低的发展水平，蒙古贵族凭借强悍的武力入主中原，经过一段时间的管理，深谙武力虽可以打败却无法长久地统治先进民族和文化的道理。所以他们讲求武功的同时，开始重视文治，实行“汉化”政策。在政治、经济、文化的许多基本方面承袭宋制，保持连续性，使中国的社会继续得到发展，但同时也更加重视政治思想和文化方面的控制。在当时存在着对社会思想文化有影响的各种文教机构中，书院是最自由和最独立的，并且经过约 300 年的发展，书院在中国思想、文化、教育诸多领域都具有举足轻重的地位。加强对书院的控制，必然是元朝统治者加强政治思想文化统治的重要组成部分，实为必经之路。书院在其自身发展历程中，到了元代走向官学化，是历史的必然而非偶然。

据河北的《广宗县志》记载，“山长之设始于元，其为朝廷命官，与县教谕相同”。为了解决书院的经费问题，元政府号召个人捐资献田兴建书院。新乐(今河北新乐市)的赵恕捐田产建壁里书院，国子学祭酒苏天爵在上已附文《滋溪文稿》卷 2 之《新乐县壁里书院记》中作了详细记述，并十分赞赏赵恕之善举，认为意义重大，值得大力提倡，应促使更多的人效法：“他时壁里之士，将有经明行修，以应有司之选，则中国文明之盛，人才长育之多，而远近皆有所则效焉，非徒以称观美而已！”

然而，需要说明的一点是书院的官学化并不意味着书院被纳入到整个国家的官学体系，完全蜕变为官学。官学化只是较之前代，书院在人事、财政、教学内容等方面受到官府的控制，这当然不利于书院的自由讲学和独立发展，逐渐使书院失去了其自由讲学的特征，它赖以生存、饮誉于世的学术特色逐渐由淡化到逊色，书院特质因之而逐渐沦丧。这相对统治者而言，则是其偷梁换柱、釜底抽薪的“杰作”。但书院的官学化并不是一无是处的，统治者的这种“杰作”也有其具有积极意义的一面，即官学化为书院带来了稳定的经济来源、规范的教学秩序、制度化的教师任免等，这些在一定程度上促进了书院教育的稳定和繁荣。书院拥有很高自由度和独立性的时代，由于经营和一些其他的原因，有一些书院会在生存的过程中萎缩，最终被淘汰，使很多人的心血和期望落空。但书院官学化以后这种情况会有所改观，政府的强大支持可以使书院减少很多后顾之忧，只考虑学术和教学的问题，从这个层面上讲，书院获得了另外一种意义上的发展空间。②

---

① 李兵.书院与科举关系研究.武汉：华中师范大学出版社，2005.135.

② 吴洪成.重庆的书院.重庆：西南师范大学出版社，2008.53—54.

第四章　明代的河北书院

明代(1368—1644)是朱元璋利用农民起义成果而建立的封建社会发展过程中一个重要朝代，最后一个统一全国的汉族政权，历经 277 年，跨越 4 个世纪。中国的封建社会发展至此，已经相当成熟。政治上，明朝统治者充分借鉴和总结历朝历代的经验，构建了从中央到地方完备的行政管理体制，中央集权政治进一步加强；经济上，生产力水平大幅度提高，农业、手工业有所发展；尤其是明代中叶以后资本主义生产关系萌芽，不仅使经济生产方式具有了近代性质的因素，而且对社会的思想文化、个体的伦理价值观念都有所冲击并带来一定程度的转移。经济的发展促进了政治改革，完善了人才培养和铨选制度。著名航海家郑和多次远航西亚、北非三十多个国家和地区，扩大了对外往来，特别是明中叶以后，西方传教士来到中国，沟通了中西文化，"西学东渐"给中国的文化教育和思想意识带来了新的生机与影响。李时珍的《本草纲目》、徐光启的《农政全书》、宋应星的《天工开物》以及徐弘祖的《徐霞客游记》等名著反映了明代在农业、手工业、天文、地理等科学技术方面的成就。

开国皇帝明太祖朱元璋本人虽然文墨不多，但是他从历史的经验教训和亲身的实践中，深刻地认识到教育对于安邦治国的重要作用，立国之初便把教育事业置于重要位置。据《明史・选举制》记载："治天下当先其重且急者，而后及其轻且缓者。今天下初定，所急者衣食，所重者教人。衣食给而民生遂，教化行而习俗美。足衣食者在于劝农桑，明教化者在于兴学校。学校兴，则君子务德；农桑举，则小人务本。如是为治，则不劳而政举。"从而，明朝确立了"治国以教化为先，教化以学校为本"的文教政策。

明初恢复科举之时，便明确规定：国家明经取士，说书者以宋儒传注为宗。朱元璋和朱棣推尊程朱理学，史料可以为证：

> (太祖)一宗朱子之学，令学者非五经、孔孟之书不读，非濂、洛、关、闽之学不讲。成祖文皇帝益而大之，令儒臣辑《五经》《四书》及《性理全书》颁天下。①

---

① 陈鼎.东林列传・高攀龙传・卷 2.无锡：广陵书社，2007.38—39.

即使到了世宗嘉靖元年(1522),朝廷还颁令重申,教人取士,须一遵程朱之言。明代早中期推尊程朱理学的原因,便是缘于它竭力维系封建纲常,有利于专制统治的维持。值得注意的是,明代中后期陆王之学一度风靡全国,它以“反传统”的姿态挑战程朱理学,并对书院教育发生了重大影响。清代学者朱泽沄的追述简明扼要:

洎乎明代弘治以前,则朱胜陆,久而患朱学之拘,正德以后,则朱、陆争诟;隆庆以后,则陆竟胜朱。又久而厌陆学之放,则仍伸朱而绌陆。①

由此可见,虽有陆王之学的一度昌炽,但若终明以观,程朱理学依旧居于主流或主导地位。

明王朝是以君主独裁为特点的封建专制制度。在文教领域里,朱元璋实行了种种禁锢思想的措施。如“孟子问题”,便足以表现这种政策的实质。再有,明朝对国子学和地方学校的教官和学生都进行严格的管理与控制,规定官学中的“在学生员,当以孝悌忠信、礼义廉耻为本,必先隆师亲友,养成忠厚之心,以为他日之用,敢有毁辱师长及生事告讦者,即系干名犯义,有伤风化,定将发配云南地面充军”。明朝官学按其设置可以分为中央和地方两大类。中央设立的主要有国子监,此外还有宗学、武学等。地方设立的主要有府学、州学、县学,以及都司儒学、行都司儒学、卫儒学、都转运司儒学、宣慰司儒学、按抚司儒学,此外还有武学、医学、阴阳学和社学等。其中,国子监属大学性质;武学、医学、阴阳学属于专科学校性质;各府、州、县学和都司、行都司、卫、都转运司、宣慰司、按抚司儒学相当于中等学校性质;社学属小学性质;宗学是贵胄学校。在教育行政管理方面,国子监同时又是明朝最高教育行政管理机关,长官为祭酒,司业为其副,主管中央官学的政令。地方教育行政机关,明初沿袭元朝制度,在各直省设置儒学提举司。正统元年(1436年)始设“提督学校官”(简称“提学官”或“提学”),南、北直隶由御史充任,各省由按察司副使、佥事担任。

但必须指明的是,明代统治者所重视的教育主要是官学教育,即政府主办的学校教育,明代地方官学得以大规模发展,在办学形式方面,明代地方官学既有按行政区域设立的学校,也有按军队编制设立的学校以及在全国谷物财货集散地和土著民族聚居地设立的学校。其设置情况详见于《明史·选举志》卷69《志》第45—46。如在生员名目方面,府州县生员名目有所增加。“生员专治一经,以礼、乐、射、御、书、数设科分教,务求实才,顽不率者黜黜”,并增设“增广生员”和“附学生员”。“增广生员”和“附学生员”经过岁试科试,分别奖惩。成绩好者,可以去参加科举中的乡试,谓之“科举生员”。有关学生的分类、调整、递进及考选升级规章管理内容在上引文献中有所记录:“生员虽定数于国初,未几即命增广,不拘额数。宣德中,定增广之额,在京府学六十人,在外府学四十人,州县以次减十。成化中,定卫学之例:四卫以上,军生八十人,三卫以上,军生六十人;二卫一卫,军生四十人,有司儒学军生二十人。土官子弟,许入附近儒学,无定额。增广既多,于是初设食廪者谓之廪膳生员,增广者谓之增广生员。及其既久,人才愈多,又于额外增取,附于诸人之末,

① 朱泽沄.朱子圣学考略·提要,四库全书·子部·儒家类,卷97.北京:中华书局,1965.824.

谓之附学生员。凡初入学者，止谓之附学。而廪膳增广，以岁科两试等第高者补充之。非廪生久次者，不得充岁贡也”。①

明朝的官学形成了从地方到中央相衔接的学制系统。政府规定，凡社学中的俊秀向学者允许补选进入儒学生员；府、州、县学生员则可通过岁贡、选贡、纳贡等途径进入国子监肄业，形成了社学—府、州、县学—国子监三级相衔接的学校教育体系。

明代私学，基本以塾、馆形式得以延续；家塾、村塾、蒙馆、族塾、义学、冬学等即是，通常统称为私塾。明初的私家传经鲜见，盖因避“文字狱”之祸；明代中后期的私家讲学，大多均依托于书院。

可见明代统治者把教化民众的重任完全置于从中央到地方的各级官学。正因如此，书院在明朝一路走来坎坷不平，经历了明初的沉寂，中叶的兴盛和明末的禁毁。明代的书院承前启后，进入一个新的历史阶段，河北的书院也迎来一个新时期。

综观中国书院史，明代书院官办者居多，其最突出的特色是，提倡士子立志救世，把学术活动与政治斗争联系起来，关心时政，反映舆论，讽议朝政，裁量人物，以东林书院的学风为导向。清代乾隆朝南方大学者，与北方才子纪昀相应而并称的是袁枚，他在《书院议》一文中对明代兴盛时书院办学概况作了刻画或描述：“然则书院宜如何？曰：民之秀者，已升之学矣；民之尤秀者，升之书院。民之尤秀者，一郡中不数人，吾宁浮取之以备教，则亦不过郡二三十人而已。以饩数百人之费，饩二三十人，既可赡其家，绝其旁骛，而此二三十人者，师师友友，弦歌先王之道以自乐，则又安得有害群之马俏张佻险于其间矣？”“为之师者无多，弟子传习相亲，以故，愤易启，悱易发，经义易传，治事易治，国家他日用人舍书院焉取之。”②但到了明代后期，书院的学风日益空疏，讲学者多为性命之学，无助于国计民生，书院日趋衰落。

从书院发展的历史来看，明代书院有其独具的特色。它的影响远远超出教育领域，而波及政治、经济、文化等各个方面。书院对于科举、学术以至士风都有极大的影响，在明代教育制度史上占有重要位置，对社会整体思想文化发生着舆论导向作用。

第一节　明代河北书院发展概况

《中国书院史》所载，明代书院有1500余所，其中河北书院62所。③ 据《河北省志·教育志》的统计，明代河北书院共有78所，其中官办68所，民办10所。建置年代分别是：永乐1所、正统3所、弘治1所、正德2所、嘉靖25所、隆庆4所、万历21所、崇祯2所、年代不详者19所。④ 而根据笔者的统计，明代统治的270年间，河北共建有书院93所，是元代书院17所的5.47倍。从数量上看，明代河北书院进入了一个上升的时期，呈现出一些新的特点，然而与元代相比较，明代河北书

① 孟宪承、陈学恂等.中国古代教育史资料.北京：人民教育出版社，1961.243.

② (清)袁枚著，周本淳标校.小仓山房诗文集·卷21.上海：上海古籍出版社，1988.1611.

③ 李国钧.中国书院史.长沙：湖南教育出版社，1994.536.

④ 河北省地方志编纂委员会.河北省志·教育志.北京：中华书局，1995.43.

院多属平庸一般,缺乏全国驰名的书院。兹将各书院基本情况列于表4—1。

表4—1 明代河北书院统计表

书院名称	书院地址		创办时间	创办人	官办或民办
	州县	具体位置			
忠孝书院	保定定县	不详	洪武元年(1368)	不详	不详
忠孝书院	保定顺平县	南门内	洪武元年(1368)	不详	不详
兴贤书院	沧州东光县	辛店永宁寺	明初	不详	不详
观津书院	衡水武邑县	不详	洪武年间(1368—1398)	不详	不详
棠荫书院①	保定易县	学宫西	永乐十三年(1415)	御史张惟恕	官办
陶山书院②	邯郸馆陶县	不详	正统七年(1442)	不详	不详
莲花书院	保定易县	城外西关	景泰四年(1453)	知州王铸疏	官办
宁邑书院	张家口阳原县	不详	弘治四年③(1491)	不详	不详
恒山书院	石家庄晋州市	州治南关	正德年间(1506—1521)	张璿(璇)	民办
漳川书院	邯郸永年县	县治东	正德十三年(1518)	知府张羽	官办
元城书院	邯郸大名县	府治西南	正德十五年(1520)	兵备道 刘秉鉴	官办
清源书院	邢台临西	不详	明中叶	不详	不详
崇正书院 (恒阳书院)	石家庄正定县	城西北角 天王寺	嘉靖二年(1523)	知府王腾	官办
洺阳书院	邢台威县	县治西	嘉靖六年(1527)	知县钱术	官办
上谷书院	张家口宣化县	不详	嘉靖七年(1528)	巡抚刘源	官办
横渠书院	唐山滦县	西关外	嘉靖八年(1529)	知州赵叶	官办
育贤书院	石家庄辛集市	县署北	嘉靖九年(1530)	知县刘俊	官办
近圣书院	衡水饶阳县	孔庙东	嘉靖九年④(1530)	知县张仲孝	官办
二程书院	保定市	府治西北	嘉靖十年(1531)	知县徐嵩	官办

① 河北省地方志编纂委员会编:《河北省志·教育志》《河北省历代书院一览表》记为"棠阳书院",其他信息完全相同。存此待查。

② 河北省地方志编纂委员会编:《河北省志·教育志》《河北省历代书院一览表》记为"陶州书院",其他信息完全相同。存此待查。

③ 李国钧主编:《中国书院史》,湖南教育出版社1994年版,记为"弘治十年"(1497年)。

④ 季啸风主编:《中国书院辞典》,浙江教育出版社1996年版,第9页,记为"明嘉靖九年(1530年)",胡卓川主编:《饶阳县志》,方志出版社1998年版,记为"嘉靖三十五年(1556年)"。

续表 1

书院名称	书院地址		创办时间	创办人	官办或民办
	州县	具体位置			
观光书院①	保定安新县	不详	嘉靖十年(1531)	知县郑朝辅	官办
滹阳书院	石家庄藁城市	县治东	嘉靖十三年(1534)	知县尹耕	官办
献陵书院	沧州献县	县治西	嘉靖十三年(1534)	知县汪銮	官办
见麟书院	沧州献县	县城内	嘉靖十三年(1534)	知县汪銮	官办
贞文书院	保定安国市	文庙后	嘉靖十四年(1535)	知州孔天胤	官办
董子书院	沧州泊头市	李道湾	嘉靖十六年(1537)	冯时雍	民办
温州书院	邢台沙河市	不详	嘉靖十六年(1537)	知县傅钟琢	官办
封龙书院	石家庄元氏县	不详	嘉靖十八年(1539)	魏谦吉	民办
恒麓书院	衡水深县	州治东南隅	嘉靖二十六年(1557)	巡按御史刘瑶	官办
滏阳书院②	邯郸磁县	磁州西南	嘉靖三十年(1551)	不详	不详
陉山书院	石家庄井陉县	学宫东	嘉靖三十三年(1554)	知县苟文奎	官办
大原书院	衡水枣强县	县署西侧	嘉靖三十三年(1554)	知县罗廷唯	官办
正学书院③	邢台宁晋县	学宫西	嘉靖三十八年(1559)	御史蔡瑷	官办
应龙书院	邯郸大名县	县护城南堤	嘉靖三十八年(1559)	知县朱湘	官办
洨滨书院	邢台宁晋县	城外东南	嘉靖三十八年(1559)	御史蔡瑷	官办
育英书院	邯郸成安县	不详	嘉靖四十二年(1563)	署县事广平府推官杨沛	官办
思诚书院	邯郸魏县	启圣祠北	嘉靖四十五年(1566)	知县李栻	官办
龙冈书院④(国士书院)	邢台市	文庙西	嘉靖间(1522—1566)	提学御史阮槭	官办
保极书院	张家口涿鹿县	不详	嘉靖间(1522—1566)	不详	不详

① 《教育大辞典》编纂委员会编:《教育大辞典》第 8 卷“中国教育史”(上),上海教育出版社 1990 年版,第 378 页,记载:“明嘉靖十三年知州张寅更名正学书院。”

② 河北省冀县地方志编纂委员会编:《冀县志》,中国科学技术出版社,1993 年,第 599 页,记载:“明代冀州西野庄头村州民张际隆揭田 30 余亩,在村北立滏阳书院。”是否两地书院同名,分为两所书院,还是两者系一书院,属区域分布地讹传混淆,不能确定,留存待考。

③ 《教育大辞典》编纂委员会编:《教育大辞典》第 8 卷“中国古代教育史”(上),上海教育出版社 1990 年版,第 382 页,记载该书院于明嘉靖三十年(1551 年)邑绅蔡某建。存此待查。

④ 邢台市地方志编纂委员会编:《邢台市志》,中国对外翻译出版公司,2000 年版,第 991 页,记该书院由知府高迁在城内北长街创建。存此待查。

续表 2

书院名称	书院地址		创办时间	创办人	官办或民办
	州县	具体位置			
珍谟书院	沧州任丘市	县治东	嘉靖间(1522—1566)	大学士 李文康	官办
养正书院 (乐群书院)	保定顺平县	不详	嘉靖间(1522—1566)	不详	不详
紫微书院	邢台南宫市	儒学东	嘉靖末	御史胡嘉谟	官办
育贤书院①	唐山滦县	榛子镇	隆庆四年(1570)	推官辛如金	官办
北平书院	秦皇岛卢龙县	府学南	隆庆六年(1572)	知府辛应乾	官办
崇德书院	邯郸肥乡县	李文靖公祠西	隆庆间(1567—1572)	知县李栻	官办
崇正书院	廊坊市文安县	不详	万历四年(1576)	知县王湘	官办
松阳书院 (敬业书院)	石家庄灵寿县	城东门 外社学旧址	万历四年(1576)	知县张照	官办
□□书院②	衡水冀州市	马神庙西	万历四年(1576)	知州赵宋	官办
文清书院	石家庄元氏县	薛文清 (薛瑄)公祠	万历九年(1581)	知县周诗	官办
漳阳书院	邯郸临漳县	东关外	万历十八年(1590)	知县丁允亨	官办
乐天书院	邢台临城县	县治东	万历十九年(1591)	乔辅世	民办
建才书院	邯郸临漳县	东门街南	万历二十四年(1596)	知县赵友琴	官办
天门书院	沧州市	州治东	万历二十五年(1597)	巡盐御史 毕三才,盐运、 知州卢廷选	官办
瀛洲书院	沧州南皮县	县城外东北隅	万历三十年(1602)	知县李正华	官办
上谷书院	保定市	府治西北	万历三十四年(1606)	知府王国桢	官办
瀛洲书院	沧州河间市	府衙西	万历三十五年(1607)	知县王遇宾	官办
洹阳书院	邯郸魏县	县治西	万历三十八年(1610)	知县章正岳	官办
紫金书院	邯郸武安县	文庙东	万历四十一年(1613)	知县李椿茂	官办
云从书院	秦皇岛抚宁县	学宫路南	万历四十三年(1615)	知县王台	官办

---

① 李鸿章等修,黄彭年等撰:(光绪)《畿辅通志》卷 115“学校志”,载创办者“辛如金”作“孙如金”,留存待查。

② 该书院不知何名,留存待考。据李显忠修,耿德曙等纂:(康熙)《冀州志》卷 3“公署志”所载:“书院,在马神庙西,正厅三间,东西房各三间,后正厅三间,东西房各三间,大门二门各一间。万历四年,知州赵宗建。天启五年(1625 年),知县黄天胤重修,桌椅俱全。”

续表 3

书院名称	书院地址		创办时间	创办人	官办或民办
	州县	具体位置			
金台书院	廊坊市	不详	万历四十六年(1618)	知县陆燧	官办
清晖书院(莲花书院)	邯郸永年县	府城东北	万历间(1573—1620)	知府蒋以忠	官办
兴文书院	邯郸涉县	故守备司署	万历间(1573—1620)	知府王启疆	官办
育贤书院	衡水市	玉带街	万历间(1573—1620)	孙梦麟	民办
洹水书院	邯郸魏县	不详	万历间(1573—1620)	知县章正	官办
双峰书院	保定易县	不详	天启间(1621—1627)	孙奇逢	民办
景贤书院	石家庄元氏县	县城东南隅	天启间(1621—1627)	知县戈允礼	官办
郢风书院	石家庄行唐县	府馆	崇祯八年(1635)	陈志纪	民办
其严书院	邯郸广平	城北	崇祯十二年(1639)	不详	不详
阳春书院	保定蠡县	县南门外	崇祯十三年(1640)	兵备道钱天锡	官办
公善书院	邯郸曲周县	县城东关	崇祯间(1628—1644)	路振飞	民办
振武书院(偃武书院)	邯郸肥乡县	县城西南	崇祯间(1628—1644)	知县郝炯	民办
松筠书院	保定涿州	城内山子街	明末	冯源济	民办
紫山书院	邯郸永年县	城东关	不详	巡按御史苏京	官办
槐川书院	邢台柏乡县	县东北隅凤凰岗后	不详	邑人少司马魏文毅	民办
资质书院	邢台隆尧县	不详	不详	赵渔	民办
白河书院①	保定定兴县	县治西北	不详	邑绅张镐	民办
南台书院	保定定兴县	县城南关	不详	不详	不详
振英书院	保定蠡县	太仆寺西	不详	知县张亮	不详
翘林书院②	衡水冀州	不详	不详	不详	不详

① 据有的学者所考证及资引的材料，白河书院是以道家讲学传承门人弟子的教育机构，如丁钢、刘琪著《书院与中国文化》，上海教育出版社 1992 年版，第 40 页载：张镐主持的白河书院"营以学仙，寄磨壮志，出人携二角伎，莲冠羽衣"。但张镐本人是否属道教学者或道士，无法考证。以上情况说明：儒道交融态势在封建社会后期已拓展至北方书院，而除了佛、儒学派外，道家学派也已意识到书院的学术及教育功能。

② 河北省冀县地方志编纂委员会编：《冀县志》，中国科学技术出版社，1993 年，第 599 页，记载："在州城内有举人李谐觵主讲的翘林书院，清光绪二十九年(1903 年)，在州城内翘林书院旧址，建高等小学堂，后迁东岳庙，4 个班，学生 180 人。"

续表 4

书院名称	书院地址		创办时间	创办人	官办或民办
	州县	具体位置			
有斐书院	保定蠡县	文庙西	不详	不详	民办
聚星书院	保定蠡县	县城内	不详	知县曹昕	官办
宙泉书院	保定蠡县	县城北	不详	知县沈迅	官办
独石书院	张家口赤城县	不详	不详	不详	不详
绿阴书院	张家口怀来县	不详	不详	御史马征	官办
二贤书院	张家口怀来县	不详	不详	李士龙	民办
水东书院	沧州任丘市	不详	不详	尚书闵煦	官办
莲洲书院	邢台任县	县学东	不详	通判谢洙	官办
蒙泉书院	邢台宁晋县	县城西	不详	不详	不详
三台书院	石家庄元氏县	县城西北 西贾村半山腰	不详	田用宾	民办
孤竹书院	秦皇岛卢龙县	县城东北 望高楼下	不详	不详	不详
香山书院	秦皇岛昌黎县	县城北水岩寺 东北香山下	不详	某绅邑	民办
犹龙书院	廊坊固安县	县治东长贞观	不详	不详	不详
慈航书院	邢台威县	五马坊村	不详	不详	不详
东郭书院	邢台南宫市	县城东门外	不详	刘濂	民办

(资料来源:李国钧主编:《中国书院史》,湖南教育出版社 1994 年版;河北省地方志编纂委员会编:《河北省志·教育志》,中华书局 1995 年版;河北省有关市县志方志资料。)

某一历史时期书院在一个区域呈现地理分布的差异,同时以时间轴线为干线,纵向的变化能看出书院演进嬗动的轨迹,而区域与全国的比较剖析,也能揭示其所居地位及发展水平。根据以上图表所记载的内容及所传递的信息,笔者拟从教育地理视野对此期河北书院作一动态考察。

一、书院数量增长,但仍处于欠发达水平。与前代相比,明代河北书院的数量大幅增长。河北书院的数量唐代 3 所,宋代 5 所,元代 17 所,共计 25 所,而明代河北 93 所的数量是前代书院总和的 3.72 倍。但与全国其他省的书院数量相比,依然落后。据邓洪波先生的统计,明代全国每个省份书院的平均值是 103.263 所,①河北 93 所书院的数量依然低于全国各省书院的平均值,仍然属于书院欠发达的地区。

---

① 邓洪波.中国书院史.上海:东方出版中心,2004.264.

二、书院分布区域扩大，但依然不平衡。河北省共有11个地级市，明代有书院记载的市共有10个，但主要集中在河北中南部地区，北部地区依然欠发展，分布不平衡。兹将书院的区域分布情况列于下表。

表4—2　代河北书院区域分布统计表①

石家庄	张家口	承德	秦皇岛	唐山	廊坊	保定	沧州	衡水	邢台	邯郸
11	6	0	4	2	3	18	9	7	14	19

（图表为作者自行设计）

从上表可见，与元代一样，承德市依然没有书院建置，而元代未见有书院踪影的秦皇岛和唐山地区在明代分别有4所、2所书院出现，扩大了河北书院分布的区域。

明代河北93所书院分布在10个市，平均每个市9.3所。如果按照93所书院，11个地级市来计算，平均每个市8.45所。在这个平均值之上的地级市包括石家庄、保定、沧州、邢台和邯郸5市，并且石家庄、保定、邢台和邯郸的书院数量都达到10所以上。大体可以把河北的各个地级市书院的发展划分为三个层次：第一层次：书院数量高于平均值的石家庄、保定、沧州、邢台和邯郸5市，属于书院发达地区。第二层次：有书院建制但数量低于平均值的张家口、秦皇岛、唐山、廊坊、衡水5市，属于书院一般发展地区。第三层次：无书院建制的承德属于书院稀缺地区。

河北省县级行政区划共有136个，包括：22个县级市、108个县和6个自治县。在明代有书院建制的有59个，只占136个县级行政区划的43.38%，分别是：石家庄：晋州市、辛集市、藁城市、正定县、元氏县、井陉县、灵寿县、行唐县；张家口：阳原县、宣化县、涿鹿县、赤城县、怀来县；秦皇岛：卢龙县、抚宁县、昌黎县；唐山：滦县；廊坊：文安县、固安县；保定：涿州市、安国市、定州市、蠡县、定兴县、易县、顺平县、安新县；沧州：任丘市、泊头市、河间市、南皮县、献县、东光县；衡水：冀州市、武邑县、饶阳县、深县、枣强县；邢台：沙河市、南宫市、威县、宁晋县、临城县、柏乡县、隆尧县、任县、临西县；邯郸：武安市、大名县、永年县、馆陶县、磁县、成安县、肥乡县、临漳县、涉县、魏县、广平县、曲周县。

以下兹将县级行政区划书院分布的具体统计列于下表。

① 以下表3.2—3.4资料来源为：河北省各市县方志及王兰荫.河北省书院志初稿.国立北平师范大学出版社.1936.图标由笔者编制.

表 4—3　明代河北县级行政区书院分布统计表

市名	县级行政区划数量	有书院建制的县级区划数量	百分比%
石家庄	17	8	47.06%
张家口	13	5	38.46%
承德	8	0	0
秦皇岛	4	3	75.00%
唐山	8	1	12.50%
廊坊	8	2	25.00%
保定	22	8	36.36%
沧州	14	6	42.86%
衡水	10	5	50.00%
邢台	17	9	52.94%
邯郸	15	12	80.00%
总计	136	59	43.38%

(图表为作者自行设计)

三、明代河北书院的时间分布疏密相间。明代河北 93 所书院中,25 所年代不详,其他 68 所的创建时间从洪武年间至崇祯年间。兹将元代河北书院的时间分布列于下表。

表 4—4　明代河北书院时间分布统计表

时　间	书院数量	百分比	排　名
洪武(1368—1398)	3	3.23%	4
建文(1399—1402)	0	0	12
永乐(1403—1424)	1	1.08%	8
洪熙(1425)	0	0	12
宣德(1426—1435)	0	0	12
正统(1436—1449)	1	1.08%	8
景泰(1450—1456)	1	1.08%	8
天顺(1457—1464)	0	0	12
成化(1465—1487)	0	0	12
弘治(1488—1505)	1	1.08%	8
正德(1506—1521)	3	3.23%	4

续表

时　间	书院数量	百分比	排　名
嘉靖(1522—1572)	29	31.18%	1
隆庆(1567—1572)	3	3.23%	4
万历(1573—1619)	19	20.43%	2
泰昌(1620)	0	0	12
天启(1621—1627)	2	2.15%	7
崇祯(1628—1644)	5	5.38%	3
小计	68	73.12%	-
不详	25	26.88%	-
合计	93	100%	-

(图表为作者自行设计)

从上表可见,建文、洪熙、宣德、天顺、成化和泰昌六朝没有书院创建,永乐、正统、景泰、弘治四朝只有一所书院创建,明代河北书院的创建从正德年间开始起步,到嘉靖年间达到顶峰,其次是万历年间,两朝合计 48 所,占已知年代书院总数 68 所的 70.59%。全国书院的发展也是嘉靖和万历年间创建书院数居前两位。

明代书院以其自然发展情况大致可以分为三个时期,即从洪武至弘治年间(1368—1505)为书院沉寂的时期;从正德到万历年间(1506—1619)为书院逐渐恢复和发展的时期;从景泰至崇祯年间(1620—1644)为书院回落的时期。

从明朝立国至孝宗弘治十八年(1505 年)的 130 余年间,明朝书院处于沉寂状态。封建统治者将重心放在中央官学,尤其是国子监教育,以及地方官学和社学设立上,与此形成鲜明地对照,对于书院则采取消极的态度,甚为低调冷漠。明初统治者大力提倡科举,并将科举与学校教育紧密结合,书院受到一些人士的抵制。明代地方官学的考试作为测评考定成绩以及升等奖惩的依据,发挥了教育过程及阶段反馈、删选的功能,同时也是通向科举乡试的津梁,其设计方案及科考程序在《明史·选举志》卷 69 中有明确表述。“提学官在任三岁,两试诸生。先以六等试诸生优劣,谓之岁考。一等前列者,视廪膳生,有缺依次充补。其次补增广生,一二等皆给赏。三等如常,四等挞责,五等则廪增递降一等,附生降为青衣,六等黜革。继取一二等为科学生员,俾应乡试,谓之科考。”科考为乡试之预备,学校储才以应科目者也。“科目沿唐宋之旧。而稍变其试士之法。专取《子书》及《易》《书》《诗》《春秋》《礼记》《五经》命题试士,盖太祖与刘基所定。其文略仿宋经义,然代古人语气为之,体用排偶,谓入八股,通谓之制义。三年大比,以诸生试之直省,曰乡试,中试者为举人。次年以举人试之京师曰会试,中式者天子亲策于廷曰廷试,亦曰殿试,赐进士。”①

① 孟宪承、陈学恂等.中国古代教育史资料.北京:人民教育出版社,1961.243.

明代中叶以后，书院得以舒缓并走向鼎盛，从曹松叶在《中山大学语言历史研究所周刊》第10集所发表的《宋元明清书院概况》统计，得到实证性说明：明朝书院共计1239所，其中嘉靖年间最多，占总数的37.13%，万历年间其次，占总数的22.71%。许多省份统计资料都与此相符合，如吴景贤的《安徽书院沿革考》(《学风》1932年第2卷第4—8期连载)，刘伯骥的《广东书院沿革》(商务印书馆1939年版)所描述的内容都反映了这一迹象。有的学者分析其中原因有如下三点：第一，明朝统治者内部矛盾激化，尤其是出现了宦官专权，排斥异己，打击反对派。于是，在野士大夫便设立书院，在讲学之余，讽议朝政，裁量人物。因此，这个时期书院的讲学，往往带有政治色彩。第二，科举腐败，官学衰落。科场中，贿买钻营、怀挟倩代、割卷传递、顶名冒籍等弊端百出，相沿成风；官学已变成科举的附庸，学生"奸惰"，不肯读书，仅视官学为取得应试资格的场所，学校有名无实。于是，一些有志于从事学术研究的士大夫便纷纷创建书院，授徒讲学。第三，湛若水、王守仁等著名学者的倡导。湛若水(1466—1560)，是著名学者陈献章(白沙)的学生。他一生讲学55年，广建书院，门人众多。《明儒学案·甘泉学案一》记载，他"平生足迹所至，必建书院以祀白沙，从游者殆遍天下"。王守仁(1472—1528)从34岁起开始授徒讲学，历时23年之久，先后修建了龙冈书院、濂溪书院、稽山书院、敷文书院等，并在文明书院、岳麓书院、白鹿洞书院讲学。著名学术大师到处筑书院讲学，对于明中叶以后讲学之风的兴起、书院的迅速发展起了直接的推动作用。① 然而也正是因为讲学，书院招致了多次禁毁，再加上统治阶级的政治斗争殃及书院，书院发展不可避免地走向下坡路。

明中叶以后，书院曾先后四次遭当政者禁毁。第一次发生在嘉靖十六年(1537年)。由御史游居敬上疏，指陈湛若水、王守仁"私创书院"。于是，世宗明令："书院不奉明旨，私自创建，令有司禁毁"。② 第二次发生于次年。由吏部尚书徐瓒上疏，指陈地方官不修学校，"别起书院"，甚至将衙门改为书院。于是，世宗又令所司严禁。第三次发生在万历七年(1579年)。由"首辅"张居正发动。据《明神宗实录》卷83载，当时共改毁应天府等书院64所。第四次发生在天启五年(1625年)。由宦官权臣魏忠贤发动，主要针对"东林党人"，由于有着更强的政治动机，因而禁毁的力度也远远大于前面三次。其具体情形如下：当时宦官魏忠贤专权、专横跋扈，坑害异己，朝政极度腐败。顾宪成、高攀龙等讲学于东林书院，在讲习之余，讽议朝政，裁量人物。朝士慕其风者，多遥相应和。由是东林名大著，而忌者亦多。魏忠贤党人为倾东林，遂矫旨"毁天下东林讲学书院。"只因当时东林书院社会影响很大，人们把书院都同东林联系在一起，所以，魏忠贤等在禁毁书院时，也就把天下的书院都疑为是东林，一律严令禁毁。由忌恨东林书院，而殃及了天下的书院。万历、天启年间对书院的多次禁毁，给明末书院带来致命的打击，前一时期曾辉煌发展的书院在禁毁的笼罩下迅速回落。

河北书院的发展也大致经历着同样的过程，洪武至弘治年间，书院发展处于低潮，只有7所书院；正德至万历年间是勃兴的阶段，共创建书院54所；泰昌至崇祯年间(1620—1644)建有书院7

---

① 孙培青、杜成宪.中国教育史.第三版.上海：华东师范大学出版社，2009.250.

② 徐阶等.明世宗实录，卷199.上海：上海书店.1992.4191.

所，是明末朝政进入动荡飘摇衰弱时期的晴雨表。

第二节 明代河北的重要书院举要

下面对河北部分书院的情况作择要描述，需要说明的是在名录选定上主要依据三维指标：书院的代表性或影响力；史志资料记录的内容较为充实或至少对列表信息有所拓展；地域上的适当平衡及比重的兼顾。应该说这种设计意图与材料内容本身有取舍的难度，因而也会有一定模糊或相对意义。

一、保定

（一）定州市

忠孝书院

明洪武元年（1368 年）建，嘉靖年间（1522—1566），以此为基础创养正书院，后改乐群书院。清乾隆二十二年（1757 年）知县李衡筹资改建燕平书院，置学田 365 亩余。光绪初，知县劳乃宣捐俸购置书籍供学子阅读，于是院中“经籍琳琅满目”，二十八年（1902 年）改为高等小学堂。①

（二）保定市

1.二程书院

明嘉靖十年（1531 年），保定知府徐嵩创办，为祭祀在博野居住的明道、伊川五世祖而设。院址在府治西北（今西大街路北），明末易名为金台书院——因为明代保定称金台郡，至清代停办。书院师生、规制、影响等相关情况均已不详。从书院标以“二程”名号来看，该院是一所以讲求程朱理学为主的书院。②

2.上谷书院

明万历三十四年（1606 年）知府王国桢创建，院址在府治西北，今西大街一带。王国祯斥地北察院东，为构堂，三屋堂室具备，祠程朱三贤木主。俾诸生修业其中，日瞻拜焉。③ 其他办学情况已无从查考。雍正版《畿辅通志》仅作如下记载：“上谷书院在府治西北，久废。”④

（三）安新县

正学书院

在明安州城东北角，由元代观光书院演变而来。明正德年间（1506—1521）翰林院编修湛若水曾一度居住在安州，在观光书院讲道论学。后来观光书院为尼僧所占，嘉靖十年（1531 年）知州郑朝辅请示巡抚林有孚逐走尼僧又改为书院。当时已经官任礼部尚书的湛若水来到安州，在书院短

---

① 季啸风主编.中国书院辞典.杭州：浙江教育出版社，1996.9.

② 河北省保定市地方志编纂委员会.保定市志（第四册）.北京：方志出版社，1999.12.

③ （清）李逢源修，诸崇俭纂.（同治）清苑县志・卷五十“学校”.清同治十二年刻本.

④ 河北省保定市地方志编纂委员会.保定市志（第四册）.北京：方志出版社，1999.12.

期讲学并为书院题匾“正学”，由此，正学书院得名。郑朝辅离任，尼僧又住进书院。嘉靖十三年(1534年)，知州张寅又逐走尼僧复为书院。至明末学舍倾塌，尼僧又改作观音寺，书院废弛。①

湛若水，明学者、教育家。字元明，号甘泉，增城(今属广东)人。弘治进士，选为庶吉士。嘉靖初任南京国子监祭酒，后官至南京史、礼、兵部尚书。少师事陈献章，研究心性之学，作《心形图说》教士。生平所至，必建书院以祀陈献章。士子来学者，先令习礼，然后听讲，兴起者甚众。曾与王守仁同时倡导书院讲学，各立宗旨，形成王、湛两大学派。提出“心无所不包”，“心也者，包乎天地万物之外，而贯夫天地万物之中也，中外非二也”。强调与王守仁“心学”之别，“吾之所谓心者，体万物而不遗者也，故无内外。阳明之所谓心者，指腔子里而为言者也，故以吾之说为外”。反对王守仁“致良知”说，以“随处体认天理”为讲学宗旨。认为“天理”二字，人人固有，非有外铄，不为尧存，不为桀亡。因习心蔽之而觉不明，需通过“戒惧慎独”的涵养，煎销习心，达到“勿忘勿助”的境界。强调“天理”“皆发现于日用事物之间，流行不息”。批评王守仁将“格物”陷入空虚，提出“体认天理”须随时随处，“体认兼知行”。“所谓随处云者，随心随意随身随家随天下，盖随其所寂所感耳”。门人中最著名有吕怀、何迁、洪垣、唐枢等人。著有《湛甘泉集》。②

明代中后期自宣德帝始，迎来了一个内部和外来危机相对较少的时期。加之宣德帝擅长文艺，相对开明，故使明初的文教专制逐渐松弛。经历“土木之变”③，明朝政治中的科考功名出身文官集团和宦官集团长期缠斗的格局形成；作为仲裁者的皇帝，也因僚臣对亲近宦官的参劾而使自身威权削弱。因此，在成化与弘治时期(1465—1505)，思想界逐渐活跃，从而为书院讲学扫清了障碍。在宣德、天顺年间(1426—1464)，开讲学之风的代表人物有薛瑄和吴与弼；在成化、弘治年间(1465—1505)，承续讲学之风的人物有陈献章、胡居仁、娄谅等；至正德年间(1506—1521)，则以湛若水、王守仁作为讲学的杰出代表。

湛若水是王门后学门派的重要人物，或某一分支的代表角色，对明代后期思想解放、观念更新、学术渐变均有一定的影响或地位。王门弟子无论是左、中、右各派均注重于书院的教育功能，促动明代中后期由衰而盛的转型。因此，湛若水莅临正学书院讲学，不仅体现、展示学派思想及风貌，而且对书院教育本身也是一种鼓动或刺激。

(四)安国市

贞文书院

明嘉靖十四年(1535年)，知州孔天胤在文庙后张子书院旧址建贞文书院，以崇祀宋代大儒、祁州张子书院主讲张横渠，明代状元董珪、齐从享。孔天胤在其所作《贞文书院碑记》中说到：“予

---

① 安新县地方志编纂委员会.安新县志.北京：新华出版社，2000.860.

② 《教育大辞典》编纂委员会.教育大辞典(9)《中国古代教育史》(上).上海：上海教育出版社，1992.314.

③ 明英宗被瓦剌军俘虏事件。明初，蒙古地区分为鞑靼、瓦剌、兀良哈三大部。正统(1436—1449)年间，瓦剌部首领脱欢统一了鞑靼和瓦剌两大部。脱欢死后，其子也先(也称乜先)继续扩充实力，征服兀良哈三卫，并准备进攻明朝。正统十四年(1449年)七月，也先发动瓦剌军分四路南犯，也先亲率部众主力进袭大同(今山西大同)。英宗昏庸腐朽，军政大权落在宦官王振之手。王振挟持英宗亲征，调动五十万大军，仓促出发。八月，至大同，闻前方失利，急回军东归。王振又想要英宗“临幸”其家乡蔚州(今河北蔚县)，中途又折往宣化，行至土木堡(今河北怀来境内)，被也先追及，明军死伤过半，英宗被俘，史称“土木之变”(苑书义主编：《中国历史大事件》，河北教育出版社1988年版，第372页)。

作书院表先哲萃，诸生盖欲贞厥攸关，昔者圣人观天文察地理则人经而道用，文明孔子其大成也，孟子大观圣人之道，而推之日月之容光，流水之波澜，极本原矣。”廖道南在《贞文书院碑记》提及孔天胤建书院原因也说到：“贞文书院者，祁州孔侯之所建也，建之也何崇祀也，厥祀维何祀宋法曹张明公元状元董君章李公平也。夫祀明公何为者也？崇道德也。祀君章公平何为者也？表宅里也。”可见孔天胤建立贞文书院，目的为祭祀先贤，使学子们耳濡目染，见贤思齐，以引导诸生学习先哲的道德品行、学识才华。

贞文书院基址6.04亩，南北48丈，东西8丈，第一年10月建成祠堂，11月建成大雅堂，12月建成斋舍，第二年正月完工，后因年久倾废。天启五年（1625年）秋知州郭应响于张子祠东南隅重建，建讲堂于文庙后，张子祠左，三楹讲堂地基东西4丈1尺，南北48丈，有公田59亩，前为讲堂，后为祭祀所用，并题名“祁阳讲堂”，为书院鼎盛时期，聘请河南汝阳儒学巨子任准主持，延揽省内外名师周良寅等7人讲学其中。时有境内生员77人，外州县求学者92人。

清乾隆年间（1736—1795），书院渐衰。清光绪六年（1880年），知州朱润保再建书院于学宫西侧明伦堂旧址，分东西两院，东院为授课之所，西院为试院，系月考生员之所。邑绅卜应麟等督导其中，月例会讲两次，初二讲授官课，初三为斋课。[①] 明末清初，贞文书院有学田59亩，以租金作为经费开支，清末知州朱润保将修建贞文书院的余银交当商生息，为书院用度。光绪三十三年（1904年）改为高等小学堂。[②] （乾隆）《祁州志》卷7“艺文志”收录明代廖道南《贞文书院碑记》及孔天胤《贞文书院碑记》，（光绪）《保定府志》卷29“学校志”收录明代许国士《祁阳讲堂记》及阮鹗《祁阳文会记》。下附廖道南《贞文书院碑记》和孔天胤《贞文书院碑记》。

贞文书院碑记

（明）廖道南

贞文书院者，祁州孔侯之所建也，建之也何崇祀也，厥祀维何祀宋法曹张明公元状元董君章李公平也。夫祀明公何为者也？崇道德也。祀君章公平何为者也？表宅里也。何为乎崇道德也？昔者明公笃志圣学，锐情王道，渊乎神明与居浩乎，造化与游。是故我观诸正蒙之篇，其笃足徵也；我观诸理窟之篇，其锐足徵也；我观诸订顽砭愚之铭，其渊其浩足徵也，徵之斯祀之矣。何为乎表宅里也？昔者君章夙抱隽才，公平雅负奇气，欻乎？蛟龙斯耀烨乎？鸾凤斯翔也。是故我观诸治之对，其隽足徵也；我观诸至顺之对，其奇足徵也；我观诸牧长奉常

① 古代书院考试分官课与师课两大类，尤其盛行于清代，且具备制度化特征。前者亦称“大课”，由地方官员主持；后者又称“斋课”“馆课”，由山卡（院卡）负责。两种考试类型及形式又统称“作课”或“会课”。如王榕吉等修，张朴等纂，清咸丰《定州志》（咸丰十年刻本）卷1《宣武书院课士条规》称：“往与童分两处作课，不许彼此混坐，亦不许互相往来，违者削除，在院作课，不许私行出外，违者削除。作课不许扎人代倩，亦不许自外传递，违者与代作者一并除名。作课宜自出心裁，不许抄录成文，至蹈雷同，违者除名。生童自己领卷作课外，不许另外捏名领卷，如有领重卷者除名。”又如周栻修，陈柱纂清道光《南宫县志》（光绪十年刊本）卷3《东阳书院新定规程》：“会课每月两期，官课定于初二日，斋课定于十六日 ，均试以制艺排律。会课辰记得封门，逾时不到者，虽属高才，不准补进，酉刻交卷，给烛继晷者，虽有佳构，不列前茅。”

② 安国市地方志编纂委员会.安国县志.北京：方志出版社，1996.714—716.

之绩，其躍其翔足徵也，徵之斯祀之矣。诗有之高山仰止景行行止，其诸祀明公之意而矣乎。书有之表厥宅里树之风声，其诸祀君章公平之意而矣乎。是役也，经始于已未之九月，越十月祠宇成，十一月大雅堂成，十二月斋舍成，明年正月诸工毕成。先是壬辰孔侯登一甲进士，第二人乃督学于泰，既而左于祁，于是建贞文书院以淑邦人士云。内史氏既敘次其事，乃撰侑神之歌三章，其一章曰："维祁有山兮，鼓峰西太行兮，□業北恒岳兮，峪崊山祗毓祥兮，灵气钟谷隐雾兮，藏豹石触云兮，从龙明明兹烈兮，山之崇。"其二章曰："维祁有水兮，黾漳源唐谷兮，沙土浚滋流兮，泽乡川精荐祉兮，水若翔星联珠兮，奎伟月合壁兮，云章渊渊兹泽兮，川之长。"其三章曰："维祁有哲兮，横渠宗邹鲁兮，圣源溯濂洛兮，德腴岁月云徂兮，日居诸君章起兮，畴与公平绍兮，为徒穆穆兹祀兮，吾道不孤。"

贞文书院碑后

（明）孔天胤

文谷子曰，卓哉兹州，钜贤作之于前，鸿英产之于后，彬彬蔼蔼，代有其人，盖文献称为明与。道化洋溢，声光四流，海隅承风，畿内臻美，兹州或寥阔焉，岂地灵之中哉，抑亦人观之未贞耳。予作书院，表先哲，萃诸生，盖欲贞厥攸关。昔者圣人观天文，察地理，则人经而道用文明，孔子其大成也，孟子大观圣人之道，而推之日月之容光，流水之波澜，极本原矣。其曰君子之志于道，不成章不达。示人以贞观者有序也。诸生其相与事于斯哉，将必有大成者矣。①

（五）蠡县

1.阳春书院

明崇祯十三年(1640年)兵备钱天锡建于县城南门外街东，置田60亩，以供诸生肄业费。书院办学的具体情况为："大门向西，东堂三楹，规制深峻。遴士之绩，学有志者：李成性、贾坊、贾浴、朱映九、陈谏垣、彭士奇、岳峻、陈泗谟等，肄业其中。其有离城稍远或馆于别邑者，按期课文，共六十人，肄业者计二十人，月给薪水之资一两，课文者，分别旌劝。兵备道钱公预备银两四十两发县，又捐价置西城大堤学田十亩，又设处公田五十亩，以供书院诸生肄业。"②

2.振英书院

先由知县张凫创为社学于县城太仆寺西，后废，其屋宇多为人所毁。后由知县李复初重修，改为振英书院。书院前建门楼，中建精一堂三楹，右掘地偶得古甘井，前后号房16楹，收士子王侃、李桐、刘乔、谷云衢、张邦杰、李杰、蒋大全等33人，分为11会肄业。③

3.有斐书院

在元代振英书院旧基上重修。"向在文庙之右，轩堂连进，古槐数株，婆娑若荫，院前清流若

① 以上两篇"碑记"均见清张万铨等(乾隆)《祁州志》• 卷7"艺文志"，清乾隆二十一年刊本。标点为编者加注。

② (清)韩志超等修，王其衡等纂.(光绪)蠡县志 • 卷3"书院志".光绪二年刻本.

③ (清)韩志超等修，王其衡等纂.(光绪)蠡县志 • 卷3"书院志".光绪二年刻本.

带，衡文课士，雅称胜地，年久寖湮，荡然一空。知县安公世鼎惠政沁人，士民感之，相约捐资，欲卜其地。为之立祠，公亟止之，因为书院，以广朴棫之意。”①正北兴建瓦房3楹，周围短垣，复捐金50两，置学田56亩，礼聘生员马云起教授生徒于其中。邑人匾其额曰“有斐书院”，并贞之珉，志不能忘。②

4.宙泉书院

明代知县沈迅创建，以创立者别号“宙泉”为院名。沈迅（1605—1647），字羽兄，号宙泉。1624年（明天启四年）中举人，1631年（崇祯四年）中进士，历任新城县知县、蠡县知县、刑部主事、方司正副郎、兵部给事中、南京国子监博士等职。沈迅学识渊博，才学出众，著有《考思录》《沈诗九集》《因树庐》等著述，多毁于战火。史籍称：“宙泉者，明吏科左给事中沈公迅别号也。宰县时，恒读书其中，与士子讲艺衡文，月有课程，因县署失修，暂寓此听政焉。”③看来，书院办学与衙署执政有合轨共处之迹象，带有“政教合一”“官师合一”的道统风貌。

（六）涿州市

松筠书院。由明末里人冯铨的“快雪堂”改建而成。

冯铨（1595—1672），字伯衡，又字振鹭，号鹿庵，顺天府涿州（今河北省涿州市）人，明万历年间进士，著有《瀛州赋》和《独鹿山房诗集》。冯铨曾收集自魏钟繇、晋王羲之直到元代赵孟頫等诸多古代名帖，后将这些名帖摹拓汇编成集。拓本集共分5卷，刻石408方，摹刻精致，因其第一卷以王羲之的《快雪时晴帖》开篇，故总称《快雪堂帖》。其大半由真迹摹出，镌手为铁笔名家刘光，故久为世人所重。④《快雪堂帖》存放于涿州城内山子街附近冯家花园的“快雪堂”。冯铨辞世后，其次子冯源济遂将冯家花园改建成松筠书院，用来教育涿州子弟。⑤

二、石家庄

（一）晋州市

恒山书院

明正德年间（1506—1521）晋州人张璇（进士、监察御史）创建，院址在州治南关。书院内有归乐堂、环翠亭、肯构堂，读书人经常在此聚会吟诗。⑥

---

① （清）韩志超等修，王其衡等纂.（光绪）蠡县志・卷3“书院志”.光绪二年刻本.

② 另据季啸风主编《中国书院辞典》，浙江教育出版社1996年版，第8页释文，将该书院视为清代河北的书院，但其他文献所载信息并无确证，惟其中内容有交叉重叠之处，只有留此待考。该“辞典”内称：有斐书院，清康熙二年（1663年）霸县兵备道安世鼎建。安为政德惠，所属蠡县士民捐资，欲在邑里振英书院旧址为其建生祠。安力止，命以其资建书院，并捐金50两，置学田56亩。邑人乃题额为“有斐书院”，以怀其德。后废。道光二十六年（1846年）知县张梦麟云：“前明以来，或名振英书院，或名有斐书院，废坠凡二百年矣。”

③ （清）韩志超等修，王其衡等纂.（光绪）蠡县志・卷3“书院志”.光绪二年刻本.

④ http://baike.baidu.com/view/341150.htm? fr=aladdin

⑤ 涿州市地方志编纂委员会.涿州志.北京：方志出版社，1997.583.

⑥ 刘得志.晋州市教育志.石家庄：河北人民出版社，2001.20.《教育大辞典》第8卷记为“明正德间郡人张璿建”，留存待考。

(二)正定市

崇正书院

明嘉靖二年(1523 年),真定(今正定)知府王腾在城西北角(今正定中学)改天王寺为崇正书院。这时的官府加强对书院的控制,书院一改往日自由讲学的作风,教学内容为官府裁定。嘉靖三十年(1551 年)御史杨选和知府孙绩对书院加以修葺,并更名为恒阳书院。聘请平江(治今山西省临汾市)名儒艾纯卿任主讲,赵南星亦曾在此求学,一时书院英贤辈出,遐迩闻名。① 赵南星是明代散曲作家、著名政治家、吏部尚书、东林党领袖之一。他在万历四十年(1612 年)所作的《重修恒阳书院记》中回忆当初在书院讲学的情形:己巳年他在恒阳书院读书,书院聘请阜平广文艾纯卿先生。先生是晋平江人,博学善顾问,平生羡慕李献吉的文章气节,经常向人提及。后来赵南星和诸君子举于乡,多出于艾先生之门,得人称盛。

万历六年(1578 年)宰相张居正实行改革,取消天下书院,恒阳书院停办,后来改为游击将军署,旋又改为邮亭。万历四十年(1612 年)御史傅振商、知府周光夔、推官魏运开协议捐赎钱,别置游击署,仍复书院。重建后的恒阳书院建制齐备,两旁增建号舍 100 余间,重门之外为坊,内为讲堂,东西为精舍 14 间,诸生课业其中。讲堂之后为长廊,有堂有厢,后有水亭,一如旧时之制。另外置田以资诸生,一时间"三十二城名士皆至",谈经论道,士风为之一振。崇祯十一年(1638 年)知府范志完重修书院并更名为六谕书院。崇祯十三年(1640 年)知府王追骏将书院改为督学行署,后又改为试院及考棚。② 清乾隆十七年(1752 年),移书院于城之东南隅。

恒阳书院因培育出赵南星、梁清标、梁清远、魏裔介等名士而闻名。尤其是梁清标(1620—1691)、魏裔介(1616—1686)明末曾同时就学于恒阳书院,分别于崇祯、顺治年间(1628—1661)中进士,先后入阁,成为清顺治朝要臣,又先后拜为保和殿大学士。同一书院先后造就了两位保和殿大学士,这在恒阳书院教育史上是值得夸耀的成就。唐执玉等修,陈仪等纂(雍正)《畿辅通志》卷 98 "艺文志"收入有明代赵南星《重修恒阳书院记》。

明代的书院命运多舛,坎坷不平,在演变过程中既出现"官学化",又出现"禁毁"这两种颇不和谐旋律、鲜明不同的图谱色彩,可谓光怪陆离,气血违和。这正表现了明朝统治者利用书院为其服务的两手策略,能够纳入官学轨道,按官方意识及政治统治秩序办理的则予以保护,否则就加以禁毁,这也是明代封建专制主义文教政策的典型反映。石家庄正定的崇正书院便是一个样本或案例。以往叙述禁毁书院的历程很少涉及张居正改革时期毁书院的史实,有意隐讳,"犹抱琵琶半遮面"。对此援引文献加以介绍:

张居正(1525—1582),字叔大,号太岳,明湖广(今湖北)江陵人。嘉靖二十六年(1547 年)进

① 关于崇正书院的创建时间以及更名时间,不同的文献记载有差异。河北省正定县地方志编纂委员会编:《中华人民共和国地方志丛书·正定县志》,中国城市出版社,1992 年,第 637 页中记为:嘉靖十年(1531 年)改天王寺为崇正书院,嘉靖三十年(1551 年)更名为恒阳书院。河北省石家庄市志编纂委员会:《石家庄市志》(第五卷),中国社会出版社,1999 年,第 5 页,记为:嘉靖元年(1522 年)改天王寺为崇正书院,嘉靖二年(1523 年)更名为恒阳书院。季啸风:《中国书院辞典》,浙江教育出版社 1996 年版,记为:嘉靖元年(1522 年)改天王寺为崇正书院,嘉靖三十年(1551 年)更名为恒阳书院。存此待查。

② 正定教育志编纂委员会.正定教育志.石家庄:河北教育出版社,1996.58.

士。隆庆元年(1567年)入阁,穆宗死,与宦官冯保合谋,遂为首辅。万历初年,神宗年幼,国事由他主持,前后10年,曾力行改革。万历六年(1578年)下令清丈土地,3年后在全国范围内推行"一条鞭法",改革赋税制度等。治学讲究实际,身体力行,"潜求国家典故与政务之要切者衷之时。"抨击当时学风"皆不务实得于已,而独于言语名色中求之,故其说屡变而愈淆"。尤不喜书院讲学,认为振兴人才,要在整饬学校。曾有《清申旧章饬学政,以振兴人才疏》谓:"圣贤以经术善训,国家以经术作人,若能体认经书,便是讲明学问……教官生儒务将平日所习经书义理着实讲求,躬行实践,以需他日之用,不许别创书院,群聚徒党及招他方游食无行之徒,空谈废业,因而启奔竞之门,开请托之路。"①万历七年(1579年)严令毁天下书院,令各省将所创书院改为公廨衙门,粮田查归里甲。各地书院所毁极多,书院讲学之风一度沉寂。

由此看来人物的行为思想在不同领域并不完全能协调,有的是脱节,有的是分歧,更有的是矛盾。这种现象只能说明人物活动及探索中的复杂多样性,也反映出不同学科领域或社会部门之间是有相对独立性及特殊性的,不能完全等量齐观。如张居正在社会经济改革的设计及推行中取得效益,但不能移植到教育问题,两者之间的理论及方法有不对等或个别适应性,需要具体分析。

(三)元氏县

1.文清书院

在元氏县学宫之左。明万历九年(1581年),知县周诗建于薛文清公祠,因地得名称"文清书院"。薛文清,名薛瑄,因其父为县学学官,瑄生此学舍,继续并发扬父业,故乡人祀之。万历二十八年(1600年),知县田勤增葺。四十三年(1615年),知县苏继欧重修。清康熙二十八年(1689年),知县纪廷诏,乾隆二十三年(1758年),知县王人雄均重修。乾隆五十九年(1794年),知县陈凤翔移建于城内西南隅开化寺右,并置地1顷50亩。光绪元年(1874年),拨沟北村地4亩余,岁收租谷,为延师修脯经费。② 民国间改为县立第一高初级学校。

薛瑄(1389—1464),字德温,号敬轩,山西省河津县人,明代思想家,著名的理学大师,河东学派的创始人。薛瑄是进士出身,历任大理寺正卿、礼部侍郎、翰林院学士等职,晚年辞官居家讲学、著述。薛瑄从小聪慧过人,苏继欧在《重修文清书院记》中对幼年的薛瑄有过这样的描写:"公薛姓讳瑄,字德温,山西河津人。父贞洪武初领乡荐,为元氏教谕。母齐氏,梦紫衣人谒见,而生公,形如水晶瓶,五脏皆露。五岁聪颖,日诵千余言,善诗赋。年十二,通五经诸书大义,师事魏范二先生讲性礼。久之,嗟曰:'此道学正脉也。'遂潜心于是,至忘寝食。永乐己亥,父贞调谕鄢陵,时例任满,乏科贡者,以先生及从人,命充邑弟子,举河南庚子解元,明年登进士第。"③可见薛瑄出生便不平凡,从小聪慧过人,善诗赋、通五经,更被老师评价为"道学正脉",这也推动了他成为明代有名的理学大师。时人评价道:"理学推文清先生第一",文清先生"天生大儒,开一代道学之传,缵千古斯文之统"。薛公推崇程朱理学,在思想上总的是同程朱理学一脉相承的,但又并非程朱理学的简单

---

① 季啸风主编.中国书院辞典.杭州:浙江教育出版社,1996.450.

② (清)李鸿章等修,黄彭年等纂.(光绪)畿辅通志·卷115"学校志".光绪十年刻本.

③ 元氏县志编纂委员会.元氏县志.北京:中国和平出版社,1995.389.

延续,而是进一步完善和发展了程朱理学。难能可贵的是,他在“理无穷,故圣人立言亦无穷”的思想指导下,弃旧图新,提出了不少具有唯物主义思想倾向的观点,对明中叶兴起的理学唯物主义思潮起到了首倡和先导作用。他认为理在气中,不能离气而独立存在,称“遍满天下皆气之充塞而理寓其中”,“理只在气中,决不可分先后”,“理气无缝隙,故曰器亦道也,道亦器也”。但亦接受“理具于心”和“性即理”的观点,承认物我内外同是一理,同是一性。著有《读书录》《薛文清集》。①

下附薛瑄所作《元氏怀古》、清代王钦作所作《文清书院》及明代苏继欧所作《重修文清书院记》。

元氏咏古

(明)薛瑄

太行西望翠成堆,白石诸峰爽气来。
元振剑峰留石刻,李躬书院长青苔。
磨盘南接田文墓,槐水东连汉将台。
独羡三公神异入,会钟英杰位台阶。

文清书院

(清)王钦作

钟灵庠序仰文清,书院于今只旧名;
此地遗香绵一线,春风桃李不胜情。

重修文清书院记

(明)苏继欧

清理学推文清先生第一,元氏则其笃生之地也。前县令田公,劝构祠学宫之左,以祀先生,翼以左右,庑居肄业者卫之垣墙,树之坊,表额曰“文清书院”。岁久,倾圮不佞。甲寅冬,来莅兹土瞻拜祠下,怆然有感。明年八月,鸠工修葺之,阅月告成。元僻居山隅,士子疏于括帖门,以元生履历不能举,向往之为何因,勤石记年,并纪公之生平焉。公薛姓讳瑄,字德温,山西河津人。父贞洪武初领乡荐,为元氏教谕。母齐氏,梦紫衣人谒见,而生公,形如水晶瓶,五脏皆露。五岁聪颖,日诵千余言,善诗赋。年十二,通五经诸书大义,师事魏范二先生讲性礼。久之,嗟曰:“此道学正脉也。”遂潜心于是,至忘寝食。永乐己亥,父贞调谕鄢陵,时例任满,乏科贡者,以先生及从人,命充邑弟子,举河南庚子解元,明年登进士第。旋,丁父艰居丧。一遵古礼服阕,愿就教以宣朝恩,振风纪,擢为御史。时三杨柄政,居班行中识之曰:“薛公见

① http://baike.baidu.com/subview/55725/55725.htm? fr=aladdin

且不可得见，岂可得屈？”寻差楚银厂，同列以为贺先生举。古时云：此乡多宝玉，慎勿厌清贫。至则黜贪，墨正风俗，手录性理大全诸书，至夜分不寐，或思有所得，即燃灯记之，皆近衷着己语也。正统元年，督学山东，首阐朱子白鹿洞规校，士先力行，而后文艺士习丕变，皆以薛夫子目之。六年，召为大理寺少卿，以执法忤。都御史王文阁振，振诬以出入人罪，系狱几死，而公怡然诵读周易自若。有大臣申救，放归家。居六年，造诣益深无何。己巳之变，以荐起大理寺丞。时，敌骑薄都城，公分守北门，都帅初疑其迂，及闻言论，遂访策焉。公曰：“以天时人事验之，此敌必宵遁。”既而，果然。贵州苗叛，委先生督饷，为都帅画策。先传檄谕论以顺逆祸福，然后耀武以震之。贵州遂平。景泰初，请致仕不允，二年升南大理寺卿，决狱辨冤，人皆称快。刑部尚书杨宁、都御使张纯初以才力相高，及与公同事，抑然自下。中官金英过南京，公卿皆饯于江，公独不至。英抵京，言于众曰：“南京好官止薛耳！”壬申秋，复召为北大理寺卿。时草厂灾，上怒，欲尽诛典守者。公力辨获免。苏松有饥民乞粟，富家不与，遂火其屋，太子太保王文往廉之，以谋判籍五百余家解京，公辨之，诛渠魁三四耳，余皆从戍。英庙复位，素知公学行，擢礼部右侍郎兼翰林院学士，入内阁。一日召入便殿，上短服小帽，先生不入。上遽易服，入见。语及平时，皆正心诚意之言。寻典试，春闱事竣，为左侍郎。居数月，见曹石擅权，遂乞骸骨归家。居八年，四方从学者甚众，公以复性教曰：“此程朱吃紧为人处。”又曰：“学者，读书穷理，须实见得是，然后验于身心体而行之，不然无异买椟还珠也。”一夕，捡阅书籍，束之架上，为诗曰：“七十六年无一事，此心惟觉性天通。”忽遘疾，正衣冠危坐而逝，迅雷振屋，白气上升。讣闻诏赠礼部尚书，予谥。后祀孔子庙廷。

嗟乎！吾夫子之道，孟子之后无传，至朱，濂、洛、关、闽，精研实践，圣道始如日中天，大明于世。然程子未远而有淫于佛老之说，朱子未远而有易为无极之论，盖不待七十子亡而大义已乖矣。先生崛起数百年之后，学以复性为主，言以明性为先。行己立朝，磊落光明，终始粹美，立德立言，与天地俱存其真，溯周程以接孔孟之传，何疑乎？先生后，阳明良知之学大兴，要之良知即性也。烛其纬绩冗论，似为愈之，不知先生沉几远猷，料敌如持券，平苗若承蜩，文经武纬，其绪余耳。且以彼生而神异天才著称，是何难为洋洋洒洒之辨也者？顾人性上不容着一物，安庸拟议乎？盖先生惧俗学者堕支离，故直指实诣；惧肤学者溺形器，故大畅真诠。总之，天生大儒，开一代道学之传，缵千古斯文之统，未易轩轾也。僭尝谓文清之品，如龙变化，霖雨厥施斯普；文清之品，如凤九苞，翩翩可用为仪；文清之道，大可指点上根，恐山农心隐之辈，流于洸洋；文清之道，纯辟之于路，则康庄也，繇之则寡，过精之则证。圣语不云乎：高山仰止，景行行止，虽不能至，心窃向往之矣。①

我培养的硕士研究生在其硕士学位论文中曾对薛瑄与文清书院的学术特色及学派影响作了较为深入的探析，以下援引之，以深化理解。

① 元氏县志编纂委员会.元氏县志.北京：中国和平出版社，1995.389

能文能武，督学首释规，治乱先治心，事君特诚正，堪成一代儒宗的河东学派创始人薛瑄，在某种程度上无异为后来心学家王阳明的典范。虽两人所持学术立场迥异，或相对立，比如在对书院教育的态度上，但纵观两位明朝大儒的生平及事迹可以看出，他们对儒家思想有着同样的热烈坚守与忠诚。对儒家思想的切己观察与探索精神的分殊，导致了不同学术流派在对书院讲学态度上的巨大差异。在不同书院观的指导下，宋、元以来中国南、北方地区书院发展的差异继续延续，并产生了相应波动。

文清书院主讲人薛瑄开创理学河东学派之后，薛氏河东之学由兰州段坚与山西李昶传至秦州周慧，再传至陕西谓南薛敬之及陕西高陵吕柟，再由吕泾野传至明末冯从吾及清初李二曲。正应了有学者所称的那样，薛氏河东学派此一脉，启发并开创了明代关中学派的再兴。在河东学派创始人薛瑄那里或刻意与书院保持一定距离的学派标签，到了其第一代门人及以后，便成了可以忽略不计的教条。经薛敬之、吕柟、冯从吾的努力，俨然形成了促成郑龙书院取得进步的明关中学派。关中学派伴随下的关陇书院振兴，不仅在于学派士人对于儒学研究及讲学育人的热心，更在于其学派代表人物融汇南北风范、兼善古今学理的主张。其中，对南方书院育人传统与书院讲学制度的仿行无疑颇为重要。①

2.三台书院

在封龙山东南，县城西北贾村西半山腰。由明高用宾创建，创办年代不详，早圮。《元氏县志》云："三台书院，众山环列，三峰耸天，半山有甘泉，可圃可渔，邑人高用宾建。上有文昌阁，修复数楹，四方有志者肄业之所。"②

(四)藁城市

滹阳书院

在县城东，原为尼寺，明嘉靖十三年(1534年)知县尹耕毁尼寺，创建崇正堂3间、会讲堂3间(正堂后)和诚意馆3间(正堂左)、正心馆3间(正堂右)、格物馆、致知馆，树门两座，榜曰"滹阳书院"。滹阳书院是藁城见于史志记载的第一所书院。由建筑设计名称可以得知，书院承续战国教育名著《礼记·大学》中"八条目"，即格物、致知、正心、诚意、修身、齐家、治国、平天下的思想在八条目中，格物、致知被视为"为学入手"或"大学始教"，实际上就是学习、领会儒家德艺方面的知识，并加以综合，融会贯通。但《大学》中未加具体说明，更没有讲如何格物、致知。后人各按自己的理解进行发挥，宋明理学家程朱学派与陆王学派的分歧也在于此。程朱学派主张格万物，知天理；陆王学派主张格吾心，知心性。由此产生教育上的两大派别，一派强调读经书，道问学；一派强调静省思，尊德性。两派主张对教育发展影响极大，这是研究宋明以后教育思想的一个关键问题。诚意正心则是一种综合修养过程，着眼于个人道德的完善及协调与他人的关系。"修身"是中心环节，格物、致知、正心、诚意都是为了"修身"，只有完成"修身"才能齐家，然后才能治国，平天下。《大学》的基本思想是教育要服从于封建道德和政治，因此为历代封建统治者所推崇，宋以后，被收

① 刘长宽.古代冀中南民办书院的教育及其哲学.指导教师吴洪成.河北大学硕士学位论文，2012.

② 王自尊修，李林奎纂.元氏县志·教育，民国二十年铅印本。

入《四书》,成为封建教育的基本教科书。①

清康熙二十一年(1628 年)知县姜宏绪改为义学,三十二年(1693 年)知县赖于宣重修,复名书院。咸丰八年(1858 年)知县陈载重建。② 据藁城一中学校简介中记载,王若虚、安熙曾在滹阳书院讲学。

(五)井陉县

陉山书院

院址在学宫东北,明嘉靖三十三年(1554 年)知县苟文奎创建,隆庆三年(1569 年)知县钟遐龄重修,久而遂废。③

(六)灵寿县

松阳书院

又名敬业书院。明万历四年(1576 年)知县张照就城东门外社学旧址创建,取松阳之名是为了聚松阳一河清淑之气而钟之人杰。书院分前堂 3 楹,匾曰"敬业",左右两侧 4 室,为生童居处;后堂 3 楹,匾曰"尚论";堂东 2 楹,为藏书史、储器用之所;西 2 楹面城之池,蓄水种莲,为游憩之地。教谕王缵称:"储珪璋之用而备干栋之选,进蒙于敬业,造之者预矣;课儒于尚伦,育之者备矣,达才成德为国家虑远矣。"④是为建院之宗旨。这就是说,松阳书院的办学目标是"达才成德",在儒学经史课程训练学习的基础上,重视文化知识及基本素养的培植,渗透品德伦理规范的教育,以期培养具有品行的有用人才为国家社会服务。可见,书院教育具有重实际、尚实用的色彩,较之那些脱离社会现实,空谈人性天命、道器的理学、心学派书院,有其独特价值。

教谕王缵于下引"书院记"中称赞建立松阳书院意义重大,认为灵寿旧无书院,自张公建立松阳书院才开始,邑无书院何以养蒙而造士?"国家用才求之学校,而学校之才储自里社。里社之秀择师诲之,陶其性情,淑其威仪,慎其坐作,导之孝明,有亲也导之弟明,有长也导之小心翼翼,明有敬也。兹幼学所当先也,由是进之庠则习与智长化与心成,由是而德性坚定,由是而心气和平,由是而周旋中矩。"由此可见,松阳书院起灵寿书院之先路,延请名师教育里社弟子,旨在陶其德行,为国家培养人才。

崇祯十一年(1638 年),"戊寅邑难"中明季松阳书院被清兵焚毁。清乾隆二十九年(1764 年),知县林调僰移建于陆公祠前,置讲堂、斋舍、书室、藏库等 28 间房舍。1774 年知县刘启秀重修,道光二十三年(1843 年)知县胡容重修。此后历有补葺修缮,至清末废科举而停办。下附明代王缵作《松阳书院记》。

---

① 王炳照等编.简明中国教育史.北京:北京师范大学出版社,2007.78—79.

② 藁城市地方志编纂委员会.藁城县志.北京:中国大百科全书出版社,1994.394.

③ 崔治先.井陉县教育志.石家庄:河北人民出版社,1991.26.

④ 季啸风主编.中国书院辞典.杭州:浙江教育出版社,1996.9.

松阳书院记

(明)王缵

灵寿旧无书院,建自邑侯献廷张公始也,侯视篆之明年实万历丙子岁,时政平讼理,百务惟新,礼乐熙恰之会也。侯叹曰:邑无书院,胡以养蒙而造士哉?适聚星门左有社学旧址一区,久属官业,即捐俸赎之而建书屋于上,扁其门曰松阳书院。盖将聚松阳一河清淑之气而钟之人杰也,取义旨哉。前堂三楹,扁曰敬业,左右两翼为室者四,俾小子有造也。后堂三楹,扁曰尚论,俾成人有德也。堂之东二楹藏书史豫器用,西二楹面城,城之池畜水而清,种莲数茎以备游息,周围联以垣墙而关锁严焉,是役也。非徒劳费也,实养蒙造士之地也。夫国家用才求之学校,而学校之才储自里社。里社之秀择师诲之,陶其性情,淑其威仪,慎其坐作,导之孝明,有亲也导之弟明,有长也导之小心翼翼,明有敬也。兹幼学所当先也,由是进之庠,则习与智长化与心成,由是而德性坚定,由是而心气和平,由是而周旋中矩,储珪璋之用而备干栋之选,兹侯建院之意也。吁嗟哉,进蒙于敬业,造之者豫矣,课儒于尚论,育之者备矣,达才成德,为国家虑远矣。即成周乡选里举进司马司徒之遣法未过也。夫建明堂大匠必降其基,植巨栋梓人必厚其本,侯之意殷矣哉。是役也,经始于三月望日,落成于八月望日。噫嘻,侯之善政不独是也,新銮驾以忠君也,刻题记以示劝也,饬鼓楼以声教也,建城观以肃瞻也,政务大体,不一而足,较之奔走簿书者殆迳庭矣。渊明种柳而立传,东坡过埠而名苏。是役也,讵可无记也哉,尔诸士既业于斯矣,其相观感伤厉以懋建肤功,期为国用,则作院者之意。始副礼乐与而人才萃,风俗淳朴而政化洽,固侯之赐,抑亦尔多士相与有成也,讵可无记也哉。侯姓张名照号献廷,江右南丰人,由乡进士云。

按万历之世书院盛行,虽竞托鹿洞遗风而多稷下陋习,此独取养蒙造士之意合于古之乡学,善矣。惜其久废,幸赖此记之存,犹可寻其遗址,修废举坠,盖有待焉。①

(七)行唐县

郢风书院

明崇祯八年(1635年)知县陈志纪改府馆为郢风书院,立拔贡生侯之翰为院长,集诸生刘之珍、麻冕等读书其中,月有供给,三八阅文,亲定甲乙,政暇至书院,讲经道古,竟日不倦。② 由此可知,陈志纪是热心于文教的儒学官员,讲经道古的素质能力能映衬出儒经学识造诣的程度有相当修为,绝非浪得虚名之流。

---

① (清)傅维枟.(康熙)灵寿县志·卷9"艺文志".清康熙十一年修。

② 行唐县地方志编纂委员会.行唐县志.北京:中国对外翻译出版公司,1998.554.

三、邯郸

(一)馆陶县

陶山书院

创建于明正统七年(1442 年),明嘉靖十年(1531 年)知县王良辅、清康熙四十四年(1705 年)知县陈免重修。康熙四十五年(1706 年)因清初书院遭到冷遇,或受猜疑,报为义学,四十七年(1708 年)改为训导署书院,移至城隍庙南,聘山长掌院教授生徒,每月初一曰为"官课",由县宰命题考试,十五曰为"斋课",由山长命题考试。平时作文呈由山长校正。光绪十四年(1888 年)知县彭元照改为试院,除县试时作为考场外,平时仍照常上课。光绪三十一年(1905 年)开办巡警,书院改为巡警教练所,书院废。①

(二)永年县

1.漳川书院

明正德十三年(1518 年)知府张羽创建于县治东。书院外墙环绕,面向大门两旁有室 5 楹,次建 2 门有室各 4 楹,书楼 4 楹,东西侧各有室 11 楹。后建萃英堂 4 楹,堂后有后堂 8 楹,东西侧有室各 4 楹,聘儒者为教,遵循"六稽功四"之教。"六稽"者:辨志、习礼、明经、敦行、修辞、达序。"功四"者:立己、明政、通类、审变。② 崇祯九年(1636 年)知县张毓泰重修,改为皇华馆。③ 清康熙十一年(1672 年)复改为书院,乾隆二十二年(1757 年)巡按史苏京重修,改名紫山书院。

2.清晖书院

明万历年间(1573—1620 年)广平府知府蒋以忠建于县城东隅,知府刘芳舆拓增之,有宛在亭、香远堂、漪楼、省耕堂。崇祯年间(1628—1644 年),知府欧阳主生改漪楼为兰若,又增建真武阁和帝君祠。书院自然环境优越:毗城环水,四境清幽,柳苇相连,鱼翔鸟鸣,稻香拂面,荷风满袖,有"帏堂患气全消除"之美誉。清康熙八年(1669 年),圮于水。1672 年,知府刘光荣、何玉如,知县朱世纬重建。④

清康熙五十五年(1716 年)知府王嗣衍在省耕堂西侧修建书院,更名为莲亭书院,作为秀才读书之所。当时学者名流多在此讲学,江南才子郑板桥曾多次光顾书院并设坛讲学。桐城派后人方观承、光绪帝的师傅翁同龢等也多次来此视学。乾隆六年(1741 年),知府任宏业重修并改为清晖书院。光绪二十八年(1902 年)废除科举制度后名为广平府学堂,1912 年改名为直隶省立第十三中学,1928 年改名为河北省立第十三中学。⑤ 清晖书院为明清时期府学,培训士子之所,共培养出

---

① 河北省馆陶县地方志编纂委员会.馆陶县志.北京:中华书局,1999.645.另据教育大辞典编纂委员会编:《教育大辞典》第 8 卷,上海教育出版社 1991 年版,第 442 页,记载:陶山书院在山东冠县,其他介绍与上文一致,笔者猜测,或者是由于馆陶与冠县毗邻,在区域规划及行政管理变更中出现了分歧或混淆,具体留存待考。

② 季啸风主编.中国书院辞典.杭州:浙江教育出版社,1996.16.

③ (清)夏诒钰修,宋乡稷等纂.(光绪)永年县志·卷 9"学校志".光绪三年刊本.

④ (清)李鸿章等修,黄彭年等纂.(光绪)畿辅通志,卷 116"学校志".光绪十年刻本.

⑤ http://baike.baidu.com/link? url

300 多名进士,1000 多名贡生,为古代人文教育的胜地。

(三)大名县

1.元城书院

明正德十五年(1520 年)兵备道刘秉鉴建于县治西南,堂序悉具,前为祠,以祀先生,后为堂为斋,以居弟子,方志文献记载:“盖以俟闻先生之风而起者,而上达楼雄壮甲于一郡,每登眺则城治宛尔在目下,师儒弦诵遂极一时之盛。”书院供祀宋代大名“元城学派”核心人物刘安世,且以之为书院冠名。“明巡抚刘公夔先,以史官谪居大名,身任教育,聚诸生之尤者八十余人,无闲寒暑,主敬穷理,以畅先生之宗风当时。”[①]嘉靖、隆庆、万历年间屡有修葺,选 12 县诸生之俊秀者肄业其中,时课月会,名硕翩翩。

元城之名来自于北宋学者刘安世,人称元城先生,故其所创学派称为元城学派。《宋元学案》之《元城学案》中写道:“刘安世,字器之,大名人。父太仆卿仲通,与温公(注:温公即司马光)为同年契,故遣师事之。熙宁初,举进士,不就选,径归洛。”[②]所以仍回到司马光身边,学习儒家经典。刘安世曾问何为“尽心行己之要,可以终身行之”,温公答曰:“其诚乎,吾生平力行之,未尝须臾离也”,并告诉刘先生“诚”“自不妄语始”。刘先生自此力行七年,多有受益,因此创建了以笃信力行为特点的儒家学派——元城学派。从学弟子众多,有孙伟、刘芮、李光、胡珵、马大年、韩瓘、刘勉之、曾恬、曾几等。杨维聪认为:“元城先生之学主于诚,诚,圣功之本也。尧舜之道诚而已矣。中庸推其功用曰:博厚高明,悠久以配天地。是故,言道统者必以是求之。元城先生有其具而无其时,卒以不用数百年之后,黄岩先生乃以其学为教,使诸生存之为实心,行之为实行,如有用,我则发之为实政,可无疑也。孔子曰:能以礼让为国乎,何有让者为诚也。圣天子立制度,兴礼乐,上恢隆古之治。”[③]陈廉也称“元城之学所最得力而学,元城之学者亦安用别问津梁,诸士子私淑先生惟是守一诚以为身心性命之主,而依仁体道,于以吐为文章,发为事业,何至华而无实,驳而不纯,以重负先生且重负直指诸公,拳拳属望之意哉。”[④]结合《宋元学案》之《元城学案》描述,可以将元城学派的主要思想总结如下:元城学派学问,惟一个“诚”字。刘安世曾说:“某之学初无多言,旧所学于老先生者,只云由‘诚’入,某平生所受用处,但是不欺耳。今便有千百人来问某,只此一句。”认为“诚是天道,思诚是人道,天人无两个道理。”要做到“诚”,必须“不妄语”,必须“笃信力行”,他们曾说:“为学惟在力行,古人云,说得一丈,不如行得一尺,说得一尺,不如行得一寸,故以行为贵。”要做到守道力行,“只一勤”,如有间断,“便不可谓勤”。元城学派还主张兼学诸子百家及佛道等,认为“若象数可废,则无《易》矣;若不说义理,又非通论,两者兼之始得”。又认为“儒释道神,其心皆一”,学者可以兼学,并有所弃取。他们还主张,“居家,惟是尽一孝字;居官,惟是尽一廉字……

---

① (清)周邦彬修,郜焕元等纂.大名府志·卷 10“故迹志”.清康熙十一年刻本.

② (清)黄宗羲、全祖望著.宋元学案·卷 20“元城学案”.世界书局印行,1947.469.

③ 杨维聪.元城书院造士记.程廷恒等修,洪家禄等纂.中国地方志丛书·河北省·大名县志.台北:成文出版社,民国二十三年铅印本.386—387.

④ 陈廉.元城书院记.程廷恒等修,洪家禄等纂.中国地方志丛书·河北省·大名县志.台北:成文出版社,民国二十三年铅印本.387—390.

立朝事君，惟是尽一忠字。但守得此一字，一生受用不尽。”①

康熙十年(1671)元城书院更名天雄书院。后附魏允中七律诗、杨维聪《元城书院造士记》和陈廉《元城书院记》。

重修元城书院阁示杨国济

(明)魏允中

画阁珠帘卷暮秋，凭栏回眺不胜愁。

故人惟有杨雄在，一一犹能指旧游。②

元城书院造士记

(明)杨维聪

元城书院祀有宋元城先生者也。先生，温公弟子。其学以诚为归宿，以不妄语为入门。当宋中叶，以忠获罪，摈斥遐陬，濒死无二。元城，盖其桑梓，云故未有书院。作之者兵宪安福刘君秉鉴也(正德年间)。

书院之制，前为祠以祀先生，后为堂为斋以居子弟。盖以俟闻先生之风而兴者。然教铎弗振，执业无人，几于虚设。振群士而造之者，今巡抚中丞前倅大名黄岩、刘先夔也。先是大理寺丞金华钱君学孔节推大名，留心兹举，会尚书兵部郎中路君直出守是邦，厥谋允协。而黄岩先生自太史氏适以谪至，与路君、钱君葺屋宇，具器储，选其府若州县诸生之尤者八十余人，萃之书院，而以教事属之。先生请诸督学林君有孚，林君可之。

先生以嘉靖丙戌三月入典教事，迺严矩度，立条格，劝告谕，以成就人材为己任。寅入戌归，无间寒暑，衣冠危坐，终日不倦。诸生以贽进者必坚郤之，有亲丧者必躬吊之，婚丧不能举者必赒□之。其条格大要以立志为先，收放心为要，主敬穷理，知行相须，尊德行而略文艺，非徒事口耳为也。所以发明元城先生之学者，实为深切。诸生闻而至者，日以不绝。盖始苦其难，中知其益，久则安其业，而唯恐其去矣。

维聪申警于众曰：元城先生之学主于诚，诚，圣功之本也。尧舜之道诚而已矣。中庸推其功用曰：博厚高明，悠久以配天地。是故，言道统者必以是求之。元城先生有其具而无其时，卒以不用数百年之后，黄岩先生乃以其学为教，使诸生存之为实心，行之为实行，如有用，我则发之为实政，可无疑也。孔子曰：能以礼让为国乎，何有让者为诚也。圣天子立制度，兴礼乐，上恢隆古之治。黄岩先生骎以大用，而诸生绩学有成，亦方向用于时，其所兴礼让之实，成熙洽之治者，谓非千载之一遇哉，是举也。同知高君堂，通判顾君兰，乔君继志，姜君朝祯，皆兴有劳焉。例得附书。

---

① (清)黄宗羲、全祖望著.宋元学案・卷20“元城学案”.世界书局印行，1947.469—470.

② 邓洪波.中国书院诗词.长沙：湖南大学出版社，2002.17.

元城书院记

（明）陈廉

余治兵上谷之四年岁，壬子以太夫人春秋高引疾乞罢，有旨许致政归。越明年，癸丑夏，我郡别驾马公(名逢乐，陕西三原人)造庐以元城书院，请余撰文，坚辞不获免，因念书院余旧游地，子侄辈且肄业于中，乃勉为述其颠末如左。

书院者，盖创自毅皇帝(武宗正德)之十五年宪使安福刘公(名秉鉴)云，以元城先生为郡先达，欲郡人士私淑其学，故有是建。极北为复阁，以祀先生。其前为门塾堂寝，东西翼以号舍，势甚宏敞，师儒弦诵，遂极一时之盛。

嘉靖中即其地为御史行台，又更四号舍为四贤祠，而别为门堂于东号房之南，规制不无少隘，而造士如故也。穆宗朝，郡守揭阳郑公(名□，隆庆元年任)，永嘉王公(名叔杲，四年任)相继增修，一切冲扩毖肃，教事于昔有光焉。今上初乃废且近四十年。而我郡守翟公(名师雍，万历末年任)至公持己，端以洁敷政简，以肃剔蠹击奸，不遗余虑，尤于奖拔人才为拳拳。政通人和之后，日进诸文，学孝廉于别署，试以本业而躬偕别驾，暨二三同寅分番校阅，逾久不倦，因过书院故址，周视咨嗟谋为缮治会。直指傅公奉命摄畿南学政读，诸士子所为文，大都天才横逸超然独往其间，多奇而不法，苦而不甘者，则书院废而储育之法疏也。于是移檄发镪，亟饬修复，且申布科条，益详以密。

郡守捧檄色喜，即以属我邑侯管公为之。鸠工庀材，撤旧建新，盖役不三月，费不三百金，而重门邃宇，前后五十楹有奇，俨然而落之成矣。甫告竣。郡守公以入计行旋用，循良异等擢观察。中州别驾公乃专任其事，合十有二，庠士拔其尤若干，人群众而时课之，月会以三计，初试书义，次各经，次论、表、策，又复试书艺如初。而手自点窜，面相订正，一堂授受，真不啻家人父子之亲，而门墙师弟子之谆切也。

余乐闻其事而叹斯文兴废之故，其果在于人乎。蜀有文翁之化，而后司马相如、王褒、杨雄辈蔚为儒宗。湖有胡瑗之教，而后徐积、孙觉、范纯仁、钱公辅辈推为国器，故一。

元城书院也，始创于正嘉之间，而英贤崛起，再盛于隆万之际，而名硕联翩。盖前有申考功(名旞，魏人)、晁司业(名瑮，开州人)、吕少司农(名时中，青枫人)，而近者如董(名复亨，元城人)、魏(名允孚，南乐人)两司封之文学，魏中丞(名允真，南乐人)之中直，李大司马(名化龙，长垣人)之勋业，炳炳麟麟，辉映史册，即碌碌如余不肖亦辱同游而与有荣施焉。今直指公书读中秘识空冀北，操衡鉴之权，广薪槱之路，意指所动固已喁喁乡风。而别驾公关西望族，于制艺雅有密谛，经所指授如醯鸡而发其覆，诸士子瞿然悟，翕然服且怡然化，异时得人之盛，视昔宁讵少逊。然余犹以为文章事业，此其浅浅者耳。吕东莱之讲学兼及举业，则课举业者亦未始不可兼讲学也，语曰：君子以文会友，以友辅仁，仁与文，盖非判然两事，而中庸论修道以仁又归本于一，诚诚之一言。

元城之学所最得力而学，元城之学者亦安用别问津梁，诸士子私淑先生惟是守一诚以为身心性命之主，而依仁体道，于以吐为文章，发为事业，何至华而无实，驳而不纯，以重负先生且重负直指诸公拳拳属望之意哉。诸士子勗矣。

直指公讳振商，河南汝阳人，郡守公讳师雍，山西襄陵人，别驾公讳逢乐，陕西三原人，管侯讳应律，陕西咸宁人，而少府李君蔚，别驾刘君志麟，司理孙君如兰皆与观，厥成故得并书。①

2.应龙书院

明嘉靖三十八年(1559 年)知县朱湘创建于县城护城河南堤下。朱湘，婺州义乌(今浙江义乌市)人，嘉靖三十八年己未进士，先任湖广江陵知县，后任大名知县，在此期间率诸生为文，其制艺时文诸生争相传诵。于是建明伦堂及抱厦三楹，在城南创筑书院。当时正值大名大旱，公步筹龙王庙，旋即大雨，所以取名为“应龙”。书院有堂 3 楹，两翼号房各 10 楹，并置地 130 亩以供资费并帮助贫困学子。岁久只存讲堂 3 楹，心远堂 3 楹。万历四十年(1612 年)，知县李一鳌开拓旧基，建大门，曰“应龙书院”，牌坊上写“光映青藜”，讲堂 3 楹，名为星聚堂，后堂 3 楹，名为谈经深处，东上房 4 楹，名为元晏斋，南房 3 间，名为稽古居，东号房 10 楹，曰考德，西号房 7 楹，曰问业，堤上远心堂 3 楹，前建榔栏，曰山河览秀，规模宏大。② 书院庭落深深，草色青青，缭以周垣，杂植松桧，规制宏敞，遥睇之如在瀛洲境中云。乾隆二十三年(1758 年)，水浸县城，书院遂废。③ 后附明大名教谕舒城张伯琥《新建应龙书院记》和李景元《重修应龙书院记》。

新建应龙书院记

(明)大名教谕舒城张伯琥

大名夙称灵秀之区，而邑距府甚近。从前科第彬彬业称王国桢矣。其有书院则自瑞阳朱侯始。侯嘉靖三十八年，己未进士出为湖广江陵知县，丁丙艰服，除任大名，甫下车即率诸生为文，会手自点窜，出其制艺，诸生争相传诵。随建明伦堂，抱厦三楹，复卜地城南创筑书院。时方旱，公步祷龙王庙，旋即大雨，因额曰“应龙”。堂三楹，两翼号房各十楹，庖垣俱庀，则锁而试诸生，遴其隽者张生崇雅，田生则真，赵生来聘等均加奖许。已置地百亩为供亿费，又置百三十亩以助弟子员之贫者。盖公之嘉惠后学若此。踰年为隆庆七年丁卯。张、田两生俱中顺天解额，不负夙期，侯可谓善作人能得士者矣。为纪其略以示后。侯名湘，义乌人。

---

① 程廷恒等修，洪家禄等纂.中国地方志丛书·河北省·大名县志.台北：成文出版社，民国二十三年铅印本.386—390.

② (清)于成龙等修，郭棻等纂.《畿辅通志》卷六，清康熙二十二年刊本.观：陈谷嘉、邓洪波.中国书院史资料(上册)，杭州：浙江教育出版社，1998，624.

③ (清)周邦彬修，郜焕元等纂.大名府志·卷 10“故迹志”.清康熙十一年刻本.

重修应龙书院记

(明)李景元

在昔虞周造士，率建置学校，故米廪、瞽宗厥名各异，然未有所谓书院者，有之自唐江州景星始，厥后所在设立浸多，或俎豆名贤，或标崇胜地，如歙之紫阳，庐之濂溪、扶风、横渠、鹅湖、象山，尤郁烈千秋不朽也。

吾邑故有应龙书院，迄今历四十余年，中经风雨飘摇，渐就颓圮，所存者心远亭三楹，故猗氏张侯问明所，建讲堂三楹，簌簌土下，欲倾会。今虹西李侯同博士诸文学过此，目击荒芜，锐意修复，而木石灰甓俱无所出。吏曰：取之行户及民间也。公曰：奈何以公家务累闾里也。因出藏种金给值视民间市易。于是诸具云集，又念工役浩繁，派及编民不便，即令在官徒役举土汲水，用佐经营，秋毫不犯而又时时躬亲督课。肇工于万历四十年六月暨十一月终工竣。外西建一坊，题曰“应龙书院”；内建一坊，题曰“光映青藜”；讲堂三楹，题曰“谈经深处”；折而东北房四楹，题曰“元晏斋”；南房三楹，题曰“稽古居”；东号房十楹，题曰“考德”；西号房十楹，题曰“问业心远亭”。前建栅栏，玲珑可四望，题曰“山河览秀”，缭以周垣，杂植松桧，规制宏敞，遥睇之如在瀛洲境中云。已纠诸生为文，会月凡三举，公又躬诣批阅剖秘密藏为多士指南且笔礼之需，所给更腆士彬彬向风不啻雨化矣。

余以闲经此地，观其台可眺，室可咿唔，窗可纳爽，檐可待月，辄低徊不能去。虽紫阳、濂溪、横渠、象山诸名胜，何以加焉。既落成，博士文学辈乞一言纪其事，余不辞而为之记。侯名一鳌，汉中人，庚戌进士。①

(四)涉县

明代万历年间(1573—1620)知府王启疆创办，位于涉县西北隅，故守备司公署旧址。书院最初由废守备司公署改建而成，稍显败落，后稍加修葺，建两厢房、大门、仪门、议事厅等，书院焕然一新。后又有义民王光济及其子资助，书院加盖中堂三间，穿廊两间，规模愈发宏大。清嘉庆四年(1799 年)知县戚学标令废，于城火神庙侧建韩山书院。后又废，于县城营子街建清漳书院。清光绪二十八年(1902 年)改为高等小学堂，民国元年(1912 年)改为高等小学校。② 下附知府王启疆撰《修理兴文书院记》。

修理兴文书院记

(明)王启疆

涉城西北隅，有废守备司公署一所，其厅事最宏壮高敞，第年久日就颓朽。郡司理高陵吴

① (清)周邦彬修，部焕元等纂.大名府志・卷 10“故迹志”.清康熙十一年刻本.

② 涉县地方志编纂委员会.涉县志.北京：中国对外翻译出版公司，1998.691.

公至县，阅而惜之，言于直指唐山陈公，请改修为书院，以便青衿之诵习。陈公可之，下县估计县议约费三十金，以库贮羡银充之。议上报，允。前令罗君发十二金易砖瓦，贮仪门内，业有日鸠工矣。会去官，署县事者不以经意，砖瓦渐为人侵取。至典史刘仓公取四五千遮修民天廒，余心欲经营之而力未及也。丙申之冬，乃稍稍以次理葺。初建两厢房，次建大门、仪门，次易厅事。苫盖票株，藻饰四周，高墙环之。于是轮奂一新，丹碧相照，俨壮观矣。而厅事后尚空地亩许，又其后房亦卑浅不称，有义民王光济及其子庠生执中愿轮资助成，乃再创中堂三间，穿廊二间，前接大堂以至庖厨之所，厮仆之舍增缉加备，而规制宏观矣。工告竣，余又将云，官不可以无记，因记其大略如此。①

(五)魏县

1.思诚书院

在县城启圣祠北，明嘉靖末年知县李栻创建。北为聚奎楼，东西为号舍，书院久废。② 书院之所以命名为思诚，是因为魏地古为刘元城(即刘安世)之乡，“先生以诚上继周、程、张、邵之学，数百年来犹可想见。后之学者舍先生之诚又奚学焉。”“思诚”取“诚为刘忠定之学，思之不敢忘”之意。李栻来到魏地任知县，认为要使风俗淳、闾里安，须首善之地其本源。于是在先师庙东边空地建立书院，匾曰“思诚”，寓传“诚”的要法在其中，中为体仁堂，聚奎楼，周围斋坊50余楹。明代王光祖在《创建思诚书院记》中写到：“以《大学》三纲领八条目，分号诸门公乃率诸士弟子数百余人，日游其中，讲业问难，炯炯不绝。齐鲁晋赵之士争相负笈以来就正公首启，以周程张朱之道参，以阳明良知之说而归之，以忠定公思诚之学相与黾勉，极力口传心悟。”由此可见，思诚书院的教育活动以儒家经典《大学》的“三纲领”“八条目”为主导，学习周程张朱之道、阳明良知之说以及忠定公思诚之学，教师带领众多弟子在其中学习，引来周边地区学子争相来此求学。下附王光祖撰《创建思诚书院记》。

创建思诚书院记

(明)王光祖

书院何以名思诚也，粤稽古魏地为先进刘元城先生之乡，先生以诚上继周、程、张、邵之学，数百年来犹可想见。后之学者舍先生之诚又奚学焉。李侯勺溪，嘉靖四十四年乙丑进士来尹于魏，谒先师庙毕，喟然叹曰：治教一礼也。欲使风俗淳、闾里安，首善之地其本源乎。即访庙东隙地建为书院，匾曰“思诚”。中为体仁堂、聚奎楼，周围斋房五十余楹。以《大学》三纲领八条目，分号诸门公乃率诸士弟子数百余人，日游其中，讲业问难，炯炯不绝。齐鲁晋赵之士争相负笈以来就正公首启，以周程张朱之道参，以阳明良知之说而归之，以忠定公思诚之学

① 涉县地方志编纂委员会.涉县志.北京：中国对外翻译出版公司，1998.960.

② 程廷恒等修，洪家禄等纂.中国地方志丛书·河北省·大名县志.台北：成文出版社，民国二十三年铅印本.393.

相与黾勉，极力口传心悟。使诸受教者入孝出第，此诚也；处己待人，此诚也；事上使下，此诚也；处常处变，此诚也。以此诚而继往，以此诚而开来，以此诚而质鬼神，以此诚而参天地圣贤。诚，身之道其在斯乎？兹固勺溪公扁名书院之旨，而寓传心之要法于其中也。惜天下不厚，魏未及期月而公以优制行矣。门人李子好学等思公立石，属予言，予不敏，谨述公实绩而僭为之记。公，名栻，字孟敬，勺溪，其号也，江西丰城人。①

2.洹阳书院

明万历三十八年(1610 年)知县江西临川章正岳创建洹阳书院于县治西，中为明乐堂，后为活泼亭，左右为书房，正为讲堂，言曰“章孟山先生讲学处”，中为璧华楼，两面号舍各数十间。每逢宾兴年②，以木板架桥，饮诸全楼上，前为大门屏壁。清乾隆二十三年(1758 年)漳水水患成灾冲没县城，书院遂废。同治十二年(1873 年)大名知县崧翰，乡学训导姜玉振捐廉首倡，士民乐输卜地于旧治东南隅创修书院，不改旧名，仍曰“洹阳”。③ 下附江志澄《修治洹阳书院记》和《重修洹阳书院记》。

修治洹阳书院记

(清)江志澄

为详陈事宜，避难就易，以振文风，以慰民望事。窃魏邑旧书院肇于有明，数百年来未尝变革。邑人擢高登科显仕者先后数十人，旌表石坊巍然在望。乾隆二十三年漳水为患，城郭俱非，书院之地片瓦不留。自此之后，士子无依已经三世，莫不痛恨太息，叹斯文之不复振也。

幸蒙祝道宪上奉公文，札饬各府州县官整理，书院有则扩充，无则创办。合邑闻知欣欣然俱有喜色，乐就正之得人幸私淑之有。自科第蝉联，行就拭目俟之。近又有在府修治之说，澄反复图维，不得其故。伏思训导、学署、分县、河丞均驻旧县，督工监修河患，不能有成，况有款项以附益之。义学地三倾，文昌宫斋房十间，略有变通，即称完备，如曰舍近图远，避易就难，甘为劳民伤财之举也。澄固知其不然矣，既而访诸同人，始得确信传闻属实，缄默难安，敢以不便于魏者一一为大人述之。书院重修为培养人才起见，山长主讲士子住斋渐摩既久，学问日底于渊深。若在府治，必待月课日期，始与山长一会，退居僻壤穷乡，目不睹师儒之面，耳不闻讲习之声，上达虽云有志，历数年而渐即因循，此不便者一。生童会课，贫富不等，衡文而定甲乙，发给奖赏膏火，贫与富咸知奋勉。据府城论，道路云遥，寒士徒行，朝发未能夕至，间有世家大族乘车而来，甚不至以旷日废学，备历风尘马足之劳，此不便者二。更有甚者，魏地

① 程廷恒等修，洪家禄等纂.中国地方志丛书·河北省·大名县志.台北：成文出版社，民国二十三年铅印本.393—394.

② 宾兴，取义《周礼·地官司徒》“大司徒以乡三物教万民而宾形之”。旨在资助生员参加乡试旅费和卷资。宾兴会，又称宾兴会馆、宾兴馆、宾兴局、宾兴公局，是民间助学组织，对寒士应举入仕具有促进作用。

③ (清)马襄修，刘翔仪等纂.(雍正)魏县志·卷 1“学校志”.雍正五年刻本.

至郡中隔漳水一道，俗所谓小黄河是也。每当夏秋之交，河水涨发洋溢数十余里，诸生会课相率偕来，及睹此景况，□□焉。不能无惧，虹桥未驾敢言破浪而乘风，渔舟不来终难摄衣以渡水。奔波半日，临河大有返驾之慨，此不便者三。伏祈宪天，曲体舆情，整饬学校，因县旧治择地鸠工，俾诸生欣然乐就，受熏陶之益，省跋涉之劳，免沉溺之苦，行见蛾术功深，鹏程步远，斯文有再兴之日，小子无可弃之材，管见所及，谨以上达。

重修洹阳书院记

（清）江志澄

魏邑书院始于明嘉靖四十五年，知县李栻修，颜曰“思诚”，盖以“诚”为刘忠定之学，思之不敢忘。万历三十八年知县张正岳闻形家之说，书院在启圣祠前，譬如面墙而立，大不利于文运。适值书院摧残，因而撤旧猜木，改建于县署西，逾八月告成。县系洹水经流之处，六国诸侯盟于斯，志其地恐失其名，因易“思诚”曰“洹阳”，之二公者，嘉惠后学，振兴文教，魏令中不可多得也。

嗣后，士子椠怀铅，枕经葄史，秋高而晏赴鹿鸣，春暖而名题雁塔，合郡人才惟魏居首。逮我国朝不及明也远甚然。崔氏以兄弟而列乡榜，王氏以伯仲而登荐书，科第蝉联尚不乏人，知栽培涵育之教泽有自来矣。夫物积久而必敝，名以盛而终衰，海水桑田迁徙无常，非人力所能为。乾隆二十三年漳水浸魏，城郭俱圮，县并大名书院遂废，迄今百有余年矣。墙垣坍塌，惟有瓦砾尚存，柱石催崩，半为蓬蒿所掩。官斯土者，率皆治簿书亟期会奉法守令，而已考成弗及，又谁过而问焉。翰于同治壬申冬来守斯土，他务未遑，谋建大魏两书院，俸捐五百金作为经费，特以身膺民社，两邑书院一时不能并举，魏地丰腴先进士绅而商榷，众皆赞成，退而输财醵金，集腋成裘，买地于旧治东南隅，图款式运木石，鸠工庀材，赴役者群竭趋而恐后焉。其建者，后堂三楹，东西房各三楹，前讲堂三楹，题曰“文运重兴”，下悬一联，云：惟此地育英才喜皇路驰驱行见星奎斗壁；劝诸生亲学业愿前程远到敢云化雨春风。两旁斋房南向各三楹，再前东斋房三楹，南向题曰“敬业”，南厂房三楹，西斋房三楹，南向题曰“乐群”，南厂房三楹，中建文昌阁一楹，下为往来出入处，再前大门一楹，两旁各三楹，东则西向，西则东向，为斋夫住宿所。墙垣四围，庖湢无缺，外有照壁，列榜于上，轮奂生辉，丹青散采映奎光之古塔，仍洹阳之旧名。经始于癸酉春二月，落成于秋九月，未几，常君维城即领乡荐，人杰地灵，感应甚速，益信书院之修关乎文运非浅也。自此以后，延请宿儒讲习于中，寒俊得所庇荫，既无旁风上雨之嗟，多士共切观摩，养成清庙明堂之器。古语曰：修废举坠，有司之责。则翰之所为，上可追溯于前令，下可佑启于后人，而并可告无罪于二三君子也。爰刻诸石，永垂不朽，是役也，总理其事者，训导姜子成玉振，魏丞黄自嘉师淦。分监各役者，常君维垣，拔贡高君成栋，廪生徐君昱，郭君荣庭，马君景泰，增生房君雅渠，均与有劳焉。例得备书。同治甲戌小阳月。①

① 程廷恒等修，洪家禄等纂.中国地方志丛书・河北省・大名县志.台北：成文出版社，民国二十三年（1935年）铅印本.394—398.

(六)武安市

紫金书院

明万历四十一年(1613 年)知县李椿茂捐俸银在文庙东倡建,后废为射圃亭。天启年间(1621—1627),知县王廷辅重建,后又废。清乾隆二十一年(1756 年),知县张映台于城西北隅龙门铺购张氏闲宅一所,予以新建,仍名紫金书院。清光绪二十九年(1903 年)改为紫金学堂,三十二年(1906 年)改为武安县立高等小学堂。①

(七)广平县

其严书院

明崇祯十二年(1639 年)于城北建其严书院,有大厅 3 间,东西厢房 6 间,大门、厨房俱备。②后移建于西关,易名"崇正书院",清同治元年(1862 年)知县杨汝重修。书院与县儒学一样,为习举业而设,清末废。

四、沧州

(一)东光县

兴贤书院

设于县城东北 45 里辛店永宁寺中,明初建立,至清初改为社学。据清代方志资料所载:兴贤书院"其堂犹存圣哲诸像,盖犹明初建立者,若嘉靖以后,便易像为主矣。今虽废为社学,然旧迹固不可湮也"。③ 清代常宏祖在《兴贤书院碑记》中描述:辛店内有义塾以教乡之弟子,内建孔子殿三楹,旁启书斋,延师于中。凡乡之民贫不能具束修者咸就学焉。旧设有公田四十七亩七分五厘五毫以供膏火,但还是入不敷出,于是将辛店各庄的闲田十二亩有余划归书院以佐膏火。下附常宏祖撰《兴贤书院碑记》。

兴贤书院碑记

(清)常宏祖

邑东北四十五里为辛店,虽非巨乡大镇而生民繁庶,甲乎一邑,士农工贾各安其业。内有义塾一区以教乡之子弟,内建孔子殿三楹,旁启书斋,延师于中。凡乡之民贫不能具束修者咸就学焉。旧设有公田,小地四十七亩七分五厘五毫,以供膏火,而苦不堪多,有难周济。士民每切坠废之虞。余承乏兹土,留心抚字而菁莪,造士更切素衷。近查辛店等庄有闲田,黄进登空地二亩六分一厘二毫,王才空地七亩二分一厘二毫,宿德荣民地二亩六分三厘,无人承受,

① 武安市地方志编纂委员会.武安县志.北京:中国广播电视出版社,1990.707.

② 广平县地方志编纂委员会.广平县志.北京:文化艺术出版社,1995.522.

③ (清)周植瀛修,吴浔源撰.(光绪)东光县志·卷 4"书院志".光绪十四年刻本.

遂拔以归之，用佐膏火之不逮。夫亦欲振文教以酬夙志，诸生共勉儒术，砥砺实行，读圣贤书，守孝悌训，修天爵而邀人爵，位梁为栋，鹊起蝉联以副予望，予实有厚幸为。兹以村人王允中、高国栋等公祠，呈请勒石以垂永久。遂拔笔书此。康熙五十三年。①

（二）泊头市

董子书院

明嘉靖十六年（1537年）进士、湖广右布政使冯时雍在泊头南李家湾捐田12亩创建，因为仰慕汉代大儒董仲舒而命名为“董子书院”。旧时府属儒林之士，多于僧舍道院肄业，不免有些喧嚣吵闹。冯时雍来此地后，带领诸弟子学习，他主张学以静为主，“学须静也，非学无以广才，非静无以成学”。李道湾东濒漕河，洪流襟带，西据高垅，林木郁蓊，北近梵宇，南望农村，鸡犬不闻，人迹罕至。正学居业，无以逾此。书院建有祠堂5楹（祀董仲舒），讲堂3楹，以处学舍6楹，东西厢房各4间。冯时雍自为山长，讲学书院，并另聘乃请于巡抚都御史周公金、巡按御史朱公裳、提学御史方公一挂到书院讲学，教授“四书”“五经”、唐宋诗词等。

董子书院以培养纯儒为目标，使诸生“脱凡近，以游高明；避喧嚣，而养疑静；祛荡靡，而趋忠朴”。冯公十分推崇汉代大儒董仲舒，“诸儒最纯者惟董子一人而已，其正心明道之言，为万古斯文传心要法。惜武帝不能尽用其所学，出而为胶西相。主父偃之计一售，即奉身而退，如鸿冥凤翥于层霄之上，网戈不可得而罗致者。学者诚能以是为则而勉焉，则所养既纯，所守亦正。他日效用，进而淑人，则不辱于国；退而修己，则不辱其身；忠哲两全，而无愧董氏之心矣。”所以建立书院传授董子之学，培养纯儒。书院提倡独立研讨，“次第请疑，问至即答”。在教学中，师生间相互讨论，提倡学生独立研究，具有探究性教学的思想因子，有助于发展学生的主体性及自主分析能力。书院制定学规10条，如“精诚为学，以正其心，以广其才”“敬师不傲，谨虚为人”“勤功自励，博学穷理”等。② 还参考白鹿洞学规，先之以正心之学，次之以科举之学，学习礼仪，以正民风。清初董子书院塌圮。下附明代龚用卿《董子书院记》。

董子书院记

（明）龚用卿

河间之舆图东南，维有交河，古中水郡也。治东南五十里为泊头镇，镇南七里为李道湾镇，通两京津要，夹河居者万余家，军民杂处，商贾辐辏。府属儒林之士侨居者，彬彬济济，至僦僧舍道院肄业。盖未免杂阛阓、逐声华以荡靡士习，而志业毁坏者，间亦有之，讵非居使之然哉？陕西苑马

---

① （清）周植瀛修，吴浔源撰.（光绪）东光县志·卷4“书院志”.光绪十四年刻本.

② 河北省泊头市地方志编纂委员会.泊头市志.北京：中国对外翻译出版公司，2000.535.教育大辞典编纂委员会编：《教育大辞典》第8卷“中国古代教育史”（上），上海教育出版社1991年版，第378页记载：“明嘉靖十四年（1535年）邑人马时雍创建。”留存待考。

寺卿冯公时雍,致政家居,诸生乐从之游。切劘之余乃慨然叹曰:"学以静为主,而理趣得以养心,心得所养,则气由是充,而文艺功业,胥于此骎骎然光且大矣。诸葛武侯尝曰:'学须静也,非学无以广才,非静无以成学。'旨哉言乎!"诸生闻之,敛衽唯唯。退求所以静治之地而无由。居无何,公乃捐己税田十二亩以建书院,其地即李道湾。东濒漕河,洪流襟带,西据高垅,林木郁蓊,北近梵宇,南望农村,鸡犬不闻,人迹罕到。正学居业,无以逾此。公谛思之,诸生静治,似得其地矣。景仰师法,莫之依归,则将滥觞糟粕,干没货利,标垛无所。何为终身由之之地乎?

若稽诸古,汉儒董氏仲舒,蓨县人也,即今景州董村在焉。封壤相接,流风余乡响,音百世犹存,此正乡先生没,可祀而可法者。遂建祠堂五楹以祀董子,讲堂三楹以处院长,学舍六楹以庐学生,几湢浴库厨之所,渐次毕具。其所输材木,需于公者半,采之家者倍焉。工则输之族丁旧之傭者。期不劳民伤财,以慊己意。创始于嘉靖乙未秋,落成于丁酉之春。先是公以关风化罔敢自专,乃请于巡抚都御史周公金、巡按御史朱公裳、提学御史方公一桂,咸嘉是公举也,允之。案令有司编役督视,期于永久,毋视目前。及事竣,公率诸生以释奠拜祠下,且勒"正谊明道"十言于两楹,使后学接目警心,拔去俗儒之沉痼,直趋纯儒之轨辙,以复正学图古治焉。复考白鹿洞规,先之以正心之学,次之以科举之学,行有余力,相与考寻文庄冠婚丧祭仪节,而习行之,以移民风。诸生乃得脱凡近,以游高明;避喧嚣,而养疑静;祛荡靡,而趋忠朴;将骎骎乎造董氏堂奥矣。尝考诸儒最纯者惟董子一人而已,其正心明道之言,为万古斯文传心要法。惜武帝不能尽用其所学,出而为胶西相。主父偃之计一售,即奉身而退,如鸿冥凤翥于层霄之上,网戈不可得而罗致者。学者诚能以是为则而勉焉,则所养既纯,所守亦正。他日效用,进而淑人,则不辱于国;退而修己,则不辱其身;忠哲两全,而无愧董氏之心矣。冯公所以厚望于诸生者,讵不在兹耶?

公以台谏交章论荐,由苑马卿再徵官至福建左布政使,一值阻厄,即解职归田。公论与之,孟子曰:"贤者于人国也,君用之则安富尊荣,子弟从之则孝悌忠信。"非公若人之谓乎?公犹有月课之条,学田饩廪之举,将次第请于当道者,以终周中丞久远之意,其嘉惠后学之心焉有穷已?公与卿邂逅辽左,有道义之雅,至是乃走书币于留都以征予言,公之意讵可负哉?居业者尚当体公之心,守董子之训,务从实学以究实用,毋徒尚虚文为也。故为之记。①

(三)任丘市

珍谟书院

书院坐落于城西北隅,有亭,明嘉靖年间(1522—1566)大学士李文康建,礼部尚书顾鼎臣撰记。②

李文康即明朝太傅李时,太康为其谥号。李时(1471—1538),字宗易,号序庵,任丘南关人。弘治十五年(1502年)进士,授编修。正德中,历侍读、右谕德。世宗嗣位,迁侍读学士。嘉靖三年(1524年),擢礼部右侍郎。嘉靖十年七月,加太子太保,后屡加至少傅兼太子太师吏部尚书华盖殿

① (清)黄伉纂修.(康熙)交河县志·卷6"艺文志".版本不详.

② (清)刘统修,刘炳等纂.(乾隆)任丘县志·卷1"古迹志".清乾隆二十七年刊本.

大学士。① 嘉靖十三年(1534年),李时奉命回籍探望,在此期间修建了珍谟书院和珍谟亭。李时回乡探亲,在县城内买了一块地,利用皇帝历年所赐银两,自行投资建造一所书院,内建一亭,收藏嘉靖皇帝历年赐给他的书信和墨宝。他还上书皇帝,请求为亭、院赐名。珍谟书院于嘉靖十三年(1534年)八月动工修建,十四年九月落成,院址在城西北角的"书院街",占地20余亩。珍谟书院不仅为任丘培养了众多人才,也是当时任丘的著名景观。李时于嘉靖十七年十二月十六日卒于官,赠太傅,谥文康。著作有《南城召对录》《日下旧闻》《列卿记》《文化盛记》《微花堂记》《宗易诗集》等。

(四)沧州市

天门书院

明万历二十七年(1599年)盐运使何继高申准建院,盐运毕三才创建于州治东。规模轩敞,多课士于其中。院内规制整齐,由屏墙而大门、仪门,中为正堂,后为明楼,左右房各3楹,每排9间,为学员宿舍,后房1排21间,另有考棚18楹。据方志文献所载:"凡附近州县生员不拘民灶,但系书院考试优等,中取入院,申请入院候监按临,一为品骘,大都不满百人,沧庠过半。"②清雍正九年(1731年),沧州改隶属天津府,天门书院废止。下附明代杨廷兰所作《天门书院记》。

天门书院记

(明)杨廷兰

天门书院者,予同里俾诚书甫之所经始也。诚叔甫以榷盐使者,巡行畿之南北,诸所擘画者,若丰国课,峙边储,疏利源,通商旅,业井井矣。顾念畿辅八郡,我国家规方千里之地,而生其间者,多丰绰博大智勇沈几之士,究其所用,真社稷之干也。夫国有可效之才,而不获以士显;士有可以靖献之日,而不获以学用。此无异故,有司不素养之过也。藉令乘有余捐,不急以养士,反经以示之趋,群萃州处以居之肆,必有出于其方而宣力王室者。若榛、栗、杞、梓然,作之,屏之,修之,平之,数十年后,岂无茹其实、发其响者乎?乃下令有司,诸守令博士弟子员皆言:"古者化洽文熙,莫不崇儒置学。犹悼序黉不广,令得视精华实息之地,增置书院。"济南闵子、伏生,河间毛公、董相,及孔安国、梁统诸人,史册烂焉,其轶事可概见也。晚近操之。若束湿薪,舍此不讲矣。若毛、董诸贤非此乡之先物哉。而诸商等不无浸浸乎向往之也。

公遂捐奉相土,鸠工庀材。向离为门,修广若干丈。入门数武为堂,堂修广若干丈,堂后为层楼,楼修广若干丈。又建诸生号舍若干间,贮经史若干卷。饩廪课资,给以赎锾,著为令。落成之日,公率师儒以观厥成,且为之劝学,阐洙、泗之源,揭孔、曾之矩,若探日虞渊而中天然也者。夫自学术分而政教始歧为二。故忧政,则以《诗》《书》《礼》《乐》为老生之常谈;而忧教,则以绳墨事情为俗吏之末务。无他,政不足以造微,则病教;教不足以周务,则病政。各相持也,交相蔽也。如置蔀然,蔀愈多,天下始受其蔽。今诚叔甫不然,通商、惠工、造士为之,则饬

① http://baike.baidu.com/subview/216913/10972787.htm? fr=aladdin

② (清)庄日荣等纂修.中国地方志丛书·河北省·沧州志.台北:成文出版社,民国十八年铅印本.315.

宪贞度反经为之归，是政之底绩，而教成也。髦士式于化，而称《诗》说《礼》，明扬天子之庭者，必足赖也；四民化于俗而亲上死长，以为天子之金城者，必足任也。是教之底绩而政成也。①

(五)南皮县

瀛州书院

明万历三十年(1602年)知县李正华创建于县城东北隅，内建文昌阁东西书舍，前为厅，并大门。② 清人吴维哲等修纂(康熙)《南皮县志》卷3“黉序志”收录有书院创建者李正华的《创建瀛州书院碑记》。

创建瀛州书院碑记

(明)李正华

余往读《文昌戒士文》，缘俗设教，多所可欣。如谓“富贵在天，得失有命，安其自然，无庸谄渎”。旨哉斯言。明圣之所谐也。至其“修身励行，勤学敬业，怀精诚一昭格，失正鹄以反求”，抑以尘世之司南，而青衿之法砭者乎？今上二十有二载，予以不敏，筮官京之南皮。于是岁祲荐加，海波仍沸，操刀试割，捧檄代疱。河南来观，愧乏中牟之三异；京西奏状，惭非王子之十奇。保障之绩既微，弦歌之化斯渺。如其礼乐，以俟方来。暨阅岁滋深，更张有渐，承流之任，雅切甄陶。于是相彼胶林，普增胜概，文昌有阁，峙列巽隅，要以拱卫、星门，关钥灵气，高可盱衡，大不逾武，所为借神居以培地脉，于人道未见其迩也。夫尘市纷嚣，既非游息沈吟之圃；坛宇俭陋，亦岂元灵陟鉴之庭？予不佞，即政谢文翁，德亏仇氏当其所慕；敢曰惮烦，爰以有司兴起之怀。因士民子来之力，鼎建斯阁。维我东郊高敞幽遐，超然云表。楠檀馥郁，清联白马之宫；金碧荧煌，侈逊青羊之观。大都载其旷瞻，奠兹灵爽；启晨晖于漭沆，碣石平临；吞夕秀于鸿蒙，太行孤耸。南瞻阙里并洙泗之宫墙，北望斗魁应戴匡之象纬。固已呼吸帝座，羽翼斯文者矣。神之格斯无得而名，瞻之在前于焉可仰，自不佞之创为斯举也，固将俾俊亮宏雅之士挟筴而游，淡泊宁静之儒抱器而处，清明在躬，转以相证。令文成规矩、动合符契，于以仰臻元奥，而同奖休明。思启行翼，则帝君之为也。不佞虽渺，然抱关乎乃其笃念所经，神理攸寄。自与诸君揖让于此，梦想系之。高文大册，时播东壁之奇；精义微言，并畅西河之范。陟降左右，斯已勤矣。异日者即幸而得代，削迹他往，安知此精魂气魄不犹在沧瀛渤海之间为帝君执鞭耶？若乃屏谢尘氛优游戾止，高贤麟萃载瞻载欣，仰天路以长怀，抚丹梯而直上，理无隐貌，神其遁心！令耶，神耶？当有恍然遇之者矣。③

---

① 陈谷嘉、邓洪波.中国书院史资料(上册).杭州：浙江教育出版社，1998.621—622.

② 王德乾等修，刘树鑫等纂.中国地方志丛书·河北省·南皮县志.台北：成文出版社，民国二十一年铅印本.540—541.

③ 南皮县地方志办公室.南皮县志(民国版).哈尔滨：哈尔滨工程大学出版社，2012.544.

(六)河间市

瀛洲书院

明万历三十五年(1607年),河间知县王遇宾在府衙西面建立。有关文献对此项内容作了拓展:瀛洲书院"起初在城东南,为明知县王遇宾所建。后院废,移于城北门外僧寺中,前守徐景曾所为也。乾隆十三年,知府张九钧复移于郡学明伦堂西偏之斋房而启馆焉。十七年,知府王检延师其中,以教生徒。是年冬,知府杜甲至,睹其宇舍庳狭,且斋房不可便假为肄业地。明年,乃请于上宪,别营书院,复首倡捐金125两。同知洪肇楙暨河间知县邹云城合十一属各捐俸1680两,市材辟地,于郡庠西南隅鼎建焉。"①乾隆十八年(1753年)书院修葺完毕,设有讲堂1座,两旁肄业房各12间,讲堂后建有董子毛公祠3间,东设藏书房3间,西设山长房3间,另设有厨房、仓库等,建置完善。下附杜甲《瀛洲书院碑记》及清代戈涛《题瀛洲书院图》。

瀛洲书院碑记

(清)杜甲

郡城向无书院,在城外与借住斋房者非体也。乾隆十七年十一月,余莅任即议公建。次年春,司马洪公东阆来复襄此举,因择地鸠工庀材,共需银一千八百五十五两。洪公捐银五十两,景州侯君旺、河间邹君云城、任邱陈君文合、献县何君培各捐银一百八十两,东光陈君新燕,宁津郝君琏、交河黄君元圯、吴桥修君礼各捐银一百四十五两,故城郑君岐、阜城杨君嗣奇、肃宁任君维纪各捐银一百十两。学使者张有堂先生考试在郡,乐其有成也,亦捐银五十两。邹君督办三月而工竣,中设讲堂一座,两旁肄业房各十二间,后建董子毛公祠三间,东藏书房三间,西山长房三间,东厨西库,以及门楹并和房草亭后池种树以为诸生游息之所,罔不整齐而坚固。缘复议善后事宜,画图贴说申明。制君桐山大人批示以垂永久,其详载在全卷矣。内如每年山长修仪一百二十两,知府出供膳一百两,首县出生童肄业二十四名,每日每名给膏火银五分,每月两次。大课给纸笔银,并本日山长生童饭费,资汤点以及委员纸张、书院公役银,又先贤祠春秋两祭并杂用锅缸桌椅等件,一切必不可少,并应临时更换买备之物。除知府首县一年捐出银二百二十两外,其余尚需银四百六十六两,遇闰加银三十八两六钱。仍按所属大中小缺酌派,按季专送景任献每十六两,故阜肃每年各捐银三十五两六钱七分,其遇闰加增。各捐在外复据邹君即省银一百三十两。因一并入详发商生息,积少成多以备书院修葺之费。以上各项银两均由知府发委员支用,委员不得侵挪。知府列入交代,稽查有时,流算有据,庶可经久而无弊。此皆应特书以示来兹者也。以为养士造士之方者,小臣仰体,圣天子之心期于无穷也。②

---

① (清)杜甲修,胡天游、黄文莲纂.河间府志·卷6"学校志".清乾隆二十五年刻本.

② (清)吴山凤修,黄文莲纂.(乾隆)《河间府志》·卷20"艺文志".清乾隆二十五年刻本.标点为编者加注.

题瀛洲书院图

(清)戈涛

桃李吹春风,披图已色喜。不有慈惠师,孰为弦诵理。吾乡汉名邦,文献有遗轨。寂寂诗经村,悠悠广川里。久废固将兴,今复其始矣。日惟太守贤,广舍劳经始。其南面层城,瀛台郁相峙。缭垣树青槐,影落半宫水。其中祀毛公,厥配惟董子。蔚乎髦誉俦,观感以兴起。德造日有成,风声浩盈耳。恨不与其间,观彼揖让美。抚卷三叹息,作诗寄仰止。①

五、邢台

(一)威县

洺阳书院

明嘉靖六年(1527年)知县钱术始建,院址在县城西部马场旧地。越20年,已逐渐颓废,"墙屋倾颓,鞠为园蔬,芜秽弗治"。嘉靖二十六年(1547年)知县胡容重修,"徙而新之"(新址在原文庙东侧,现县政府家属院一带)。内号6所20间,外号2所6间,建坊牌一座,额书"洺阳书院"(因威县地处古洺水之北,故曰"洺阳")。院内自北而南建有四座殿堂,各有匾名:一曰"崇德",二曰"报功"——内祀古圣先贤;三曰"敬业",四曰"乐群"——学生修业学习的场所。② 另据《威县志》记载:"明代书院招生人数不多,一般年招生40人至50人,分童班和生班。生班学习考举人的学业,童班学习考秀才的学业。入学只以猎取功名为目的,学非所用。课程设置主要是四书、五经、八股文之类。书院每隔一二年选取一二名生员到国子监读书。"③由此可以窥探到洺阳书院的规模、教学等内容及书院训练科举考试的相关情形。清光绪三年(1877年)知县孟丕显会同其他邑绅等重修,并筹捐经费。光绪三十年(1904年)洺阳书院改为县立高级小学。

(二)宁晋县

1.正学书院

嘉靖三十八年(1559年)监察御史蔡叆复修孔庙(又称文庙,宋崇宁二年县尹齐世卿修建,后几经修葺),并于学宫西侧建正学书院,建有讲堂3楹、后堂3楹、退寝3楹、2厢6楹、东西号舍40间、讲院门1座,置赡田1000亩以为邑庠多士之需,以供远近来学之士。康熙十九年(1680年)睢阳陈宜人吴氏重建。光绪三十一年(1905年)知县刘本清改为官立模范小学堂。④

对于书院命名为"正学"之义,蔡叆认为首先是君子之学,"所谓正学者,对世俗之学言之也。章绘句竞为进取,顾于身心之学,漫不加意。以儒为宗,以六经语孟为训。"蔡叆师从湛若水,他认

① 河间市地方志编纂委员会.河间县志.北京:书目文献出版社,1992.924.

② 吕愚然.威县教育志(1105—1997).北京:教育科学出版社,2000.35.

③ 威县地方志编纂委员会.威县志.北京:方志出版社,1998.645.

④ 宁晋县地方志编纂委员会.宁晋县志.北京:中华书局,1999.881.另据教育大辞典编纂委员会编:《教育大辞典》第8卷"中国古代教育史"(上),上海教育出版社1991年版,第382页所载:该书院于明嘉靖三十年(1551年)邑绅蔡某建,留存待考。

为甘泉先生“体认天理，无惑间断，使动静交养、内外相孚，体用合一，通天地万物为一体，是为有本之学，学斯正矣。发之于言，足以重训；措之于政，足以匡时。”这正是帝王周孔之所传，濂洛关闽诸子之所讲明，也是诸生平日所要学习的。除此以外，都无关于性命和世道，不是蔡叆所谓的“道”和“学”。因此他建立正学书院，希望能使邑庠学子明风教，使正学之风得以传承。下附蔡叆所作《正学书院记》。

正学书院记

（明）蔡叆

予再放逐里居，教授生徒，于今二十六载。柱史卢陵毅斋杨公，按历兹土，询及草野之士诸生，过于称道，遂命有司建立特祠。窃唯古之乡先生祭于社者，以出则建功，处则立言，德在人心，故后人报祀不忘耳。愧予见弃明时，上未能报君父，下无以范乡闾。教授生徒，乃儒家家常事。修葺庙学、赠田祀田数事，报本厚风，亦儒者之当为也。况诸生多游门下，意出阿私，声闻过情，予宁不为耻耶。夫曾子大贤也，至于易箦，方云自免，百年公论，盖棺始定。予安能必保于将来，再辞不获。且承台院诸公及士夫亲党见助，予知事不可已。因思去岁修葺学宫，仍其旧绩，号舍甚少。诸生二百余人，无所会讲，就此以为增拓之计，良亦便矣。乃于学宫之西，创建讲堂三楹、后堂三楹、退寝三楹、两厢六楹、东西号舍四十间、讲院门一座。工将落成，进诸生语之曰：“汝知此意乎？曩者，此举重违诸公之命，今日事成，不已过侈乎。予与诸生，心则相知，道则相合，盍相体乎。与其祠予一人，孰若与一邑共之，以为诸生讲学之地。诸生虽多，旧号舍不足，加以今所建者，则为有余。俾之乐群相观于文教，岂不大有裨益，请更此祠为‘正学书院’。达之台院诸公，亦必见从。夫人顾有以得其心为悦，而以名胜为耻者。诸生幸相体哉。”诸生请曰：“先生之意，吾辈共悉之矣。敢问正学之义何？”曰：“君子之学，一也。所谓正学者，对世俗之学言之也。章绘句竞为进取，顾于身心之学，漫不加意。以儒为宗，以六经语孟为训。既仕而弃其所学若筌蹄然。居家未闻孝友，出而用世，又安望其忠良直道、有益于上下耶。诸生涵养于此，果能尊。予所闻于甘泉师者，体认天理，无惑间断，使动静交养、内外相孚，体用合一，通天地万物为一体，是为有本之学，学斯正矣。发之于言，足以重训；措之于政，足以匡时。此帝王、周孔之所传，濂洛关闽诸子之所讲明，诸生平日之所服习者。外此，皆无关于性命，无益于世道，非吾之所谓道，非吾之所谓学矣。诸生能守此训，是为不相负，是为报予。后人以道相传者，必曰闻前辈有蔡先生者，辞其祠，以为吾辈今日讲学之地，且遗兹训。虽未及门，幸获私淑。使正学常明风教，有赖予之心事，得以久而不泯。岂愈于建祠哉？若诸生必欲崇俊此祠，以为尊师重道，是知我犹未至，其相待亦浅矣。”因题此以昭诸生，以识出院之始。①

---

① 宁晋县地方志编纂委员会.宁晋县志.北京：中华书局，1999.1058—1059.

2.洨滨书院

嘉靖三十八年(1559年)监察御史蔡叆于城外文桥东洨水之滨建洨滨书院。蔡叆,字天章,号洨滨,河北宁晋人,师从张睿、韩邦奇、湛若水等人。嘉靖己丑(1529年)进士,官至监察御史,巡按河南。约在1541年因事被罢官,回归故里。此间不少学子仰慕蔡叆学识,纷纷慕名前来求学。为弘扬湛甘泉的"江门新学",培养后进,蔡叆在洨河边修建书院,他自己在《津桥二首》(《洨滨蔡先生文集》卷九)诗中说:"自筑书堂洨水滨,风光常驻四时春。只因一水无船渡,多少徘徊问路人。""多少徘徊问路人,园亭在望到无因。新成略彴堪来往,趁此春风好问津。"书院建成后,蔡叆请恩师湛若水为书院作记,湛若水应邀寄来《息存箴》《洨滨书院记》。书院中有景泉堂、息存堂、二堂,堂前各有东西廊房。二堂是书院议事讲学的地方,息存堂壁上刻有湛若水之文《息存箴》,堂后建有"养真亭",亭内石碑镌刻有湛若水应蔡叆之请写的《洨滨书院记》。为表彰蔡叆兴建书院,真定府知府在书院门口为之修建了一座石牌坊,牌坊横额匾书"洨滨书院"四字。书院院门往西路北一字摆开还有五座牌坊,分别是"正谊明道""敦义崇道""有道之士""德学耆儒""清朝耆硕"坊。为了筹措办书院的经费,蔡叆置赡田30顷收租,以供读书之需。他在《书院赡田赋》中说道:"书院先有田以给诸生,常苦不继,续置地三十倾为书院赡田。"蔡叆亲自在院中执教,人称"洨滨先生",时有生徒300余人。后来书院被洨水淹没,赡田被强豪侵占。清乾隆十三年(1748年)经知县陈贲懿于县城东街复建,光绪二十九年(1903年)改为官立高等小学堂。① 万任修、张坦纂(康熙)《宁晋县志》卷9"艺文志"载有明代湛若水《洨滨书院记》。

(三)邢台市

龙冈书院

明嘉靖年间(1522—1566)提学御史阮槭建于邢州城文庙西。明巡按傅振商改迁连城,门外立石坊,又称连城书院。明代大学者归有光曾在龙冈书院传道授业,邢台籍在朝为官者数不胜数,宰相就有好几位。书院以儒学为本,讲究修身治国,从龙冈书院走出的学生从政后为官清廉正直。②万历十七年(1589年)顺德知府张延廷、知县朱诰重修。清顺治十年(1644年)知府朱国治、知县金渐重修,又于大门前建考棚78间,改名国士书院③。光绪二十九年(1903年)十二月颁行的《奏定中学堂章程》规定:"中学堂定章各府必设一所,如能州县皆设一所最善;惟此初办不易,须先就府治或直隶州治由官筹设一中学堂,以为模范,名为官立中学。"④邢台时为顺德府,知府梁丹铭在该书院旧址增地扩建,创立顺德府官立中学堂。

---

① 宁晋县地方志编纂委员会.宁晋县志.北京:中华书局,1999.881.

② http://baike.baidu.com/view/40388.htm? fr=aladdin

③ 王兰荫.河北省书院志初稿.国立北平师范大学出版社,1936.43.

④ (清)张之洞,张百熙等.奏定中学堂章程·立学总义章第一.见:朱有瓛主编:中国近代学制史料(第一辑下册)·上海:华东师范大学出版社,1987.382.

(四)南宫市

1.紫微书院

明嘉靖末知县胡嘉谟建于城内儒学东,立会约为书院之权舆,不久旋废。① 另有明代南宫籍刘濂在嘉靖年间所作《紫微书院记》中记载“天台叶公”在学宫之东建立“紫微书院”。鉴于两所书院都在儒学(学宫)之东,且都为嘉靖年间所建,此两所书院应为同一所,只因年久,史料记载可能产生一字之误差,只是书院创建者还存在争议。

刘濂在《紫微书院记》记载,书院创建者为“天台叶公”,即南宫知县叶恒嵩。刘濂认为宋代文治最美,真儒最多,正是岳麓、白鹿洞、丽泽及象山四大书院的功劳。四大书院的主讲多为海内大儒,生徒则是四方美士,学习内容主要是尧舜周孔的学说。建置书院的也都是右文良吏、识治达政之人。天台叶公为邑 3 年,见南宫诸生有英茂之资,寡日新之益,于是在学宫之东建立书院。书院规制完备,正北构屋 3 楹,高敞宏丽,题曰“讲堂”。东西构屋各 3 楹,严议拱立,题曰“精舍”。前为大门,高巍端肃,题曰“紫微书院”,以地在紫微山之东也。②

紫微山地处明代南宫古城以北,为平原广野中隐然突起的大山丘,绵延数里,山上树木葱郁,芳草萋萋,而且盛长紫薇花,一到夏日枝头间或紫、或淡红、或白的小花成枝成串,漫山遍野,馨香四溢,沁人心脾。③ 因此也被评为南宫十景之一,称为“微峦迭翠”。

南宫已有学宫,也就是儒学教育机构,地方官学,此指南宫县学。为何还要另外建立书院呢?刘濂对这一问题进行了分析。他认为“学校者,待之以常以法用;书院者,鼓之以奇以神用者也”。何为法用?学校里的老师都是“铨次之授,制额之员”,未必会尽师道之责任,日出进讲堂开始讲课,依仗教师的身份讲授知识,遵规守矩,日复一日地重复,举天下皆是。何为神用?教师必须是明经有道的贤才,佳才英器,志向远大,志定气厉,业专而艺精,勃勃然有深造上达之势。所以,学宫之外另建书院,是对学宫教育的一种补充和提升。下附刘濂所作《紫微书院记》。

紫微书院记

(明)刘濂

群一方之才而养之以学宫,于制备,于意良矣。而近世复有书院之置,其义奚谓哉?盖学校者,待之以常以法用;书院者,鼓之以奇以神用者也。何为法用?其师皆铨次之授,制额之员,未必尽以师道责之,而其人未必尽以师道任之也。晨兴升堂,礼容秩如,倚师讲艺,占毕授业,此夙格旧贯,举天下皆是也,故曰“以法用”。何谓神用?其师无常,惟贤是署,必以明经有道者主之。而士之得与是列者,又必佳才英器,可以远大者焉。其志定,其气厉,其业专而艺

---

① 黄容惠修,贾恩绂纂.中国地方志丛书·河北省·南宫县志.台北:成文出版社,民国二十五年刊本.183.

② 刘濂.紫微书院记.见:南宫县志·卷 23,民国二十五年刊本.又见:陈谷嘉、邓洪波.中国书院史资料(上册).杭州:浙江教育出版社,1998.618—619.

③ http://blog.sina.com.cn/s/blog_5b34079d0100xz68.html

精，勃勃然有深造上达之势，故曰“以神用”。不然，则学宫之外增以别院，不几于赘疣乎？

宋，文治最美，真儒最多，有三代遗风，说者以为四大书院之功。其师多海内大儒，其徒多四方美士，其诵说多尧、舜、周、孔不传之绪。汉魏而下，称人文之盛者必曰宋焉。于是，学校遍天下，而化育之效独归之四书院，可以观政教矣。故建置书院者，皆右文良吏、识治达政者也。天台叶公为邑三年矣，恤念民瘼，日夜忧瘁，而于文教，尤致意焉。见诸生有英茂之资，寡日新之益，叹曰："非才之罪也，所以作其气者未神也。书院之作，其容已乎？"于是，相度学校之旁得隙地焉，夷邃垲明，足备规制。正北构屋三楹，高敞宏丽，题曰“讲堂”。东西构屋各三楹，严翼拱立，题曰“精舍”。前为大门，高巍端肃，题曰“紫微书院”，以地在紫微山之阳也。工起于六月朔日，毕于七月望日，致期告成，不见劳费，岂非天人助顺倍者耶？公视落成，每于政暇，则亲自枉驾，考校术业，讲明治道，士皆振振思奋。予因揖诸生而谓之曰："学宫者，君子之林；而士类者，凡民之秀，可谓美矣。别院又所以待异才，振奇节，继此，必有名人才士为国祯祥者出焉。譬诸蛟龙，以深渊大泽为窟宅，而以风云震电所藉以为神者也。叶公迎机而用奇，是谓神感；吾人因感而思奋，是谓神用。不然，则上以神物待我，而我固以凡物自诿，可不可耶？"故吾为记，始而讼事，终而献规焉。①

2.东郭书院

明邑侍刘濂建。史载刘濂有学行，谢仕归田后筑为读书处，读书于东郭之外，是曰“东郭书院”，濂殁后，亦渐荒废。② 刘濂有自咏诗五绝记述，刊载于(康熙)《南宫县志・艺文志》中。

六、秦皇岛

(一)卢龙县

北平书院

明隆庆六年(1572年)知府辛应乾于永平府学南卢龙县创建，康熙十六年(1677年)知府常文魁复建，后改为教授署。③ 常文魁等修(康熙)《永平府志》卷22“艺文志”收录清代刘伟《新建北平书院志》。

(二)抚宁县

云从书院

明万历四十三年(1615年)知县王台创建于县城学宫南。书院有堂5楹，东西厢房各3楹，亭1楹，厨馔供张具备，缭以周垣。书院建成之时恰逢闽太史庄公来此地，受王台之邀为书院命名“云从”，取“易云从龙”之意，“龙之需云以灵，讵不可昭昭要之非云灵，而后云从之以灵也”。故士患不为龙，勿患云之弗从也。“日集诸生，会文讲艺，一切纸笔饮馔之需，皆捐俸以给，六年如一

---

① 陈谷嘉、邓洪波.中国书院史资料(上册).杭州:浙江教育出版社，1998.618—619.

② 黄容惠修，贾恩绂纂.中国地方志丛书・河北省・南宫县志.台北:成文出版社，民国二十五年刊本.183.

③ 董天华等修，李茂林等纂.中国地方志丛书・河北省・卢龙县志.台北:成文出版社，民国二十年铅印本.201.

日。”每月有三次考试，还有别的规定加以约束，可见云从书院院规严格。知县张毓中、王全忠、谭琳继之。清康熙十四年(1675年)知县刘馨捐资修葺。史称：“知县刘馨莅任，即临书院，见其颓废，捐资修葺，拔生童之俊秀者课艺其中，日给饮食，风雨不辍，一时人文，彬彬蔚起。”书院计有田租200余亩，发商生息，本银300两，道光四年(1824年)新任知县李僡劝捐银3000两，邑守御所千总衔张谓捐修院中房间，每年所得息银为山长脩金薪水(原定220两，冬春另发木炭80斤)及生童膏火之费，礼房岁支纸笔墨银14两。后附明知县王台《云从书院记》。

云从书院记

（明）王台

人文之兴或曰天运或曰地钟，二说皆是，然未可恃也。予直以为存乎气人。昔文翁化蜀文定授湖惟是，萃而处之，程而课之，士遂蒸然崛起。即殊方绝徼，莫不乡风归化，未闻移变其星野，更定其岳渎也。则人心之灵于此征矣。抚宁号岩邑，连关接塞，应尾宿之墟，马头兔耳，渝水阳河，种种为邑，胜概往岁。登甲乙籍者不乏人迹，乃寥寥晨星垂四十□，或以堪舆家言，建浮屠于城南之紫荆，或西辟郭门，诸建置不一。前令悝涵崔君加意学宫其尤最云。然今寥寥如故，余不佞，承乏兹土，求以兴贤翊治，不敢自后于前人，窃以文物盛衰关天地转移属人文，与其乞灵于天地，固不若乞灵于多士也。乃卜之。学校迤南得善地，捐俸赀帑羡若干缗，创书院一区堂五楹，东西厢各三楹，亭一楹，厨馔供张具备，缭以周垣。集诸生课艺其中，月三试之，别又条约，甫两月落成。会闽太史庄公以使节过临，余请名其堂，公题曰“云从”，盖取易云从龙义也。夫龙之需云以灵，讵不昭昭要之非云灵也，有龙之灵，而后云从之以灵也。假令蝘蜓当前，徒抱空质，即蓊然蔚然，嘘以泰岱浓云亦何所益。故士患不为龙，勿患云之弗从也。虽然应龙之神蛰以存身，不存不可以奋屈伸变幻，从泥蟠时陶成之跃而雄飞，直须时耳。诸生诚勿以士俗局限，藻乃志凝，乃神相观相长，挺然以神龙自命，就先资之业储为霖雨，源流泉浡，冲而徐盈，有不跃然而起，骧首天路，润泽寰宇者，吾不信也。然则云龙一区谓非诸生存以高奋之地，不可彼邀灵天地者，其为不足恃明矣，不者，泄泄宽假，今日俟气数，明日易山川，恐星野岳渎，必有笑舍己之田，而芸人之田者，多士勉之抚之。为蜀为湖，将拭目观之矣。①

七、廊坊

（一）霸州市

益津书院

明万历元年(1573年)，霸州兵备副使钱藻、知县郝汝松等筹资于县城东北隅东岳庙前重修益

① （清）张上和修，史梦兰纂.抚宁县志·卷5“学校志”.光绪三年刻本.

津书院，合道属13县学弟子生员中优异者肄业其中。公元1596年，州参政顾云程、知州钱达道捐俸重修，仍以此名冠之。清道光二十年(1840年)知州许本栓迁建，占地48亩，坐落城西曹家庄，岁收租钱33千文余。同治二年(1863年)知州周乃大请于大吏，岁拨赈余生息银170两余，每年经费580千文。①

光绪二十八年(1902年)，益津书院改为高等小学堂。民国二十一年(1932年)春，在此成立霸县初级中学。书院毁于1937年7月7日"卢沟桥事变"之后。2006年初，河北省霸州市投资1750万元恢复重建书院。该书院占地29.61亩，总面积19740平方米，由开放式文化广场、书画院和展厅三部分构成。2007年2月20日，被国家旅游局评为AA风景区。②

(二)廊坊市

金台书院

在廊坊市安次区。明万历四十六年(1618年)，知县陆燧建于东安县城内三官庙西。清雍正年间(1723—1736)，知县张拔改建于西小街。乾隆十三年(1748年)，知县李光昭重修。嘉庆二十四年(1819年)知县陈镇标复建，改名安此书院。③ 下附陈镇标所撰《新建安次书院碑记》。

新建安次书院碑记

(清)陈镇标

圣天子劝学修礼，崇化励贤，自京师及直省州县莫不有学。东安为畿辅属邑，前明万历间，邑令陆燧于东街三官庙西置书院曰金台，久废。我朝雍正时张令拔于小西街别立义学。乾隆十三年李令光昭重修之，仍名曰金台书院，亦寻废。嘉庆己卯夏，余来宰斯邑，访其故址，欲踵而新之，水旱频仍未逮也。庚辰冬购民数椽，辛巳春始葺完之，以金台旧额与府治书院同，乃易以县之旧名曰安次书院。筹膏火，立课程，延名师，教读其中。夫观化于起化之地则士气易奋也。乡里有哲人，生其后者可景仰而效法之也。东安为邑其前远不可考，唐宋以来名贤辈出，如吕正惠、李中丞，刘少保诸公，功名事业镇耀古今。他如前之扈氏韩氏，后之纪氏施氏许氏诸族，以诗书起家者不一而足，士君子挦文陈编，访典父老，知必临风想望，慨然蕲进于古昔贤哲之林，而况生逢盛代，近依辇毂，视穷僻壤，观感尤多，可不争自濯磨以求不愧于名教哉！然则学校之设官斯土者不可不为之振兴，居斯土者亦不可不善自树立也。顾今特规模粗就耳，将欲增其式廓，俾多士云集，磨至各得所成就，处则敦行砥节表式乡闾，出则展其学以效大用，勋业媲于前代，声施垂诸无穷，则所厚望于将来者，安有既哉。爰序而勒诸石且酌定规条附诸碑阴，以为有志者之嚆矢云。嘉庆二十五年。④

---

① (清)李鸿章等修，黄彭年等纂.(光绪)畿辅通志·卷114"学校志".光绪十年刻本；(清)万青藜等修，张之洞等纂.(光绪)顺天府志·卷62"书院志".光绪十二年刻本.

② http://www.lftour.net/jdjsDetails.asp? Id=215

③ (清)万青藜等修，张之洞等纂.顺天府志·卷62"书院志".光绪十二年刻本.

④ 杨毓菜等人纂.(民国)安次县志·卷10"艺文志".中华民国三年刊本.

八、唐山

横渠书院

在唐山滦县。明嘉靖八年(1529年)滦州知州赵叶建于州城西关,有讲堂3间,东西厢房各3间,井1门2,后废,官鬻为民居。万历十四年(1586年),知州张元庆改建西关外。1620年,知州林应聚重建讲堂3楹。清乾隆十八年(1653年),知州孙昌鉴重修讲堂,后废,改为横渠祠。书院之名喻意尊崇、纪念宋代理学家张载(字横渠);废院为祠,同样重在供祀追仰这位对河北教育文化深有影响、地位卓越的思想家,只是育人功能有所下降,教育环境设施发生变化迁移。

现存明代许庄所作《横渠书院碑记》及沈自彰所作《横渠书院碑记》记录张载生平及其后裔的情况及与该书院的渊源。张载,字子厚,祖籍大梁(今河南开封)。父亲张迪,天圣元年(1023)任涪州(今重庆直辖市涪陵区)知州,在涪州任上病故。后张载随家人定居于凤翔郿县横渠镇,人称横渠先生。先生在宋仁宗朝举进士,先后任祁州(今保定安国市)司法参军、渭州军事判官,官至太常礼院。其弟张戬亦登进士第,历官监察御史。张载从小天资聪颖,喜欢谈兵及内典(佛教的经典)。后来范文正公勉励他去读《中庸》,在儒学上下功夫。张载听从劝告,乃逃离佛老,潜心易学,逐渐建立起自己的学说——关学,与周敦颐的濂学、二程的洛学、朱熹的闽学并成为宋代理学四大门派。后因与执政者有分歧,遂回到故居横渠镇,读书讲学。著述有《文集》《易说》《礼乐说》《论语说》《孟子说》《语录》《正蒙》《东铭》《西铭》等。关于张载的学说具体内容可见本书第二章第二节。

张载殁后,其后人迁往各地。其五世孙张晋在元太宗三年(1234年)因"借元复宋"失败被封食邑于河北滦州。张晋因见滦州有横山,追思祖号"横渠"及唐代韩昌黎"云横秦岭家何在"的诗句,遂于其居室题匾曰"横云清逸",在城东南隅筑书室奉先人手泽,匾曰"横渠书院"。后书院逐渐朽旧倾圮,被僧尼占用。明嘉靖八年(1529年),知州赵叶不忍书院废弃,遂逐出僧尼,仿原样重建横渠书院,镌立石碑,请许庄撰写碑文。崇祯十六年(1643年),吴方恩任滦州知州,仰慕张载学说,又一次为滦州横渠书院树碑,并请凤翔知府沈自彰撰写碑文。

许庄的碑文将张子后裔由一世写到七世,并将张载、张晋生平作了详细记录。沈自彰的碑文由一世张载写到十四世后裔张文运等为止。许碑与沈碑镌立时间上相距115年,许碑记至七世,沈碑记至十四世,两碑确立了张载后裔在北方的世系,是难得的张氏谱牒渊源史料。①

下附明代许庄等人的《横渠书院碑记》。

横渠书院碑记

(明)许庄

横渠先生,先世本大梁人,父迪,知涪州事,卒于官,遂侨寓凤翔郿县。宋仁宗朝先生举进

① http://www.confucius2000.com/zhangzaici/zzchqsyzzmldxqk.htm

士，为祁州司法，历渭川□判，召为崇文阁校书，同知太常礼院事。先生自幼学古力行，初喜谈兵及内典，后感文正范公语乃逃佛老，潜心易学，尝坐虎皮谈易，见河南程氏，始叹曰："二程之学吾不如也。"后神宗问治道，以渐复三代对。与执政不合，遂归居横渠谷口，终日危坐，心与道融，关西之士翕然宗之。其著述有文集、易说、礼乐说、论语孟子说、语录、正蒙、东西铭，皆扩前圣所未贵。金赠朝列大夫。孙曰炎仕金为中奉大夫、石州刺史，封开国侯。曾孙曰□官奉议大夫行华亭县令，赐绯鱼袋。五世孙曰晋官军器局事，因夏人入寇，愤然思曰，我本宋臣，为金尅取五世，不复将何待乎，遂借元复宋。元郎以晋行兵马都提控事，后进睢州防御使致仕，赐第于燕，并食邑于滦晋见滦有横山，追思祖号，乃题其居曰横云清逸。又于城东南隅筑书室奉先人手泽以安灵爽，匾曰横渠新院。六世孙进士昌及弟勖与郡人赵衍肄业于院。七世孙德登皇庆壬子进士，奏请就禄侍养奉祀，许之，授本州学正，后升永平府教授，迨国朝编里其裔遂为在城社民，世系微晦，书院渐亦倾圮，乃为僧尼所占，名曰小寺，几不知为贤哲遗踪矣。嘉靖己丑赵公叶逐僧尼复建讲堂三间，东西厢各三间，并一门二。维时致政冯钦辈徵予为记，予谨按始末以传于将来。

横渠书院碑记

(明)沈自彰

横渠夫子先人讳迪，大梁人也，仕宋仁宗朝繇殿中丞，刺涪州，多惠政，治家有善教，卒于官。诸孤幼不克归，侨寓凤翔郿县横渠镇之南大振谷口，因家焉。夫子登宋嘉祐二年进士第，历官至太常礼院。弟戬亦登进士第，历官监察御史。夫子以道学名世，与周濂溪、程伊川、朱新安并千古。家于郿县四世，曰因金赠朝列大夫，曰炎仕金中奉大夫，曰□仕金奉议大夫。至五世康侯先生仕元，历官定远大将军、睢州防御史，遭金尅毁宋室，晋借元复宋，拒宋寇有功，因天意在元，乞休不仕。元太宗六年赐第于燕并食邑于滦，乃宋端宗三年也。尝忆横渠祖号及昌黎云横秦岭家何在，句题其室曰横云清逸。其生平事业，见于赵司业讳衍者神道碑铭甚详。六世讳昌，登元进士，历官翰林院学士，因守先人茔祠，告授本州儒学学正，后迁大宁路儒学教授，入祀名宦乡贤。七世讳德者会登元仁宗皇庆元年壬子进士。我高皇帝薄清中夏，交明肇与。八世孙讳谷勉者编籍于州之在城社，应选举贤才，授绍兴府同知，历官长沙府。九世士荣十世玉以府庠生终。十一世景以驿宰终。十二世梅以省祭终。十三世复礼隐居不仕。十四世曰文选、文运，文选子四人希颜、希会、希孔、希孟俱绝，文运入州庠，子三人，曰承嗣、承绪、承□，承嗣早卒，遗子二，长元福，次元寿，承绪子一元瑞，承□子二，长元祥，次元贞。窃惟夫子关西奉祀，自郿州播迁后，即无有继者。至神宗朝宜川张君讳尧辅者，甫除滦守，夜梦夫子抚其背曰："汝今刺滦，吾之后在兹，汝其表扬之。"张于下车，释菜毕即问，夫子后裔文运答曰："某其后也，谱系历历可徵。"张守力为申请未果。其书院原在小南街，乃康侯先生所遗，岁久倾圮。万历十四年改移西关外，春秋祭享，载诸祀典，文运承奉多年。万历戊午春，不佞守凤翔，接乡尊冯公讳从吾手札，并滦志与张氏族谱，始知横渠之后在滦，关中无人而有人矣，遂移关永平道府,择其族之贤者取回原籍。时有督院文公讳球者给勘合,知永平府史公讳文焕者给关扎,文运乃携子承□暨孙元福、元祥归关西旧里。熹宗时,文运授五经博士,世袭元福、元祥并为奉祀诸生承绪,与元瑞、元寿、元贞仍居滦奉祀。自兹以往,仕郡者有世爵之荣,在滦者有宫墙之望,吾知先生绝学自可常明于千古也。崇正十六年,武进吴侯来守滦阳,精研理学,雅慕先贤,欲建碑以垂永久,遂与高阳、董瀛海孙二博士,具状以书院碑文请不佞。会起后裔于三千里之外,独不叙遗踪于五百年之内耶。谨就世次而详记之,令□世不忘云尔。①

九、衡水

(一)饶阳县

近圣书院

知县张仲孝创建于孔庙学宫东面,所以名为"近圣"。关于近圣书院的创建时间,不同资料记载存在较大差异。《中国书院辞典》记为"明嘉靖九年(1530 年)",《饶阳县志》记为"嘉靖三十五年(1556 年)"。其后由知县邵型、万献策先后重修。近圣书院前为大门,中为厅事,厅事后为尊经阁 3 间,东西号舍 20 间。清同治年间(1862—1874)又修讲堂书舍,讲堂名为经史讲堂。明清时书院以程朱理学为主要的讲授内容,而该书院却有实学实用教育的取向,以"欲为良农者必讲于谷,欲为良医者必讲于针砭之术,欲为君子者必讲于圣贤之学,内之以修身,外之以救世"为宗旨。即强调社会生活实际在教育中的作用,主张通过实践学习知识和技能,将生员培养成既要"修身",又能"救世"的有益于国家社会的人才。书院的讲授方法为演讲式。近圣书院是官署管理的官办书院,经费的主要来源为官署拨付,生源多是本县的生童,他们多在私塾或义学经过启蒙教育,为进学而到书院进一步学习。乾隆十四年(1749 年)知县单作哲、嘉庆十四年(1809 年)知县王子音先后重修。② 清光绪末年因新式教育兴起,近圣书院停办,后书院遗址改为饶阳县高等小学堂。

(二)枣强县

大原书院

嘉靖三十二年(1553 年)之前为社学。嘉靖三十三年(1554 年)知县罗廷唯改建为大原书院,地址在县署西侧,社学遂废。书院围墙有 50 丈 1 尺,占地 6 亩有余,设堂 3 楹,名为正义之堂,两边设有厢房,东曰明道书舍,西曰正义书舍,各 5 楹。东边分别取名道原、正心、求贤、更化、蕃露;西边取名教本、成德、养士、善治、玉英。堂后有 3 策亭,亭后为董子祠。书院学生多从邑庠弟子中而来,学规也多参照白鹿洞书院,将白鹿洞书院学规置于墙上,董子格言也在其中,令学子朝夕学之。朱熹是书院教育的大师。宋淳熙六年(1179 年)三月,朱熹知南康军。当时,"庐山一带老佛之居以百十计,其废坏无不兴葺",而白鹿洞书院废弛已 100 余年,不能修复,因此,他呈报朝廷,请求修复白鹿洞书院。次年三月竣工。书院修复后,朱熹自任洞主,亲自掌教,亲自制定《白鹿洞书院

---

① 上述书院碑记均见:(清)吴士鸿等修,孙学恒纂.《滦州志》· 卷 4"学校志".标点为编者加注。

② 胡卓川.饶阳县志.北京:方志出版社,1998.572.

揭示》(亦称《白鹿洞书院学规》《白鹿洞书院教条》)。这是中国书院发展史上一个纲领性学规,不仅对于当时以及以后的书院教育,而且对于官学教育都产生过重大影响。兹摘录如下:“父子有亲,君臣有义,夫妇有别,长幼有序,朋友有信。右五教之目。尧舜使契为司徒,敬敷五教,即此是也。学者学此而已,而其所以学之之序,亦有五焉,其别如左:博学之,审问之,慎思之,明辨之,笃行之。右为学之序。学问思辨四者,所以穷理也。若夫笃行之事,则自修身以至于处事接物,亦各有要,其别如左:言忠信,行笃敬,惩忿窒欲,迁善改过。右修身之要。正其义,不谋其利;明其道,不计其功。右处事之要。己所不欲,勿施于人,行有不得,反求诸己。右接物之要。熹窃观古昔圣贤所以教人为学之意,莫非使之讲明义理,以修其身,然后推以及人。非徒欲其务记览为词章,以钓声名取利禄而已也。今人之为学者,则既反是矣。然圣贤所以教人之法,具存于经,有志之士,因当熟读深思而问辨之。苟知其理之当然,而责其身以必然,则夫规矩禁防之具,岂待他人设之而后有所持循哉?”①

在这个学规中,朱熹明确了教育的目的,阐明了教育教学的过程,提出了修身、处事、接物的基本要求。虽然这些思想早在儒家《周易》《论语》《孟子》《礼记》等典籍中就已经出现。然而,把这些儒家思想汇集起来,用学规的形式固定下来,形成较为完整的书院教育理论体系,成为后世学规的范本和办学准则,使书院教育逐步走上制度化的发展轨道,其贡献不可低估。② 可见,大原书院是以程朱理学思想为价值导向的正统书院。

万历初,江陵为政,檄毁天下书院,改为北察院。后在此旧址改置董子祠、杨公祠及节孝祠。下附罗廷唯撰《大原书院记》。

大原书院记

(明)罗廷唯

枣强古棘津地,按史记游侠传曰吕尚困于棘津,徐广注云棘津在广川后,汉地志亦云广川旧属信都,有棘津城,今县北十里许李仓口即古之棘津。春秋传所谓晋荀吴帅师涉自棘津者是也,在秦属巨鹿郡。汉高帝初置广川县于此,属信都国。景帝前二年始分广川置枣强县,属清河郡。中元二年复并枣强入广川县属。广川国历武帝至宣帝。甘露四年广川国除,复广川为枣强,属信都国,而后汉则又复枣强为广川,属清河国。是则终两汉之世广川枣强本位一也,离合废置有不同焉耳,其曰广川国、信都国皆今冀州治,而清河则山东之恩县。董子仲舒生于文景之间,仕于武帝之时,实此邦之产。故汉儒序董子集曰清河广川人,则董子所生之地即属清河之广川而未尝属于他郡,尤为确证矣。若夫并枣强为广川移属渤海,渤海者,古景州也(在东光),乃晋武时事。改广川为长河,移属平原,平原者,今德州也,乃隋炀时事,已非两汉地理统辖之旧,然其与后燕之置广川郡于枣强,北齐之合广川县为枣强则终始一地,犹未之

① 孟宪承选编,孙培青注释.中国古代教育文选(第三版).北京:人民教育出版社,2003.261.

② 孙培青.中国教育史.上海:华东师范大学出版社,2008.218.

有异也，后代信其委而不考其源，乃使董子寓祀于景德二州。元学士曹元周记其祠曰，广川属冀都郡，今景州蓨县是也，此因广川镇分属景州而附会，谬误遂至于此，不知旧县在汉自为條市，与广川并建至晋始改條为蓨。至元始徙今景州于此，岂可以蓨县为广川而强以后世暂属平原，渤海之广川为董子故里耶！或谓景州治东有广川台即董子读书处，是又不知旧本为官僚游憩之所，元蓨尹吕思诚始移董祠于此，因名为广川台耳，况广川镇即晋所置广川，虽属景州，其去枣强尤为密迩，而枣强郭东二里许在元为广川乡，有郑侯墓表岿然尚存，故真定冀州二志俱载。汉广川废城即今之故县村而直书董子为枣强人物，质之史志，验之封疆，皆明确无可疑者，一统志习见元事，遂误认广川为景州属，而于沿革漫无所附，岂非杂于采获而畧于考订耶。余尝著其说于邑乘，既乃毁境内诸淫祠，建书院于县治西偏以表章其遗迹，选邑庠弟子员俾肄业其间，自念寡陋无足为诸生师帅者，因取朱子白鹿洞学规，揭诸堂上以俻朝夕省览焉。盖古人为已之学莫要乎此，而董子格言亦在其中，学者苟能由是而相与切磋，则优游渐渍，道义日隆，乡邦大儒有不难于企及者，岂特工文字逐功利而已耶。或视此为嬉游之区，群居终日，言鲜及乎道义，则又董子之罪人而余亦与有深辱矣。诗曰，高山仰止，景行行止，诸生其知所自勉乎哉。院制为堂三楹，曰明道正义之堂，翼以两厢，东曰明道书舍，舍西曰正义书舍，各五楹，分十会，东曰道原，曰正心，曰求贤，曰更化，曰蕃露；西曰教本，曰成德，曰养士，曰善治，曰玉英。堂之后为三策亭，亭后为董子祠，有厨有斋有园，曰不窥之圃。堂前为仪门三，匾曰道义之门。门外东西列义仓各二，厥余措出粟壳三千石有奇贮其中，每岁仲秋以贷贫民之乏种者，秋则收之不则以息事具别石。此亦董子限民名田教种麦以赡不足之意也。总题其大门曰大原书院，缭以周垣围凡(不确定)五十丈一尺，共集地六亩八厘二毫。夫易荒者学也，易弊者政也，振作而完缉之以图永久，又不能无望于后之君子也，是故记之。①

通过梳理明代河北书院的演变状况，从整体观之，笔者有如下几点感受：1.书院的创办者都是热心教育、热心学术的人士；2.书院均以招收本地生徒为主，书院创办者的初衷是为本地培养人才；3.书院的选址大多与书院创办者的出生或求学发展经历有渊源关系，有个人的情感因素交织在其中。由于历史久远，文献典籍散落，搜求考证也颇为繁巨，故上述书院设立情形及教育活动的概貌已经很难有清晰完整的全景，但从所述内容中也可以看出河北明代书院历史的大致情况。进一步的挖掘及探讨除了寻觅、蒐集方志点滴史料外，实应亲历考察、访谈，做一番“田野”人或历史人类学学者的工作。而要完成这样的区域书院研究工程，除了研究者方法手段的更新，更重要的是要有研究经费的保证及调查考察时间的投入。我们期待着下一步工作设计进程的可能性及相应的成效，能天顺人意，得偿所愿。

① (明)任衔蕙修，杨元锡纂.(嘉靖)枣强县志·卷18“艺文志”.明嘉靖八年本.

第三节　明代河北书院的教学活动

众所公认，书院有三项事业：讲学、供祀、藏书。书院的一切活动皆围绕此三项事业展开。由于现存资料的限制，对于明代河北地区书院的活动只能知其大概轮廓，详细情况尚难知晓。

书院之所以以“书”命名，首先在于它具有收藏书籍的功能，并在此基础上，发展出读书、著书、教书、刻书等一系列与“书”有关的功能，戴钧衡在《桐乡书院四议》中更有如此说法：“然则书院之所以称名者，盖实以为藏书之所，而令诸士子就学其中者也。”①但河北书院的藏书、著书、刻书情况，或许由于所见文献资料有限，记载可查信息极其匮乏，在此只能搁置待考。以下只就明代河北书院的讲学和供祀活动作一简要勾勒。

一、讲学

书院作为存在于中国封建社会千年之久的重要教育机构，作育人才是其不可忽视的功能之一。书院在人才培养方面起了重要的、巨大的甚至是关键的作用。“书院之设所以辅学校之不及者，延聘经明德修之士为之长，秀异多出其中”，②而人才的培养，首先要通过老师的讲授和引导，之后才是学生自己的学习和思考。教学是由教师的教与学生的学共同组成的一种教育活动。教育者、受教育者和教学内容是组成教学过程的基本要素。教师是传授者、组织者、引导者；学生是教学的主动接受者、体现者；教学内容是教学的桥梁和依据。书院的教师、学生和教学内容最能体现书院教学的情况。虽然以下所引几所书院的情况不能反映河北书院讲学的全貌，但毕竟可以窥其一斑。

书院的教师。讲学首先需要达到一定水准的教师。回望明代的河北，无论是官办书院，还是民办书院，都以聘请名师为书院要务，因为名师自有其价值和魅力所在。书院有名师主讲，必然会吸引大量的生源，也能大大提高书院的社会地位和声誉，并且能够吸引当地官员、乡绅和民众的关注，这些均有益于书院自身的发展。在讲学方面名师的吸引力更是巨大。

《论语·子罕》记录孔子的高足弟子颜渊曾赞叹孔子教学艺术的神奇魅力：“仰之弥高，钻之弥坚。瞻之在前，忽焉在后，夫子循循然善诱人，博我以文，约我以礼，欲罢不能。既竭吾才，如有所立卓尔。虽欲从之，末由也已。”类似地，《论语·先进》曾描述孔子与其及门弟子展开启发式讨论的情景：“‘莫春者，春服既成，冠者五六人，童子六七人，浴乎沂，风乎舞雩，咏而归。’夫子喟然叹曰：‘吾与点也！’三子者出，曾皙后。曾皙曰‘夫三子者之言何如？’子曰：‘亦各言其志也已矣。’曰：‘夫子何哂由也？’曰：‘为国以礼，其言不让，是故哂之。’‘唯求则非邦也与？’‘安见方六七十如五六十而非邦也者？’‘唯赤则非邦也与？’‘宗庙会同，非诸侯而何？赤也为之小，孰能为之大？’”这成为历代书院讲学教学艺术愿景的诉求。

---

① 戴均衡.桐乡书院四议.见：陈谷嘉、邓洪波主编.中国书院史资料(下册).杭州：浙江教育出版社.1998.1953.

② 傅振伦等纂修.中国地方志丛书·河北省·新河县志.台北：成文出版社，民国十八年铅印本.306.

在教学过程中，从教师施教之于学生的影响，可以没有哪个学生不期望仰视大师的深邃思想；没有哪个学生不期望聆听大师的谆谆教诲。用“如沐春风”来形容书院名师宿儒的讲学带给学生的感受是绝不过分的，名师总能将后学引入学问的胜境，学生学习和钻研的主动性和积极性就极易被激发出来。明正德年间(1506—1521)任翰林院编修的湛若水曾经在保定安州(今安新县)的正学书院讲道论学。① 保定安国市的贞文书院聘请河南汝阳儒学巨子任淮主持，延揽省内外名师周良寅等7人讲学其中。② 沧州泊头市的董子书院，创建者进士、湖广右布政使冯时雍自为山长，讲学书院，并另聘主讲。③ 邢台宁晋县的洨滨书院，监察御史蔡瑷于城外文桥东洨水之滨建洨滨书院，蔡瑷亲自在院中执教，时有生徒三百余人。我们从上述书院素材中得知，蔡御史创作关于书院教育教学的诗歌，体现富有道德性与化意蕴的诗教精神，而且对程朱理学、科举时文有精湛的造诣。④

书院的学生。明代河北书院中官办书院的学生，一般来源于本府、本州、本县所管辖范围之内，而民办书院也是以招收本地学生为主，但也会有外籍学生在此学习。如保定的贞文书院当时就有境内生员77人，外州县求学者92人。⑤ 保定蠡县阳春书院，遴士之绩学有志者，朱映九、陈谏坦、彭士奇、岳峻、陈泗谟等肄业其中。有离城稍远或馆于别邑者，按期课文，共60人，肄业者计20人，月给薪水之资1两，课文者分别旌劝兵备道钱公预备银两40两，发县又捐价置西城大堤学田40亩，又设处公田50亩以供书院诸生肄业。⑥ 保定蠡县的振英书院收士子王侃、李桐、刘乔、谷云衢、张邦杰、李杰、蒋大全等33人，十一会肄业。⑦

讲学的内容。到了明代，河北书院中以儒学为主要教学内容，在儒学范围内又有不同，更多的书院讲程朱之学，也有的书院讲王湛之学。这一方面体现明代中叶以后理学文化学术的变动或新的转向。在工商业经济刺激下，明代中叶士人对程朱理学僵化保守、压抑人性弊端的批判潮流开始形成。王守仁继陆九渊以后，发展心性学派思想，系统提出“心即理”，“致良知”与“知行合一”的三大纲领，强调精神心理的认识作用，重视心之本体功夫，发明本心，弘扬个性，反对压制、控制的外在儒学纲常伦理教条，倾向主体自觉及自我判断与是非选择，有思想解放及启蒙革命的学术意义。王门弟子遍及南北诸地讲学，推动书院教育，并将书院学术交流的“讲会”制度推向社会民间。当然，受明代政府奉程朱、推理学、推行科举八股取士文教政策的导向，明代书院教学内容主流仍为理学著作及思想主张，而以王守仁“心学”材料作为课程资源大概与书院创办者和主讲老师的学术倾向有很大关系。这些学术文化的变动情形在河北书院中有大量的例证，试举几则：沧州泊头市的董子书院，教授“四书”“五经”、唐宋诗词等。书院提倡独立研讨，“次第请疑，问至即答”，

---

① 安新县地方志编纂委员会.安新县志.北京：新华出版社，2000.860.

② 安国市地方志编纂委员会.安国县志.北京：方志出版社，1996.714.

③ 河北省泊头市地方志编纂委员会.泊头市志.北京：中国对外翻译出版公司，2000.535.

④ 宁晋县地方志编纂委员会.宁晋县志.北京：中华书局，1999.881.

⑤ 安国市地方志编纂委员会.安国县志.北京：方志出版社，1996.714.

⑥ (清)韩志超等修，王其衡等纂.(光绪)蠡县志·卷3“书院志”.光绪二年刻本.

⑦ (清)韩志超等修，王其衡等纂.(光绪)蠡县志·卷3“书院志”.光绪二年刻本.

有时师生间相互讨论。并且制定学规 10 条，如“精诚为学，以正其心，以广其才”“敬师不傲，谨虚为人”“勤功自励，博学穷理”等。[①] 保定的二程书院从书院标以“二程”来看，该院是一座以讲求程朱理学为主的书院。[②] 保定安新正学书院曾经有心学派思想家湛若水在此讲学，其王、湛之学的主导地位可见一斑。[③] 邢台宁晋县的洨滨书院中有息存堂，壁上刻有湛若水之箴，序曰：“夫《存息箴》何为者也，明心也；夫《叙》何为者也，明箴也。叙以明箴，箴以明心，而圣学尽之矣。”[④]可见其以湛若水之学为讲授内容。

王守仁是明代中叶以后心学派思想大师，湛若水与王门学派根本旨意相近，同属心学体系，并与王守仁有密切的交往与学术联谊，但两者学术见解或主张有所差异，自然会反映在书院课程内容及思想观念价值取向上。对此，清代张廷玉等撰《明史·儒林传》卷 283“列传”第 171 页有翔实记载：湛若水，字元明，增城人。弘治五年(1492 年)，举于乡。从陈献章游，不乐仕进。母命之出，乃如南京国子司。十八年(1505 年)会试，学士张元桢、杨廷和为考官，抚其卷曰：“非白沙之徒，不能为此。”置第二，赐进士，选庶吉士，授翰林院编修。时王守仁在吏部讲学，若水与相应和。寻丁母忧，庐墓三年。筑西樵讲舍，士子来学者先令习礼，然后听讲。嘉靖初入朝……迁南京国子监祭酒。生平所至，必建书院以祀献章。初与守仁同讲学，后各立宗旨。守仁以致良知为宗，若水以随处体验天理为宗。守仁言若水之学为求之于外，若水亦谓守仁格物之说不可信者四。又曰阳明与吾言心不同，阳明所谓心指方寸而言，吾之所谓心者，体万物而不遗者也，故以吾之说为外。一时学者遂分王、湛之学。[⑤]

进一步从明代思想史学术流派考查，心学体系大致可以分为以王守仁为代表的阳明学派，以王艮为代表的泰州学派，以湛若水为代表的甘泉学派。湛若水以其从学于陈献章，平生足迹所至，必建书院以祀其师，亦被视为“白沙别派”。他与王守仁同时讲学，各立宗旨，弟子常递相出入。学于湛者，或卒业于王；学于王者，或卒业于湛。其弟子著名者有吕怀、何迁、洪垣、唐枢，主旨各有侧重，据《明史·湛若水传》称：“怀之言气质变化，迁之言知止，枢之言求真心，大约出入王湛两家之间，而别为一义。垣则主于调停两家，而互救其失，皆不尽守师说也。”[⑥]此派在明代中期影响较大，由此可资说明河北书院讲学活动及教学内容一方面与时代学术思想流变轨迹的相互关联及彼此对应性，另一方面，王门心学派的思想学说在书院教学研究中比例较大，学风更为浓郁，而这恰反映明代河北学术思想界的活跃与解放气象。因为，虽然同属于理学派别系列，王湛之学较诸程朱理学更为贴近工商业经济的伦理精神以及社会民众的独立与自由诉求，这与冀中南地区明清之际“河间七子”“颜李学派”的文学，教育新颖学派形成及颇具地域性风格，同时发挥时代社会广泛影响力均有内部的节律关系。

---

① 河北省泊头市地方志编纂委员会.泊头市志.北京：中国对外翻译出版公司，2000.535.

② 河北省保定市地方志编纂委员会.保定市志(第四册).北京：方志出版社，1999.12.

③ 安新县地方志编纂委员会.安新县志.北京：新华出版社，2000.860.

④ 伊承熙等修，张震科等纂.中国地方志丛书·河北省·宁晋县志.台北：成文出版社，民国二十八年石印本.277.

⑤ 孟宪承等编.中国古代教育史资料.北京：人民教育出版社，1963.250—251.

⑥ 《教育大辞典》编纂委员会.教育大辞典(9).上海：上海教育出版社，1992.22.

二、供祀

供祀并不是书院所独有的活动，书院的供祀是来源于中国古代学校祭祀的。书院供祀是中国古代庞大的祭祀体系与独特的祭祀文化中不可缺少的组成部分。官学是由官方举建的，供祀对象由官方决定，其中有一大批是全国统一的“孔庙人物”。而书院的供祀对象没有官学那么严格，除了供祀孔子、四圣之外，还有自己的特色。在官学中这样的活动和仪式同样存在，所不同的是供祀的对象即被供奉供祀的人是不同的。供祀对象不同，供祀本身所要传达的意义和实质精神也就不同了。在一般的府、州、县学中，供祀的是孔子、孟子，是儒家的先圣先贤，而书院的供祀对象却各不相同，各具特色，从中可以挖掘关于这个书院的很多信息。书院所供祀的或是学派的先儒先师，或是对书院有重要贡献的人士，或是本乡本土的圣贤名士。保定安国市的贞文书院崇祀明代状元董君章、李公平；沧州的董子书院因为仰仗汉代大儒董仲舒而命名，书院供祀董仲舒；邯郸的元城书院供祀大名乡贤、地域理学名家刘安世，人称“元城先生”。

书院的供祀活动又是书院教育的有机组成部分，是书院向士子进行道德教育的有效方法，是书院发展繁衍本学派的有效手段。它不教给学生具体的知识，却在潜移默化中教育书院师生明确和坚定学习的目标、端正学习的态度；教会师生们做人要有高尚的道德品质；做学问要勤奋刻苦；做事情要持之以恒。河北各书院充分认识到供祀的强大教育功能，所以选择最适合自己书院的圣哲士绅加以供祀，以励师生，同时也兼顾地方民众，一举两得，把作为教育机构的书院的教育社会功能发挥得淋漓尽致。

河北书院的供祀活动有深刻的教育意义。第一，从感情上培养了对先圣先贤们德业的崇敬与向往，为书院师生提供了面对不断变化的社会和人生问题的道德水准和价值标准；第二，供祀是一种有效的榜样教育，书院师生以供祀对象为榜样，或学习他们的德行，或学习他们的刻苦自强，总之，供祀活动有很强的激励功能；第三，供祀是一种乡土教育，讲究乡土情谊，用供祀来联络人们对家乡的眷恋与热爱的感情，也是一种颇具艺术审美力和心理效应的教育艺术技巧。

第四节　明代河北书院的特点

根据上文所述河北书院的基本信息，并结合书院教育史的思想内容加以思考并解读，笔者在此就明代河北书院嬗变的特点，得出如下认识。

一、河北书院的官学化程度急剧加强

在明代河北 93 所书院中，书院的创办既借助民间力量，也更多依靠官方的投资。一所书院的创建涉及很多方面，依据其创建的投资者不同，书院的性质会不同，一般有官办和民办之分，前者是指主要由官方资金维系书院的办学活动，后者是指主要由民间力量捐资或集资支持书院教育运转。决定上层建筑，教育既有生产力的要素及作用，更主要的属于上层建筑的范畴，经济的性质、水平及状态制约了教育的类型、层次、结构及质量，也就是说，经济基础是教育的根本或前提，也就自然成为教育的一种组织类型——书院存在的依托及保障。因此，资金的来源渠道及比例权重自然就能划分书院的类型及性质。书院的经费包括教育常规支出、各项基建、必备教学设施的修缮或购置以及图书典籍的添设典藏等。兹将明代河北书院性质统计于下表：

表 4—5 明代河北书院性质统计表

创办力量	官办	民办	不详	合计
书院数	56	18	19	93
百分比	60.22	19.35	20.43	100

(图表为作者自行设计)

显而易见，明代河北书院建设中，官方力量是主导，与元代相比，官方创办书院的力量远远超过民间力量，这与全国书院创办力量官方超过民间的趋势是一致的。

在河北 56 所官办书院中，地方官创办的书院达到 44 所，占到官办书院的 78.57%，具体情况列于下表。

表 4—6 明代河北官办书院创办人物统计表

官名	知县	知州	知府	推官	通判	兵备道	巡抚	御史	学士	尚书
数量	29	4	6	2	1	2	1	9	1	1
百分比	51.79	7.14	10.71	3.57	1.79	3.57	1.79	16.07	1.79	1.79

(图表为作者自行设计)

邓洪波先生提出中国书院等级的观点，认为“以家族、乡村书院为基座，由县级书院、州级书院、府级书院、道级书院、省级书院、联省书院，乃至全国性书院，构成了中国书院的等级之塔。”①书院级别的判定一般以创办书院官员的等级为标准。一般而言，知府创办的书院为府级书院，知州创办的书院为州级书院，知县创办的书院为县级书院，颇有些类似于现代大学的等级，有省属、部属之分。

从上表可见，河北书院以县级书院为最多，占到所有书院的一半数量。“县”始置于秦国，到了明代经历了一千多年，隶属关系多次变化，但无论如何变化，“县”始终是统辖乡村镇场的最低一级正式国家政区。县级书院正是这个最低的国家正式政区所属的书院。县级书院的出现表明了书院在河北更加普及，与民众的距离更近。县级书院的学生，来源于一县所辖范围之内，一般而言，外县生童是不能报考肄业的，这主要是因为经费有限，倘若外籍生童入院学习势必挤占本县生童

① 陈谷嘉、邓洪波.中国书院制度研究.杭州：浙江教育出版社，1997.55.

名额，减少本籍士人的读书机会。县级书院的出现大大增加了本县生童读书学习的机会和比率。

封建政府通过教育杠杆，加强书院办学官立性质，以便依据封建政治统治的需要，加强对书院思想意识及人才标准的有效控制，这在明清时期表现得尤为明显。此外，封建社会末期统治者还力图通过选派书院教师、提高教师的政治待遇及经济地位、赐书赠匾、吸引学生参加科举考试等措施，促使书院与官学差别缩减，甚至几乎雷同或相似。由此，明代书院官学化的程度比元代更甚，有的书院学生源于地方官学，同样教师，尤其是书院管理者由儒学教官兼任。许多书院课程明文规定以"四书""五经"之义或文史之类作为中心。到了万历年间(1573—1619)以后，书院还有月课月考的规定和分配科举名额的待遇。

二、河北书院的规模扩大

明代河北地区的书院数量多，这是前代所不能比拟的，另外在众多书院中，规模宏大的书院也明显增多，这同样是明代河北书院发展的主要表现之一。明代河北境内颇具规模的书院一度成为河北书院发展历程中浓墨重彩的一笔，为河北书院的整体水平增色不少。

邯郸永年县的漳川书院外墙环绕，面向大门两旁有室 5 楹，次作 2 门有室各 4 楹，作书楼 4 楹，东西侧各有室 11 楹。后作萃英堂 4 楹，堂后有后堂 8 楹，东西侧有室各 4 楹。① 饶阳的近圣书院前是大门，中为厅事，厅事后是尊经阁 3 间，东西号舍 20 间。② 藁城滹阳书院其规制为：崇正堂(3 间正堂)、会讲堂(3 间正堂后)和诚意馆(3 间正堂左)、正心馆(3 间正堂右)、格物馆、致知馆，树门两座，榜曰"滹阳书院"。③ 沧州天门书院，规制整齐，由屏墙而大门、仪门，中为正堂，后为明楼，左右各 3 号，每号 9 间，后房 1 号 21 间。④ 邯郸大名应龙书院建于明代中叶万历四十年(1612年)，当时在任知县李一鳌开拓旧基，建大门，曰"应龙书院"，牌坊曰"光映青藜"。该书院计有讲堂 3 楹，曰星聚堂；后堂 3 楹，曰"谈经深处"；东上房 4 楹，曰元晏斋；南方 3 间，曰袺古居；东号房 10 楹，曰考德；西号房 7 楹，曰问业；隄上远心堂 3 楹，前建榔栏，曰"山河揽秀"，规模宏敞。

书院的面积、建筑规格、建筑群的组合及功用与师生人数、书院杂役人员数量，共同构成书院规模、力量或声势，往往与上升、发展或效益、影响成动态正向关系，是考究书院实然状态或发展水平业绩的一项重要指标。其中，饶阳近圣书院的办学设计更有意味。从上述内容中得知，该书院虽名为"近圣"，却以实学教育课程资源为主、主张培养实际应用性人才，以之为教育主旨，却称之"近圣"，其反传统的意识至为强烈，已是不言自明，而且书院规模宽广，也可昭示出实学教育市场颇有潜力，具有深厚的社会基础。

上述河北明代书院的规模实况有着样本的典型性，可以体现同期该区域书院一般共同性，这或许能折射出某些特点：如河北书院与元代相比不仅在数量上递升，而且教学内容所体现的思想

---

① 季啸风主编.中国书院辞典.杭州：浙江教育出版社，1996.16.

② 胡卓川.饶阳县志.北京：方志出版社，1998.572.

③ 藁城市地方志编纂委员会.藁城县志.北京：中国大百科全书出版社，1994.394.

④ (清)庄日荣等纂修.中国地方志丛书・河北省・沧州志.台北：成文出版社，民国十八年铅印本.315.

也有跃进;河北在明代经济水平改善,有较充足的经济实力支持书院建设;书院作为教育机构,其价值、功用深受社会层面的重视或认同,由此便易于吸引政府民间力量,以扶持推进书院的有序、稳步发展。这些蕴涵的意义,对理解教育的现代改革与建设,善莫大焉。

三、河北书院经费的多元化筹集

诚如上文所述,创建和修复一所书院以及书院日常的运作都需要经费的支持。书院经济是书院教育得以顺利开展的物质基础,与书院的兴衰成败有直接关系。书院经费是指为了保证书院开展正常的活动而投入和消费的人力、物力、财力的总和。关于明代河北书院创建时期经费来源和经营支出的文字记载嫌少,零星散乱,上面书院典型案例征引中已作说明,此处作补充。邢台宁晋正学书院,监察御史蔡叆"置赡田1000亩以为邑庠多士之需"。① 邯郸武安紫金书院,"明万历四十一年(1613年)知县李椿茂捐俸银在文庙东倡建紫金书院。"②秦皇岛抚宁云从书院,"纸笔饮馔之需皆捐俸以给"。③ 保定蠡县有斐书院,因知县施惠政泽民,"士民感之相约捐资","复捐金50两,置学田56亩"。④

有关征引河北书院办学经费的记述告知如下资讯:

(一)明代河北书院的经费首要或主体源自官方,但民间筹集、赞助仍有一定比例,表明书院的政府力量主宰作用加强,但民间协调支持的因素仍然存在,且占居一定的势力,这使得发展环境更好,生存质量提升,社会土壤稳定。

(二)学田制始于北宋中叶,作为地方官学开办维系运转的生命线,但越到后来,其扩散到私学,尤其是书院的趋势更为明显。降至明代,地方官学兴办中学田收入的经济配置不尽如人意,与此形成鲜明对比的是,在书院教育中,学田制的作用十分明显。学田的拥有者在经营及经费管理中扮演了更为显著的角色。河北书院拥有学田的数量及在书院兴衰沉浮命运中角色同样十分突出,这更能昭示并深化上述认识。

(三)官立书院中,有些创办者,尤其是政府官员捐款,或添设修缮设备、建筑,或购置图书典籍,或奖励优秀学子、资助贫寒院生,对书院办学有一定作用,既是政府重视、支持书院的态度,也是地方管理者图谋名誉、业绩及仕宦升迁的需要。

四、河北书院命名富有文化意蕴

每一所书院都有一个属于自己的名字,这个名字未必独一无二,但是背后必定蕴含着一种美好的希冀,一种文化的品位;必然是一种情感的表达,是一种精神的传递。因此书院的名字很值得欣赏,并深加体会。综观河北书院的命名,大体有以下几种情况:

---

① 武安市地方志编纂委员会.武安县志.北京:中国广播电视出版社,1990.707.

② 武安市地方志编纂委员会.武安县志.北京:中国广播电视出版社,1990.707.

③ (清)张上和修,史梦兰纂.抚宁县志·卷5"学校志".光绪三年刻本.

④ (清)韩志超等修,王其衡等纂.(光绪)蠡县志·卷3"书院志".光绪二年刻本.

(一)以书院名字表达对家乡的热爱。如邯郸魏县的洹阳书院,因“县系洹水经流之处,六国诸侯盟于斯,志其地恐失其名”,所以以“洹阳”命名。邢台威县的洺阳书院,因威县地处古洺水之北,故曰“洺阳”。南宫紫微书院是因为建在紫微山东而命名。饶阳县近圣书院是因为在孔庙学宫东面,所以名“近圣”。书院以其所在地命名,不仅仅是表明书院的地理位置,还有吸取天地之灵气,期望地灵人杰的意义在其中,更是一种传递对家乡热爱之情的方式。

(二)以书院名字表达对乡贤名宦的纪念。如沧州泊头的董子书院,因为仰慕汉代大儒董仲舒而命名。邯郸大名的元城书院,其命名为“元城”因“元城书院祀有宋元城先生者也”。魏县思诚书院取“诚为刘忠定之学,思之不敢忘”之义,也是为了纪念刘元城。保定安国的贞文书院,以崇祀明代状元董君章、李公平。横渠书院之名喻意尊崇、纪念宋代理学家张载(字横渠)。书院这样的命名有两重含义:其一,表示对先贤先哲的敬仰和纪念;其二,以先贤为榜样汲引后学,教化民众。

(三)以书院名字表达对儒学典训的崇尚。保定的二程书院、衡水饶阳的近圣书院、石家庄正定的崇正书院、廊坊文安的崇正书院、邯郸肥乡的崇德书院等的命名都有崇尚儒学意义蕴含其中,只不过近圣书院是弘扬儒学经世派现实功利性思想理念的取向。

(四)以书院名字表达美好的愿望。石家庄辛集、唐山滦县、衡水三地均有育贤书院,邯郸成安育英书院、邯郸涉县的兴文书院、保定忠孝书院、秦皇岛抚宁云从书院等的命名都表达了书院创办者对书院的期望、对在书院学习的学生们的美好期许。育贤和育英,顾名思义是要培育优秀贤德的英才;兴文,有振兴文化之意,寻求是一种与“野蛮”相对的文明开化状态;忠孝,其含义愿望显而易见。云从,“盖取易云从龙义也。夫龙之需云以灵,讵不昭昭要之非云灵也,有龙之灵,而后云从之以灵也。假令蝘蜓当前徒抱空质,即蓊然蔚然,嘘以泰岱浓云亦何所益。故士患不为龙,勿患云之弗从也。”①

(五)以名号、名字命名。保定蠡县的宙泉书院,“宙泉”者,明吏科左给事中沈公迅别号也。

(六)其他含义的命名。应龙书院是因为大名大旱,书院建成之后邑人到龙王庙求雨旋即下雨,遂取名“应龙”。保定易县莲花书院、张家口怀来的绿阴书院、保定涿州的松筠书院等的命名不与前面的命名方式相同,但可以肯定的是必有深意在其中,只不过是现在不能准确明白这些书院名字的含义和命名的初衷。

---

①　(清)张上和修,史梦兰撰.抚宁县志·卷5“学校志”.光绪三年刻本.

第五章　清代的河北书院(上)

清王朝是由满族贵族建立起来的封建王朝，它是中国历史上继元朝之后的第二个由少数民族掌权的封建帝制国家，由于外族入主中原的情感因素和现实背景，造成了清代早期的统治者对于书院的政策是禁止和压制的。如有学者称："清代的书院政策经历了一个由禁止、限制到鼓励、提倡，最后到改革、废止的发展、演变的过程。"①清代河北的书院情况与全国书院的状况是一致的。书院的发展演变，大致可分为四个时期，即逐渐恢复的顺康时期(1644—1722)，迅速发展的雍乾时期(1723—1795)，出现中衰的嘉庆至同治时期(1796—1874)，以及逐渐改制的光绪时期(1875—1911)。清初全国书院的发展步履维艰，河北书院也不能幸免。顺治时(1644—1661)，由于满汉民族矛盾尖锐，为防止汉族知识分子利用书院进行反清活动，避免出现类似明末士大夫借书院讲学互相结党攻讦的现象，清政府对书院采取禁止政策。到康熙朝(1662—1722)后期，随着国家的逐渐统一，政治上趋向稳定，清朝统治者开始实施所谓的"兴建书院，兴学育才"的文教政策，河北书院由此发展迅速，数量空前增多，书院各种制度趋于完备，书院的教育功能体现得尤为明显，至嘉道(1796—1820)时期，由于政治腐败，民族矛盾尖锐，海疆危机叠显，对外贸易因英国走私鸦片，烟毒泛滥导致大量白银外流等缘由，教育出现衰败，河北书院的发展相对处于滑落时期，新建书院明显减少，书院的规章制度也被破坏，嘉庆(1796—1820)时期虽也多次下令整顿书院，但收效不大，河北书院走上了书院教育史上"日薄西山"的黄昏阶段。

第一节　政治、经济与文化概要

清代自顺治元年(1644 年)清世祖顺治皇帝入关到宣统三年(1911 年)由孙中山领导的辛亥革命推翻清王朝，共计 268 年，期间中国社会发生了根本性的变化。道光二十年，即公元 1840 年，中英鸦片战争爆发，这成为中国历史由古代向近代转变的一个分水岭。鸦片战争以前的清朝，又称前清(1644—1840)，历时 197 年，仍处于中国古代社会的历史时期；鸦片战争之后的清朝，又称后清(1840—1911)，历时 71 年，揭开了中国近代历史的序幕，中国社会从此经历着前所未有的冲击

---

① 李良玉.清代书院与历史教育.清史研究，2006，(1)：70.

和变革。河北作为满洲贵族向中原进军的跳板,其经济形态、生活状况和文化特征均受到了前所未有的冲击和影响。

一、全国

天命元年(1616 年)女真贵族努尔哈赤建立后金政权。天聪元年(1627 年)清太宗皇太极即皇帝位,改国号为清。顺治元年(1644 年)世祖入关,定都北京,逐步平定全国。宣统三年(1911 年)资产阶级领导的辛亥革命推翻清王朝,结束了 2000 多年来的封建君主制度。清代从皇太极改国号为清起,共历 11 帝,统治 276 年。

清统治者继承并进一步加强了明代的中央集权政治制度,规定由内阁到六部等中央机构均设复职,满汉平分。但实际上中央大权并不在内阁,雍正朝(1723—1735)以前在满洲贵族组成的议政王大臣会议,雍正以后在满族贵族充任军机大臣的军机处,而一切重要问题,最后都由皇帝裁决,形成了极端专制的封建统治。

为了稳定社会秩序,巩固新取得的政权,清初统治者采取了“免赋税”“奖励垦荒”等积极措施。农田水利建设的成就,农产品产量的增加,为手工业提供了大量原料,也促使粮食商品化。清代的手工业包括丝织、棉织、陶瓷、冶炼、烟叶、糖等。特别是江南丝织业的发达,调动了农民养蚕植桑的积极性,繁荣了农村经济。但是清代资本主义萌芽增长速度是缓慢的,官方的控制、行会的掣肘,是个巨大阻力。到英国取代了葡、西、荷的海上霸权,还以鸦片输入来打开中国的门户,终于爆发了第一次鸦片战争。清初随着多民族的国家体制的形成,使社会经济得到恢复和发展;又由于同西方文化接触,促使科学技术呈现萌芽的形势。清代前期科技的特点是既保留中国科学传统,又吸取西洋成就。嘉庆(1796—1820),特别是道光(1821—1850)年间,掀起了学习西方科学热潮。清初的文学艺术,也出现繁荣景象。清代经学研究以训诂考据为主要标志,时称“汉学”或“朴学”,它由顾炎武、胡渭、阎若璩开其端,到乾隆(1736—1795)、嘉庆年间形成了“乾嘉学派”,分以惠栋为代表的“吴派”,以戴震为代表的“皖派”和以焦循、阮元为代表的扬州派。他们脚踏实地,反对空疏之学,对于扭转文人治学思想和治学方法等,都起了积极的作用。

清王朝处于阶级矛盾和民族矛盾的焦点,统治者为了巩固政权,便在意识形态领域利用儒学的消极面厉行文化专制主义政策。程朱理学在明末清初,经过启蒙学者顾炎武、黄宗羲、王夫之的抨击,和乾嘉间胡渭、阎若璩等倡考据之学,其思想阵地一时起了动摇。但由于它更有利于清代封建统治,以皇帝和封建政权为后盾(史载玄烨“夙好程朱,深谈性理”),又很快地被扶植起来。为禁锢士人思想而产生的文字狱,是清代文化专制主义的恶性膨胀。据不完全统计,清代文字狱凡 90 起,罪名包括私修明史、诽谤本朝、影射皇帝、诋毁理学、散播异端邪说,表明清代专制恐怖政治比之明代,更令人惊心怵目。①

在明末清初的学术思想中,还有一个不能忽视的重要方面,即西学东渐带来的影响。自明万

---

① 高时良.中国教育史纲.(古代部).北京:人民教育出版社,1991.477—480.

历始,西方耶稣会传教士陆续来华,在传教的同时,传播西方近代科学技术知识。清初,耶稣会教士汤若望、南怀仁等先后在钦天监任职,受到世祖、圣祖的器重。圣祖爱好自然科学,曾从南怀仁学习几何学,后又学习测量、天文、物理和医学,成为一位博学的皇帝。在他的大力支持下,编成《数理精蕴》53 卷,其中介绍了 17 世纪传入我国的西方数学。该书出版后,广泛流传,成为学习西方数学知识的重要教材,对以后的数学发展产生了重大影响。西学的传入,开阔了我国知识界的视野,而西方传教士的务实学风又同清初实学思潮相结合,对其高涨起着催化作用。虽然在统治阶级的文教高压政策下,实学和西学不能直接作用于教育制度,却为其日后的变革提供了思想条件。①

在文学艺术领域,强烈反映城市商品经济和市民民主观念的现实主义通俗文学大量出现,如罗贯中的《三国演义》、施耐庵的《水浒传》、吴承恩的《西游记》、汤显祖的《牡丹亭》以及兰陵笑笑生的《金瓶梅》和冯梦龙的"三言""二拍"等。此外曹雪芹的《红楼梦》、吴敬梓的《儒林外史》和蒲松龄的《聊斋志异》,更是以高度的现实主义的风格,深刻揭露了封建社会的腐朽和没落,它们强烈地反对理学和封建礼教的束缚,争取人性的解放,不仅具有高度的审美价值,也给人以反封建的民主精神的深刻启迪,具有明显的思想启蒙的意义。

在思想学术方面,这一时期,特别是明、清之际,在与理学的斗争中,开创了实学思潮,产生了一大批唯物主义的进步思想家,如王夫之、顾炎武、黄宗羲、方以智、颜元、戴震、唐甄等,他们都主张人性和生产力的解放,提倡实学,"经世致用",坚决反对君主专制。

综上所述,明清之际到鸦片战争前这段时期,思想领域除了明代理学有了一些新的发展,即王阳明所创心学在明中叶有了很大传播外,清初还出现了黄(宗羲)、顾(炎武)、王(夫之)等人为代表的民主思想和与宋明理学相对立的汉学。黄、顾、王等人在思想上对理学进行批判,提倡民主,反对专制主义和民族压迫,在学术思想领域,强调证据,主张经世致用,反对空谈心性。在明末清初思想领域内斗争的另一个侧面是西方国家的天主教传教士开始到中国进行活动,他们一方面帮助中国的封建统治者镇压农民革命,同时妄图用西方封建正统的神学即经院哲学中的僧侣主义和蒙昧主义来奴役中国人民的思想,与此同时,他们也传入了西方近代的一些科学知识。诚如有的研究者指出的那样:"万历以后,欧洲耶稣教士利玛窦等联翩东来。他们作为西方殖民主义的工具,肩负着精神渗透的使命。但同时也把西方文明,首先是自然科学,如天文、数理、地学以及武器制造技术等,介绍到中国来。他开阔了士大夫眼界,促进了东西文化交流,也带动了当时科学和教育发展。"②

清朝官学制度基本上沿袭明朝旧制,亦分为中央和地方两大类。中央设立的主要有国子监,此外还有宗学、觉罗学、八旗官学、景山官学、咸安宫官学、算学和俄罗斯文馆等。地方设立的主要有府学、州学、县学和卫学,统称为儒学,此外还有社学、义学和井学等。官学系统单一而完整。所谓单一是指其官学体系的主体是儒学。虽然开设了宗学、觉罗学、旗学、算学馆、俄罗斯学馆等,但

---

① 马庸.中国教育制度通史(第五卷)"本卷导言".济南:山东教育出版社,2000.1—2.

② 高时良.明代教育论著选"本卷编者的话".北京:人民教育出版社,1990.10.

影响不大,国子监是其在中央的儒学,地方的府、州、县学都属儒学。所谓完整,是指其学校网络齐整。从学校层次来看,中央是国子监,地方是府、州、县、卫等一大批学校,同时还有如都司儒学、行都司儒学、安抚司儒学、诸土司儒学等。乡镇村庄有社学,贫孤生童或苗黎瑶族子弟秀异者可以入义学,云南边疆地区有井学。从学校类型来看,官学设置种类多,普及面广,既有普通学校,又有专门学校,后者如算学馆、俄罗斯学馆等;中央官学中,既有国子监,又有专为贵族制度设立的宗学和旗学;还有为其他阶层子弟设立的诸如卫学、商学、社学等。这样,学校的网点分布几乎遍及全国。这种单一而完整的学制,其目的是为了取得高度集中,以利于明确而有效地推行当政者的文教政策,实现教育的中央集权制。少数民族教育受到重视,清代专为西藏人设立唐古特学(唐古特即古之党项,是清代对青藏地区及当地藏族的称谓);为回人及缅人设回缅官学,以内务府司员担任总管,分为回子官学及缅子官学,分别由有关回人及缅人充任教习;在少数民族地区乡村设置义学、井学;为琉球留学生设琉球学等。①

清代的社学、义学和私学,是府、州、县学教育的重要补充,全国城镇的农村士子,多在这类学校中受教育。尤其是广大农村中蒙童的教育,主要是这类学校承担的。所以,在清代教育中,它们应占有极重要的地位。

社学广泛设立于全国城镇和乡村,尤以乡村的比例最大。明代社学的设立,始于明太祖洪武八年(1375 年)。入学年龄,一般在 8 岁至 14 之间。教学内容除传统小学所科的《三字经》《百家姓》《千字文》以及《孝经》"四书"之外,特别强调讲习冠婚丧祭之礼,使学童自幼懂得封建社会的礼仪制度。自洪武二十年(1387 年)以后,又把《御制大诰》和律令列入,以进行专制法制教育,从小培养安分守己的"良善之民"。明代中叶以后,社学逐渐废弛,明朝政府虽多次明令复兴社学,各地官吏大多视为"故事",并不认真兴办。据《钦定学政全书》卷 64 所载:清初顺治九年(1652 年)曾明令:"每乡置社学一区,择其文义通晓、行谊谨厚者,补充社师,免其差役,量给廪饩养赡。"康熙年间(1662—1722),几乎每年设置社学,凡近乡子弟 12—20 岁的青少年可入学学习。

清代私人讲学之风亦盛而不衰,私人讲学为私学中的高级阶段,后来多与书院讲学合流,而私学低级阶段的蒙养教育,则多称为私塾。

义学又称义塾,属启蒙教育,以"导为善俗"为宗旨,是明清时期为民间孤寒子弟而设立的教育机构。早在宋代已有"义学"的名称,但它只是以宗族为单位设立,限于教授本族子弟的学校。清代,由于政府的提倡,义学开始广为设置。清代的义学是从旗人子弟义学和边省地区义学发轫的。乾隆朝(1736—1795 年)以后,内地亦广泛设置义学,直至清末,义学一直成为清代蒙学的重要组成部分,多由本地士绅、行帮等办,或以祠堂庙宇的田租收入以及私人捐款设馆延师,贫寒子弟均可入学。义学作为一种初级教育组织,其规模大小视房舍多寡而定,对象多为贫寒子弟,免费入学,确有困难者,还赠以书籍用品,以识字、写字、对课、作文以及伦理道德教育为主要功课,以《千字文》《三字经》《百家姓》《孝经》、"四书""五经"和书法等为主要教材。各府、州、县义学,延请名师,

---

① 张传燧主编.中国教育史.北京:高等教育出版社,2010.202.

聚集孤寒生童,励志读书。清代各地的乡村中相继建立义学,且吸收农村贫寒子弟入学接受初等教育。在清代的农村场镇与村庄,除设立的社学、义学或乡学之外,还有许多私人创设的私塾、蒙馆,担负起普及初级文化知识教育的任务。

私塾的习惯概念是指私人设馆,教读蒙书和经书,宣扬封建伦理道德的学校。在我国几千年的历史长河中,私塾曾起过传播文化的作用。其设塾形式可分为两类:其一是地方清贫学究,因馆设塾,吸收附近学童,并按年龄大小、程度高低、家境贫富议定全年学资,每年分端午和中秋两次交纳。其学门兴旺者,学子多达30人以上;其二是富裕家庭延聘塾师设专馆于家,以教诲自家子女,经主家与馆师同意,也可吸收少量附读学童。私塾教师多为尚不能进入仕途的秀才、监生、生员,亦有少量仕途不得意的举人、进士等高功名者,他们多为获取脩金而设馆授徒。私塾的教学方法是,认字:学童五六岁入塾叫上"蒙学",先生先教学童识字,每天教认单字,教授字数按每生接受能力而定,天天周而复始地反复练习。识千字左右,便教读《三字经》《百家姓》《千字文》《增广贤文》《幼学琼林》《声律启蒙》《龙文鞭影》等韵文书。但不久就进入"四书""五经"等举业课程的学习,如朱熹的《四书章句集注》,简称"四书集注",是必须熟读的主要教材。

诚如当代教育史家所称:"虽然清朝已步入封建社会的暮年,但在顺治、康熙、雍正、乾隆时期,学校教育还是得到较大的发展,对于人才培养和社会发展起了积极作用。然而,自嘉庆、道光之后,学校积渐废弛,已有名无实。封建教育为近代新教育所取代,已成为历史发展的必然趋势。"①这虽然是对整体的教育所做的评价,但同样适用于书院这一专门的办学机构的考量。

二、河北

河北毗邻全国政治、经济和文化中心京城,长期以来接受京都文化的熏陶和感染;东北又是华北金融贸易与工商业中心的港口开放城市天津,从而形成环绕京津两大城市的特点,这种区位优势对河北地区的政治、经济、文化、生活等各个领域都产生了重大影响。尽管清朝已经到了中国封建社会的最后阶段,但在社会进化发展的总趋势中,经济是比较繁荣的,文化也比明代有所进步。② 不过政治领域民主思想倾向和专制思想统治的交锋、经济领域传统农业自然经济与新兴资本市场经济的斗争、思想文化领域本土儒家文化与外来西方科学的力量角逐也从未停止过。这些日益明显、激化的竞争不可避免地要反映到教育领域。所以,了解清代河北(时称直隶)的政治经济、思想文化的基本轮廓,对于全面认识清代河北书院的发展而言,是重要且必要的。

清朝前期,统治者为了巩固政权,强势镇压包括直隶在内全国诸地的明朝残余势力。虽然康熙帝曾多次下达谕令限制清朝亲贵的特权,禁止继续圈占土地、逼勒投充,但是清初守旧势力之强大令那些有利于缓和阶级矛盾和生产发展的改革难以进行。八旗贵族的暴虐行径给直隶造成了沉痛的创伤,众多直隶农民在清初的浩劫中失去了赖以生存的土地、骨肉相连的妻儿,甚至宝贵的自由和生命。

---

① 孙培青主编.中国教育史(修订版).上海:华东师范大学出版社,2009.271.

② 杨荣春.中国封建社会教育史.广州:广东人民出版社,1985.436.

康熙帝受儒家“民为邦本，本固邦宁”“水能载舟亦能覆舟”“民以食为天”等儒家学说的影响较深，非常重视民众的力量，进行了一系列的政策调整：禁止圈地、限制旗人特权、奖励垦荒、减轻徭役等。历经半个世纪的磨合，社会矛盾有所缓和，经济恢复发展。雍正皇帝和乾隆皇帝对这些政策加以继承和改善，全国开始进入安居乐业的乾嘉时期(1736—1820)。在此期间，直隶人口和田亩有了较快增长，农业、手工业、农牧业和商品经济都获得了迅速的发展，随之带来的是流通领域商品交换的进一步扩大和资本主义萌芽的缓慢生长。需要注意的是清代河北在雕版印刷业方面的发展水平明显提升，远超宋元明三代，许多书院都创办了“书局”或“刻书处”以刊印典籍。这对于普及教育、传播文化具有极大的推动作用。

清朝后期，西方列强之接踵入侵，帝王之骄奢淫逸，官宦之狡黠贪婪、土地兼并之愈演愈烈，引发了日益激化的社会矛盾。再加上滹沱河、永定河多次溢水泛滥以及旱、蝗、雹等自然灾害频繁发生，直隶绅民陷入天灾人祸的痛楚之中。直隶总督李鸿章、曾国藩带领直隶绅民大力开展洋务运动，建立北洋海军，创办军事学堂，开矿山，修铁路，架电线，办工厂，使直隶一时成为中国北方的洋务中心。① 虽然在帝国主义和封建主义的双重压迫下，新兴的各种工商业难免保留着浓厚的封建性和买办性特点，但是洋务运动中以及之后袁世凯在“新政”中所实行的某些改革措施，客观上推动了直隶地区民族工商业的发展。

为了巩固统治根基，抑制汉族知识分子所具有的强烈的民族思想和反清意识，清政府在思想文化领域实行了残酷的高压政策，大搞文化专制主义，制造了多起空前绝后的文字狱。与此同时，统治者还极力笼络各民族的上层知识分子，并大力推广程朱理学的“忠”“孝”观念，进行思想诱导。清政府的目的就是要钳制思想，排除异端，在思想文化领域树立君主专制和满洲贵族统治的绝对权威。直隶省作为封建统治力量最强大的地方，对清廷的这些政策和指令始终保持高度的敏感和服从。

文字狱历代都有，本不罕见，但是清朝统治者将其发挥到无以复加的极致。统治者根据猜忌和联想断章取义，罗织莫须有的罪名，对知识分子进行血腥的镇压。这场狂风暴雨迅速席卷了包括河北在内的全国各地。孙嘉淦奏稿案、刘德照献字帖案、王珣呈书案、智天豹献历书案和名臣尹嘉铨案等文字狱冤案遍布清代直隶各州县，焚书毁人不计其数。为了尽量躲闪这场文化劫难，直隶各族知识分子时刻绷紧神经，“避席畏闻文字狱，著书只为稻粱谋”，转而投身于研究和编纂古籍。河北的方志学在此期间得到迅猛发展，极具史料价值的《畿辅通志》以及各府、州、县的志、后志、新志、续志等都是利用这个机会编纂而成的。由于清朝皇帝认为考据和复古无碍于政治，遂大加褒扬提倡，于是清代汉学复兴，乾嘉学派考据之风盛行。但汉学与宋学之争依然存在，汉学领域内又兴起今、古文经学派之争。而书院向来是各学术流派进行争锋和论辩的重要机构，参与论辩的各个学派通过书院这个平台传播本派学术思想，吸收学徒和门人，并利用书院本身所具有的社会教化作用将影响延展至当地民众之中。例如“颜李学派”的代表人物直隶保定府的颜元，就曾于

① 方尔庄.河北通史·清朝(下卷).石家庄:河北人民出版社,2000.3.

邯郸肥乡县主办具有实学性质的漳南书院，与当时流行的考据之风针锋相对，颜元积极倡导“实学”“习行”和“务实”，批判程朱理学的空谈性理，反对训诂考据，重视实际知识和应用。虽然他主教书院的时间不长，但是产生了极其深远的影响，漳南书院甚至被称作已经具备“现代综合性大学的雏形”。

在西方列强侵略和先进文明冲击的双重挑战下，一些接受了新思想新文化的人士对中国传统文化进行了深刻思考，进而提出改革旧有教育以培养新式人才的要求，可是官学之沦落、私学之零散已不能承载任何变革的力量。作为那个时代重要而优秀的教育机构，书院自然在改革中首当其冲。所以在晚清某一段时期内，河北新建书院的数量又一次骤然上升，类型介乎传统书院与新式书院之间。总之，河北区域内的传统书院和各种新式书院在思想文化的变革中、在各学派的争辩中历尽艰难地一路走来了。

随着清代后期步入近代社会，半封建半殖民地时代的社会危机、民族灾难至为深重，改革传统教育以培养挽救困难、富国强兵的有用之才，促成了西学东渐大潮下古代教育向近现代教育的艰难转型，书院首当其冲。戊戌维新以后，书院改制逐渐成为教育改革的重要部分，直至“新政”及“宪政”时期，书院的办学资源成了近代学制设学兴校、育才济世的重要资源依托。河北的书院也在此背景下演绎其生动而富有个性魅力的剧情。

第二节　清代河北书院发展概况

清朝前期是“满洲贵族向江南及西北汉人统治区的胜利大进军时期，直隶成为后方基地，直隶人民饱受满族统治者的残酷民族压迫和经济掠夺”①。为了保持和扩大满族贵族、官员的政治与经济特权，从顺治元年(1644 年)开始，清政府在直隶采取了一系列统治措施，如圈地运动、“逃人法”②的实施、加重赋税缴纳及地租征收等，造成了直隶地区社会的大动荡。康熙中期至乾隆中期，是清前期直隶历史发展的第二个阶段。统治者逐渐放弃了暴虐统治政策，采取了一系列休养生息的措施，清王朝开始进入“康乾盛世”时期，直隶地区的社会经济得到了恢复，如“直隶的田亩和人口有了较快的增长，农业、手工业和商品经济获得了较大发展”③。乾隆末期至道光中期是清前期直隶历史发展的第三个阶段，清王朝逐渐地由盛变衰，社会矛盾日益激化，人民斗争此起彼伏。总体来说，清朝前期经历了动荡、恢复、繁荣、衰落的四个阶段。

清朝前期，国家社会经济的恢复为封建国家教育奠定了坚实的经济基础和物质条件。河北教育的发展，主要体现在书院的演变上，而且书院的递嬗又在某种程度上展现了河北以及整个封

① 袁森坡、吴云廷.河北通史・清朝(上卷).石家庄：河北人民出版社，2000.1.

② 逃人法：实施于顺治三年，逃人法是清初六大恶政之一。清初与投充相关联的弊政，还有逃人问题。当时逃人主要有两种，一种是被逼勒投充者，他们不甘充当奴隶，陆续逃亡。另一种是满洲官兵从关外带来的大批奴隶陆续逃亡。由于旗下奴仆大批逃亡直接影响八旗生计，清廷为此制定了严苛的逃人法，设立督捕衙门，督捕逃人，惩罚窝主。逃人法规定查获的逃人鞭打一百，归还原主。另外藏匿逃人者从重治罪，本犯处死，家产没收，邻里、甲长、乡约，各鞭打一百，流徙边远地区.

③ 袁森坡、吴云廷.河北通史・清朝(上卷).石家庄：河北人民出版社，2000.4.

建王朝教育发展的脉络。

在中国封建社会,学校教育分为官学与私学两种类型。官学包括中央官学和地方官学,中央官学分为国子监和宗学,地方官学分为府、州、县学;私学包括私塾、家塾、义塾和社学等形式。由于教育制度的等级性,能够接受教育的学生人数极为有限。从隋朝开始科举制度真正确立,学校教育逐渐成为科举制度的附庸,学校的教育内容完全禁锢在经书的范围内,教学方法呈现出呆板和枯燥的特点,尤其到了明清时代,八股取士导致了空疏无实、士人缺乏实际能力的弊病。

与官学、私学的办学类型相对应,中国古代教育还有另外一幅景观。自五代以来的一些学者,采用了在山林名胜之地聚徒讲学的方式,这种学校教育机构被称为“书院”。从书院的选址来看,一般都位于树木环绕、风景秀丽、远离尘世之地,山林僻静之处,从建筑风格来看,古典,超凡的建筑理念,曲径通幽的精美画面,无不使人乐于欣赏而沉迷其中。从办学形式来看,书院是以私办为主,官私结合为辅的。从教学制度来看,书院实行教学与研究相结合的教育新模式,同时积聚大量图书供师生阅读。在办学模式、教育管理等方面,书院经过了历朝历代的发展,积累了丰富的经验。作为中国封建社会特有的一种教育组织形式,于人民,我们可以从其丰富的内涵中得到潜移默化的熏陶,开阔眼界,锤炼性情,增长知识,升华道德;于国家,在官府的支持或控制下,书院对封建社会的教育文化思想等意识领域曾产生了重大的作用和影响。

书院的名称始见于唐代,最初是以官方机构出现于人们的视野当中,任务也只是帮助帝王了解经史典籍,举荐贤才,共商国策以供皇帝参考。据《新唐书·百官志》记载,开元五年,唐朝政府组织文人于乾元殿校理经籍,之后随着部分文人告老还乡之余,于当地将自己的藏书治学之处称为书院,这样,书院也出现了私人设置的形式。因此说书院有官方设立和私人设置两类,从其作用来看:官方设立的书院相当于一个宫廷图书馆,主要是由中央政府设立并作为收藏、校勘和整理图书的机构,例如丽正书院和集贤殿书院,私人设置的书院承担着教育教学任务。到了宋代,书院的教育制度与官学教育的科举化趋向呈现相反的轨道,虽然历经沉浮,但作为区别于官府所办的国学、府学、州县学之外的私人讲学之所,书院也发挥了自己独特的育人、讲学与研究的功能。从元代开始,书院逐渐出现了官学化的倾向,尤其是到了清代,书院一方面达到了前所未有的盛况;另一方面,书院与官学之间的差别不断缩小,几乎成了科举考试的预备教育机构。尽管如此,书院仍不能等同于官学。书院不仅有学术探究、研究性教学的传统,而且其办学体制中仍有民营经济的某些成分。总的来看,与古代其他教育类型相比,书院突出的特点是教育、教学与学术研究紧密结合,以研习儒学经籍为主,重视读书自学,强调论辩问难。在当时,能产生如此巨大作用的教育机构也非书院莫属了,这同时也对书院提出了更高的要求,师资、经费、生源、校舍建设等方面均纳入了书院管理者的考虑范畴。书院院长(或称山长)一般由硕学之士担任。书院办学经费一般由学田来供给,也有地方士绅热心于捐钱捐田以支持书院的建设和发展。

清初满汉民族矛盾尖锐,为了防止汉族知识分子利用书院进行反清活动,统治者对书院采取抑制政策。顺治九年(1652年),清政府下令,“各提学官督率教官、生儒,务将平日所习经书义理,着实讲求,躬行实践,不许别创书院,群聚徒党,及号召地方游食无行之徒,空谈废业”,只允许“每乡置社学一区”①。在清政府的压制下，直隶地区绝大部分书院改为了义学，只剩下衡水右山书院（顺治初建）、蔚州（今河北蔚县）蔚罗书院（顺治三年建）、南宫南亭书院（顺治八年建）、巨鹿白鹿书院（顺治十六年建）。顺治后期至康熙时期，随着清朝统治基础的稳固，统治者对书院的禁令有所松动。由于当时的社学、义学流于形式，不能满足社会民众及中下层知识分子的教育需求，更重要的是无法满足统治者宣传理学的需要，于是书院数量在全国范围开始增加，到了康熙末年，直隶拥有 40 所左右的书院。贯穿清代前期（1644—1840），程朱理学被定为官方哲学思想，理学也成为当时书院的主要教育内容，多数书院逐渐沦为科举制度的附庸。

雍正初年，清世宗胤禛出于个人的专制统治目的，对书院的发展再次加以限制。雍正元年（1723 年），他下令“各省改生祠、书院为义学，延师教授，以广文教”。② 后来雍正皇帝认为书院教育有利于他的政治统治，又逐渐改变了这些限制政策，采取扶持和控制并存的原则。虽然雍正时期，书院的建设大多数是为了自己的统治，但不可否认的是，大量书院如雨后春笋般的兴建，也带动了当时文化教育事业的发展。雍正四年（1726 年）4 月，清世宗颁旨《选授白鹿洞书院掌教事宣谕》，高度重视通过书院、学校以培养人才，巩固社会政治制度，并推崇精选书院师长的重要性，文称：

> 朕临御以来，时时以教育人材为念……劝学兴文，孜孜不倦，俾士子观感奋励，立品勤学……至于设立书院，择一人为师……即能化导多人俱为端人正士，则此一人之才德即可以膺辅弼之任、受封疆之寄而有余。此等之人，岂可易得？③

据《清文献通考》卷七十所载：雍正十一年（1733 年）谕令各直省皆建书院，并赐帑金 1000 两为营建之费，谕内阁云：

> 各省学政之外，地方大吏每有设立书院聚集生徒讲诵肄业者。朕临御以来，时时以教育人材为念，但稔闻书院之设，实有裨益者少，慕虚名者多，是以未尝敕令各省通行，盖欲徐徐有待而后颁降谕旨也。近见各省大吏，渐知崇尚实政，不事沽名邀誉之为，而读书应举者，亦颇能屏去浮嚣奔竞之习。则建立书院，择一省文行兼优之士读书其中，使之朝夕讲诵，整躬励行，有所成就，俾远近士子观感奋发，亦兴贤育才之一道也。督抚驻扎之所，为省会之地，著该督抚商酌奉行，各赐帑金一千两。将来士子群聚读书，须预为筹画，资其膏火，以垂永久。其不足者，在于存公银内支用。封疆大臣等并有化导士子之职，各宜殚心奉行，黜浮崇实，以广国家菁莪棫朴之化。则书院之设，于士习文风有裨益而无流弊，乃朕之所厚望也。④

---

① 袁森坡、吴云廷.河北通史·清朝(上卷).石家庄:河北人民出版社,2000.236.

② 陈谷嘉、邓洪波主编.中国书院史资料(中册).杭州:浙江教育出版社,1998.854.

③ 陈谷嘉、邓洪波主编.中国书院史资料(中册).杭州:浙江教育出版社,1998.856.

④ 陈谷嘉、邓洪波主编.中国书院史资料(中册).杭州:浙江教育出版社,1998.855.

因此,可以认为直到雍正年间(1723—1736),清政府才开始真正推行扶持书院的政策,如命令省会建立书院,并提供适当的经费。河北著名的莲池书院就是在这个背景下兴建与发展起来的。莲池书院是清代在保定设置的直隶省最高层次书院,创设于清雍正十一年(1733年),开办者为时任直隶总督的李卫。李卫深得雍正帝宠信,以"能吏"闻名于世,其卓越的政绩不仅体现在吏治方面,在清政府鼓励书院办学的政策号召下,富有兴学热情的李卫早在浙江任巡抚及总督时,就曾经建有紫阳书院、敷文书院。南北交替,物候变迁,但对书院的认识一如既往。他将杭州西子湖畔建立书院的经验与精神在北方重新焕发,付诸实践,而且发扬光大,后来居上。督直伊始,便有在省会保定设书院的卓识,莲池书院于是应运而生。莲池书院位于直隶省省会保定,是地方最高级别的书院,可视为直隶地区书院的中心或代表,而且因其独特的地理位置、战略优势而成为翘楚诸省书院,一度被誉为北方学术文化的中心,也是南方桐城派学术思想传播重镇。近代社会以来,由于西方列强入侵,民族危机深重,传统社会结构解体,近代新型社会经济体制产生,以儒家为代表的传统文化丧失,书院也面临着全新的挑战与命运的选择。

也是在雍正年间,书院成为官学教育的一种形式,书院日常的教育管理活动完全纳入了政府的管辖范围。清代共有书院4365所,其数量是唐、五代、宋、辽、金、元、明各朝书院总和的1.49倍。其时,十八行省的通都大邑无不设有书院,即便是山村水寨,也可寻觅到书院的踪迹。① 总之,由于官方的倡导和支持,河北书院在清代如雨后春笋般蓬勃发展起来。

据最新的统计数字显示,河北省现有11个地级市,23个县级市,109个县和6个自治县,从现存河北省的各种方志文献资料中,关于清代河北书院的内容非常丰富,笔者对所查资料加以综合整理,拟按照行政区划将各书院基本情况选择分类,分别叙述如下。

一、石家庄

(一)辛集市

南池书院

清乾隆三年(1738年)知县王天庆在束鹿城里(今新城镇)文昌宫西创建理学学府南池书院,请本地孝廉李群珍为学师。后任知县李文耀所修该县旧志称:书院"在城内文昌宫侧,王公天庆建为诸生讲习及宪节偶临憩息之所。有义学公馆三碑记,载艺文志。后日就芜秽,池亦圮。岁己卯暮春,余捐俸重修文昌宫,于宫之东购地一所,建堂三楹,颜曰梦花堂,缭以周垣,明窗近几,颇称爽垲,延师于文昌宫中;为讲堂,后查公祠,为师斋,其两公馆,宪节至,则居之,余日皆为学舍,统名曰南池书院。"②可见,南池书院是由义学改建而来,作为县属地方书院而言,规模不小,环境布局幽静雅致,设施齐全,利于教书育人、研修学理。师生教学场所之部分建筑物临时作为"宪节"考察、巡视学务期间的歇息地,可见书院的教学及考课测评深受地方政府的重视,体现清代政治对教育学术的某种渗透与干预,也蕴含有上古官学教育"政教合一""官师合一"制度之遗风。

---

① 邓洪波.中国书院史.上海:东方出版中心,2004.405.

② (清)李文耀修,张钟秀等纂.(乾隆)束鹿县志·卷3"社学志".乾隆二十七年刻本.

乾隆二十四年(1759年),知县李文耀又加修葺,增建堂楹3间,名“梦花堂”,为师生游憩之所。延名师教授,有月课、岁考。院前临清渠,南池植莲千株,桃柳环池,景色优美。师生坐新堂中,吟咏赋诗,有“彩笔生花君梦否”之句。该年秋乡试考中1人,武试又中2人。此后,知县李符清、宋陈寿等分别于清嘉庆元年(1796年)和清同治十一年(1872年)捐资重建。史料记载:书院“岁久圮”,李符清“莅任重葺,学舍一新”。又经近百年风雨侵袭剥蚀,书院又“岁久倾圮,片瓦无存”,宋陈寿“仍旧基址,堂构一新”。①

南池书院的经费,主要出自膏火地地租。知县王天庆亦曾筹措200金,交城中典铺生息,月得3金,为修脯膏火之资。② 文献作如下记载:“南池书院膏火地,知县李符清于五十四年拨入邱村义学地五十四亩,五十九年,又拨入止吕村义学地十六田,以供诸生膏火。”③“嘉庆七年,又拨入王下村吴梦霄入官地三十八亩,以供修脯之资。”④从乾隆到嘉庆历经两任封建帝王统治,历史沧桑近百年岁月,南池书院的办学延绵不衰,学田作为办学经费的主要来源,其支持力量持久坚定,可谓奠定了稳固的物质基础。

南池书院是以县属文人学士为主的士人会文讲学,生员应科举考试的补习场所。设山长(院长)1人,斋夫(勤杂工)1人,膳夫(厨工)2—3人,延请教习数人,招纳生员若干人,由教习给生员讲课,以应科举考试。书院以儒家学说为教材,以四书五经、诗赋、制艺(八股文)为主要学习内容。清光绪二十七年(1901年)废八股,兴学堂,光绪三十年(1904年)南池书院改为束鹿县速成师范传习所和模范学堂。⑤

下附李文耀所书《重修南池书院文昌宫新建梦花堂碑记》。

重修南池书院文昌宫新建梦花堂碑记⑥

李文耀

南池书院,建于前邑令晋江王君,君既改查君祠为文昌宫,即于宫西立书院兼作候馆。以南池名者,前临城中长渠,俗传滹沱故道者也。历二十年,栋宇剥落,弦诵之声无闻。余莅任,谒文昌宫,蠡次鼠迹,砌圮棂欹,学舍荒凉,不可歧足,所谓南池者,亦日就芜堙。余悚然曰:书院之设,所以广圣天子教育之化,成德达材,与邑运盛衰相系,其乌可以不振!且帝君握斗柄,掌文教,而弗洁弗虔,神之不妥,降详安在?急镌清俸,大加修葺,宫之内外,丹垩有耀,甍密栋罗,几筵咸秩;正中建龛,金塑帝君神像,弁冕珠章赤舄,左右侍从咸肖。宫后查君祠,亦重葺焉。后以地隘狭,于宫东购里民毛氏地一区,纵横熟十武,建新堂三楹,旁为廊舍,缭以周垣,

① (清)李符清修,沈乐善等著.(嘉庆)束鹿县志·卷5“书院志”.嘉庆四年刻本.
② 辛集市地方志编纂委员会.辛集市志.北京:中国书籍出版社,1996.678.
③ (清)李符清修,沈乐善等著.(嘉庆)束鹿县志·卷5“书院志”.嘉庆四年刻本.
④ (清)宋陈寿撰修.(同治)束鹿县志·卷4“书院志”.同治七年刻本.
⑤ 河北省辛集市地方志编纂委员会.辛集市志.北京:中国书籍出版社,1996.678.
⑥ 郑萍信、刘进田.辛集市城乡建设志.北京:中国建筑工业出版社,1994.350.

设讲席于宫中，使教者学者仰止景行，素息心而发文思。宫后为师斋，旁为学舍。延名师，拨膏火，月有课，岁有程，然后，规模粗可观焉。乃浚南池而深之，植莲千茎，环以桃柳。池每岁夏月涸，恒藉□挹，兹源头活水，宕漾纡余，云影天光，与经厨史□相焕发。秋初，莲吐三葩，清香飘袅。余偕馆师及诸生，坐新堂中，顾而乐之，赋诗纪事，有“彩笔生花君梦否”之句，因颜其堂曰“梦花堂”。是秋，中举贤书一人，武闱又或隽二人，适符花兆，诚盛事也。曩余在云间上海，重修申江书院，在豫章上饶创建灵山书院，各规模宏巨，生徒云盛，于邑两处文运俱有振兴。今兹是举，未敢夸为巨丽，惟是恭承圣化，仰藉神庥，毓杞梓于贯城，培芷兰与滹水，行见是邑之秀，必有为琼芝，为瑶草，献诸彤廷者。此固余惓惓之苦心，而亦欲后之君子相与振兴，以垂诸久远者也。爰镌其年月于石。

该书院初始资料尚有存于李鸿章等修、黄彭年等纂光绪《畿辅通志》卷114“学校志”的《重修南池书院记》(清人宋陈寿撰)。

(二)新乐市

景羲书院

在县城东门内，文庙西偏。光绪十四年(1888年)，知县雷鹤鸣创建。书院聘请州县学官教谕杜蔚、训导李汝廉、典史刘泰来院从事管理和教学工作，体现科举官学化教育体制下，书院与地方儒学学官之间的交流、沟通的对等性或相互认同的一体化特点。本地邑绅相汝典、张殿辅、薛兼羽、薛钵、相汝翼、苏广荫、默如金、赵如衡、秦殿元、沈登瀛等先后捐资修建。

书院内有讲堂5间，东西厢房各3间，南对厅3间，南厅东西耳房各1间，大门3间，二门屏风4扇，院夫房2间，山长宅正房3间，南房3间，围墙通高1丈，东西长19.5丈，南北长9.75丈。①

景羲书院为县办学府，书院设山长1人，教官若干人。院长主持书院教务，同时也是主讲。②下附《景羲书院名院序》。

景羲书院名院序③

雷鹤鸣

光绪十有一年(1885)春，予由保定奉檄西南行赴新乐任。至东城，吏以故事白当叩谒。予下车谒如礼，询城门名曰“望尧”。东望望都，世传尧母所产地也。即进城，复询南城门名曰“景羲”。出南城十三里有伏羲画卦台也。浃日莅任，诸事讫，爰延儒学诸生进见，语次询及书院，曰：“无。”予曰：“其废何年？”曰：“新乐自为县以来，未闻有书院也。”越明年秋八月，岁颇

①　韩书林.新乐县志.北京：中国对外翻译出版公司，1997.498.另据季啸风主编：《中国书院辞典》，浙江教育出版社1996年版，第741页所载：该书院名为“景义书院”，留存待考。

②　新乐教育志编纂委员会.新乐教育志.石家庄：河北教育出版社，1999.62.

③　韩书林.新乐县志.北京：中国对外翻译出版公司，1997.500.

稔，学使者于春初已临郡岁试。新邑与进儒童暨高等生员，并符向额。予月课诸生童，亦递阅十有六次。乃会城乡绅耄与诸生童，议兴建书院，则咸诺。已而请所以名书院者，予曰：即景羲可矣，而顾他求乎哉？则又咸诺而退。予还内署，谨端肃而为之序曰：邃古之初不可得，而祥已《尚书》。独纪尧以来，我夫子系易上溯亦仅及于伏羲开天而明道，羲皇氏固其最初也。天不变，道亦不变；道不变，治亦不变，教亦不变。羲皇画八卦，而因重之，而首乾坤，次屯蒙。屯以垂治也，蒙以垂教也，世治者常当以屯处之。我夫子训彖辞而天造草昧，宜建侯而不宁羲臣鸟明，所以主建福也，教世者先必于蒙启也。我夫子训彖辞而谓蒙以养正圣功也，羲臣金提所以主化俗也。自羲皇以逮，成、周二帝三王，相嬗相继。其治天下也，盖常本初于羲皇，有因而益也，无创而更也，其教天下也，盖常本于羲皇，有因而益也，无创而更也，道不变，治与教不得而变也。迨周室东迁，而治教始以陵替。然治见于事，其迹著，祸害之及人也近而浅，而设施统于有位，故治道即衰而不能大远乎。羲皇以来之治，以为治教则存于心，其迹隐，祸害之及人也迟而深，而提倡不必统于有位，故教道苟衰而遂敢大反乎。羲皇以来之教，以为教衰，周而后，东离西析，别户分门，若江河之日下，迁流淆乱而靡所底止，迄于今而盖已数千百年。而又域外之教杂沓繁兴，下乔木而入幽谷，蠢迷虹溃，项领相望，其为祸害之迟而深也，可胜悼哉！盖尝综列代而考之，羲皇至帝尧，其年数虽间有纪述，不可依据。由今而上溯于尧元年甲辰，四千二百三十一年，自尧而至于周之末，一千五百八十七年，皆羲皇所垂之教，圣君、贤相相与辅相，而财成之教无二教也，自周之末而至南齐之末，一千二百九十三年，杨墨盈而仁义坏，黄老贵而政刑隳，庄列行而性命歇，然皆其时士大夫及一二在位之公卿，相尚以为教，而蚩蚩之氓，犹然不识，而不知也。萧梁兴而崇佛教，果报之说传而泛滥，遂延于匹庶；轮回之说起而沉溺，遂陷及顽愚。然自梁至唐以前百十七年，与唐兴以后，所谓佛教者，皆以教而相煽诱，未尝以教而相挟持也。唐初而回教别立于西北，始挟持以为教，至于起徒众以相攻杀。然自初唐以下，至元季七百四十六年，其相与攻杀犹未至于倾国、倾朝，兵连祸结而不可解也。明兴而后，西土之以争教而相攻杀者，不可胜数。小则以肆市朝，大则以膏原野，生灵荼毒，悔祸无期，一则朝三而暮四，一则朝四而暮三。其惨也，可悲；其蠢也，可悯。然自明承元祚，由洪武戊申(1368 年)而至嘉靖丁卯(1567 年)，二百年中，此疆尔界，中外截然，蛮触之相仇，鲲鹏之相化，于中国固无与也。隆庆建元(1572 年)，澳门通而外教始入中国，神熹继序几何译而外教遂入中朝，至于今而又三百余年，狂澜几不可以复挽，而为之滥觞者，则其时之疆臣林富烈焰几不可以复遏。而为之灼叙者，则其时之廷臣徐光启二公，一代名流而生此厉阶，至今为梗。九原有知，其拊心而悔恨，顿足而哀号，庸有所终穷乎？而历代神圣在天之灵，能无为之尽然伤赫然怒乎？书院之制，肇于宋初，盖学校之设，至成周而最为明备，自王宫国都以及闾巷莫不有学，平桓以降，教泽未湮，而见于春秋传者，仅一郑乡校。暴秦横兴，儒坑经毁。汉代以还，递及五季，郡县之学阔绝羁縻。宋初始有四大书院，为郡县学校开其先。国家文教兴隆，光昭宇宙，府州厅县罔不遵循。典令建设儒学，而都邑人士又咸或创，或修，或分，或合并，立书院以补学校之所未逮。盖儒学所教止于学宫弟子，书院则学宫弟子与应试儒童，既凡乡绅、里耆、守土官,皆得以随时晋接。问俗询风,本羲皇蒙以垂教之义,申朝家教学之意。凡夫龆龀之伦,耰锄之侣,俾转相传,播家至户,陈先入者为主。习惯者自然以理义为恒心,以忠孝为本务,知惠迪吉,从逆凶祸福无不自己求之,则必不妄希果报,而唪颂礼拜,以虚费其有用之躯。知阴阳合漠气以成形。其生也,气之伸而来;其没也,气之往而诎。而不朽者惟立行修名,则必不妄信轮回,而茹斋果化以轻捐其有生之世,又何至以厥躬出家而绝父子之亲?又何至以厥躬生年与其行教之年为纪元而灭君臣之义?是固古今世道之所攸赖,而羲皇以来千贤百圣之统绪所恃,以维持于不敝。予需次北来五年所矣,以所睹闻诸郡邑咸有书院,而新邑独厥然,是诚不可不亟为兴建。且新邑瘠邑也,凡规制多所未及,而又当邮传冠盖之冲,书院维新,则恭行宣讲我朝列圣谟训,可于是;岁科试,举行县试,可于是;即皇华之使节并至,可并分驻氈帷于是。殆亦所谓一举而数善备者。抑予则犹有虑,书院起宋初以历元明。明神庙,时张江陵当国,因噎而废食,诏毁天下书院,然未久而旋复。关中冯恭定公与吾乡邹忠介公同长卿史台,尝于宣武门内建首善书院,不幸为崔魏之党所忌,给事朱童蒙上章丑诋之,而书院辍,而公并以去位。小人道长,君子之道不能不消也。固如是,而崇尚西学者,因假修书院后乃桃僵而遂以李代,鹊巢而竟以鸠居,转不如焚如弃如鞠,为茂草之不闻不见为愈。新乐一邑也,书院固无虞此,然扶偏而救敝,察渐而观微,未废也而为之兴,未坠也而为之举,亦循羲皇所垂以治世者,学为云雷经论之君子,而常以屯处之。是非予等守土者考察调迁,月异而岁不同之所能为政。是不能不维桑与梓,有赖于兴建。诸君子且僦然,而有望于新邑后起之贤。若夫,谓"景羲"之名,为僭陶靖节北窗凉风且自谓。羲皇上人真文忠公,西山学舍自题以"坐看吴越两山色,默契羲文千古心"。书院而名以"景羲"固不得谓僭矣。若又谓因城门"景羲"之名以名书院,未免于渎,则今曲阜县城南门即夫子庙堂门。宫墙万仞,圣祖御题昭垂亿祀焉。新邑而因城门名以名"书院",渎否乎哉?既谨序,将复会城乡绅耆与诸生童共质之,未知不谬,予言而仍咸诺焉否。

(三)元氏县

文清书院

元氏县原属正定府所辖,据志书所载:文清书院在薛文清(薛瑄)公祠基础上添建,院址位于县学宫之左,"知县成守节、田勤次第建置,为士人肄业之所。"①

考诸历史渊源,该书院开始由知县周诗建于明万历九年(1581年),20年后,知县田勤增葺,1615年,知县苏继欧重修。明代"河东学派"代表,著名理学家薛瑄(文清先生)曾主讲该书院,培养众多弟子,具有广泛社会影响。苏继欧在《重修文清书院记》中对此有详细评述。这些在上面已述。

清康熙二十八年(1689年)知县纪廷诏、乾隆二十三年(1758年)知县王人雄均重修,劝勉书院

---

① (清)郑大进等纂修.(乾隆)正定府志·卷8"书院志".乾隆二十七年刻本.

学子“学以复性为主，言以明性为先，行己立朝磊落光明，始终粹美，立德立言与天地俱存”。① 可见，书院的旨趣导向及教育内容设计均以程朱理学思想教义为基干或核心理念。书院此后颓圮，至乾隆五十九年(1794年)知县陈凤翔移建书院于城南西南隅开化寺右，并置地1顷50亩，以所征租谷为山长及院务日常支出之费。光绪元年(1875年)，拨沟北村地4亩余，岁收租谷，为延师修脯经费，书院建筑拥有北上房5间，东西厢房各5间，过庭3间，门楼一，照壁一，周围俱有墙垣移祀。为了有助于书院延请山长，县署发木炭500斤、煤1000斤加补为山长费用，厥后沿以为例，且镌之卧碑，垂诸久远，以示历任县公崇儒重学之意。② 官府如此倾注经费于书院，以及在书院的参与权的增多和干预，从本质上体现了对书院的一种经济操控，这也是书院逐步沦为官学化的一种经济层面的表现。

从以上书院个案演化中得知，创建者中并无成守节知县其人的明确作为，或许为讹传误载。书院办学颇受地方社会重视，并予以经费物资鼎力支持，办学条件充足，其延续力量持久坚实。结合历史加以观察便可证明这一点。清初为了控制思想，防范“反清复明”的势力扩张，禁止书院，至康熙王朝始有松动，但地方书院仍为数稀微，而此种情势下，文清书院就已有修复；而近代洋务运动以后，废改书院呼声不止，书院日形凋零，而该书院则还增广学田，仍有余威或活力，昭示书院个体生命史在各地时空环境下的不同表现。

(四)正定市

1.风动书院

乾隆二十九年(1764年)，知府郑大进倡捐200千文，在正定府治南(今常山影剧院处)创建风动书院。该书院规制完备，有门、坊、亭，讲师弟子堂庑房10所共计40间。书院董事为石家庄藁城县博学者王君臣。后来书院曾更名为常山书院，延续十几年即废弊。③

2.尊闻书院

尊闻书院于乾隆四十二年(1777年)知府方立经创办，院址正定府治东(今解放街小学处)。书院有桥、照壁、重门、讲堂、课所，内外舍共42间。院内有泮池，池内有莲藕。书院建成之时，逢乾隆皇帝驻跸正定，游直隶著名佛教庙宇隆兴寺，作“董子有言：夫尊所闻登高一呼，提倡道学深切著名”。“夫尊所闻，则行所知在其中矣，道本一贯学无二”。要求“致其根柢不外六经，其切要不出五伦，其下手在义利之辨，其得利在真伪之风。时时体认天理，事事参观物理”。又称“圣贤性命之旨，国家经济之方，使教者之所以教，学者之所以学”。④ 书院故名“尊闻”。道光十年(1830年)知府关炳重修书院，并更名恒阳书院。同治十年(1883年)知府刘秉琳、府学教授赵文濂再次修葺，共用钱110万文。此时书院山长陈露坪，主讲杨铁帆。书院后由于战火渐废。⑤

上章所述明代正定建有崇正书院，且后改为恒阳书院，有关书院院名更改的诸多信息颇为歧

---

① 季啸风主编.中国书院辞典.杭州：浙江教育出版社，1996.6.

② 李林奎、王自尊纂修.中国地方志丛书·河北省·元氏县志.台北：成文出版社，民国二十年.498.

③ 正定教育志编纂委员会.正定教育志.石家庄：河北教育出版社，1996.58.

④ 季啸风主编.中国书院辞典.杭州：浙江教育出版社，1996.14.

⑤ 正定教育志编纂委员会.正定教育志.石家庄：河北教育出版社，1996.58.

义、曲折,而该书院又延续至清代。那么,是否即为上述尊闻书院呢?笔者认为,清乾隆十七年(1752年)"移于城之东南隅"的明代旧书院已经历崇正书院、恒阳书院及六谕书院三次更名,与道光朝由尊闻书院更名的恒阳书院为不同的两所书院。或许六谕书院在乾隆后期已经湮没不闻,而建于1777年的尊闻书院在后续发展中因慕历史上恒阳书院之名声,并寄寓尊崇前贤及怀旧心理,而名之谓"恒阳书院"。

(五)井陉县

1.东壁书院

在县城东三里之东山巅文昌阁旁,清康熙二十七年(1688年)知县周文煊建。其规模为阁后东铭1座,西铭1座,各容数十人;阁前书舍,分左右翼,各5楹;阁旁各3楹。其余为厨库、茶房、寝室。束以大门,门外钟鼓楼各一;又束以前门,凡3楹。① 学田40顷,并立学田之法,给有志之士及贫困者提供赡给费。"诸生朝夕奋发,若恃才而骄,嫉才毁谤者速黜。"②康熙三十一年(1695年),知县高熊征重修。书院本着"士不可以无志,既有志儒学矣,又不可以无养"的精神,设院招收生员,传道授业,培育后人。

为使书院能够正常开展教育活动,不可无经费来源,即:"有书院,则不可无学田以辅之矣。"原书院学田因年久早已无存,此时仅有学田10顷左右,虽然对有志于学又家境贫寒者尚能"赡给有余",但为了保证学员生活和书院开支,必须加强经费的管理。当时规定,学田租息收支均需岁登于册,以绝侵渔,并明确规范学员米面、柴炭、茶酒、盐酱、灯油、蔬菜、书纸笔墨,以及厨工、日用诸项工银的开支,保证了书院教学活动的开展。

书院十分重视教学工作,要求"诸生讲学,宜朝夕奋发",并对学员的管理提出严格的要求,学员必须遵守院规,违者受罚。"无故辄离书院者,有罚;怠惰,有罚;言不及义,有罚;诈伪不实,有罚;每犯一过,有月簿登记,学长与学友共同质证,书之册,以示警惕。书过盈百者,告之神,黜之。"在学业人品上要求学员"涵濡道德",学习孔孟程朱思想;"规矩绳墨",熟读《左传》《国语》《庄子》《离骚》等,力求做到"见诸文,为有用之文,措诸事,为垂世之事"。③ 书院一系列的规章制度和条约充分体现了书院服务科举的功能,也可以说是古代书院逐步走向科举化的一个缩影。

雍正《井陉县志》卷8"艺文志"收入清人周文煊所作《东壁书院记》、高熊征著《重修文昌书院记》。后附《东壁书院记》。

东壁书院记④

清康熙二十七年(1688年)周文煊

井陉旧有书院,非文昌阁地也。自明嘉靖三十三年甲寅,关西荀文奎来尹是邑,始创为

① 崔治先.井陉县教育志.石家庄:河北人民出版社,1991.26.

② 季啸风主编.中国书院辞典.杭州:浙江教育出版社,1996.7.

③ 崔治先.井陉县教育志.石家庄:河北人民出版社,1991.34—35.

④ 陈谷嘉、邓洪波.中国书院史资料.杭州:浙江教育出版社,1998.938—940.

之。择黉学之东北平壤数亩，负山城而阻阛阓，度财架屋，额曰“陉山书院”。隆庆三年，邑令金陵钟公遐龄，相继葺修，久而遂废。适余立社学以来，俗渐知乡学。姑舍旧址，经营于城东三里之文昌阁地，辟而扩之，立书院于其中。文昌阁者，前令今中丞洪公之杰所建，俾陉士所倚为司令司禄之神，稽首祈祝者也。中丞令井陉时，梦一尊者，衣绿袍，整容而言曰：“余自蜀来此，未获所安，惟公图之！”一日，谒文昌祠，宛然若梦。遂撤去旧时之毁败，建兹崇阁。多士神其事久矣，因人心之敬畏，俾之朝夕肄业，有所瞻仰，使知策名委贽之有自，盖诱掖之道在焉。是余卜书院于文昌阁意也。阁后东铭一座，西铭一座，各容讲学数十余人。阁前书舍，分左右翼，各五楹。阁旁各三楹。其余，为厨库，为茶房，为寝室，束以大门。门外钟鼓楼各一，又束以前门，凡三楹，并仍旧不易。

余惟：书院之有望于陉士也，重矣！天下书院，独推白鹿、紫阳而已。要皆有大儒挺生，以兴复洙、泗之所传立教，然后天下讲学之士，川鸣谷应。不然，昔人遗制，实始于唐开元之十一年诏置丽正书院。而唐以儒名者，仅见于贞元间，昌黎韩子出焉，始得为斯道首庸。甚矣，大儒之难其人也！虽然，士不可以无志，既有志儒学矣，又不可以无养。三代养士于学，其制不可考。程、朱说亦互异。伊川谓：“古者士大夫之子，不虑无养；虽庶人之子，既入学，则亦必有养。”及读《崇安学田记》，有云：“昔时，自天子以至于庶人之俊秀，无一人而不入之学。士之廪于学宫者，宜数十倍于今。而考之礼典，未有言其费出之所自者。意当时为士者，其家各已受田，而其入学也有时，故得以自食其食，而不仰给乎县官也欤？周衰，田不井授，人无常产。而为士者厄于贫，反不与农、工、商齿。乃且欲聚而教之，则彼又安能终岁裹饭而学于我乎？”由朱子之言思之，有书院，则不可无学田以辅之矣。陉，明时学田，水冲沙埋，早已无存。今所续置尚少，大约增置至十顷，凡卓然有志而极贫者，赡给有余矣。其买田之券，依旧法，首贡轮掌。租入，则寄贮常平仓。丰歉多寡，岁登于册，以绝侵渔。首贡及仓书，各存留一册。诸生每逢三、八日，文会毕，方许饮酒。每人米面、柴炭、茶酒、盐酱、灯油、蔬菜、书纸、笔墨之属，非五十亩，不足一年之用。条银，官为除扣。主爨、司厨诸项工食银，亦即在五人二百三十亩内。此余立学田之法也。

至于诸生讲学，宜朝夕奋发。每月至二十九日，归省父母。次日晨起，即还书院。若或他日别有情理挪移者，听。若父母命弗归者，听。若父母在堂，一身兼督家政者，弗为之立限。其有他事留滞家庭，必对师友预白其故。无故辄离书院者，有罚；怠惰，有罚；言不及义，有罚；诈伪不实，有罚。每犯一过，有月簿登记，学长与众友，共同质证，书之册，以示警惕。书过盈百者，告于神，黜之，不复容留书院。若乃恃才骄傲，及妒才毁谤者，弗加之罚，速告于神，黜之。其饮食日用，家各轮一。父兄或子弟才干，不攻举业者，代为统理，半月一易，使彼用志精专，不以口腹扰其天趣。涵濡道德，将见稷、契、皋、夔之业，不出环堵而得之，将自兹始矣。时艺虽止进身之阶，顾其理，孔、孟、程、朱；其经，《易》《诗》《书》《春秋》；其取材变化，《左》《国》《庄》《骚》，班、马、韩、柳、欧、曾；其规矩绳墨，则考证于王、唐、归、胡诸君子，以至本朝名家之得法于先正者；其工夫，自朱子《童蒙须知》《孝经》《小学》《太极》《西铭》《通书正蒙》，西山心政二经、偕宋《名臣言行录》及《读书居业》二录，皆行己之要。见诸文，为有用之文；措诸事，为垂世之事。观有明理学事功，忠文正直出于制举者，指屈不胜计也。士果豪杰自命，又有所以养，而从容安坐，究悉天人，以视白鹿、紫阳，不俱盛于熙朝耶！

2.文昌书院

在东壁书院旧址重修，易名而建。康熙四十年(1701 年)，知事高熊征视事未及两月，超擢两浙盐使，离任前捐金 50 锾，属国学生侯选，同知郝赟董其事，监督管理，尽心筹划修葺东壁书院。落成后，颜其额曰“文昌书院”，名其堂曰“乐育堂”。①

志书文献对此亦用相似记录：“康熙戊辰，邑令周于城东三里文昌阁地扩立文昌书院，将学徵银另立文昌书院一户，输纳收租，以为读书诸生膏火。”②看来，政府为书院经费的筹集及使用便利，单列账户，既有资金注入，更有学田出租所收税银保证，充分地认识到经费之于教育成败之制约关系，殊为不易。同时，书院办学趋向于以培养科举人才、保证政局稳定这一目的，书院这一形式与其发生史中办学动机本身应该秉承的自由学术特点已经背道而驰，在官府的过度干预和参与之下，书院存在所拥有的合理性，无论是经济方面还是制度方面，都有了逐渐滑落的迹象。下附《重修文昌书院记》：

重修文昌书院记

清康熙四十年(1701 年)高熊征

《学记》曰：“古之王者，建国君民，教学为先。”又曰：“时教必有正业，退息必有居学。”今天子崇儒重道，文德诞敷，虽遐陬僻壤，莫不家弦诵而户诗书，而况近在畿辅，为燕赵之郊，名人辈出者哉？予以去夏恭承简命，来宰是邦。今春二月，始克抵任。阅其城，四面皆山，中环一水，颇称形胜。《寰宇记》曰：“四方高，中央下。如井之深，如灶之陉。又，燕、赵谓山脊曰陉：下视如井，故名井陉。”观其人物，如汉时，则有田叔；即有明，如柴木，毕鸾武、金霍鹏，皆以进士为监察御史，为都御史，为副都御史，开府郧阳、大同等处。本朝定鼎，霍叔瑾以孝廉官通政使，许国壁以武举封荣禄大夫，代不乏人。乃迩来教化不先，以致人才寥落。

爰稽旧志，万历间，知县张应台因本县四科不第，创建文昌祠于凌霄塔前。是科，果发经魁。康熙十一年，知县洪之杰，以文昌祠关系风水，改建文昌阁。康熙二十二年，知县周文煊复于两旁创建书舍。迄今十余年，渐就倾圮。余不禁喟然叹兴曰：“文昌阁关系文风如此，诚不可不急为修复也！”然视事未及两月，即蒙超擢两浙鹾使。因竭力捐金五十，属国学生侯选、同知郝赟董其事。郝君尽心筹画，或当补修，或应改建，木石之费，砖瓦之费，小工之费，梓工之费，悉皆如其所算。经始于五月初一日，落成于六月某日。周围墙垣，与两旁书舍，焕然一

---

① 崔治先.井陉县教育志.石家庄：河北人民出版社，1991.26.

② (清)常善修，赵文濂纂.(光绪)井陉县志 • 卷 17“书院志”.光绪元年刻本.

新。诸生居习有地,庖湢有所。地灵既得,人杰斯昭。因颜其额曰"文昌书院",名其堂曰"乐育堂"。盖欲斯文之昌,而人才之成就乐育也。况邑之右山既高,左山颇下,苟非凌霄一塔与之颉颃,则白虎胜于青龙,为堪舆家所忌。此文昌之祠,与凌霄之塔,为邑中最关系之风水也。后之尹斯土者,留意人文,以时修葺,幸勿使其废坠。则多士聿兴,文风日盛。其于建国君民、正业居学之意,未必无小补云。是役也,诸生李霦等,踊跃兴起。予又捐银十两,购地五十亩,立文昌书院户于在城五甲之后,以资篝火。并查复文昌祠旧地七十三亩,以为守书院人日给之需。是为记。①

3.皆山书院

清乾隆四十二年(1777 年)知县周尚亲鉴于书院距城较远,生徒往返辛苦,且"山形陡绝,攀涉维艰,庖舍所需,绳汲不易。而且山高地旷,宣燠不宜寒,每至秋冬际,烈风怒号,积阴惨冷,尤非寒士所能堪者。"②复将书院建于县城东门内节孝祠,择地营修,庀材鸠工,计有前后三进,房 30 余间,中设讲堂 3 楹,额曰"皆山书院"。③ 然学田无多,不足延师膏火之用,未免或作或辍。道光四年(1824 年),知县林清光,咸丰六年(1856 年),知县罗锦雯,同治间(1862—1874),知县张光锷、常善,各有修葺。

对于皆山书院的演变及经费筹集与使用情形,《井陉县志》中有记载:

然学田无多,不足延师膏火之用,未免或作或辍。道光四年,林公宰斯邑,加意文教,为延师主讲,每月三课,一切薪火膏火之费俱属捐廉,其中有生童肄业者,一时称盛。林公超升后,陈公莅任,仍月课不辍。十三年,李公宰斯邑,公学问优深,月课卷必亲加笔削,诸生童多蒙启发,而学田所出仍不足经费也。咸丰八年,罗公莅任,加意培植,乃捐俸筹款,欲多置学田以为久计,不幸以疾卒于任。同治六年,张公署县事,乃为悉筹项款,有可以佐经费者,悉交经理书院绅士经管,于是延师膏火之费虽不能丰,亦可以聊给矣。至于当八月莅任,延师主讲,每月官师各二课,择绅士十四人,以二人为总理,十二人轮流值年。将每年收租利息及脩金奖赏之费皆使经理人收管,量入为出,逐一登簿清查。又于书院后价买民地一亩六分,周围修筑石墙以为后展修之地,庶不至或作或辍矣,因将所增学田数目、坐落处详载于志,以垂久远。④

从中可知,皆山书院的修缮过程即是书院嬗变的轨迹线路,而无不伴随着以学田为代表的经费投入及管理问题,两者休戚相关、相互依存关系可见一斑。当然,从中依稀能看出该书院依托之物质基础不够厚实,而历经努力有所转机的历史场景。科举及第而为官宦于地方者,奉行儒学兴

① 河北井陉县志第十四编,民国 23 年刊本,中国书院史资料中册,第 941—942 页.
② 周尚亲.迁修书院碑记.见:崔治先.井陉县教育志.石家庄:河北人民出版社,1991.36.
③ 崔治先.井陉县教育志.石家庄:河北人民出版社,1991.26.
④ (清)常善修,赵文濂纂.(光绪)井陉县志·卷 17"书院志".光绪元年刻本.

学设教、面对现实，而勤勉笃实的精神，通过人为努力，战胜困难，使地方文教得以弘扬昌盛，可谓天道酬勤，人道努力与现实矛盾减缓化解之间的彼此消长，相生相克。

书院勉励诸生：“井陉古称险要，固畿南一大钮键也。地灵者，必有人杰以应之”，“自前明以及至国朝，乡贤达科甲起家，位跻卿秩者，正大有人”。希望充分发挥“父兄率之，师长董之，友生辈相与劝勉而进益之”的教育合力，达到“群相砥砺，鼓舞有成”，着力实现“人文追美于前，科第肇兴于后”的培养目标。①

皆山书院在井陉县存在的时间最久，并且成绩卓越，育才良多，这些成就与一些山长和院董不懈努力的敬业精神息息相关。见于史册记载的山长或院董有：

马席珍，字以吾，南横口人，出身副榜。历任新河、永平、万全、光宗及天津等书院教授，咸丰癸丑(1853年)归里，督葺文庙及皆山书院，捐资为诸生倡，次第告成。复置学田300亩，以供书院膏火；奖励后进。

许增培，字绳共，关东人，清邑庠生。充皆山书院董事多年，热心教育，学界多钦佩之，呼之为“老绳”先生，而不名。

梁彦序，字秩轩，北关人，清廪膳生。家境不甚丰厚，惟以舌耕为业，及门弟子成名者颇不乏人。邑侯面其名，甚敬重之，聘任为皆山书院董事。在职数载，成绩甚佳。②

(六)高邑县

千秋书院

清乾隆十八年(1753年)，知县李冕增建书院于县署西南隅乾明寺。斋4楹，东北为馔室，缭以周墉，为诸生肄业之所，旋废。三十六年(1771年)，知县江启澄延师掌教，捐俸以资膏火。四十一年(1776年)重修讲堂，额曰“进修”。嘉庆元年(1796年)，又重修。光绪二十五年(1899年)，知县高文才于书院故址修建讲堂5楹，上书房5楹，前后斋舍15间，大门1间，号房2间，院宇颇为宏敞。是时欧风东渐，朝野已有变法之议，因购置新旧书籍200余种，延师课士。③

千秋书院虽然属县一级基层书院，且创设于清代中叶，相对较晚，但明确记载向近代新式教育机构的转型，在地方教育的现代走向中仍居浓重一笔，看来有“千秋”的意义了。众所周知，近代社会危机深重，人才与教育问题倍受关注。传统教育体制包括书院制度改革与现代转向，欧美现代教育体制的传播与确立在维新运动以后已经十分炽热，但高邑县的千秋书院却在此期办学规模及影响力趋于鼎盛，真是有些落差或失衡了。区域差异或各地的不平衡性根本未局限于社会经济领域，在教育文化方面的表现同样是何其明显！不过，西学东渐的近代教育变革背景下，课程设置中西合璧、西学书籍的添置，也明显地折射了时代变迁中书院也闪现了欧风美雨侵染剥蚀的新

---

① 周尚亲.迁修书院碑记.见：崔治先.井陉县教育志.石家庄：河北人民出版社，1991.37.

② 崔治先.井陉县教育志.石家庄：河北人民出版社，1991.27.

③ 宋文华.高邑县志.台北：成文出版社，民国二十二年.39.

风潮。

(七)藁城市

1.培英书院

在县治东。清康熙五十九年(1720 年)知县阎尧熙建,周垣计基 3 亩 6 分,有正堂 3 间,厢房 6 间,立门 1 间,招县中生徒肄业其中。清代山西太原府进士、诗人武承谟曾有诗《培英书院》云:“或曰先儒云,书院讲学地。研穷惟伦理,辨别先义利。”字里行间展现了当日培英书院的研儒学经义、推崇伦理道德,师生协同教学,沟通交流及循序启迪的讲学情景。

清代统治者继续奉行明代封建专制主义的教育政策,加强思想控制,防止异端思想言论危及社会统治。同时,以科举考试、八股制艺时文来笼络人心,消除山林隐逸之士反清复明的观念。从清兵入关,建立清王朝封建统治以后,便强迫推行民族偏见基础上的笼络、高压手段,在教育领域则表现为规章管理的条规束缚及行为规范的绝对遵从。“劝人趋道义,书院读书来”,这句出自清代诗人阎尧熙的诗句深刻点明了当时书院的教学目的,内容上多为研习儒家之道义,这里要注意的是,这种道义不仅仅是指一些仁义之道、宽厚之义,还包括教条刻板封建礼教,尊孔崇儒,服从君王等内容,在形式上以八股文为体裁,禁锢思想,湮灭个性,循规蹈矩。清顺治九年(1652 年)清世宗颁行的《御制卧碑文》、康熙三十九年(1700 年)又颁《圣谕十六条》于各直省学宫。上述学规政策虽然直接对象是官私学师生,要求每月定期宣讲、背诵,但当时的书院,乃至宗族社区的教化训导也直接受其影响,体现了书院教育明显的官学化特色。藁城知县阎尧熙根据清皇室教育方针,亲题立志、修德、读书、审问、存心、开怀、勤学、改过、应举等《书院劝学十则》,刻碑于书院,以勉学子;又作《劝民歌十四条》以劝俗,风气为之丕变。

培英书院后曾一度荒废。咸丰八年(1858 年),知县陈载复建,并发商制钱 2000 千文,岁取其息,延师课士。同治年间(1862—1874)废。①

天台霁月

(清)阎尧熙

闻道清流境,村南梵刹开。
无能采月窟,何事说天台。
老佛真成幻,神仙莫浪猜。
劝人趋道义,书院读书来。

培英书院

(清)武承谟

惰农鲜成业,庸官多废事。

---

① 藁城市地方志编纂委员会.藁城县志.北京:中国大百科全书出版社,1994.394.

兼为惜费谋，往往失大计。
快哉涞阳公，经营甚关系。
匝月书院成，敏决竖新制。
明作真有功，因循信无济。
教化至今日，十官九不议。
殷勤振斯文，高雅脱俗吏。
或曰先儒云，书院讲学地。
研穷惟伦理，辨别先义利。
白鹿或岳麓，风规罕能继。
迩无达观者，阿谁晓厥意。
帖括障双眸，粉华引儇媚。
诗书为嚆矢，语言杂梦呓。
龌龊久成习，靡靡自暴弃。
颓俗何由挽，实学难激励。
予曰殊不然，人心本来智。
但患文翁少，岂忧蜀难治。
十室忠信有，学识从何志。
武健犹开国，王董皆精锐。
前明石与张，功业显名位。
孰非九门人，兴起总由自。
开豁其胸襟，天壤任掉臂。
况乎孔颜乐，当时随所致。
经籍陶性情，默庵有兄弟。
潇洒更出群，俯仰无怍愧。
兹事岂幽渺，返躬即实际。
张子东西铭，针砭醒人醉。
今日辟讲堂，期与开蒙蔽。
涞阳为予言，此中有次第。
将浚性灵源，先除敝帚祟。
庶几韩昌黎，因文造道义。
选择贤哲师，召集聪明类。
今朝读书好，知新化旧滞。
明朝作好文，精心藏浩气。
英才堪乐育，惇典非微细。

门庭大字书，予也喜为记。
诸生幸勉旃，无负公之惠。
若有苏天爵，续作人中瑞。①

2.滹南书院

始建于明嘉靖十三年(1534 年)，位于县治东北隅(今藁城中学处)。清光绪十七年(1891 年)，县知事文濂，就兴国寺旷地劝捐建置，造屋 41 间，邀请师资，讲学其中。光绪三十一年(1905 年)废。②

书院只有地方官吏和富家子弟方可入学，而贫民庶子却是可望而不可即的，学习内容依然是以儒家学派的经典著作为主，比如四书五经等，为了实现应科举而入仕途的人生规划，学子们于书院勤勉研习，潜心攻儒。以此有朝一日能金榜题名，门楣生辉，光宗耀祖。受其驱使，该县科第，用代不乏人来描述都不为过，据记载，有进士 50 名，其中武进士 21 名，这其中又有武状元 1 名。举人 192 名，其中武举人 115 名，可见该县文风之盛。科举中式应是教育与人才培养的重要指标，人才辈出固然不仅是书院的单因素结果，但称其为重要关联当不为过，而且武举及第人数之众，当能反映出该县官私学或者书院是极为崇尚武学的。

(八)赞皇县

复初书院

乾隆十六年(1751 年)，知县黄岗竹在县文昌阁旧基捐资创立书院，书院“仍建文昌阁，东西厢为书室四处，就前壁为半亭，亭北方池，可种莲，西南隅凿井，引泉入池，使水不竭，更垣其四方，植以花木，延师课读其中。适有龙墰社入官地三十余亩，岁可得租二十余担。又约各绅，置地三十亩余，不惟以岁息之，亦足以资来学膏火。”③此后知县萧蔚源、觉罗锡岭、恩泰各有修葺，并立重修碑记。④ 其中清人黄岗竹著《赞皇新建复初书院碑记》收入光绪《畿辅通志》卷 9 下“艺文志”，恩泰著《重修复初书院文昌阁碑记》收入光绪《赞皇县志》卷 25“艺文志”。

看来，复初书院办学经费来源渠道较多，官绅捐助所占比例很大，为书院办学常规教育活动及办学质量提供了充分的保障。“书院官山四处，田地一顷四十一亩，每岁山租地租并捐资发商生息，作为膏火经费。”⑤学田制作为校产种类不限于田地，也包括山丘、湖泊、林木等财产资源，只不过中国以农耕立国，田地更为普遍而已。但复初书院办院物质基础已有山林，这种情况在以辽阔大平原为地形总体风貌的直隶省而言，也是很少见的。

---

① 邓洪波.中国书院诗词.长沙:湖南大学出版社，2002.13—15.
② 藁城市地方志编纂委员会.藁城县志.北京:中国大百科全书出版社，1994.395.
③ (清)黄岗竹纂修.(乾隆)赞皇县志·卷 2“学宫志”.乾隆十六年刻本.
④ (清)史赓云修，赵万泰纂.(光绪)赞皇县志·卷 5“学校志”.光绪二年刻本.
⑤ (清)李鸿章等修，黄彭年等纂.(光绪)畿辅通志，卷 115“学校志”.光绪十年刻本.

(九)栾城县

龙冈书院

清康熙二十二年(1683 年),知县王珙在城内西南隅创立龙冈书院。乾隆三十三年(1768 年)知县李方茂重修。道光十四年(1834 年)知县王大猷重修,十六年(1836 年)知县桂超万劝捐,规定书院规章制度 20 条,建立书院管理制度、童生纪律、考试制度、财务制度以及书院维修规程等。书院的建筑群完整,计有大门 3 间,二门 3 间,讲堂 5 间,左右厢房 10 间,后院上房 5 间,左右厢房 6 间,护院人住房及厨房共 3 间,照壁 2 座,牌坊 1 座,又后义学 3 间,门楼 1 座。其中后院上房 5 间,为山长住房;左右厢房 6 间,同二门 2 间,堂下左右厢房 10 间,皆为在院生童肄业之所。

龙冈书院为县署管理的官立教育机构,书院建立董事会制度,设总理 1 员,董事 4 人,以襄助山长教育管理,期冀取得更好的教育效果。这种情况在古代书院教育管理的民主化进程中颇有意义,表明该书院规模较大,制度化水平较为成熟。董事职责重在襄助经费管理、院长选聘等院务,同时也享受书院给予的一定薪酬。史载:"书院董事,以前俱自备资斧,以后若不议给薪水,恐难为继。今议四董事每岁轮流二人,在院常川照料,经理租谷银钱等项,各给薪水大钱十千文,计岁需大钱二十千文。如有要事,仍合四人公商。年终算账,即于算账之日,接办下年事务。其有事故外出等事,由绅耆选举家道殷实正直可靠之人顶补。"①

书院内附属义学,以标明政府也将义学作为公共教育一部分予以重视,程度、水平及学生对象不同于书院,而添置其中,是否寓有教育资源的部分共享以及教育力量的同源共存,从而发挥出更大的教育效力呢？据文献所载:"书院后身,移建义学一所,内有县属小州村西义学田六十亩,仍归义学。即在肄业生员内,拣选品端学优者一人为师,以此地租大钱三十千文作为脩金,由书院董事按季支送。其学生限十名为止,著董事查明,实系无力以师者,方准送入。"②看来义学与书院有多方密切联系,只是未见其升级关系,从而与欧洲工业化时期产生,由捷克大教育家、近代教育学理论奠基者夸美纽斯提出的学制系统及其学年升级制思想有所差别,这也恰是古代学校教育与近现代学校教育有根本分歧之特质所在。

龙冈书院的办学经费主要源于官府拨给的学田、村捐地亩、各方士绅捐赠的银钱。道光十六年(1836 年),"书院旧有捐存地亩五百四十六亩,地多瘠薄,每年招佃输租钱一百四十六千八百五十文,内除完量钱四千文,又岁给四礼生大钱十六千文,此项历久相沿,应仍旧支给,书院实得膏火地租一百二十六千八百五十文。其租由本县催征,随征随发,交各董事具领支销。又现在以续捐大钱三千文,发商生息,按月一分生息,岁得利息大钱三百六十千文,按季交董事支销。又铺房三所,得房租大钱二百一十千文,董事按月取用。年终算报,以归符实。"③由此可知,龙冈书院经费筹集多样、丰富的特征以及程序规范、条理清晰的管理模式。董事在经费收入支出及核算过程等经费运行管理中,实居有重要地位,反映了清代中后期地方官办书院的成熟及规章化运营水平。

---

① (清)桂超万.龙冈书院章程.见:(清)桂超万等修,高继珩等纂.(道光)栾城县志·卷 3"书院志".道光二十六年刻本.
② (清)桂超万等修,高继珩等纂.(道光)栾城县志·卷 3"书院志".道光二十六年刻本.
③ (清)桂超万等修,高继珩等纂.(道光)栾城县志·卷 3"书院志".道光二十六年刻本.

龙冈书院的行政管理设置山长(院长)1人,主持院务,监院2人。山长由知县会同董事会,选聘饱学儒士,并且“科甲出身,学行素著,诗文兼长者”充任,县官“不得曲徇荐托”。而出任山长者,必须“在院训迪,按月课试”。① 县学教官为监院,讲学先生则由山长延聘,学生均为县内立志进学的童生。书院学年规程计划安排2月开课,11月散馆。每月4课,初二、十七两日专试贴,称作“正课”,只在院肄业者与考,前列者给予奖赏。初九、廿四两日或论辩、经解、策赋,不拘一格,称作“散课”,院外生童皆得与考,但无奖赏。②

龙冈书院的章程条理清晰,规模宏大,事无巨细,该章程从书院的课程安排、教师及管理人员俸禄数目、生童的管理、请假制度尤其是经费的来源和支出等方方面面详细介绍了龙岗书院的教学研究与管理以及书院资金的分配运作模式,对生童的管理方面,据下录《龙岗书院章程》规定“书院为教育人材之地,理宜整齐清肃,肄业生童如有无故出院闲游,不勤攻读,呼朋引类,来往喧谈,山长同监院严加训斥。不遵约束者,一次戒饬,二次逐出。或有酗酒废荡,好讼滋事,有乖行止者,立行逐出,以昭儆戒”。这样的规定对书院教学环境的净化起着至关重要的作用。在经费收支方面,书院规定“两学监院,应送薪水,每学每节送大钱四千文,三节岁需大钱二十四千文”,“每年支销经费,总理董事于年终算账,定于十二月初二日齐集书院,核实开造四柱细册,呈送本县核销存案备查”。在书院的课程设置方面,书院也做了详细的描述“每月初二日官课一次,十七日馆课一次,作为正课,在院扃试,专试制艺试贴”。

总之,龙冈书院的章程既为书院研究者们带来了宏观和整体上的把握和视野,也从微观着手,让研究者对古代书院内部的资金结构、运作方式等方面也有了详细的了解,此为研究者之大幸也。清人魏双凤撰《龙冈书院碑》,载康熙《栾城县志》卷3“艺文志”;张孝时撰《龙冈书院课文记》,载道光《栾城县志》卷3“书院志”;李方茂撰《龙冈书院碑》,载同治《栾城县志》卷14“碑碣志”;桂万超撰《龙冈书院碑》,载光绪《畿辅通志》卷115“学校志”。下附《龙冈书院章程》以及《创建龙冈书院碑》。

龙冈书院章程

清道光十七年(1837年)

一、书院房舍,系生童肄业之所,不得徇情借住,以致损毁房舍,有妨功课。一切器皿,亦不得擅借出院,致有损失。

一、延请山长,每岁九月间,由总理及董事会同邑绅公择科甲出身、学行素著、诗文兼长者,以为多士矜式,择定后禀明本县,具关敦请。仍旧留请者,亦于八九月禀明订定。总须在院训迪,按月课试,庶于士风能有裨益,本县不得曲徇荐托,致书院徒有虚名。每年致送山长脩金一百二十两,膳金八十两,共银二百两,现计合钱三百千文,按季致送。

---

① 季啸风主编.中国书院辞典.杭州:浙江教育出版社,1996.

② 河北省栾城县地方志编纂委员会.栾城县志.北京:新华出版社,1995.718.

一、书院每年二月初二日开课。先期由县出示晓谕,生童赴礼房报名卷备。至期齐集书院,听候本县扃试。生监取在前十二名,每名月给篝火大钱五百文。每月篝火,以初二日官课为定。每年除正腊不课外,以十个月支销,岁需篝火大钱一百三十六千文。其余附课,俱无篝火。

一、每月初二日官课一次,十七日馆课一次,作为正课,在院扃试,专试制艺试贴。初九日、二十四日两日散课二次,一由本县出题,一由山长出题,一文外,或论辨经解策赋,不拘一体。其不在院肄业者,准其领卷出院,限次日交卷。正课二次,赴课生童,每名给饭食大钱四十文。每课应试生童五六十名至百人不等,约岁需饭食大钱六七十千文。每月馆课,超取生童奖赏二千文,岁需二十千文。官课奖赏,应本县自备。散课无奖赏。

一、三节每节致送山长节礼大钱六千文。每月正课二次,每次山长监院合董事酒席大钱一千文,开馆散馆酒席共四千文,岁需大钱四十二千文。又初延山长致送聘金四两,次年留请,不送聘金。

一、两学监院,应送薪水,每学每节送大钱四千文,三节岁需大钱二十四千文。

一、看守书院一人,常川伺候,每年工食大钱十千文。

一、官课、馆课试卷名册榜纸,均有礼房备办,岁给纸价大钱二十千文。

一、书院旧有存捐地亩五顷四十六亩,地多瘠薄,每年招佃输租一百四十六千八百五十文,内除完粮钱四千文,又岁给四礼生大钱十六千文。此项历久相沿,应仍旧支给,书院实得篝火地租一百二十六千八百五十文。其租由本县催征,随征随发,交各董事具领支销。又现在以续捐大钱三千文发商生息,按月一分生息,岁得利息大钱三百六十千文,按季交董事支销。又铺房三所,得房租大钱二百一十千文,董事按月取用。年终算报,以归核实。

一、发商生息本银,不准官为提取,亦不准董事私取。今于发本时,取该商切结,嗣后如有官及董事提取,即行缴发。以致亏空无着者,著该商照数赔出原本,照常生息。此结除发房存卷外,并抄二纸,一移学存案,一发存董事。其各商或遇止歇更换,即令项代之商承领交息,倘有添设当典,准该商等均匀拨办,以昭公允。

一、书院二堂五间,为山长住房。堂下东西厢房六间,用讲堂边房两间,堂下东西厢房十间,皆为在院生童肄业之所。先尽超等生童居住,如有闲房,颇就师范负笈而来者,亦准在院肄业。火食均各自备。

一、书院为教育人材之地,理宜整齐清肃。肄业生童如有无故出院闲游,不勤攻读,呼朋引类,来往喧谈,山长同监院严加训斥。不遵约束者,一次戒饬,二次逐出。或有酗酒废荡,好讼滋事,有乖行止者,立行逐出,以昭儆戒。

一、每年十一月课毕,散馆。平时肄业诸生,偶有事故,必须于山长处告假出院,以备稽考。凡官课既取,应给篝火,馆课不到者,罚篝火半月,两散课俱不到者,扣除四分之一。

一、书院后身,移建义学一所,向有县属小洲村西义学田六十亩,仍归义学。即在肄业生员内,拣选品端学优者一人为师,以此地租大钱三十千文作为脩金,由书院董事按季支送。其学生限十名为止，著董事查明，实系无力从师者，方准送入。

一、书院董事四人，以前俱自备资斧，以后若不议给薪水，恐难为继。今议四董事每岁轮流二人，在院常川照料，经理租谷银钱等项，各给薪水大钱十千文，计岁需大钱二十千文。如有要事，仍合四人公商。年终算账，四人邀同总理公算，即于算账之日，接办下年事务。其有事故外出等事，由绅耆选举家道殷实正直可靠之人顶补。

一、课期在岁科考郡院试之时，不得拘定常期。俟试毕，照常开课。其扣存经费，存公备用。

一、每年支销经费，总理董事于年终算账，定于十二月初二日齐集书院，核实开造四柱细册，呈送本县核销存案备查。

一、书院堂舍工程，一切什物器具，铺面房屋租数，田地坐落村庄顷数亩数租数，发商生息存本，各项册籍，一样造具三份，一存县卷，一存儒学，一存书院，交董事收支。如有更换交接，按册点交明白，即将此册交与替人收执。

一、龙岗书院，康熙二十二年知县王巩始建，至乾隆三十年而已圮，知县李方茂修，距今七十余年，又圮，以无岁修之款故也。今若不议岁修款，风雨剥蚀，历年久远，必又渐见倾圮。兹议定余钱存为岁修，责令董事每月查看一次，遇有渗漏剥落处所，禀请县学验明随时点补，以期永远不朽。岁修之费，不得过大钱二十千文。如有盈余，多则置产，少则存公，以为修补房屋添置器具之用。凡有修置，董事应禀县备案。

一、现定章程，限于岁入之数，概从樽节。将来城乡好善之士，有随时量力捐输者，再当添增篝火，广集生童，庶士习文风，日臻上理。①

创建龙冈书院碑

清康熙二十二年(1683 年)李一鹭

古有庠序，无书院。书院之名自宋起，曰白鹿，曰岳麓，曰睢阳，《玉海》所志海内四大书院是也。有明以来，纷然接踵，如获鹿有太行院，元氏有封龙院，新乐有壁里院，为一方教学相长设。或出自师长，或出自子弟，未必尽由长为也。间有之，不过猎虚名，循故事。求其实心实政，积于学道爱人之久，而毅然创始者，首见于栾邑王侯。侯治栾五年矣，戴星出入，教养斯人，力罔不尽。以考绩有成在即，复惓惓语人曰："百工居肆以成其事，君子学以至其道。孔、孟以仁义传，伊、周以事业著。何者非学？学之不可不讲也明甚。矍相之圃，云谷之堂，其何能一旦待哉。恭逢圣天子崇儒重道，日进翰苑，诸臣讲习讨论之四书、五经，皆著为讲义，便行直省。上接尧舜十六字心传，斯理学昌明之会也。又严斥邪说，火非圣人之书。督抚荐杨守令不列教化士子者，不详注册。为令者，何敢不讲学以自励励人？

于是，相地于署西南隅，劝翰启土，前堂后舍，豁然宏敞。阶下杂植榆槐数百株，以兆百年

① 河北《栾城县志》卷三，清道光年间刊本·陈谷嘉、邓洪波.中国书院史资料（中册）·杭州：浙江教育出版社，1998，第1443—1445.

树人之瑞。浃旬工讫。栾之士张君名显、俞君允中、焦君名山、聂君其宗，时中李君郁芬、张君尔勤、王子锡、王子瑜、马子宪文、徐子应斌，感侯谊，不远数十里，命余勒石。余念侯之先尊翁为江右粮宪使，以理学文章讲学洪都，值余筮仕，新建为阳明先生食邑，亦曾讲学西昌，窃叨声气之投。侯来令栾，又与余里接壤，耳侯德政甚悉。壬戌春，奉命遣祭炎、虞二帝于衡、永间，假道于栾，得挹光霁。秋日，旋复瞻循卓益，知侯始以养民者教士，耘耔之余，烝我髦士，复以教士者养民。久道之成，参诸化育，颜曰"龙岗"，以栾邑有卧龙冈，在《易·乾》之初爻曰："潜龙勿用。"其二爻曰："见龙在田，利见大人。"期栾士也。栾之士，出处不负侯命，名义庶几与四大书院南北峙起，而惓惓不忘桐乡之心，亦隐寓其中矣。后之继侯者，登斯堂，进栾之人而教养之。继往开来，广其思于天下。后世岂特为栾侈飞于樽俎，衍道统于逢掖已哉?①

(十)灵寿县

松阳书院

原为明代万历四年(1576年)所建敬业书院。清乾隆二十九年(1764年)，知县林调燮将陆公祠前院扩建为书院，置讲堂、斋舍、书室、藏库等28间房舍，名为"松阳书院"。此后历有补葺修缮，至清末废科举而停办。② 清代方志资料对此有具体记载："松阳书院，旧在聚星门左，明季毁于兵燹，乾隆二十九年，知县林调燮移建于陆公祠前，讲堂三间，耳房三间，斋舍十二间，二门楼一间，东厢房三间，临街房七间，中设大门。三十九年，知县刘启秀重修，道光二十三年，知县胡容重修。"③

看来书院剧变，历史动荡中改朝换代，必然诉诸武力战争，摧枯拉朽、江山朝政易位的同时，不仅是田园荒芜，经济萧条，人口迁移，而且人才养育之渊薮教育机构总是成为浩劫扫荡的对象，真可谓是"城门失火，殃及池鱼"了。清代学者章学诚在《文史通义》中称"乱世则学校不修也"。但是，教育是永恒的事业，包括书院在内的古代教育机构又在新王朝下复苏或重建以后，以不同面貌或方式出现，亦可谓是"野火烧不尽，春风吹又生"、生生不息、天道恒毅的象征了。书院的新旧继承性，可见一斑。但笔者于此又生发臆想，假如连绵战火能避开教育机构，是否更有文化传统的承续性、育人的一贯性，以至节减社会的经济、产业资源及劳力支出呢?

灵寿县县书院历明、清两代，它和县学相铺相承，为诸生习业进取提供了许多方便。尤其清康熙中期之后，不少知县、学官受到陆陇其勤政重教而为人称颂的启示和影响，经常亲赴书院为诸生授业；县内一些饱学之士(如引退知府马曾鲁等)亦不断前去讲学。④ 因而书院的开办为发展县内教育起到了良好表率或旗帜作用。

综上可以看出松阳书院的发展与官府的支持是密不可分的，但其关键因素还是书院本身所散发出来的勤勉乐学的精神，是当时康乾盛世之文化领域的重要组成部分，在当时特殊的历史转

---

① 陈谷嘉、邓洪波.中国书院史资料.杭州：浙江教育出版社，1998.942—943.

② 灵寿县地方志编辑委员会.灵寿县志.北京：新华出版社，1993.594.

③ (清)刘赓年增纂.(同治)续灵寿县志·卷2"馆舍志".同治十二年刻本.

④ 灵寿县地方志编纂委员会.灵寿县志，北京：新华出版社，595.

型期,在清王朝逐步走向盛世的前夕,松阳书院以及类似的教育机构的兴起,也从侧面体现了当时的社会,思想、文化、教育以及社会风气等意识领域积极进取的信念。

(十一)平山县

天桂书院

乾隆三十八年(1773年)知县员家驹捐俸,在学宫东按察院旧址创建天桂书院。有正房5间,厢房东西各1间,讲堂3间,斋房4间,厨房8间,大门二门4间,共25间房,聘请名师于书院设帐讲学。另外在书院西北设蒙学1所,为书院附属。①

嘉庆六年(1801年),知县李东垣酌增书院膏火经费,使学生数额由8名增至30名。道光十九年(1839年),知州周荣鼎重修,内有园地1亩3分3厘,井一眼。咸丰三年(1853年)知县王涤心复订月课章程,实行考课,并躬亲讲演,以示训诲。又捐购"十三经注疏""廿四史""百子全书""子史经华"等书41种储存,"鸿编巨制,藏诸满架"。② 光绪十五年(1889年),知县石昆山购备书籍器具,整饬规条,酌易章程。光绪二十七年(1901年)改为小学堂。

天桂书院坐落于平山县县城,该县是太行山南麓的山区县,与山西省接壤。命名天桂书院,并非无源之水,实是该县除了中共于解放战争时期震惊中外的三大战役指挥中心西柏坡之外,尚有一处历史悠久的名胜——天桂山。

天桂山位于石家庄市西100千米处,是国家AAAA级景区,面积达60平方千米。风景区由青龙观中心景区和玄武峰、望海峰、银河洞、翠屏山等八个景区组成。景区内山势雄伟,山形秀丽。树木花草繁茂,时有云雾缠绕。山上山下,泉山遍布。青龙观道院,始建于明末,原本为崇祯皇帝的归隐行宫。李自成攻进北京后,崇祯帝在绝望与无奈中吊死煤山(今北京北海畔之景山公园内)。当时主修行宫的太监林重华出家为道,法号清德,改行宫为青龙观道院。后来发展成为北方著名的道教圣地,有"北武当"之称。真武殿、苍岩宫、魁星阁等古建筑,均建于绝壁断崖之上,布局精美,气势恢弘。天桂山为典型的岩溶地貌,融山泉林洞于一体,集雄险奇于一身,有"北方桂林"之称,是太行山著名的游览胜地。③ 从天桂书院发生史来看,书院的官学化程度很高,套用常说的行话,书院与官学几无差别,是官学的别称,也是有道理的。而且,地方政府除了仿效地方官学的章程加强书院师生活动的监控之外,十分重视通过物质资源,尤其是经费、设备的投入,一方面保障书院教育的有序开展;另一方面,则是政府控制、干预书院的手段,使得书院办学更能符合封建社会政治及道德伦理的现实利益。

清代的王涤心曾经担任平山的知县,在任期间对书院的生童们鼓励有加,有词《少年游·示天桂书院生童四阕(其四)》为证:"严师讲授须心领,攻错借良朋。出作名臣,处为人望,此内岂无恁。"王涤心修,郭承先纂(咸丰)《平山县志》卷8"艺文志"收入清代员家驹《建立天桂书院碑记》、李车垣《酌增书院膏火乡会宾兴条约碑记》。

---

① 平山县地方志编纂委员会.平山县志.北京:中国书籍出版社,1996.680.

② 季啸风主编.中国书院辞典.杭州:浙江教育出版社,1996.5—6.

③ 河北省制图院编制.新河北地图册.长沙:湖南地图出版社,2007.127.

(十二)无极县

圣泉书院

清同治七年(1868 年),知县李葆贞创办圣泉书院,院址在县城东门内路北,有讲堂号舍 30 余间。时因苦旱祷于高陵村圣井得雨,遂名“圣泉”。同治九年(1870 年),由城绅人士筹款 1000 吊铜钱作办学经费,知县丁文浚拨款发商生息,又将县衙“义谷”拨归书院,接着,赎留齐洽村兴国寺地 50 亩资助调用。光绪八年(1882 年)李应培购置“二十四史”“十三经”等书藏于书院东楼,知县蒋继芳复开官课。1892 年,知县王扬会、府县陈札饬将积谷折价生息,每年得制钱 225720 文,闰月加息,拨归书院,按季支领作为经费。

书院制订《圣泉书院条规》13 条,规定书院推选两名公正廉明人士为正副董事;当然,圣泉书院对该院的正副董事有着严格的限制和约束,比如“凡属董事,除书院及一切公事外,苟涉词讼,毋得关说。踏此咎者,书院除名。在城绅士人等,凡属官务词讼,及一切非关学校者,不许至院会议,以致嘈杂”;“书院为课试肄业之所,理宜肃静。往往因无关紧要差使,借为公馆,议定无论差使官长、绅耆商民,以及董事,均不得借寓。倘有相强,众董事据章程共同力阻。”[①]这样的规定避免了书院董事的专权,削弱董事的权力也保证了书院行政的独立性。书院院长(即山长,书院主持人)则由董事访求外州、县品学兼优者充任;主讲教师按民意推荐,不得由官荐。院规中还对人事任免、教学制度、课程设置、经费管理诸事做出明确规定。上述规程,将书院作为培养人才场地,其教育基地于专业工作在环境、活动内容及人员素质方面提出特定要求,表明了教育的独立性及自身规律的诉求已纳入视野话语,这是教育学理论的深化寓意。

书院以儒家经典为教材,以五经四书和诗赋、制艺为主修内容。每年限额招收文童 15 名、武童 15 名,院内保持廪膳生、增广生各 20 名和一定数额的附生(官方不予供给经费的生员)。经科、岁二试,依缺增补。[②] 曹凤来纂修的光绪《无极县志》卷 10“艺文志”收入清人李葆贞撰《创建圣泉书院记》。

创建圣泉书院记[③]

清同治七年(1868 年)李葆贞

夫事,创始难,经久尤难。始以认真兴,久必以虚文废。书院,为乐育英才地,缔造甚难,往往不久辄废。其废也,延师不得其人,则废;课士不严其法,则废;以功名为富贵阶梯,以功名为功名楼橹,剿切陈言,华而不实,则又不废而废。知所以兴,秉实心,励实学,定画一之章程,于绅士之贤者共理之,而后可以经久不废。无极,民风朴愿,士习端悫。而文风不振,盖书院之废百余年矣。

---

① 衣长春.清代河北书院论述学术探讨.2010(3),278.

② 无极县地方志编纂委员会.无极县志.北京:人民出版社出版,1993.510.

③ 陈谷嘉、邓洪波.中国书院史资料(中册).杭州:浙江教育出版社,1998.946—947.

下车伊始，亟思敬教劝学，磨砺风俗。因兵燹后，继以旱暵，未遑也。谒至圣庙，宫墙、殿庑焕然一新，知阖邑士民崇儒重道，固所素尚。维书院废而不举，则培植人才之道，何由振兴？广文钱君树棻闻而是之。爰询邑绅，众谋佥同；乃卜地于城之震旦，得旷宅一区，购而修葺之。因墨市之旧庐，创弦歌之新地。斯役之兴，虽余力为修其废坠，而经营董劝，则广文钱君亦有劳焉。落成，颜之曰"圣泉书院"。盖衣食足，而后教化兴。祷圣泉得雨，岁凶复稔，得以建学兴贤。谁之赐也？故名之以弗忘。虽然，人心亦有圣泉焉，虚灵不昧，具众理而应万事，非吾心之真泉乎？泉而淤之，乌乎达？清而浊之，乌乎冽？浚以诗书，沦以师友。孝、悌、忠、信以疏其脉络；齐、治、均、平以导其源流。盈科而后进，进以此；左右逢源，逢以此也。顾名思义，求所谓混混不舍昼夜者，毋绝其源，毋汩其波。以真学化真品，化民成俗，而书院藉以不废。斯余所厚望也夫！

(十三)晋州市

1.湘殷书院

清康熙二十八年(1689年)，知州陈祖法建于州南门内关帝庙东，计有讲堂6间，东西厢房各3间，南屋4间，大门1间，大门外有陈所书碑记。

晋州牧陈祖法，字湘殷，甚有德政，离任后，百姓为他立湘殷生祠祀。康熙三十年(1691年)陈复任，遂将祠改为湘殷书院，集诸生肄业其中。对书院诞生缘起及个中原由，其他史志文献有细述，可补信息之不充分："湘殷，知州陈祖法字也。德政最著，州人闻调缺，大集款，将群赴省保留，竟去任，因以款立湘殷祠生祀之。明年，旋复任，不忍民德已，因即祠添字，改为书院以教士，湘殷名焉。"①光绪十九年(1893年)知州张钧改湘殷书院为鼓城书院，由城内乡绅董襄主办。② "后上官懋本私卖充公，仅余田七亩二分九毫一丝，庄墓五亩四分七厘六毫三丝三息。"③志书中未记录卖者身份及出于何种缘由，但不管怎样，光绪三十年(1904年)，以鼓城书院基址房宇改为县立高等小学堂。④ 书院办学活动中甚至出现院田变卖移为他用的现象，这在地方书院中是少见的，而从教育专业考察，则有悖于教育机构的发展及正常活动进行的条件要求，难免会导致其日渐萎缩或冰霜萧条。

湘殷书院的前身是一座祭祀造福地方官员的庙祠，转而办书院，又是受崇祀者教化功业的行为结果，这种相因承续关系，是独特民俗文化及价值观念的深刻反映，又折射出民众对政治管理清明有效高于教育文化需求的心态观念，这在教育功能论上考察未免带有短视狭隘的缺失。书院在办学过程中，甚至出现院田变卖移为他用的现象，或许是教育行业的力量受到了地方社会其他利益集团排挤、攻击而导致的失落或退却，这在中国基层社会办学中应该是持续存在的现象。孟昭

---

① 孟昭章修，李瀚如纂.(民国)晋县志·卷2"学校志".民国十六年刻本.

② 河北省晋州市地方志编纂委员会.晋州市志.北京：新华出版社，1995.614.另据李鸿章等修，黄彭年等纂的(光绪)《畿辅通志》卷115"学校志"所载，该书院建于康熙三十年(1791年)。究竟以何说为准，留存待考.

③ 孟昭章修，李瀚如纂.(民国)晋县志·卷2"学校志".民国十六年刻本.

④ 孟昭章修，李瀚如纂.(民国)晋县志·2"学校志".民国十六年刻本.

章修,李瀚如纂,民国《晋县志》卷6“金石志”收入清人纪云撰《湘股书院记》。

2.东关书院

清嘉庆年间(1796—1820)知州张杰建于城内,书院计有大门1座,门房5间,二门楼1座,东西厢房各3间,讲堂5间,占地20余亩。①

东关书院规模较小,办学成效较差,因而地方声誉及重视程度均远不如湘股书院。

(十四)行唐县

1.玉城书院

清康熙五十五年(1717年)知县王壮图捐俸数千金,创建玉城书院,列楹数十间,延师课士,按期考校,亲评甲乙。然现已无遗迹可寻。② 清人何世璂撰著《玉城书院碑记》收入吴高增修乾隆《行唐县志》卷14“艺文志”。

2.龙泉书院

该书院是行唐县影响最大的书院,知县张振义始建于清乾隆二年(1737年),院址在行唐城东北隅。乾隆二十三年(1757年)知县吴高增倾囊兴教,重整书院。因院中有井名“龙泉”,遂名“龙泉书院”。道光元年(1821年)知县王延浩、教谕莫涛、训导边彦生等重修,然延师脩金、月课膏火尚无其费,以致书院教育一度不振。同治元年(1863年)知县高建勋莅任,振兴文教为先,询及书院,仅有空名,即竭力玉成此事,于是出廉俸之余,每月召集生童严加考课,行之三年,文风丕变。

龙泉书院的建筑格局:“中三楹,祀陆清献、劳余山两先生。前三楹,为讲堂。旁为学舍,延师课读。后三楹。新建有井。”书院的规模有限,而教学基本设施场所依然具备,后三楹房舍未讲明具体用途,大致可以推测为藏书之所以及书院管理者住处。书院的教学、崇祀及藏书诸种功能均已具备,可以说是古代书院具体而微、以小见大的基层级别书院的样本。而崇拜祭祀人物却并非是风闻天下的名儒大师,或许是地方乡贤名宦,从中又足以反映书院办学地方化、乡土性的一面。

清代一改明代部分书院的私立性质,而成为类似的官办学府,又逐渐演变为准备科举考试的场所,行唐书院的办学便是如此。龙泉书院教学内容以“经馆”教材为主,如“四书”“五经”、诗赋和制艺等。书院性质的变化,教学方法亦随之变化,不再是师生共同讨论,学生登台讲课了。龙泉书院主持者称山长,往往由知县选聘饱学儒生充任,另设堂役1人,厨师1人。山长或亲自授课,或另聘儒士讲课,山长和讲师共同管理生童。③

同治四年(1866年)知县高建勋又为书院捐倡,举县之民不分贫富欣然乐从。次年,高建勋又向众大户谆谆劝喻书院教育之价值,劝募捐资兴学,重修书院诸费日渐充足,使龙泉书院重兴。④清人吴高增撰《龙泉书院碑记》,收入乾隆《行唐县志》卷2。

---

① 河北省晋州市地方志编纂委员会.晋州市志.北京:新华出版社,1995.614.

② 行唐县地方志编纂委员会.行唐县志.北京:中国对外翻译出版公司.1998.554.另据王兰荫著《河北省书院志初稿》(国立北平师范大学出版社1936年印行)第32页所载:书院创建时间为清乾隆五十七年(1792年),其他信息相同,留存待考。

③ 行唐县地方志编纂委员会.行唐县志.北京:中国对外翻译出版公司,1998.554—555.

④ 行唐县地方志编纂委员会.行唐县志.北京:中国对外翻译出版公司,1998.554.

(十五)深泽县

香泉书院

香泉书院在城隍庙东,创建无考。康熙三十年(1692年),知县陈奕禧重修,取名为香泉书院。四十九年(1711年)知县陈雅深重建改为乔山书院。乾隆辛巳,知县仲周霈重修,更名滋阳书院。嘉庆癸亥,知县萧泗水重修,复名香泉书院。咸丰九年(1859年)知县许忠以书院倾颓,捐资修葺,改为义学。十年,复广为劝捐,重加修整,并复书院旧规,立有碑记。①

香泉书院在筹资重建过程中,三易其名,可见延续生存之艰辛。甚至于在经费匮乏之时,为免停办关闭之虞,退而求其次,改办为初等教育机构——义学。可见,清代地方书院与义学之间存在着转换余地,书院办学对经费、场地投资远远超出义学。这样,对那些无力维系办学的书院,转而办理其条件能胜任或具备的义学及其他初等教育机构,也不失为一种明智选择。清人王宗洛撰有《乔山书院记》收入王肇晋撰修咸丰《深泽县志》卷9"艺文志"。

(十六)赵县

庆阳书院

创办时间为道光末年,创办者不详,地处赵县望汉台以东、州衙以南的书院街。

据光绪《赵州志》记载,旧庆阳书院位于州署东南侧(现县政府东南侧),清道光二十四年(1844年)、二十五年(1845年)间,知州宝梦莲(满人)延请刘阜南先生(山东昌邑人)授课,当时书院因年久失修,"栋宇倾颓""垣墉败缺",后居民撤材拉土,一年未满,书院成为坑坎。同治三年(1864年),观察段晏洲(江苏萧县人)知赵州,才移建书院至州学明伦堂西"修业斋"旧址,盖讲室3间,聘请名师丁化南(河南夏邑人)主讲席。丁先生学识渊博,讲课谨慎,弘扬正确,校正谬论,秀才们为之折服。听课者日多。同治五年(1866年)八月,刘锡谷(安邱人)署赵州,第二年大比,一人中举,数人荐贡,刘锡谷为之感动,捐出俸银,倡建书院,州中好义者纷纷捐资,在明伦堂东又建讲堂1座,明伦堂两侧又建斋舍2座,与拱门连缭。在厨房浴室南又增建一舍,书院至此条件改善,环境大变。清光绪二十八年(1902年)在庆阳书院旧址之上创办赵州官立中学堂之际,书院建筑仍然完好。②清人刘锡谷撰著有《移建庆阳书院碑记》,收入孙传栻撰修光绪《赵州志》卷13"艺文志"。

(十七)获鹿县(现石家庄鹿泉区)

鹿泉书院

先是清顺治十六年(1659年),获鹿知县易道沛于县城东关创建白鹿书院,至乾隆前期废止。乾隆三十九年(1774年),获鹿知县唐奕恩于获鹿城区内东北隅本愿寺西侧创建鹿泉书院,制定院规10条,于招生、开学、上课、考试、纪律和奖惩等方面有详细规定。③ 鹿泉书院名望有限,影响不大,但考诸其发生渊源,初创于清朝于关外入主中原建立全国性政权之初,而当时能兴办书院者凤毛麟角,寥若晨星,后又能在废墟上赓续延绵,也颇有其特色。

---

① (清)王肇晋纂修.(咸丰)深泽县志·卷3"社学志".咸丰十一年刻本.

② 河北省赵县志地方编撰委员会.赵县志.北京:中国城市出版社,1993.743—744.

③ 鹿泉市史志编.获鹿县志.北京:中国档案出版社,1998,605.

二、保定

(一)保定市

莲池书院

清雍正十一年(1733 年),直隶总督李卫创建。在古莲池左方。厅事 5 间,精舍 3 间,廊庑共 11 间,群房共 40 余间。后由新任院长黄彭年增修东西院讲舍共 19 间。莲池书院前期,院长姓名不可考。同治中叶,系聘大兴李嘉端为院长。同治十三年(1874 年),李先生解馆,继聘新城王先生振纲。迨光绪十四年(1888 年),王先生捐馆,聘贵筑黄先生彭年。当是时,合肥李文忠督直,黄先生请于文忠,筹款 2000 两,购书 21000 卷,辟学古堂以课经古。莲池书院之讲朴学,自黄先生始,盖光绪八年也。未几,黄赴荆襄道任,即聘武昌张先生裕钊。十五年(1889 年),张先生还里,桐城吴先生汝纶继之。院中高材生接踵奋起,最知名者为王树枏、胡景桂、贺涛、傅增湘、刘若曾、安文澜、刘登瀛、贾恩绂、韩德铭诸人,其余以文章功业显者,尚不可偻指数。光绪三十三年(1907 年),书院停办,改校士馆,馆长为阎志廉。民国元年,经刘续曾改保定第二师范附小,学舍、房舍一律改建。①

莲池书院作为当时的京畿最高学府受到众多学人的追捧,就是当时的最高统治者也对莲池书院非常重视,如乾隆皇帝本人对书院的建设就格外关注,曾三次莅临书院视察,并钦赐"绪式濂溪"匾额,且多次赋诗以勉励院中众师生。如乾隆十一年(1746 年),乾隆皇帝在巡视莲池书院时,有《莲池书院》诗云:"西巡回驻郡城边,便幸莲池读爱莲。不必有花识君子,所欣此地育英贤。"再如乾隆四十六年(1781 年),乾隆皇帝再次游历莲池书院,有感而发,《辛丑仲春月下澣至莲池书院成什》诗云:"书院实在此,亭台增新样。端乃开于方,成事不说放。兴学则其善,历任踵相尚。兹来阅诸生,颇觉知趣向。所期正学敦,讵夸辞藻畅。处为传道器,出作济时匠。棫朴方在此,勗之毋或忘。"而莲池书院培养出来的名人更是不计其数,虽然随着旧的教育制度的土崩瓦解,曾经辉煌一时的莲池书院在光绪二十九年(1903 年)结束了它的历史使命,但是它曾经的大放异彩使其在整个书院史上都占有非常重要的地位。下附《莲池书院记》。

莲池书院记②

清光绪七年(1881 年)黄彭年

莲池者,元张柔故园。其北万卷楼者,贾辅藏书之所。明为保定府别墅,入国朝为书院。康熙、乾隆御制《幸莲池书院》诗,皆勒石万卷楼南及春午坡,可证也。

自莲池为行宫,从万卷楼西界以垣为书院。道光中罢行宫,示天下不复巡幸,莲池易为宾馆。同治十年开局修《畿辅志》,予来居焉。光绪四年,予始重领书院讲席,合肥相国置书二

① 金良骥、刘云亭修,姚寿昌纂.清苑县志·卷 3"教育".民国二十三年刊本.

② 陈谷嘉、邓洪波.中国书院史资料(中册).杭州:浙江教育出版社,1998.55—56.

万余卷，使诸生得纵观，增课经古，以时奖劝，于是远近来学者日众。书院广十六丈有奇，长仅十丈，而圣殿、考棚、讲堂及院长、校官之居咸在焉。其为讲舍仅数十楹，今年学者麕集，予既居志局，乃举向日院长、校官之居，以待我学者，犹不能容，或怅然而返。布政使宜兴任公闻之，命知府吴君焕采筹增舍。顾书院北临通衢，东南接莲池，西则笔帖式署，无隙地可辟，吴君乃就院中相度分布，鸠工庀材，西院增舍九，东院增舍十有一，葺废舍而新之者四，凡增二十四楹，装治用具咸备，费金千二百有奇。既成，予进诸生而诏之曰：书院之自无而有，自广而狭，今地不加广而舍增多焉，时为之也。相国之置书，方伯之增舍，吴君董役之勤且坚，与夫当事诸君之课试奖歇，诸生所亲见而身被之者也。诸生之来居于此，为其可以习举业而博科第、登显要乎？则揣摩以求合，摭拾以为美，而未可必得；幸而得之，而举空疏无用之身，又进以揣摩摭拾之术，以坏天下国家之事而有余，夫岂置书增舍之本意哉！夫学不殖则落，仁无辅则孤，中外之形势扼塞，四方之风俗美恶，古今政治之盛衰得失，不考则不知。士就闲燕，辟萃州处，讲贯而服习之，善则相劝，过则相规，学之成也。穷则以孝弟忠信化其乡，达则以经济文章酬乎世，昔郝文忠之居万卷楼也。著书足以传，大节足以不朽，今岂让古人也？诸生勉之，无负造士之盛心可也！因书以为记。

(二)安新县

1.渥城书院

渥城书院始建于清康熙五年(1666 年)，院址在安新县城东大街，初为渥城义学，系刑部尚书高景为家乡所建。康熙十年(1671 年)生员杨尔嘉捐地 50 亩，康熙十八年(1679 年)知县杨对捐俸银修葺。嘉庆十二年(1807 年)，知县侯宗秩重修院舍并题匾“渥城书院”。道光十二年(1832 年)，安新撤县，书院闲置。咸丰元年(1851 年)，乡绅武家谟劝捐重修。光绪十六年(1890 年)，安州知州章钧考虑新安乡学生赴试安州不便，加之新安文庙年久失修，采纳乡学廪生管倬等人意见重修渥城书院，并请示直隶总督李鸿章，李批示：“据禀安州书院设在州城，乡学生童应课不便，因从乡学廪生管倬等之请，将旧渥城书院捐复，业已落成，应准分课。”重新之后，中举的拔贡接踵而来，和高景首创时一样，出现第二个高潮。章钧离任后，刘璠任知州，和新安士子关系甚密，每次来新安都住在书院，他捐给书院的书籍价值百金。1900 年，八国联军侵华时，书院为德法军需处，书籍大多遗失。①

2.葛乡别塾

始建于清嘉庆十九年(1814 年)，在安州北关桥北路西。书院的办学历程异常曲折，清乾隆初年，安州陈懿长在其家塾办书院，并请学正陈淑起(俞湘的老师)等有名望的人任山长，书院历 40 余年，后中断。嘉庆十九年(1814 年)，合州公举俞湘的父亲俞星溪为山长，创办书院，俞湘的祖父俞士杰在北关外捐学舍一所，并在东河涯捐园地 4 亩以备修增院舍所用，并题匾“葛乡别塾”。别

① 安新县地方志编纂委员会.安新县志.北京：新华出版社，2000.861.

塾自立学以来，不但本地从学者很多，外地来此求学的人也络绎不绝，书院虽不专在科举，但进学者甚多。①

3.安新书院

建于清光绪十六年(1890 年)，在安州州衙西，是由章钧前任知州用全州摊派款和罚捐修建的。该官离任时将安州余款交给安州绅士，继续办理。光绪二十九年(1903 年)，书院改为安州高等小学堂。②

(三)阜平县

1.育才书院

育才书院设于阜平王快镇。清乾隆五十八年(1793 年)，知县张极改王快大公馆为"育才书院"。③"置地七倾一十余亩，房七所，并分载田地各段之坐落亩数及水旱滩园之种别，及房之所在地。"④每岁收租作为书院办学经费。

2.启秀书院

清乾隆五十八年(1793 年)，知县张极在县城南门外创"启秀书院"，已而复圮。道光十九年(1839 年)，知县张复吉督率邑绅张鹏程等人于城南旧址重建已坍塌的书院。⑤ 据该县志书记载："师生束脩膏火之费，皆妥为筹备。"⑥费用支出看来足以维系办学所需之各项需要，那么数额多大呢？又有资料显示，启秀书院"知县张复吉重修，置地六十一亩，房一所，每岁收租，作为经费。"⑦房一所，学生数十分有限，但学田数量却颇为可观，难怪乎经费用于各项办学活动较为宽裕。清人张复吉撰著《重修启秀书院》、张鹏程撰著《重修启秀书院碑记》均收入劳辅芝纂修同治《阜平县志》卷 4"艺文志"。

3.龙泉书院

清道光十九年(1839 年)，知县张复吉督率邑绅张鹏程在龙泉关建立龙泉书院。书院以学田作经费，共有院田 971 亩，校舍房 8 所。⑧ 同治《阜平县志》卷 4"学校志"，仅有片言只语："龙泉关亦有龙泉书院。"余无所载，可谓语焉不详，足见该书院绩效有限。

(四)高碑店市

紫泉书院

清咸丰九年(1859 年)，知县杨雩芗召集众绅士商议在紫泉旧址(今新城中学)改建紫泉书院。众绅士捐银 2000 多两，建筑房屋 35 间。阴历六月动工，十月落成。"复集资置地八顷充膏火之资"。紫泉书院聘请县内外名师讲学，讲授内容以"五经"为基本，教学方法，以学生个人读书钻研

---

① 安新县地方志编纂委员会.安新县志.北京：新华出版社，2000.861.
② 安新县地方志编纂委员会.安新县志.北京：新华出版社，2000.861.
③ 阜平县地方志编纂委员会.阜平县志.北京：方志出版社，1999.669.
④ (清)劳辅芝纂修.(同治)阜平县志·卷 4"学校志".同治十三年刻本.
⑤ 阜平县地方志编纂委员会.阜平县志.北京：方志出版社，1999.669.
⑥ (清)赵士麟修，李进光等撰.(康熙)容城县志·卷 3"学校志".康熙十二年刻本.
⑦ (清)赵士麟修，李进光等撰.(康熙)容城县志·卷 3"学校志".康熙十二年刻本.
⑧ 阜平县地方志编纂委员会.阜平县志.北京：方志出版社，1999.669.

为主,教师进行有针对性的指导。当时,书院规模和声誉很大,不少学生在科举考试中榜上有名。①

(五)高阳县

濡上书院

清咸丰二年(1852 年)由知县杨景彬创建濡上书院,院址在文庙旁义学旧址。同治十一年(1872 年),知县赵秉恒上任初期,在书院学习的童生不过数十人,书院规模狭窄,当时"以各乡亩产为基金",经费不足。赵秉恒遂增修书院,为补充书院经费,用无契田产的租税补贴办院,到翌年四月,肄业童生增至百余人。② 清人赵秉恒撰著《重修濡上书院记》,收入李鸿章等修,黄彭年等纂光绪《畿辅通志》卷 114"学校志"。

(六)容城

正学书院

旧志载,本县只有一所书院,名为正学书院,清康熙八年(1669 年)知县赵士麟创建正学书院,设于城内(西)大街路北县治东。史志文献记录表明:书院由学术讲演的社会教育组织演化而来,倡建者起了核心主干作用,同时又得到商绅的赞助。"先是公每朔望率绅衿诣明伦堂讲解经义,一时冠冕,云合雾涌,几不能容,遂谋为书院之置,而难其地与首倡者。会中贵杨莅偶抵邑,闻之欣然,购得大宅一区,估金三百定券,俄顷,慨成斯举,有所不足,公则捐俸倡募以足之。其立绰楔,加丹垩,置书籍,次第毕举。"后因时代的急骤变动而衰颓。正学书院建筑布局分前(南)后(北)两个院落,屋舍共计 31 楹。"讲诵燕息庖游之所,靡不备。"③后院两房为正厅,名"敬一堂",东厢为注讲课试之所;仿宋代经世派教育改革家胡瑗(字安定)遗意,前院东厢名"经义斋",西厢为"治事斋"。书院的管理较为正规,开始设有院董,首任张传薪,继任杨巨卿,再任梁倬峰。此后,"又延请院长";再后,由县学教谕兼管。④ 清人崔蔚林撰述《正学书院碑记》收入赵士麟修,李进光等撰康熙《容城县志》卷 7"艺文志下";清人吴思忠撰《正学书院记》收入俞廷献等修,吴思忠等纂光绪《容城县志》目录前。

正学书院后改名为正义书院。据志书记载:"正义书院,在县治东,原名正学书院,有地 112 亩,作为经费。咸丰六年,知县张某捐资,发商生息,以资膏火。"⑤书院订立辨学、立志、明性、正心、慎独、躬行、笃伦、改过、虚受、读经、持久、申约等 12 条《兴学会约》,集诸生会讲其中。学制无明确规定,只在每月"初二、十六辰刻",赵知县亲"集邑之学士,大夫及善民俊彦"于书院的明伦堂内,"与诸生讲论"。办学宗旨极为明确,每每针对"近世言学者""心目足身口,自相背而驰"的弊端,"讲经义""阐明正学","以正人心,敦风俗",并要求诸生"首以去欲存理为急,次即以躬行实践为先"。书院的组织纪律亦有严格规定,要求"诸君每月纵有俗务相妨,亦须破冗一会,共成远大"。

---

① 高碑店地方志编纂委员会.高碑店市志.北京:新华出版社,1997.633—634.

② 高阳县地方志编纂委员会.高阳县志.北京:方志出版社,1999.798.

③ (清)赵士麟修,李进光等撰.(康熙)容城县志·卷 3"学校志".康熙十二年刻本.

④ 容城县志编辑委员会.容城县志.北京:方志出版社,1999.353.

⑤ (清)李鸿章等修,黄彭年等纂.(光绪)畿辅通志·卷 114"学校志".光绪十年刻本.

书院颇受欢迎,每"诸生讲论",常常"观者如堵"。书院的"延师月课之资"来源有三项:其一,国拨经费。"旧有篝火生息京钱一千二百吊,新增篝火生息一万余吊,以为延师月课之资。"其二,收纳地租。"书院地六十四亩","村民耕种,免差役,延掌教,收其籽粒","以为延师之用"。其三,士民资助。"邑侯捐俸钱,邑人捐钱发商生息,为书院敬惜字纸之费"。①

道光十六年(1836年)刻《三贤集》,咸丰六年(1856年)增建前后院,"以为注讲课试之所",新增膏火生息钱1万余吊,"以为延师月课之资"。② 下附《正义书院记》。

正义书院记③

自国家以文章取士,书院之设遍于行省各州县,然名存而实或亡,旋兴或即于废求,所谓一人倡之,众贤和之,行之久而无弊者,非以持之,贵有其人舆。丙申岁,容邑纂修县志局设书院中,余因从事其间,闲谈之时,有院董张君传薪、杨君巨卿、梁君倬峰始知书院之兴起,虽不尽关夫三人之力,然非三君之经营筹画则又未必若今日之美备也。其初,膏火生息成本仅一千二百吊,膏火寥寥,生童率观望不前,屋宇狭隘,师生亦无栖身所,三君悯之。适逢泸溪罗公、高公、临安俞公前后来宰是邑,慨然以振兴文教为己任,三君乃谋,诸邑侯禀请大吏共拨公款京钱一万余吊,发商生息每岁得生息金若干,用度由是绰有余裕。又命三君总司院事,数年中重修屋宇,内外数十楹,焕然一新,加增膏火,爰立规条,又延请院长以便观摩。今得与同人月会日习于此者,不得谓非诸君子之力也,第恐多历年所后我者忘所自,而无所取信,将废弛院中事,使不可救药,是仍无补作育之本意,谨为文载之邑乘,以垂永久。濡笔而书其崖略如此,后之人继继承承,无忘此三人之意也,则善矣。

(七)唐县

唐岩书院(原名焕文书院)

清道光十五年(1835年),知县张梦蓉在旧城东门外(今唐县中学处)创建唐岩书院。书院设斋长,聘请掌教先生和讲席负责教务指导和授课。道光二十一年(1841年),知县饶翠重修。同治七年(1868年),知县陈泳整顿地亩,添修屋舍,有房屋47间,学地149.2亩多,史称:"因唐岩山为一邑钟秀之所也。有地亩十四顷九十二亩八分,又发商生息成本若干,每岁租息,作为经费。"④并制定书院章程,对纳生名额、聘请掌教、斋长职责、考课规程均作了规定,章程规定了该书院的课程分为官课和斋课,其中官课由地方官主持,而斋课由书院院长自行组织,并定每月初三为官课,十三、廿三为掌教斋课。每年自二月至十一月,官斋两课共计30次。特别需要注意的是,唐岩书院的考

① 容城县地方志编纂委员会.容城县志.北京:方志出版社,1999.353.

② 季啸风主编.中国书院辞典.杭州:浙江教育出版社,1996.7.

③ (清)俞廷献等修,吴思忠等纂.(光绪)容城县志.光绪二十二年刊本影印.台北:成文出版社,1969.131—133.

④ (清)李鸿章等修,黄彭年等纂.(光绪)畿辅通志·卷114"学校志".光绪十年刻本.

试均为闭卷考试,这种形式的考试也滋生了书院的一些不良之风,徇私舞弊现象开始出现,为了杜绝此类现象的扩大和消极影响,焕文书院在章程中明确规定"如有雷同,核扣篝火"。这种严厉的举措和规定净化了书院的考课之风。同时,在焕文书院的章程中,我们还发现了有关院长选任的特殊现象,章程中指出本县官员和乡绅等人不得对该书院的院长选任进行真正意义上的干涉,章程指出:"本处绅士延访文行兼优之科甲,呈县官聘请,县官新故及各处函荐者,俱不许延请,如县官殉情延请,其束金即由县官赔出。"①这样的规定充分保证了书院行政的独立性,有助于书院精神的弘扬和传播。清代的书院是准备科举的教育机构,光绪四年(1878 年)额设肄业生监 20 名,童生正课 10 名。书院开销以学田租息支付。② 清人张梦蓉撰《焕文书院碑》收入陈泳修,张惇德等撰光绪《唐县志》卷 4"书院志"。

(八)望都县

尧台书院

清乾隆二十八年(1763 年),县令卫学诗追回被侵占的义学田及应缴租金,借尧母祠东西两廊房舍延师课士,因建于尧母祠,取名为尧台书院,招收科举世子肄业者就读。乾隆四十八年(1783年)县令沈寅重修尧台书院,因县有龙泉之胜故更名为龙泉书院。嘉庆四年(1799 年)县令赵锡蒲认为书院设于尧母陵只是权宜之计,因此在尧母祠右边另建 1 座讲堂,书舍 3 间,置学田 100 余亩,从此书院有专地,易龙泉书院名为康衢书院。道光二十一年(1841 年)县令吴步韩在康衢书院荒废 40 余年后,筹谋恢复书院,南关黄桂林捐 200 金,重建讲堂 3 间,书舍 3 间,西舍 10 间,大门 1 座。因院内池莲茂盛,即景易康衢书院名为小莲池书院。③ 后有文人吴小岩《题望都小莲池书院》云:"修我墙屋,非直为观美也,比及三年,郁郁乎文哉,于斯为盛;率其子弟,又从而礼貌之,有能一日孳孳为善者,何用不藏。"描摹出尧台书院后续者小莲池书院当时的胜景。

尧台书院演化为小莲池书院,仅 80 年时间,易名之快,名称之多,在河北书院史上实为罕见。对此变故及新的转机,方志史料有翔实记述:"过此以往,渐又废弛,邑宰疲于差务,弗暇劝学,学田百余亩,奸胥侵蚀殆尽,院宇倾圮,移瓦木而济他工,曾四十余年间,盖将鞠为茂草之场矣。道光二十一年,邑令吴公步韩筹复旧规,南关黄生桂林独力输二百金,重构讲堂三楹,西舍十间,大门一座,右外除两间。明经广文麻元直种池莲益盛,吴公以曾垣莲池书院之目,故亦即景易名曰小莲池。"④

至此,书院有院田地共 5 顷 32 亩 5 分 4 厘 9 毫,每年收租京钱 221 吊 664 文,且分载各段之坐落亩数、租户姓名及租值。书院经费成本六宗,共京钱 4330 吊文,发商生息。自是书院膏火倍增,应课者日多,达到盛况。光绪二十五年(1899 年)增建文昌阁。次年,受义和团运动、八国联军侵华特定背景影响,书院停办,可谓匆忙结束其夕阳光彩之一幕。1901 年,邑人麻孟海在旧书院基础

---

① 陈咏修,张惇德等撰,唐县志,光绪四年刊本.

② 河北省唐县地方志编纂委员会.唐县志.石家庄:河北人民出版社,1999.658—659.

③ 望都县地方志编辑委员会.望都县志.北京:方志出版社,2000.654.

④ (清)陈洪书原本,李星野重订.望都县志·卷 2"书院志".光绪三十年刻本.

上改设初等小学堂。卫学诗撰述《新建义学(尧台书院)碑记》收入清人李鸿章等修,黄彭年等纂光绪《畿辅通志》卷114“学校志”。清人赵锡蒲撰述《康衢书院碑记》、吴步韩撰述《小莲池书院碑记》,均收入陈洪书原本,李星野重订光绪《望都县志》卷9“艺文志”。

(九)徐水县

1.古遂书院

清乾隆二十四年(1759年),知县谢昌言和士绅捐银于城内东南隅学官之西书院。

民国时期县志资料有完整记载:知县谢昌言捐银75两,邑绅共捐银3700余两,创建大门1间,东门房2间,西门房2间,东茶坊2间,西厨房2间,捲棚1座,月宫门1座,讲堂3间,东斋房3间,西斋房5间,西耳房5间,堂后凉亭1座,大门外莲花池半亩。聘请饱学宿儒,充任院长。每月城乡生童齐赴书院会课二次,一为官课,由县官命题,一为斋课,由院长命题,录取前列者给奖。今改为第一高级小学堂。①

2.凤山书院

乾隆四十三年(1778年),知县张钝捐资在北关外刘守真君庙后,清初创办的一座书院原址重建凤山书院。书院有讲堂、斋房、厨房等设施。② 其中大门1座,讲堂3间,东耳房2间,西耳房3间,东斋房3间,西斋房3间,堂后廊房9间,东厨房2间,西茶房2间。书院建置、管理及教学均与古遂书院相类。

(十)易县

双峰书院

双峰书院在县西南50里五公山双峰村,清初容城孙奇逢门人魏一鳌避乱来易州双峰村讲学,就所居之所重建双峰书院。③ 据民国历史学家赵尔巽等编《清史稿》记载:“时畿内贼盗纵横,奇逢携家入易州五峰山,门生亲故从而相保者数百家。奇逢为部署守御,弦歌不辍。顺治二年,祭酒薛所蕴以奇逢学行可比元许衡、吴澄,荐长成均,奇逢以病辞。……奇逢弟子甚众,而新安魏一鳌、清苑高镈游最早。及门问答,一鳌为多。”④

(十一)定州

1.定武书院

清乾隆戊午(1738年),州牧姚立德创修,州牧沈鸣皋继修。有讲堂3楹,学舍数十间。书院以“读孔孟之书,辟邪异之说,洁其身,励其行,朝夕砥砺观摩,共相期于远大”为宗旨。五十九年(1794年),州牧郭守璞重修。嘉庆二十三年(1819年),州牧袁俊改“定武”为“奎文”。道光二十八年(1848年),州牧宝琳捐廉修葺,仍复名为“定武”。⑤ 咸丰七年(1857年),知州王榕吉请改归绅士经理,所有历任捐置地亩及发商生息钱文,交绅童支领,作为经费,重修斋舍,明定章程,以垂久远。

① 刘延昌修,刘鸿书等纂.徐水县志·卷5“教育志”,1932年刻本.
② 徐水县地方志编纂委员会.徐水县志.北京:新华出版社,1998.
③ 易县地方志编纂委员会.易县志.北京:中央编译出版社,2000.901.
④ 赵尔巽、柯劭忞.清史稿.北京:中华书局,2003.
⑤ (清)宝琳等纂修.定州志.台北:成文出版社,1970.1636.

其中规定院务“经官绅议定,俱由绅士经理,所有董事分监院、营造、催收、支发,各司其事”。监院“专营供应山长,稽查生童”,其他则管房舍修建、租谷收取、经费支发。定武书院对考课的管理非常严格和细致,“在院作课,不许私行出外,违者削除”,对考课时间的规定也非常严格,“日落交卷,不许继灼,不完者不录”等,定武书院严格的考课规范对生童的自律意识、书院的考风纪律等都产生了重要的积极作用,为当时其他书院所效仿,同时也为当今的考试政策提供某方面的借鉴意义。书院又订《课士条规》,规定每月官斋课各1次,生员取25名、童生取5名。咸丰九年(1859年),又将聘请山长之权归于绅士,规定“耆宿非畿辅人,文不得取方言”者方可任院长。时又增建南院、经舍、讲堂,筹钱3000千文、纹银500两,发商生息,以增膏火。光绪二十八年(1902年)绅士王振垚、谷钟秀等改名为定武学堂,旋改为中学堂。1913年改为省立第九中学。① 清人姚立德撰述《创建定武书院碑记》、沈景曾撰述《重修定武书院碑记》收入王榕吉等修,张璞等纂(咸丰)《定州志》卷4“艺文志”中。下附《创建定武书院碑记》。

创建定武书院碑记②

清乾隆二十二年(*1757* 年)姚立德

自古学校之设,所以乐育英才,陶熔善类。党庠术序而外,有书院焉。其制昉于有宋。于时,名儒宿学,作为规条,嵩阳、岳麓、鹅湖、鹿洞之成规,班班可考也。顾相沿既久,结习渐生,风气所趋,流而日下。延师则拘势位,课士则尚虚声。谈者用相垢病,以为文具焉尔。虽然,犹愈于己。余承乏定州。定,故唐国,后曰中山。州民淳朴,无浇漓奔竞之习。政治之暇,每思有以振起之。稽诸地册,得厅廨西偏隙地五亩,谋诸僚属,鸠工庀材,创立书院,讲堂、学舍、制度粗备。先是,前州牧王公大年,买地二顷二亩一分有奇,后州牧毛公览辉,买地一顷五亩。岁租所入,堪为肇造之基。旷久因循,未遑藏事。予又勘出水冲荒地三顷六十六亩一分有奇,以此数合充生徒束脩、膏火、簪花、奖赉之资,申请宪台允行。而绅士之董其事者,并刊于石,不没其劳。

夫定州形胜,诚非小弱也。在陶唐,则古帝之故墟也;在春秋战国,与列辟相雄长;在汉,为诸侯王国都;在唐,则河北之藩镇也;在宋,则边城之关隘也;在明,则京师之拱卫也。我朝列圣相承,奠安区夏。今天子亲礼嵩岳,时巡戾至,天章奎书,辉映河山。而况景仰前贤,开阅古之堂,树雪浪之石,则韩苏二公之流风未泯也。征禊帖之谱,访薛氏之遗,则肥瘦二本之名迹为昭也。乃若北抚曲阳,恒山之神镇焉;东领深泽,滹沱呕夷之水汇焉。名山大川,著于《禹贡》,纪于职方,扶舆磅礴,必有瑰奇伟特之俦,以应朝廷作人之化。文治光华,武功载戢,将欧阳子所谓穆然陡见山高而水清者,非欤?因取宋定武军旧号,以颜其额。莅斯土者,务循名而责实,勿循情以蹈虚。或加之意焉,扩而充之,尤所望于将来也。时乾隆三十四年岁次己卯夏

① 季啸风主编.中国书院辞典.杭州:浙江教育出版社,1996.9.

② 王榕吉等修,张璞等纂.(咸丰)定州续志·卷4“艺文志”.清咸丰十年刊本.

四月谷旦。

2.燕平书院

明洪武元年(1368年)初建,嘉靖年间(1522—1566年),因之创养正书院,后改乐群书院。清乾隆二十二年(1757年),知县李衡以"义学之名存实亡,士风不振,思新建官塾,远迎名师"。欲改变士风,乃筹资重建书院于东街,并改名燕平书院。书院置地367亩,官绅商民捐银1194.5两,以供经费,又购书千余卷,以备阅览。道光四年(1824年)知县张良志等重修。光绪初,清末官话运动的重要代表,时任知县劳乃宣捐俸供学子阅读,于是院中"经籍琳琅满目"。光绪二十八年(1902年)改为县立高等小学堂。三十四年(1908年)院地900余亩划归县劝学所。①

(十二)涿州

1.古洹书院

清乾隆年间(1736—1795),州牧郭守璞(山东潍县人),曾召集僚属、绅商,倡义集资,他首先拿出全部俸银,在城内参府胡同建成古洹书院。该书院开学不足两年,因郭调任,又因经费断绝而停办。②

2.鸣泽书院

清道光五年(1825年),知州秦承霈(江苏无锡人)和涿州人时任陕西巡抚卢坤,解囊筹措建鸣泽书院,院址在城内参府口内,这是涿州历史较长,影响也较大的书院,有碑为证。③ 方志文献对此有详细描述:鸣泽书院,道光五年,州牧秦承霈建,时陕西巡抚卢坤以忧居里,倡捐乐成,共捐银一万余两,于州治参府胡同购房一所,为斋舍三十余间,余置地二十八顷有奇,岁得租息制钱八百余千,充书院公用,秦承霈所立碑,见碑铭门。④ 清人秦承霈撰述《新建鸣泽书院记》收入李鸿章等修,黄彭年等撰光绪《畿辅通志》卷114"学校志"及万青藜等修,张之洞等纂光绪《顺天府志》卷62"书院志"。

以上是将两所书院作为单个独立方式叙述的,认为清代涿州先后设置不同的书院个体。但是也有方志资料记载,这只不过是不同名称,但前后连续更替的同一所书院。由于缺乏其他佐证,只得留存待考。兹将相关史实铺设于后,其中也不乏在学田、经费方面的拓展性认识。"鸣泽书院,在涿州治参府胡同,本名古洹书院,乾隆间建,久废。道光五年,知州秦承霈重修,改名鸣泽,时陕西巡抚卢坤以忧居里门,捐资首倡,置地二十八顷有奇,岁收租钱八百缗有奇。"⑤

(十三)涞水

涞阳书院

在县城西关外原社学旧址。本旧社学,清康熙十八年(1679年)知县谭蓉建,有地73亩。后

① 季啸风主编.中国书院辞典.杭州:浙江教育出版社,1996.16.

② 涿州市地方志编纂委员会.涿州志.北京:方志出版社,1997.583.

③ 涿州市地方志编纂委员会.涿州志.北京:方志出版社,1997.583.

④ (清)吴殿福续修,卢瑞衡纂.(同治)涿州续志·卷3"书院志".同治十二年刻本.

⑤ (清)万青藜等修,张之洞等纂.顺天府志·卷62"书院志".光绪十二年刻本.

改今名,知县徐士煜置地29亩、知县吴慎置地6亩5分,知县方立经置地26亩,旗人方国玺置地7亩,共1顷93亩5分。邑人赵宇祺、王岣、赵芳芽捐地7亩,建房居民,汇取租息,以备膏火。乾隆三年(1738年)邑人陈璋、赵松玲、冀显先、方鉴捐地1顷66亩,知县张鉴助成之。①

(十四)蠡县

成材书院

成材书院在县城石牌坊街南路东。清道光二十年(1840年)知县丁希陶以滇南名进士来宰斯邑,汲汲以振兴文教为急务,查书院旧址久已无存,学田俱成乌有,遂择尊经阁前隙地,于1842年春捐俸,倡修创建讲堂3间,大厅3间,东西厢房各3间,院长住房3间,书房10间,门房1间,厨房2间,门楼1间,缭以周垣,饰以丹漆,并添制桌凳百张,以备岁科两考之用,共费京钱5400千文。总其成者,教谕贾吉云、训导吴锡嘏;司其事者,生员吴锡龄。监生宋朝梁又筹捐京钱2500千文,发商生息,作为生童膏火之需,按期课试,分等批评,鼓舞奋兴,文风丕振。②

(十五)雄县

雄文书院

又称九河书院。清同治十二年(1873年),知县松龄提县库杂款创建该书院于文庙东文昌祠西,因雄县位于九河下游,因而命名为"九河书院",后易名为雄文书院。初创时,院内有讲堂、号舍,后来因无余款请山长招生肄业,院舍被借作县署,即"知县到任,往往以县署名圮毁,以书院为讼庭"。③ 光绪三年(1877年),清河道巡道叶伯英捐膏火银1500两,发商生息,动利存本,置书院田地87亩,得租若干,始聘山长,招生童数十人会课,每月官、斋二课,由知县、山长分别评文。"自是以后,文运日兴"。光绪二十六年(1900年),德、法侵略者驻县城,县人某借口支应洋兵而将本息银全部动用,由是月课遂停。二十九年(1903年)冬,清政府颁布《奏定学堂章程》,推行全国,清末"兴学运动"大张旗鼓地开展,雄县积极响应,雄文书院院舍改建为县立小学堂。④

(十六)定兴县

紫峰书院

地址在固城店(今固城镇)大街,同治十年(1871年)邑人刘灼创置。该书院的教学方式以学生自学为主,学友共同研习与教师指导相结合,学习内容主要是经学义理和儒学学说。⑤

(十七)安国县

贞文书院

创建于明代嘉靖十四年(1535年)间的贞文书院,于乾隆年间(1736—1795)渐渐衰落。清光绪六年(1880年),知州朱润保再建书院于学宫西侧明伦堂旧址,分东西两院,东院为授课之所,西院为试院,系月考生员之所。邑绅卜应鳞等督导其中,月例会讲两次,初二讲授官课,初三为斋课。

---

① (清)李鸿章等修,黄彭年等纂.(光绪)畿辅通志·卷117"学校志".光绪十年刻本.
② (光绪)韩志超等修,王其衡等纂.(光绪)蠡县志·卷3"书院志".光绪二年刻本.
③ 秦庭秀等修,刘崇本等纂.(民国)雄县新志·卷4"古迹篇".民国十八年排印本.
④ 季啸风主编.中国书院辞典.杭州:浙江教育出版社,1996.14.
⑤ 河北省定兴县地方志编纂委员会.定兴县志.北京:方志出版社,1997.549.

明末清初,贞文书院有学田59亩,以租金作为经费开支。清末,知州朱润保将修建贞文书院的余银交当商生息,为书院用度。①

三、邯郸

(一)邯郸县

1.邯山书院

在县治西南西大街道西。清乾隆十年(1745年),知县魏滴建。地基东西若干丈,南北若干丈,建立书院以为士子肄业所。凡立讲堂3楹,左右馆舍各5楹,堂后左右斋各3楹,前为重门,缭以周垣,巩固爽垲,可永久。工竣后,颜曰"邯山书院"。嘉庆十年(1805年),知县江淑渠捐筹经费。咸丰二年(1852年),知县卢昌辅增建。同治六年(1867年),知县王崧年折徭作费。同治九年(1870年),知县王松年捐北苏曹徭征每年制钱165千余,各捐徭征归入书院。同治十年(1871年),知县英桀捐置桌椅各20张,并捐田26.1亩,制钱1千吊,发商生息,作为修缮篝火。光绪四至六年(1878—1880年)三年之中,知县杜受全筹经费膏火三次。光绪二十年(1894年),知县吴焘,光绪二十一年(1895年),知县孔宪高筹折差徭及宾兴经费。光绪二十七年(1901年),知县廖炳枢折车作费。② 光绪二十八年(1902年),改为高等小学堂。清人魏滴撰述《建修邯山书院碑记》收入王涧纂修乾隆《邯郸县志》卷10"艺文志"。

2.五星书院

在县城西户村堡西,清咸丰年间(1851—1861),即龟台寺改建书院。儒林宿景清等惜其地废如弃井,不如改为书院,延师以教邻村子弟,庶于士习民风均有裨益。遂约邻村同力协办,而商贾人等也无不乐输钱缗以补葺之资。原有地13亩,作山长膳费用,且匾额曰"五星书院",以"五星聚奎"为祥瑞之意而得名。③

3.继志书院

在县东河沙堡(今河沙镇)。清同治年间(1862—1874年),河沙堡村人王必恭继祖志建学,捐金千余两,施地百余亩,创兴土木,建造学舍一区,颜曰"继志书院"。敦请名师,启发后进,使村中有志读书而无力措办者均得入其中肄业。④

(二)鸡泽县

凤辉书院

在县署东,旧为义学。清康熙十年(1671年),知县姜炤建,计有正房3间,门房1座,捐俸延师,教民间子弟。1682年,知县朱冕改为洺川书院,增置厢房3间,年久倾圮。乾隆十六年(1751年),知县王光燮捐置地基,增建房屋正房,后厅5间,南北学舍各6间,门房3间。1853年5月落

---

① 河北省安国县地方志编纂委员会.安国县志.北京:方志出版社,1996.714.
② 李世昌.邯郸县志.台北:成文出版社,民国二十八年.510.
③ 邯郸市地方志编纂委员会.邯郸市志.北京:新华出版社,1992.726.
④ 邯郸市地方志编纂委员会.邯郸市志.北京:新华出版社,1992.726.

成，改名“凤辉”，取县后山名“凤鸣高冈”之义，教谕尤淑孝题匾。书院“每月课试生童二次，捐备供给，奖赏前列。其延师膏火等费现拟设法，为久远计，院北隙地，尚可增置学舍，规模扩充，容肄业生数十人。”①同治十一年(1872 年)，知县夏子鎏因房舍就圮，劝捐经费重建。光绪七、八年(1891—1892)，知县王赞元、孟丕显，劝捐经费，共京钱 5415 千，购书用钱 415 千，净存钱 5000 串，发商生息，添建房屋。由于书院规模扩大，师生人数骤增，办学经费日渐缺乏，书院面临停办之虞。1893 年，教谕贺家骏详请以书院作官署，岁得租价为延师经费，暂租民房为书院。清人王光燮撰述《新建凤辉书院记》收入王光燮撰修乾隆《鸡泽县志》卷 20“艺文志”。

(三)广平县

崇正书院

在县城西关，旧有其严书院在城北，故址久湮，后移建今地。同治初年，知县杨汝为修葺，易今名。光绪二年(1875 年)，知县李焘增建房舍，筹定经费章程，详请立案，每月两课，生童膏奖及一切经费共需京钱 1600 千，均自行差地中筹发，其出纳支销，向系县署经管。②

(四)邱县

1.平恩书院

平恩书院是清光绪十二年(1886 年)知县陈世芳建，院址在邱城文庙内文昌宫。③

2.济公书院④

坐落于邱县中孝固村的济公书院，自始建至渐变为西孝固联办小学校，历时一个半世纪，其历经沧桑，不衰不废，颇值一记。

清道光十八年(1838 年)西孝固村富户张玉春，购地 3 亩，捐钱雇工兴建，置备全套设备用具，复捐田 228 亩，以租佃收入维持学校常年开支以及师资学费，招贫寒子弟入学，延师课读。人颂义学、义校，又称书院，委村中谨厚者经纪，禁绝族人侵渔弊利，训导缙兴记其事，勒之石。知县逐级上闻清廷，封其为广平府司理文，二十二年(1842 年)御赐“济公书院”金字匾额。⑤ 至今我们还能在《邱县历史大事五字歌》中找到对这段历史的记载：“施仁张玉春，义学为贫民。济公书院匾，道光亲书门。”

济公书院坐北朝南，三进院落，鱼肴花瓦盖顶的校墙，外植杨柳古槐，校舍为树木掩映，颇显幽静美观。学校大门门楼为五道插飞檐顶，中型斗拱门洞，两扇铜环铁扣木门安在雕花拐子石门墩上。大门前砌 7 级台阶，颇显庄重高雅。一进该校大门，迎面为一斗花砌檐的大照壁，两边较低的花墙中开小斗拱门，为二进院通道，院东西两侧有小肩房，供勤杂工住用。二进院北面，中间为 3 间出厦瓦房，供校长住用；两边各有平房 4 间，东为先生住宿，西为伙房；瓦房与平房之间又各开一小斗拱门，为三进院通道。院东西两侧各有厢房 4 间，西厢房的北 3 间为课堂(教室)，东厢房的北

① (清)王光燮纂修.(乾隆)鸡泽县志·卷 5“学校志”.乾隆三十一年刊本.

② 韩作舟.广平县志.台北：成文出版社，民国二十八年.219.

③ 邱县地方志编纂委员会.邱县志.北京：方志出版社，2001.877.

④ 河北省政协文史资料委员会.河北文史资料全书·邯郸卷(下册)，北京：中国文史出版社，2011.1063.

⑤ 邱县地方志编纂委员会.邱县志.北京：方志出版社，2001.877—878.

3 间为学生宿舍,其余为先生住室。三进院为花菜园地。总之,设施齐全、便利,应有尽有。济公书院这种独特的建筑风格,朴素而不失庄重,简约而不乏内涵,为我们展现了一幅静感与动感交相辉映的画面。济公书院为当地劳动人民子弟提供了就学的机会,学子们倍感珍惜,置身其中,无不发奋图强,以"施仁行义,布德为善"为书院宗旨,这在当时政治腐败、官吏弄权贪婪、家族观念浓厚的封建社会里,无疑是一种深受广大劳动人民推崇的教育机构,因此,后来人多称其"义学",流传久远。

济公书院自始建就具有较好的社会基础,办学资金充裕、稳固;学校管理严谨、正规,深得当地人士的敬重、爱护。因此,该校虽经清王朝末期的多次事变,校内也曾出现过波折,可始终没有衰垮与废止。当清王朝将亡,旧民主革命风起云涌之际,曾有些立志变革之士到该校任教或就读,使学校成为宣传民主革命的阵地。该校自始建到清王朝灭亡的 70 多年中,虽受到封建势力的控制和科举制度的约束,但因其地址在农村,开始办学即面向中下层农民子弟,毕竟也为当地培养出一批有才之士。

(五)磁县

二程书院

明嘉靖三十年(1551 年),于磁州西南五里滏阳坊始建磁县书院,颓废久矣。清嘉庆十三年(1808 年),知州博尔多于修葺学宫之后,筹议兴复乃捐金为倡,劝谕捐输,邑之人翕然从之。从九品张世功施瓦屋 3 楹,地基 1 段,即于其处修建讲堂学舍,并内院住房,一并修齐,以余资为束脩膏火费,由是延师主讲,士乐横经。嗣历任何牧道榜,王牧殿杰,施牧浦,以经费未充,先后劝捐,共得制钱 3900 吊,发商生息,以济院需。道光十年(1830 年),地震,知州沈旺牛因办公拮据,挪用前项存本,旋即因案解任,未曾归款。道光十三年(1833 年),知州卢兰馨复行劝捐,得制钱六百余吊,发交盐商分领生息,并立案,以杜觊觎。同治十年(1871 年),知州程光滢以院中肄业者益众,需费较多,乃捐廉以补助之,邑人殷富者亦相与观感,计集制钱 3600 吊,亦发商生息,由院中董事按时支取息金。又书院旧有地 30 亩,岁久寖失,查出,按亩收租,仍归书院。于是,资用益饶,膏火益厚。光绪十二年(1886 年),知州许之轼奉文修建行宫,备两宫回銮驻跸,因修葺书院房舍,并于院中东偏空地增建斋房 50 余间。20 世纪头一个 10 年,废科兴学,即书院旧址改设高等小学堂。①

清人博尔多、卢兰馨、马宗周分别撰述《兴修滏阳书院碑记》《程氏书院公捐经费碑记》《扩充滏阳书院经费记》,均收入程光滢修同治《磁州志》卷 6"艺文志"。

(六)永年县

1.清晖书院

清晖书院始建于明万历年间(1573—1619)。清康熙八年(1669 年)书院圮于水。1672 年,知府刘光荣、知县朱世纬重建。康熙五十五年(1716 年),时任知府王嗣衍重修书院于省耕堂之西,因有莲花,所以又名"莲花书院"。乾隆六年(1741 年)知府任宏业进一步进行修葺,并更名为"清晖书

---

① 黄希文.磁县县志.台北:成文出版社,民国三十年.49—50.

院”。

此后，历年间皆对书院加以不同程度的捐资提升或改善修复，如乾隆八年(1743 年)知府吴谷扩建东西斋舍；嘉庆三年(1798 年)知府徐烺理知广平府事，重修书院并筹捐经费，延师课士，每月三课，取生童各 15 名。咸丰八年(1858 年)知府史策先将护城河拨归书院，年收租钱 400 千文到 1200 千文不等。同治三年(1864 年)增银 1600 两，设举人课，取 5 名。又加生课额 15 名，童生 5 名。同治五年(1861 年)，知府杨毓枬与乡绅武汝清等筹款全部重修。光绪十一年(1885)设山长加课，取生员 10 名，举人 3 名。光绪十七年(1891 年)知府吴中彦筹捐京钱 1100 千文，由生息余利提京钱 900 千文，发商生息，月取举贡生监 10 名，童生 5 名，设举贡生童诗赋课，共奖京钱 21 千文。1894 年，书院为生员增添膏火费，特等原额每名 6 钱，加增 2 钱，又特等原额 5 名，加增 5 名。

清晖书院有较充足的经费筹集，为书院的拓展及办学质量稳定提高提供了保障。并且历任知府还注重为清晖书院延请名师进行讲授，如钱塘郑诚、北平王荔园等，都曾在此讲课，使得广平府文风为之一变，深得邑人颂扬。有诗为证“课士清晖院，时光又不同。烟笼杨柳绿，日映藕花红。弟子多原宪，先生有马融。相期勤学业，无玷圣门中。”①

2.秀洺书院

秀洺书院在永年县的临洺关镇。据史书记载：(书院)旧本义学，清乾隆初年通判毕宗高建，后通判王裕诠、清格相继改为书院，即用今名。乾隆四十九年(1784 年)，清格来守郡，增修堂、斋，并置田以作经费。道光四年(1824 年)，通判钱日烜重修，捐郡城东关外苇地归书院。知府李德立倡率十属(一州九县)助捐银两。② 书院原有吴庄田 54 亩 8 分，每年租京钱 72 千，本为岁修膏奖，自同治七年(1868 年)，归府署经理。同年，知府李朝仪因经费不足，劝谕十属加捐。“府署捐银 24 两，永曲磁邯原捐 16 两，各加 14 两，肥乡原 12 两，加 8 两，成威原 12 两，各加 4 两，鸡广清原 10 两，各加 2 两，统归府署催解，由书院具领。尹爪睢屯四村，每年津贴京钱 100 千，向交书院值年经管。”并重定书院章程，申请立案。③

3.紫山书院

紫山书院，又称漳川书院。在永年县治东，广平府知府张羽始建于明正德十三年(1518 年)。崇祯九年(1636 年)，知县张毓泰重修，后改“皇华馆”，为往来邮亭。清康熙十一年(1672 年)，知县朱世纬仍改为书院。乾隆二十二年(1757 年)，知县孔广棣重修，易今名，有修道堂、聚魁楼、精舍及成德、达材二斋。道光八年(1828 年)，知县沈惇厚，咸丰二年(1852 年)，知县陈政典复重修。同治十二年(1873 年)，知县王镛增建讲堂学舍，筹捐膏火，地 72 亩，钱 4300 千文，发商生息。每月两课，取生童各 15 名，月发膏火京钱 41850 文。山长薪水，监院车马，院役工食等费，均由租息项下发给。山长束修银 120 两，由学田租内拨银 28 两 8 钱 3 分，不敷之银，由永年县捐补。光绪九年

---

① (清)吴中彦修，胡景桂纂.(光绪)广平府志·卷 29“学校略”.光绪二十年刻本.

② (清)沈奕琛修，申涵盼纂.(康熙)广平府志.康熙十五年刻本.

③ (清)吴中彦修，胡景桂纂.(光绪)广平府志·卷 29“学校略”.光绪二十年刻本.

(1883年),知县杨诚一再增生童各5名,1894年又增生童膏奖。①

(七)大名县

1.天雄书院

建在明代元城书院旧基之东。元城书院创建于明正德间(1506—1521),嘉靖(1522—1566)、隆庆(1567—1572)之际屡有增修,清顺治初并为节署。清顺治五年(1648年),总督以察院湫隘不堪居,将文昌阁五先生祠暨书院号舍悉改入幕府,上达楼改为南楼,东西两隅楼皆为衙署。白公秉真莅任以神所凭依,不可动也,移节道署阁与祠,仍复其旧书院,号舍并废。康熙十年(1671年),知州周邦彬重修,改名"天雄书院",建讲堂东西号舍若干,树"人文蔚起"坊,以表其盛,中树丽泽亭,时进郡邑诸生揖让其间。"参差亭阁迎朝日,历落松梧带晓烟",这是清代诗人刘元征《讲堂朝旭》中的一句诗,由此可见天雄书院亭台楼阁的设立颇具匠心,参差有别,错落有致,树木丛生。我们可以想象当时刘元征置身其中,画面感和现实感使其情不自禁便赋诗一首。这不可否认的是刘元征的创作天赋,但我更认为正是这样一种旷世圣景,撩人情思,佳构于胸。数十年旧基,一朝而复之,可谓盛事。天雄书院坐落在有着近3000年历史的邯郸市大名县,天雄书院的文化、建筑、环境、刻碑等遗迹,对当地来说是一笔极其宝贵的物质文化遗产。在大力弘扬传统文化和古城文明的今天,书院作为其中的一个突破口有着重要的历史参考价值,这不仅对于我们研究所处地理区域的书院史有益,也对我们研究其所处区域的古代文明史、古代教育史、古代建筑史,乃至考古学科等方面均有重要的借鉴意义,因此我们应该竭尽全力去搜寻、整理、编纂、宣传书院历史的印记和价值。另外,书院在文化教育过程中所积累的历史经验和教训对我们当代教育也有很强的借鉴意义,因此,可以认为以区域为视角来研究书院史,不失为一项功在当代,利在千秋的有意义工程。

乾隆八年(1743年),观察沈世枫修葺。② 清人成克巩撰述《重修天雄书院碑记》收入武蔚文等修,郭程先纂咸丰《大名府志》卷18"艺文志"。以下诗作描述了天雄书院教堂环境、组织活动及教学场景的生动画面,可以增添对书院办学的某些感悟。

天雄书院古柏数株,离奇可爱,雪霁登上达楼纵观,青白殊色,招诸子赋诗,限用杜工部古柏行韵

(清)孔荫樾

突兀庭前数株柏,方亩深根盘巨石。
不知初植自何年,烟雾浮空耸百尺。
严霜烈日练成材,秋肃春温同护惜。
六出花来缀满枝,皎如玉峰照眼白。
一片紫霞飞自东,化作霖音中羽宫。

① (清)吴中彦修,胡景桂纂.(光绪)广平府志·卷29"学校略".光绪二十年刻本.

② 洪家禄.大名县志.台北:成文出版社,民国二十三年.398—399.

修然涤出参天碧，无数新香度暗风。
草木萎时天地闭，造物非此不为功。
大厦宜需尔为栋，委弃荒垣失轻重。
日依文昌作哑聋，柏梁词赋倩谁咏。
曾传尔亦变梧桐，应是寂寥思栖凤。
何如终始全后凋，却是无用胜有用。

讲堂朝旭

（清）刘元征

横经多士忆当年，兴废频仍叹讲筵。
金鼓重看烽火息，图书还并日星悬。
参差亭阁迎朝日，历落松梧带晓烟。
忠定弓裘吾敢坠，渊源世业欲长延。

书院迟客

（清）黄仪

孤亭昼厂乱云低，返照忽开郡堞西。
柳外风铃吹画阁，松间古刹隐雕题。
为迟墨客芳樽倒，暂罢书签晚坐齐。
春色一年今过半，携柑好共听莺啼。①

2.大名书院

在府治东，本旧通判署。乾隆二十三年（1758 年），改天雄书院为大名县署，遂移书院于此。1790 年观察丁桂淋重修，嘉庆九年（1804 年）知府张体公再修，道光五年（1825 年），兵备道林培厚、知府福敬增修，筑房舍 70 间，改为大名书院。林培厚作《新修大名书院碑记》收入武蔚文等修，郭程先纂咸丰《大名府续志》卷 5“艺文志”，以纪其事。

3.广晋书院

在县城道前街路北，西邻常平仓。自大名县圮，书院遂废，课士恒在县署。清同治十二年（1873 年），知县崧翰欲修复使之独立未果。光绪十六年（1890 年），知县姚定元捐廉创修，名曰“广晋”。②

① 邓洪波.中国书院诗词.长沙：湖南大学出版社，2002.17—18.
② 洪家禄.大名县志.台北：成文出版社，民国二十三年.386.

(八)魏县

1.贵乡书院

在魏县城西大街路北。旧有书院，自清顺治初并为节署后，遂未重修，魏县学子藉大名郡院课以为课久矣。同治十一年(1873 年)春，知县吴大镛"见魏俗拔靡，慨然有扶翼更新之意，适奉文兴办教养，乃触于怀"，设局倡捐，集资 13000 余千文，购地于西街，规模始立，颜曰"贵乡书院"。后知县唐则瑀因县试无考棚，买木石添桌凳，仿贡院模式增修之，常年肄业临考校士莫不称便。①

2.洹阳书院

洹阳书院，又称洹水书院。在旧魏县治西，明万历三十八年(1610 年)知县章正岳创建，中为明乐堂，后为活泼亭，左右为书房，正为讲堂，颜曰"章孟山先生讲学处"，知县区龙桢题。清乾隆二十三年(1758 年)，漳水为灾，冲没县城，书院遂废。同治十二年(1873 年)，大名知县崧翰、乡学训导姜玉振捐廉首倡，士民乐输卜地，于旧治东南隅重新创修书院，不改旧名，仍曰"洹阳"。左右各为讲堂，前为月台，左右号舍各数十间，中为璧华楼，两面俱阑楯。每年宾兴年，以木版架桥，饮诸全楼上，前为大门屏壁。②

(九)肥乡县

1.漳南书院

漳南书院地处河北肥乡县屯子堡，以清初的一所义学为基础扩建而成。康熙十九年(1680年)，于成龙出任直隶巡抚，肥乡士绅郝文灿等，遵照于成龙的命令，在肥乡屯子堡建义学 1 所，置学 400 亩，郝文灿自任义学学师。后来郝文灿同乡人杨计亮、李荣玉等又将义学扩建，并请官至兵部督捕侍郎的许三礼题名为漳南书院。

康熙三十五年(1696 年)，保定博野籍实学教育家、明末清初著名的早期启蒙思想家和卓有贡献的教育家、著名学者、颜李学派鼻祖颜元，在郝文灿的三度敦请下，终于应邀主持漳南书院。颜元(1635—1704)，原字易直，更字浑然，号习斋。其思想特点是重习性而不尚空谈，因而改号为习斋，颜元一生潜心自修，一边躬行，一边教学，不喜交际，不慕名利，其最得意的弟子就是李塨，后人称其师生学说为"颜李学派"，其突出的特点便是"实"，强调"实文、实行、实学、实用"，在教育上强调习、行、动的统一。这件与东汉末年群雄并起、逐鹿纷争历史时期刘备"三顾茅庐"，敦请诸葛孔明出山相似的教育事件或活动，其原委是这样的：

为了办好漳南书院，郝文灿寻访名师达 10 年之久，终未得合适人选，后经友人陈子彝介绍，听闻颜元讲学影响之深远，欲聘年逾六十的颜元主持漳南书院。康熙三十三年(1694 年)，郝文灿携陈子彝的书信不远百里到颜元的住处，请其主院事，不久又去拜访，"陈说百端"，停留了十日。第二年，张文升"以币聘予，再辞"。第三年，郝文灿派漳南书院学生苗尚信到博野北杨村，"进聘仪，掖起复跪者十日"，颜元终被感动，"告先祠行"，携养孙颜重光和弟子钟錂一同前往漳南书院。③

---

① (清)吴大镛修，王仲甡等纂.(同治)元城县志·卷 2"学校志".同治十一年刻本.

② (清)马襄修，刘翔仪等纂.(雍正)魏县志·卷 1"学校志".雍正五年刻本.

③ (清)颜元著，王星贤、张芥尘、郭征点校.颜元集.北京：中华书局，1987.412—413.

当时，漳南书院草创未就，仅建成“习讲堂”一处。

颜元曾在其中堂题一联曰：

聊存孔绪励习行，脱去乡愿禅宗训诂贴括之套

恭体天心学经济，斡旋人才政事道统气数之机

这幅对联，集中体现了颜元主持漳南书院的办学宗旨。从对联中我们不仅可以看出颜元思想特点是重习性而不尚空谈，而且还鼓励弟子们打破成规，革除弊端，保存孔子的功业之同时勉励躬行。此外，要学习一些经国济民的本事，来造福万民。虽然颜元主讲漳南书院至今已经过去了300多年，但是漳南书院所体现出的精神对我国当代教育所提倡的全面教育和素质教育改革有其重要的借鉴意义。

颜元主讲漳南书院虽仅4个月，在教学设施上，已展示其大胆创造的精神。他一反宋元以来为理学所窒息的学风，分文事、武备、经史、艺能四斋，体制完备；他将水、火、工、天文、地理、兵法、射御、技击等列为教学科目，以贯彻其“实用”“实习”的主张。虽暂备“理学”“帖括”二斋，但明示为“敌对”，将以观其终归淘汰。下附《漳南书院记》。从这篇叙记，我们看到了反映新兴市民阶层某些要求的第一幅学校蓝图。①

漳南书院记②

(清)颜元

肥乡之屯子堡，遵中丞于清端工令，建有义学，田百亩。学师郝子文灿以所入倡乡众杨计亮、李荣玉等协力经营，益广斋舍。许侍郎三礼题曰“漳南书院”。问学者日众。郝子遂谦不任事，别寻师者十有五年。于康熙三十三年，郝子不远数百里抵荒斋，介友人陈子彝书，延元主院事，元辞。去已，又过，陈说百端，作十日留，元固辞。明年又价张文升以币聘，予再辞。又明年，遣院中苗生尚信至，进聘仪，掖起复跪者十日，予不得已也，告先祠行。

距堡北十余里，漳水涨，堡人杈舟人，乃知其地苦水久矣。郝子率弟子拜迎，止其舍。卜吉，郝子及乡父老、子弟咸集，从予行释奠礼于孔子主前。郝子、乡父老再拜，予答拜，揖，升座。弟子委贽四拜，乃令分班，行同学相见礼。谕之曰：“而地无文士乎？而遂致予，该将以成人之道自勖也。予不敏，敢以成人之道告。”乃出予《习斋教条》读迄，揖退。时时左斋建其一，余未定。乃进郝子曰：“谬托院事，敢不明行尧、孔之万一，以为吾子辱。顾儒道自秦火失传，宋人参杂释、老以为德性，猎戈训诂以为问学，而儒几灭矣。今元与吾子力抵狂澜，宁粗而实，勿妄而虚。请建正庭四楹，曰‘习讲堂’。东第一斋西向，榜曰‘文事’，课礼、乐、书、数、天文、

① 孟宪成、孙培青.中国古代教育文选.第三版.北京：人民教育出版社，2003.315.

② (清)颜元著，王星贤、张芥尘、郭征点校.颜元集.北京：中华书局，1987.412—414.

地理等科。西第一斋东向,榜曰‘武备’,课黄帝、太公以及孙、吴五子兵法,并攻守、营阵、水陆诸战法,射、御、技击等科。东第二斋西向,曰‘经史’,课“十三经”、历代史、诰制、章奏、诗文等科。西第二斋东向,曰‘艺能’,课水学、火学、工学、象数等科。其南相距三五丈为院门,悬许公‘漳南书院’匾,不轻改旧称也。门内直东曰‘理学斋’,课静坐、编著、程、朱、陆、王之学;直西曰‘帖括斋’,课八股举业,皆北向。以上六斋,斋有长,科有领,而统贯以智、仁、圣、义、忠、和之德,孝、友、睦、姻、任、恤之行。元将与诸子虚心延访,互相师友,庶周、孔之故道在斯,尧、舜之奏平成者亦在斯矣。置理学、帖括北向者,见为吾道之敌对,非周、孔本学,暂收之以示吾道之广,且以应时制,俟积习正,取士之法复古,然后空二斋,左处傧价,右宿来学。门之左腋房六间,榻行宾;右腋厦六间,容车骑。习讲堂之东北隅为仓库、厨灶,西北隅积柴炭,后为厕。院前门东一斗室,曰‘更衣亭’,凡客至,通傧、拂洗、更衣,一茶乃入。西为‘步马射圃’,上构小亭。此矩模大略也。吾子谓何?”郝子拜手曰:“善。但此为百世计,独无处灿地乎?”予曰:“念之矣。须院事竣,院前壑启土必更深广,引水植莲,中建亭,窗棂四达,吾子居之。讲习暇,元偕诸子或履桥,或挐舟人,弦歌笑语,作山水乐,黄、虞朋,复何憾乎?”郝子大笑,刻日兴工。

堡人好义云集,许许之声遐迩胥闻。习讲堂成,高二丈有奇,架木覆苫,以肆望汪洋,莫购砖瓦也。中室板屋趺高三尺,三阶;中为师席,朔望弟谒拜,宣明教条,升之。燕坐会客,咸在幄前。读书、作文如常课,而习礼、歌诗、学书记、超距、击拳,率以肄三为程。讨论兵农,辨商今古,惟射以水不得学。四阅月,颇咀学习乐味。而漳水五泛,除横二十里,继至七十里,赤泥封稻穗,屋倾侧不敢居,堡男妇各树席铺。予叹曰:“天也!”乃告归。

父老子弟饯别泣送,予亦洒泪,郝子拜手宣于众曰:“是院也,定为颜子书院,颜子生为漳南书院师,殁为先师。灿以祖产赠宅一所,田五十亩,合院原田共百五十亩,生为颜子产,殁为颜子遗产。”复立图券为质。曰:“田少获,即延先生还。”又请记其事。别后屡札来促,问其水灾,岁益甚,而予老且病,亦未审遂否矣。然其兴学敦师,与崇信圣道,不痼后儒之识,俱不可没也。康熙四十年三月六日,博陵颜氏元识。

关于书院的教学制度和内容,我们可以从颜元的《论开书院讲学》一文与著名弟子李塨的《恕谷学教(从颜习斋先生教条而斟酌之)》中清楚了解,颜李学派的主张既不缺乏孔孟礼仪之道,又在其基础上倡导实学主义。下附颜元“沦开书院讲学”和李塨《恕谷学教(从颜习斋先生教条而斟酌之)》。

论开书院讲学

(清)颜元

观《王文成公传》,正德十三年四月,至赣开书院讲学,喟然曰:“此一失,程朱、陆王两派所同也。但一人得志,守司地方;或一人儒名显著,地方官尊礼,则必建立书院,额其中庭曰‘讲堂’。”

嗟乎，何不曰道院，何不曰学堂，而直以书讲名乎？盖其实不可掩也，亦二派诸先生迷而不之觉也。试观尧、舜在上而为君，只举三室六府，命官诏牧，和而修之，以布施于天下而已，几见其徒举书而讲之乎？试观周公在上而为相，只以三物教万民，而宾兴之，几见其徒举书而讲之乎？试观孔子在下而为师，亦只举三物，与三千人学而时习之，以修齐以待用而已，几见其徒举书而讲之乎？

经书乃记三事三物之簿籍耳，其有不废讲，则学事学物；有不明，乃行讲辩耳。孔子曰：“学之不讲，是吾忧也。”今不学何讲哉！学习躬行经济，吾儒本业也，舍此而书云书云，讲云讲云，宋、明之儒也，非唐、虞三代之儒也。然则今日者，讲之不学，是吾忧矣。①

恕谷学教(从颜习斋先生教条而斟酌之)

(清)李塨

孝父母。须和敬并尽，勿狎勿怠，昏定晨省，出告反面。

揖朔望。节令四拜，随尊长拜家祠亦四。

敬尊长。凡内外尊长，俱宜小心侍从，坐必隅，行必随，居必起，乘必下，呼必唯，过必趋，言必逊，教必从。勿骄心傲气、戏侮干犯。

行学仪。每日清晨至，向上揖先圣揖师。遇朔望节令，随师拜先圣，拜师，同学让学长，转左以次而右为礼。

行幼仪。凡洒扫应对进退，俱遵礼仪唯谨。客至，俱立，师命揖者揖，拜者拜，或师出，学长陪待，余不许乱动。

叙出入。凡行长幼序，齐班上中左，鱼贯论前后，行辈异者以行辈叙，相遇相别皆一躬。数日不想见，见则揖问纳福。

尚和睦。幼称长为某兄，长称幼为某弟，相敬相亲，毋以长凌幼，以幼欺长，及直斥其名。若对师则称名。

戒狎戏。同学互相尊畏，庶可有成。最戒戏嘲亵侮。

戒威仪。足容重等九容，一一整饬，且交修之，断不可轻佻失仪。

肃衣冠。子桑伯子不衣冠而处，孔子讥之。即私居，亦不可袒裼裸裎。

重身体。体者，父母之遗也，古人一举足，不敢忘父母，况可饮食，纵嗜欲，自贻灾戚。

习六艺。昔周公以六艺教人，近世取士以八股，自不得不随时立教，然非正务也。诸生愿学礼乐射御书数，及兵农水火诸学者，是予所望也，随其材而教之，以考厥成。

通经史。经者，修己治人之谱；史者，修己治人之像也。除异端及杂秽之书，不许泛滥。

① 颜李丛书.习斋记余.卷六.四存校勘本.中国书院史资料(中册).杭州：浙江教育出版社，1996.1430—1431.

若“十三经”“二十一史”，须以渐考之，勿以时取专经，遂安固陋。

重诗书。凡读书必洁案，端坐庄诵，如对圣贤。每晨入学，必拂尘整卷。事出则阖书，各归行列，不许狼藉。

清声韵。字音清商必审清出口，吟之字字真朗。

习书法。正坐以笔对心，指实掌虚腕中用力，细审形体结构，然后成字，不可苟且涂鸦。

远异端。佛仙出家灭伦，无父无君之教也。其门徒可化者化之，不可化者远之。①

2.清漳书院

在肥乡县城内。清乾隆十年(1745年)，知县饶昌绪创建于学宫西侧，招生童肄业。不久，知县郑大进增修，规模扩大。乾隆年间(1736—1794)，章学诚主讲院中，所教虽以科举时文为主，但谆谆于“大义乃通经之源，古论乃读史之本”，所传为读书、作文、治学的基本方法。

这里拟对这位文史学家、清代前期浙东学派著名学者作一补述，以增加我们的相关理解或认识。章学诚(1738—1801)，字实斋，号少岩，清浙江会稽(今绍兴)人。自幼即喜史学，博览群书，遍交名流学者。乾隆四十三年(1778年)进士，毕生从事著述修志和书院讲学，曾先后主讲于定州定武书院、肥乡清漳书院、永平敬胜书院、保定莲池书院和归德文正书院。他认为学习内容的分量、广度及深度，当由各人天资所近和年龄、境遇决定，学求自己心得，而不唯古人、名家是从；学贵博而能约，博为知类，约求专精，两者相辅相成。手定清漳书院条约、条训，指出凡天下事俱当求其根本，诸子百家“其要总不外于六艺”。策问书院诸生时，强调“学莫要于知类”，举一反三，由浅近而入高远，反对抄袭雷同，要求“贯穿经书，融会传注，自以意义发挥，更取他书印证”。著有《文史通义》《方志略例》《实斋文集》等。②

道光十二年(1832年)，知县王玉海筹划经费。同治二年(1863年)，知县杨毓楠将官地6顷29亩8分2厘拨入清漳书院。五年(1866年)，知县李鹏展将15村徭征拨入书院充作经费。③ 下附《清漳书院条约》。

清漳书院条约④

(清)章学诚

一、院长与诸生约：书院课期一月三举，比家塾私课则为已疏，比官师月课则为加密。日程月计，不疾不徐。诸生以旬日读书，逢期集试，非第较量一日短长，亦思古人以文会友，切磋砥砺，共勉于成，乃所望也。以诸生不惮跋涉之勤，副令君加意栽培之愿，自宜爱此日力，舒展

① 颜李丛书.小学稽业.卷二.四存学会校勘本.陈谷嘉、邓洪波.中国书院史资料(中册).杭州：浙江教育出版社，1996.1435—1436页.

② 季啸风主编.中国书院辞典.杭州：浙江教育出版社，1996.527.

③ (清)李鸿章等修，黄彭年等纂.(光绪)畿辅通志·卷116“学校志”.光绪十年刻本.

④ 陈谷嘉、邓洪波.中国书院史资料(中册).杭州：浙江教育出版社，1998.638—640.

所长,勿为无益聚谈,潦草塞责,方为有志之士,不甘自弃者矣。

乃此举课,策问"四书"大义,诸生置对,通场无一人。夫尽日夜之长,止作一文一诗,则学使考规,例不继烛,经书二艺,何以定篇?且诸生俱处乡僻,与院长继见无时,发策问义,非但试觇文辞,亦将问言观志,商榷学术。指授心裁,俱在于此。所问仅出"四书",量非难解。若果按款胪对,则书理明通。从兹由近及远,以浅入深,六经三史、诸子百家,将与诸生切磋究之,抵于古人之学。纵使材质有限,不能尽期远大,即此经书大义,稍能串贯,究悉先儒训诂,会通师儒解义,则执笔而为举业,亦自胸有定见,不为浮游影响之谈。上引材智,下就凡庸,粗细俱函,道无逾此。而诸生渺忽视之,将院长薄植,不足奉诸教生之答教耶?抑节省日力,以为剧饮闲谈之地耶?余甚为诸生不取焉。

且大义之体,始于唐人贴墨,宋人以贴墨之但取记诵,故即经书发问,令士子以读书心得之言,就题发明大义。其后又以大义法无一定,因作"四书"之义,截句为题,以杜散乱之嫌。明人法益加密,乃入圣贤语气,演为制义之格,诸生今所诵习之文是也。是大义与"四书"文同出一源,大义法疏而"四书"文密。诸生既已习"四书"文,断无不能更作大义之理。犹恐诸生未能深悉,故兹明白宣告,愿诸生勿惮烦苦,务取完篇。其读书有得者,固须贯串发挥,尽展怀抱;其不能者,亦须确守传注,按牍敷陈,不得剿说雷同,互相抄录,是为厚望。如但有诗文、不作对义者,诗文虽佳,生员不取超等,童生不取上卷,勿谓阅卷之苛刻也。此约。

二、院长与诸生约:策问"四书"对义,本欲诸生贯串经书,融会传注,自以意义发挥,更取他书印证,盖学问之一端也。若但如题直抄,则不如默写经书之为愈矣。夫学莫要于知类,知类者,凡庸皆可勉求,而圣人初不外此。孟子言,指不若人,而推于心不若人,教人知类,即此意也。夫子所谓一隅三反,子贡所谓闻一知十、闻一知二,皆是从类推之。《易大传》曰:"引而伸之,触类而长之,天下之能事毕矣。"则类之为义,可为广矣。诸生体此义以读书作文,何患不成大名?岂斤斤焉为是寻行数墨计哉?凡所策问,皆是行其端耳。诸生能即所引之端,求其义类之相近者,援引比较,或从义类之相反者,往复推求,则上下四方,文章不可胜用矣。若徒抄袭雷同,有何益耶?且以此为举业,即举业之上乘;以此为学问,即学问之首最。而入门先由浅近,后及高远,为之初不甚难,又何惮而不用心耶?

但念诸生初试为此,经书传注,一时未尽融通,风檐寸晷,潦草塞责,出于情之无奈。今兹稍示变通,以期法之尽善。先期发问,诸生抄录回家,十日以后,录入下次课卷,则窗下尽有余闲,可以翻阅经书,从容置对。下课发问,又复如前。似亦劝学之一法也。此次发问,既留下期,则此次诗文之外,乃作古论一首。嗣后有前课未到,无从得策问者,亦作古论一首,庶不枉此心力,以尽一日之长。夫大义乃通经之源,古论乃读史之本,事虽浅近,理实遥课。愿诸生其懋勉之,院长有厚望焉。

(十)成安县

联晖书院

清嘉庆六年(1801 年)知县孙陪曾置民房创建。光绪十九年(1893 年)知县戚朝卿捐银增课,每月初二为官课,县官到院点名命题;十六为斋课,学官到院点名,请山长命题,题皆一文一诗。官斋二课之外,另加古文,取前茅者,奖给膏火,生员以 16 名为限。光绪末年,知县石之璞改为成安县立高等小学堂。①

(十一)涉县

1.韩山书院

清嘉庆四年(1799 年)知县戚学标令废止明万历年间(1573—1620)所建的兴文书院,于城东火神庙侧建韩山书院。

2.清漳书院

韩山书院建造不久之后,被废止,于县城营子街建清漳书院。清光绪二十八年(1902 年)改为小学堂,民国元年(1912 年)改为高等小学堂。②

可见清代邯郸涉县的书院是在兴废波折之中走进历史博物馆的,但是这两所书院在涉县当地的影响力还是巨大的,涉县的文教事业也由此得以较快发展。

(十二)馆陶县

训导署书院

明代创建的陶山书院在清代经历了数次的重修、改名和扩建。“清代康熙四十四年(1705 年)知县陈免重修。康熙四十五年(1706 年)报为义学,四十七年(1708 年)改为训导署书院,并移至城隍庙南,聘山长掌院教授生徒,每月初一曰为“官课”,由县宰命题考试,十五曰为“斋课”,由山长命题考试。平时作文呈由山长校正。光绪十四年(1888 年)知县彭元照改为试院,除县试时作为考场外,平时仍照常上课。光绪三十一年(1905 年)开办巡警,书院改为巡警教练所,书院废”。③

(十三)武安县

紫金书院

清乾隆二十一年(1756 年),知县张映台于城西北隅龙门铺购张氏闲宅一所,予以新建,名曰紫金书院(与明代万历四十一年(1613 年)知县李椿茂俸银在文庙东所建书院同名)。清光绪二十九年(1903 年)改为紫金学堂。光绪三十二年(1904 年)改为高等小学堂。④

---

① 季啸风主编.中国书院辞典.杭州:浙江教育出版社,1996.14.

② 涉县地方志编纂委员会.涉县志.北京:中国对外翻译出版公司,1998.691.

③ 河北省馆陶县地方志编纂委员会.中国地方志丛书.馆陶县志.

④ 武安市地方志编纂委员会.武安县志.北京:中国广播电视出版社,707.

四、邢台

(一)邢台市

育英书院

建于清康熙年间，旧址在县城北长街育婴堂。后几经波折，时兴时衰，同治十三年(1874 年)，知县宋陈焘又详加修葺，改为书院。光绪元年(1875 年)，知县彭美重修筹集经费，增加膏火。① 但书院制度终于还是寿终正寝，无可挽救。在光绪三十年，知县戚朝卿废书院，立学校，邢台育英书院遂告结束。②

(二)南宫市

1.南亭书院

在县城学宫西，明时建，久废。清初，知县沈秉公既去，(绅)民考虑将为其立去思祠，秉公曰："与为我立祠，毋宁建为书院。"邑人遵其言而立之，题曰"南亭书院"，其规制无传，皆日久颓废。③

2.东阳书院

清乾隆十六年(1751 年)，知县袁炳修于东大街旧察院故基创建东阳书院，又勾稽得学田地顷余，按院学田地十余顷，为束脩膏火之资。书院规模较为宏大，建讲堂 5 间，堂中有"敬业乐群"额，为直隶总督方观承所书。东西厢房各 3 间，再东为庖厨 2 间，再东库房 2 间；堂前过厅 3 间，厅前东西二院有斋室各 3 间；其外为"聚奎"门，东有文昌祠，西为看守书院之司阍房 3 间，又前东偏为牌房大门一座，额题"东阳书院"，知县袁炳修书。其后隙地 2 亩余，西有地 3 亩余，亦曰"射圃"。又举向日所谓学宫田、按院田，均昔日赡养廪生之地，共 10 顷有 7 亩，均收归书院，充束脩膏火之需，是为书院再造之基。洎四十八、四十九年(1783—1784 年)，知县夏元凯、沈赤然共捐银 600 两，发商生息。不数十年，官吏侵牟殆尽，房宇因而倾圮。

嘉庆二十一年(1816 年)，知县吴承宪捐募重修，规模复整。贡生魏炳文复捐田 40 亩，为岁修之资。道光八年(1828 年)，知县周拭增田租至 1007 亩，增至京钱 800 余贯，以延山长。又倡捐官绅，得京钱 5000 余贯，除修葺房舍外，余 4000 贯发商，1 分 5 厘生息，岁得息 700 余千文，以充生童膏奖。即委绅士经理其事，严定章程，以期永久。书院每月会课 2 次，初二官课，十六斋课，均考试制艺时文。生员每 5 人取 1 名，其有零数则 8 人取 2 名，13 人取 3 名；童生则 10 人取 1 名，有零数则 16 人取 2 名，26 人取 3 名。设首事 24 人，每期 2 人监课。一时投考者 200 余人之多，是为书院极盛之期。是后，岁延山长，迄光绪中未尝荒落。至科举既停以后，书院皆改为学堂，其经费亦全归劝学所。④

南宫东阳的兴废与整顿情况，可以视为清代河北大量书院由于管理不善或经费不继而屡建

---

① (清)戚朝卿.邢台县志.台北：成文出版社，光绪三十一年.235.

② 邢台市教育委员会.邢台市教育志(1251—1993)，北京：教育科学出版社，1998.

③ 黄容惠修，贾恩绂纂.南宫县志.台湾：台北：成文出版社，民国二十五年.183.

④ 陈谷嘉、邓洪波.中国书院史资料(中册).杭州：浙江教育出版社，1998.936.

屡废、困顿曲折遭遇的一个侧影。史志资料对此又有补记,摘录如下:“东阳收院学田倾数十亩,又得学宫,按院地十顷余,以作经费。乾隆末年间,此项篝火银两竟化子虚。乃浸衰浸息,山长虚设,斋室渐就顷圮。嘉庆二十年(1815 年)重修不久,未延山长,书院又几废。道光七年(1827 年)知县召邑绅谋所以经久之策……严立条规,杜绝弊端,内有稽查,经费优裕,自三月开课,生童至二百人。”①

东阳书院十分关心生童的基本生活,“课期应供生童饭食,人众日久,备具恐难丰洁。兹仿照保定莲池书院旧规,分给饭资,每人京钱一百二十文,董事于分卷时按名给予”,“会课生童茶水,着看守书院人伺候,每课给予京钱一千文,以作茶叶、煤炭、甜水工费”。书院对生童的照顾事无巨细,体贴入微,使生童无时无刻备感温暖,了无生活杂念,一心为学,书院的教学质量和学术水准也得到了显著提高。

清人张志奇撰述《东阳书院记》、沈赤然撰述《增设东阳书院膏火碑记》、李本立撰述《重修东阳书院碑记》、陈柱撰述《重修东阳书院及经费碑记》均收入周栻修,陈柱纂道光《南宫县志》卷 13“艺文志”。

重修东阳书院碑记

(清)李本立

南邑之有书院,由来旧矣。自乾隆癸酉,邑侯衷公因察院旧地,建修东阳书院。大门设立牌楼,二门内建文昌祠,中设讲堂五间,东西各列课堂十数间,制度精严,气象深静。又勾稽学田地一顷余,按院、学院地十顷余,归入书院以作经费,规画极周详矣。所惜续修无资,经理无人,至嘉庆乙亥数十年间,风雨剥蚀,日就倾圮,周围垣墙以及两旁课室尽皆颓坏。所仅存者,惟讲堂、文昌祠、大门、二门而已。

邑侯吴公下车伊始,情殷作养,齐集绅士,先捐俸金,谋大起而修整之。察生刘宗翰等广为劝募,不数月,共得京钱四千余贯。公乃邀千总王书田为之总理。鸠工庀材,蠲吉相地,迁文昌祠于东南隅,讲堂仍其旧观,于左右改建厢房各三间,东西二院各建北房三间,过厅三间,外有厨房数间。越三载,工始告成。时溹泸村贡生魏炳文目击工竣,恐岁修无资,不能经久,捐地四十亩以备岁修之资。

是役也,吴邑侯倡其始,诸同事襄其成,而尤幸魏君之有以永其终也。爰撮其颠末而序述之,并载所施地亩坐落阔步于碑阴,以垂不朽云。②

(三)巨鹿县

广泽书院

在县城北关关帝庙东偏。清道光十七年(1837 年),正值书院繁荣时期,由知县黄育梗创建。

---

① 周治华、钟毅.河北省志(第 76 卷教育志),北京:中华书局,1985.44.

② 陈谷嘉、邓洪波.中国书院史资料(中册).杭州:浙江教育出版社,1998.936—937.

光绪二年(1876年),知县张春熙因地址湫隘,移建于城内东大街路北。有讲堂3楹,中悬“萃英堂”匾额,堂西壁有书差房2间,堂两翼号房各30楹,号板号凳俱备。除月课外,兼作县试所。堂前为甬路,门外左有敬惜字炉,右竖记事碑。又前大门3楹,中悬“广泽书院”匾额,堂后退厅3楹,厅前左右厢房各3楹,厅西厨房3间,大厅5楹,厅后小院1所,北房3间,西房2间,厅前西房2座共7间,前为照壁。光绪十二年(1886年),知县凌燮于号房东建大厅3楹,两耳房东西厢房各3楹,又东西房各3间,前为二门,又前为大门,通大街。书院订有条规13条,清楚地反映了书院管理的相关内容和特点。比如:规定设首事2人经管院务,分为2班,每班管理1年。院长由众首事禀商知县关聘“文行兼优之科甲”出身者充任,“不能常在院主讲者,不得滥充是席”。[①] 我们可以这样理解:广泽书院的山长由众首事商量之后选定,而且是每年选一次,广泽书院共有首事13名,我们所认识的首事职能可能仅限于财务行政方面的相关工作,殊不知在清代河北书院,首事还兼有山长选拔的权力和职能,这也从侧面表明了书院山长的选任权逐渐被官府所控制,其中不仅包括山长的人选,还包括山长的薪资、山长的任期、山长的职能范畴等方面,这也是书院逐步走向官学化的表现之一。

书院起名广泽,我认为不仅是古代文人寄语学子们要有宽广之胸怀,“泽”字也深情流露了古代教育者对当时社会风气和思想意识的一丝希冀,以求万物润泽、光照世间。从广泽书院的考课制度上,我们就可以窥探古代书院教育之良苦用心,广泽书院的考试,不仅仅以生童的才能高低、作品优劣来评定其素质,更是以诸如守时、守信等高尚的道德水准来衡量一名生童的综合排名。其中,我们也看出了古代书院教育要培养的不仅是学贯古今、才高八斗之士,更是品质高贵、厚德坦荡之人。这种考核制度与我们当代提拔干部所衡量的标准“德才兼备”抑或“以德为先”有着异曲同工之处。同时,广泽书院设立账房和院役来管理教习之外的所有杂事,包括“书院账目存案、奖赏钱文予生童、月课造册、院宇整洁”等事项,这样良苦用心的安排使师生们腾出了宝贵的时间,在教习和研究的康庄大道上,了无杂念,一心为学。

光泽书院建立了非常标准、严格而又科学的账目记录系统,书院的收支记录“造册二本,送署盖印,一发礼房存案,一交首事人收执,以备兑照”。同时规定“凡生童应得奖赏钱文,不准礼房折扣分文,庶不至有名无实”。这些方面的规定使得书院经费收支账目清楚明了,也从制度层面杜绝了书院内部可能存在的贪腐行为。同时,这种严厉的规章制度也表明了当时的士风凋敝以及士人之心与儒家道义背道而驰的现实。随着书院逐步沦为科举考试的附庸工具,书院的精神层面也出现了变质的危机,功利之心,徇私之举,在书院开始蔓延,这也昭示了书院,无论是书院制度还是书院精神,在不久的未来必将快步走进历史的陈列室,而正是缘于此,书院才出台了非常严格的章程和规范性的条例,以保证书院的良好运转。这与我们当今时代有着极其相似的契合点。在如今举国上下追求中国梦的道路上,由上而下所倡导的“把权力关进制度的牢笼里”,使得官员从不敢贪到不能贪,最终走向不想贪的人生高地,这无论是在古代,还是当今,都深得普通民众的追捧和

---

① 陈谷嘉,邓洪波.中国书院史资料(中册).杭州:浙江教育出版社,1998.921.

拥护。

清人张春熙撰述《广泽书院兼试院碑》收入凌燮修，赫慎纂光绪《巨鹿县志》卷3“书院志”。下附《广泽书院新定条规》。

广泽书院新定条规

清光绪年间(1875—1908)

一、书院新旧成本、地亩、器具、条款、造册二本，送署盖印，一发礼房存案，一交首事人收执，以备兑照。其房屋器具如有损坏，值年首事禀商修补。至院内大小一切什物，另立一簿，交院役存收检视，不得挪借出院，如有短少，禀官究处。

一、书院掌教山长应由绅士延访附近文行兼优之科甲，每年十一月初七日众首事禀商关聘。其远方夙彦不能常在院中主讲者，不得滥充是席，庶免有名无实。

一、书院掌教脩金制钱一百吊，按四季致送，出自书院生息，薪水银二十两，关聘银二两，俱由官捐。

一、月课辰刻封门，逾时不到者，虽属高才，不准补进。酉刻交卷，秉烛继晷者，虽有佳构，不列前茅。

一、议定经营书院首事十二人，分为两班，每班管理一年，于正月二十六日算清账目，交割簿籍。如有余钱过百缗，即行发息。其算账之日准支制钱二吊，以为首事饭资。其现年经理之人不得推诿，永为定章。倘议定经理之人遇有事故告退，公同择举一人接管。

一、书院本应额设正课、附课生童若干名，按名分给篝火，以助肄业之资。兹因经费不敷，先议每课厚给奖赏，以示鼓励。俟生息加增，再行议定。

一、书院号舍原兼县试而设，如遇临考，前三日值年首事婉商山长，另为赁借公馆暂住，俟考毕搬回。其应用房价等费，出自公项。至住院肄业生童，亦于考试前三日搬出，俟考毕方准进院，以防嫌疑。

一、奖赏钱文向由礼房给发，凡生童应得奖赏钱文，不准礼房折扣分文，庶不至有名无实。

一、月课造册填榜纸张，礼房备办。每课支制钱五百文，以为纸笔之费。无课不准支钱。

一、院役每逢课期前一日，将号房院宇扫除整洁，课日预备生童茶水，每课支制钱三百文，以作水火资费。

一、每年甄别后，山长入馆，著院役于前三日扫除整洁，责成在城首事经理，山长到馆后由官订请筵宴。

一、院役工食，向章每年制钱九千，兹议定每年发给制钱一十五千，按四季具领。

一、院役由众首事公保谨厚之人，常川伺候。倘有错误，按季算明工食，禀官革去另募。①

① 河北《巨鹿县志》卷三，清光绪十二年刊本.

(四)南和县

和阳书院

书院始建于元朝。在县治西,冠以当时县名,故称"和阳书院"。清康熙十八年(1680年),知县叶青黎捐俸,改建县治东。乾隆十四年(1756年),知县周章焕重修和阳书院,建讲堂5间,斋室门垣俱备,又在其后建梅花亭一处。① 同治九年(1870年),知县王镛筹备诸生膏火,旋有旧果寨义民李兴捐地100亩,折制钱500贯,史赵村监生王廷宾捐地40亩,折制钱100贯,西三召义民杨仲魁捐制钱100贯,统作为书院永久经费。光绪六年(1880年),知县蒋继芳提钱粮扣底钱,每年拨给书院300贯,为生童膏火。光绪十七年(1891年),知县王立勋捐廉立登瀛阁诗社,恐事难经久,十九年(1893年),筹闲款制钱100贯,交书院发商生息,充诗社奖赏。②

和阳书院在当地培养了很多人才,清代中状元1名,进士9名,举人83名,贡生45名,秀才不计其数。虽然书院逐步成为科举考试的附庸,不过除去教学内容之外,这样的成绩也充分表明了和阳书院的教学模式、考试模式和教学研究方法还是十分有效的,值得后人学习和效仿。下面简单从和阳书院的学生招录模式、考试模式、生员补贴方式等方面介绍一下和阳书院成绩背后的运作模式。

和阳书院主讲称山长,由州府官署批任,除讲学外,并总领院务。其他塾师由山长考选聘用。学生由乡村私塾、社学、义学与蒙学结业的童生转入。每年经过岁试,录取文童生18名,武童生15名。经过岁考,合格即为生员(秀才),其优秀者为庠生。经过两次岁考的生员可取得廪膳生(简称廪生)名义,于廪生额外扩充录取的生员称增广生(简称增生),廪生和增生每月都可领取官方生活补贴,不过前者的地位和补贴数额都明显高于后者。书院每隔二年选拔一二名生员入国子监读书,称为贡生。在国子监读书的为监生,监生毕业后即可由官署任用为官。③

综上可知,和阳书院利用层层选拔的聘用方式和给予精英者以补贴和嘉奖的激励措施,选拔出无数优秀的人才,就连山长的聘用都是通过考选进行,这样的教育模式和当代的精英教育模式有着异曲同工之处,是为古之先见,余甚感钦佩。清人周章焕撰述《重建和阳书院碑记》收入王立动修,李清芝等撰光绪《南和县志》卷12"艺文志"。

(五)清河县

1.卢公书院

在县属辛集村。康熙十六年(1677年)由村中秀才霍拱辰、乡民孙文德等捐资兴建,不久即废。④

2.经正书院

在县城内十字街西路街南,原名信成书院,清乾隆年间(1736—1795)监生李禹捐资兴建。道

① 南和县地方志编纂委员会.南和县志.北京:方志出版社,1996.448.

② (清)王立动修,李清芝等撰.(光绪)南和县志·卷12"艺文志".光绪十九年抄本.

③ 南和县地方志编纂委员会.南和县志.北京:方志出版社,1996.448.

④ 河北省清河县地方志编纂委员会.清河县志.北京:中国城市出版社,1993.548.

光十八年(1838年)知县曹芴重修,改名经正书院。曹芴重视文教,亲临书院讲课。① 院中首事,监生李琳、田麟趾、谢伟、姜希皋,文生杨宸翰、庄粹然、穆文焕、马龙章。内有钱5000千文,发商生息,地2顷42亩,以所得租息,作为延请山长生童膏奖等费。院内建筑群设计坐北向南,大门3楹,外为屏壁,内2门,讲堂3楹,东西配房各5楹,讲堂后正房3楹,东西配方各5楹,讲堂后正房3楹,东西配房各3楹,西边耳房2间,东院正房3间,配房4间,南房3间,又南棚3间。②

书院教学活动有序进行,每月初三官课,知县亲临点名发题,生童各"四子书"题一,试临帖诗题一;由官评定甲乙。放榜时,生员分超、特、一三等;超等、特等按名给奖。童生分上取、中取、次取三等;上取、中取按名给奖。每月十八为斋课。由山长发题,评定甲乙。光绪戊戌政变后则以"四书"义论策命题课士,废八股试帖诗。历任书院山长有举人张康溪、刘步龄、简存仁、崔丹栏、郭联墀、韩镜蓉、张汝漪、董芳三等,光绪末年改为县立高等小学堂。③

3.春晖书院

在县城廉家集北街外。清道光二十六年(1846年)知县布彦太将尹豆坞尹姓抄产田360亩,所得租金作为创办书院经费,作为束脩岁修之资。后将此地转归经正书院,多年争执不休,经道台批示以125亩之地租拨归春晖书院使用。同治初年,崔纯儒着手重修,至光绪六年(1875年)书院建成,招生开课。建筑环境格局:坐西向东,西正房3楹,左右耳房各1间,南北配房各5间,大门1座,北耳房2间,南耳房1间。县知事奖以"振兴文教"匾额,山长定为每年束脩120吊,聘宿儒硕彦充之,并有生童师课列前茅者,奖以膏火,是以书院之文运日昌。

春晖书院是清河县东部文人集会处。光绪初年,车路县学生员又组织文社,切磋时艺,为应举考试作准备。其实施程序:大致系山长命题后,合社友互相批阅,后并请贾品重、范杨藻同山长郭陛三充社长,若诗赋策论八股字课,应有尽有。至光绪戊戌岁,清廷变法,又购置大版"朱子纲目""二十四史""十三经注疏""经世文编"等大部书册。书院生员不仅研讨科举经书、历代程墨(考试用的八股范文)等,还注意学习西洋新书、国内《时务报》以及翻译新书《泰西新史略》《英雄传记》以及编译的《舆地算术》等,"从此新知识灌输于一般人士之脑海中矣"。④

书院内人才荟萃,不仅为县内而且为邻县培养出不少优秀人才。如拔贡崔椿鹤,举人杨桂、郑金台(南宫人)、史振魁(南宫人),进士王殿甲,贡生刘观乐、崔溥、王廷烛(枣强人)等皆春晖书院文社中人物。⑤ 历任山长有滕雅、郭嬗堂、王霈恩、范树祺等。

(六)广宗县

凤台书院

广宗旧无书院,清乾隆三十一年(1766年)知县劳敦樟即城内东街察院旧址创立凤台书院,建筑费由敦樟捐俸银200两,余由邑人捐助,劝其事者,贡生韩箸、文生梁连生、监生韩正邦。工竣之

① 河北省清河县地方志编纂委员会.清河县志.北京:中国城市出版社,1993.548.

② (清)黄汝香纂修.(光绪)清河县志·卷1"学校志".光绪九年刻本.

③ 季啸风主编.中国书院辞典.杭州:浙江教育出版社,1996.11.

④ (清)黄汝香纂修.(光绪)清河县志·卷8"教育志".光绪九年刻本.

⑤ 河北省清河县地方志编纂委员会.清河县志.北京:中国城市出版社,1993.548.

后，余赀400金，发盐当店生息以供山长修脯之资。乾隆五十一年(1786年)，知县陈如谦置地1顷7亩。嘉庆三年(1798年)，知县李师舒劝邑人贡生韩箸及其侄武举韩智勇捐地1顷75亩余，共租制钱94千680文，以供诸生膏火。道光十五年(1835年)，知县刘体舒重修，邑人韩金声又捐制钱750千文，发盐商生息，又因讼查处无粮地14亩，归入书院。道光十七年(1837年)，知县黄维炘又查出无粮地17亩，归入书院，又捐入制钱150千文，合前款，共制钱900千文。咸丰十一年(1861年)，知县王宾因公提用制钱900千文，后归还215千文。同治四年(1865年)，知县李鹏展捐入制钱200千文。同治十一年(1872年)，知县罗观骏重修，捐制钱1940千文，发当铺生息，作诸生膏火资。

凤台书院延山长1人主讲，县内生员童生均可入院肄业。其中每月考课二次，试以“四书”文、试帖诗，其考列优等者，酌给奖金。然因款项无多，束脩微薄，既难延聘经术湛深之儒以充讲师，又不能购置经史子集书籍，以备生童阅览，故设立百余年，而县内登科第者寥寥无几，不能与他县比肩。光绪二十六年(1900年)，书院停办。光绪三十年(1904年)“新政”，变法议兴，清政府推行“新学制”，即其地改为高等小学堂，所有田地及存款亦尽归于学堂。① 1920年旋又改为县立女子高级学校。清人劳敦樟撰述《建立凤台书院碑》、李师舒撰述《广宗凤台书院诸生膏火地亩记》均收入姜奕琛修，申涵盼纂民国《广宗县志》卷9“金石略”。

(七)柏乡县

槐阳书院

在县治西。清乾隆三十年(1765年)，知县钟赓华购斋捐建。咸丰六年(1856年)，知县江恭先重修，后知县宋陈寿、郑骧、吴光鼎合捐地1顷13亩，作为经费。光绪十五年(1889年)，知县李传棣重修，二十九年(1903年)改置高等小学堂，后易名为高级小学校。②

院设山长，聘请有名进士或举人主讲，下有斋长，由院绅自邑中廪膳生充任，每年二月，由知县考选童生入院、肄业，以一年为限，生定18名，童定9名，每月三大课，以初四、十四为官课，二十四为斋课，均有奖赏。生员以超、特、壹，上、中、次为等级，专门研究六艺，准备科名进取。③

(八)新河县

1.堂阳书院

原址在县衙东，清康熙十六年(1677年)，为知县王汝翰首建，后废。光绪八年(1882年)，知县孙锡康、县名绅士傅永春捐集白银6000余两，改建在察院及城守营旧址，仍名曰堂阳书院。建有大门3间，东西门房各2间，二门1间，讲堂3间，东西厢房各5间，讲堂侧屋各1间。讲堂左为传经室，右为进德斋。堂之后有门，门之后正房5间，东西厢房各3间。院之东建偏院1所，平房14间。清末科举废，兴学校。光绪二十九年(1903年)四月，改为县立高等小学堂。④ 清人孙锡康撰

① 姜榓荣、韩敏.广宗县志.台北：成文出版社，民国二十一年.235—236.
② 牛宝善、魏永弼.柏乡县志.台北：成文出版社，民国二十一年刊本.267.
③ 柏乡县地方志编纂委员会.柏乡县志.北京：方志出版社，2000.615.
④ 新河县教育委员会.新河县教育志.北京：教育科学出版社，1994.29.

述《重修堂阳书院碑》收入傅振作纂修民国《新河县志》“经政考”卷 5 下“教育”。

2.作新书院

院址在县衙及保宁寺之西。清乾隆四十年(1775 年),知县戴允元建。至嘉庆三年(1798 年),书院已颓圮不堪,知县石飞熊重修,计有大厅 3 间,讲堂 3 间,东西厢房各 3 间,大门 1 间。至光绪二十九年(1903 年)仅剩大厅 3 间,经知事傅徵源与诸绅相商变卖于贾振绍为业,卖价归公。①

3.坤城书院

在城内北大街旧察院东,嘉庆十一年(1806 年)由县太学生程灼(字其华)妻赵氏捐建。同时并捐肥田 20 亩,以作书院开支费用。书院兴建后,每月课示一次,知县、教谕、训导、赵氏必亲临。知县主课在县衙,教谕、训导在训导署,灯火费用均由赵氏捐助。至民国初书院财产卖归王姓。②清人廖易元撰述《坤城书院记》收入赵鸿钧修,沈家焕撰光绪《新河县志》卷 14“艺文志”。

(九)沙河县

温州书院

嘉庆十六年(1811 年),知县傅钟琢“考邑乘旧有谈公九乾所建襄南书院,访其地遗址无存,盖湮没于荒榛蔓草也久矣”,于是他便在学宫之北另建温州书院。③ 襄南书院创设于康熙二十四年(1685 年),时隔 120 多年,看来书院新建者在怀旧感念基础上,又有教育创业承续的风范及执着。

温泉书院

清同治十一年(1872 年)初秋,李福田赴任知县后,誓以捐修书院培养人才为急务,“会同教佐绅董,邀集城乡殷实绅民劝令量力出资,共成善举。各绅民均能急公好义,踊跃输将,得以聚成”。同治十三年(1874 年),在嘉庆十六年(1811 年)由知县傅钟琢在学宫之北所建温州书院旧址向东,添盖房屋 10 余间,又新置了一部分桌凳。经过拓建修葺后的书院更名为温泉书院。李福田主持捐修书院后,遂又延请名师长年住院,与生童等朝夕相处,讲学其间。生童每月读书的费用奖赏,均酌定数额,按名次高低给予,以资鼓励。并在捐建书院的碑记中附刻了章程制度,令师生严格遵守。④

(十)隆尧县

广阿书院

隆平县(今隆尧县)古书院名。在县城西街,原为三贤堂,年久失修,颓废不堪。清康熙五十二年(1713 年)知县侯文焯改为义学,雍正、乾隆年间(1723—1795)重新修缮,建有北屋平房 3 间,西屋平房 5 间,院门 1 座,大门 1 座,又拨给土地数亩,以供脩俸。乾隆二十四年(1759 年)冬,知县袁文焕到任,巡视学舍,提倡兴学,数年后再次修缮,建设讲堂、斋房,并每月捐俸以资膏火,改为书院。在大门和厅堂等处,题写悬挂“广阿书院”匾额。以后每年拨款,资助书院。学子们互相激励,

---

① 新河县教育委员会.新河县教育志.北京:教育科学出版社,1994.30.

② 新河县教育委员会.新河县教育志.北京:教育科学出版社,1994.30.

③ 河北省沙河市地方志编纂委员会.中国地方志丛书——沙河市志.北京:生活·读书·新知三联书店,1994.627.

④ 沙河市教育委员会.沙河市教育志(1107—1990).北京:教育科学出版社,1994.38.

刻苦学习,不负期望,涌现出很多才子学者。① 道光二年(1822 年),知县席元榜移建于明伦堂南,光绪十四年(1892 年)知县张大中重修。

清代学者江道新曾经有《过广阿书院赠山长张先生》诗云:“春光几日储壶中,极目平原面面空。野色芳郊青未了,滏河泜水逝何穷。心随缥缈云低树,声逐间关鸟弄风。会到孔颜真乐处,晴窗曙旭映东红。”字里行间流露出对书院学风融洽的羡慕心态,以及对山长张先生的景仰之情。

(十一)内丘县

中邱书院

清光绪十三年(1887 年),将县儒学改为中邱书院。主要学习皇帝颁发的上谕、“四书”“五经”、《资治通鉴》等。②

(十二)宁晋县

1. 洨滨书院

建于明代三十八年(1559 年)的洨滨书院,不幸于清乾隆十三年(1748 年)毁于水灾,后知县陈贲懿清出赡田七顷零九分八厘,于县城东街复建。光绪二十九年(1903 年),改为官立高等小学堂。

2. 正学书院

位于学宫西侧,与洨滨书院同年兴建,清康熙十九年(1680 年)重修,光绪三十一年(1905 年),改为官立模范小学堂。③

五、唐山

(一)唐山市

华英书院

清光绪二十八年(1902 年)英国传教士韩蔚士在便宜街(今胜利路西段)创立了华英书院,但徒有书院之名,实为初级小学,1912 年设高级小学,1922 年设初中,1925 年更名为丰滦中学。④

可见在 1902 年,在全面废除科举制的前夕创立书院,只能是徒有其名罢了,这也从一个侧面体现了中国古代书院在清代末期已经逐步沦为科举附庸的事实。而书院又“实为初级小学”这一描述,又说明其课程、教学及办学模式实为西式教育机构,书院只是套用传统的形式或招牌,而实为新式学堂。

(二)遵化县

1.燕山书院

燕山书院在州城东街,本旧义学,清康熙五十四年(1715 年),知州刘之馄就察院遗址建。乾隆三年(1738 年),知州杜甲,九年(1744 年)知州严文照,十八年(1753 年)知州刘靖相继增修。三

---

① 张存刚.隆尧县较早的公办学校——广阿书院.http://cache.baidu.com/c? m.

② 河北省内丘县地方志编纂委员会.内丘县志.北京:中华书局 1996.739.

③ 宁晋县地方志编纂委员会.宁晋县志.北京:中华书局 1999.881.

④ 唐山市地方志编纂委员会.唐山市志.北京:方志出版社,1999.2809.

十九年(1774年),知府李荫椿改作书院,额曰“燕山书院”。计有讲堂3楹,院长住房3楹,厢房3楹,仪门1楹,临街房5楹,厨房1楹。院中经费,官地2顷37亩,每年秋后,收租粮21石1斗,院门房左右每年收租钱九千。丰润、玉田二县,每年捐解束脩膏火银360两。其支发未敷,知州捐俸补给。

嘉庆八年(1783年),知州李景梅重修讲堂,额曰“敬业堂”。二十三年(1818年),知州张家本倡捐,重修大门讲堂,题额曰“乐育英才”,添建前院厢房游廊等处。道光六年(1826年),知州白明义添建后院东西厢房,倡捐租息各项,购置书籍,立定条规17则:公延山长、选举绅董、甄别章程、月课章程、宣讲定期、讲书课程、逐斥顽劣、稽查出入、敬惜字纸、节慎经费、脩金定数、膏火定额、奖赏定数、课卷定价、津贴定数、工食定数。咸丰八年(1858年),知州何兰馨倡捐,复兴租息各款。① 租息原地2顷37亩,租粮21石1斗,续添地3顷42亩4分3厘,租粮51石3合,又院东铺房2间,租东钱60千,又地41顷22亩7分3厘2毫,又草房41间,租东钱2860余千文,又地3顷59亩5分7厘,草房6间,租银23两2钱7厘9毫。每年计收粮72石6斗3合,东钱2920千250文,银33两2钱7分6厘9毫。本州发当生息成本东钱21000千,每月息钱250千,由绅董支收。玉田县生息成本东钱4800千,每季生息东钱210千600文。丰润县生息成本银1200两,每季息银30两,各由本州批解。同治三年(1864年),知州李廷瑞、州人史璞捐置考试桌凳190份。

光绪三年(1877年),奏建试院,改书院为州判署。移书院于试院内东边,建院门1楹,二门1楹,讲堂3楹,斋舍即就试院前后四厢为之,环境更显深静。光绪七年(1881年),知州郓桂孙议复旧规。十一年(1885年),知州缪彝捐置图书15种,并参订规条20则。光绪十三年(1887年),知州陈以培重葺。②

与书院这种旧有教育机构变迁不相协调的是,燕山书院在光绪年间达到发展鼎盛,这就表明书院在晚清社会剧变当中,其自身命运如何,在各地呈现出犬牙交错、震荡波动的复杂性,其差异性何止存在于地区之间,还集中反映在区域之内。燕山书院条规章程内容丰富,所涉及办院活动诸多方面,例如,规定院务由绅董会负责,另委儒学教官为监院提调。院长“由经管绅董公访科甲出身、品学兼优、夙所共知者,禀商州署,由绅董具关聘订。不得官为勒荐,亦不得以幕友官亲塞责。每年二月由知州甄别,取内课生员二十二名、童生八名肄业。外课生童无定额。每月逢一、三、五、九讲书,生童环听,间日分班回讲”。“生童各具功课本一册,逐日将所读经史、诗文一一注明某篇某行或某句上”,以便山长第二天“抽取背诵,以稽勤惰”。每月二十六为官课,由知州点名扃试,一文一诗,当日交卷,生员前五名、童生前三名,各给奖赏。初七、十二、廿二、廿七为斋课,院长命题评卷。③ 燕山书院独立规章,按章做事,在院长选聘、生童请假、酗酒赌钱以及考课蒙混等方面,官说勒荐之类方式丝毫无用,并以之为耻,惩责不贷。

下附《燕山书院条规》:

---

① (清)萧应植纂修.(乾隆)济源县志·卷15.乾隆二十六年刻本.

② (清)何崧泰等修,史朴等纂.(光绪)遵化通志·卷17“书院志”.光绪十二年刻本.

③ 季啸风主编.中国书院辞典.杭州:浙江教育出版社,1996.16.

燕山书院条规

(清)缪彝

一、书院每岁延订山长,以前冬十月为率。由经管绅董公访科甲出身、品学兼优、夙所共知者,禀商州署,由绅董具关聘订。不得官为勒荐,亦不得以幕友官亲塞责。

一、院长每岁束金京平银一百二十两,分季致送。每月薪水东钱五十吊,到斋按月致送。年节敬共东钱二百吊,端阳中秋,各送东钱六十吊,年节送东钱八十吊。

一、每岁二月,諏定吉期,由州札行示谕,开课甄别。如有路远临期未能赶到者,准于甄别后三两课内续考甄别,俟榜发取列超特等上中取内,方准补开篝火,藉防滥竽。过三课后,不准再补甄别。

一、肄业篝火定额,生员二十名,童生八名。饭食茶水灯火,均由该管绅董妥派斋夫供给伺候,每名月给东钱三百四十文。生童等既免炊爨,专心勤习,各期上进。不得以童生请补生员篝火,以示限制。

一、外课生童无定额。每逢官课,饭食由院中供给。

一、官课每月定于初二、十六日,届期点名扃试。一文一诗,当日交卷。阅后榜列名次。生员前五名,童生前三名,分别给奖,以示鼓励。生员一名,奖银八钱,二名六钱,三名五钱,四名四钱,五名三钱,童生第一名,奖银八钱,二名三钱,三名二钱。每银一钱,折东钱八百文。其州署捐奖,由官酌给,不在此例。

一、生童课卷,每本制钱十文,由礼房备办。近年酌定,每年准领卷价东钱六十吊。如或停课日久,仍照扣领。

一、委儒学充监院提调,按年每份津贴东钱七十二吊,经理书籍津贴每份二十四吊,该管绅董,每份津贴七十二吊。

一、斋课每月定于初七、十二、二十二、二十七等日,凡四课,院长命题阅课。如有代倩抄袭诸弊,定令改作。

一、书院经费,选派老成殷实绅士数人,轮年经营,毋许推诿。如遇事故,另行择举。所有当商生息银钱,由该管绅董,按季支取。玉、丰两邑当商息银,按季由州提取。学田银粮钱项等租,由州派书承征,均发交该管绅董照收。设立印薄,一切出入款项,随时登记。年终开列清单,揭黏公所,即将印薄递交轮办绅士接管。

一、生童同舍肄业,立身植品,均宜互相琢磨,不得相聚高谈,嬉谑旷废,甚或酗酒赌钱,冶游观剧。至于招集亲友,弊端百出,殊失建立书院本旨,应由监院随时察禁。倘敢不遵口责,立即扣火逐出,永远不准在院肄业,以为不知自爱者戒。

一、看院向设门役一名,每月东钱五吊,饭钱九吊。斋夫一名,火夫一名,每名每月工饭钱七吊二百文,每岁另加经理书籍车钱二十四吊。

一、看院门役，毋得擅离。遇有生童亲友有事进院者，须禀明院长，再行放入。生童有事回家，亦须告假，言明何事。如有私自外出，该门役瞻徇容隐，不预禀明，惩责不贷。

一、书院移建试院内，凡大门内外及院落斋舍，均宜洒扫洁净。设有遗弃字纸，尤为世子所当敬惜，各斋各置一蓖，随时检拾，月终，交门役送惜字局焚化。

一、每月除课期外，逢一三五九日讲书，生童环听。闲日分班回讲。

一、生童各具功课一册，逐日将所读经史诗文，一一注明某篇某什或某句止。次日早起，整理清楚，静候抽取背诵，以稽勤惰。每日仍于院长前篝火册内，亲笔书名画到。

一、玉、丰两邑解到生息银钱，及本州发商生息钱文，征收学租，一有入项，即发值月当商收存。俟有用项，再向当商支取。

一、常年篝火原为培养攻苦之士。生童自应按课呈文，以期进益。近有考取甄别，常年住斋，并不考课，实属希图哺啜，贻笑素餐。以后内课生童，官课点名不到或斋课连次不交卷者，立即扣火除名，另由外课选补，不准开复。

一、在院生童，无论内外课，遇有词讼事件，亟宜先自回避，不得在院居住，遇课期并不得朦混考课。倘有以住院考课为名，藉端构讼，牵递禀词，定即扣火除名逐出，永远不准住院考课。即绅董等人，亦不得从旁关说，自取侮辱。

一、遇科场年分，考课生员，由该管绅董酌量经费，增加奖赏。经费不足，官为捐补。闱后仍复旧章。六月择吉决科，举行宾兴典礼，由官捐给元卷。积学之士，各宜争自琢磨，以副厚望。

一、每逢州考，先期止火，将院存书籍器物移置封锁。院长在馆，即移住关庙西偏寓斋。俟院试毕后，再行定期开火。若非考课年分，甄别榜发，即开篝火。端阳节前，定于四月二十五日止火，节后五月十五日开火。中秋节前八月初五日止火，节后二十五日开火。年前十一月二十五日止火。①

2.龙泉文社

1889年(光绪十五年)，遵化知州陈以培创建文社，因地处城外东北角之乌龙泉西岸，故名龙泉文社，为士子春课甄别，秋试宾兴之所。并建文星阁于君艮方，祀魁星于其上。②

(三)滦县

书院是旧县治中最高学府。明清以来，滦县有书院三处，为横渠书院、海阳书院和榛子镇的育贤书院。其中横渠书院和育贤书院早废，而海阳书院延续至光绪三十二年(1906年)，随着科举的废除而走进了历史博物馆。

海阳书院

清乾隆十七年(1752年)知州孙昌鉴创建，位于城东南角杨少卿祠内。嘉庆七年(1802年)，知

---

① 佚名(河北)遵化通志·卷17.清光绪年间刊本.

② 唐山市教育志编委会.唐山市教育志(1840—1990).北京：教育科学出版社，1993.90.

州莫谟重修,并确定了供应书院的地租,悬额于大门外,海南进士候补员外郎莫绍真题匾曰"雨化堂"。柱联云:"遵鹅湖鹿洞条规,先德行,次文章,俱是做人雅化;萃滦水横山贤俊,朝讨论,夜服习,无非为国储材。"海阳书院以鹅湖书院和白鹿洞书院为教学榜样,不仅注重学生的学问才能,更注重学生的德行。横山滦水之下的海阳书院身居仙境,远离尘世,早上讨论,晚上复习,均是为国家储备人才之需。嘉庆戊辰年(1808 年)夏六月,知州吴士鸿题匾曰"立雪宗风"。柱联云:"统绪继横渠,雅化渐于山海;导源承泗水,英才擢自门墙。"①咸丰年间(1851—1861),屋宇坍坏,损伤甚烈,栖止流亡,材木多半遗失。至同治七年(1868 年),邓锡恩任知州,滦州士绅上书禀请重建书院,但因他离任未及操办。同治八年(1869 年),知州张士铨大加扩建,修筑大门 3 楹、照壁各 1 座,内设仪门 1 楹,讲堂 5 楹,斋房 5 楹,东西厢房各 3 楹,以及山长(主讲)居室 5 楹、厨舍 3 楹等。西北两面,外则护以高垣,其东偏隙地,共厢房 9 间,南则居住院役,北则废置号板,隔以横墙,北则为官课斋舍,后则正屋 2 楹,为寄顿闲物之所,共耗资 24000 余千文。

同治十年(1871 年),书院建成后,游智开任滦州知州,悉心筹划,绅民捐地 29 顷,租息满足书院经费的一半,另一半由县内地亩分摊,经费终得以解决。不久,游智开升永平知府,韩耀光继任滦州知州,韩氏重视教育,在政务之暇,亲临书院考察,课试生员,捐书 66 函,供学子观览,亲自批阅生员文卷,"得佳卷,爱不释手","其不善者,则亲为改之"。"尤以培植人才为先务",崇尚实学,"所拔多寒峻之士"。人们"无不折服",倍受州称颂。又制定《海阳书院章程》,刻碑立于书院。并以"毋慕浮荣,毋求速效,毋竟机巧,毋侈俗谈,毋外饰而欺师儒,毋惰慢而远正士"为训来激励学生求实求学。②

按海阳书院章程的规定,每年农历二月初六对全州生童进行甄别录取,共录 100 名,其中生员超、特、一等 30 名,备补 20 名;童生上、中、次共 30 名,备补 20 名。每年三至十月的每月初六举行官课,共考 8 次,也称大课。每月十六日、二十六日举行斋课,由山长考试,内容为诗文、经解、策论、算学。官课、斋课之后,均按等次给以奖励,第一名奖银 6 钱。书院山长岁薪脩金计 300 两,学员由州衙供应伙食,其标准按录取时的等级而定,如超等生员,每月供银 1.5 两,而次取童生,每月只供银 4 钱。至于备补者则一律不予资助。

海阳书院在兴学重教思想的影响下,成绩突出,培养出一些有用人才,从科举考试中获取功名的人数可以反映出来,如从乾隆十七年(1752 年)始,计有进士 21 人,举人 188 人,副榜 21 人,拔贡 23 人,优贡 4 人,恩贡 22 人,岁贡 252 人。③

(四)玉田县

经州书院

书院在县城南门内东巷,创建于清道光十二年(1832 年),县令徐桂捐廉首倡,乡邦人士为集腋谋购基地,修讲堂、学舍及庖溷之所。凡为宇舍 76 间,额其门曰"经州书院"。因书院膏火未筹,徐知县

---

① (清)吴士鸿等修,孙学恒纂.(嘉庆)滦州志·卷 4"学校志".嘉庆十五年刻本.

② 滦县志编纂委员会.滦县志.石家庄:河北人民出版社,1993.604.

③ 阎国华等编.河北教育史·第一卷.石家庄:河北省教育出版社,2003.408—409.

乃劝集输款，经费渐充，章程渐立。道光二十二年(1842 年)，知县姜士冠重新屋宇，厘定条规，收发一归董事，用期永久，至斯规模乃备。①

(五)迁安市

安昌书院

旧书院在学宫南，创建之始，旧志无考，然延师课士为一邑文艺由来已久。故址瓦房 3 层，每层 3 间，嗣皆倾圮，惟讲堂仅存。嘉庆年间(1796—1820)，有卜官营、李官营入官地亩 11 顷 54 亩 6 分 1 厘，共租东钱 809 千 400 有奇，作为书院脩脯膏火之需，然经费太绌，不敷支用。至道光十五年，知县张萝蓉购院东地基 1 所，别建学舍 4 层，每层为楹者五，缭以周垣，复勋绅商输资，广置田亩，每岁租增至 5078 贯有奇，始能延请主讲，设立规条，集生童而月课之。厥后地亩多被沙水冲淤，众佃藉词拖欠，日就凌夷。迄今岁入谨剩东钱千余贯，有司月课士子，惟捐廉给奖。书院旧以安昌名，案辽金地理志，安昌隶锦州，与今之迁境无涉，命名未免沿讹。今考团子山上有文峰塔，为一邑文运所系，故改名文峰焉。② 另据游智开修，史梦兰纂，光绪《永平府志》卷 37“学校志”(光绪五年刻本)：文峰书院，在迁安城内东南隅，旧名安昌书院，久废。知县韩耀光捐助膏火奖赏，每月考课。光绪二十年(1894 年)，修补斋房，筹集延请山长。③ 由此不仅在书院名称前后变动获得进一步证实，而且进一步丰富了书院发展过程中有关人事及活动的内容。自光绪二十八年(1902 年)停止科考，改为高等小学堂。

(六)丰润县

浭阳书院

在县城南街，清乾隆十九年(1755 年)，知县吴慎详捐俸银 20 两，劝捐绅士银 488 两 9 钱于观察使旧署创建。随后，他又置胡家庄 4 间地 2 顷 61 亩为诸生膏火之资。草创经费及规模粗具，计有面西厅 3 间，耳房 2 间，堂 3 间，耳房 2 间，南北庑房各 2 间，后堂 3 间，耳房 2 间，南北庑厢房各各 2 间，门房 5 间。有碑文入文苑，迨年岁久远日就荒芜。道光初经邑令王公劝捐移建于东街路北。十六年(1836 年)，又经邑令许公劝捐赠诸生膏火，计正院瓦正房 4 层，层各 5 间，厢房 2 层，层各 3 间，又草厢房 2 间，东院瓦房 2 层，层各 4 间，西小院厨房 3 间半，马棚 2 间，计发当成本银 1500 两。④ 清人沈赤然撰述《更修浭阳书院碑记》、王仲槐《改置浭阳书院碑记》均收入牛昶熙纂修，光绪《丰润县志》卷 10“文苑”上。

---

① 玉田县文教局教育志编写组.玉田县志.出版社不详.1990.25.

② (清)韩耀光等修，韩玉成等纂.(同治)迁安县志・卷 10“学校志”.同治十二年刻本.

③ 滕绍周、王维贤.迁安县志.台北：成文出版社，民国二十年.96.

④ (清)牛昶煦纂修.(光绪)丰润县志・卷 1“学校志”.光绪十七年刻本.

六、衡水

(一)衡水市

1. 右山书院

院址在县城以西的滏阳河岸,为清代顺治初年(1645 年)知县张恒所建,后来所有房舍、地基充公,收息作为书院经费。

2. 桃城书院

地处衡水城内东街城隍庙西边(今市公安局院内),清代乾隆年间知县何燧创建,知县陶淑继建遂成。到同治、光绪年间,逐渐破损。至光绪二十九年(1902 年),改为衡水县公立高等小学堂。

书院主持人称山长或洞主,由知县聘请,教师由山长延请,其学生不住院学习,只定期进行训导。入学年龄、肄业年限不限。教学内容主要为"四书""五经"及史鉴、制艺。教学方式为教师讲课、指导。教学方法多采用问难论辩式。①

(二)枣强县

1.砺泽书院

清顺治十七年(1660 年),知县何之图创办砺泽书院,址在县城西南 20 里之通明宫内,由当地乡绅管理,后改为义学。②

2.嘉会书院

乾隆四十七年(1782 年),工部制造库郎中步登廷年高归故里后,创办嘉会书院,址在县城西南 15 里之大金村。嘉会书院办学达百年,学生有来自百里之外者。书院所在的大金村,进书院就读和科举考试得中者尤多。③

3.敬义书院(后俗称枣强书院)

清同治八年(1869 年),知县张士铨始构宅基于县西街。十三年(1874 年),知县方宗诚始创建斋房,置地 932 亩作为经费。书院前置义学,延师以课寒士,中为讲堂,后为延院长讲学课文之所,东西为斋房,平时诸生肄业其中。书院内设有童子祠,讲堂大书董仲舒"正谊明道"之训,每岁课士时诸生拜董子祠堂。又念县无考棚,每岁科县试,张席棚于县署仪门之内,大寒盛暑,风日雪雨,士子苦之。因劝员外郎李咸临、贡生李执玉、千总衔武生李清华、六品衔李建龄,以书院西宅基一所,捐归书院,于是基址宏敞,增修屋宇,永为岁科县试之考棚。又县旧有太公祠,以《史记》云"太公困于棘津",枣强古棘津地,祠久毁,每岁春秋二祭,有司张席棚于野祭之。方宗诚拟每岁改祠为太公讲堂,以劝勉诸生:"无徒囿于世俗科举之陋,而必以太公童子之所以教者为师,蕴之为德行,行之为事业。"因名之曰"敬业书院"。又买膏火地 9 顷 32 亩有奇。④ 下附《创建敬义书院记》。

---

① 衡水市地方志编纂委员会.衡水市志.北京:民族出版社,1996.702.

② 枣强县地方志编纂委员会.枣强县志·教育篇.北京:文化艺术出版社 1994,669.

③ 枣强县地方志编纂委员会.枣强县志·教育篇.北京:文艺艺术出版社 1994,669.

④ 陈谷嘉、邓洪波.中国书院史资料(中册).杭州:浙江教育出版社,1998.947—948.

创建敬义书院记①

清同治十三年(1874年)方宗诚

枣强，汉属清河郡，与广川邻。历代沿革分合迁徙不常，名屡更，遂与广川相杂，故今犹称古广川云。汉大儒董子盖生是邦，今县城中有董子祠，旧县村王善友村多姓董氏者，亦有董子祠三焉。又相传为古棘津地，司马迁《史记·游侠列传》谓吕尚困于棘津。《集解》徐广曰："在广川。"司马彪《续汉书·郡国志》于"冀州清河国"下称："广川，故属信都，有棘津城。"今县旧有太公祠，盖用《史记集解》之说。且棘与枣相类，故援引太公以为地重，而刘昭《续汉志注补》则谓："太公棘津琅琊海曲"，非此城也。夫太公之果尝困于此，事远难稽，即董子之生果为今枣强境与否，亦未可定。然人心秉彝好德之良，与学者慕古希贤希圣之怀，有非口舌之所能夺者，是固可以置而不辨也。

县故有大原书院，近董子祠。旧志载：明万历初，张江陵为相，檄毁天下书院，遂改为北察院。今察院已毁，旧址无可征矣。惟董子祠如故。太公祠亦久圮，春秋有司设席棚城外致祭。书院旷废已三百年，学之不讲盖亦久矣。考太公曾封武成王，盖以诗有"时维鹰扬"之语。又以世称《六韬》《阴符》为太公之书。予谓太公于古，实为闻道之圣人，其告武王以丹书之言曰："敬胜怠者吉，怠胜敬者灭。义胜欲者从，欲胜义者凶。"实与《虞书》"危微精一"之传、成汤"以义制事、以礼制心"之论，若合符契。其后，孔子作《易》，传曰："敬以直内，义以方外，敬义立而德不孤。"其言与尧、舜、禹、汤同揆，而实则太公已先发之矣。是以孟子历叙道统，于太公望称为见而知之。推重如此，诚百世之师也。后世不考《六韬》《阴符》皆周末秦汉人所附托，而鹰扬之绩特太公功德之一端，封为武成，不亦陋乎？当汉武帝时，功利横流，学术淆杂，而董子独抱仁义、礼乐、道德为学。其对武帝之策曰："仁人者，正其谊不谋其利，明其道不计其功。"又以为诸不在六艺之科、孔子之术者，皆绝其道勿使并进。其旨与太公所以告武王者无以异也。故刘向称其有王佐之才，虽伊、吕无以加。而刘歆独不然其父言，刘龚、班固附而和之。是皆未闻乎大道之要者也。夫为学而不知道，求道而不得其要，其论古固涉于偏陂，其所以致知与力行者，亦必散漫而无纪，杂陋而鲜当。其处困穷既不能隐居求志，以期道集于厥躬。其用于世，又何能行义达道，以佐君而致治？况欲其或汗或见，立德立言，使百世之下闻风而兴起，不亦难乎？甚矣，学不可不知道，而求道不可以不得其要也！且夫古之圣贤亦人也，予亦人也，所贵乎慕古之人者，求其所以为古人者而师之也。诵古人之言，行古人之行，则予亦古人而已矣。岂徒扳引古人以为州里之荣哉！

同治十年，予来宰枣强，构讲舍五间于署之西偏，立学规以课士。又二年，得前邑令张君所购宅基一区，在董子祠前。爰筹资创建书院讲堂，因取太公所述丹书之言，名之曰"敬义书院"。而讲堂则大书董子正谊明道之训，以为诸生观感之资。诚以之数言也，乃大道之要，而

① 陈谷嘉、邓洪波.中国书院史资料(中册).杭州:浙江教育出版社，1998.948—949.

学之所当法守者也。每岁课士时,率诸生拜董子之堂。而春秋太公之祀,亦即于讲堂设位行礼,以革除野祭之非。愿诸生肄业其中,无徒囿于世俗科举之陋,而必以太公、董子之所以教者为师,蕴之为德行,行之为事业,庶无负区区创建之意也夫。同治十三年冬。

(三)故城县

1.甘陵书院

设于县治弦歌巷五侯祠,清雍正五年(1727 年)由县令蔡维义倡设,以教生徒。建有正堂 3 间,厢房 3 间,年久倾圮。道光二十三年(1843 年)县令黎极新重建于明伦堂左,周家坟后旧有地 51 亩 8 分,以为师生膏火月课经费,并作纳粮修葺之用。①

2.卫阳书院

在郑镇街南,创建时间无考。书院有讲堂 3 间,东西房各 3 间,余房 2 间,旧有生息租钱数十贯,延师课徒,由本镇士人经理。②

书院主持人称山长(亦称院长),由知县聘请有学识、有声望之士绅充任。教员由山长延聘在籍学行素著之举人、进士充当,学生均系县内立志进学之童生。教学内容为儒家经典("四书""五经")、宋明理学、诗赋制艺(又称诗文、八股文)。光绪末年始推行新式教育,书院遂废。③

(四)冀州(冀县)

信都书院

据乾隆《冀州志》载,明万历四年(1576 年),冀州知州赵宋在州城马神庙西建信都书院。清康熙年间(1861—1722),冀州知州魏定国移建于旧治东南,置田 2 顷,以资膏火。乾隆五年(1740 年),知州杨芊增修大门 1 座,讲堂 3 间,前正房 3 间,后正房 3 间,东西厢房 6 间,后土房 3 间,东西土厢房 3 间,学地 2 顷,生员刘尔堪捐地 5 亩。咸丰元年(1851 年),知州葛之镛倡筹经费 3000 千文,捐置书籍数千卷。光绪二年(1875 年),知州陈庆滋增筹费 1500 千文。七年(1881 年),李秉衡增筹费 750 千文。④ 光绪八年(1882 年),冀州知州吴汝纶筹银 12950 两,钱 19230 千文,置地 920 亩,延名师,备膏火。请新城王树枏、武强贺涛为书院山长。

贺涛,直隶武强人(今属河北)。光绪十二年(1886 年)进士,官至刑部主事。吴汝纶任深州知州时,将平生所学传授于他,并将他推荐到莲池书院张裕钊门下。贺涛谨守两家师说,成为桐城古文学派在直隶的最早传人。他曾任直隶文学馆(前身为莲池书院)馆长,"一仿曾、张、吴三公",却能不蹈蹊径,不为三位学者所掩盖,是继吴先生之后的一位卓然的大家。著有《贺先生文集》与《贺先生尺牍》。

王树枏(或枬),直隶新城(今河北高碑店)人,王振纲之孙。光绪十二年(1886 年)进士,后授户

① 故城县地方志编纂委员会.故城县志.北京:中国对外翻译出版公司,1998.497.

② (清)张瑛修,范翰文等纂.故城县志・卷 3"学校志".清光绪十一年修民国十年重刊本.

③ 故城县地方志编纂委员会.故城县志.北京:中国对外翻译出版公司,1998.497.

④ (清)李鸿章等修,黄彭年等纂.(光绪)畿辅通志・卷 117"学校志".光绪十年刻本.

部主事。历任四川省铜梁、中卫、青阳、资阳等地县令和甘肃等地道台,又曾入幕于张之洞。光绪三十二年(1906年)代理新疆布政史,在伊犁设武备学堂,主持督练新军,并总纂《新疆图志》。辛亥革命后,任省议会议员、众议员、约法会议委员、参政院参政等职。1915年后为国史馆协修、编纂处总纂,参与编修《清史稿》。除代清史馆纂修《畿辅通志》《畿辅先哲传》外,还著有《欧洲列国战争本末》《欧洲族类源流略》《彼得兴俄记》《希腊学案》《希腊春秋》《武汉战记》《陶庐文集》《陶庐诗集》和《陶庐续诗集》,此外还有大量经史、小学、方志等著作。他是近代学者、散文家,力攻古文。他认为文章的变化"塞天地""横古今",决非"姝姝焉守一成之迹者所能自振于其间",对桐城宗派不妄加许可,可谓出于桐城而不拘泥、盲从桐城。其文气骨遒上,意象雄浑,最得力于司马迁、韩愈、王安石,有时亦取法归有光,但能脱胎变化,破其局缩,于平淡之中出波澜,声情之外有意韵。他的文章多碑志、墓表、寿序之作,但甚重取义,往往不同世俗。他的最后学术活动是担任《新城县志》总纂,完成于1935年,时已85岁高龄,翌年辞世。①

经由名师指引,又有充足的办学条件作为支撑,经过严格的管理与培养,信都书院名声鹊起,风闻乡邑,史称:"萃一州五县高材弟子"入学,"课以经史词章有用之学",书院学生"连岁登甲乙榜者数十人","人才最为一时之盛"。②

(五)武邑县

观津书院

观津书院初创于明代洪武年间(院址在武邑县城),清代加以扩充。清道光二十三年(1843年),知县雷五福、训导乔景岚又倡导建成了武邑书院。前大厅,中讲堂,后厅,东西廊,左右斋舍,无不备具。③ 书院生员多为取得秀才资格的人,在书院内学习、切磋,准备科考。当时学界负声望者、名流大儒范当世曾主掌书院。受其影响,又与此相应,清末的武邑县内各地乡民又建立了一些义学式书院,较出名的有西街孝祠书院、马回台义学书院、王孝村义学书院等。这些层次低、规模小而又名之曰"书院"的教育机构,除讲"经"、学"书"外,又增算术、应用文等有实用价值的课程。书院于清光绪末年废止。④

范当世,生于1854年,卒于1905,为清末文学家、诗文名家、桐城派后期作家。原名铸,字无错,江苏通州人。其25岁后负笈出游,后经时任保定莲池书院院长、湖广行省著名学者张裕钊的介绍,曾为当时的冀州知州吴汝纶主持观津书院。范当世一生擅长对联,曾被时人称誉为"联界之虎"。在主持观津书院期间,作有《题武邑观津书院》联句云:"明公家法有礼堂手订之经,异日当成通德里;此地昔时多燕赵悲歌之士,为我一吊望诸君。"又云:"自来学校以书院辅之,如今比屋东西,稍喜欢颜在风雨;吾为父兄望子弟成耳,此后一官南北,还将老眼看云霄。"⑤读来平易朴实,深感诗人对学子的属望殷厚,令人有沉稳酣畅之感,诗文指出古代书院是学校的补充,更多的人可以

① 王树枏的资料与评论.http://www.yuedu.org/books/book——200712194214f11539.htm.

② 河北省冀县地方志编纂委员会.冀县志.北京:中国科学技术出版社,1993.598.

③ (清)彭美等修,龙文彬等纂.(同治)武邑县志・卷4"学校志".同治十一年刻本.

④ 武邑县地方志编纂委员会.武邑县志.北京:方志出版社,1998.636.

⑤ 解维汉.中国牌坊书院楹联精选.西安:陕西人民出版社,2007.88.

身临其中,书院给生童提供了学习知识的同时,也是生童避风遮雨之地,每个生童的脸上流露欢颜,令人倍感欣慰。同时,也表达了诗人对生童士子的殷切期望,盼其成龙辉煌,盼其官至高位,以父兄的口吻来赋诗也表达了诗人强烈的社会责任感。

(六)武强县

萃升书院

清乾隆九年(1744 年),知县吴龙见于刘公祠旁起屋 3 楹建萃升书院。时有乡民张义名,地在小范镇河东,计 49 亩,捐入萃升书院,岁收租钱京钱 18 千文以资书院公用。其基址则乾隆二十三年(1758 年)彭公澧来任,嫌其近市,乃兴生员娄俊杰之业地 1 亩有奇,易地改建,在今县署西。彭公捐银 150 两,邑绅张鹏冲等合捐银 400 两,造讲堂寝室各 3 间,两廊书斋 14 间,并刘公祠。邑之绅又捐金生息以为膏火之资。至乾隆五十七年(1792 年),经前任程公隽仙,时续增连前共积京钱 7000 串零。道光五年(1825 年),奉前州宪张杰复以武强旧帮深州书院,原本京钱 480 串归还,并前共计原本京钱 7600 余串,统交盐当,月利 1 分起息,每课生童膏火共 24 分,至山长脩金并肄业诸生应试路费及修理置备什物,一切出纳俱由斋长经理。①

(七)景县

广川书院

在州城内南街。清康熙四十三年(1704 年),景州知州周钺建为董子祠,请有赐额。同治十三年(1874 年),知州宋彭寿在州城南门内购地创修广川书院,兴工于同治十三年(1874 年)五月,竣工于光绪二年(1876 年)四月。共计筑堂舍 40 间,内设桌凳,一如试院编列字号,于北院建义学 12 间,以作童蒙讲学之所。但由于仅有院产 18 亩,别无其他来源,不敷费用,没有多长时间书院就荒废了。所以志书说:以经费无着,未能实行延师讲学。是书院之名虽复,书院之实究未复也。迄光绪二十八年(1902 年),遂改筑为高等小学堂。②

(八)深州市

文瑞书院

在城西 3 里,初名博陵书院。清乾隆十八年(1753 年),知州尹侃建于城西。1755 年,查出州内各村废庙地亩改归书院。1756 年,知州邹云城及姚德文、罗以桂、黄河清捐资重修,迁吕公像于其中,改建门堂房舍计 40 间,耗资白银 600 余两。深州为博陵古郡,故名博陵书院。敦请山长,取生童 20 名及额外生 10 名肄业。嘉庆二十五年(1820 年),知州张杰捐俸钱 500 余千重修并劝捐续置,增地 5 顷余,实在共地 14 顷 59 亩 1 分 2 厘 6 毫,收征租钱,每亩租价不等,其征租制钱 1186 千 564 文,由各佃户送交书院董事查收,并分载各段之坐落亩数及租价。以外,又交深州、武强、饶阳、安平等处盐当本钱 1 万千,按月 1 分起息,遇闰不增,每年共收制钱 1200 文,以为书院之用。因该地为张鸾故里,易名"文瑞",以"修数术、明道法、黜邪说、立真品"为其宗旨。道光六年(1826 年)增

---

① (清)罗慎行等纂修.武强县新志.道光十一年刊本.

② 《景县·历史的星空》连载系列之:景州董子祠与广川书院.来自:景县政府公众信息网 www.jingxian.gov.cn

定条规,又劝捐置地500余亩,共有租地1459.6亩。又捐制钱1万串分交属县发商生息,充作为经费。① 清人邹云城撰述《博陵书院碑记》、张杰撰述《重修文瑞书院碑记》均收入张范东修,李广滋等纂道光《深州志》卷10“艺文志”中。

七、沧州

(一)泊头市

1.瀛南书院

位于交河城东北角,为官立书院,约建于清雍正十一年(1733年)。书院经费来源于学田,租盐当生息,凡院长薪金、诸生膏火花红皆出其中。课艺每月两次,甄别每年一次。凡甄别之期,生童可参加月试。凡取列超等者,除得奖外,并有膏火费(文具饭食费);取列特等及一等前三名者,也有奖赏。乡试前有宾兴课,奖赏从优。

瀛南书院自清同治年间(1862—1874)倾圮后,月课无定期,学款收入无人过问。后经交河知县龚彦师、程和两任重修,至光绪二十九年(1903年)竣工。书院修缮后规模:北向大门一座,门内南北砖甬路1条,南头大照壁1座,又修甬路。东门院3层:头层向南大门1座,照壁1座,东西文场各12间,第三层向南门楼一座,正厅3间,东西耳房各3间,东西陪房各2间,又修甬路。西边也分3院:南院厨房1间,茶房1间,宿舍4间。中院外门东西:南北正房各5间,东西厢房各4间;北院外门东向,院内向南门楼1座,正北房4间,东西陪房各2间。西南小院,侧室1间,计占地近6亩。竣工后时值清末“新政”,遂改为官立高等小学堂。②

2.两圣书院

两圣书院位于交河镇西关街,由卢广汉创建于清光绪十五年(1889年),因仰慕孔孟的学问、道德风范而得名。民国四年(1915年)重建,1915年后改为黎明学校,现为交河镇西关小学。③

(二)沧县

1.沧曲书院

在县城东南关运河南岸,距城里许,系郡绅张雪耳别墅,有堂数间,又名沧曲书舍。清雍正三年(1725年)张延绪改卜野云亭,建讲堂3楹,学舍50余间,筑山凿池,种花植树,景色优美。一时负笈来学者近百人。山长李之崋、李之峥遵朱子遗规,大书《励学八则》于讲堂。课经书性理外以《大学衍义》为根底,不攻制艺,而文与诗皆斐然。后孝廉左方涛来此讲学,诸生多有成就。雍正五年(1727年)朱轼称之“将接踵鹅湖,媲美鹿洞,则西河之流不竭,而东山泗水亦可溯派而寻源也”。④ 志书这样描述:“乙巳岁,李锐巅、左湛如两君讲学其中,多士云从,构堂肄业。雍正丙午、乙酉两科赴省考中式十有五人,时称极盛。”⑤如皋姜宪使匾其堂云:“名教中乐”。清代朱轼联云:

---

① (清)张范东修,李广滋等纂.(道光)深州志·卷2“书院志”.道光七年刻本.

② 河北省泊头市地方志编纂委员会.泊头市志.北京:中国对外翻译出版公司,2000.535—538.

③ 河北省泊头市地方志编纂委员会.泊头市志.北京:中国对外翻译出版公司,2000.535.

④ 季啸风主编.中国书院辞典.杭州:浙江教育出版社,1996.9.

⑤ (清)徐时作等修,胡淦纂.(乾隆)沧州志·卷3“学校志”.乾隆八年刻本.

“冠四民之为士,通三才之谓儒”。高安朱相国匾云:“敬业乐群”,联云:“无绳系日,这一寸光阴,莫教任着他容易放过;有路登天,那几层阶级,直须拼得俺实地踏来。”①其生动再现了沧曲书院的办学宗旨和求学目的,虽不无功利性,但是在那个特定历史时期仍然有其鼓励求学者努力上进的积极意义。清人朱轼撰述《沧曲书舍记》收入徐时作等修,胡淦纂乾隆《沧州志》卷3“学校志”中。

2.渤海书院

清嘉庆年间(1796—1820)在城内张家胡同道北创建渤海书院。道光二年(1822年),知县潘国诏重修。同治元年(1862年),知州联俊重修。光绪九年(1883年)九月,知州赵秉恒、州人刘凤舞在书院讲堂后空地建试院,包括考棚40间,梯云堂3间,阅卷室3间。② 书院主持人(山长)由知州聘任,教师由山长延聘知名举人、进士应任,学生多来自附近州、县,称“生员”,入院须经考试。书院经费主要来自学田,由每年地租及生息收银73两3钱1厘3毫,收地租京钱1220串818文,为院中经费。此外又有刘凤舞捐助京钱4000串,发商生息,三年合计,分给诸生为乡试公费。知州骆孝先定有条规勒石。③ 并修甬路及其他用房,修筑围墙自成院舍,解决了州试无固定房舍的困难。清末“新政”,光绪二十九年(1903年)在渤海书院旧址建高等小学堂,宣统三年(1911年),渤海书院改称“沧县书院女子小学”,今为沧州市实验小学。至今,渤海书院匾额仍保存于该校。④

(三)东光县

1.观津书院

位于县城内东街。清同治八年(1869年)邑令陈锡麟筹款建观津书院,有讲堂3间,左右厢各3间,南房4间,讲堂后东房4间,大门1间,二门1间,共19间,招收童生、生员,以备参加朝廷每年举行一次的童试和三年举行一次的乡试。拟有章程,对录取生员、院长选聘、课期、管理等均加以规定。学习内容为经史之类,同时学作八股文、试帖诗等。⑤ 史称:“邑令陈锡麒惠临斯土,念东光亦古名区,何无书院,乃思有以复其旧,而卑隘者弗称,遂购东街质库旧宅而新之。”⑥书院末后有拜经阁,供祀历代名儒大贤,每年开课之期,师生行礼于此。

2.兴贤书院

位于县城东北部辛店。该村永宁寺内孔字殿旁有书斋,谓兴贤书院。清康熙五十一年(1712年)邑令常宏祖将近村的绝弃田拨归书院,凡附近村贫苦子弟均可入院就读。⑦ 据史志所载,该书院原建明代,嘉靖(1522—1566)以后衰废,“今虽废为社学,然旧迹故不可湮也。康熙五十三年,邑令常宏祖曾刻碑记之”。⑧ 由此可见,该书院存亡风波不断,且在清初一度降为较低层次水准的教育机构,但仍以书院冠之。

---

① 解维汉.中国牌坊书院楹联精选.西安:陕西人民出版社,2007.88.

② 沧县地方志编纂委员会.沧县志.北京:中国和平出版社,1995.435.

③ (清)龙诠等纂修,蔡启盛重修.(光绪)天津府志·卷35“学校志”.光绪二十五年刻本.

④ 阎国华等编.河北教育史·第一卷.石家庄:河北省教育出版社,2003.409.

⑤ 东光县地方志编纂委员会.东光县志.北京:方志出版社,1999.463.

⑥ (清)周植瀛修,吴浔源撰.(光绪)东光县志·卷4“书院志”.光绪十四年刻本.

⑦ 东光县地方志编纂委员会.东光县志.北京:方志出版社,1999.463.

⑧ (清)周植瀛修,吴浔源撰.(光绪)东光县志·卷4“书院志”.光绪十四年刻本.

(四)南皮县

清风书院

在城内东北隅,明万历三十年(1602年)知县李正华创建。时地属河间府,故因地名瀛洲书院。入清后,是邑改隶天津府,邑人遂有改额之议。清乾隆三十六年(1771年)春,吏部侍郎曹秀生受命至南皮奠周尹吉甫墓,为题"清风书院",盖取吉甫《烝民》诗"穆如清风"之义。① 光绪八年(1882年)之后,历任知县均自任山长。1894年,知县殷树森集资重修。1900年,因受义和团运动和八国联军侵华历史变故书院被迫停办。1904年,改为县立高等小学堂。

(五)任丘县

桂岩书院

桂岩书院旧基倾颓已久,乾隆十八年(1753年)邑令陈文合于前邑侯方公祠西偏建讲堂3楹、左右斋各2楹,匾其门曰"桂岩书院"。仍旧志也。继任知县钟凤翔重整规条,延师教授。河间知府杜甲以"瀛洲文献"题之。②

清代中期的著名学者、文学家边连宝在担任桂岩书院的山长期间,曾为书院制定《桂岩书院学约八则》,即:矫轻、警惰、博览、精思、戒骄、祛吝、禁戏谑、敦品行。③

边连宝(1701—1773),字赵珍,后更肇畛,号随园,晚年自号茗禅居士。直隶任丘边各庄村人。生于清康熙三十九年(1700年),卒于清乾隆三十八年(1773年)。清代中叶著名学者、文学家、诗人,性情耿介,不依阿流俗,精通经、史、子、集,诗著有《随园诗草》,与钱陈群、胡天游、蒋士栓相知,与纪晓岚、刘炳、戈岱、李中简、边继祖、戈涛并成为"瀛洲七子"。④ 边氏一生布衣,终身以塾馆为业,虽著述颇富,但终究"文以人传",故"边连宝"之名,后世几湮没不彰。2007年9月,中华书局出版了河北大学刘崇德教授等编纂的《边随园集》。边氏之著作在尘封了230余年后终与广大读者见面。这位民间布衣学者虽无从政经历,更乏官宦封号,却在基层书院教育中发挥了十分重要的作用,为故里家乡的文教发展、人才培养与社会文明建设做出了突出的贡献,令人敬仰。

此外,桂岩书院有廪生(享受生活补助的学生)20人,每人每年得补助粮银3两2钱,共计银64两。闰月年份再加银5两3钱3分3厘,计银69两3钱3分3厘。除廪生之外,书院再增收的学生叫增生或附生。增生和附生不享受生活补助,全部依靠自费学习。但经过岁考和科考,学习成绩优秀的增、附生,可以升为廪生,称为补廪。廪生学业优秀者,可以选送国子监继续深造,称为岁贡。⑤

据此可以看出,桂岩书院在学规管理、经费保证方面都延续了以往书院的优良传统,为当时

---

① 王德乾等修,刘树鑫等纂.中国地方志丛书·河北省·南皮县志.台北:成文出版社,民国二十一年铅印本.541.

② (清)刘统修,刘炳等纂.(乾隆)任丘县志·卷1"古迹志".清乾隆二十七年刊本.

③ 中国人民政治协商会议任丘市委员会.任丘明清两代的书院、书舍简介.http://www.renqiuzhx.com/xinwen1.asp? id=127

④ 边连宝:http://baike.baidu.com/view/231773.htm

⑤ 中国人民政治协商会议任丘市委员会.任丘明清两代的书院、书舍简介.http://www.renqiuzhx.com/xinwen1.asp? id=127

的任丘县培养了大量的优秀人才。清人刘统撰述《桂岩书院碑记》收入刘统修,刘炳等纂乾隆《任丘县志》卷11“艺文志”中。

(六)吴桥县

澜阳书院

澜阳书院由知县张景良始建于清康熙五十一年(1712年),同治十三年(1874年)署知县倪昌燮劝捐经费,扩建书院,仍用原名。光绪元年(1875年),知县吴积钧集绅妥议,明定章程,余资发商生息,并地租作膏火公费。光绪二十九年(1903年)全国推行新学,澜阳书院改为第一高等小学堂,至今仍为办学所用。①

(七)献县

1.日华书院

在县城东北,乾隆四十三年(1778年)由知县黄某修建。乾隆四十五年(1780)年,著名学者、《四库全书》总纂纪昀(晓岚)应当时担任献县日华书院讲席邵玉清之请,撰写《日华书院碑记》,录全文如下:

日华书院碑记②

教民之道,因其势则行之易,拂其势则行之难。故凋瘵之区,其民方傀焉不给朝夕,其道宜议养。使枵腹而谈仁义,是迫以坐枯也,势不可行。鸷悍之俗,其民方嚣凌格斗而未已,其道宣明刑。使无所惩艾而迂谈诗礼,是硝石之病而药以参苓也,势亦不可行。献县于河间为大邑,土地沃衍而人多敦本重农,故其民无甚富亦无甚贫,皆力足以自给。又风气质朴,小民多谨愿畏法,富贵之家尤不敢踰尺寸。或遇雀鼠之讼,惴惴焉如临战阵。是较凋瘵之区、鸷悍之俗,其施教皆易。然自前明以来,虽科第衣冠蝉联不绝,终不能与海内胜流角立而分坛坫。其故何欤?盖谋生之念多则其力不专,自守之念多则其愿易足。或弃去不惜,或少有所就不复多求。半途之废,固事理之必然也。

乾隆四十三年(1778),莆田黄公来宰吾邑,乃慨然有志于学校。谓《书》称“既富方谷”,而《记》称“忠信之人可以学礼”。献邑物阜而俗淳,足以兴教,而囿于所习弗竟业,是犹子弟有可教之资而父兄弗董以成也,其责在司牧。从前莅斯土者,借乡校为邮舍,久而竟邮舍视之,是有名而无实。且膏火无所出,师席久虚,生徒散绝,亦无怪无以善其后。乃割俸于城东北隅买隙地,建讲堂学舍四十余间,又置腴田四顷余,拔邑人子弟之聪颖者,延天津绍君玉清为之师,邑人踊跃以趋。庚子(1780)乡试,预选者七人,为向来之所未有。为其事必有其功,殆信然欤。

邵君为余壬午(1762)所取士,既主斯席,乞余文以记其事。余,邑人也,尝病族党之中,人

---

① 澜阳书院.百度百科.http://baike.baidu.com/view/2211867.htm

② 孟昭晋、马佩欣,纪晓岚诗文选.北京:燕山出版社,1994.119—120.

人可以读书,而不卒业者十之五六。又尝愧在里闬之中稍为先达,而不能奖劝后进,使继日华弦诵之遗风。黄公乃能振兴文教,释余心之所歉,是不可不勒诸贞珉,以垂久远。用不辞而为之记。若夫穷经汲古,努力殚心,不囿于小成,不杂以歧务,以勉副循良善俗之意,是在邑之髦俊。余尤拭目望之。①

2.万春书院

在城南门内,乾隆十三年(1748年),知县吴龙见建。计有门1椽,东向,门南房3椽,讲堂3椽,左右厢2椽,堂后北房5椽,西房3椽,南厨2椽。二十五年(1760年),知县万廷兰重修。自讲堂后,增过3楹,左右厢各1椽,正房3椽,南北配房各3楹,皆改作而新之,新其门,题曰"万春书院"。旧有生员解二疏、监生解二戴捐地126亩,新增九莲山地48亩,嬗道地53亩,十王殿地53亩,胡廷彪捐地10亩,安宥捐地7亩,凡2顷97亩,岁收租为膏火资。清末"新政"之后,以地归日华书院,以房改为警察所。清人万廷兰撰述《万春书院碑记》收入万廷兰、戈涛纂乾隆《献县志》卷16"艺文志"中。

(八)青县

会川书院

在县城东关城隍庙街。清乾隆四十九年(1784年)邑人建,咸丰六年(1856年),知县卢宝臣、教谕张胜亭、训导谢棠等重修,改名永安书院。② 光绪十九年(1893年),县人宁世福遵其父宁大林、母胡氏遗命,捐银1000两,两年后,续捐银2000两。经知县姚为林置买徐李庄庙地15顷,招佃承种收租,盐运使季邦桢复拨公款银2000两,发商生息。岁入租息,充书院经费。③

在清代,永安书院为青县最高学府。书院设山长1人,主持讲学;首事1人,负责生员的生活事务;学长1人(由重生中选拔),负责办理学习事宜。山长由县官、士绅延聘,山长再聘请硕学宿儒任教授。若山长、教授不实心教诲,当即辞退,另请名师。书院招收修毕私塾的士子入学,教学内容主要是儒家经典、宋明理学,每月十六日,由山长招集士子"课试",名曰"斋课"。每月初二,由知县主持"官课"("课"即考试)。录取在前者给予奖励。光绪十九年(公元1893年),原籍青县,后在天津发际的洋行襄理宁世福捐银1000两,光绪二十一年(公元1895年)续捐银2000两,经知县姚为霖置买徐李庄庙地15顷,为永安书院学田,招佃承种收租,外加青县盐运使季邦桢拨公款2000两,共充当书院经费。光绪二十九年(公元1903年),永安书院改为青县县立初高级小学堂。此外,在兴济还有范桥书院,借寓火神庙内,光绪三十年(公元1904年)废止。④

---

① 孟昭晋、马佩欣.纪晓岚诗文选.北京:燕山出版社,1994.119—120.

② 顾明远.教育大辞典.上海:上海教育出版社,1991.379.

③ (清)贡琛修,茹岱林等纂.(光绪)青县志·卷2"学校志".光绪八年刻本.

④ 青县地方志编纂委员会.青县志.北京:方志出版社,1999.573.

(九)盐山县

香鱼书院

清乾隆三年(1738 年)知县金世昌始建于兴文街,贡生李士智捐地 6 顷,以为课士之资。乾隆三十五年(1770 年)知县彭良骞重修,咸丰七年(1857 年)知县李景沆重建于东门外,有讲堂、考棚数十间。同治六年(1867 年)增田 1000 亩。光绪初,长芦盐运司拨银 2000 余两,时"所重虽在帖括,而士知向学"。光绪末改为学堂。①

八、廊坊

(一)大城县

凤台书院

在县城东关(详址今无考),清同治五年(1867 年)知县彭瑞麒,绅董任联第、邓天一等创设。清代地方书院主要是学士文人讲学、生员应科举考试的补习场所,原为私办,清代改为官办,书院设山长(院长)1 人,斋夫(勤杂工)1 人,膳夫(厨工)2 人至 3 人,请教习数人,招纳生员若干人。由教习给生员讲课,以应考试。书院以儒家学说为主要内容,以"四书""五经"、诗赋、制艺(八股文)为主要教材。书院的经费主要来自学田,据赵炳文修,刘钟英纂光绪《大城县志》卷 2"书院志"载,同治五年,知县彭瑞麒将沿庄、蔡家洼等处官荒地二十顷零四分升科,每岁收租,作为书院经费,并筹款典屋为讲学之所。② 清人任联第撰述《彭邑侯创新书院碑》《创修凤台书院碑记》,景榕曾撰述《凤台书院膏火田记》分别收入光绪《大成县志》卷 11"金石志"及卷 12(上)"艺文志"中。

(二)固安县

县内有犹龙书院和方城书院两处,其中犹龙书院创办年代不详,院址在旧县署东长真观。③以下介绍方城书院。

方城书院

清咸丰八年(1858 年)至十年和同治元年(1862 年)至三年知县李应选(字瀛仙)两度莅任,在原已废旧书院基础上创建。同治三年(1864 年)秋,县人拔贡王锡龄撰文,立《创建方城书院碑记》铭垂兴学。永定河道捐廉劝募为书院置学田地产 1208 亩,所收租息做书院教职工资,学生膳费及奖学开支。院址原在县城西门内路南(今城内小学)。院基南北长 15 弓零 5 寸,东西宽 13 弓 2 尺。光绪三十年(1904 年)遵照清廷颁发各州、县均设小学堂令,就其院址成立直隶顺天府固安县官立高等小学堂,从此书院停办。方城书院挂有两幅楹联,一幅是:"邑有文人大半飞腾从此地;我登科甲也曾辛苦记当年。"另一幅是:"凡我同僚易培兹选玉抡珠之地;惟尔多士莫负此育麟畜凤之心。"④这两幅楹联显示出书院在封建教育中的社会功能和教育效果。

① 季啸风主编.中国书院辞典.杭州:浙江教育出版社,1996.10.

② 河北省大城县地方志编纂委员会.大城县志.北京:华夏出版社,1995.606.

③ 固安县志编纂委员会.固安县志.北京:中国人事出版社,657.

④ 固安县志编纂委员会.固安县志.北京:中国人事出版社,1998.657—658.

书院经费开支,清廷有统一管理细则规定,制度严谨。学生除不收学费外,还对贫苦寒士另有津贴办法,不但本人学习有保证,并可照顾家室,使其安心读书。

书院设院长一人主管院务,并兼讲师。下设主讲、孝廉堂监、生童堂监和门役等职,论职分工,各负其责。光绪年间,该院主讲是宁河耋儒高赓恩(熙亭)。时逢维新变法、洋务运动,新学渐次盛行。不少青年学生,受时风影响,思想开放,对孔、孟礼教学说有所抵触。但因高先生受传统儒家文化教育笃深,不识文化教育变革形式,将此现象视为"儒术沦没",奉守成规旧章,以挽回"道德"为己任。所以,每临课讲学,对恩录、理学、宗传等篇倍加详讲细剖,反复勖勉,并将摘抄儒家训语贴在讲堂,做学生座右铭和学习规范。由此导致师生间产生隔阂,渐渐形成教不从心、学不如愿的局面。不久,高赓恩离开书院,去陕西存古学堂任主讲。1937 年 7 月 7 日卢沟桥事变后退居芦台,病逝。①

高赓恩一生践行儒家学说,不受任何风潮影响而使自己的信念左右飘摇,这一极具代表性的大儒代表了当时大多数书院主讲的知识背景和授课内容,其为了自己的信念,终生坚持儒家学说,宣传儒家学说,为儒学的继承和发展奉献了自己的一生,在如今我们倡导传统文化的同时,也对当时这些儒学大家表示崇高的敬意,对他们对传统儒学的坚持与无畏表示虔诚的缅怀。下附《创建方城书院碑记》。

创建方城书院碑记②

大清同治三年甲子仲秋　邑人王锡龄

自古国家首重人才,而人才以培植为本。尝读"大雅"文王之诗,诚以或朴薪樵之化,作养于前,斯疏附先后,御侮。奔走之于后,师师济收为国用,而美且多也。即我朝定鼎,晓谕天下,各直省起立书院,各州县起立义学,非即庠序学校之遗意欤!如京之金台,省之莲池,每科登进者皆数十人。盖培植久观感深,书院厥不重哉!方城旧有书院,在学宫左侧,仅存故址,地狭不足所用,且废久,再事创作,不有倡者难为功也。戊午冬,关中瀛仙李公为方城尹,察利弊间疾苦而尤重文事,每考课诱掖奖劝,出于至诚,固与同仁有起立书院之议,然而难矣!既无显宦,复无己室,则筹款难;旧基既废,新地少宜,则择地难。查勘久已,乃得城之西门内官房一所,虽倾圮而瓦木寸者,又从旁拓之,其地颇充,于是,或仍旧,或改作,月余之久,口授指书,亲劳忘倦者,则玉初、辛景汾,及宋绣珊、陈竹楼诸先生之力焉。即落成,则山长束脩、诸生膏火又其急者,方筹划间,瀛仙公奉旨回籍办理团练,载方城者,则卜臣杨公、陶仙余公,皆贤父母也,观风课士,见书院甚喜,且言"一□之功切勿中止"。奈卜臣公任内兵差络绎,陶仙公任内马贼纷驰,扰攘之间不忘文事,乃未久而迁秋秩他方,同人怀德,于今不辍焉。癸亥秋仲,瀛仙公回京,复临斯邑,下车即谕同人曰:"创立书院,余之志也,未成而去,我心凄然,今复得

---

① 固安县志编纂委员会.固安县志.北京:中国人事出版社,1998.657.

② 廊坊文化局.廊坊地区文化艺术全志·固安县志(下).出版单位不详.1990.215—216.

返斯，有莫之致而致者，必踵其事，仿慊初心，至余力所不及，尔诸生协替焉。”乃克告成，同人爰各劝其所知，捐资置产，生息充实以济将来，此书院所由成也。瀛仙公瓜期有待，来尹方城者，心泰庄公也，英才勃发，政教方新，士民沐乐，只云德是有艾哉。惟我同人，和衷共济，莫坠厥志，诸生之年富力强者，从兹振奋，将见科甲蝉联，笔缨辉映，人才盛，文运兴，重之久远，不负诸贤父台培植斯文之厚意，而更阖邑所共祷望者，爰勒石以志其实云。

（三）永清县

益昌书院

在城内南门大街路南。清同治七年(1868年)，知县李秉钧始谋建设，规划未尽，即离任而去。同治八年(1869年)3月，县令邱铭勋捐助创建。益昌书院属民办官助性质。书院院长(亦称山长)郑海诹(乙丑科翰林)由县令聘任。生徒的入学条件是受过“蒙养”已备“初基”的生童，经过考试择优录取。益昌书院的教学内容与县学基本相同。但每月只授课两天。初一为“官科”，由县令讲授、考试或解疑。十五日为“师科”，由院长讲授、解疑。学生平时自学，由院长解疑。益昌书院由邑绅等20人组成。每4人管理一年。一切不假胥吏之手。另设有财务经管人、看门人、人役等。待遇是“量给工食”。书院的经费来源：由当时任湖北藩司的张建基及绅富当商等共捐银2800余两，又制钱2200余千文。县查出无粮地、荒地共21顷有零，拨给书院吃租。直隶总督李鸿章批准将赈余粮71两1钱拨归书院发商生息，将大焦垡等15村每年应出差徭(银)津贴书院膏火。益昌书院院长待遇优厚。束脩银每年120两，薪水银40两。益昌书院考勤、考核、奖惩制度很严格。院约规定明确，且认真施行，因此成效显著，“不数年，而庚午癸酉贤书者四人”。清光绪三十一年(1905年)，清政府废科举，兴学堂，益昌书院停办。① 清人邱铭勋撰述《创建益昌书院记》收入万青藜等修，张之洞等撰光绪《顺天府志》卷62“书院志”中。

（四）香河县

淑阳书院

香河县只有一所书院，名为淑阳书院，在县治西，现今城关小学院内，位于香河文庙西邻，建于清康熙五十二年(1713年)，按元朝左庙右校中官府之规划建造的，书院占地2.3亩，有讲堂6间，3间斋室，几间平房，作为宿舍和杂用。教学内容及学制均为科举制所限制或设计，学成后由书院授与廪生及附生。② 书院学生分廪生及附生两类，学成后参加科举预备考试“童试”或自由择业。

（五）文安县

广陵书院

在县治西偏。据李鸿章等修，黄彭年等纂光绪《畿辅通志》卷114“学校志”所云：清康熙四十一年(1702年)，同知杨朝麟建，集生童数十人，又捐俸购买何恒土地58.5亩，以资膏火。但光绪《顺天府志》卷62“书院志”、康熙《文安县志》卷2“古迹志”以及民国《文安县志》卷12“法治志”等方

① 永清县志办公室.永清县志.石家庄：河北人民出版社，2000.448.

② 政协香河县委员会学习文史工作委员会.香河文史资料集存.香河：政协香河县委员会印行，1991.72.

志资料记载内容颇有差异。大致情况是，该书院自康熙王朝末年以后，逐渐衰落，茫然无存。

清同治三年(1864 年)知县曹大俊创设于县城西门内，因本邑古有广陵城，故名。书院规模宏大，开创伊始，即聘国子监祭酒、同治、光绪两朝帝师，状元翁同龢(1830—1904)任山长。翁到任后，继捐两季薪金银 63 两，以置桌凳。本邑缙绅又册定章程，筹集资金以图久远。贺家骏、吕栻等曾任山长。光绪三十年(1904 年)改设县立高等小学堂。

方志文献对此的记载颇为生动，且可丰富对此的认识，现录于后：

按邑有广陵书院，在县治西。……今皆茫然无存。至同治甲子春，邑侯大俊于西门内创立广陵书院，规模宏敞，申于顺属，聘殿撰江苏翁公同龢主讲，复蒙翁公捐两季薪金，以置桌凳，其兴学造士之心，自足于曹邑侯后先继美。绅董副贡贺家骏以天下之事，无以创之，莫开其始，无以承之，莫永其传，因邀同邑举人宋芗稷、武举郭梦熊、岁贡刘峻峦等筹办，酌定章程；切切作永久之计，每虑有书院而无膏火，仍不足以资培养，幸谌公命年以名进士摄篆文邑，下车观风，念及奖励，适付花里矜者欲捐差徭为奖赏膏火之资，同人代为之请，而书院始有经费。复与同人于卢各庄购圈地小亩二顷十一亩三分五厘，或因人求助，或遇事劝捐，百计图维，三载之间，始得毕偿其价。方期按地收租，措薪水，立规约，妥为计议，自可持久，而壬申以来，连年被水，尽如石田，关心学校者，良用慨然。嗣于知县丁德芝任内，得捐款一千串，归书院，即与州同衔生员穆向荣等公同商办，购留寨民地四顷有余，则岁入之款，益绰有余，而规模略备矣。兹书院已作为高等小学堂，所有旧日之款，概归学堂之用。①

清人纪昱撰述《广陵书院月课记》、谌命年撰述《捐置广陵书院奖资碑记》分别收入杨朝麟修，胡涝等纂康熙《文安县志》卷 6“艺文志”与陈桢修，李兰增等纂民国《文安县志》卷 9“艺文志”中。

九、承德

(一)承德市

1.秀峰书院

乾隆四十二年(1777)热河同知伊桑阿建，逾岁落成。直隶总督周元理题写“秀峰书院”匾额。书院位于承德市区板棚街(今马市街附近)。有大门一座，东西门房各 2 楹，二门一座 5 楹，东西厢房各 3 楹，讲堂 5 楹。

2.振秀书院

道光八年(1828)承德知府海忠建，位于当时承德府治所之西(城隍庙址西)。有大门一座 3 楹，东西厢房各 3 楹，二门一座 3 楹，迤东翼室 2 楹；东西厢房各 3 楹，讲堂 3 楹，东西翼室各 2 楹；后为砚斋 3 楹。另有厨房和祭祀之所及扫除伺值之屋。热河都统英和题写“振秀书院”匾额。

---

① 陈桢修，李兰增等纂.(民国)文安县志・卷 12“法治志”.民国十一年铅印本.

(二)滦平县

滦江书院

清乾隆五十二年(1787年),理事通判景文在县衙西南文昌阁祠院内(今承德市滦河镇酒店小学原孔庙内)创建滦江书院。清嘉庆十九年(1814年)院长傅文炳捐修。滦江书院为科举制服务,在县衙监督下,由院长掌管书院一切事宜。书院内设讲堂、斋舍。书院生员住院每日学习。学习内容从《三字经》《百家姓》《千字文》开始,随后学习"四书"、"五经"。每月考试一次,考试成绩优异者受奖。按成绩将生员、文章各分三等。清光绪三十年(1904年)十月,滦江书院改为高等小学堂。①

(三)丰宁县

凤山书院

道光八年(1828)邑人朱予德捐资创建,位于丰宁县署(凤山镇)之东南数十步文昌阁后院。

(四)平泉县

平泉书院

乾隆十一年(1746)平泉州同知明德建,位于平泉州治所南里许处,建房16间,并书写"平泉书院"匾额。书院地势低洼,房院水渍,墙倒屋破,乾隆三十八年(1773)同知明兴移建在州署之左,大门内东南有魁星阁,东配房三间,仪门内正面讲习厅名"振远堂",旁附耳房,堂后大厅供孔子之神位,东西两斋、茶房、灶舍俱全。平泉书院为八沟厅最高学府,经费由官府豪绅筹集,有生员15名,在校食宿。嘉庆十四年(1809),同知麟昌重修。有讲堂、斋舍、山长书室及魁星阁、文昌祠等建筑。光绪初年改为"鸿文书院",光绪三十一年(1905)废科举,兴学校,三十二年(1906)平泉书院改为平泉州高等小学堂,②完成了从古代书院到近代学堂的转变。

平泉书院经过历代的重修与扩建,逐渐成为当地规模最大、藏书最多的高等学府,其极为推崇孔子之神位,是儒家文化在河北西北边界传播与发扬光大的重要阵地之一。

承德府所属的这几所书院,学制并无固定年限,学完一年即可离书院自修,参加府学入学考试,也可经过继续学习数年准备参加岁科考及乡试。凡考中举人、进士者即算毕业,余者学完规定课程,经甄别合格可肄业。③

十、秦皇岛

(一)山海关

1.榆关书院

在城西北文昌宫西(今胜利小学)。清同治四年(1865年),邑监生姜德源捐银1000余两,知县

---

① 张文升.滦平县志.沈阳:辽海出版社,1997.787.

② 河北省平泉县地方志编纂委员会.平泉县志·科学技术编.北京:作家出版社2000,805.

③ 河北省政协文史资料委员会.河北文史资料全书·承德卷·政治军事文化教育社会编,北京:中国文史出版社,2011.594.

许忠重建。有大门额“榆关书院”,重门曰“文明在是”。书院占地面积 50 余亩,建有东西考舍各 3 间,正中讲堂 3 间,堂左档房 1 间,书斋 4 间,堂右茶膳房 1 间,书斋 2 间。东北隅设祠,祀先贤宋儒,题曰“阐性堂”,左夹室名曰“静观”,右夹室曰“欣赏”,为茶话德行之所。学生入学读圣贤书、学圣贤事,走科举之途。聘请学识较高的人为师。光绪二十八年(1902 年)改为校士馆。①

2.东溟书院

清道光十四年(1834 年)知县肖德宣建,院址在南街,今已无存。② 其规模和影响力相对较小,故不做详细介绍。

(二)抚宁县

1.云从书院

在抚宁儒学南。知县王台建于明万历四十三年(1615 年),后废弛。清康熙十四年(1675 年),知县刘馨莅任,即临书院,见其颓废,捐资修葺,拔生童之俊秀者课艺其中,日给饮食,风雨不辍,一时人文彬彬蔚起。书院旧有田租 200 余亩,发商生息本银 300 两。道光四年(1824 年),新任知县李僡捐银 3000 两。邑守御所千总衔张渭捐修院中房间,每年所得息银为山长脩金薪水,原定 220 两,冬春另发木炭 80 斤。生童膏火之费、礼房岁支纸笔墨银 14 两(原支 4 两,自道光五年增 10 两)。九年(1829 年),知县喜禄添设监院,以两儒学更换经理,岁支薪水银 32 两。十六年(1836 年),监商荒本银 1800 两,原 300 两,续发 1500 两。同治四年(1865 年),知县周锡璋续劝 2100 两,发 2000 两生息。③

2.东山书院

在云从书院西,抚宁儒学南。康熙二十一年(1682 年)知县赵端捐俸买生员慧熙地,建瓦房为诸生课文所,原契存库。书院的教学活动,“先是每月课会,或在云从书院,塾学诸童,两相妨混,至是有专所,始获素蕴抒奇,文澜为益展云”。④ 咸丰七年(1857 年),训导李元芳劝捐修门房。同治六年(1867 年),训导鲁松劝捐,修正房。⑤ 清末兴学之后,借为训导官署。下附《东山书院碑记》。

东山书院碑记⑥

(清)赵端

抚宁为畿东首邑,枕山面海。在昔,王学士、鲁观察、解同卿、翟夏卿诸公炳炳蔚蔚,彪彰史册,固文章仕宦之区也。迨自明季,兵燹饥荒,士民并困,司此土者,亦惟抚字催科,补拙不暇,文教之衰未遑问焉。今我国家养士四十年,圣天子笃意崇文,诸台殚心敷教。予不敏,叨

① 秦皇岛山海关区地方志编纂委员会.山海关志.天津:天津人民出版社,1994.489.
② 秦皇岛山海关区地方志编纂委员会.山海关志.天津:天津人民出版社,1994.489.
③ (清)张上和修,史梦兰纂.抚宁县志·卷 5“学校志”.光绪三年刻本.
④ (清)赵端等修,徐廷璟等撰.(康熙)抚宁县志·卷 3“公廨志”.康熙二十一年刻本.
⑤ (清)张上和修,史梦兰纂.抚宁县志·卷 5“学校志”.光绪三年刻本.
⑥ (清)张上和修,史梦兰纂.抚宁县志·卷 5“学校志”.光绪三年刻本.

牧兹邑，亦幸值翊文之会也。莅任之始，遂相度于学宫南隅，捐资买地，建设社学一所，前后堂各五间，设门备垣，颜其额曰“东山书院”。延廪生傅汝明，教习俊秀士子，岁捐赀十二金，给为束修。又于四乡各设社学：一，延廪生左廉、杨呈秀、张敷典、惠愉教习，其捐给束脩。一，如在城之数。另又捐赀置田地一百四十亩，除正赋外，以余获为乡士笔墨膏火之助，盖使寒窗有赖，且为久远计也。

乙丑夏，予有量移之命，广文胡君、王君暨社师率诸弟子辈饯予于书院中，举觞而前曰：“公经营社学，悉心文治，五载如一日也。今熊轼遄征，盍记片言示劝乎?”予用是深有感矣！令之后令，固贤者多；师之后师，固贤者众；而诸弟子荐贤书升之后继起之为弟子者，其勤惰未可知也。使其勤也，为麟为凤，作楫作霖，予之望也，师之愿也；使其惰也，不但有负予设学、置田之意，即先贤王、鲁诸公亦必大深扼腕，而纵有山灵水秀，究沉埋于苍茫衍曼之中，虽记勒万言，奚益哉？然予有得乎《易》之义矣！在蒙之九二，包蒙吉以阳德之刚中，当发蒙之任者，是全赖夫良司牧、贤师长也。在益之初九，利用为大作，以阳德之居下，当大有作为，坚忍而不肆者，是专责之诸弟子也。上能率之，下自应之。将于此显忠孝、尚气节，又不仅文而已也。谁谓古今人之不相及，而王、鲁、解、翟诸公独美于前也欤？遂走笔而为之记。

3.骊城书院

在文昌祠内。清乾隆十一年(1746 年)，知县钱公鋆捐置桃树园地 1 顷 29 亩为课士之资，具载文昌祠碑。钱去，书院遂废。董事人将此地 1 顷 20 余亩私换杨树巷地 15 亩，量名义学地，在良任社五甲纳粮。①

(三)卢龙县

敬胜书院

在武庙西旧武学地。清乾隆十二年(1747 年)，知府卢见曾创建，取董仲舒丹书“敬胜怠者吉，怠胜敬者灭”之句，故名。乾隆五十二年(1787 年)知府单煃，清嘉庆十二年(1807 年)知府祝庆承，道光十一年(1831 年)知府阮常生，同治十二年(1873 年)知府游智开，俱重修。共有房屋 42 楹。广搜宋元明儒及畿辅诸贤哲文集藏之院中，备诸生肄业。存储书籍计 4737 套。清光绪二十八年(1902 年)知府管廷献改为校士馆。宣统元年(1909 年)立中学，旋改为第四中学校。② 清人卢见曾撰述《创建永平府敬胜书院碑记》、史梦兰撰述《重修永平府敬胜书院碑记》分别收入李奉翰等修，王金英纂，乾隆《永平府志》卷 30“艺文志”及游智开修，史梦兰撰光绪《永平府志》卷 37“学校志”中。

(四)昌黎县

碣阳书院

在昌黎县城内南街，因在《禹贡》所称之碣石山之阳而命名，创建于清道光二十九年(1849 年)，知县王应奎劝捐建，书院房舍建筑格局如下：讲堂 5 楹，曰“耨学堂”，在 2 门后。两翼廊房各 3

① (清)张上和修，史梦兰纂.抚宁县志 · 卷 5“学校志”.光绪三年刻本.

② 董天华等修，李茂林等纂.卢龙县志.台北：成文出版社，民国二十年.202.

楹,在讲堂前。二门1楹,在大门内。门房5楹,在而,二门前。三层斋房5楹,在讲堂后。东西厢房各3楹,在讲堂后。后正房3楹,二层房后。后车门房3楹,在三层房后。照壁1座,在大门外。同治二年(1763年)续修,署知县徐綖捐廉置课桌椅各60张,劝捐经费银5200两,发商生息,9吊钱作银价1两,按年1分行息,共计息钱4680吊,又存银537两,以备生童膏火,至课试规条,皆经知县徐綖定式,讲堂内竖有碑记。书院聘任的山长中有举人孟昌言、于镜蓉、王树屏、张涤源、秦志屏、陈为楫等。于氏课士,倡导文以清真雅正为宗,士以励学敦品为本。同治年间(1862—1874),该书院科举中举者达13人之多,院内有“五凤齐飞”,“斗宿腾辉”匾额。[①] 至清光绪二十九年(1903年)改为高等小学堂。[②] 清人王应奎撰述《新建碣阳书院碑记》、徐綖撰述《续筹碣阳书院膏火碑记》均收入游智开修,史梦兰撰,光绪《永平府志》卷37“学校志”中。

十一、张家口

(一)张家口市

抡才书院

清光绪四年(1878年),察哈尔代都统穆图善、万全县知县尹开先邀集满汉族绅捐资而建抡才书院。鉴于“张垣之风文不振”,次年,光绪皇帝谕准:“直隶张家口十旗与土著居民户口繁盛,唯读书之家颇少,现经察哈尔都统率同旗汉官绅捐造抡才书院,由都统及厅县轮期考课,督率绅董认真办理。”[③]受其感召,抡才书院教育促进了区域文化教育的进步,“一时寒畯,藉以登进者,不计其数”。抡才,“抡”为挑选、选拔,“才”当然是社会所需要的有用之才,有一定的时代规定及政治意识。抡才书院是在封建社会后期随着官学的衰落,私学的腐败,西学传播,社会剧变背景下而出现的一种教育模式,虽然借古代书院之名而弘扬、推行,但其对边疆地区教育的转型似有积极意义。清朝末年废科举,兴学校,抡才书院按学制要求改为学堂。[④]

(二)宣化县

柳川书院

建于清乾隆二十二年(公元1756年),由当时的宣化府知府张志奇和宣化县知县黄可润等发起,再加上周边十州县各属绅士人等不遗余力捐资兴学,在皇城桥东大街,原杨氏的私塾处兴建。据史书记载:“宣城聚关外之秀,柳川为宣城之秀,地灵人杰,自今开辟,公之远矣……。”该书院内建有学舍70余间,堂屋2间,轩廊5间。书院周围交通便利,在院东建有魁星楼,在楼前树立着当时直隶总督方观承亲笔书写的《柳川书院碑记》和宣化府知府张志奇亲手书写的《柳川书院记》石碑各一方;楼前院西凿建池塘,引北山溪流柳川河之水穿院入池。园中流水潺潺,池内荷花盛开,后院设有专供学生们练习射箭的射圃。此外还配有书院的辅助设施,如水井、火房、马厩等。柳川

---

① (清)何崧泰修,马恂纂.(同治)昌黎县志·卷3“书院志”.同治五年刊本.

② 高平.秦皇岛教育志(1436—1985).秦皇岛:秦皇岛教育委员会,1991.54.

③ 周治华,钟毅主编.河北教育大事记(1840—1990).石家庄:河北人民出版社,1994.6.

④ 左宝.漫话张家口.出版社不详,2002.104.

书院接纳了宣府所属十州县莘莘学子，培养了一大批优秀的人才。①

(三)怀安县

敬一书院

清乾隆三年(1738 年)知县薛天培、运使曹秉铎创建于明伦堂后，因其后有敬一亭，故名。有进德、修业二斋。集县生童，聘师儒课诵其中。②

(四)阳原县

1.弘州书院

清康熙二十二年(1683 年)南路通判陈天栋建于县老察院。有丽泽堂、斋舍等 30 余间，分设义学 2 处。聘童子师 2 人，成人课以制举，童生督以章句。道光六年(1826 年)署知县孟封复建于西门外。同治六年(1867 年)知县寅康移建于城中，1870 年，知县韩志超续捐经费。③

2.龙泉书院

旧址在西城海子堰，同治五年(1866 年)，由知县杨春华创办。④

3.东川书院

旧址在东城文庙，即县儒学，道光十六年(1836 年)，知县窦士达创办。同治五年(1866 年)，址迁玉皇阁西。书院设山长，主持院务及教学工作。入院学生，由县学官考试录取，主要学习科举考试必修的课程。⑤

(五)涿鹿县

涿鹿书院

在涿鹿城西。清康熙四十一年(1702 年)知县杨汝楫就巡臬司旧署改建。院中有义学 1 处，义学之租可得银 16 两余，划入书院经费。乾隆二十六年(1761 年)知州陈孝孙劝捐置地 568 亩以资膏火。嘉庆二十年(1815 年)知州姬均重修，改名为新州书院(院址在今县实验小学处)。书院办学经费主要靠学田收租，年收租粮 54 石。道光五年(1825 年)知州周起蟠查出南关护城河租归入书院。据有关材料记载，从道光二十年(1840 年)到光绪三十年(1904 年)60 多年间，书院毕业生员考中进士、举人共 10 人。⑥ 光绪二十九年(1903 年)改为县立高等小学堂。

(六)蔚县

1.文蔚书院

蔚州知州靳荣藩鉴于全国各地均注重培植人才，“自学宫而外，省府州县多有书院”，为培养蔚地人才，筹集资金，于清乾隆四十年(1775 年)，在蔚县城书院街创建文蔚书院，又名荣藩书院。书院占地 15 亩，有专供生童学习、住宿的“六斋”，即率性斋、修道斋、诚心斋、正义斋、崇志斋和广业

---

① 来自“宣化柳川书院”——“心系宣化吧”http://cache.baidu.com/com

② 季啸风主编.中国书院辞典.杭州：浙江教育出版社，1996.15.

③ 季啸风主编.中国书院辞典.杭州：浙江教育出版社，1996.9.

④ 阳原县地方志编纂委员会.阳原县志.北京：中国大百科全书出版社，1997.

⑤ 阳原县地方志编纂委员会.阳原县志.北京：中国大百科全书出版社，1997.533.

⑥ 安俊杰.张家口历史文化丛书——灿烂的文化.北京：党建读物出版社，2007.

斋。有为山长及教习办公用的院子一处,另外两院则为库房、厨房及藏书室,共有房舍 100 余间。书院以考课为主,兼作科举的预备场所。

“六斋”的名称援引或采纳明清时期中央官学顶尖学府、蔚为两代封建时期学术教育中心或样板的国子监教学组织形式,只是国子监的分斋(分堂)组织以前三者为较高年级、学业程度,其排序依次降低,按年级差等。书院组织有无此项升级考核制度不得而知,但此种组织的仿效,亦可足见中央官学对地方书院的表率,引领导向至深。

文蔚书院设山长 1 名,靳荣藩、顾我鲁、江振基、董友筠曾先后主院。其他教习经考试合格聘用。生童“庠师试而闻诸州,州再试而择其可”,年龄不限。教学内容有四书、五经、性理、习字等。教学方法以生童个人肄习钻研为主,教师讲授为辅。每月“月考”1 次;年终“岁考”1 次,山长命题,成绩优异者奖以膏火,置院田 1615 亩,岁入米谷租 75 石;房 21 处,岁入租钱 300 千。光绪二十八年(1902 年)改为蔚州官立高等小学堂。① 以下由文蔚书院创办者靳荣藩所创作的系列书院教育诗,从不同侧面反映了书院教育的图景,其中的内涵丰富隽咏,可以丰富对清代书院讲学、育人、读书、探求的情景图谱认识。

题文蔚书院八景图②

(清)靳荣藩

我闻虔州八景台,东坡诗笔常昭回。
又闻醉翁亭子上,四时之景各殊状。
到处溪山可为乐,景中人自具丘壑。
究于风教无所关,苏诗欧记偶然作。
有客示我书院图,佳景全对读书庐。
意匠经营讵忝澹,天然位置成清娱。
两池草色一桥月,桥栏尽处池栏阔。
池畔古柳几经秋,池上名花傍晓发。
试乘秋晓陡高楼,花柳池桥一望收。
遥指南山秀盈掌,低看三径客来游。
来游多是邻舍客,太乙藜辉两不隔。
诸生日住画图中,地灵人杰载方册。
吾谓此图之奇,奇在近书田。
不徒景光物色供流连,
君不见,兰亭梓泽总风烟。

① 季啸风主编.中国书院辞典.杭州:浙江教育出版社,1996.6—7.

② 邓洪波.中国书院诗词.长沙:湖南大学出版社,2002.9—12.

岂无绢素留人间，
庐山五老瀑布泉，因开鹿洞更谊传。
此图之奇，奇在近书田。

杰阁昂霄

拾级青霄里，轩窗面面通。
诸山皆入掌，列宿忆藏胸。
吐纳烟云窈，照临日月同。
足知天禄阁，奇字付扬雄。

池塘春草

香草为君子，春来被沼生。
波文同荡漾，槛影共斜横。
随地涵元化，乘时见物情。
此中堪采撷，书带最知名。

老树干云

胜绝先生柳，扶疏莫记年。
下垂临水际，高耸拂云边。
张绪应堪忆，王恭许共传。
烟霄原咫尺，青眼不须眠。

平桥延月

明月几时有，平桥入望宜。
凌虚偏得路，积水不关池。
为想千潭印，何须一杖奇。
晓来看柱上，题字是良规。

花田晓日

尚忆生花梦，试从锦地探。
香苞风乍引，睡足露犹含。
色映朝霞灿，光随晓气酣。
谢诗差可拟，应有鲍家谙。

曲栏游径

欲证胸中趣，濠梁尽溯洄。
碧栏随岸折，幽径绕墙回。
徙倚临双镜，游行避古苔。
晚凉兼月夜，吟赏喜朋来。

南山当户

偶坐花田里，悠然见远山。
偏于无意处，如在短垣间。
排闼青堪挹，迎门绿未关。
不须高阁上，才指片云还。

邻馆青灯

四海皆同好，明窗得比邻。
焚膏原可继，刻烛总如神。
鹿洞弦歌广，龙门赏析频。
怜他仙李白，对影只三人。

2.蔚罗书院

清顺治三年(1646年)，县地方绅士与知名人士筹集资金，创办蔚罗书院。乾隆四年(1739年)改为乡义学。①

(七)万全县

万全书院

清道光八年(1828)年，知县张庆成首倡捐银500两，劝喻士、绅、商、民捐银共计1.2万两，在万全城内文庙西侧创建书院一所。建院耗银6000两，布局对称，典雅别致，书斋、讲堂、魁楼、花园俱全，共计房舍45间。因后院空地谷穗连颈(茎)，取此祥瑞，于是定名嘉禾书院。同年八月，朝廷下旨褒奖建院有功人员。建院剩余捐银6000两，则于北乡北忻屯、正北沟、连针沟、太平庄等地，购买农田3顷。之后又有南乡第三屯、第七屯、第八屯、梁太庄、张杰屯等村捐助洋河淤地15顷。学田租给当地农民耕种，按照年成好坏收取地租，稻田二八抽成，旱地三七抽成。学田地租全部用于人员薪金和办学经费，余款借给商号生息，以备荒年。光绪二十九年(1903年)，嘉禾书院改为高等小学堂。②

以下为笔者据所能查阅的地方史志资料进行整理，得出清代河北建设书院的相关图表，更能清

---

① 安俊杰.张家口历史文化丛书——灿烂的文化.北京：党建读物出版社，2007.

② 乔彦伟.万全教育志·古代教育.万全县人民政府教育督导室，2010－4－18.http://60.8.22.10:12/content.asp? id=356

晰地描绘出此一历史时期河北书院设立数量、年代、区域、名称、创办者等相关信息。

表 5—1 清代河北书院统计表①(按时间顺序排列)

书院名称	书院地址		创办时间	创办人	官办或民办
	州县	具体位置			
双峰书院	保定易县	县西南五十里五公山双峰村	清初	魏一鳌	民办
右山书院	衡水市	集贤街北头路西	顺治二年(1645)	知县张恒	官办
蔚罗书院	张家口蔚县	不详	顺治三年(1646)	邑绅	民办
南亭书院	邢台南宫市	在学宫西	顺治八年(1651)	知县沈秉	官办
国士书院	邢台县	不详	顺治十年(1653)	知府朱国治、知县金减	官办
丽泽书院②	衡水枣强县	县城西南 20 里之通明宫内	顺治十七年(1660)	知县何之图	官办
范阳书院	保定定兴县	不详	康熙初	张良	民办
渥城书院	保定安新县	新安县城东大街	康熙五年(1666)	刑部尚书高景	官办
正学书院(正义书院)	保定容城县	大街路北县治东察院内	康熙八年(1669)	知县赵士麟	官办
凤辉书院(洺川书院)	邯郸鸡泽县	县署东	康熙十年(1671)	知县姜焰	官办
天雄书院	邯郸大名县	元城书院旧基之东	康熙十年(1671)	知县周邦彬	官办
紫山书院	邯郸广平县	县治东	康熙十一年(1672)	知县朱世伟	官办
莲州书院	邢台任县	文庙东	康熙十一年(1672)	冰台谢公(重建)	民办
堂阳书院	邢台新河县	县衙东	康熙十六年(1677)	知县王汝翰	官办
卢公书院	邢台清河县	辛集村	康熙十六年(1677)	霍拱辰	民办
北平书院	秦皇岛卢龙县	永平府学南卢龙县旧基	康熙十六年(1677)	知府常文魁	官办
和阳书院	邢台南和县	县治东	康熙十八年(1679)	知县叶青藜	官办
涞阳书院	保定涞水县	城西关外原社学旧址	康熙十八年(1679)	知县谭蓉	官办
东山书院	秦皇岛抚宁县	云从书院(学宫路南)西	康熙二十一年(1682)	知县赵端	官办

① 书院资料来源于李国钧主编的《中国书院史》《河北省志》以及各县县志和其他相关文献.

② 据《枣强县志》记作“砺泽书院”。

续表 1

书院名称	书院地址		创办时间	创办人	官办或民办
	州县	具体位置			
龙冈书院	石家庄栾城县	署西南隅	康熙二十二年(1683)	知县王珙	官办
宏州书院	张家口阳原县	西城西门外	康熙二十二年(1683)	通判陈天栋	官办
襄南书院	邢台沙河县	县治西的旧察院	康熙二十四年(1685)	知县谈九乾	官办
东壁书院	石家庄井陉县	在旧县城东三里之东山巅文昌阁旁	康熙二十七年(1688)	知县周文煊	官办
湘殷书院(鼓城书院)	石家庄晋州市	州南门内关帝庙东	康熙二十八年(1689)	知州陈祖法	官办
香泉书院(乔山书院、滋阳书院)	石家庄深泽县	城隍庙东	康熙三十年(1691)	知县陈奕禧	官办
滹阳书院	石家庄藁城市	不详	康熙三十二年(1693)	知县赖于宣	官办
漳南书院	邯郸肥乡县	屯子堡	康熙三十五年(1696)	郝文灿	民办
文昌书院	石家庄井陉县	在东壁书院旧址	康熙四十年(1701)	知事高熊征	官办
广陵书院	廊坊文安县	不详	康熙四十一年(1702)	同知杨朝麟	官办
逐鹿书院	张家口市	不详	康熙四十一年(1702)	知县杨汝楫	民办
玉川书院	保定满城县	大十字街	康熙四十三年(1704)	知县张焕	官办
广川书院	衡水景县	州城南门内	康熙四十三年(1704)	知县周钺	官办
兴贤书院	沧州东光县	县城东北部辛店	康熙五十一年(1712)	邑令常宏祖	官办
澜阳书院	沧州吴桥县	城内东南隅	康熙五十一年(1712)	知县张景良	官办
淑阳书院	廊坊香河县	文庙西邻	康熙五十二年(1713)	不详	不详
清晖书院	邯郸广平县	省耕堂之西	康熙五十五年(1716)	知府王嗣衍	官办
培英书院	石家庄藁城市	县治东	康熙五十九年(1720)	知县闫尧熙	官办
沧曲书院	沧州市	南关运河右岸	雍正三年(1725)	不详	民办
甘陵书院	衡水故城县	县治弦歌巷五侯祠	雍正五年(1727)	县令蔡维义	官办
古邺书院	邯郸临漳县	县署东	雍正八年(1730)	知县陈大玠	官办
瀛南书院	沧州泊头市	交河城东北角	雍正十一年(1733)	不详	官办
莲池书院	保定市	古莲池左方	雍正十二年(1734)	总督李卫	官办
香鱼书院	沧州盐山县	兴文街	乾隆三年(1738)	知县金世昌	官办
南池书院	石家庄辛集市	文昌宫西	乾隆三年(1738)	知县王天庆	官办

续表 2

书院名称	书院地址		创办时间	创办人	官办或民办
	州县	具体位置			
定武书院	保定定州市	县衙西	乾隆三年(1738)	知州姚立德	官办
敬一书院	张家口怀安县	敬一亭旁	乾隆三年(1738)	知县薛天培、运使曹秉铎	官办
养正书院	张家口怀安县	左卫城东门内	乾隆五年(1740)	知县杨大昆	官办
信都书院①	衡水冀州市	旧治东南	乾隆五年(1740)	知州乔焞	官办
毓英书院	邯郸曲周县	不详	乾隆六年(1741)	陆拱辰	民办
文漪书院	邯郸成安县	不详	乾隆六年(1741)	知县赵元祚	官办
西关书院	张家口赤城县	不详	乾隆七年(1742)	通判蒋日杞	官办
龙泉书院	石家庄行唐县	行唐镇中	乾隆七年②(1742)	知县张振义	官办
萃升书院	衡水武强县	县署西	乾隆九年(1744)	知县吴龙见	官办
邯山书院	邯郸市	县治西南西大街道西	乾隆十年(1745)	知县魏滴	官办
清漳书院	邯郸肥乡县	学宫西侧	乾隆十年(1745)	知县饶昌绪	官办
文昌书院	张家口怀安县	文昌阁	乾隆十一年(1746)	知县王化南	官办
平泉书院	承德平泉县	在州署南	乾隆十一年(1746)	八沟厅理事同知明德	民办
骊城书院	秦皇岛抚宁县	文昌祠内	乾隆十一年(1746)	知县钱公鋆	官办
复初书院	石家庄赞皇县	文昌阁	乾隆十二年(1747)	知县黄岗竹	官办
敬胜书院	秦皇岛卢龙县	武庙西	乾隆十二年(1747)	知府卢见曾	官办
万春书院	沧州献县	不详	乾隆十三年(1748)	知县吴龙见	官办
东阳书院	邢台南宫市	东大街察院故基	乾隆十六年(1751)	知县袁炳	官办
海阳书院	唐山滦县	城东南角	乾隆十七年(1752)	知州孙昌鉴	官办
千秋书院	石家庄高邑县	察院故址	乾隆十八年(1758)	知县李冕	官办、
文瑞书院(博陵书院)	衡水深州市	城西	乾隆十八年(1758)	知州尹侃	官办
桂岩书院	沧州任丘市	前邑侯方公祠西偏	乾隆十八年(1758)	知县陈文和	官办

① 关于此书院的兴办时间和承办人都有异，特检校出。据《冀县志》载“信都书院，于康熙年间由知州魏定国创办”。河北省冀县地方志编纂委员会，中国科学技术出版社，第 598 页。

② 据《石家庄行唐县志》(石家庄行唐县地方志编纂委员会编，中国对外翻译出版公司，第 554 页)载，该书院的兴办时间是乾隆二年，创办人不详。另乾隆二十三年(1757 年)知县吴高增倾囊兴教，重整书院。

续表 3

书院名称	书院地址		创办时间	创办人	官办或民办
	州县	具体位置			
浭阳书院	唐山市丰润区	县南街.	乾隆十九年(1759)	知县吴慎祥①	官办
柳川书院	张家口宣化县	皇城桥东大街	乾隆二十一年(1756)	知府张奇志	官办
燕平书院	保定顺平县(原名完县)	不详	乾隆二十二年(1757)	知县李衡	官办
瑞灵书院(恒阳书院)	保定曲阳县	北岳庙东邻	乾隆二十三年(1758)	知县陈旭	官办
东州书院	沧州肃宁县	不详	乾隆二十四年(1759)	知县范森	官办
古遂书院	保定徐水县	城内东南隅	乾隆二十四年(1759)	知县谢昌言	官办
广阿书院	邢台隆尧县	县城西街	乾隆二十四年(1759)	知县袁文焕	官办
尧台书院(龙泉书院、康衢书院、小莲池书院)	保定望都县	尧母祠	乾隆二十八年(1763)	知县卫学诗、沈寅、赵锡蒲、吴步韩	官办
风动书院(常山书院)	石家庄正定县	府治南	乾隆二十九年(1764)	知府郑大进	官办
松阳书院	石家庄灵寿县	陆公祠前院	乾隆二十九年(1764)	知县林调燮	官办
槐阳书院	邢台柏乡县	城上街	乾隆三十年(1765)	知县钟赓华	官办
桃城书院	衡水市	城隍庙以西	乾隆三十年(1765)	知县陶淑重建②	官办
凤台书院	邢台威县③	城内东街察院旧址	乾隆三十一年(1766)	知县劳敦樟	官办
鹿泉书院	石家庄鹿泉市(原获鹿县)	不详	乾隆三十四年(1769)	不详	不详
清风书院	沧州南皮县	城内东北隅	乾隆三十六年(1771)	不详	不详
天柱书院	石家庄平山县	不详	乾隆三十八年(1773)	知县员家驹	官办
燕山书院	唐山遵化市	州城东街	乾隆三十九年(1774)	知州李荫椿	官办

① 据《丰润县志》载，此处应为“吴慎”，据考：吴慎，四川夹江人，于乾隆十八年(公元 1753 年)曾任丰润知县。其人文采飘逸，在任期间爱民如子，曾主持修撰乾隆版《丰润县志》，对丰润本地的文化振兴，作用非凡。

② 据《衡水县志》载，该书院为“清代乾隆年间知县何燧创建，乾隆三十年(1765)知县陶淑继建而成”。

③ 经考，此处应为“广宗县”，据《广宗县志》，台北：成文出版社，第 235 页。

续表 4

书院名称	书院地址		创办时间	创办人	官办或民办
	州县	具体位置			
作新书院	邢台新河县	县衙及保宁寺之西	乾隆四十年(1775)	知县戴允元	官办
文蔚书院	张家口蔚县	书院街	乾隆四十年(1775)	知州靳荣藩	官办
尊闻书院(恒阳书院)	石家庄正定县	府治东	乾隆四十二年(1777)	知府房立经	官办
皆山书院	石家庄井陉县	城东门内	乾隆四十二年(1777)	知县周尚亲	官办
秀峰书院(热河书院)	承德市	热河街	乾隆四十二年(1777)	同知伊阿桑	官办
日华书院	沧州献县	县城东北	乾隆四十三年(1778)	知县黄某	官办
凤山书院	保定徐水县	北关外	乾隆四十三年(1778)	知县张钝	官办
嘉会书院	衡水枣强县	不详	乾隆四十七年(1782)	步登廷	民办
会川书院(永安书院)	沧州青县	不详	乾隆四十九年(1784)	邑人	民办
滦江书院	承德滦平县	县衙西南文昌祠院内	乾隆五十二年(1787)	通判景文	官办
玉城书院	石家庄行唐县	不详	乾隆五十七年(1792)	知县王状图	官办
育才书院	保定阜平县	王快大公馆旧址	乾隆五十八年(1793)	知县张极	官办
启秀书院	保定阜平县	县城南门外	乾隆五十八年(1793)	知县张极	官办
文清书院	石家庄元氏县	城西南隅开化寺右	乾隆五十九年(1794)	知县陈凤翔	官办
秀洺书院	邯郸永年县	临洺关镇	乾隆年间	通判毕高宗	官办
古洹书院	保定涿州市	城内抄手胡同	乾隆年间	知州郭守璞	官办
联晖书院	邯郸成安县	不详	嘉庆六年(1801)	知县孙培曾	官办
坤成书院	邢台新河县	城内北大街旧察院东	嘉庆十一年(1806)	程灼妻赵氏	民办
二程书院	邯郸磁县	磁州西南五里	嘉庆十三年(1808)	知州博尔多	官办
温州书院	邢台沙河县	学宫之北	嘉庆十六年(1811)	知县傅钟琢	官办
葛乡别塾	保定安新县	安州北关桥北路西	嘉庆十九年(1814)	俞星溪	民办
正谊书院	保定涞源县	不详	嘉庆二十五年(1820)	知县陈亿	官办

续表 5

书院名称	书院地址		创办时间	创办人	官办或民办
	州县	具体位置			
东关书院	石家庄晋州市	不详	嘉庆年间	知州张杰	官办
渤海书院	沧州市	城内张家胡同道北	嘉庆年间	不详	官办
大名书院	邯郸大名县	府治东	道光五年(1825)	兵备道林培原	官办
鸣泽书院	保定涿州市	城内参府口内	道光五年(1825)	知州秦承霈	官办
登瀛书院	沧州任丘市	不详	道光六年(1826)	知县康锡新	官办
万全书院(嘉禾书院)	张家口万全县	万全文庙西侧	道光七年①(1827)	知县张庆成	官办
振秀书院	承德市	西大街	道光八年(1828)	知府海忠	官办
凤山书院	承德丰宁满族自治县	文昌祠后院	道光八年(1828)	通判华龄和乡绅朱予德	官办
兰阳书院	唐山遵化市	马兰峪	道光十一年(1831)	总兵钟昌	官办
经州书院	唐山玉田县	南门内左巷	道光十二年(1832)	知县徐桂	官办
东溟书院	秦皇岛市	南街	道光十四年(1834)	知县萧德宣	官办
唐岩书院(焕文书院)	保定唐县	旧城东门外	道光十五年(1835)	知县张梦蓉	官办
安昌书院(文峰书院)	唐山迁安市	学宫南	道光十五年(1835)	知县张梦蓉	官办
东川书院	张家口阳原县	东城文庙	道光十五年(1835)	知县窦士达	官办
广泽书院	邢台巨鹿县	北关关帝庙东偏	道光十七年(1837)	知县黄育梗	官办
经正书院	邢台清河县	县城西街	道光十八年(1838)	知县曹芴	官办
济公书院	邯郸邱县	孝固村	道光十八年(1838)	张玉春	民办
龙泉书院	保定阜平县	龙泉关	道光十九年(1839)	知县张复吉	官办
成材书院	保定蠡县	石牌坊街南路东	道光二十年(1840)	知县丁希陶	官办
观津书院	衡水武邑县	城内	道光二十三年(1843)	知县雷五福	官办
河阳书院	保定定兴县	县城北街	道光二十四年(1844)	知县梁宝书	官办
广乡书院	邢台任县	县城内北街口	道光二十七年(1847)	知县廷桂	官办

① 据《万全文史资料》第 2 辑载，万全书院(嘉禾书院)的兴建时间为道光八年，“建设期间，后院空地谷穗连颈，故又名嘉禾书院。”(河北省万全县委员会文史资料征集委员会编，1988 年版，第 68 页。)

续表 6

书院名称	书院地址		创办时间	创办人	官办或民办
	州县	具体位置			
碣阳书院	秦皇岛昌黎县	县城内南街	道光二十九年(1849)	知县王应奎	官办
尧山书院	唐山市	县城大街	道光年间	知县许本铨	官办
庆阳书院	石家庄赵县	望汉台以东、州衙以南的书院街	道光末年	不详	不详
临洵书院	廊坊三河市	不详	咸丰元年(1851)	知事李朝仪	官办
濡上书院	保定高阳县	文庙旁义学旧址	咸丰二年(1852)	知县杨景彬	官办
方城书院	廊坊固安县	旧县署东长真观	咸丰八年(1858)	知县李应选	官办
紫泉书院	保定高碑店市	紫泉行宫旧址	咸丰九年(1859)	知县杨雩芗	官办
春晖书院	邢台清河县	廉家集北街	同治初年	崔庄文①	民办
崇正书院	邯郸广平县	县城西关	同治初年	知县杨汝为	官办
平乡书院	邢台平乡县	不详	同治三年(1864)	知县苏性	官办
榆关书院	秦皇岛市山海关区	城西北文昌宫西	同治四年(1865)	知县许忠	官办
龙泉书院	张家口阳原县	西城海子堰	同治五年(1866)	知县杨春华	官办
凤台书院	廊坊大城县	县城东关	同治五年(1866)	知县彭瑞麒	官办
圣泉书院	石家庄无极县	县城东门内路北	同治七年(1868)	知县李葆贞	官办
益昌书院	廊坊永清县	南门大街路西	同治八年(1869)	知县丘铭勋	官办
观津书院	沧州东光县	县城内东街	同治八年(1869)	陈锡琪(麟)②	民办
紫峰书院	保定定兴县	固城镇大街	同治十年(1870)	刘灼	民办
贵乡书院	邯郸大名县	城西大街路北	同治十一年(1871)	知县吴大镛	官办
雄文书院	保定雄县	文庙东文昌祠西	同治十二年(1872)	知县松龄	官办
尊道书院	唐山乐亭县	儒学东	同治十二年(1872)	不详	不详
洹阳书院	邯郸蔚县	旧治东南隅	同治十二年(1872)	知县崧翰	官办
育英书院	邢台市	北长街育婴堂	同治十三年(1873)	知县宋陈寿	官办
温泉书院	邢台沙河县	温州书院旧址向东	同治十三年(1873)	李福田	民办

① 据《清河县志》载，此处应为“崔纯儒”。

② 据《沧州东光县志》载，书院创办者为“陈锡麟”。

续表 7

书院名称	书院地址		创办时间	创办人	官办或民办
	州县	具体位置			
敬义书院	衡水枣强县	县西街	同治十三年(1873)	知县方宗诚	官办
继志书院	邯郸市	县东河沙堡	同治十三年(1873)	王必恭	民办
抡才书院	张家口	桥西堡子里书院巷	光绪四年(1878)	察哈尔都统穆图善	官办
集益书院	廊坊霸州市	不详	光绪十年(1884)	陈鸿保	民办
思平书院	邯郸邱县	不详	光绪十二年(1886)	知县杨沛	官办
平恩书院	邯郸邱县	邱城文庙内文昌宫	光绪十二年(1886)	知县陈世芳	官办
景羲书院	石家庄新乐市	在东门内，文庙西偏	光绪十四年(1888)	知县雷鹤鸣	官办
龙泉文社	唐山遵化市	城外东北角之乌龙泉西岸	光绪十四年①(1888)	知州陈以培	官办
渚阳书院	邢台任县	明伦堂前	光绪十五年(1889)	知县张桂芬	官办
两圣书院	沧州泊头市	交河镇西关街	光绪十五年(1889)	卢广汉	民办
广晋书院	邯郸大名县	道前街路北	光绪十六年(1890)	知县姚定元	官办
五星书院	邯郸市	县西户村堡西	光绪十六年(1890)	儒林宿景清	民办
安新书院	保定安新县	在安州州衙西	光绪十六年(1890)	章钧前任知州，其姓名不详	官办
滹南书院	石家庄藁城市	县治东北隅	光绪十七年(1891)	县知事文濂	官办
南台书院	保定定兴县	城南旧文昌阁	不详	容城人杨忠愍	民办
卫阳书院	衡水故城县	郑镇街南	不详	不详	民办
书院山书院	秦皇岛昌黎县	城西高各庄东北	不详	不详	不详
翘材书院	衡水冀州市	州城内	不详	不详	不详
滏阳书院	衡水冀州市	北村	不详	州民张际隆	民办

(图表资料来源:作者据王兰荫著《河北省书院志初稿》,国立北平师范大学出版社 1936 年印行及河北省有关方志资料整理而成。)

① 据《唐山教育志》载，该书院创办时间为光绪十五年(1889 年)。

第三节 清代河北书院普遍发展的原因及特点

考诸清朝一代的教育文化状况,出于维护满族入主中原所建立大一统封建专制王朝的需要,教育方针政策上尊崇程朱理学、采用八股取士制度、排斥反清排满的民族思想,推行高压控制为特征的官学教育管理,甚至大兴文字狱、焚毁书籍以达到泯灭自主、独立思想个性的政治意图。这导致清代自乾嘉以后的文化衰退,甚至布满危机。但这主要表现在教育创新力下降,士人的个性精神、实践能力以及开拓意识的贫困、苍白与困顿。当然,在道光朝以后,面临西方挑衅、侵犯,构成新的国际外交危机,又促使旧有学术文化的退却改造以及教育体制的瓦解或转型。但是,从古代文化教育的自身逻辑演绎来看,抑或据古代社会因素尺度衡量评估,清代无论从学派之发达、图书之多样、私学之广布、官学之体制,还是文风之浓厚、文集之丰富都堪为集大成,河北古代书院的嬗动轨迹及态势也是如此。

一、清代河北书院普遍发展的原因

清代河北地区书院的发展臻于鼎盛,无论从书院的数量还是从书院的规制和规模,其所达到的程度都是宋元明三代无法比拟的。清代河北书院普遍发展的因素是多方面的,既有政治、经济等社会原因,也有思想文化的推动、书院自身发展规律等原因,下文将一一探讨。

(一)清代的书院的政策

清代自入关始对书院采取的是"禁止别立书院"的政策,抑制书院的发展,这是由于清朝的统治者以少数民族的贵族阶级入关统一中国,民族矛盾非常尖锐。清是继元代蒙古贵族之后第二个统一全国的少数民族政权,他们与元代统治者一样,确立统治之后的首要问题就是要缓和民族矛盾,以稳定统治。他们虽然以武力统治全国,却害怕汉族和其他民族的知识分子起来反抗他们的政治,因此清朝统治者要钳制民众思想,一切的思想和文化都要在王朝统治者的掌控之中,所以清初大兴"文字狱",以暴力压制反抗思想。显然,只从表层压制是不够的,最有效的方式应该是从源头根除,让民众从一开始就接受官方教育,受官方的思想控制,不能让民众接触任何有反抗精神的思想。明末东林书院等聚众讲学,抨击朝政,为清朝统治者敲响了警钟,书院是难以控制的,所以禁止这种在当时最自由、最民主的教育组织形式是一个不错的选择。但是书院历经几个世纪的风风雨雨,仍然具有顽强的生命力,并且深深扎根于民间,所以各省不顾禁令,还是设立了不少书院。至雍正十一年(1733 年)清朝统治已近九十年,政局已经比较稳定,清统治者面对书院表面禁止,实际建立的状况,认为这样更加难以掌控,不如顺势而为,因势利导,把禁止变为控制,把防范变为利用,于是实施所谓"兴建书院,兴学育才"的文教政策,以拉拢和有力地控制知识分子,并且利用书院这种广大民众喜欢和接受的教育组织形式对民众广施教化,为统治服务。由禁止到兴建,表面上统治者对书院的态度发生了根本性的变化,但实质上,无论禁止抑或兴办只是形式和手段的变化而已,其目的始终都是为了维护清王朝的统治。然而无论统治者出于何种目的放开了对书院的禁令,此后书院数量开始剧增,书院规模也不断扩展却是一个不争的事实。河北在这样的书院政策影响下,广建书院,与全国的趋势保持一致,清代河北书院空前繁盛,前代莫能与之相比。由于清政府"兴学设教"文教政策的推动与感召,清代河北地方官员对书院表现出格外的热心,并给予支持,以邯郸大名县为例,据有关方志文献史料的记载:周邦彬,曾任大名知府,于康熙十年(1671年)修建大名府的天雄书院,所需费用完全出自周邦彬俸银和节余的办公经费,丝毫不分派民间。清乾隆八年(1743年),大名兵备道沈世枫、大名知府任宏业进行修葺。大顺广兵备道丁桂鋆和大名府知府张体公也分别于乾隆五十八年(1793年)、嘉庆八年(1803年)对书院进行增修。林培厚,浙江瑞安人,嘉庆十三年(1808年)进士。道光五年(1825年),时任大顺广兵备道的林培厚视察天雄书院后,与大名知府福敬协商重建天雄书院,福敬首先慷慨地捐献出俸银以作表率,林培厚及道、府官员即其后,相继捐银资助。同治三年(1864年),直隶总督李鸿章饬令各地劝导官民捐输书院,大名府官绅踊跃办理,其中大顺广兵备道祝垲、恩云峰各自捐献100两白银,大名府知府裕长一人捐献200两白银。

(二)清代河北区域社会的发展

河北自宋元战争遭受严重破坏,经元、明两代440年的恢复,依然没有达到宋代的水平,到清朝统治全国,平定燕赵之后,河北地区始终处于较平稳的发展状态。区域社会里,人民不再担心战争会随时毁坏自己的生活,而是安居乐业,辛勤劳作,社会经济取得长足发展,农业、手工业、商业、印刷业均呈现欣欣向荣的景象。雕版印刷业方面,河北在清代的发展水平超过宋元明三代。许多书院都创办了"书局"或"刻书处"以刊印典籍。教育从来不能独立于社会而存在、而履行它教育的职能,书院作为那个时代特有的、优秀的教育组织形式,必须依托于整个社会的发展程度,必须以社会的发展为基础。清代河北区域社会为书院的发展奠定了足够坚实基础。

(三)思想文化的变革

清朝是以武力统治天下的,改朝换代总是伴随着血雨腥风的对抗,大斗争与大动荡的社会条件在很大程度上推动学术思想文化领域斗争的发展。清政府对知识分子和普通民众进行思想严控,采取种种严苛的措施,其结果便是学术思想文化领域内知识分子只能研究所谓单纯的学术,"经世致用"已不敢触及,所以训诂、考证之学兴盛,汉学成为学术思想文化的主流,但汉学与宋学之争依然存在,汉学领域内又兴起今、古文经学派之争。自书院具有教书育人的功能始,书院即与思想、文化、学术紧密相连。学术思想文化是书院继续发展的内在动力,书院是学术思想文化传播光大的重要载体。学术思想文化的变革必然会反映到书院。学术领域内的派别之争,需要以书院作为双方对抗的阵地;需要借助书院这一已存在几个世纪的普遍有效的形式聚集更多的支持力量,以取得论战中的胜利,宋代如此,清代亦然。争辩双方的学者广建书院,传播自己的学说和主张,培养更多的青年才俊,并利用书院本身所具有的社会教化作用将影响延展至河北民众之中。另外,清代已处于中国封建社会的末期,资本主义萌芽早已从明代中后期出现并从未中断发展,所以自然科学已经相应地逐渐发展,西方自然科学也已经开始传入中国,这对中国传统的思想文化是一个冲击,传统的思想文化正在不知不觉中缓慢而坚定地改变着。一些接受了新思想新文化的人士自会对传统文化产生思考,对原有书院中讲授内容持有异议,他们中的一些人会以创办教育来表达自己的思想和情感。由于清代官学已成为科举考试的附庸,学风日渐衰颓,士风败坏,且庙学合一,教学与管理仅是科举应试的常例或思想控制的工具。官学已徒具形式,在康乾之后走向衰败,危机重重。而当时的私学主要是蒙学,程度低下,设置零散,数量虽多,但无统一要求、集中管理,听之任之,随意放任。由此可见,官学和私学已不能承载变革的力量,那就只有书院了。在中国的思想界还没有接受更开放自由的思想,在更锐意的改革还没有到来之前,创办书院是最好的选择,所以在一段时期内,介乎传统书院与新式书院之间的书院在河北出现。河北区域内,传统书院和各种新式书院就在这样的思想文化的变革中,在各学派的争辩中繁荣发展起来了。

(四)河北书院自身的发展轨迹

书院与中国封建社会的发展轨迹相同,中国的封建社会走向没落之前经历了康乾盛世的辉煌,书院在即将退出历史大舞台之前,迎来了从未有过的宏大和灿烂。河北书院创自唐五代,入宋而浸盛,元代颓败,明代复兴,经历了几百年的兴衰,无论从组织形式、管理体制、经营模式等各方面,都已经相当成熟,清代河北书院本身达到了最好的状态。任何一种处于自身最强盛时期的事物,都会释放出不可阻挡的能量,会留下最绚烂的印记,在河北壮丽而广袤的土地上,在清朝的统治之下,书院以一种必然的姿态出现在燕赵大地,从南至北,从东至西处处绽放,成为清代河北区域最重要的教育机构,散发着文化和知识的光芒。

二、清代河北书院的特点

清代书院以其自然发展情况分为渐次恢复的顺康时期(1644—1722)、急剧发展的雍乾时期(1723—1795)、逐渐衰落的嘉道咸时期(1796—1861)和短暂复兴并最后废止的同光时期(1862—1908)。河北地区自唐代出现张说书院以来,历经宋、元、明三朝近800年的岁月,所有书院总数约120所,而据不完全统计,清朝一朝河北的书院就达168所,可见其书院发展的盛况空前。这里概括其表现的主要特点。

(一)数量多,分布广

清代为河北书院发展的重要时期,由于官方倡导,直隶地区的书院如雨后春笋般涌现。王炳照先生在《中国古代书院》中统计出清代新建和修复的书院总数为3622所。我们按现在的行政区计算,这些书院分布在全国31个省,覆盖面积较前代大大增加。其中前十位分别是:浙江省有397所、四川省有383所、江西省有324所,湖南省有276所、河南省有276所、广东省有242所、广西省183所、河北省151所、山东省149所、湖北省120所。河北省占据第八名的位置,已属于书院较为发达的地区。

根据白新良先生在1995年出版的《中国古代书院发展史》一书中的统计,清代全国新建的书院已达3757所,该数已远远超过唐至明代新建书院数量的总和。其中直隶212所、河南166所、山东189所、山西141所、安徽142所、江苏228所、浙江275所、福建302所、江西321所、湖北142所、湖南193所、广东482所、广西103所、四川321所、贵州76所、云南191所、陕西144所、甘肃

96 所、东北 33 所。前十位排名分别是广东省、四川省、江西省、福建省、浙江省、江苏省、直隶省、湖南省、云南省和山东省。直隶省屈居第七名,但相比前代已有长足进步。

由于朝代及历史的变迁,河北省所辖范围与当时的直隶省所辖区域有所区别,当时的直隶省包括了现在北京和天津等地。本书中只以现今河北省的行政区域的书院发展作为研究对象。笔者根据所搜集到的资料,整理得到 168 所新建书院。这 168 所书院已经覆盖了河北境内的 11 个城市,长期以来一直处于空白状态的承德也有了 5 所书院的建置。具体的分布见表 6—1。可见,书院作为封建统治末期一种主要的教育机构,已经全面普及开来。

表 6—1　清代河北书院区域分布统计表

区域名称	书院数量	排名
石家庄	24	2
张家口	13	7
承德	5	11
秦皇岛	8	9
唐山	9	8
廊坊	7	10
保定	28	1
沧州	15	5
衡水	14	6
邢台	22	4
邯郸	23	3
总计	168	-

(图表为作者自行设计)

根据上表的统计,清代河北省各个城市新建的书院数量虽然不尽一致,但总体来说都有了大幅度上升。清代河北 168 所书院分布在 11 个市,平均每个市 15.27 所。在这个平均值之上的地级市包括保定、石家庄、邯郸和邢台 4 市,并且这四个城市的书院数量都达到 20 所以上。大体可以把河北的各个地级市书院的发展划分为三个层次:第一层次:书院数量高于平均值的石家庄、保定、邢台和邯郸 4 市,属于书院发达地区。第二层次:书院数量略低于平均值的沧州、衡水、张家口 3 市,属于书院一般发展地区。第三层次:书院数量较少的唐山、秦皇岛、廊坊和承德 4 市,属于书院欠发达地区。

河北省县级行政区划共有 136 个,包括:22 个县级市、108 个县和 6 个自治县。在清代有书院建制的有 98 个,只占 136 个县级行政区划的 72.06%,分别是:石家庄:晋州市、辛集市、藁城市、鹿泉市、正定县、元氏县、井陉县、灵寿县、行唐县、栾城县、深泽县、赞皇县、高邑县、平山县、赵县、无极县、新乐市;张家口:阳原县、宣化县、万全县、赤城县、怀来县、蔚县;承德:滦平县、丰宁县、承德县;秦皇岛:卢龙县、抚宁县、昌黎县;唐山:遵化市、迁安市、玉田县、滦县、乐亭县;廊坊:三河市、霸州市、大城县、永清县、文安县、香河县、固安县;保定:涿州市、定州市、高碑店市、蠡县、定兴县、易县、顺平县、安新县、容城县、满城县、曲阳县、徐水县、望都县、阜平县、涞源县、涞水县、唐县、高阳县、雄县;沧州:任丘市、泊头市、南皮县、献县、东光县、吴桥县、盐山县、肃宁县、青县;衡水:冀州市、深州市、武邑县、枣强县、景县、故城县、武强县;邢台:沙河市、南宫市、柏乡县、隆尧县、任县、邢台县、新河县、清河县、南和县、威县、巨鹿县、平乡县;邯郸:大名县、永年县、磁县、成安县、肥乡县、临漳县、广平县、曲周县、鸡泽县、邱县。

以下兹将县级行政区划书院分布的具体统计列于下表。

表 6—2　清代河北县级行政区书院分布统计表

市名	县级行政区划数量	有书院建制的县级区划数量	百分比(%)
石家庄	17	17	100
张家口	13	6	46.15
承德	8	3	37.50
秦皇岛	4	3	75.00
唐山	8	5	62.50
廊坊	8	7	87.50
保定	22	19	86.36
沧州	14	9	64.29
衡水	10	7	70.00
邢台	17	12	70.59
邯郸	15	10	66.67
总计	136	98	72.06

(图表为作者自行设计)

除了承德、张家口的书院覆盖率为 37.5%、46.15%,另外十个城市的县级行政区划的书院覆盖率都高于 60%,石家庄竟高达 100%,各个县市都有书院建置。书院的迅速增长,反映了清代社会经济文化发展和清政府广施教化的决心,对当时社会发展起到了积极作用,也为河北在清朝成为科举大省提供了强大的教育基础。

(二)清代河北书院发展曲折

白新良先生认为:"清代书院以其自身发展情况大致可分为四个历史时期,即书院渐次恢复和发展的顺康时期,书院急剧发展的雍乾时期,书院逐渐衰落的嘉道咸时期和短暂恢复并最后废止的同光时期。”①根据搜集到的文献资料,清代河北新建书院共有168所,其中5所具体创建年代不详,另外163所书院的创建时间分布列于下表。

表6—3 清代河北书院时间分布统计表

时间	新建书院数	百分比(%)	排名
顺治年间(1644—1661)	5	2.98	7
康熙年间(1622—1722)	31	18.45	2
雍正年间(1723—1735)	5	2.98	7
乾隆年间(1736—1795)	57	33.93	1
嘉庆年间(1796—1820)	8	4.76	6
道光年间(1821—1850)	23	13.69	3
咸丰年间(1851—1861)	4	2.38	9
同治年间(1862—1874)	18	10.71	4
光绪年间(1975—1908)	12	7.14	5
小计	163	97.02	-
不详	5	2.98	-
合计	168	100	-

(图表为作者自行设计)

从数字发展规律上来看,我们会发现,这与白新良先生等有关学者总结的清代全国书院的整体发展趋势基本一致。从顺治初到雍正中期,清廷对书院的政策从最初的限制发展到逐渐支持。随着清政权的日趋稳定,统治者逐渐认识到只要方针正确,加强控制,无论兴办哪类学校,都应该有利于培养人才,推广教化。于是,统治者开始提倡兴办书院。雍正十一年(1733年)上谕:“近见各省大吏,渐知崇尚实政,不事沽名邀誉之为,而读书应举者,亦颇能屏去浮嚣奔竞之习。则建立书院,择一省文行兼优之士读书其中,使之朝夕讲诵,整躬励行,有所成就,俾远近士子观感奋发,亦兴贤育才之一道也。督抚驻扎之所,为省会之地,著该督抚商酌奉行,各赐帑金一千两。将来士子群聚读书,须预为筹划,资其膏火,以垂永久。”②据上谕的要求,享受赐帑金千两的书院共26所,奉旨创建或扩建的书院有6所,其中河北就有保定莲池书院和顺天金台书院2所,并且这两所书院发展极快,成为当时全国著名的书院。乾隆帝与康熙帝一样爱好汉文化,对一些著名的书院极为关注,经常通过加赐帑金、匾额、图书等活动以示倡导与扶持。他曾三次莅临莲池书院视察,并于乾隆十一年(1746年)钦赐“绪式濂溪”匾额,且多次赋诗以勉励院中众师生。他还曾亲自视察书

① 白新良.中国古代书院发展史.天津:天津大学出版社,1995.122.

② 刘锦藻.清朝续文献通考.杭州:浙江古籍出版社,2000.5004.

院的课业情况,并即兴写诗给直隶总督,大力褒扬他们办理书院的业绩:“自省督勤书院规,保阳独此号莲池。风开首善为偿率,文运方当春午时。”①这些活动对河北地区的书院建设起了极大的推动作用,清代河北的书院数量大增,远超过前代。然而自嘉庆以后,由于内忧外患纷沓而至,政局动荡不安,吏治腐败,民生逐渐凋敝,书院不可避免地受到影响,加之自身生命力的丧失,开始走下坡路。根据白新良先生的统计,乾隆朝全国新建书院的数量是 1139 所,至嘉庆朝锐减为 284 所,道光朝回升为 400 所,至咸丰朝再次下降到 127 所。河北省书院发展的趋势与全国保持一致,乾隆、嘉庆、道光、咸丰四朝的书院数量分别为 57 所、8 所、23 所、4 所,其衰落形势显而易见。然而在书院发展的最后阶段同光时期,清政府为了恢复政治统治和思想统治,再次倡办书院,使得书院在废止前出现了一个短暂的复兴,呈现出回光返照的迹象,但是随着清政府的衰落,命运曲线起起伏伏的书院终于走完了千年发展的漫长历程。

(三)清代河北书院官方力量占主导

据曹松叶先生在 20 世纪 30 年代初做过的统计:清代共有书院 1800 所,其中官办 1381 所,占 76.71%;民办只有 182 所,占 10.11%;创建力量不详的 210 所,占 11.67%。清代河北书院建设中,同样也是官方力量明显优于民间力量。具体情况见下表 6—4。

表 6—4　清代河北书院创办力量统计表

创办力量	官办	民办	不详	合计
书院数	136	25	7	168
百分比	80.95%	14.88%	4.17%	100%

(图表为作者自行设计)

统计所得清代河北的 168 所书院,除去 7 所创办力量不详的书院,依靠官府倡建的书院共 136 所,占据总数的 80.95%,另外 25 所是借助民间力量创建的,占比例 14.88%。但是需要指出的是,“中国历来是一个官本位的社会,官称父母以使民,大凡与官或官府发生关系的事情都会记到官的身上,而绝不会只纪其事而亡其名,更不会将官误入于民,或只记民而不记官。”②据此推断,以上统计所得的官办书院一般不会漏计,然而民办书院的数量有可能被漏计或少算。所以创办不详的 7 所书院一般不会是官方创办的。相比较而言,民办的可能性稍大一些,在此暂且将其划归为民办的范围,即便如此,民办书院所占的比例也只是占到了 19.05%,官方力量依旧占有明显的绝对优势。但是民间力量也并非无足轻重,它仍是支持清代河北书院事业发展的不可忽视的力量,“尤其是在兵资、战乱等官方捐输不能及时到位的情况下,民间捐输甚至成为维持书院日常运行的中流砥柱”。③

---

① 吴洪成、李占萍、苏国安.名胜之巨擘　文化之源泉——保定莲池书院研究.石家庄:河北人民出版社,2010.18.

② 陈谷嘉、邓洪波主编.中国书院制度研究.杭州:浙江教育出版社,1997.360.

③ 刘晓喆.清代山西书院研究.西北大学硕士学位论文,2008.43.

在官方创办的书院中,各级官府的力量也是不均衡的,尤以知县等地方官创办的书院数目最多。具体情况见表6—5。

表6—5 清代河北官办书院创办人物统计表

官名	创建书院数量	百分比	排名
刑部尚书	1	0.74%	7
都统	1	0.74%	7
总督	1	0.74%	7
总兵	1	0.74%	7
兵备道	1	0.74%	7
知府	8	5.88%	3
同知	2	1.47%	6
通判	5	3.68%	4
知州	13	9.56%	2
知县	98	72.06%	1
知事	3	2.21%	5
小计	134	98.53%	-
不详	2	1.47%	-
总计	136	100%	-

(图表为作者自行设计)

据曹先生对清代河北书院的不完全统计,在1381所官办书院中,由地方官创办的为1088所,占60.44%;督抚创建了186所,占10.33%;京官创建了6所,占0.33%,敕奏创建了101所,占5.61%。可见地方官成为官办书院中最主要的力量。在清代河北官办书院中,除了少数几所书院是由尚书、都统、总督等高级官员创建的之外,多数书院是由地方官员创办的,其中知县是主力,创办了98所,占72.06%,其次是知州和知府,分别创建了13所、8所,占比9.56%、5.88%。相比州级书院、府级书院、省级书院、跨省书院和全国性书院,县级及乡级书院处在中国书院等级之塔的底座,但是这个层次的书院数量的增多,“起着普及文化知识和将学术思想社会化的作用,并且它是其他较高层书院的起点”,①以它为基础,才会有等级较高的各级书院。清代河北省内县级书院的增多表明了书院在河北的普及程度再度加深,教育已经融入人民的生活当中。

(四)书院类型以教学型为主,也出现了追求实学的书院典范

清代河北地区书院的类型多种多样,但基本以教学型为主。明清河北位于京畿重地,历来与

① 陈谷嘉、邓洪波.中国书院制度研究.杭州:浙江教育出版社,1997.55.

最高统治者保持高度一致,在这一封建统治力量最强的地方,官办书院占绝大多数。明代河北93所书院中官办的有56所,占60.22%,民办书院有18所,仅占19.35%;清代河北官办书院占80.95%,民办只占14.88%。地方官吏创办、修复和管理书院不自觉地将官学的管理模式移植至书院中来,使得书院的类型多以教学型为主。

在诸多的书院中也出现了追求经世致用的实学精神典型——莲池书院和漳南书院,它们对河北乃至中国的教育史、文化史产生了不可忽视的影响。颜元在漳南书院开展的体现实学精神的教育改革,赋予漳南书院在中国教育史上以划时代的意义。它所展示的教育理念、教育方式,对中国传统教育向近代教育转型具有重要的启蒙作用,开了近代教育制度改革的先声。即使在当代,漳南书院所体现的德育、智育、体育全面发展的思想,对我国当前的素质教育改革也不失其借鉴意义。吴汝伦应时局之变,在莲池书院所实行的一系列革新,使代表旧式教育的莲池书院呈现出愈来愈浓的新式教育的气象,推动了书院的近代化进程。这两所书院对实学的追求,体现了河北文化传统中的经世致用精神,体现了书院发展的河北特色,为河北乃至全国的书院树立了典范。

(五)书院与科举关系密切

官学虽是科举的预备场所,但由于名额和校舍有限,只有作为附生的新生才可在官学学习,而其他往年的生员却无安身受业之处。如果要给他们提供日常的学习环境,那么就需要另辟读书场所,而书院无疑是最合适的场所。清代在获得朝廷认可和支持后,各地兴学热情高涨,河北省更是纷纷创设和修复书院,以满足河北这个首善之区士子读书应举的需要。有的地方官见地方官学教学功能衰微,于是创书院替代官学。如正定府赞皇县的玉川书院就是因为"学官不勤课,诸生不率教,由是县立书院"。同时也认为"书院者,地方公学也……月课诸生,第其优者,资以膏火费"。① 有的地方官则因见地方官学或原有书院面积太小,不能为士子提供求学之所,于是另创书院。正如唐山乐亭县的尊道书院,于同治十二年创建,知县陈以培在尊道书院的碑记中指出,"书院所以佐学宫以造士也"。② 沧州吴桥县的澜阳书院,创建于清康熙五十一年,"知县张景良在城内创立。同知十三年(1874年),知县倪昌燮商同绅富,劝集经费,于城内东南角扩建书院,仍用原名"。③ 有的地方官将创建和修复书院作为提高所管辖地区科举及第率的重要手段。如顺天府固安县的方城书院,知县李应选创置时也对诸生发出了"诸生年富力强者,从兹振奋,将见科甲蝉联,簪缨辉映,人才盛,文运兴,垂之久远,不负诸贤培植斯文之厚意"的殷切希望。④ 这种为提高科举及第率而创修书院的情况在畿辅之地很是普遍。

某些书院还划拨专项经费用于资助书院生徒参加科举,以发挥教育公平的作用,使清寒贫困举子不致因经济困难而无法应考,与当今高校大学生贫困救济有异曲同工之妙。如定县定武书院,自咸丰十年(1860年)始,"州尊筹款捐备书院诸生乡试之用,共银五百两,发给当商,按常年九

---

① 赵万泰.赞皇县志.台北:成文出版社,1969.210.

② (清)史梦兰纂.(光绪)乐亭县志・卷5"学校志".清光绪三年刊本.

③ 吴桥县地方志编纂委员会编.吴桥县志.北京:中国社会出版社,1992.392.

④ (清)周家楣.光绪顺天府志.北京:北京古籍出版社,1987.2190.

厘行息，息银均于年终一次交纳库存，以俟乡试之年，汇总由书院监院领出，按乡试名次给发”。同时，又再三声明，该项经费不得挪用，若有闪失，必须赔偿。“此项生息，州尊批明，事关作养人才，务宜行之永久，不得提作别项使用，倘日后成本或被挪用，着落该当商包赔，即山长修膳诸生膏火，亦不得挪用此项息银，如有挪用，着落该当商包赔。”①永年县清晖书院，又称莲花书院，办学经费通过多方筹措颇为充裕，开项支付中，就有相当比例用于奖励科举，发挥着地方宾兴会的作用。“同治三年，大顺广道祝公塏捐助经费银一千六百两，添设举人课，增加生童膏奖乡会津贴。举人超等二名，每名银一两八钱，特等三名，每名银一两二钱。原额生贡超等每名银九钱，增银六钱，加又超等十名，每名银一两，又特等五名，每名银五钱。加生童又中取五名，每名银四钱。乡试津贴，决科考列前七十五名，每名银一两，会试津贴银二十五两，与课者均分。历年盈余，现共银二千五百两，发商生息，由值年绅士经理。”②遵化市的燕山书院和唐县的焕文书院同样如此，“遇科场年分，考课生员，由该管绅董酌量经费，增加奖赏。经费不足，官为捐补。”③“遇有科场之年，乡试诸生在院肄业者，每名发给三个月膏火，作为盘费，不在院肄业者，同文武会试及武乡试武生，均照在院肄业之生员每名所得之数减半给予”。④ 辛集市南池书院学田数量日渐增加，经费较为充足，“更为屡延名师，口讲指授。数年来，科名相望，而文风亦蒸蒸日渐。”⑤

除了划拨专项经费支持科举外，书院还积极新建考棚或重修书院以供士子科考之便。邢台县国士书院建于明代万历十七年(1589 年)，清初重修，是一所县级官办书院，因邢台为顺德府治所在地，故也举办地方科举筛选，其中 80 间考棚便建在该书院大门之前。⑥ 保定安新县的渥城书院始建于清康熙五年(1666 年)，至道光十二年新安撤县后，书院闲置。光绪十六年(1880)，安州知州章钧考虑到新安乡学生赴试安州不便，加之新安文庙年久失修，采纳乡学廪生管倬等人意见重修渥城书院，并请示直隶总督李鸿章，李批示：“据禀安州书院设在州城，乡学生童应课不便，因从乡学廪生管倬等之请，将旧渥城书院复捐，业已落成，应准分课。”书院重修之后，中举的拔贡接踵而来。⑦

古代书院考试也仿效科举制的内容与形式，实施考课制度。一般分官课、斋课两种。所谓“官课”，是由地方官员做主考官，拟题、阅卷的一种督查性质的考试。“斋课”也叫“师课”“馆课”，是由书院山长根据教学进度所举行的阶段性测验。官、斋两课的考试内容一律是默写“四书”“五经”的章句，并写八股文章和试帖诗各若干篇、首。因此，实际上，这是针对科举考试所进行的模拟测验。河北清代书院也同样如此，以下略作引证，可以丰富并拓展对此的认识。如石家庄栾城县龙冈书院的情形：“每月初二日官课一次，十七日馆课一次，作为正课，在院扃试，专试制艺试帖。

---

① (清)王榕吉等修，张朴等纂.(咸丰)定州志.・卷 1“学校志”，咸丰十年刻本.
② (清)吴中彦修，胡景桂纂.(光绪)广平府志・卷 29“学校”，光绪二十年刻本.
③ (清)何崧泰等修，史朴等纂.(光绪)遵化通志・卷 17“书院志”.光绪十二年刻本.
④ (清)陈咏修，张惇德等撰.(光绪)唐县志・卷 4“书院志”.光绪四年刻本.
⑤ (清)李符清修，沈乐善等纂.(嘉庆)束鹿县志・卷 5“书院志”.嘉庆四年刻本.
⑥ (清)徐景曾纂修.(乾隆)顺德府志・卷 3“学校志”.乾隆十五年刻本.
⑦ 安新县地方志编纂委员会编.安新县志.北京：新华出版社，2000.861.

初九日二十四日两日散课二次，一由本县出题，一由山长出题，除作文外，或论辨经解策赋，不拘一体，其不在院肄业者，准其领卷出院，限次日交卷。”①昌黎县碣阳书院办学质量较高，声望波及冀东，院中高材生中举情况如下：“同治甲子中举五名：齐麟玉，董树柏，董光耀，孙岳龄，罗庆云。院中悬“五凰齐飞”匾丁卯中举三名：齐锡朋，经魁，任隆平县教谕，刘志清，李文青。癸酉中举五名：苟志学，经魁，常书云，任延庆州学正，王鼎元，董国桢，赵元抡。副榜二名：郭养源，邹希孟。”书院再次高悬“斗宿腾辉”匾。这些科考成就的取得皆与书院的科举预备训练有关，史称：“至光绪年间，捷春秋榜者踵相接，皆得力肄业考课也。”②

广平府鸡泽县凤辉书院取“县后山名为凤鸣高冈之义”，望诸生一举成名之意明显。当然创建者并不是仅仅着眼于书院为科举考试服务这一点上，而是要求书院在坚守自身特色的基础上去适应科举制度，力图通过自身的制度建设来纠正官学在培养科举人才中出现的种种偏差。如现为天津直辖市所辖的宝坻县泉州书院强调：“夫学问之道，聚则和观而善，散则孤陋寡闻。诸生砥砺廉隅，亲师取友，以之成己，则凤起蛟腾，而文章著以之进身，则龙骧虎步，而品望尊。余于诸生有厚望焉，而岂徒视虚文而已哉！”③这里书院不仅可以纠正官学使士散于乡的弊端，而且还可以寓思想品德修养于学问的探讨切磋之中，把这种修养体会著为文章，亦可在科举考试中获取青睐。清代河北书院的修复和创建，承担了培养人才的任务，为河北文化教育的发展奠定了坚实的基础，同时也密切了与科举之间的关系。

---

① （清）桂超万.龙冈书院章程.见：（清）桂超万等修，高继珩等纂.道光栾城县志·卷3“书院志”.道光二十六年刻本.

② 陶宗奇等修，张鹏翱等纂.（民国）昌黎县志·卷5“教育志”.民国二十二年排印本.

③ （清）周家楣.光绪顺天府志.北京：北京古籍出版社，1987.2189.

第六章　清代的河北书院(下)

第一节　清代河北书院的管理

清代河北书院的规模不断扩大，田地产业日益增多，并且在社会经济、政治和文化都在不断发展和变革的环境下，要想使书院良好运转，也需要形成合理的管理模式。换句话说，有效的管理模式是能够使书院水平不断提升的保证，建立正常的教育教学工作秩序和合理的规章制度是兴办书院的重要条件。

一、书院的职事

(一)山长或院长

书院的学术带头人、主讲者。少数书院山长由地方官礼聘，大多由地方公众聘请。先由经管书院的绅董公开访寻科甲出身、品学兼优、为社会所共知者，禀请当地官府批准，始得由绅董聘任。官府不得勒令推荐，亦不得以幕友和官员亲属充任。①

山长之名始于唐五代，宋元以来，书院普遍设立此职，清初亦沿袭不变，到乾隆皇帝，他认为名称不雅，多山野之气，于是乾隆三十一年(1776 年)专门下了一道诏书，将山长改为院长。但习惯上多称山长，官方文书则山长、院长并用。山长的职责要求充当山长的人选必须具有较高的学识和较好的德行。一般来讲，名气愈大的书院，对山长的要求愈高，尤其是一些以教育与学术中心称名天下的书院，山长概为当年的全国一流学者担任。如清代著名的学者边连宝曾在任丘的桂岩书院担任山长，著名学者颜元曾主持肥乡的漳南书院，著名学者张裕钊、吴汝纶等人曾在保定的莲池书院讲学。州县书院和乡镇书院的山长也是选择“经明行修，堪为多士模范者”出任，很多地方还提出了进士、举人等出身资格的限制。兹举两例，以见其概。

昌黎县碣阳书院山长任职人员情况如下：孟昌言，丰润县举人，同治二年任山长；于镜蓉，沧州举人，同治十年任山长二十余年；王树屏，乐亭举人，光绪二十一年任；张涤源，丰润举人，光绪年

---

① 河北省地方志编纂委员会.河北省志・教育志.北京：中华书局，1995.45.

任;秦志屏,举人,县籍失考,光绪年任;陈为楫,乐亭举人,光绪二十八年任。① 由此可见,地缘关系除了个别山长外,均为邻县籍贯,功名出身均为举人。清河县经正书院建于清道光十八年(1838年),由知县曹芴在明代基础上重修,在其存在的60余年间,共有8位山长先后任职,平均8年一轮。张康侯,字镜山,举人,威县人;刘步岭,字升瀛,举人,本邑人;简存仁,字全道,举人,本邑人;崔丹桂,字月卿,进士,本邑人;郭连墀,字叙卿,举人,本邑人;韩镜蓉,字扶洲,进士,武城人;张汝猗,举人;董秀三,字芬堂,举人。② 从中可以看出,一所县级书院山长人选以本地人为主,而时至晚清,随着社会形势急剧变化,书院山长功名等次较高,这或许反映了随着新式教育兴办、留学教育开展,旧式科举及第士人、官僚的地位、命运已经有所旁落,科举出身身份存在着贬值的情况。

除了考察书院山长参选者品行和出身的要求与学术水平的声望影响力之外,许多书院对山长的管理组织及活动能力也有所要求,谨防滥竽充数、无足称道等情况的出现。如定州定武书院"多年以来均聘请山长常年住院,士林获益实深"。"惟因近年山长多由外荐,主讲者久不到馆,虚糜公项,浸至肄业生童无一住院者在"。鉴于此,则明确提出延聘山长的标准"必须常年住院,日集生童,朝夕讲贯,庶不致有名无实,于书院人材大有裨益"。甚至还明确惩戒延聘不称职或敷衍马虎山长的办法,"书院一切事宜既议归绅士经营,嗣后山长亦归绅士延聘,务期士林能收实益。倘仍有瞻徇情面,暗受请托,或山长受聘而不到馆,及到馆而不久于其事,所有一切脩脯,著落监院与众绅士罚赔。如当道有情笃山长者,即抄呈条规,公同力辞,不得再蹈覆辙。"③临漳县的古邺书院对于山长的聘任要求严格,书院规约中指出,"近来山长多成应酬席面,以后务须访延科第出身品粹学优之儒,由绅董公同酌议,回明本县备关,聘请到馆主讲,不得徇情泛邀,亦不得遥支干俸,以致有名无实。如有挟势勒荐者,在事绅董公同婉却。……山长不经城乡绅董公同酌议,首事中有一二人趋奉官长,擅自延请者,山长脩金罚其倍出。"即使在择优录用后,如山长劣迹昭著,不堪师范,遂当即辞退。"山长到馆之后,如有烟瘾难为生童师表者,立即辞覆"。④

为了杜绝循私请托之风,无极县的圣泉书院主张不请本县人担任书院山长:"延请院长,不由官荐,以杜请托之弊,不准董事擅主,不准请本邑人,必众董事访求外州县品学兼优者主讲。每年议定后,禀官出盖印关书。董事循情,公议罚款。"⑤现归北京所辖的顺天府昌平州的燕平书院章程规定:"院长由州延请附近文行兼优、科甲出身之绅士,务期馆政克勤,士心翕服,其有他处推荐者,概不得延入主讲,致开冒滥之端,查支取乾俸并不到馆之弊。"⑥石家庄栾城县龙冈书院将山长人选视为书院教育质量的关键,要求严格,待遇优厚。"延请山长,每岁八九月间,由总理及董事会同邑绅公择科甲出身,学行素著,诗文兼长者,以为多士矜式,择定然后禀明本县,具阅敦请。仍旧留请者,亦于八九月禀明订定。总须在院训迪,按月课试,庶于士风,能有裨益,本县不得曲徇荐

① 陶宗奇等修,张鹏翔等纂.(民国)昌黎县志·卷5"教育志".民国二十三刊年.
② 张福谦等修,赵鼎铭纂.(民国)清河县志·卷8"教育志".民国二十三刻本.
③ (清)王榕吉.定州续志.台北:成文出版社,1969.29.
④ 佚名.古邺书院规约.见:陈谷嘉、邓洪波.中国书院制度研究.杭州:浙江教育出版社,1997.62.
⑤ (清)李葆贞.圣泉书院条规.见:陈谷嘉、邓洪波.中国书院制度研究.杭州:浙江教育出版社,1997.63.
⑥ (清)缪荃孙.(光绪)昌平州志.北京:北京古籍出版社,1987.375.

讬,致书院徒有虚名。每年致送山长脩金一百二十两,膳金八十两,共银二百两,现计合钱三百千文,按季致送。”①山长人选,由书院总理(即监院),与董事酝酿推荐,地方官员审核聘请,既保证了身份名望、物质待遇,也赋予职责要求。同时,在管理程序及精神上实含有民主办学的现代理念,值得深思。

在书院人事上,负责管理的人员很少,比如承德各书院,基本上设山长一人总理书院事务,有的书院(如凤山书院等)设副山长。山长同时兼任书院的主讲,其他脱离讲学的管理人员极少。至于图书馆、生徒住宿、膳食等一应杂事均由学生中挑选资历较深、品学兼优者充任,甚至书院的经费也由师生共同管理和监督各项开支。②

(二)监院

监院是书院中仅次于山长的职事,实际上往往处于行政首脑的地位。山长虽兼行政首长,但并不管具体事务,院中“庶务”包括行政、财务、学生管理、图书管理等皆统于监院一职。监院之设起始于明,盛行于清。监院主要是由地方行政长官委派或以学官兼任,也有地方公推的。官命监院有称作“监院官”“监院教官”者,权力较大,名义上受山长约制,但它是官方在书院的代表,可以越过山长直接向主管衙门负责,一些著名书院的监院甚至还暗寓监视山长之意。河北唐县唐岩书院的监院就由儒学教官“教谕、训导,按月轮流管理”,“如肄业生童内有嗜酒闲游,不勤攻读者,该监院随时训责。如有不遵约束者,即牒县逐出”。③ 公众推举的监院有任职资格的限制,任期多依工作好坏而定,往往还兼负聘请山长之责。清胡林翼《箴言书院志·规制》就规定,“监院一人,掌经理庶务,常住院中,院之庶事取决焉。必择素有品望,能调和舆情而不偏党,识时宜而不执拗者任之。无定期日,以功过而久暂之。……聘请山长由监院、掌管人等公同酌定,不由当道荐致……院中书籍、金石文字悉登手册,监院掌之,派司书分理之”。这里就明确地说明了监院的任务职责及相应的能力素质要求。

(三)斋长

书院中的职事生员。斋长一般从住院生徒中选择品行端正、老成持重、学业优秀者担任。任期不限,根据工作好坏而定。其职责主要是稽察考勤,劝善规过,辨疑析难,同时还帮助管理财产、图书,协办考试事务,发放膏火奖资,甚至稽核斋夫、役等员工。其地位宋元时期在同属学生首领的堂长之下,明清以来斋长之上基本不设堂长,遂得直接向山长或监院等负责。同其他职事生员一样,斋长也领取相应的津贴。如河北深州文瑞书院《重订文瑞书院条规》中指明:书院设斋长一名,由山长在诸生中“择直谅多闻者”充任,以“相与劝善规过,析疑辩难,佐山长所不逮”为职责。④斋长一职,也有士绅担任的,实为书院的行政管理人员。如东光县观津书院《创建书院章程》规定:“择公正斋长二人”,“经理书院租资账目”。其中的管理措施严格细致,“每月支用,设立一样支用

---

① (清)桂超万.龙冈书院章程.见:(清)桂超万等修,高继珩等纂.(道光)栾城县志·卷3“书院志”.道光二十六年刻本.

② 河北省政协文史资料委员会.河北文史资料全书·承德卷·政治军事文化教育社会编,北京:中国文史出版社,2011.594.

③ 王兰荫.河北省书院志初稿.北京:国立北平师范大学出版社,1936.35.

④ (清)张范东修,李广滋等纂.(道光)深州志·卷2“书院志”.道光七年刻本.

簿三本，一存县署，一存斋长，一存礼房，一式填写，送县标出，加戳支用”。① 道光二十一年（1841年），唐县的唐岩书院在其所订的条规中规定，设斋长4人，“书院一切事宜，斋长分季管理。”轮班当值的斋长叫“值季斋长”或“经营斋长”。②

（四）董事

董事亦有称“董理”者，负管理、督办之责。清代各地书院多设此职，其人选强调公正勤谨之外，还有要求殷实以防贪占院产者。所有董事，以其所负责任大小，所管事务性质的区别，又分“董正”“董副”“总董”“监院董事”“营造董事”“支发董事”“催收董事”等名目。清同治七年（1868年），知县李葆贞创办圣泉书院，院址在县城东门内路北，有讲堂号舍30余间。李葆贞主持制订《圣泉书院条规》13条，规定书院推选两名公正廉明人士为正副董事；院长（即山长，书院主持人）则由董事访求外州、县品学兼优者充任。以上董事之职，多选公正士绅，可以反映书院教育管理中确实具有民主作风。

书院董事人选的上述条件或特殊要求，可能与其偏于经费管理的职责有关。许多不同渠道资源都指明书院校产、学田的经营收支监管是董事的职责。如保定阜平启秀书院有学田山地2顷61亩2厘，育才书院有山地7顷10余亩。“两书院田亩，皆由各董事收租，为修脯膏火奖赏经费，其收数随年之有无多少不一。”③这里明确讲明学田的职事者为董事，而租税多少并不划一硬性规定，而根据年成好坏富有弹性伸缩。这种差异柔性的管理不仅合乎农业生产受物候天象、水旱及病虫等诸多因素影响的特性，而且恰如其分地反映书院办学自由活泼、主体活动及自学探究的精神。

清代河北书院职事很多，以上所述职事不是每个学院必设的，也没有一个统一的设置章程。除以上所述的职事外，还有司书、掌管、司事等职事，这些职事人员的聘任保证了清代河北书院的正常运行，也使得书院管理更加规范化、制度化。

例如：龙冈书院的行政管理设置山长（院长）1人，主持院务，监院2人。山长由知县会同董事会选聘饱学儒生并且“科甲出身，学行素著，诗文兼长者”充任，县官“不得曲徇荐托”。而出任山长者，必须“在院训迪，按月课试”。④ 县学教官为监院，讲学先生则由山长延聘，学生均为县内立志进学的童生。

二、清代河北书院章程内容的特点

书院的规章又称作规程、条例、学程、日程、戒条、斋规等名目，一般都涉及教学内容、学习方法、课时安排、奖罚条规等方面的内容。它是书院管理制度具体而生动的反映，体现了其管理水平的高低。其中有关教学和方法原则的内容，是书院教学管理的成文规制，学生必须遵守，因而起着

① （清）周植瀛修，吴浔源撰.（光绪）东光县志·卷4“书院志”.光绪十四年刻本.
② （清）陈咏修，张惇德等纂.（光绪）唐县志·卷4“书院志”，光绪四年刻本.
③ （清）劳辅芝纂修.（同治）阜平县志·卷4“学校志”.同治十三年刻本.
④ 季啸风主编.中国书院辞典.杭州：浙江教育出版社，1996.7.

重要的教育作用。清代河北书院的创建者多为地方知县,建院资金多来自官员自捐或募捐。书院中的人、财、物全部配置完备,这么多的因素组合在一起是需要有些规矩来协调从而使之有序的。管理的作用就凸显出来,管理要有章可循,河北的书院大多建立了完善的章程,每人恪守其责,有奖有罚,保证了书院在正确的轨道上运行。如河北石家庄市栾城县龙冈书院有《龙冈书院章程》,石家庄市无极县圣泉书院有《圣泉书院条规》,定州市定武书院有《定武书院新议经理章程十二条》,邯郸市肥乡县清漳书院有《清漳书院条约》,邢台市巨鹿县广泽书院有《广泽书院新订条规》等。这些章程推动了清代河北书院的迅速发展,其特点表现在四个方面:

一是选拔品学兼优的院长来院讲学。譬如巨鹿县的广泽书院规定,"书院掌教山长,应由绅士延访附近文行兼优之科甲,每年十一月初七日,众首事禀商关聘。其远方夙彦不能常在院主讲者,不得滥充是席,庶免有名无实"。① 遵化市的燕山书院"每岁延订院长,以前冬十月为率,由经管绅董公访科甲出身品学兼优夙所共知者,禀商州署,由绅董具关聘订。不得官为勒荐,亦不得以幕友官亲塞责"。② 深县文瑞书院,"由经管绅士确访品学兼优可为师法者,呈明州署,聘为山长,居住院中,朝夕督课。"③如果在选拔山长的过程中出现徇私舞弊的现象,一经发现,既要追究相关人士的责任并给以惩罚,唐县的焕文书院对此有明确的规定:"原议书院掌教先生,由本处绅士延访文行兼优之科甲,呈由县官聘请,不得将乾食束修不亲到馆之人滥充讲席,又本县绅士呈请议定掌教先生,县官新故及各处函荐者,俱不许延请,如县官殉情延请,其束金即由县官赔出。查新旧斋长,会于道光十八年十二月间,因延请掌教,互相争执,嗣经前任自行聘定,方息争端,其县官教职之同年,并佐二营员之亲族同乡,俱不许延请。至聘定掌教先生,与后官县同年亲族同乡,果系文行兼优者,毋庸另请。"④定县的定武书院在其章程中也有相关的规定:"倘仍有瞻殉情面,暗受请托,或山长受聘而不到馆,及到馆而不久于其事,所有一年脩脯,著落监院与众绅士罚赔。如当道有情荐山长者,即抄呈条规,公同力办,不得再蹈覆辙。"⑤

二是严格考试制度,以维护书院良好的教学秩序。南宫县的东阳书院对考试期间的纪律要求严格:"会课每月两期,官课定于初二日,斋课定于十六日,均试以制艺排律;会课辰刻封门,逾时不到者,虽属高才,不准补进。酉刻交卷,给烛继晷者,虽有佳构,不列前茅。"⑥东光县观津书院以及唐县的焕文书院对考试作弊及抄袭等行为进行严厉的惩罚,"倘有剿袭旧文及雷同,不完卷,与文理悖谬,扣除肄业外,以附课之屡试前列者补入。童生亦照此办理,以示劝惩。"⑦"如有诗文剿袭雷同,或并不交卷者,不列等第,毋庸给发饭钱。"⑧定州定武书院的规定和要求更为细致,可以窥见当时书院考试制度之严格:

---

① (清)凌燮修,赫慎纂.(光绪)巨鹿县志·卷3"书院志".光绪十二年刊本.

② (清)何崧泰等修,史朴等纂.(光绪)遵化通志·卷17"书院志".光绪十二年刻本.

③ (清)张范东修,李广滋纂.(道光)深州志·卷2"书院志".道光七年刻本.

④ (清)陈咏修,张惇德等撰.(光绪)唐县志·卷4"书院志".光绪四年刻本.

⑤ (清)王榕吉等修,张朴等纂.(咸丰)定州志.·卷1"学校志",咸丰十年刻本.

⑥ (清)周栻修,陈柱纂.(道光)南宫县志·卷3"书院志".光绪十年刊本.

⑦ (清)周植瀛修,吴浔源撰.(光绪)东光县志·卷4"书院志".光绪十四年刻本.

⑧ (清)陈咏修,张惇德等撰.(光绪)唐县志·卷4"书院志".光绪四年刻本.

定武书院课试条规[1]

一、书院课日，先定院规，其规条经官绅面同议定。后举董事，照章稽查，实力奉行，不许瞻徇情面，隐匿不言。

二、书院现经修理，先借贡院考课生童。生与童分两处作课，不许彼此混坐，亦不许互相往来。违者立即削除。

三、在院作课，不许私行出外。违者削除。

四、作课不许托人代请，亦不许自外传递。违者，本人与代作者一并除名。

五、作课宜自出心裁，不许抄录成文，至蹈雷同。违者除名。

六、生童自己领卷作课外，不许另外捏名领卷。如有领重卷者除名。

七、课卷作讫起讲，即先誊真，候用戳记。无戳记者不录。

八、日落交卷，不许继烛。不完者不录。

九、现因经费不足，止发官课膏火，而斋课亦必作文，方有裨益。如斋课不作文，官课虽取前列，所以应得奖赏膏火，俱行扣除。实有事故，先经请假者，不在此列。

十、交卷后，即出外院，静候开门。不许在内替人代作诗文。如有不遵，查出除名。

三是净化教学人文环境，规范生童及书院管理者日常行为。“书院为造成人才之地，与课生童，务宜各自磨励，以收实效。剿袭代倩，徒博虚名，不特有负长者甄陶之意，抑且自误生平远大之程，志士固不屑为，中材亦宜自爱。”[2]譬如，栾城县龙冈书院规定：“书院房舍，系生童肄业之所，不得殉情借住，以致损毁房舍，有妨功课。一切器皿，亦不得擅借出院，致有损失。”“书院为教育人材之地，理宜整齐清肃。肄业生童如有无故出院闲游，不勤攻读，呼朋引类，来往喧谈，山长同监院严加训斥。不遵约束者，一次戒饬，二次逐出。或有酗酒废荡，好讼滋事，有乖行止者，立行逐出，以昭儆戒。”[3]遵化市的燕山书院认为书院生童应严格自律，追求优良的德行，“生童同舍肄业，立身植品，均宜互相琢磨，不得相聚高谈，嬉虐旷废，甚或酗酒赌钱，冶游观剧。至于招集亲友，弊端百出，殊失建立书院本旨，应由监院随时察禁。倘敢不遵口责，立即扣火逐出，永远不准在院肄业，以为不知自爱者戒。”[4]深县文瑞书院则要求生童要将精力放在研习学问之上，切忌贪玩懒惰。“业精于勤荒于嬉。内课生童，每年二月初即住院肄业，至十一月底方准散归。不许在外止宿。有事告假，当先通知斋长，转禀山长，毋得擅自出入。亦不得以琐屑屡假，致荒功课。”[5]

四是规范各项管理，保证书院正常运转。遵化燕山书院要求学生远离社会各种纠纷案件，安

---

① (清)王榕吉等修，张朴等纂.(咸丰)定州志.·卷1“学校志”，咸丰十年刻本.

② (清)周栻修，陈柱纂.(道光)南宫县志·卷3“书院志”.光绪十年刊本.

③ (清)桂超万.龙冈书院章程.见：(清)桂超万等修，高继珩等纂.(道光)栾城县志·卷3“书院志”.道光二十六年刻本.

④ (清)何崧泰等修，史朴等纂.(光绪)遵化通志·卷17“书院志”.光绪十二年刻本.

⑤ (清)张范东修，李广滋纂.(道光)深州志·卷2“书院志”.道光七年刻本.

心攻读圣贤之书,否则将遭遇严惩:“在院生童,无论内外课,遇有词讼事件,亟宜先自回避,不得在院居住,遇课期并不得蒙混考课。倘有以住院考课为名,藉端构讼,率递禀词,定即扣火除名逐出,永远不准住院考课。”①如为了有效保障教学常规及学生学业时间,龙冈书院要求:“平时肄业诸生,偶有事故,必须于山长处告假出院,以备稽考。凡官课既取,应给膏火,馆课不到者,罚膏火半月,两散课俱不到者,扣除四分之一。”②可见,学生出勤听课有严格约束,请假制度明确,并且以书院经费支出中学生费用部分作为经济杠杆,与学生学习态度及日常表现挂钩,体现出教育经费、个体利益与就学状态之间的内在契合,是微观层面教育经济效能的价值折射。保定容城正学书院在清康熙初年兴办之时就规定了学约章程,以加强办学的可控性及设计取向,适应教育的社会性需求。文献称该院“内有公兴学会约,列款十二则:一辩学,二立志,三明性,四正心,五谨独,六躬行,七笃伦,八改过,九虚受,十读经,十一持久,十二申约。”③

例如《龙岗书院章程》(见第五章第二节“石家庄”部分),该章程从书院的课程安排、教师及管理人员俸禄、请假制度尤其是经费的来源和支出等方方面面详细介绍了龙岗书院的教学研究与管理以及书院资金的分配运作模式,既为我们研究古代书院提供了宏观和整体上的视野,也从细微处着手,让我们对古代书院内部的资金结构、运作方式也有了详细的了解。

书院是一个小型的社会机构,其有效运转需要经过书院全体职工的共同努力,除了与教学相关的活动以外,书院对其他事宜也有相关的规定。例如唐县焕文书院,其章程中对于书院收租催租、生童管理、书院器具的管理均做出了明确的规定。附:焕文书院章程。

焕文书院章程

一、收租时,由县出示晓谕,并给院夫印票,协同乡保指户催纳,勒限十一月内全完。责成书吏,查照底本,另造地亩租钱徵册,注明完纳日期,送官核销,给予钤印执照。所收钱文,每逢十日,发交当铺存贮,登记印簿三本。如有花户抗阻不纳,禀官饬差傳案追比。院夫催租不力,限满未完五分以上不给工价。其该商利息,俟书院应发钱文之时,由值季斋长会同书吏开单禀准取用数目,再行执持批簿支取。

一、原议书院应支月分,不时亲赴稽察,如肄业生童内,有嗜酒闲游,不勤攻读,该监院随时训责,如有不遵约束者,即牒县逐出等语。查书院为诸生肄业之所,自应循照旧章,令监院稽察,毋庸再议。

一、凡非书院肄业之人,无论官幕,一概不准在院居住,亦不得以书院借作公馆。一切器具,俱不准本县各衙门及绅士人等借用。斋长设簿,按季查点,递相交代。责成院夫收管,如有损坏,堪以修整者,禀县批准,即行修整,不堪修整者,禀县批准,再行买补,均将需用工价开

① (清)何崧泰等修,史朴等纂.(光绪)遵化通志·卷17“书院志”.光绪十二年刻本.
② (清)桂超万.龙冈书院章程.见:(清)桂超万等修,高继珩等纂.(道光)栾城县志·卷3“书院志”.道光二十六年刻本.
③ (清)俞廷献等修,吴思忠等纂.中国方志丛书·河北省·容城县志.台北:成文出版社.清光绪二十二年刊本.303.

明，以凭核示。每年正月间，由书吏造册，禀请县官赴院清查，分别管收，除在开单示谕，遇有短数，着落经管斋长同院夫赔偿。①

无极县的圣泉书院，是知县李葆贞于清同治七年(1868 年)锐意建置的，并将兴国寺地五十亩拨归书院。他还亲手制定了《圣泉书院条规》，内容设计课程设置、教师选聘、经费管理等多方面内容，属于清代河北书院当中较为完备的一个条规，具有一定的样板性和典型性：

圣泉书院条规②

一、延请院长，不由官荐以杜请托之弊。不许董事一人擅主，不许请本邑人，必众董事访求外州县品学兼优者主讲。每年议定后，禀官出盖印关书。董事徇情，公议罚款。

一、书院宜选公正绅士以董其事。董正数人每月必到，董副数人按月轮班，并管登记支销账目，年终会同众董事清算，倘有不符，同人秉公驳正。

一、凡属董事，除书院及一切公事外，苟涉词讼，毋得关说，蹈此咎者，书院除名。

一、在城绅商人等，凡属官务词讼，及一切非关学校者，不许至院会议，以致嘈杂。即乡村绅民，凡有词讼者，不准书院留宿。

一、以后接办董事，俱宜公同酌议妥人，毋得一人徇私援入，亦不得任意推诿，庶可行之永久无弊。

一、书院宜设院书一名，即以礼房兼充，以资缮写。官、斋两课试卷，均令该书制备。卷价每本制钱二十文，所用若干本，每月按数向董事支领卷价。所有写题、封门、填榜纸张，亦令该书自办，其费已包于卷价之内，不准另支。每值课期，该书前往承办，如或不周，禀官责革另充。

一、常雇斋夫一名，每年饭食工价制钱二十千文，常川住院，守户供役。一切器用俱已登簿，不准私行外借。如有失却物件，该役赔偿。其充膺之时，先取保状呈官备查。

一、每年定于二月开课，十月完课。每月两课：初二日官课，十七日斋课。每课前列应给膏火奖赏者，照榜登簿，至下月支发。

一、凡预课生童均于课前一日赴监院处报名，以便饬房造册备卷。官课点名给卷，俱照县试办理。

一、生超特等、童上中取不限额数。以当课试卷人数多少为断，务期生、童咸知鼓舞。

一、书院为课试肄业之所，理应肃静。往往因无关紧要差使，借作公馆。此端一开，殊多未便。议定：无论差使、官长、绅曹、商民以及董事，均不得借寓。倘有相强，众董事据章程公同力阻。

---

① (清)陈咏修，张惇德等撰.(光绪)唐县志·卷 4“书院志”.光绪四年刻本.

② 陈谷嘉、邓洪波.中国书院史资料(中册).杭州：浙江教育出版社，1998.1448—1449.

一、书院培养人材,必行之久远,方收实效。所存经费,不许借支。倘别有公务,官提此项,众董事具察力阻。如事关书院,董事巧为附会,擅自借支,即行罚令赔偿,董事除名。

一、书院经费筹画非易,膏火奖赏,为数无多,外县附课势难兼顾。即随院长肄业者,外州县人亦不得冒入。

一、书院原本钱发商生息,该商如有歇业者,官绅公同追缴,不许董事代为求情,亦不许拨账抵还,致有亏空。

这一章程共14项,其中涉及院长的延请、董事的选聘、书院招生的条件和程序、书院的官课及课赏、书院不同层次生徒的膏火、书院公共财物的管理、书院的经费及支出等,这样一个章程是书院运作的依据,涉及面已经非常全面,在当时的历史条件下,为书院的良好运转奠定了基础。

三、清代河北书院经费管理

办学经费历来都是影响教育事业发展的一个重要因素,而书院的经费管理是保障书院良好运转的必要手段。然而书院的办学经费同书院办学的秩序及常规活动一样,容易受到社会环境及形势变动的影响。如蠡县成材书院在清军与太平天国林凤祥、李开芳北伐军发生剧烈战事期间,经费恐慌,办学衰废。"咸丰三年,发逆鼠扰深州,县城威严,设局办团,经费不支,暂将书院公项挪用,至今十余年来,兵荒交困,尚未议及捐补云。"①经费是书院得以生存和发展的基础,是书院的一切教学活动和日常事务的依托和保障,必须进行合理而稳妥的管理。书院各资产的收入是维系书院正常运行的经济基础,而书院的各项支出也是需要认真计划和细心核算的。经费管理的底线是保持收支平衡,杜绝入不敷出局面的出现,管理行为的目标是盈余,当然其根本目的是为书院的顺利、良性发展保驾护航。

(一)书院的收入

清代河北书院的经费来源主要有三类,其中第一类是官绅名流,甚至商人、民众捐资兴学。如蠡县成材书院的书院款项集资人员如下:监生梁炳耀捐钱400千,廪贡张荆璧捐钱400千,照磨衔谷炘捐钱400千,千总冯九畴捐钱600千,理问衔魏炳捐钱250千,庠生赵鹏程捐钱250千,千总李奇观捐钱250千,庠生张镇国捐钱300千,千总田中魁钱200千,监生张琴捐钱200千,监生张元熹捐钱148千,庠生胡锡龄捐钱150千,庠生王奎璧捐钱150千,监生马先达捐钱150千,监生梅芝捐钱150千,俊秀卢洛广捐钱150千,俊秀戴得元捐钱150千,贡生田种玉捐钱150千,俊秀赵鹏扶捐钱100千,俊秀王显祖捐钱100千,庠生鲁金台捐钱100千,贡生彭起运捐钱100千,俊秀刘从云捐钱100千,庠生宋殊动捐钱100千,举人刘桂芳捐钱100千,廪生杨廷鉴捐钱150千,千总王振邦捐钱80千,廪生郭玉丛捐钱70千,武生刘渐逵捐钱70千,廪生王锡智捐钱50千,监生伍箴捐钱50千,监生刘振彩捐钱30千,廪生任希昉捐钱50千,其余不敷之项,均由丁公捐廉办理。② 其中

---

① (光绪)韩志超等修,王其衡等纂.(光绪)蠡县志·卷3"书院志".光绪二年刻本.

② (光绪)韩志超等修,王其衡等纂.(光绪)蠡县志·卷3"书院志".光绪二年刻本.

可知捐资者身份，既有应试人员、及第举子，也有地方官员，而其中“丁公捐廉办理”是指知县丁希圣兴地方书院事件。

第二类是购买土地以置办学田，招纳人手耕种来收取地租。学田是古代官学、书院等教育单位所属之田产，初见于南唐，宋代开始推广。① 学田作为书院运转的物质依托，来源渠道途径多元，如原有义学、书塾演化为书院，原有学田的承袭；乐善好施者或地方公益性联合捐资；官员为博取声名或利于升迁主动捐献；无主田业的充公改作学田，等等。但各种方式，最终一般都得由地方政府主管者赞同或亲自操办。辛集的南池书院学田添置蒐集极具典型性，据文献所载：“旧存南谢村粮地 32 亩 5 分，百尺口小地 6 亩，旧城小地 6 亩，新收路过粮地 22 亩 4 分 9 厘。本知县查克建祠堂香火地，武举李济众管理，后住持逃归，香火久废，知县始拨此地归入义学。新收智邱小地 30 亩，本废寺遗产，合村公议，助作学田，知县李文耀准拨入书院，以供诸生香火。”②遵化燕山书院除了地租之外，还有粮租和房租收入，“租息原地 2 顷 37 亩，租粮 21 石 1 斗，续添地 3 顷 42 亩 4 分 3 厘，租粮 51 石 3 合，又院东铺房 2 间，租东钱 60 千，又地 41 顷 22 亩 7 分 3 厘 2 毫，又草房 41 间，租东钱 2860 千 270 文，又地 3 顷 59 亩 5 分 7 厘，草房 6 间，租银 23 两 2 钱 7 厘 9 毫。每年计收粮 72 石 6 斗 3 合，东钱 2920 千 250 文，银 33 两 2 钱 7 分 6 厘 9 毫。本州发当生息成本东钱 21000 千，每月息钱 250 千，由绅董支收。”③下附枣强县敬义书院的膏火地记作为例证，加以说明。

敬义书院膏火地记④

清同治十三年(1874)方宗诚

同治十三年，予创建敬义书院既成，乃以绅士商民捐输余资，议存为肄业生延师束脩膏火之用。又虑发商生息不可以持久也，于是，买上地，召佃人耕种之，戒以每年登麦登谷之期，分两季纳其租。不由胥吏，不入官府，而择绅士司其出入之数，以综理其成。枣强保甲旧章：一邑分为六路，曰县前，曰南关，曰县东，曰东关，曰县西，曰西关。六路各有长，谓之分管，居城中，应官府之召令。其乡村则各有地方，而以六路分管统之。县有事召分管，分管召乡村地方，不日而办，其法绝善。予为书院买地，必其地亩所在之村有绅士为相视地之肥瘠，选择佃人之勤惰，然后书券成契。一村之地，以一村之地方司其租；一路之地，以一路之分管司其租。每及期，书院综理绅士召六分管告之曰：“时至矣，速催租无怠！”于是，各路分管召各村地方而告之如其言。地方催佃人，佃人随地方入城，由分管以交于综理之绅士，登诸簿以待用。其佃人之骩疲者，令分管自往催之，甚则令其村之绅士更择一人命之佃，不必白官府签差役，虑扰农民也。其分管、地方、佃人之姓名与租入之数，具载于契，不必记，且亦时有变更，不能终古

① 季啸风主编.中国书院辞典.杭州：浙江教育出版社，1996.710.

② (清)李文耀修，张钟秀等纂.(乾隆)束鹿县志・卷 3“社学志”.乾隆二十七年刻本.

③ (清)何崧泰等修，史朴等纂.(光绪)遵化通志・卷 17“书院志”.光绪十二年刻本.

④ 陈谷嘉、邓洪波.中国书院史资料(中册).杭州：浙江教育出版社，1998.1754—1757.

如一也。惟地亩之数与所在之村落,不可不志之以垂久远。

其县前路所辖之村三:曰黑蟒村(村南南北地一段,计亩八十八亩二分五厘二毫);曰杨苏村(村西南南北地一块,计亩五十七亩七分三厘一毫五丝,又村西南南北地一块,计亩十八亩八分六厘二毫,又村西南南北地一块,计亩二十一亩二分九厘一毫六丝。三块共九十七亩八分八厘五毫一丝。);曰魏家庄(村南南北地一块计四十一亩五分零九毫八丝五忽八微,又村东南南北地一块计二十六亩六分七厘八毫七丝三忽,又村东南南北地一段计八亩整,又村西南南北地一块计十三亩三分二厘八毫八丝八忽,又村东地一块计二十三亩六分二厘三毫八丝,又村东南南北地一块计十二亩二分五厘一毫六丝,六块共一顷二十五亩三分九厘二毫八丝六忽八微。)。其南关路所辖之村一:曰赵家屯(村南南北地二段,计十三亩二分七厘二毫零六忽,又一块计十九亩七分八厘六毫三丝二忽。三块共三十三亩零五厘八毫三丝八忽。)。其县东路所辖之村三:曰八里庄(村西北南北地一块计四十亩零七厘九毫八丝,又村西北南北地一块计二十五亩三分六厘五毫六丝二忽,又村北南北地一块计四十一亩七分四厘四毫,三块共一顷零七亩一分八厘九毫四丝二忽。);曰郭家庄(村西南南北地一段,计三十二亩七分一厘零二丝二忽。);曰赵林村(村东南北地五段共三十五亩九分一厘二毫三丝七忽,又村东南北地一段计七亩五分三厘一毫,又村西南北地一段计八亩四分八厘五毫三丝,二段共十六亩零一厘六毫三丝,总共五十一亩九分二厘八毫六丝七忽。)。其东关路所辖之村四:曰危家屯(村北东西地一段计十六亩六分零四毫,又村北南北地一块计八亩九分零一毫六丝,又村北南北地一段计七亩三分九厘八毫八丝六忽,又村西南南北地一段计九亩八分一厘七毫五丝,又村西南南北地一段计四亩零六厘,又村西南南北地一块计六亩九分六厘三毫一丝五忽,六块共五十三亩七分四厘五毫一丝一忽。);曰南瓮口(村西南南北地一块计十三亩八分零二毫二丝,又村西南南北地计六亩零一厘九毫,又村西南南北地二段计十六亩三分一厘四毫,又村西南南北地一段计九亩六分四厘九毫五丝,四块共四十五亩七分八厘四毫七丝。);曰良党村(村西北南北地一块计二十一亩三分七厘。);曰后王善友村(村西北南北地一段计二十二亩六分九厘六毫零二忽,又村东北南北地一段计十亩零六分四厘四毫六丝三忽,又村北东西地一段计十三亩六分三厘七毫,三块共地四十六亩九分七厘七毫六丝五忽一微。)。其县西路所辖之村二:曰崔家庄(村西南北地一块计十八亩四分五厘六毫一丝四忽,又村西南北地一段计十三亩一分零七毫一丝五忽,又村西南北地一块计四亩四分三厘一毫九丝七忽,三块共三十五亩九分九厘五毫二丝二忽。);曰刘村(村南南北地一段计二十亩零二分三厘四毫一丝,又村南东西地一段计八亩零六厘二毫七忽,又村西南南北地一段计七亩零八厘一毫五丝,又一段计八亩四分六厘四毫五丝六忽,总共四十三亩八分四厘二毫二丝三忽。)。其西关路所辖之村二:曰萧张村(村西南南北地一段计十亩零六厘七毫一丝五忽,又村西南南北地一段计二十四亩零八厘零二丝,又村西南南北地一段计八亩,又村南南北地一段计九亩八分一厘,又村西南南北地一段计十二亩二分九厘八毫二丝,又村东南南北地一段计十亩零五分五厘五毫五丝八忽,六块共七十四亩八分一厘一毫一丝三忽。);曰杜烟村(村西北南北地一段计十八亩五分八厘二毫五丝七忽，又村东东西地一段计十亩零四毫八丝，又村西南东西地一段计七亩零二厘一丝，又一块计六亩六分五厘二毫三丝，又村西北南北地一段计三十一亩三分五厘七毫，共七十三亩六分一厘六毫七丝七忽。)。凡为村十有五，为地九顷三十二亩五分五厘八毫四丝七忽，其地横长阔步丈尺之细数具载于契。凡用制钱一万六千余串。每丰岁地租所入计制钱一千串有奇。六路分管及乡村地方时有更革，必令继之者具承催状，存于公犊，契之正者存于综理之绅士，其副本亦存公犊，县礼吏司之。绅士综理者有更易，必检契验地，无厌烦劳，致日久或干没以坏成规。是则邑人士所重赖者夫。同治十三年冬。

由上可以看出，这十五处村子用于学田共占地“九顷三十二亩五分五厘八毫四丝七忽”，通过出租供人耕种来收取地租，较为持续稳定地为书院提供经费以供日常经营之需。在清代河北，大多数书院都以学田作为重要的经济来源，这是由当时社会自给自足的封建小农经济所决定的。虽然清代商品经济有了较大的发展，并且也与西方国家有了些许的经济文化交流，但是以农业为中心产业的封建社会传统观念和格局并没有发生根本性的动摇，农田依旧是社会生产的第一要素。书院通过置办学田收取地租的方式获取经费，便成为书院经费收入当中最为重要的一部分。

第三类是放钱给所辖州境内的商户，每年收取利息制钱，作为书院办学经费的依托。比如石家庄赞皇县复初书院办院经费情形：“由历任劝捐抽款，共得成本大钱八百千，存盐店按月一分五厘生息。光绪元年，又得官山租价大钱二百千，分存盐当。二年，又得前署县虞溶捐廉银四十千，亦存盐店。月息均系一分五厘。三项合计，岁收息钱一百八十七千二百文。自二月起，至十一月止，分九课奖给生童膏火并卷资杂费。余息拨补山长脩金。”①可知，复初书院经费来源包括：政府向绅商劝捐，山丘作为校产出租以及官员认捐。从交易资产支付方式来看，不是实物，而主要是货币形式，更具有商业流通、资本投资经营的特点。

石家庄平山县天桂书院的办院情形已如上述，可知在光绪早期以学田为经费支撑，数量有限，规模不大。揆诸历史，光绪末年，公元纪年的20世纪初，废科举兴学堂的风潮涌动、激荡澎湃之时，旧式教育机构如书院制度也备受批评。但恰在此期，书院的经费却增加，规模大增，而且书院经费增量的方式除了原始资金的注入外，仍受近代商业资本运动的法则驱使，采用资金投入商业增息的手段，可谓一方面为书院改学堂提供物质前提及办学秩序，同时表现出书院改制时“回光返照”的惊人一幕。创设于清康熙初年、波折流变、若断若续、连绵延伸至光绪末年的保定容城正义书院，“旧志载地亩若干，以为延师之用。咸丰六年，邑侯张公捐俸钱五十吊，邑人陈开基捐钱一百吊，李云桂捐钱一百吊，发商生息，为书院敬惜字纸之费。”②又有史料记述：“光绪二十八年五月，平山县知县陈培兰详报：平山天桂书院，有常年经费共计发商生息成本制钱四千三百一十六千文，每年计收息钱六百零七千三百三十六文，又房租钱并收谷折价每年共计收钱一百一十二文，拟就此款，改书院为学堂。”又称：“本县高级小学，以县立第一高小成立最早，初创于光绪二十八年，

① (清)史赓云等修，赵万泰等纂.(光绪)赞皇县志·卷5“学校志”.光绪二年刻本.

② (清)俞廷献等修，吴思忠等纂.(光绪)容城县志·卷3“书院志”.光绪二十二年刻本.

系奉饬由天桂书院改建而来。”到光绪三十二年(1906 年),“就东街路北书院旧址开办第一级师范”。①

当然,中国古代的资本经济模式自宋代以来即已逐渐成熟,具有现代经济因子的存在。如深县的文瑞书院在道光年间(1821—1850),同样也是以按年收取利钱的方式来增加书院的收入:

文瑞书院经费②

道光元年,知州张杰增内外课生童额数,所有膏火奖赏等项,费用浩大,地租不给,杰复倡捐廉俸制钱六百千,并劝绅民捐输,共制钱一万千。因值差委赴苏,四年七月公旋,乃将此钱发给州境并三县盐当各商,按月一分生息,遇闰不加。每年利息制钱一千二百千,由各商送交书院事查收,取具董文瑞书院图书收单存执。其各商领状呈送直隶布政使衙门存案,并详明各宪立案。此项钱文,原拟置地收租,以资久远,因地价昂贵,交商生息,以俟地价平减,将钱取回,买地以充书院公费,亦经详宪立案。所有各盐当承使钱文数目,列于志乘,以备查考。

深州

天兴当:张天兴,承使制钱八百千文;

永兴当:李永兴,承使制钱八百千文;

永升当:韩永升,承使制钱八百千文;

大兴当:李大兴,承使制钱八百千文;

德昌当:程德兴,承使制钱八百千文;

复泰盐店:杨复泰,承使制钱二千二百千文。

武强县

源裕盐店:晋懋源,承使制钱四百千文;

李人和当:娄允谦,承使制钱二百千文;

贺永隆当:杨维熊,承使制钱二百千文;

张大顺当:康蓁,承使制钱二百千文;

吴全义当:娄尔谦,承使制钱二百千文。

饶阳县

昆裕盐店:杨现亭,承使制钱三百千文;

利仁当:靳景昭,承使制钱一百五十千文;

恒庆当:孟锦云,承使制钱一百五十千文;

德馨当:康芭,承使制钱一百五十千文;

益聚当:苏明,承使制钱一百五十千文;

---

① 张林等编辑.民国平山县志料集·卷8“教育志”.民国二十一年铅印本.

② 陈谷嘉、邓洪波.中国书院史资料.杭州:浙江教育出版社,1998.1757—1759.

兴仁当:王允治,承使制钱一百五十千文;

万晟当:周兆祥,承使制钱一百五十千文;

永清当:李将荣,承使制钱一百五十千文;

增盛当:王益霖,承使制钱一百五十千文;

和兴当:陈恩荣,承使制钱一百五十千文;

同仁当:许国祥,承使制钱一百五十千文。

安平县

恭和盐店:侯恭,承使制钱三百千文;

魁吉当:任凌烟,承使制钱六十千文;

安吉当:吕商勇,承使制钱六十千文;

逢泰当:任时习,承使制钱六十千文;

义恭当:杨士恭,承使制钱六十千文;

恒吉当:任恒吉,承使制钱六十千文。

由于交由商户经营,收取资本资金利息,较之实物地租的学田收支,更具赢利的空间或机会,故此一些晚清时期存续的规模、人数及声望更大的地方书院更多倾向于这种方式。然而,以本金或资产投入他人运营,收取利息制钱更多地有赖于书院院产的种类较多,不限于田亩、湖塘及山丘,而是扩及店铺、房舍乃至于器物场地等诸多方面。同时,还应看到,赢利自身是一把双刃剑,想获取高利润,必然是冒着更大的风险,就需运用手段、技巧,尤其是经营管理的更高素质及智慧。以石家庄栾城县龙冈书院为例,该院对院产交由客商代为经营,收取利息的方式,就人事职权、管理条款、账目设计及书院、官方与商户之间协议承接关系,都有详细说明。“书院堂舍工程,一切什物器具,铺面房屋租数,田地坐落村庄顷数亩数租数,发商生息存本,各项册籍,一样造具三分,一存县卷,一存儒学,一存书院,交董事收支。如有更换交接,按册点交明白,即将此册交与替人收执。”这是讲商业簿册记录及管理程序,另外还有规范经营程序及管理行为要求的条文,“发商生息本银,不准官为提取,亦不准董事私取。今于发本时,取该商切结,嗣后如有官及董事提取,即行缴发以致亏空无着者,著该商照数赔出原本,照常生息。其各商或遇止歇更换,即令顶代之商承领交息,倘有添设当典,准该商等均匀拨办,以昭公允”。①

当代书院史专家、江西教育学院李才栋先生认为,清代中后期,在一些经济较为发达地区如江浙、皖赣、闽广等地靠近城市的书院中,土地的出租逐渐被房租、店租、存款的利息、自办产业的利润所替代。一些笃信儒术经商致富的士大夫对书院的关心与单纯依靠地租为生的土财主相比愈来愈占据更为重要的地位。书院的经济来源由地租转向工商利润,这是一个重要的讯息,意味着书院的社会经济背景正在逐渐由“土地”转向工商业。道光前后书院的规章、课程几乎依旧,然

① (清)桂超万.龙冈书院章程.见:(清)桂超万等修,高继珩等纂.(道光)栾城县志·卷3“书院志”.道光二十六年刻本.

而其依靠和服务的对象却已逐渐转向经营工商业的儒生。这预示着书院本身即将产生巨大的变革。① 李先生在这里指的区域虽在南方工商经济发达地区书院的经费筹措及院产资金转移方式的前后变化情形。其实,北方地区如河北的书院状况亦基本如此,只是以院产经营的租赁方式为主,而土地税收中从实物地租经营为主转向贸易中工商利息(润)为主罢了。

(二)书院的支出

书院的支出项目繁多,各书院一般列出的有以下名目:建筑场地增设修缮、束脩、聘金、奖赏、饭资、纸笔费、茶水费、膏火费等,开支项目、数量及经手、操办者等记录在册,集中存放管理。

书院的功能主要有教学、祭祀、藏书三个方面,相应地需配备建筑设施及生活场地,由此构成书院经费在办学硬件及环境美化方面投入的一定支出比例,书院建筑群在县级书院便有相当规模,典型的如唐县的唐岩书院共有房屋 47 间,分别是:正院大门 3 间,阶级 5 尺。外有照壁,内有屏门。讲堂 3 间,题曰"崇实",南厢房 8 间,后院主讲斋 3 间,南北房各 3 间,过庭 3 间,正房 3 间,又北正房 3 间,为张公祠,左北配房 3 间,右北配房 2 间,东房 2 间,西房 3 间,南院车门 1 间,南厦 3 间。② 此种规模的书院每年用于修葺房屋和置备设施需要相当一部分资金,这笔支出也是需要经过事先的预算:"书院岁修房屋,添补器皿什物,每季不过制钱二千二百文,俱由值季斋长同书吏,先将需用工料价值禀县,俟批准后,方许修补。如有兴作大事,着四季新旧斋长公同估计,具禀县亲勘复核,并查明有无经费盈余,妥为筹议,分别缓修动工,事竣报县验收。"③唐岩书院于道光十五年(1835 年)"发商成本大钱七千六百千文,每年八厘行息。嗣又发商成本大钱四百千文。"同治七年(1868 年)由知县陈泳"整顿旧租,交斋长添修房屋,增置考试桌凳,建立张公祠宇,余剩发商生息,加添生童膏火。"同治十二年(1873 年)"罚款大钱五百千文,发商每年八厘行息,现今陈本大钱八千五百文,每年生息共大钱六百八十八千文,以备支发生童膏火。"④可知,书院学田收入主要用于教学设施、祭祀崇拜、建筑维修及学生补助等项目。

在建筑设施的建设和修补之外,师生的束脩银、膏火费、奖赏、饭食费以及书院仆役的工资也占据了书院经费的相当一部分比例。譬如永年秀洺书院,"山长束修银一百两,薪水四十两,月取生员超等五名,特等五名,童生上取五名,中取五名,膏奖十一千三百文。乡试加课三月,取超等三名,特等三名,膏奖无定额。月两课,课给饭食京钱五十文,学书礼房差使工食各需,由府署给发。"⑤同县清晖书院的收入支出情况也大致相似,"每年河租,初租三四百千至八百千不等,自光绪二十年起,每年租京钱一千二百串,作为书院岁修等费。义学六处,岁给束修京钱五百二十千,光绪十一年添设。乡会试前三个月山长加课,生员额取十名,月共奖京钱十五千,举人额取三名,月供奖京钱七千。河役工食,取给于此。书院旧有地一顷十五亩零,同治七年九年间,经郡绅武汝

---

① 李才栋.中国书院研究.南昌:江西高校出版社,2005.305—306.

② (清)陈咏修,张惇德等撰.(光绪)唐县志・卷 4"书院志".光绪四年刻本.

③ (清)陈咏修,张惇德等撰.(光绪)唐县志・卷 4"书院志".光绪四年刻本.

④ (清)陈咏修,张惇德等撰.(光绪)唐县志・卷 4"书院志".光绪四年刻本.

⑤ (清)吴中彦修,胡景桂纂.(光绪)广平府志・卷 29"学校略".光绪二十年刻本.

清由生息余款,添购苇地五十四亩,岁收租京钱三百余千,作为书院经费。”①遵化燕山书院明确规定了看门役、斋夫、伙夫等人员的经费待遇:“看院向设门役一名,每月东钱五吊,饭钱九吊。斋夫一名,火夫一名,每名每月工饭钱七吊二百文,每岁另加经理书籍东钱二十四吊。”②科考之年的经费用途与平时是不一样的,如唐县的焕文书院,“每年十二月初旬,将收支细账清单报县,查核所收租息支用余存及膏火扣存空旷,无科场之年,作为修理书院房舍器皿支用,遇有科场之年,作为在院诸生应乡试盘费支用,如有不敷,官为捐补,其书院诸生董事与肄业同,其诸生不在院肄业者,不给盘费,有科场之年,五月后不复收考。”③

玉田县的经州书院,对山长的束脩、聘金、盘缠、学生的膏火奖赏、饭资、纸笔费、仆役的工食银、宾兴费等书院开支都做了明确的规定,其细化程度之高令人钦佩,基本上涵盖了书院日常经费的方方面面,进而维持书院的正常运作。“历年房地租东钱四千六百六十七千,发当商本银二千一百七十六两,按月一分一厘行息。外有丁韵齐暂借银二百两,每年利银十九两二钱。每年地粮银正耗共八两。外有代完典契地粮。山长每年束修银一百两,薪水每月六两,遇闰加增,聘敬四两,三节节礼,每节四两,年底回籍盘费二两。生膏火十分,每分东钱六千,奖赏三分,超等第一名三千,第二第三名各二千。童膏火十分,每分东钱六千,奖赏三分,上取第一名二千,第二第三各一千。每课生童酒席,随人数酌备。五人一桌,每桌四千。乡试宾兴,每名一两,会试宾兴,每名四两。礼房收租饭食每年东钱一百一十千,纸张东钱七十二钱。院役每月工食东钱六千,遇闰加增。”④

南宫县的东阳书院和滦县的海阳书院在各自的章程中也提到了书院经费具体的用途和走向,体现出经费预算的精神,并且其分类之详细较之玉田县的经州书院是有过之而无不及:

东阳书院章程⑤

清道光八年(1828)

一、书院掌教脩金一百二十两,按两季致送;薪膳每月银一十两,茶水银每月一两,按月致送;节敬四两,按节致送;路费六两,年终解馆致送。

一、书院本应额设正课附课生童若干名,按名分给膏火,以助肄业之资。兹经费不数,膏火缺如,以待后之振兴斯道者踵事而增。其生童有情愿自备资斧住院肄业者听。

一、会课奖赏,书院本有旧章。每课京钱六千文,今酌加京钱二千。奖赏略加变通,前列生童,按名分给,第一名生童,奖赏京钱一千文,二名以下,奖赏四百文。凡生童会课者,每五人取一名,十人取二名,其有零数,八人取二名,十三人取三名。童生会课者,十人取一名,二

① (清)吴中彦修,胡景桂纂.(光绪)广平府志・卷29“学校略”.光绪二十年刻本.

② (清)何崧泰等修,史朴等纂.(光绪)遵化通志・卷17“书院志”.光绪十二年刻本.

③ (清)陈咏修,张惇德等撰.(光绪)唐县志・卷4“书院志”.光绪四年刻本.

④ (清)夏子鐾修,李昌时纂.(光绪)玉田县志・卷10“书院志”.光绪十年刻本.

⑤ 陈谷嘉、邓洪波.中国书院史资料(中册).杭州:浙江教育出版社,1998.1752—1754.

十人取二名,其有零数,十六人取二名,二十六人取三名。以示甄别,而昭激劝。

一、奖赏钱文,后课给卷时,书院董事按照前课名次给发。倘前课已列前茅而后课因事不到者,其应得奖赏,董事存留,准本人随时领取。

一、课期应供生童饭食,人众日久,备具恐难丰洁。兹仿照保定莲池书院旧规,分给饭资,每人京钱一百二十文,董事于分卷时按名给予。

一、会课生童茶水,着看守书院人伺候,每课给予京钱一千文,以作茶叶、煤炭、甜水工费。

一、生童课卷,每本京钱一十文。其亲到册子填榜纸张,礼房备力,每课给纸笔费京钱一千文。

一、书院首事二十四人,每期二人监课,按次承值,经营分收课卷、给发奖赏饭资等事,以均劳逸。另拨夫役二名,以供使命,每名准给工食京钱二百文。

一、每逢课期,监课首事准支京钱二千八百文,略备豆觞,陪侍山长,以展加膳之敬。

一、每逢课期前一日,值课首事二人,赴当铺支取所存利息京钱三十千,以备次日会课给发。俟课毕,核定实到名数若干,应给饭资卷子若干,并奖赏及一切杂费若干,会同礼房一一登记簿籍。如有余钱,即于会课次日,原取首事送还当铺存贮。

一、会课支销簿籍二本,逢课登记,送官查阅后,一发礼房执掌,一交书院首事收存,俾内外互相稽查。

一、每年腊月初二日,礼房一人,邀请众首事会集书院,将一年会课修葺各费,算明登记。如有余钱,仍存典当,无利,以备次年支用。其算账之日,准支京钱八千文,以为众首事餐饭之需。

海阳书院经费出入章程①

一、书院岁收地租银四百四十一两九钱四分九厘。又岁收生息利银八百八十两,二项共银一千三百二十一两九钱四分九厘,每两以市银十千合价,作为定章。以下一切支销,俱准此数,银价时有低昂,独书院不二焉。

一、书院额取生员超等十名,每月各给膏火银一两五钱,特等十名,每月各给膏火银一两,一等十名,每月各给膏火银八钱。额取童生上取十名,每月各给膏火银八钱,中取十名,每月各给膏火银六钱,次取十名,每月各给膏火银四钱。凡生童考入备补者,无膏火。

一、书院大课斋课生童考试前列者,每次生奖赏十名,第一名银六钱,二三四五名,银各四钱,六七八九十名,银各三钱,童奖赏五名,第一名银四钱,二三四五名银各三钱。

一、甄别及大课日,生童饭食,每名折给银六分。

一、书院山长,岁奉脩金二百两,薪水银六十两,车费旅费银二十两,节敬银二十两。

一、每岁致送监院薪水银二十两,斋长薪水银二十两。

---

① (清)杨文鼎修,王大本等纂.(光绪)滦州志·卷12"书院志".光绪二十四年刊本.

一、礼书纸笔费银十二两，院书工食并纸笔费银二十八两，津贴冬季油炭银二两，院役工食银十二两。

一、生童课卷工料，岁需银三十余两。

一、每甄别及考课之期，俱局门而试。每次备办山长董事酒席各役饭食油烛柴炭茶鑪等费，案年共支销银九十五两。

一、每年岁修银十两，添补器具糊窗换席零星等费八两。

一、每年迎送山长酒席银十四两。每遇正月，董事斋长会议公事比较出入清册酒水银三两。

一、书院按年封纳租粮银十六两四钱五分。

一、书院于每年公欵项下提银二十两，交城内铺商经管。每遇乡试，即以此项作为卷费，分给肄业各生之应试者。

以上各项，案年统计，共支销银一千一百七十两六钱五分，俱于年终，由董事彙造清册，送州复核存档。

由上面的详细条款，我们可以看出，各书院对其经费的支出的管理都是很谨慎的，基本上每一项支出都是事前计划好的，并且严格按照计划执行。每一项支出的增加也是必须的，支出的管理是严格的，这就保证了书院开支的有序、有效及节俭。深县的文瑞书院规定，书院的一切支销都要登记造册，严禁出现徇私舞弊现象的出现，“所有地租制钱一千一百八十六千五百六十四文，钱息制钱一千二百文，概交董事管理收支，一切出入支销，永不由州署经手。其地租钱息，令该董事每年造簿登记每月出入数目。至十二月初旬，将收支各账，眼同次年经管董事，彻底清算，交代接管。另造清册一本，钤用文瑞书院国章，早送州署，以凭报销。”①栾城县的龙冈书院，“每年支销经费，总理董事于年终算账，定于十二月初二日齐集书院，核实开造四柱细册，呈送本县核销存案备查。”②唐县的焕文书院，须经县署、院长和具房三方开具清单，再加上县批示才可由当铺支出经费。“所有书院地租，官为征收，发交当铺，同生息一并存贮，登记印簿三本，一存县署，一存书院斋长，一存县房，每日应发钱文，即由值季斋长，会同县房，查照章程准给数目，先期开具清单，禀县核明批准，再持三簿支取，分别致送发给，由县按月开单，实贴书院，如无县批示及三处印簿，不准当铺应付。傥斋长书吏持所存印簿，私向当铺支钱，着即使赴县禀究，若徇情支发，其钱即着落当铺赔偿，以免亏挪而垂永远。”③无独有偶，东光县的观津书院也是同样的管理方式，“经理书院租资账目，应择公正斋长二人。每有支用，设立一样支用簿三本，一存县署，一存斋长，一存礼房，一式填写，送县标出，加戳支用。”④这样一来，就保证了书院的支出确实用于书院消费，一旦出现差池，

① (清)张范东修，李广滋等纂.(道光)深州志・卷2“书院志”.道光七年刻本.

② (清)桂超万.龙冈书院章程.见:(清)桂超万等修，高继珩等纂.(道光)栾城县志・卷3“书院志”.道光二十六年刻本.

③ (清)陈咏修，张惇德等撰.(光绪)唐县志・卷4“书院志”.光绪四年刻本.

④ (清)周植瀛修，吴浔源撰.(光绪)东光县志・卷4“书院志”.光绪十四年刻本.

也能够迅速追溯到负责人进行赔付。例如唐县的焕文书院,"每年息租七百七十吊,核计岁需师生膏火等项,谨可敷衍,其乡会试年,应收地租银钱,又有文武举生盘费等项之用,如现议章程内并未准销之项,即与书院无涉,不许饰词请销,遇有必须支用之款,应由新旧斋长,当令生徒,听候详请宪示,俟奉批允后,饬令遵办。若不当众公禀,断不准行。倘斋长书吏蒙混禀准支发,日后查出,其钱即着落斋长书吏分赔。"①

可以看出,清代河北书院的经费管理中介入了官府的力量,并且发挥着举足轻重的作用。这其实是书院官学化的原因,同时也是结果,政府要确保书院按照特定而可控的轨迹发展。至清朝中后期,经费事宜转移给由士绅身份为主的董事,进行官府监督下的民主管理,从而出现了书院的经费管理由官下放到民的转化。例如巨鹿县的广泽书院,"议定经管书院首事十三人,分为两班,每班管理一年,于正月二十六日清算账目,交割簿籍。如有余钱,遇百缗即行发息。其算账之日。准支制钱二吊,以为首事饭资。其现年经理之人,不得推诿。永为定章。倘议定经理之人,遇有事故告退,公同择举一人接管。"②南宫县的东阳书院也采取了首事按年轮值的董事制。临漳古邺书院选城乡绅士十六家为"首事",又称作"在事绅董",按季轮值,每季"绅董四人经理书院银钱出入"。③ 这样的经费管理模式具有很大的优越性,其所形成的书院一切事宜,经官绅议定,俱由绅士经理的机制,既可以避民营而势单力薄、官营而漏洞难堵之弊端,又可集合官、民各自之优势,调动二者的积极性。④ 下面以定县定武书院的收支情况为例,加以说明。

定武书院章程(节选)⑤

一、营造专管岁修之事。书院如有应行修补工程,官绅商定,开明款目,向公所领取钱文,支发工料。修造事讫,将用项逐一开具清单,送公所存查。

一、书院经费甚少,每年地租,尚不敷生童膏火之用,此后须公议捐补,以期经久。至山长修脯,全赖本州官捐及两属所捐银两,应遵议定章程,分别按季具领,存于公所,以备支发。至地亩所出,经此次查明地亩坐落租石确数,公议绅士,专管催收之事,认明租户,照数收纳,交存公所,不得无故增建更换。如有拖欠,禀官究追。

一、支发一切用项,俱由公所开单支取。所取银两,先将用项名目开明。如无名目,不许滥支。公所登记账目,亦将用项名目注明,不许滥发。即官有应发用项,先行开单,交董事支取,不得径向公所取用。

一、经费每届年终,监院会同众董事清算一切,注明有无盈缺,并开具清簿一本,送州存查。如书院有应行公议之事,亦即公同商定。

---

① (清)陈咏修,张惇德等撰.(光绪)唐县志·卷4"书院志".光绪四年刻本.
② (清)凌燮修,赫慎纂.(光绪)巨鹿县志·卷3"书院志".光绪十二年刊本.
③ 佚名.古邺书院条规,见:陈谷嘉,邓洪波.中国书院制度研究.杭州:浙江教育出版社.1997.398.
④ 蔡志荣.清代书院的经费运作特点及现实意义.教育学术月刊,2008,(4):84.
⑤ (清)王榕吉等修,张朴等纂.(咸丰)定州志.·卷1"学校志",咸丰十年刻本.

一、书院各规条，系官绅面同议定，以后俱要遵照奉行。如有不遵，董事公同禀官议罚。

一、书院众董事，无论在城在乡，公举妥人，禀官酌定。以后如有事故，不能经理，亦公同议人，禀官代换。不许无故自辞，亦不许私相换替，暂代者不拘。

书院的经费支出一般而言是满足教育教学各个部分及环节程序的项目所需资金，属常规办院正常运转所必需或者是前提，至于书院的院落规模化维修或重建，所需经济力支撑数目较大，往往不在书院预算范围，不被包括在常态收支表图之内。因此，各书院材料中此种经费很少记载，如果存在，也是以政府官办投入或者绅商民间筹资办学的类别区别对待。其实，有些书院的经济力充盈，历年资金积蓄管理盈余，也往往会承担起这种关乎书院命运生机或兴衰存亡的重大使命，成为书院更生交替、兴衰存亡的"晴雨表"。如石家庄栾城龙冈书院自创立70余年来，几次塌陷倾圮，"以无岁修之款故也。今若不议款岁修、风雨剥蚀，历年久远，必又渐见倾圮。兹议定余钱存为岁修，责令董事每月察看一次，遇有渗漏剥落处所，禀请县学验明随时黏补，以期永远不朽。岁修之费不得过大钱二十千文，如有盈余，多则置产，少则存公，以为修补房屋添置器具之用。"①

当然，书院经费开支细目及数量都是动态的、不断调整和变化的，这取决于筹资的数额及支付的能力与实际需求之间的合理向度或张力，经济学中常称为收支平衡，而不至于入不敷出。如有的书院就未雨绸缪，做出预设或期待："现定章程，限于岁入之数，概从樽节。将来城乡好善之士，有随时量力捐输者，再当添增膏火，广集生童，庶士习文风，日臻上理。"②落笔之重心在最后，期冀厚实充沛的物质基础，办院经费能有效促进书院的办学影响，更多地培植人才，提升区域学理，实现文教昌盛、士风大振。

从书院办学的历程及教育兴衰沉浮的命运考察，自始至终贯穿着经费的投入、管理、开支及筹措的诸方面问题，看来经费是书院悲欢离合、困顿发达的杠杆，深刻地蕴涵了教育活动的经济制约性。地方政府出于政治秩序的稳定、伦理道德的规范及人力资源的培植，以维系地方社会经济与文化正常运转与持续的统治需要，重视书院教育，必然在财政支出紧缺的情况下，也要为其支撑绵延而分出一杯羹，有时还要鼓励士绅及民间力量捐赠，甚至为其拓展而做出努力。以石家庄无极县圣泉书院为例："邑中旧无书院。同治七年，知县李葆贞锐意建置，商诸绅士，并倡捐以示激励。八年正月，于城东门内路北，购宅一区，讲堂号舍三十余间。时方苦旱，祷于高陵村圣井，得雨，遂名之曰'圣泉书院'。延师课读，筹画未周。知县丁文浚接办，筹款一千千，发商生息。复请于上宪，有多年积弊义谷一项，拨归书院。知县寿颐莅任，木刀沟滹沱河支流为患，义谷拖欠遂多。光绪六年，李应培因考课不行，兼奉藩宪任札饬捐收积谷，遂出示停捐义谷。八年复任，购置"廿四史""十三经"等书，藏之书院东楼。知县蒋继芳开官课。十三年，知县高楷延师开课。十四年仍废。十八年，知县王扬曾实力起复，蒙府宪大人陈札饬，将积谷折价生息。自十七年正月起，每年得制钱二百二十五千七百二十文，拨归书院，按季支领，作为经费，延师课读，年终造具清册，送县

① （清）桂超万.龙冈书院章程.见：（清）桂超万等修，高继珩等纂.（道光）栾城县志·卷3"书院志".道光二十六年刻本.

② （清）桂超万.龙冈书院章程.见：（清）桂超万等修，高继珩等纂.（道光）栾城县志·卷3"书院志".道光二十六年刻本.

备核，书院遂为定制。①”

一路风雨，充满荆棘坎坷，书院实在是惨淡经营中发展，经费问题始终是一以贯之，与其他活动及教育问题相交织，有纲举目张之效用。而到了甲午海战前后，洋务派西化运动已近尾声，改良主义的制度革新论渐居上风，书院是古代教育制度的一部分，面临转型关头，但这里又显示了夕阳的艳丽一幕，而这几乎是由经费状况决定的。

第二节　清代河北书院的教学

清代河北书院发展迅速，但由于多数为官办，在官方的干预下逐渐沦为科举应试的附属。自隋唐建立一直沿至清末的科举考试，由于其强有力的社会政治功能及其相对客观或标准化的测试标准，对书院的教学对象、教学目的、教学内容影响极大。

一、教学目的

清代河北书院数量大、分布广，书院层次差别较大，教学内容也有很大程度的不同，但就其教学目的而言却基本一致，即培养科举人才。

科举制度是中国封建社会特有的一种人才选拔制度，从隋唐开始产生，对教育发展起到了督导和控制作用。如果科举制度与官学和私学的关系处于融合状态，官学和私学通过科举考试环节向社会输送人才，科举制度也成为官学和私学教育发展的目标和指挥棒。书院在产生初期，目的就是为了摆脱科举制度的束缚，因此书院起初对科举采取了轻视的态度。到了明清时期，随着书院官学化的进程加剧，在书院教育方面，官办书院比例不断上升，书院教育的科举化倾向渐趋明显②。官立书院虽不是官学，但较之以前的私立书院少了很多自由，因为所谓“官立书院”就意味着要受官方控制，受官方影响，为官方服务。所以在这种官立书院中，主导的精神和思想是不允许偏离官府和朝廷的。为了控制天下知识分子的思想，清代以“八股”制艺取士，书院中培养的大批知识分子也必然都被赋予了科举的要求，在社会风尚的熏陶之下，在书院有意无意的导向之下，书院生徒耳濡目染，为科举而读书已经是顺理成章，普遍而又普遍的了。甚至书院的声誉都极有可能是与书院生徒的科举成绩直接相连的。科举中第者多，则书院声名鹊起，报名入院者蜂拥而至，门庭若市；反之，则无人问津，门可罗雀。只为学习知识，探讨学问而入书院肄业的生徒，不能说绝对没有，但已经不在多数了，读书人梦想的是通过科举而一举成名天下知。正因如此，清代河北书院的生徒学习都很勤奋，他们与全国各地的读书人一样，废寝忘食，挑灯秉烛，都只为一朝金榜题名而沉潜学问。

地方官吏创办、修复和管理书院不自觉地将官学的管理模式移植至书院中来，加强了书院与科举的联系。早在朝廷正式表明扶植书院发展之前，河北不少地方官吏就根据各地培养人才的需

---

① （清）曹凤来等纂修.（光绪）无极县续志·卷2“学校志”.光绪十九年刊本.

② 张亚群.科举革废与近代中国高等教育的转型.武汉：华中师范大学出版社，2005.13.

要，着手修复或创建书院。在获得朝廷认可和支持后，各地更是纷纷创设和修复书院，以满足河北士子读书应举的需要。据《重修渔阳书院碑记》记载，知州华浚在书院落成之时，告诸生曰："蓟州科第不振者已历有年，甲午乡试，李生友堂领解额，高生成均获售，皆平时肄业书院者，一时无不以此为兴复书院之效。"今属北京市的顺天府房山县的云峰书院，于道光十五年，知县杨钜源在重修书院时也讲到："在院肄业者，日有功，月有课，使之师师友友，敬业而乐群，吾知伟器有成，而科名鼎盛者将在斯乎！"固安县的方城书院，知县李应选创置时也对诸生发出了"诸生年富力强者，从兹振奋，将见科甲蝉联，簪缨辉映，人才盛，文运兴，垂之久远，不负诸贤培植斯文之厚意"的殷切希望。永平府昌黎县的碣阳书院是道光二十九年(1849 年)由知县王应奎捐建的，这所书院后来成了当地的科甲鼎盛之地。清代河北书院的修复和创建，承担了培养人才的任务，为河北文化教育的发展奠定了坚实的基础，同时其最核心或根本的目标仍是为科举服务。

二、教学师资和对象

书院作为我国古代特有的一种教育组织形式，兼具教学、研究、学术交流等多种教育功能。是我国古代教育史中的瑰宝，其不仅为我国流传下无数的藏书和古代典籍，也为我们传承了科学新颖的教育教学模式和历久不衰的教育精神，是中华民族几千年文明经久不衰的重要依托。而书院的教师，作为这一历史贡献的创造者和参与者，他们大都是博学大儒，不仅饱读诗书，谈笑间讲学谈道，而且品质高贵，热忱待人，颇有大师之风范。兹举一例，以了其实。

就拿清初在河北占据重要地理位置的承德来说，清代河北承德的各书院，主讲教师均延聘当地的饱学之士。特别是因清初承德的特殊地位，全国各地的博学大儒多云集承德，承德的秀峰书院和振秀书院名师代不乏人。承德府举人马瑢以明体达用为立教之本，强调"有志圣贤之学者，必身体而力行之，非以为口耳诵说之资"。继马瑢之后，浙江上虞人胡文种、胡文檀兄弟二人来承，"以硕学绍后进，经师人师，人言无间"，"从游者皆一时之英隽，文章、经济、节操皆能表见于世"。更有浙东钱守礼、山东柳聃不求闻达，躬身塞外承德，讲学谈道。这两所书院的这些名师大都学识渊博，品德过人，且献身教习，热心育人，深得生徒爱戴。因书院讲学实行门户开放，承德附近生徒多慕名而来，虚心听讲求教，质疑问难，师生关系相当融洽，感情颇为深厚。书院特别重视学术交流和论辩，甚至师生可以共同参与争辩。在承德的书院中，轻八股，重实学，蔚然成风，对承德地区的教育、文化和学术的发展及人才的培养，产生了重要的影响。"文运方当春午时"(乾隆诗句)，热河贤隽负笈来承德书院受业者，趾踵相接。在承德市区、滦河、丰宁凤山、平泉等书院聚集之地形成了几个文教中心，从中培养了不少彪炳于世的高才俊秀及文化名人。① 为河北地区其他县市之楷模。

明清时期的河北书院主要是作为官学的配套机构而存在的，专门招收官学生员肄业其中。在院肄业的生童分为正课生童和附课生童两类。正课生童是正式的，分为内课生童和外课生童两

---

① 河北省政协文史资料委员会.河北文史资料全书・承德卷・政治军事文化教育社会编，北京：中国文史出版社，2011. 595.

类。内课生童住院就读，供给全部伙食，有定额，视书院的规模而定。外课生童数额宽松，只享受官课期间的伙食供给。附课生童属旁听生，无任何待遇。

书院在招生时明确规定学生需具有的身份，如原属河北今属北京的顺天府金台书院规定："凡京师以及各直省举、贡、生、监肄业于是，设有学长、学副、上舍等额，顺属童生，亦并收课。"①明代沧州的天门书院则规定："凡附近州县生员，不拘民灶，但系学院考试优等，中取入院，候监院按临，一为品骘。""大都不满百人，沧庠过半"②。河北顺天府霸县(今属廊坊市)的益津书院由明朝兵备副使钱藻南筹资创建，其招收的生徒亦是各官学生员。河北大多数书院在录取生徒时，将生员、童生、监生分开录取，并规定各自的正课、附课生定额。如定州定武书院《新议经理章程》规定："肄业生童每月官课斋课各一次，俱赴院作课，现因经费不敷，生员先行酌取超等十名、特等十五名。童生先行酌取上卷五名、中卷十名，俟经费宽余再行增加，膏火多寡因时酌定，随课发给，官课奖赏由官捐发，斋课由公项支发。"③遵化州的燕山书院每年招收生员22名，由书院供给食宿，另收文童8名。由上可见，书院在招收生徒时，给予生员、监生的名额明显多于童生。

书院每年对生童进行一次甄别考试，在每年的农历二月份，由当地官府选订"吉日"，发布告示，全部生童参加。路程远者，临期未能赶到，可于甄别后补考。过三课不再甄别考试。甄别考试评定等级，生员分"超等""特等""一等"三级，成绩"超等""特等"者有奖；童生分为"上取""正取"(亦称"中取")、"次取"三级，"上取"者奖。肄业生童连考三次优等者，附课生童升为外课生童，外课生童升为内课生童。连考三次劣等者依次下降。④

书院招生不仅有身份的限制，而且还有地域的局限。一般来讲，省会书院在全省范围内招生，府州级别的书院一般都在本府州招生，县级书院在本县招生，而且为保护本地区有限的教育资源，明确规定外地士子不得冒籍。明清河北的莲池书院为总揽全省较为完备的书院，每年正月招生，择全省十一府六州中学行兼优者为士子，其中莲池书院与省内一般书院不同，它只招收生员入院学习，这些生员由省内各府州县选送，再由莲池书院考试合格，并经过省级官长批准，才能成为书院的学生。这种层层把关的做法，十分有助于提高书院入学生徒的质量。在莲池书院发展的后期，又吸收了一些举人和贡生入堂学习。由于生源较好，且师资和教学条件优越，所以科举及第率极高。而那些州、县学院招生虽对生徒有身份的要求，但由于只能在本地招生，生源素质与省、府的书院根本无法相比。⑤

莲池书院也打破地域限制，招收寄居本地的外省学生，并给予同样的奖励与待遇。如，江苏太仓人、朴学家毕沅曾在乾隆二十二年(1758年)肄业于莲池书院，他的《临漪亭》诗表达了对当时学习生活的赞美之情：

---

① (清)周家楣.(光绪)顺天府志.北京：北京古籍出版社，1987.2189.
② (清)胡淦总修.沧州志卷三.台北：成文出版社，1975.224.
③ 王兰荫.河北省书院志初稿.北京：国立北平师范大学出版社，1936.100.
④ 河北省地方志编纂委员会.河北省志・教育志.北京：中华书局，1995.45—46.
⑤ 刘虹.明清河北书院与科举关系刍议.河北师范大学学报，2008.(1)：58.

东风拂鸡水，平碧琉璃铺。红亭翼其上，四面钩栏扶。我来清苑春正初，交交鸟劝提葫芦。新晴放游屐，景物甚嬉娱。山桃枝枝照水底，仿佛铁网生珊瑚。县碕俯沙嘴，蒙茸石发粗。不见垂纶叟，晾翅蹲凫雏。远山了了碧天末，翠黛新画倾城姝。一双轻盈掠紫燕，数尺拨刺跳银鱼。浪痕圆动处，青钱叠五铢。云影乍开合，清晖时有无。幽森深我濠濮想，旷远宛对潇湘图。坐久浑忘日欲晡，委波人影工描摹。不衫不履诚狂奴，得非六月披裘徒？绘像云台有异乎？一笑此君乃是吾。他日东归归故庐，绕墙万个栽筿簩。半床明月半床书，春波一绿尽五湖。①

毕沅曾担任过湖广总督，但对莲池书院的学习生活充满了自己的真情实感。莲池书院能够打破地域界限，接纳异地生徒，有助于教育资源最大限度地达到共享与扩展。在完成学业以后，异地生徒荣归故里，“栽下万株竹子”，使得一方“春波”达到“绿尽五湖”的目的。

莲池书院的招生范围除了打破地域界限，还打破了国家之间的地理疆域，在后期曾招收日本留清学生，淡化了教育的国别差异。光绪十三年(1887 年)，日本青年宫岛大八到莲池书院留学。②吴汝纶任院长期间，许多日本学生负笈来华，前来求学。莲池书院吸引海外留学生来华接受教育，这在清代书院教育史上是极其罕见的，由此表明，莲池书院在清代官办书院中的地位及水平，在一定程度可以说已经居于领先的地位。

莲池书院学生享受公费的名额有限，在名额之内的被称为正课生；膳食自费的学生被称为附课生，还有一部分走读生被称为外课生。莲池书院的学生还包括那些参加莲池书院每月的“官课”“斋课”“古课”的外课生。正课生与附课生均在学院食宿，通称内课生。正课生如在每年甄别考试中出现不及格的情况，即被取消入院读书资格，由附课生递补。这种通过测评考试，以学业成绩或能力表现为依据促使学生竞争流动的机制，有助于办学机会平等及开放、透明的管理体制的形成，使经济奖励的杠杆作用与学生的成长发展变化统一协调，真正发挥办学的质量效益。

三、教学内容

我国的书院，作为一种教育机构，始于唐代，经过上千年的历史风涛，大致可分为自由讲学(唐、宋)和官学化(元、明、清)两个阶段。自由讲学是书院的传统，官学化是指最高封建统治者力图把书院办成如官办学校那样为科举制度服务的倾向。在清朝统治期间，学术思想和学风发生过几次大的变动，书院也受其影响，形成相应的几种类型，“第一类是继明代书院的余绪，以讲求理学为主；第二类是以博习经史词章为主；第三类是以考课为主，是科举的预备场所——这类书院在清代最普遍，一般书院差不多都属这一类；第四类是清末出现的学习经史，兼习自然科学和工商诸科的书院——这类书院是近代新式学堂的先驱，他的出现已经预示着整个封建社会教育制度的

① 陈美健等著.莲池书院.北京：方志出版社，1998.21.

② 陈美健等著.莲池书院.北京：方志出版社，1998.100.

破产”①。在这四种类型书院中,以考课为主的书院最为普遍。以这样的分类内容为基本要求,依据书院的目标及特色可以将清代的河北书院分别纳入相应组群。

清代河北省的书院多是官学的附庸,“专门研究文艺,作科名进取之预备”,只务举业,不重实学。但就全省来说,也还有少数书院延请当时的著名学者讲学和锐意改革官学化僵硬模式而著称的。前者有易州双峰书院,这是清初大儒孙奇逢的门人隰崇岱、王余佑、魏一鳌等人就孙奇逢的讲学处创建的,隰、王、魏三人都是清初河北的著名学者。再有,著名的史学家章学诚曾主讲于定武书院(定州)、清漳县(今属肥乡县)的清漳书院、永平府(今卢龙县)的敬胜书院、保定的莲池书院;光绪帝的师傅翁同龢曾主讲于广陵书院(文安县)。而保定莲池书院更是荟萃名师学者,蜚声海内外。后者,当首推颜元对漳南书院的改革而独放异彩;他如容城县的正学书院,仿北宋大儒胡瑗的“苏湖教法”而设立“经义”“治事”二斋。“经义斋”学习“六经”,“治事斋”学习治兵、水利、算术等课。滦州(今滦县)的海阳书院,除一般的书院考课一文一诗外,还兼及诗赋、经解、策论、算学。此二书院都重实学而具有一定的改革精神。② 承德的部分书院课程也颇为丰富,“除规定的《圣谕广训》《大清律例》、“四书”“五经”外,经、史、子、集等均为广为涉猎。再根据各主讲教师的专长和治学方式的不同,时有不同的侧重。”这也充分体现了部分书院的课程并不只是千篇一律,一成不变的,而是求变求实,丰富多彩的。③

当然,就总体而言,由于清代和河北书院大多数为官立书院,书院的生徒绝大多数都是以科举为目的入院学习,书院也抱着为生徒的科举之途服务的心态来进行日常讲学训练及规章管理,所以书院教育的主要目标很清楚,即为科举考试服务。依据现代教育学原理,教学内容是围绕着教学目标而设定的,这样的教学才有效。教学内容的设计与编排依据教学目标也就是科举考试的内容。清代科举考试的基本内容是儒家经典、经史子集、制艺帖括,核心以“四书”“五经”命题,“四书”即《大学》《中庸》《论语》《孟子》,答题以朱熹的《四书章句集注》为依据。“五经”即《易》《书》《诗》《春秋》《礼记》,答题按规定的注疏阐发,不得自主发挥,自创见解。清朝规定,乡试、会试首场“四书”三题,“五经”各四题,士子各占一经。二场论一道,判五道,诏、诰、表内科一道。三场试经、史、时务策五道。科举考试的体裁及方式是“八股取士”,想金榜题名,会写而且写好八股文是生徒们必须修炼的功夫。书院中教师向生徒将讲授八股文的模式、章法技巧、发表观点和议论的尺度以及考官的喜好等,这便是常称的制艺时文。

清代河北书院教育的主要内容,就是科举考试的基本内容和文体。为了使学生能够通过科举考试,很多书院直接教授生徒写作八股文和其他各种考试文体。如金台书院主要学习作八股文,临摹法帖,有时也讲授经书义理。莲池书院除官方规定的“四书”“五经”、《大清律例》等外,还有史籍、诗歌和散文等知识,另外也把指导学生掌握科举考试的基本技能列入课程,主要讲授八股

---

① 毛礼锐.中国教育史简编.北京:教育科学出版社,1984.77.

② 河北省地方志编纂委员会.河北省志·教育志.北京:中华书局,1995.45.

③ 河北省政协文史资料委员会编.河北文史资料全书·承德卷·政治军事文化教育社会编,北京:中国文史出版社,2011.594.

文、试帖、诗、经义、对策、表、判等文体的写作方法。到了张裕钊和吴汝纶主讲书院的时期,西学开始被引入了书院,书院的教学内容呈现出中西交融的态势。虽然书院相对宽松自由的讲学及课程调整只是一种局部的"渐变",最核心的教学内容依然以科举考试内容为主。

吴汝纶主持下的莲池书院在晚清后期趋向剧烈变革,其思想理念及实践举措曾一度走在前列,反映在课程设计与教学内容上明显偏离了科举取士的旧轨道,而趋向于增加西学的比重、新学的扩展,支持近代新式学堂的办学体制。然而在其实施过程中荆棘丛生、内外交困,从而致使其观念及效度影响发生作用的同时,却伤残乃至毁坏了莲池书院自身作为教育机构的存在合理性。作为清末官办书院改制命运的一类标本,这里拟作阐述。如此,不仅能借以认识书院教学内容"回光返照"之夕阳绚丽,而且可以触及古代教育向现代教育转型之艰难曲折。

表 6—6　莲池书院课程设置表①

科目名称		内容
经学	四书五经	《大学》《中庸》《论语》《孟子》《易经》《尚书》《诗经》《礼》《春秋》
史籍		《资治通鉴》、诗歌、散文
科举应试文体	八股文	结构统一,由八部分组成,各部分句数、句型都有一定要求。内容上,要求必须"代圣贤立言"
	试帖诗	以考察诗赋为主要内容
	策	针对皇帝提出的有关经义或政事的问题,写出文章,阐述意义或陈述办法
	经义	以经书的文句为题,应试者根据题意加以论证,评书是非,得出结论
	论	是一种用来阐明事理的议论文
	表	即奏章,也成疏、折、奏折。是古代臣属向君主讲述政事、呈现典仪、反应事变、提出弹劾的一种文体
	判	用史事作案例,或以官府狱讼案件为例,要求应试者分析案情,写出判词
《圣谕广训》		以劝导生员遵守孝悌、人伦、宗族、礼仪等封建道德为主要内容
《大清律例》		以《大明律》为蓝本,总结了清初以来的统治经验,是封建法典之集大成者,是清代封建主义中央集权统治的法律依据

光绪十五年(1889 年)吴汝纶开始担任莲池书院院长。其时,洋务运动已进入后期,由军事、外交转向综合科技应用及民间工商业,西学的地位及价值更加被人认识,留美与留欧教育揭开了赴海外求学的新篇章。与顽固派阻挠、反对洋务事业恰成鲜明对比的是,早期改良主义思潮形成,以郑观应、王韬、马建忠等为代表的改良派思想家在思想文化和教育领域批评洋务派学西学的狭窄及局限性,提出更全面的引进西学方案。这些具有时代性的思想既反映在新式书院的创立,也

① 吴洪成.清代保定莲池书院与科举制度.河北大学学报(哲学社会科学版),2010,(3):14.

会导致旧式书院的改革,其难度之大出乎预料,而且各地的差异也导致了不平衡性。吴汝纶走在了当时变革的潮头,他积极提倡博知世变,易其守旧,举中外学术于一炉,以陶铸有用之才;主张变革书院,废八股时文,弃科举取士,教以新学、实学;率先在院开设西文和东文学堂。

吴汝纶虽主桐城家法,但思想敏锐,崇尚西学。他主理莲池书院时,思之如此,行之亦然,"以为'文者,天地之至精至粹,吾国所独优;语其实用,则欧美新学尚焉。博物、格致、机械之用,必取资于彼;得其长,乃能共竞。旧法完且好,吾犹将革新之,况其窳败不可用?'其勤勤诱后生,常以是为说。"[①]"西学至难,若但购已译之书阅之,则书院中高才生已优为矣,然无大益。其专门之学,宜弃百事为之,乃可望成,且非有师授,不能冥悟"。[②] 他于光绪二十二年(1896年)九月创立西文学堂,随后又创办东文学堂,两学堂从经费、学生的课业学习乃至学成去向等均作了认真考虑,严格要求并采取相应措施。对于此举,他自我感言称:"保定一城,由下走开成东、西二学堂,并不甚多费,颇以此自喜。"[③]他开办两学堂的目的在于使学生更好地接受和领悟"西学","故西学捷径,但读已译之书,其弊则苦不能深入。其导源之法,则必从西文入手,能通西文,然后能尽读西书,能尽读西书,然后能识西国深处"[④]。这样,继张裕钊之后,吴汝纶在书院这种旧式教育机构的躯壳中注入了更多新式教育的内容,推动了书院的近代化转型进程。

在实行导师制全面负责的教学制情况下,书院中采取了多种教学组织形式。

有教师的"升堂讲说",有生徒个人的"读书""作业""自修",有教师与学生的"质疑问难",也有优游于山石林泉与名山大川的活动,还有组织讲会、诗会、文会等。书院的教学中学生以自我进修为主,然而仍是在教师教诲下进行的。[⑤]

莲池书院的教学及管理秉承古代书院的优良传统,具有一定的民主性及开放性,教学中组织管理规范、活泼,教学内容注重诸家兼采、融会创新,教学方法力求自主树立,师生互动,这些都具有教育的永恒价值与普适性意义,尤其是教学内容中的"朴学",实用、严谨、扎实,深得清代实学考据学的真谛,为"颜李学派""扬州学派"的创新务实精神的一面旗帜,而在桐城派思想学术的近代转型中也为一种努力与尝试。旧学的底蕴,新知的拓展,冶为一炉。面对滚滚而来的西学洪流,作为北方深受政治控制的书院代表,挣脱羁缚,勇于革新,学习西文、西学,派遣留学,都在引领时代潮流。然而由于旧学的顽固,新学的脆弱、孤单以及复杂的社会原因,加上桐城派及考据派未能实现现代性革新,莲池书院最终空余遗恨,旧有资源的新学堂改造努力落空。

坐落在邯郸市肥乡县的漳南书院,在河北书院史上也留下了浓墨重彩的一笔,尤以颜元讲学时期为重,颜元在尊重古代传统道义教育的同时,不乏新思维,一改传统教育的沉闷局面,送来了一股"实学"的春风。其最得意的弟子就是李塨,后人称其师生学派为"颜李学派",其突出的特点便是实,强调习、行、动的统一。关于书院的教学制度和内容方面,我们可以从第五章第二节"邯

---

① 蔡冠洛.清代七百名人传・吴汝纶(下册).北京:中国书店,1984.1808—1809.

② (清)吴汝纶撰,施培毅、徐寿凯校点.吴汝纶全集(三集).合肥:黄山书社,1994.128—129.

③ (清)吴汝纶撰,施培毅、徐寿凯校点.吴汝纶全集(三集).合肥:黄山书社,1994.256.

④ (清)吴汝纶撰,施培毅、徐寿凯校点.吴汝纶全集(三集).合肥:黄山书社,1994.129.

⑤ 李才栋.中国书院研究.南昌:江西高校出版社,2005.195.

郸”部分颜元的《论开书院讲学》一文和颜元的著名弟子李塨的《恕谷学教(从颜习斋先生教条而斟酌之)》中清楚了解到颜李学派的主张既不缺乏孔孟礼仪之道,又在其基础上倡导实学主义教育思想。

四、考课制度

考课又称月课,是古代书院的一种教学测评活动。书院考课制度渊源于南宋,制度化健全并盛行于明、清时期,分为岁考、月考两种。岁考即是学年大考,在正月举行,岁考及格才能作为院内生留在书院继续学习。月考是每月举行一次的考试。清代河北书院的考课一般分为官课、斋课两种,所谓官课,是由五大宪(总督、布政使、按察使、清河道员和知府的统称)分别做主考官,轮流拟、阅试卷的一种督察性质的考试。斋课,是由院长根据教学进度所举行的阶段测验。官、斋两课的考试内容一律是默写“四书”“五经”的章句,并写八股文章和试帖诗各若干篇、首,因此可以说:“官、斋两课,认为时文帖括。古课则试以经、史、策论”①实际上,这是针对科举考试所进行的模拟式测验。

书院的教学没有统一的进度,每日分晨起、午前、午后、灯下 4 节。书院提倡生徒独立研讨,课程相对灵活,允许各人有所侧重,发挥专长。一般以自修为主,辅以教师指导。书院对生徒严加考课,所谓“日有程,月有课,岁有考。”月考分为官课和斋课,每月初二和十六举行。官课由州县官员出题、监考、评卷、定名次,属督查性考试;斋课由书院山长命题评卷,属阶段性考试;岁考再年末举行,是全年学习的综合性考试。考试成绩优异者,依次给予奖赏。②

书院作为一种有效的教育机构,必然需要考查学生对知识的掌握程度,以便更好地调整或改进教学,同时也是对书院生徒的一种鞭策和鼓励,所以一般书院都对这种考查很重视,形成制度。书院在招生时即举行考试,一般由监院呈请地方官府公布考试日期,然后各地生徒至监院处报名投考,大多数书院规定入学考试一年进行一次。考试时间一般为正月、二月或前一年岁末。平时各书院依据自身情况,每年考课的次数是不同的,但各书院都有自己的一套考课方法,并在书院的日常教学中严格遵守。有时随着书院收入、生徒等情况的变动,书院的考课方式也会随之调整。滦县海阳书院的考课时间及考课方式极具代表性,以下的书院章程颇能说明这一问题。

海阳书院考课章程③

一、每年于二月初六日甄别生童,录取生超特一等共三十名,备补二十名。举贡生监共列不分。录取童上中次取共三十名,备补二十名。此后月给膏火,一年凡八次,生童俱随课

---

① 邢赞亭.莲池书院回忆录.见:政协河北省委员会文史资料研究会编.河北文史资料选辑(第一辑).石家庄:河北人民出版社,1980.227.

② 河北省政协文史资料委员会编.河北文史资料全书·承德卷·政治军事文化教育社会编.北京:中国文史出版社,2011.594.

③ (清)杨文鼎修,王大本等纂.(光绪)滦州志·卷 12“书院志”.光绪二十四年刊本.

升降，甄别不录者，不得与考大课斋课。

一、生童经甄别录取后，岁试官课八次，谓之大课，于三四五六七八九十等月举行，其期定准于每月初六日。如遇以甄别作大课之年，因遇科岁试而改也。则六月间停课一次。乡试之年，八月间停试一次。

一、山长斋课，随大课之月，以十六二十六日为期，十六日课一文一诗，与官课同，至二十六日，或诗赋经解，或策论算学，迭以各体试之，亦分经义治事之遗意也。

书院一般每年行课10个月(农历2月至11月，腊月及正月放假)，行课期间，官课与斋课交叉进行，一般是官课每月1次，斋课每月2次。无论是官课还是斋课考试，成绩优异者均可受到奖赏，但每课的组织、额定及奖钱数会因书院的等级、财力、在院肄业或应试人数的不同而不尽一致。如定县定武书院，"肄业生童，每月官课斋课各一次，俱赴院作课。现因经费不敷，生员先行酌取超等十名，特等十五名，童生先行酌取上卷五名，中卷十名。俟经费宽余，再行增加。膏火多寡，因时酌定，随课发给。官课奖赏，由官捐发，斋课由公项支发。"①南宫县的东阳书院也有关于会课奖赏方面的规定，"每课京钱六千文，今酌加京钱二千。奖赏略加变通，前列生童，按名分给，第一名生童，奖赏京钱一千文，二名以下，奖赏四百文。凡生童会课者，每五人取一名，十人取二名，其有零数，八人取二名，十三人取三名。童生会课者，十人取一名，二十人取二名，其有零数，十六人取二名，二十六人取三名。以示甄别，而昭激勤。"②石家庄栾城县龙冈书院同样对官课、馆课成绩优秀的学生予以奖励，"官课奖赏，应本县自备，而对于考生正课(官、馆课合称)考试期间伙食费又另给补助。正课二次，赴课生童，每名给饭食大钱十四文。每课应试生童五六十名至百人等，约岁需饭食大钱六七十千文。每月馆课，生童奖赏二千文，岁需二十千文。"③甚至有的书院的经费支出、场地建筑都明确规定围绕教师聘任及学生考课而展开，标明书院教育的重心摆在了教师的教学引导作用以及通过测评手段考核敦促学生学习的深意所在，如保定容城正义书院"旧有膏火生息京钱一千二百吊，新增膏火生息一万余吊，以为延师月课之资。前院新建厢房六楹，后院重修正庭五楹，厢房六楹，以为注讲课试之所"。④ 看来仿效科举制度的书院考课已成为办学的生命线，书院的科举趋向及职能与官学相类。

清河县经正书院和唐县焕文书院月课的组织及奖励情况也是很好的例证，且有丰富、深化认识的作用。"书院课士，先是以六八比为程式。每月课期，生童聚集，分初三日十八日两次。初三日为官课，县官莅书院点名发题，生童各四书题一，试帖诗题一，由官评定甲乙。十八日为师课，则由山长发题，评定甲乙。凡月课放榜时，生分超、特、一三等，超等、特等按名给奖，童分上取、中取、次取三等，上取、中取按名给奖。"⑤

---

① (清)王榕吉等修，张朴等纂.(咸丰)定州志.·卷1"学校志"，咸丰十年刻本.

② (清)周栻修，陈柱纂.(道光)南宫县志·卷3"书院志".光绪十年刊本.

③ (清)桂超万.龙冈书院章程.见：(清)桂超万等修，高继珩等纂.(道光)栾城县志·卷3"书院志".道光二十六年刻本.

④ (清)俞廷献等修，吴思忠等纂.(光绪)容城县志·卷3"书院志".光绪二十二年刻本.

⑤ 张福谦等修，赵鼎铭纂(民国)清河县志·卷8"教育志".民国二十二年版.

省会书院的官课由总督、巡抚、学政或布政使、按察使、转运使、道台等轮流主持，府、州、县书院则由道台、知府、知州、知县或教谕、训导轮流主持，称之为轮课。如莲池书院的官课，是由直隶总督、布政使、按察使、清河道员和知府五大宪分别做主考官，轮流出题的。官课一般为一月一次。由主持考试的官员负责阅卷，并根据成绩给予优秀生徒一定的奖励，称之为花红。由于河北为畿辅重地，教化为率之区，其突出表现就是地方官员对考课的极端重视，不仅给予“超取生童奖赏二千文，岁后二十千文”的金钱奖励，而且还有一些精神奖励的举措。斋课也叫师课、馆课，由本院院长主持，出题课试。考课内容一般为八股文、诗赋、古文、解经、策、论等，为了让学生能将这类科举文字写得更充实、语言更精当，官课、斋课曾采用“开卷”的方式，让学生自由查阅资料、互相切磋写作技巧，针对这种考试方式滋生的抄袭风气，阅卷教师们都要一一查处并注明原作者。考课制度是检查书院教学效果的重要手段，同时也是及时调整教学的依据。

定武书院课士条规十则

一、书院课日，先定院规，其规条经官绅面同议定后，举董事照章稽查，实力奉行，不许瞻徇情面，隐匿不言。

一、书院现经修理，先借贡院考课生童。生与童分两处作课，不许彼此混坐，亦不许互相往来，违者立即削除。

一、在院作课，不许私行出外，违者削除。

一、作课不许托人代倩，亦不许自外传递，违者，本人与代作者一并除名。

一、生童宜自出心裁，不许抄录成文，至蹈雷同，违者除名。

一、生童自己领卷作课外，不许另外捏名领卷，如有领重卷者，除名。

一、课卷作讫，起讲即先誊真，候用戳记，无戳记者不录。

一、日落交卷，不许继烛，不完者不录。

一、现因经费不足，只发官课篝火，而斋课亦必作文，方有裨益。如斋课不作文，官课虽取前列，所有应得奖赏篝火俱行扣除。实有事故，先经请假者不在此例。

一、交卷后，即出外院静候开门，不许在内替人代作诗文。如有不遵，查出除名。①

五、教学环境

由于深受晚唐以来读书山林士风、佛教禅林研修佛理以及宗教人才培养的庙宇制度等的影响，书院素有选择优美的自然环境读书其间的传统风尚，又融入儒家办学的人文精神与情感道德意识。这种院址的选择或书院内部自然与人文环境的创设成了书院的教学特色，延续至其自身命

① 佚名.河北定州续志·卷一，清咸丰十年刊本.

运的终结。优美的物质文化环境给人以视觉、触觉以及感觉上的享受。它并不像抽象的概念或公理,硬要从外面强加于人、灌输于人,而是如同空气一般包围在受教育者的周围,使人在潜移默化和不知不觉中受到感染和获得体悟。这种特色是对唐末五代以来士子读书山林风尚的升华,并将山林文化推向了一个新的境界。

概括说来,书院的教学环境的独特性体现在院址的选择、书院的空间布局以及书院的楹联、诗赋和碑刻三个方面。

(一)院址的选择

河北书院自创建伊始,就十分讲究院址的选择,大多建于景色雅致优美或依山或傍水的风景胜地。书院充分利用自然地形条件,因地制宜,依山就势,灵活多样,尤重背山面水,山环水绕之势。这与我国古代文人讲究人与环境的协调,追求"天人合一"的理想境界是一致的。例如沧州沧县的沧曲书院,建于南关运河右岸距城一里。原为绅士张雪耳别墅。① 雍正三年(1725 年)张延绪改卜野云亭,建讲堂 3 楹,学舍 50 余间,筑山凿池,种花植树,景色优美。五年(1727 年)朱轼称之"将接踵鹅湖,媲美鹿洞,则西河之流不竭,而东山泗水亦可溯派而寻源也",并题词讲堂"敬业乐群"。② 再如保定高碑店的紫泉书院,是由紫泉行宫旧址改建而来的。③ 紫泉行宫位于高碑店市新城镇紫泉河边,是清朝皇帝南巡的驻跸之所。作为新城八景之一的紫泉书院,内设宫殿、屏山、石径、竹埭和敞轩,带有镜湖、拱桥、舫室、箭厅、建筑宏伟。众多的书院将院址选择在依山傍水、清静幽雅的山林附近,其最主要的原因无外乎是由于官学丢失了教育的本质,逐渐沦为科举之附庸,故此一些知名学者选择另辟书院研习学问。虽然后期书院科举化也趋于严重,但是相比较而言,书院毕竟曾经恢复了或试图恢复教书育人、启迪民智等初衷或实质。在这些学者看来,宁静空灵的环境有益于抛开一切世俗的纷扰,心无旁骛地潜心钻研学问。古老的书院为秀丽的山水增添了厚重的文化内涵,同时诗意般的山水也使得朴素的书院充满了灵性的美感。书院与山水相得益彰,情景交融,美不胜收。

然而在封建社会后期,书院建置的山林化倾向受到官学化的影响,远离尘嚣的书院虽然清净有余,但是不便于官方的控制和管理。所以清代河北书院的选址呈现出由僻静幽雅的山林逐渐向喧哗入世的城镇靠拢的趋势。如衡水深州的文瑞书院,"清乾隆十八年(1753 年)知州尹侃建于城西。"④保定安国县将贞文书院置于城中文庙后,具有崇文精神的古人向来就有将城市的"黄金地段"交给文庙的惯例,所以不难推断,贞文书院所处的地理位置也是相当优越的。始建于乾隆十一年(1746 年)的承德平泉书院,院址在州署南。⑤ 州署就是旧时的衙门,作为某个地区的政治中心,一般情况下居于城中央。类似这样的选址对书院的发展不无影响,毕竟城镇是当时当地政治、经济、文化发展的中心,其相对较快的发展必然会促进书院的文化教育事业。虽然许多书院逐渐由

---

① 沧县县志办公室编著.河北省沧县县志.北京:中国和平出版社,1995.435.

② 季啸风主编.中国书院辞典.杭州:浙江教育出版社,1996.9.

③ 河北省高碑店市地方志编纂委员会编.高碑店市志.北京:新华出版社,1997.633—635.

④ 季啸风主编.中国书院辞典.杭州:浙江教育出版社,1996.6.

⑤ 平泉县志编纂委员会编著.平泉县志.北京:作家出版社,2000.805.

山林转向城镇，但是古人对清幽素雅的环境追求从来就未曾停止过。毕竟，大自然的万千气象带给人们的不仅仅是感官上美的享受，还有对学问及人生的感触、体味和思索。

(二)书院的空间布局

书院在讲究院址选择的同时，还非常注意加强院内布局以营造如诗如画的院内风景。书院的主要建筑，如门、堂、阁、祠、楼等都位于书院垂直的中轴线上，少则两三进，多则四五进，根据书院规模而定。这些建筑的大小不同，功能各异，形成明显的纵向空间序列。这个空间序列层层推进，逐步深入，建筑的等级和地位也随着空间的不断深入而提高，愈往后则愈尊，这就是古人所推崇的"礼"的体现。这种多层次的空间序列营造了庄严、悠远的意境，体现出中国儒家文化尊卑有序、等级严明的社会伦理关系，烘托出书院的神圣与尊严。① 轴线两侧是斋舍、考棚、书斋、号房、厨房和耳房等建筑，排列次序比较灵活，且一般而言是对称的，呈现一种井然有序、层次分明的美感。清河县的经正书院，院内建筑群设计坐北向南，大门 3 楹，外为屏壁，内 2 门，讲堂 3 楹，东西配房各 5 楹，讲堂后正房 3 楹，东西配方各 5 楹，讲堂后正房 3 楹，东西配房各 3 楹，西边耳房 2 间，东院正房 3 间，配房 4 间，南房 3 间，又南棚 3 间。② 秦皇岛市山海关区的榆关书院也可以看作是此类建筑的一个典型：有大门额"榆关书院"，重门曰"文明在是"。内为东西房舍各 3 间，正中讲堂 3 间，名曰学海堂。堂后左为档房 1 间，书斋 4 间，堂右茶膳房 1 间，书斋 2 间，东北隅设祠，祀先贤宋儒，题曰阐性堂。左夹室曰欣赏，为茶话衡文之所。③ 再如清河县的春晖书院，"在东路二区廉家集北街外，坐西向东，正房三楹，左右耳房各一间，南北配房各五间，大门一座，北耳屋二间，南耳屋一间。"④这三所书院可以看作清代河北书院布局的代表，将其平衡对称、错落有致、尊卑有序的特点突显完全。

除了庄严肃穆、错落有致的对称性房屋建筑物外，书院也考虑到了古人对大自然中唯美景色的追求，亭台轩榭、曲径回廊、花草树木，不一而足。精巧的建筑与自然景观浑然一体，相互映衬，共同营造出诗情画意般的韵味。例如保定府的莲池书院，坐落于古莲花池之中，古莲花池是唐上元年间在临漪亭的基础上扩建而来的，因荷花繁茂而得名。经过明清两代的不断扩建和修葺，在清乾隆年间形成了著名的"莲池十二景"：藻泳楼、篇留洞、含沧亭、春午坡、高芬阁、万卷楼、北草堂、宛虹亭、鹤柴、蕊幢精舍、绎堂和寒绿轩。亭榭楼台，布局严谨，登高环顾，水中芙蓉拥翠，荷花亭亭玉立，柳丝袅袅娜娜，小桥流水，湖光山色，是冀中平原上一颗古代园林明珠，素有"三湘七泽""市中蓬莱"之美誉，与颐和园、拙政园、豫园等齐名，为我国十大历史名园之一。⑤ 作为一所全国知名的省级书院，莲池书院无论在规模还是在整个空间布局方面都具有其他书院多无法企及的优势，但县级书院也各有千秋，毫不逊色，拥有相互媲美之势。张家口蔚县的文蔚书院景色宜人，蔚州知州靳荣藩作有《题文蔚书院八景图》，诗文真实而细腻地描绘了书院的八处醉人景致：杰阁昂

---

① 吕凯.关中书院建筑文化与空间形态研究.西安建筑科技大学硕士学位论文，2009.34.

② (清)黄汝香纂修.(光绪)清河县志・卷 1"学校志".光绪九年刻本.

③ 季啸风主编.中国书院辞典.杭州：浙江教育出版社，1996.14.

④ 张福谦等修，赵鼎铭纂.(民国)清河县志・卷 8"教育志".民国二十三刻本.

⑤ 程勉中.中国书院书斋.重庆：重庆出版社，2002.94.

霄、池塘春草、老树干云、平桥延月、花田晓日、曲栏游径、南山当户、邻馆青灯。书院建阁二层，门内有方塘二，春时青芜最盛。池上古柳三株，大可逾抱，百年外物也。两池相通，桥覆其上，护以赤栏，望月最佳。桥之西北为种花地，粉红骇绿，宜于晓日。平桥之北，曲栏折而东西，内则游径环焉。城内人家皆与南山相对，而书院更擅其胜，每游花田，则马头诸峰近在东南缭垣之上，空翠欲滴，不知其有三十里也。书院之西为蔚县义学，灯火青荧，书声如相应和。[①] 又如乾隆三年(1738年)知县王天庆创办的辛集县南池书院，"重濬池，加深，植莲其中，环池植柳。庚辰，新种莲开三花，文武捷贤书者三人。学沼莲香，为鹿川十景之一。"[②]乾隆二十八年(1763年)知县巍学诗创办的望都县尧台书院同样也拥有秀美的景色。"(门前果木)芽茁荣茂，实累累盈枝，佥云应人文瑞。门外池莲净植，周遭杂众木，每当课艺，树影花香，波光上下，济济多士，文思勃发，人才盛而科名踵起。"[③]保定蠡县的有斐书院，"在文庙之右，轩堂连进，古槐数株，婆娑若荫，院前清流若带，衡文课士，雅称胜地。"[④]再如井陉县的皆山书院坐落于县城东南之巅，东临城墙，南临大街，西临旧县署，北接曹家垴，占地约20亩。书院最前临街，正门为砖墙栅栏杆护墙，门外两旁各置石狮，朱漆大门，门额"皆山书院"。大门两旁为倒座式临街房5间，再进为一屏门，砖木结构，青瓦盖顶，前门后柱，屏风掩遮，左右进出。院内凿砌一圆形鱼池，每当夏日，荷花绽放，游鳞可数，情趣别致。院内正旁为讲堂，每月延五排十，诸生到此，由山长教授辅导。院内东、西配房各4楹，东为山长寓居，西为教授寓居。室内清静恬雅，墙上珠玑满副，几净窗明。中院有东、西、北三房，为诸生寓所和自习室，东曰东斋，西曰西斋，北曰北斋。后院为书院仓库及图书室，礼器、乐器齐全，藏书亦甚丰厚，多系经史子集之类。[⑤] 师生在这样的环境中，吟咏赋诗，研讨学术，享受自然与人类的和谐统一，身心涵养都会得到提升。

书院建筑是民俗建筑和庙宇建筑的复合体，是一种以民俗建筑为主体，以庙宇建筑为重点，带有园林环境的乡土性文化建筑。它是一个多样性和多功能的建筑组群，是教育与学术研究相结合、培育人才、传播文化的基地。各个县志当中对书院建筑风格和特点的描述所占文墨不多，但是从部分书院的图示当中也可依稀辨别一二。一般书院建筑多为砖木结构，不同于官学的宫廷式建筑，而是倾向于地方民间建筑特色，不尚华丽装饰，力求朴实简洁，忠实于材料技术的表现，而不求雕饰之奢华。书院建筑多为单层，少数为二层，色彩方面以清新淡雅为主，大多采用黑、白、灰或棕红等深色色系，以示沉稳朴素的文化韵味，同时也契合了古代文人追求的庄重质朴的文雅格调和闭门修读的书香情趣。书院建筑创造的意境，反映出一派斯文气息。典雅的情调和深刻的文化内涵，是其"情景交融"艺术思想的追求。书院建筑讲求合理的空间组合、实用的尺度比例，以及材料技术美的表现，也是现代学校建筑所应重视的问题。书院朴实自然之美，仍是值得发扬的。[⑥]

---

① 邓洪波.中国书院诗词.长沙：湖南大学出版社，2002.10—12.
② (清)李文耀修，张钟秀等纂.(乾隆)束鹿县志·卷3"社学志".乾隆二十七年刻本.
③ (清)陈洪书原本，李星野重订.望都县志·卷2"书院志".光绪三十年刻本.
④ (清)韩志超等修，张琀纂.中国地方志丛书·河北省·蠡县志.台北：成文出版社，清光绪二年刊本.169—170.
⑤ 阎国华等编.河北教育史·第一卷.石家庄：河北省教育出版社，2003.410—411.
⑥ 杨慎初.中国书院文化与建筑.武汉：湖北教育出版社，2002.106.

(三)书院的楹联、诗赋和匾额

书院教学环境当中另一个极具特色的方面就是通过嵌碑立石、命名题额、匾联书法等,创造出浓郁的古典气息和斯文典雅的境界。每座书院的命名和大量使用的画、匾、联都体现了深刻的文化内涵,其园林意境不仅能营造出令人无限遐想的"心理空间",而且还能延续悠远的"空间历史"。①

海南进士候补员外郎莫绍真为唐山滦县的海阳书院大门题匾曰"雨化堂"。柱联云:"遵鹅湖鹿洞条规,先德行,次文章,俱是做人雅化;萃滦水横山贤俊,朝讨论,夜服习,无非为国储材。"嘉庆戊辰年(1808年)夏六月,知州吴士鸿题匾曰"立雪宗风"。柱联云:"统绪继横渠,雅化渐于山海;导源承泗水,英才擢自门墙。"②

沧州的沧曲书院留有众多文人雅士的题词匾额,如臬姜宪使匾其堂"名教中乐业",并题联一副,曰"冠四民之为士;通三才之谓儒";高安朱相国轼称其"将接踵鹅湖,媲美鹿洞,则西河之流不竭,而东山泗水亦可溯派而寻源也。"并题词讲堂"敬业乐群";被世人赞颂"束其励行,通经史百家"的"帝师元老"朱轼还曾为沧曲书院题词:

无绳系日,这一寸光阴,莫教任着他容易放过;
有路登文,那几层阶级,直须拼得俺实地踏来。

清末文学家、诗文名家、桐城派后期作家范当世曾多次为衡水武邑县的观津书院题联:

明公家法有礼堂手订之经,异日当成通德里;
此地昔时多燕赵悲歌之士,为我一吊望诸君。

自来学校以书院辅之,如今比屋东西,稍有欢颜在风雨;
吾为父兄望子弟成耳,此后一官南北,还将老眼看云霄。

康熙三十五年(1696年),著名的学者、教育家、颜李学派的创始人颜元在许三礼的三度敦请下,终于应邀主持邯郸肥乡县的漳南书院。当时,漳南书院草创未就,仅建成"习讲堂"一处。颜元曾在其中堂书一对联,这副对联集中体现了颜元主持漳南书院的办学宗旨:

聊存孔绪励习行,脱去乡愿、禅宗、训诂、帖括之套;
恭体天心学经济,斡旋人才、政事、道统、气数之机。③

① 胡佳.浅议我国古代书院的营造艺术.规划师,2007,(8):92.

② (清)吴士鸿等修,孙学恒纂.(嘉庆)滦州志・卷4"学校志".嘉庆十五年刻本.

③ 邓洪波.中国书院楹联.长沙:湖南大学出版社,2004.

清代直隶省会保定府的莲池书院自开办伊始就得到封建统治者的重视,不仅书院常年经费由政府定期拨发,并且历任总督也常来巡视,加之学者名流芸萃,乾隆皇帝曾三次莅临书院,赐"绪式濂溪"匾,并多次亲笔题咏和赞扬,造就了莲池书院当时在直隶乃至全国都是首屈一指的地位。

莲池书院　庚午

(清)乾隆皇帝弘历

偶过书院乐菁莪,二月烟花景色和。
若沼若亭早图取,重寻诗约赋卷阿。
桃花已谢杏花红,荏苒韶光瞥眼中。
留咏前题成小住,笑他何必碧纱笼。
婉转桥通水阁虚,团圆月户俯清渠,
春来岂虑试题少,山鸟山花尽起予。
蓄水为池亦蓄鱼,不劳罾网备观渔。
若将罗致方东野,吾意区区岂为渠。
鹿云介寿鹤称仙,点缀青松白石边。
文绣料非牛所愿,不如放去任自然。

题张若澄莲池书院图因叠前韵　庚午

(清)乾隆皇帝弘历

昔读濂溪书,每爱爱莲趣。
是地名莲池,孰不生景慕。
忆我丙寅秋,曾一至行处。
今岁西巡归,保阳驻行辂。
乘闲复来游,散洒怡神虑。
遥帷搴纵览,棐几凭搜句。
置之若澄图,曲折高下布。
浮屠亦传斯,极乐可证悟。
儒墨岂同道,吾兹故不赋。

位于莲池西塘边正中的君子长生馆,东与水东楼相望,北携蓬莱,该馆正门上方悬挂着"君子长生馆"匾额,两旁有楹联:

堂开绿野，园辟华林，俯仰千秋留胜迹；

地接瑯嬛，山邻宛委，师承百世起人文。

道光十年(1830年)，直隶总督那彦成"将其家藏唐以来名贤墨迹和旧拓命人摩刻上石"。由于刻石被镶嵌在莲池书院的南楼壁间，因此被后人称之为"莲池书院法帖"。那彦成在亲笔题跋中写道："余家旧藏唐以来名贤墨迹、旧拓七种，皆近世不可多见之品。寿之贞石，为前贤发其幽光，即为后来导以先路，按其时代嵌于莲池书院南楼壁间。地邻讲学，多士咸与观摩，亦艺林翰墨佳话也。"①"莲池书院法帖"包括唐褚遂良的《千字文》、颜真卿的《千福碑》、怀素的《自叙帖》、宋米芾的《虹县诗》、元赵孟頫的《蜀山图歌》、明董其昌的《云隐山房题记》《书李白诗》《罗汉赞》等六家八种。

清代河北书院十分关注人文意境的营造，书院中的楹联、碑刻、匾额随处可见，内容多数为学者雅士的箴言、院训、语录等，主要涉及学术、教化、风俗等方面，或为治学之方，或为修身之道，或为处世之道。意在弘扬圣贤之德，启迪生徒，化育人生，化民成俗，并以其耳濡目染之功，达到潜移默化之效。加之这些匾额、题字、石刻等大多出于名家之手，加之书法艺术的独特魅力，使得这样的人文环境在本身的价值之外，还烘托出一种令人流连的文化氛围。

书院优美的教学环境对人的影响是巨大的，能够在无声无息中使人发生变化，达到"润物细无声"的效果。古代书院的教学环境已用自身的影响力为当代教育学研究提供了理论验证，标示着教学环境资源的珍贵与绵延。

六、书院藏书

书院以"书"为名，自然与书有着千丝万缕的联系，无书难以成书院。清代，随着雕版印刷术的进一步发展，刻书印书更为容易。河北地区的雕版印刷水平当时也达到了较高水准，河北区域内书院的藏书在各种因素的合力作用下，无论从数量还是种类上都较之前代有所突破。清代河北书院为保存和传承燕赵文化做出了重要的贡献。不少书院的藏书甚多，为提高教育质量、繁荣学术提供了条件。位于直隶首府保定城的莲池书院，藏书最多时曾达到30 000余卷。这主要是由于经济实力雄厚、名声显赫，既可得到赐书、赠书，又有较多的经费购书、刻书。所以莲池书院的万卷楼实际上成为全府最大的图书馆，对在此修业的学生颇有帮助。学者们也经常来往讲学，从而又使书院成了全府的学术中心。

(一)藏书来源

书院的藏书来源大体有三种途径：

第一，朝廷赐书。这是书院藏书来源的重要方面，皇帝赐书主要是出于思想统治的需要，主动赠送图书给各地书院。所赠图书，一般都是御纂、钦定或官刻正经正史书籍，也有由地方官或书院山长向皇帝或政府疏请赐书以做鼓励的。② 保定府的莲池书院建立之初，雍正皇帝就钦赐一些

① 孟繁森.古莲花池.石家庄：河北人民出版社，1994.39.

② 王志勇.清代书院藏书制度研究.山东大学，2008.13.

书籍。乾隆元年(1736 年)三月十日礼部覆准:“各省会城设有书院,亦一省人材聚集之地,宜多贮书籍,于造就之道有裨。令各督抚动用存公银两购买十三经、二十一史,发教官接管收贮,令士子熟读讲贯。”乾隆九年又议复:“各省学宫陆续颁到圣祖仁皇帝钦定《易》《书》《诗传说汇纂》及《性理精义》《通鉴纲目》、御纂《三礼》诸书,各书院院长自可恭请讲解,至《三通》等书未经备办者,饬督抚行令司道各员于公用内酌量置办,以资诸生诵读。”①皇帝赐书,对于一般书院来讲是可望而不可即的,同时也是一种莫大的荣耀,毕竟从宋代以来,得到过皇帝赐书的也就那么几十所书院,这与全国七千多所书院相比,比例是相当小的。书院可以借此光耀门庭、宣传美名,同时也对藏书事业的发展产生巨大的推动作用。

第二,官府置备图书,主要是由官府动用公银为书院添购书籍,充实藏书。如乾隆时期(1736—1796),莲池书院的院长汪师韩请求直隶总督方观承拨款 300 两银购买书籍 400 函并登记造册。光绪四年(1878 年)黄彭年重主莲池,李鸿章拨款 1500 两,购书 33 711 卷并藏于万卷楼。光绪中期以后,吴汝纶院长又筹款购进东文图书和西文图书若干部。这部分东西文图书于宣统元年(1909 年)移交直隶第二图书馆时,尚有东文书 118 种,西文书 135 中。又如咸丰三年(1853)知县王涤心为石家庄平山县的天桂书院捐购十三经注疏、二十四史、百子全书、子史经华等书 41 种储存,“鸿编巨制,藏诸满架”。再如唐山遵化市的燕山书院,道光六年(1826)知州白明义购置书籍;光绪十一(1885 年)年知州缪彝捐置图书 15 种。② 咸丰元年(1851 年),知州葛之镛倡筹经费 3000 缗,为冀县的信都书院“捐置书籍数千卷。”③

第三,社会各界人士捐赠图书。包括地方绅士、书院山长、生徒甚至平民百姓等向书院捐书或捐款购书。如秦皇岛卢龙县的敬胜书院,广搜宋元明儒及畿辅诸贤哲文集藏之院中,备诸生肄业。存储书籍共 56 部,计 4737 本。④ 保定定县的燕平书院是由官绅商民捐银创建的,以其创建书院盈余的经费购书千余卷,以备阅览。道光四年(1842 年)知县张志良等重修。光绪初年知县劳乃宣捐置书籍,“于是院中书籍林良满目”。⑤ 玉田县的经州书院,光绪八年(1882 年),邑绅丁维捐置十三经注疏、皇清经解、二十四史、《佩文韵府》等,凡数千卷。⑥

第四,其他来源。譬如从别处转移而来,或自行刊刻图书。石家庄井陉县的皆山书院的藏书是从县文庙尊经阁转移而来,“后院为书院仓库及图书室,其间所藏诸物,分别有礼器(旗罗伞扇、车轿鞯鞍之类)、乐器(笙笛鼓钗之类)。礼器乐器齐全,但主要用于春秋两祭。惟所藏图书甚丰,多系经史子集之类,如《诗》《书》《易》《礼》《春秋》五经、诸子百家全书、二十四史、《康熙字典》《玉堂字汇》《说文解字》之类。以上图书,原藏文庙尊经阁,后移皆山书院,至清末光绪年间,大都散

---

① 陈谷嘉、邓洪波.中国书院制度研究.杭州:浙江教育出版社,1997.170.

② 季啸风主编.中国书院辞典.杭州:浙江教育出版社,1996.16.

③ (清)李鸿章等修,黄彭年等纂.(光绪)畿辅通志・卷 117“学校志”.光绪十年刻本.

④ 季啸风主编.中国书院辞典.杭州:浙江教育出版社,1996.15.

⑤ 季啸风主编.中国书院辞典.杭州:浙江教育出版社,1996.16.

⑥ 陈谷嘉、邓洪波.中国书院制度研究.杭州:浙江教育出版社,1997.156.

佚。”①保定容城正义书院办院历史悠久，到晚清已不断减弱容量人数，但一直以来就配合教学工作于人才培养活动，持续刻印图书及发行，文献记录：“《三贤集》板存正义书院，道光十六年重镌。”②下附赵映辰作《广泽书院储书记》：

广泽书院储书记

赵映辰

余莅兹土三年矣。弦歌之化，莫继武城；学校之兴，抱惭东里。虽旧有书院一区，逢月上旬必进多士而课其文，亦循故事焉耳。然积日久而阅文多，见其才情发越，格律谨严者，颇不乏人，而求其阐明义理，淹贯古今，不蹈町畦，自成机杼者则甚少。岂非以学无根柢之故哉！今夫同一水也，有源则流不竭；同一火也，有薪则光不熄；同一学也，有根柢则业不朽。童子束发入塾，读五经、四子书未竟，即分其力之半以攻时文；甫博一矜，又分其力之半以攻闱墨。故时文闱墨为其窟宅，而五经、四子书皆成传舍。至于十三经、二十四史与夫诸子百家之言，更不遑涉览。其根柢厚耶？薄耶？有耶？无耶？亦自知之矣。顷奉大府檄，俾州县皆筹款购书，储诸书院，以待向学之士，殆欲其登珠船，探学海，以求根柢之所在乎。余若俸薄，不能独立捐资以成其美，而邑绅徐君成德三人者慨然出资以助用。能就颁发书目购其尤要者，计为部三十有六，为函一百四十有二，为帙九百八十有奇。以视夫坐拥百城，签标万轴者诚有不逮。然以之肆考据而不足，以之资著作则有余。邑之人士苟有志焉，或借观，或抄读，研穷义理之精深，综览古今之成败。学问日富，经济自宏。处则为通儒，出则为名臣。是诚余所厚望也夫！③

(二)藏书规模

现以尊道书院和敬胜书院为例，呈现清代河北区域内书院藏书规模的情况。这两所书院的藏书情况固然不能完全等同于河北的168所书院，也不会有书院的藏书情况与这两所书院完全相同的情况，但是一叶知秋，在共同的大环境、大背景、大趋势下，这两所书院还是具有一定的代表性，可以反映河北境内书院藏书的大致情况。

尊道书院，在唐山乐亭县，同治十二年(1873年)创建。同治年间，知县王霖购置图书27种，凡2979卷，一作3000余卷。藏书情况见清王霖《尊道书院藏书记》，介绍如下：

① 崔志先.陉县教育志.石家庄：河北人民出版社，1991，27.
② (清)俞廷献等修，吴思忠等纂.容城县志·卷3“书院志”.光绪二十二年刻本.
③ 佚名.(河北)巨鹿县志·卷12.清光绪十二年刊本.

表 6—7　尊道书院藏书目录

书名	卷数	函数
御纂周易折中	22 卷	2 函
钦定书经传说汇纂	21 卷	2 函
钦定诗经传说汇纂	21 卷	4 函
钦定春秋传说汇纂	38 卷	4 函
钦定礼记义疏	82 卷	8 函
钦定周礼义疏	48 卷	4 函
钦定仪礼义疏	48 卷	4 函
御批通鉴辑览	160 卷	夹板 6
钦定唐宋诗醇	47 卷	4 函
钦定唐宋文醇	58 卷	4 函
钦定古文雅正	14 卷	2 函
钦定佩文韵府并拾遗	216 卷	24 函
钦定四书文	24 卷	4 函
十三经注疏	333 卷	夹板 12
史记	130 卷	4 函
前汉书	100 卷	4 函
后汉书	120 卷	4 函
三国志	65 卷	2 函
五代史	74 卷	4 函
资治通鉴	294 卷	12 函
宋元通鉴	157 卷	4 函
通典	200 卷	6 函
通志	200 卷	20 函
文献通考	348 卷	16 函
文选	60 卷	2 函
国朝先正事略	66 卷	4 函
钦定康熙字典	60 卷	6 函

(资料来源:游智开修,史梦兰撰《光绪永平府志》卷 37“书院志”,光绪五年刻本。)

敬胜书院,在唐山卢龙县,乾隆十二年,知府卢见曾创建。取董仲舒丹书“敬胜怠者吉,怠胜敬者灭”之句,故名。同治年间,藏书 65 种,记 67 部,561 函,凡 4773 本。史籍所载数目如下:

表 6—8 敬胜书院藏书目录

书名	部数	函数	本数
四库全书总目	1	10	120
十三经注疏	1	16	116
钦定五经	1	20	156
通志堂九经解	1	59	602
皇清经解	1	36	360
廿一史	1	48	304
明史	1	12	112
资治通鉴	1	24	130
朱子纲目	1	12	120
通典	1	19	154
通典	1	6	48
通考	1	15	120
读史方舆纪要	1	12	92
天下郡国利病书	1	8	64
皇朝中外一统舆图	1	全函	32
海国图志	1	4	28
大学衍义补	1	8	48
周子全书	1	全函	6
二程全书	1	2	15
朱子大全	1	6	36
朱子全书	1	4	30
张子全书	1	全函	8
小学	1	全函	2
五子近思录	1	全函	4
名臣言行录	1	2	12
陆象山集	1	2	12
王阳明集	1	2	16
薛敬轩读书录	1	2	8
李二曲先生集	1	2	12
四礼翼	–	–	1
渊鉴类函	1	20	140

续表 1

书名	部数	函数	本数
佩文韵府	1	28	160
说文解字	1	全函	8
说文通训	1	4	32
李氏五种	2	–	每部 10 本
史姓韵编	2	–	每部 24 本
全唐文	1	50	504
全唐诗	1	12	120
大清会典	1	60	442
皇清经世文编	1	8	64
国朝先正事略	1	2	24
农政全书	1	4	24
学政全书	1	4	24
畿辅水利四案	1	全函	4
正谊堂理学全书	1	20	200
容城三贤集	1	2	12
孙夏峰先生集	1	4	16
理学宗傅	1	4	16
四书近指	1	全函	5
年谱游谱家规	1	全函	4
畿辅人物考	1	2	8
中州人物考	1	2	8
定兴鹿忠节公集	1	全函	6
四书说约	1	全函	4
柏乡魏文毅公集	1	2	16
鉴语经世编	1	2	12
约言希贤录	1	全函	8
圣学知统录	1	全函	10
蔚州魏敏果公全集	1	2	12
高阳孙文定公集	1	2	12
孙文定公年谱	1	全函	2
车阵扣答合编	1	全函	4

续表 2

书名	部数	函数	本数
静海毛若人春秋三子傅	1	–	7
春秋诸家解	1	–	8
永平诗存	1	–	8
永平府志	1	–	–

(资料来源:游智开修,史梦兰撰《光绪永平府志》卷 37“书院志”,光绪五年刻本。)

相较于前代河北书院在藏书方面的沉默表现,清代河北书院在此已有了长足的进步,仅从选取的这两所书院来看,唐山乐亭县的尊道书院,仅同治年间,购置图书 27 种,凡 2979 卷,加上之前的藏书,推测其藏书要超过 3000 余卷。卢龙县的敬胜书院,乾隆十二年,在同治年间,藏书 65 种,共 67 部,561 函,4773 本。从数量上的变化中不难看出当时藏书事业的发达。此外,保定城的莲池书院,藏书最多时曾达到 30 000 余卷。这在河北书院藏书史上是极为罕见的,或许清代河北地方书院的藏书无法与莲池书院相匹敌,尊道书院和敬胜书院的藏书也不能等同其他县市所有书院的状况,但是这几所书院却正是清代书院藏书事业发达的见证。

藏书事业的突飞猛进并不是偶然的。清代伊始,统治者受到晚明遗风的影响,实行了严酷的文化禁锢政策,害怕自由讲学之风会对其统治地位造成威胁,对书院采取了压抑和严密控制的政策。而到了雍正时期,为了恢复文教事业,笼络反抗最激烈的士人,政府的书院政策开始解禁。至乾嘉时期,考虑到书院的影响之久远,学术之重要,统治者再次改变路线,大力倡办书院。加之清代的学术重朴学,考据需要广搜异本、比勘众家,对文献的需求量极大,书院藏书又逐渐兴盛起来。清代的书院藏书事业,超过以往的任何一个朝代,主要原因是兴朴学,重经史,更有朝廷赐书和官员赐书,再加上自行刻书的越来越多,书院藏书一时蔚为大观。①

书院以讲学育人为第一要务,而讲学育人离不开书籍,各种图书的搜集、整理、传阅和流通,始终是为着书院的讲学活动而服务的,无书则难以成书院。书院拥书、藏书是其进行教学活动不可或缺的重要前提条件。其实历代书院都很重视藏书,并且以藏书丰富广博为荣耀,但是藏书不可避免地要受到政府政策、社会观念、书院资金等各种条件的限制,所以河北各个书院的藏书规模一直以来是参差不齐,且受时代限制的。通观我国古代书院的千年发展史,可以看出书院教育事业的兴衰与书院藏书的发展是息息相关的。随着书院于有清一代进入鼎盛时期,河北书院的藏书规模也得到了极大的发展。而从书院藏书的来源可以看出:书院自购与绅民捐置是藏书积累的两大渠道。崔焘的这篇《捐置津书院书籍禀文》生动地描绘了书院藏书的来源、内容、价值等,可以丰富我们对清代河北书院藏书的认识。下附《捐置益津书院书籍禀文》。

① 肖东发、钟洪、王波.中国古代书院藏书概论.图书馆,2001,(1):71.

捐置益津书院书籍禀文

(清)崔焘

为捐置经籍、恳恩立案、以垂永久而育人才事。窃维:政治之原,育才为首;学术之要,诵经为先。盖自三代以后,庠序废而书院兴。唐宋以来,儒教隆而经术重。迨我朝右文重儒,崇尚实学,凡各省通都大邑,皆建设书院,培养士类。是以宏儒硕彦,接踵于时。人才盛于古昔,声教迄乎四海,是皆书院之设有以振兴鼓舞之效也。我郡益津书院,向为课士育才之地,创设已久。前蒙宪台捐筹经费,以为生童篝火之资,可谓教养兼施,洵育才之善政。凡属士林,均深钦感。生伏念学问根柢,必由读书;取士之道,宜先器识;欲求明体达用之真才,须有穷经研史之实学。而书院肄业生童,类多寒士,购书甚艰。使平日诵习无经籍以供其研讨,无书史之以供其考证,则虽有奋志向学之士,而启迪无由,囿于闻见,终不能成其才。是经史典籍实为淑士育才之要具也。故生今将自购《十三经注疏》一部,《史记》、两《汉书》各一部,《日知录》一部,《文选集评》一部,计书共五种,三十七函,二百六十册,情愿捐于益津书院,以备士子观摩。从此肄业诸生,青灯黄卷,幸有文史之足娱;雪案萤窗,不患无经之可读。将见文教蔚兴,贤才辈出,是亦培植人文之一助也。第所捐书籍,日久恐有散佚,故今特将捐置书目,开列清单,禀请宪台查核立案,即将各书存储书院。并请饬令监院绅董,礼科书吏,妥立条约,加意典守,以期垂于久远,而免遗失,则津逮后学,加惠士林,实非浅鲜。而阖属生童,均沐雅化于无穷矣。①

(三)藏书种类

清代河北书院藏书不仅在数量上有了很大的提升,在种类方面也有所突破。书院藏书并不刻意追求旧刻珍本,而是以培育人才和钻研学术为首要目的,数量最多的类别就是四书五经、经史子集之类的著作以及由此分衍出的丛书、类书、杂著等书籍,为士子平时学习和应试科考所需。例如玉田县的经州书院,光绪八年(1882年),邑绅丁维捐置《十三经注疏》《皇清经解》《二十四史》《佩文韵府》等四部书,凡数千卷。② 遵化市的燕山书院,光绪十一年(1885年),知州缪彝捐置图书十五种,皆为传统典籍,其目如下:《钦定四书文》《康熙字典》《阮刻十三经》《史记》《前后汉书》《资治通鉴》《续资治通鉴》《纲目三编》《大学衍义》《朱子全书》《吾学录》《近思录》《文选》《唐宋诗醇》《培远堂手扎》。③ 平山县的天桂书院,光绪十五年(1889年),知县石崑山购置经史子集各书,目录如下:

经部:《十三经注疏》《御纂七经》《钦定七经》《国语》《国策》《经典释文》《大学衍义》《中庸衍义》《四礼翼》《佩文韵府》;

---

① 河北霸县新志·卷八.1934年铅印本.(作者及出版单位不详)

② 陈谷嘉、邓洪波.中国书院制度研究.杭州:浙江教育出版社,1997.156.

③ (清)何崧泰等修,史朴等纂.(光绪)遵化通志·卷17"书院志".光绪十二年刻本.

史部:《廿四史》《水经表》《水经注》《稽古录》《文庙通考》《朱子年谱》《大清会典》《地理全图》;

子部:《百子全书》《说苑》《世说新语》《近思录》《困学纪闻》《读书日程》;

集部:《楚辞》《陆宣公集》《正谊堂集》《乾坤正气集》《梁溪全集》《林文忠公集》《胡文忠公集》《曾文正公集》《文选》《唐宋文醇》《古文辞类纂》《古今诗选》《钦定四书文》《子史精华》《文心雕龙》。①

晚清社会的巨大变革对书院造成严重的冲击,书院为了自身的发展,顺应时代潮流,不断地更新教育内容,书院的藏书结构也随之发生一些新的变化,主要表现为自然科学技术之类的实用书籍以及与西方交流之译书的增多。例如光绪中期以后,吴汝纶主持莲池书院期间,筹款购进东文图书和西文图书若干部。这部分东西文图书于宣统元年(1909 年)移交直隶第二图书馆时,尚有东文书 118 种,西文书 135 中。② 相比较而言,莲池书院各种书籍储备齐全,包括经史子集、释书、道书、兵书、类书等众多领域,其种类繁多之程度是其他书院所不能比拟的。下附院长黄彭年的《万卷楼藏书碑记》,以期展示莲池书院藏书纷繁之盛况:

万卷楼藏书碑记③

清光绪四年(1878 年) 黄彭年

予既序刊万卷楼书目,都人士复请刻石以垂久远,乃综其成数,凡十三经总类卷千一百十九,易类卷七百,书类卷四百八十有三,诗类卷七百四十有三,礼类卷二千二十有四,春秋类卷八百七十五,经总义类卷千三百,孝经类卷七十四,书类卷四百十有四,乐类卷三十有七,小学类卷七百五十有八,是为经部。凡正史类卷三千五百九十有二,编年类卷千六百六十有二,纪事本末类卷六百六十有二,别史类卷四百八十有七,杂史类卷百九十有四,诏令奏议类卷六百十有一,传记类卷五百七十,史钞类卷二十有八,载记类卷百四十有七,地理类卷九百七十有四,政书类卷二千七百二十有九,目录类卷三百三十有一,史评类卷百三十有二,是为史部。凡儒家类卷千四百七十有八,兵家类卷二百十有六,法家类卷八十有二,农家类卷九十有三,医家类卷百六十有五,天文算学类卷四百五十有六,术数类卷百有八,艺术类卷六十有三,谱录类卷六十有九,杂家类卷八百六十有二,类书类卷二千九百十有四,小说家类卷二百五十有五,释家类卷三十,道家类卷九十有四,是为子部。凡别集类卷三千三百有九,总集类卷二千六百有一,诗文评类卷二百八十有三,词曲类卷七十有六,是为集部。凡为书三万三千七百十有一卷,而残杂者不与焉。丛书若通志堂、学海堂经解,古经解,小学汇函,六经疑问,十一经

① (清)熊寿篯修,周焕章等纂.(光绪)平山县续志·卷 2"学校志",光绪二十四年刊本.

② 季啸风主编.中国书院辞典.杭州:浙江教育出版社,1996.16.

③ (清)李振祜.保定府志·卷 28.见:陈谷嘉、邓洪波.中国书院史资料(中册).杭州:浙江教育出版社,1997.1848—1849.

解,十子全书,汉魏及聚珍板、正谊堂、海山仙馆、粤雅堂、白芙堂、算学读画斋、双桂堂、十万卷楼、式训堂、宜稼堂、俞氏诸丛书,船山、岭南诸遗书,朱高安十三种,王氏四种,李氏五种,敏果斋七种,国朝名人著述十四种,诗词杂俎九种,明季稗史汇编,其书目卷数,已散见诸部,则不复著录。既为之记,更系之以铭曰:

卷逾三万,未云备也;守而补之,后人事也;俭虞其陋,杂斯恣也;途径虽殊,归一致也;博观而约取之,乃藏书之本意也。

书院藏书的数量及类型等情况在很多书院史籍或方志资料中并无明确记载。这固然缘于各地书院规模、教学力量以及社会影响等多元化因素不同相关,还与许多人心目中对书院藏书视为常理、自然应有之事,而没有给予关注密不可分。当然,还有的书院以其他实物或遗留物中透露的藏书信息表明其实然状况,留待后人评说。在赞皇境内,现存古碑刻100余碣,其中复初书院藏书碑非常著名。据史料记载,清光绪十九年(1893年),官府下令在复初书院立藏书碑一块,石碑分别记载了复初书院藏书的来历和意义,以及详细记载了书目与卷数。该石碑由当时的知县卢清亲自撰文,廪生范应松书丹并题额。

(四)书院史志和日记

书院史志是用来记录、考察学生学习、生活状况的一种著述手段,它伴随书院发展的始终,是我们研究书院必不可少的参考资料,是我国古代书院文化的微观记载。书院日记是学生在读书、生活中记录的心得和部分疑惑,比如:河北保定的莲池书院,莲池书院作为河北省省级书院,拥有丰富的藏书资源和四面涌来的求知学子,书院要求诸生大量阅读书籍。为了检验他们的阅读情况,要求将他们的读书心得作一记录,每月将学生的读书生活日记刻成一册,以便大家相互交流,完成读书心得之共享,以此来弥补学术视野的不足和阅读书目的单一,提升学生的阅读理解能力,深化他们对经史典籍思想内容的理解,锻炼思维,增长知识,发展智力,升华道德。通过汇集成册,按年积累,日记生动形象地为我们展现了莲池书院的文化风尚和办学特色,促使教育后学的优质校本课程资源得以有效开发与建设,并发挥出其持久的培育引导、熏陶涵养的成效。以日记的方式记录生活,内容非常全面和细微,日记中包含了事件的起因、经过、解决过程和结局等内容,极大丰富了书院的文化、教学和生活的内容,让我们尽可能地发现和认识到古代书院在培养学生自学能力上所体现的前瞻性。下附《莲池书院日记》序,我们可以从中看出一些端倪。

《莲池书院日记》序

清光绪年间　黄彭年

予既应聘重主莲池书院讲席,言于合肥相国曰:"畿辅先儒,在汉为毛、韩、董、卢,在唐为贾、孔,在宋为邵、程,在金为赵,在元为刘,在明及我朝为蔡、刁、孙、鹿、颜、李。地非乏才也,今非异古也,士非学不成,学非书不广。富罕藏书,贫不能置书,士窘于耳目,乃溺于科举。于是筹千金购书二万卷，区其类曰经学，曰史学，曰论文，置司书，立斋长，使诸生得纵观。”又言曰：“先圣垂教，博文、约礼；湖州设规，经义、治事。厉士以学，未试以文。学海、诂经，彪炳近代，斐然成帙，著作之林。然课试成材，非启牖向学，限之以命题，虑非性所近也；拘之以篇幅，惧其辞不达也。积日而求之，逐事而稽之，知其所亡，无忘所能。为者不畏其难，教者得考其实，途有程也，匠有矩也。于是命诸生为日记，人给以札，旬而易焉，月论其得失而高下焉。”又笑曰：“门户不可分，门径不可不识，陈言不可袭，法式不可不明，汇而布之，刻而布之，得失自知也，长共见也。”匪惟旌之实用，励之为学者勖，为来者劝。于是刊日记，月刻一册，期年衰之为初集。①

(五)书院藏书的价值和影响

书院藏书作为书院的一个有机组成部分，是随着书院的兴衰发展而起伏变化的。书院藏书、购书、刊书刻书，使得书籍在社会上广泛流传，作为现代图书馆的雏形，书院藏书为地方文化的普及和发展做出了重大贡献。书院所藏典籍主要服务于书院的教学与研究所需，发挥着教育资源及教育媒体——教材的功用，而且有不少属于书院师生开发的课程讲义，具有教学与研究、传授与探讨相结合的特征，尤其是为书院生员的研究性学习提供了人文环境及充分资源，促进书院的发展及人才的有效培养。另外，书院藏书在很大程度上保存了某些珍贵的文献资料，尤其是书院的章程、碑记、志以及学生的课业、杂抄等，均属书院所特有，其价值自然是不言而喻的。这些资料的保存，对于恢复书院历史原貌，吸取书院办学的经验教训具有重大的理论意义和实践意义。

七、师生关系

马克思说过：“人的本质是一切社会关系的总和。”具体到古代书院，就是教师和学生在教育知识层面的互动与交往。师生关系是当代教育原理学、教育管理学以及心理学所探讨的重要内容，在教育领域，教师与学生的课内外地位、双方作用、互动关系、权利、义务和职责等均对教育过程和结果产生至关重要的影响，对学生自身的成长与学校资源的发挥能否产生正能量的比例发挥着极为关键的作用。“常常以教育上的巨大不幸和失误而告终的学校内许许多多的冲突，其根源在于教师不善于与学生交往。”这是苏联著名教育家苏霍姆林斯基的座右铭，其观点充分证明了良好的师生关系在教育过程中的重要性。

在心理学领域，当代情感教学心理学从心理学角度来分析师生关系的重要性，从而将原来的工作关系、人际关系、非正式关系等分类提升到了科学的高度。师生关系不仅是教育领域的关系，也是一种心理关系，这种关系关于认知层面，关于情感层面，关于感恩。教师对学生的影响是多方面的，教师的行为、个性品质均会对学生产生影响，另外有许多影响是无形的，例如教师对学生的期望和态度等。相反，学生对教师的行为也有重要的影响，在平时的学生作业和日记中，老师可以

① 黄彭年.陶楼文钞·卷9.清光绪年间刊本.

根据不同学生的不同描述来考虑自己的教学方法，达到因材施教的目的。由此可见，师生双方的作用是双向的，而不是单一的。

我们以保定莲池书院为例，可以看到古代河北书院师生关系和互动的一些基本情况，莲池书院内提倡尊师爱生，师生关系融洽。例如，光绪三年(1877 年)王振刚卒于书院返葬新城，“门人致衰麻治丧事，男、妇哀号奔赴，葬期不约而会者数千人”。① 王振刚与学生密切挚诚、感人肺腑的情谊可从学生的治丧送行场景中窥见一斑，这一幕虽然不是亲人诀别，却超越了血缘至亲，是凝结永久的师生情愫的永恒与神圣，升华并绵延至无限。类似的文献也有诸多记载，如：“(振刚)著录门下千余人，年七十一卒于书院，返葬新城。门人咸服衰麻，远近奔赴。贵筑黄彭年往会葬，道中相逢，皆奔丧者也。彭年叹曰：‘嗟乎！郭林宗、陈实何以异哉’。”②黄彭年为学生孙彦三写的哀辞中有“同道有朋兮，风义相敦”之句，老师是以朋友平等关系对待学生的。

八、书院祭祀

祭祀是我国古代书院的三大功能之一，属于书院道德教育的重要内容。书院的祭祀活动来源于对孔子的敬仰，继而演化成对先儒先师或者是对书院有重要贡献人士的崇尚，抑或是对本乡本土圣贤名士的尊敬。

唐山丰润县的心香书院，是清末丰润当地的名宦赵国华创建的，培养了不少人才，为乡邑增光。心香书院的院长称“师位”，所奉的师位由赵国华拟定，首位是谷应泰，一下依次是曹鼎望等 18 位奉祀先贤。谷应泰是丰润人，聪敏强记，工制举文，博览群书。曹鼎望同样是丰润人，文采飘逸，学识广博，成绩卓越。两人为官期间清正廉明，并且崇文爱士，惜才重教。心香书院供祀当地的名臣学者，满含着对本邑士子“青出于蓝而胜于蓝”的希冀。

莲池书院供祀的对象不设塑像，而是以“木主”代替，即用木片制成牌位，上书被祀者的身份与姓名，竖立在供桌上，以示敬重。莲池书院供奉孔子的祠堂被称为“圣殿”，同治二年(1863 年)以前，供祀至圣先师孔子，以颜回、曾参、子思和孟子配祀，以周敦颐、程颢、程颐、张载和朱熹即“宋儒五子”从祀。同治二年(1863 年)直隶总督刘长佑重视“乡贤”，将《北学编》所记载的董仲舒以下的直隶省“乡贤”附祀于莲池书院的圣殿，使历代乡贤能够从祀圣殿。

综上可知，清代河北书院的祭祀活动是书院的重要教学内容，祭祀对象多为圣贤之人，以使学生能够从祭祀中观察古代圣贤的雅儒之躯，可敬之处，进而以一种榜样的力量熏陶自身的修养和躬习，形成一种教育力量，对学生信念的形成和捍卫起到了至关重要的作用，于当代教学来说，也是有可鉴之处的。

---

① (清)黄彭年编纂：《畿辅通志》(卷 231)，清光绪十二年(1886 年)刻本，参考吴洪成著，《名胜之巨擘，文化之源泉——保定莲池书院研究》。

② 保定市教育局史志办公室编：《保定教育史料类编》，第 38 页，参考吴洪成著，《名胜之巨擘，文化之源泉——定莲池书院研究》。

第五节　清代河北书院的典范

清代河北书院随数量可观，但多属平庸，只有少数书院得到了广泛的认同，树立了清代河北书院的典范，如漳南书院、莲池书院对河北乃至中国的书院教育史、文化史产生了不可忽视的影响。

一、颜元与漳南书院

漳南书院位于河北广平府肥乡县屯子堡。清康熙十九年(1680年)，直隶巡抚于成龙在此建义学，置有学田百亩。后邑绅郝文灿同乡人杨计亮、李荣玉等扩建学舍，使学舍初具规模，并改建为书院。兵部侍郎许三礼曾为书院题匾，名为"漳南书院"，从此求学者日众。为了办好漳南书院，郝文灿寻访名师达15年之久，终未得合适人选，后经友人陈子介绍，听闻颜元讲学影响之深远，欲聘年逾六十的颜元主持漳南书院。颜元(1635—1704)，字易直，又字浑然，号习斋，河北博野县人，明末清初著名的思想家、教育家。他24岁起开始教书生涯。起初以程朱之学教人，34岁以后逐渐悟到宋明理学及其讲学方法皆有悖于孔孟真学，从而摒弃理学，直接以孔孟之学教人，倡导讲实学、重习行以反对宋明理学的空疏无用。著有《四书正误》《存性》《存学》《存治》《存人》《三字书》《习斋记余》等；其学生王源、李塨编有《颜习斋先生年谱》2卷，钟錂编有《颜元言行录》2卷。62岁时，受邀主持河北漳南书院，从此这位明清之际的实学教育家在书院教育史上留下了难忘的事迹，具有重要的历史地位。颜元主持漳南书院期间打破陈规，力行教育改革，比较集中地反映了其教育主张，使漳南书院成为清初独具特色的书院。

(一)颜元的实学教育思想

颜元出身贫寒，4岁时其父亡命辽东，12岁其母改嫁。童年与少年时代的孤苦无依可想而知。他幼年时的塾师善于骑射剑戟，又以治医为生，曾作对联称："内不欺心，外不欺人，学那勿欺君子；说些实话，行些实事，做个老实头儿。"这对颜元个性特征影响极大。他20岁左右就担负起生活的重负，一面读书，一面耕田种菜，经受着生活的磨难。他为人忠厚朴实，"非其力不食"。

颜元最初信奉陆王心学。24岁那年得睹《陆王语要》一书，"遂深悦之，以为圣贤之道尽在是矣"。两年后又看到一部代表程朱理学思想的《性理大全》，认为"较陆王二子尤纯粹切实"，"幡然改志"。到35岁后，由于自己的亲身实践，"觉思不如学，而学必以习"，"宋儒之言性，非孟子本旨，宋儒之为学，非尧舜周孔之归"。他认为理学"伤身害性"，空虚无用，便立志"矫枉救失"，转变学术思想，从"穷理居敬"，一变而为崇尚"习行"，把书房名"思古斋"改为"习斋"，以示决心与理学决绝。39岁由幼年寄养地蠡县回博野归宗，设教于杨村，来学者日众。他订教规学则20条，称《习斋教条》。其目为：孝父母、尊敬长、主忠信、申别义、禁邪僻、勤赴学、慎威仪、肃衣冠、重诗书、敬字纸、习书、讲书、作文、习六艺、行学仪、序出入、轮班当值、尚和睦、贵责善、戒旷学等。57岁时，颜元到南方游历，广泛接触学者，大开了眼界，见到"人人禅子，家家虚文"，使他对程朱之学在社会上的危害性有了更深的认识。他说:“仙佛之言,止蔽庸人,程朱之害,偏迷贤知。”他在批判理学的过程中,提出了他的“习行之学”,认为这才是周公孔子之学,构成了他独特的学术和教育思想体系。62岁时,颜元应邀请主持漳南书院,设文事、武备、艺能、经史四斋,作为全面的经世致用教育,此外专门另设理学、帖括两斋,以“见为吾道之敌对,以示吾道之广,且以应时制”①。

颜元一生从事教育工作,弟子遍天下,现有记载可考者,不下100人。与其高足李塨等形成名震一时的“颜李学派”。其中有农民,也有小商人,有汉族,也有满族,有几岁之蒙童,也有花甲、古稀之老翁,颇似孔子的“有教无类”。他的教学别开生面,别出一派,独树一帜,形成了他自己的独特风格。

1.教育思想的哲学基础

颜元的教育思想是建立在他的哲学思想——世界观、认识论、伦理观——基础上的。

程朱理学喋喋不休地谈理、气关系问题,由此牵扯到天命之性与气质之性、天理与人欲问题。颜元针对程朱这些立论,进行了驳斥与批判。认为物质(气)是根本,精神(理)依物质而存在,他说:“若无气质,理将安附?”“气即理之气,理即气之理,乌得谓理纯一善而气质偏有恶哉!”②这里说明了理与气是一致的,更不能认定理善气恶。

颜元关于理与气的观点是唯物主义的见解,在这种唯物的世界观下,教育不能不是以实物实事为学习对象,不可能是静寂顿悟或只是文字书本。

在人性论上,颜元批评一些理学家把气质之性与义理之性分为两种而又说气质之性是恶的说法,提出“形性不可分”的主张,形即是气质。他说:“形,性之形也;性,形之性也。舍形则无性矣,舍性亦无形矣。失性者据形求之,尽性者于形尽之,贼其形则贼其性矣。”③恶的来源不是气质而是从引蔽习染而来的,去掉引蔽习染的途径,正是教育问题。

在认识论上,颜元主张物质世界是认识的基础。他对格物致知提出新见解,“谓之物,则空寂光莹固混不得,即书本、经文亦当不得;谓之格,则必犯手搏弄,不惟静、敬、顿悟等混不得,即读、作、讲解都当不得”④。认识的对象是具体事物,不是书本。真知识的来源是实习、实行,不是静坐、顿悟,不是作文读书而已。颜元强调感觉知识和直接经验,对于间接经验,不免忽视。

在伦理观上,程朱理学秉承孟子、董仲舒重义轻利的传统说教,而颜元则极力主张义利统一,认为一个农民不可能只顾耕种而不讲收获,他将董仲舒关于义利关系的教条作了修正,改为“正其谊以谋其利,明其道而计其功”⑤。这样就包含了工商业经济因素下的新的伦理精神。

2.对科举制度和传统学校教育的批判

颜元对当时的科举八股很反感。16岁时,其养祖父欲用钱为之捐买秀才功名。颜元得知后,以绝食进行反抗,发誓“宁为真白丁,不做假秀才”,表现了他对功名的厌恶和忠毅的人格。他痛斥

① 王星贤、张芥尘编,郭征点校.颜元集.北京:中华书局.1987.413.
② 王星贤、张芥尘编,郭征点校.颜元集.北京:中华书局.1987.1.
③ 王星贤、张芥尘编,郭征点校.颜元集.北京:中华书局.1987.128.
④ 王星贤、张芥尘编,郭征点校.颜元集.北京:中华书局.1987.652.
⑤ 王星贤、张芥尘编,郭征点校.颜元集.北京:中华书局.1987.163.

科举考试束缚士人思想,摧残士人神志,扼杀学术发展,贻误国家大事,“把万卷诗书,只作名利引子”。这种制度“学非所用,用非所学”,“考非所取,取非所考”,不仅不能造就真正的人才,反而造成一大批废物。“八股之害,甚于焚坑”,“八股行而天下无学术”①。

颜元从其唯物主义世界观出发,对传统教育进行了深刻的批判。他认为几百年以至两千年来,教育就已走入“文墨世界”。汉儒讲章句训诂之学,晋人竞尚清谈,隋唐又流为佛老,到宋儒变本加厉,讲的是主静主敬之学。总之都只是在文字书本上做工夫,危害甚大。他说:“训诂、清谈、禅宗、乡愿,有一皆足以惑世诬民,而宋人兼之,乌得不晦圣道,误苍生至此也。”②

在颜元看来,传统的学校教育“非孔门之教”,“入其斋而干戚、羽籥在侧,弓矢肤拾在悬,琴瑟、笙磬在御,鼓考习肄,不问而知其孔子之徒也;入其斋而诗书盈几,著、解、讲读盈口,阖目静坐者盈座,不问而知其汉、宋、佛、老交杂之学也”③。他力图恢复孔门之教的方法,从学校的设备、教学内容和教育方法上来看,汉唐以来的教育与孔门之教是泾渭分明的。他感叹说:“学校之废久也!”④

颜元将批判的重点放在宋明以后的教育上,认为宋明以后的学校教育有两大弊端,一为习静,二为读书。宋儒整天讲学,教人读书、静坐,这样得来的闻见议论,“如望梅画饼,靠之饥食渴饮不得”⑤。受了这种教育的人,自以为知识很丰富,其实是“读书愈多愈惑,审事机愈无识,办经济愈无力”⑥。他直接批评朱熹说:“千余年来率天下入故纸堆中,耗尽身心气力,作弱人、病人、无用人者,皆晦庵为之。”⑦他讥讽朱熹教人半日静坐,半日读书,无异于教人半日做和尚,半日当汉儒⑧。他说:“人之岁月精神有限,诵说中度一日,便习行中错一日;纸墨上多一分,便身世上少一分。”⑨这种教育毫无用处,培养出来的人毫无办事能力,真正到了危急时刻,也只能“一死报君恩”⑩,于国于民都没有任何价值。

颜元对传统教育的批判,可谓一针见血,相当深刻,这正是他力主改革教育,探寻有别于传统教育的另一种教育天地的思想动因,同时也反映了颜元关于教育和政治关系的观点。

3.改革学校教育的基本主张

如何改革传统的学校教育呢?颜元以启蒙思想家的敏锐眼光探索改革教育的道路,构建了一幅以实学教育为特征的新教育蓝图。颜元要求培养实用的人才,兴学施教,“以经世为宗”。认为学校必须培养“圣贤一流”,学生必须“学为圣人”。他所指的“圣贤”与传统的圣贤完全不同,已赋予了明显的时代特征和巨大的反传统的革新意义。他说:“圣人亦人也,其口鼻耳目与人同。”⑪

---

① 王星贤、张芥尘编,郭征点校.颜元集.北京:中华书局.1987.691.
② 王星贤、张芥尘编,郭征点校.颜元集.北京:中华书局.1987.439.
③ 王星贤、张芥尘编,郭征点校.颜元集.北京:中华书局.1987.639.
④ 王星贤、张芥尘编,郭征点校.颜元集.北京:中华书局.1987.109.
⑤ 王星贤、张芥尘编,郭征点校.颜元集.北京:中华书局.1987.66.
⑥ 王星贤、张芥尘编,郭征点校.颜元集.北京:中华书局.1987.252.
⑦ 王星贤、张芥尘编,郭征点校.颜元集.北京:中华书局.1987.251.
⑧ 王星贤、张芥尘编,郭征点校.颜元集.北京:中华书局.1987.278.
⑨ 王星贤、张芥尘编,郭征点校.颜元集.北京:中华书局.1987.42.
⑩ 王星贤、张芥尘编,郭征点校.颜元集.北京:中华书局.1987.62.
⑪ 王星贤、张芥尘编,郭征点校.颜元集.北京:中华书局.1987.628.

他认为每个人都可以通过教育培养去做“圣贤”,“人须知圣人是我做得,不能作圣,不敢作圣,皆无志也”①。只要学成一技之长,一专之能,并用以去做成有利于国、有益于民的事,“为天地造实绩”②,这样的人便是“圣贤”。因此,他又说:“学须一件做成,便有用,便是圣贤一流。各专一事,终身不改,便是圣;各专一事,不必多长,亦便是豪杰。”③“如六艺不能兼,终身比精一艺可也。”④他列举了古今许多圣贤豪杰,都是各专一事的专门人才,由此可知,颜元认为行行都可以出“状元”,出“圣贤”。

颜元这种反传统的培养专门人才的教育思想,说明了他对于社会分工的初步认识,充分反映了当时新兴市民阶层追求政治地位,谋求资本主义商品经济发展的欲望,并且与他们的阶级利益相适应。特别是他把“圣人”与“庸人”拉到了同等的地位。圣与庸,决非命定,根本的区别在于能否勤奋“实行”。他说:“圣人是肯做工夫庸人,庸人是不肯做工夫圣人。”⑤这种推翻“圣人”的宝座,提高“庸人”的地位,无疑是在唤起封建桎梏中的人们的觉醒。

颜元的教育内容是和他教育目的和主张紧密相连的。既然颜元强调培养实用人才,因而其内容亦强调“实学”。他在《补三字书序》中说:“三事、六府,尧舜之道也,六德、六行、六艺,周孔之学也,古者师以是教,弟子以是学,居以养德,出以辅政,朝廷以取士,百官以奉职。”三事指正德、利用、厚生说;六府指金、木、水、火、土、谷说;六德、六行、六艺是三物。六德指智、仁、圣、义、中、和,六行指孝、友、睦、姻、任、恤,六艺指礼、乐、射、御、书、数。所以,三事、六府、三物既是颜元所讲的“实学”,也是他所主张的教育内容。

此外,凡是颜元认为当时对国对民有实用价值的科学,都被列为教育内容。在他晚年主持的漳南书院中,安排尤为具体突出。他设文事、武备、经史、艺能四科,类似今之理工科、军事科、社会科和技术科。如文事斋,课目除“六艺”外,还开设数学、天文、地理等自然科学。武备斋课黄帝、太公以及孙、吴五子兵法,攻守营阵,陆水诸战法并射御、技击等军事科目。经史斋开十三经、历代史、诰制、奏章、诗文等学科。艺能斋课水学、火学、工学、象数等技术学科。⑥ 从以上的这些课程设置看,颜元已经涉及近代新的自然科学知识的教学,也是他已经接触西洋近代文化的具体表现。

在颜元的教育活动中,生产劳动教育成了最具有特殊意义的一门课程。在所定的“教条”中,列农学为一科。他说:“凡为吾徒者,当立志学礼、乐、射、御、书、数及兵、农、钱、谷、水、火、工、虞,予虽未能,愿共学焉。”⑦他曾教弟子王法乾学习农业知识,并亲撰《农政要务》一书,惜已失传。颜元对学生进行生产劳动知识和技能的教育,不仅有利于经济,而且更有利于身体、思想和智能的发展。

---

① 王星贤、张芥尘编,郭征点校.颜元集.北京:中华书局.1987.668.
② 王星贤、张芥尘编,郭征点校.颜元集.北京:中华书局.1987.47.
③ 王星贤、张芥尘编,郭征点校.颜元集.北京:中华书局.1987.667.
④ 王星贤、张芥尘编,郭征点校.颜元集.北京:中华书局.1987.54.
⑤ 王星贤、张芥尘编,郭征点校.颜元集.北京:中华书局.1987.628.
⑥ 王星贤、张芥尘编,郭征点校.颜元集.北京:中华书局.1987.412—413.
⑦ 王星贤、张芥尘编,郭征点校.颜元集.北京:中华书局.1987.743.

颜元极力反对中国封建传统的许多教学方法,他认为,汉唐的崇尚章句、口讲耳听,宋明的静坐读书、空谈性理、虚妄无实。这些都是"惑世诬民"的做法,学生由此获得的认识,犹如水中观月、雾里看花,终不切实。因此,主张以习行、主动的教育取代主静、书本的教育,"习行"正是颜元教育思想的根本所在。学生要获得真正的知识,必须通过亲身的习行践履,求诸客观的实际事物,把教学和习行实践结合起来。他豪迈地说:"讲之功有限,习之功无已。"①不仅如此,"习行",也是道德教育不可缺少的有效方法。一个人道德观念的形成和良好的道德行为习惯的养成,都离不开"习行","吾儒时习力行,皆所以治心"②。"主动"的教学方法是针对宋明理学家"主静"说而提出来的一种具有革新意义的主张,这种方法就是要通过实际活动,通过具体的事去学去做,使学生身体强健,筋骨强固,增强身体和精神健康。他说:"养身莫善于习动,夙兴夜寐,振起精神,寻事去作,行之有常,并不困疲,日益精壮;但说静息将养,便日就惰弱。"③他揭露历代"主静"的教育都造成了巨大的危害,甚至导致"人才尽矣,圣道亡矣,乾坤降矣"④。针对这些历史的教训,他明确地指出:"一身动则一身强,一家动则一家强,一国动则一国强,天下动则天下强。"⑤颜元的这一教育思想无疑是中国古代教育史上的创举,也是中国古代教学法发展史上的一次革新启蒙,开辟了向实践接近的新道路。

4.分析与评价

颜元所处的时代,是汉儒所建的封建教育已行近两千年,程朱理学教育占统治地位的封建专制时期,对程朱理学的批判会给批判者带来杀身之祸。但颜元没有惧一身祸而不言,"生死不计",发表"冒死之言",对程朱理学进行了在当时看来最为激烈的批判,充分表现了古代唯物主义教育家无所畏惧的战斗风格。他一生倡导重"习行"、崇"实学"、尚"经世致用"的新学风,对宋明以后崇尚空疏的腐朽学风以有力冲击,特别是他的批判精神和教育上的革新精神,对当时和后世的教育产生了很大的影响。

颜元以"主动"、"习行"为根本的教育思想的形成和发展,固然和他的社会地位、个人经历有密切的联系,但决定的因素还是社会的变动促成的。明末清初社会急剧变动,宋明理学烦琐空泛日益显露,引起许多人的怀疑和不满。社会上出现了以王夫之、黄宗羲、顾炎武等为代表的启蒙思想家,他们力主实学,倡导功利及国计民生,反对理学的空疏无实、脱离实际、束缚思想、摧残个性,从而喊出了反对理学的时代呼声,并形成了一股强劲的社会思潮。它与晚明西方天主教传教士传播西方的文化思想,以及以王守仁为代表的心学派试图纠正程朱理学性理思想的教条主义弊端,力倡人的本体自主性一道,成为这一时期思想界涌动着的与官方哲学相抗衡的新潮流。这种复杂的历史背景成为颜元抛弃理学空谈心性、专事静坐讲读而直接重实用、重习行的根本原因。由于社会历史条件和本人认识的局限性,又不可能完全提出新的理论和改革方法,只能以孔孟、经世致

① 王星贤、张芥尘编,郭征点校.颜元集.北京:中华书局.1987.41.
② 王星贤、张芥尘编,郭征点校.颜元集.北京:中华书局.1987.646.
③ 王星贤、张芥尘编,郭征点校.颜元集.北京:中华书局.1987.635.
④ 王星贤、张芥尘编,郭征点校.颜元集.北京:中华书局.1987.669.
⑤ 王星贤、张芥尘编,郭征点校.颜元集.北京:中华书局.1987.669.

用、重习主行之说为基础。但如此深刻、全面地批判传统的学术文化和学校教育,如此大胆明晰地构建未来教育的蓝图,这在封建时代是罕见的。体现了颜元作为启蒙思想家、教育家在教育上的觉醒,充满了进步教育家变革社会、发展教育的时代气息,为近代教育的改革发出了具有启蒙意义的先声。

颜元从教育目标、教育内容、教学方法全方位地批判了以宋明理学为代表的传统教育,开始冲破了一直以来占主导地位的儒家教育传统和几千年封建专制主义教育的束缚,提出了以实用人才的培养目标为核心的实学教育方案,许多内容已经包含了近代科学教育的因素。他重视教育上的学生身体锻炼,这是前人所忽视的,成为最早倡导体育的教育家。他在传统的文字书本、口耳相传沿袭、统治了千百年的情况下,勇敢地揭起了"主动""习行"的旗帜,反对只用口耳、呆读死记的传统教育方式,提倡手足的活动与练习,这可以说是中国古代教学理论和实践上的一次重大革新。在颜元的教育思想中,折射出他所处时代资本主义生产关系萌芽对教育的深刻影响,也反映了西学东渐对当时中国教育产生了一定的作用,先进的中国思想家以开明的态度勇于克服种种障碍,虚心接受异域文化的明智抉择。①

(二)漳南书院的办学宗旨

为了迎合统治政策,清代书院大多舍讲学而尚考课,为应试、作时文(八股文)开办的书院在清代最为兴盛,在地方上依然保留明代讲学之风的书院已为数不多,但影响甚远,漳南书院就是清初讲学书院的代表。书院的办学宗旨体现着其培养目标、办学导向及书院管理者的治学意愿。虽然自宋明以来,讲学、研讨已经成了书院共同的办学特点,但培养何种人才,以何种方式育人,却不尽相同,这也体现了各个书院办学宗旨的不同取向。漳南书院的办学宗旨可在书院的对联上见其一二。颜元曾为书院的习讲堂题楹联曰:

聊存孔绪励习行,脱去乡愿、禅宗、训诂、帖括之套;
恭体天心学经济,斡旋人才、政事、道统、气数之机。②

上联旨在勉励学生革除弊端、打破陈规,意为保存孔子的真儒学并躬行实践,挣脱世俗、宗派、训诂、帖括这些牢笼束缚。下联旨在勉励学生学实学经济、把握政事关键,意为恭敬地体谅皇帝的意愿,学经济以把握人才、政事、道统的关键所在。对联表现了颜元针砭时弊、倡导革新的气概,其语言锋芒毕露颇见才识胆略。"励习行"和"学经济"是对联的思想精髓,是培养经世实用人才目标的浓缩。颜元立志要培养能担负"圣道"、济世救民的人才,这样的人才不是搦笔呻吟、坐而论道者,而是能"斡旋乾坤,利济苍生"者。这样的教育,不是无用的"浮文"教育,而是学用结合的"实用"教育。可见,颜元办学宗旨是"以经世为宗"。其中,培养"精于一艺"的专门人才又是其独特之处,这同样清楚地反映在漳南书院专业课程的设计中。

---

① 以上有关颜元实学教育思想的内容得到河北大学教育学院教育史专业硕士研究生郭丽平同学的合作,特此致谢。

② 王星贤、张芥尘编,郭征点校.颜元集.北京:中华书局,1987.778.

(三)漳南书院的管理规章

书院的管理,主要是规范书院的人员职责、经费调配,安排各类教职人员配合教学,对学生进行教学研究及考查管理和课外指导,是书院实施运行及取得质量水平的有效保障机制。据颜元在《漳南书院记》中记载,“斋有长,科有领,而统贯以智仁圣义忠和之德,孝友睦姻任恤之行。”可见,漳南书院有较为细致的管理体制,院有院长,斋有斋长,科有主任,管理层次分明,治学有序。书院的管理规章采用颜元在杨村教书时订立的《习斋教条》。颜元到达漳南书院的第一件事就是讲读此“教条”,可见颜元对此规章甚为重视。《习斋教条》总共 20 条,条目为:孝父母、敬尊长、主忠信、申别义、禁邪僻、勤起学、慎威仪、肃起冠、重诗书、敬字纸、习书、讲书、作文、习六艺、行学仪、序出入、轮班当值、尚和睦、贵责善、戒旷学。其中的“习书”“习六艺”两条显示出漳南书院重习行、贵实践的特色,也是与当时其他书院的明显区别之处。其中涉及道德教育、礼仪教育、知识技能教育、“习动”“习行”的教学方法以及学生管理、师生关系等诸多方面的思想内容。“教条”中很大一部分规范学生的道德、礼仪之行,继承了孔孟知孝悌、明人伦的道德教育思想,是对中华几千年文明传统的传承,也有益于学生个体乃至整个民族的和谐发展。在课程和教材中适当渗透类似“勤起学”“慎威仪”“肃起冠”“重诗书”“敬字纸”的思想,抓住教育的关键期,使学生自身学习态度和行为习惯得到规范,较之订立各种违规违纪的处罚措施要有效得多。《习斋教条》作为漳南书院的管理规章,将各项技能知识教育进行了时间上的合理分配。颜元重以孔子艺学教人,认为“近士子惟业八股,殊失学教本旨”,将礼、乐、射、御、书、数等课程作了详细的规划。“一、六日课数,三、八日习礼,四、九日歌诗、习乐,五、十日习射。”静态知识课程与动态技能课程相互搭配,符合了学生身心协调发展,“藏息相辅”,两种知识相互补充,深化学习的内容,使学习有张有弛,动静结合,让学生感受到学习的乐趣,有助于学习效率的提高。书院的规章体现了较大的教育管理价值,如“轮班当值。凡洒扫学堂,注砚,盛夏汲水,冬燃火,敛仿进判,俱三日一班。”意在培养学生的自理意识和责任感;“尚和睦。同学之人,长幼相敬,情义相关。”意在教导同学团结友爱,使学生感受到教师、同学的可敬可亲,最后达到虽离开师友而信仰不移的目的。从规章内容中审视漳南书院的教育管理思想,既能体现一代社会启蒙思想家、教育革新家对人才培养和教育经营的设计与思索,也是清代北方实学派书院教育特色所在。

(四)漳南书院的课程设计

中国封建社会一直尤为重视管理国家政事的“治术”教育,各项生产技术为历代士大夫所不耻,他们称之为“役夫之道”,是一种下等的卑贱职业。随着书院的官办,理学地位的巩固,清代的书院便舍讲学而尚考课,书院教育与官方教育逐渐趋于一致。颜元对这种教育体制进行了严厉的批判,反对坐而论道和空谈无用之学,也为书院沦为科举考试的附庸而感到惋惜。他继承墨家的精神,反对忽视自然科学的专业培养,认为无论何种人才都没有贵贱之分,百工之人只要精于一艺也可以成为圣贤,关键是各得其专,各有所用。颜元在提出培养“经世”人才的同时,还进一步要求教育应培养各专一事的专门人才,分工办理国家的经济政事。

漳南书院的专业课程设计上,凸显了颜元强调对“精于一艺”专门人才的培养。课程内容涉及了财经、水利、冶金、地理、管理、军事、农学、工商等自然学科，还包含了哲学、文学、伦理学及社会学等人文学科，具有相当高的实用价值和教育价值，俨然已经具备综合性大学的雏形。漳南书院除习讲堂外，设有文事、武备、经史、艺能、理学、帖括六斋，学生分班后根据自己的专长各自归于一斋，进行专门"精于艺"的学习。尤其是艺能斋所学的水学、火学、工学、象数等科，体现了颜元"实学"的教育思想，也即墨家的"役夫之道"。现在看来，书院的六斋具有新学和旧学参半搭配的特点。文事、武备、艺能属于新学，是漳南书院有别于当时其他书院以讲读儒经、时文以应考为本的独特之处。而经史、理学、帖括则属于旧学。颜元的这种教学改革体现了理智与创新并举的睿智，他能立足现实，循序渐进，也使得漳南书院的课程规划显得尤为丰满。在其"实学"课程中还包括体育和劳动课程。在漳南书院的专业课程设置中，我们可以看到颜元的教育内容，他对学生进行知识教育、道德教育、体育教育和劳动教育，实际上已经有了近代教育内容中文科、理科、工科以及军事科的影子、踪迹、内容或模型。这样的课程设计有利于学生博闻强识，学有专长，也体现了颜元全面和谐发展的教育理念。这里颜元着力于知识领域的开拓，将传统教育所不屑道、不乐为之形而下者，皆作为漳南书院中的课目、学生当掌握的知识。漳南书院的课程设计具体如下：

文事斋：课礼、乐、书、数、天文、地理等科。

武备斋：课黄帝、太公及孙吴兵法，攻守、营阵、陆水谙战法，并射、御、技击等科。

经史斋：课十三经、历代史、诰制、章奏、诸文等科。

艺能斋：课水学、火学、工学、象数等科。

理学斋：课静坐，编著程、朱、陆、王之学。

帖括斋：课八股举业。①

(五)漳南书院的教学方法

明清之际程朱理学盛极一时，当时的书院大多遵循"朱子读书法"，注重静坐体悟以求理之所在。颜元在教学方法上提出了和传统的"主静"与"闭门读书"的教育方法相对立的"习行"，他强调在教学中，必须注重手格其物，即亲自去观察，亲身去实践，去"实做其事"，以获得真知。他教导漳南书院的弟子即知即行，注重实践。依照颜元"习动"的教学方法，习礼、歌诗、学书计、举石、超距、击拳等课目都会让学生亲手去"格"，培养学生的动手能力和创造能力。洒扫学堂、注砚、盛夏汲水、冬天燃火以及敛仿进判等，都是由学生自己轮班当值，其注重力行及实际的生活教育可见一斑。漳南书院的教学中，颜元还充分注意到了学生的个性和兴趣，采用因材施教的教育方法。书院共设六斋，而将学生分入各斋的依据就是学生的性情和兴趣。学生性情相近的分为一斋，进行分科学习，以求专精于一业，这是因材施教最好的表现。他还采用寓教于乐的教学方法。颜元在《漳南书院记》中说："元将与诸生虚心延访，互相师友"，"讲习暇，元偕诸子，或履桥，或挐舟入，弦

① http://baike.baidu.com/view/736630.htm? fr=aladdin

歌笑语,作山水乐,黄、虞朋复何憾乎?”学生们“颇咀学习乐味”,在这里,教师没有显示出绝对的权威,而是形成了亦师亦友的和悦的学习气氛。在教学方法上,并非以教师为中心,而是开始注意学生的个性、兴趣和活动,教师主讲演练和师生参与、相互讨论共同进行,并注意开展健康有益的课外活动。

(六)漳南书院的影响和价值

河北省共有三所书院享誉全国,其中又以位于广平县屯子堡村的漳南书院名声最大。颜元主教漳南书院,虽然只有短短的百日,但其影响深远,俨然有了“现代综合性大学的雏形”。他倡行的实学躬行的教学内容、请假制度、轮班当值制度,要求同学团结友爱等内容,时至今日仍然在我们现代学校中盛行。但因漳水泛滥,漳南书院仅办了 4 个月即告结束,时间短暂而急促,使颜元更宏大精微的教育思想无法通过实践得以展示与印证,这不仅是河北书院史的缺失,也是清代书院教育的遗憾。但是,许多存在事物的变动转化,其意义价值不在于时间的长短,而在于其自身的内涵及后续的价值。漳南书院虽然匆匆离去,但它集中地反映了颜元的教育主张,打破了以往书院坐而论道的经学教育。颜元在书院中所倡导的“实学”教育内容和躬行实践的教育方法,拓宽了教育的领域,是对当时程朱理学“求心”“求理”的猛烈冲击。在颜元的主持下,漳南书院没有追随当时盛行的以科举制艺、八股时文作为其核心教学内容而是强调让学生动手获取实用知识,其深邃的工商业意识超越了当时世人所能理解的程度,开启了西学实用专业教育的模式。

二、吴汝纶与莲池书院

保定莲池书院位于直隶省省会,是地方最高级别的书院,可视为直隶地区书院的中心或代表,而且因其独特的地理位置、战略优势而成为翘楚诸省书院的前驱,一度被誉为北方学术文化的中心,南方桐城派学术思想传播重镇。

(一)吴汝纶在保定莲池书院的事业与思想

吴汝纶(1840—1903),字挚甫,安徽桐城人,于经史、训诂、文辞无不博求慎取。同治四年(1865 年)进士,授内阁中书,又师事曾国藩,与张裕钊、黎庶昌、薛福成称“曾门四弟子”。吴汝纶论文,宗法桐城、湘乡二派之长,同时又主张“有所变而后大”,“道贵正,而文者必以奇胜”,以为“桐城诸老,气清体洁,海内所宗,独雄奇瑰玮之境尚少”①。其作文既得桐城派整饬雅洁之长,又不陷桐城末流之弊,风格矜炼典雅,意厚气雄,得之于《史记》者尤深。后入李鸿章幕,擢深州知府,设书院,聚 1 州 3 县高材生亲自教授,使深、冀二州文教斐然,冠于畿辅。光绪十五年(1889 年)至二十九年(1903 年)任保定莲池书院院长,倡博知世变,易其守旧,举中外学术于一治,以陶铸有用之才,使莲池成为当时我国北方之重要学府。光绪二十七年(1901 年)管学大臣张百熙上疏奏举任京师大学堂总教习,二十八年东渡日本考察学政,著《东游丛录》。②

桐城文派传入河北,主要得力于“曾门四弟子”中的张裕钊和吴汝纶,有学者云:“吴挚翁就湘

---

① (清)吴汝纶.施培毅、徐寿凯校点.吴汝纶全集(三集).合肥:黄山书社,1994.51.

② 季啸风主编.中国书院辞典.杭州:浙江教育出版社,1996.432.

乡曾氏求学。于姚氏为私淑，讲学最久，名重东北，为桐城人物之后劲。”①桐城文派在河北传播的中心在保定莲池书院，“保定莲池书院，桐城古文派渊薮。武昌张裕钊濂溪先生掌教多年，以桐城文教诸生，《濂亭文集》半在莲池所作。桐城吴汝纶挚甫继之。挚甫初为直隶深州知州，不乐，挂冠去，随聘为莲池书院山长”。②

从教育史的角度考察，桐城派的传承、扩展与传统教育制度，尤其是与传统书院密切相关。众多桐城派人士在各地书院中讲学，对于桐城派的代代传承具有重要意义。虽然书院对桐城派而言具有关乎存亡的重大意义，但当教育制度近代化的浪潮掀起时，活跃于书院的晚清桐城派诸人并未抱残守缺，他们中的大部分人士也开始了对书院制度近代化的思考与实践，其中尤以吴汝纶、王先谦为代表。吴汝纶在任保定莲池书院院长时，就力图将西学引入书院教学中，他不仅为书院购置西书，还在书院中开设西学课，试图引导学生去探求西方科学技术与思想文化的内核。

吴汝纶虽主桐城家法，但思想敏锐，崇尚西学，主持莲池书院时，思之如此，行之亦然，“以为‘文者，天地之至精至粹，吾国所独优；语其实用，则欧美新学尚焉。博物、格致、机械之用，必取资于彼；得其长，乃能共竞。旧法完且好，或犹将革新之，况其窳败不可用？’其勤勤诱后生，常以是为说”③。他对西学教育的专业特点有准确的认识，在《答贺松坡》文中称：“西学至难，若但购已译之书阅之，则书院中高材生已优为矣，然无大益，其专门之学，宜弃百事为之，乃可望成，且非有师授不能冥悟。”④

为了推进书院的西学化改造，从组织及内容方面进行改革，吴汝纶于光绪二十五年(1899 年)九月在保定莲池书院内附设西文学堂，随后又创办东文学堂，两学堂从经费至学习、至学成去向均有认真考虑，严格要求及采取相应措施。对于此举，曾感言：“保定一城，由下走开成东、西文两学堂，并不甚多费，颇以此自喜。”⑤他开办两学堂的目的在于使学生更好地接受和领悟“西学”，“故西学捷径，但读已译之书，其弊则苦不能深入，其导源之法，则必从西文入手，能通西文然后尽读西书，然后能识西国深处”⑥。这样，在继张裕钊之后，吴汝纶在书院这种旧式教育机构的躯壳中注入了更多新式教育的内容，推动了书院的近代化进程。

吴汝纶对教育情有独钟，其主持保定莲池书院长达 12 年，道德学问，名满天下，教书育才，成效卓著，有“淹贯古今，详悉中外”之“海内大师”之誉。中国近现代史上不少知名人物如严修、傅增湘、谷钟秀、周学熙等，著名学者如贺涛、尚秉和、贾思紱、冒广生、马其昶、姚永概兄弟等，均为吴汝纶掌莲池书院时门生弟子。更有严复、林纾、王树柟、范当世等著名学者文人，“执贽请业，顾居门下”，虽被吴谢绝，仍终生对其执弟子之礼。⑦

---

① 刘智体.刘笃龄点校.异辞录(清代史料笔记丛刊).北京：中华书局，1988.1.

② 刘成禺.世载堂杂忆.沈阳：辽宁教育出版社，1997.247.

③ 蔡冠洛.清代七百名人传·吴汝纶(下册).上海：中国书店，1984.1808—1809.

④ (清)吴汝纶.施培毅、徐寿凯校点.吴汝纶全集(三集).合肥：黄山书社，1994.128—129.

⑤ (清)吴汝纶.施培毅、徐寿凯校点.吴汝纶全集(三集).合肥：黄山书社，1994.256.

⑥ (清)吴汝纶.施培毅、徐寿凯校点.吴汝纶全集(三集).合肥：黄山书社，1994.129.

⑦ 马昌华.淮系人物列传.合肥：黄山书社，1995.155.

莲池书院院长不仅是书院的管理者,更是书院的主讲、名师或大师,两者合为一体。行政管理官员或绅士名流选拔、推荐名师为书院表率、主讲,书院延请名师的做法是值得推崇和借鉴的。教学在本质上是一种特殊的认识过程,是教师组织、引导学生认识他们不了解的事物的过程。学生虽然是学习的主体,但是教学必须有教师的领导,教师在教学中具有主导作用,他决定教学的方向、方法、内容、形式等,所以只有优秀的教师才能组织良好的教学,才能准确、清晰地引导学生进行学习和研究,才能有效地做到真正的"教"和"学",这些才是教育过程中最应该注重的思想。

吴汝纶一生的教育成就主要有四个方面:在直隶深州、冀州地方官任内"锐意兴学",扩充学田,创办书院;主持莲池书院 12 年,励行书院近代化改革,曾使莲池书院一度走向鼎盛,任京师大学堂总教习并赴日本考察教育;归国后回乡创办桐城中学。由此可作如下推断:吴汝纶对近代中国新教育制度的建立有筚路蓝缕的肇基之功。① 一直以来,研究者的注意力主要集中在吴氏任京师大学堂总教习及赴日本考察学务这两件教育事件上,而对他在保定莲池书院执掌时期的事业及思想极少论述,这便是作者以此为重心加以探讨的缘由。

1. 批判科举考试制度

鸦片战争失败后,很多有识之士,已经看到封建教育的空疏腐败,因而要求改革科举制度。这种思想在洋务运动后期以至戊戌维新前更为炽热,论者不仅有新兴买办代言者王韬、郑观应等,也有清王朝的政府大员如李鸿章、张之洞等。(1894 年)甲午战争爆发,以中国北洋水师失利告终,《马关条约》的签订,中国面临的冲击及民族危亡加深,在这种背景下,资产阶级维新派为了救亡图存,发展新学,深刻地揭露了科举制度的危害性。

吴汝纶同样是汇入了时代的潮流中,与激进改革主义者康有为、梁启超等人在改科举、办学堂、引进西学、培养人才等问题上保持一致,彼此呼应,超越当时大多数的清代官办书院院长的认识水平,因此可以说是走在了历史变革的前列。"径废时文,五百年旧习一旦廓清,为之一快"②,不仅如此,他还进一步要求废科举制度,"科举不改,士皆专心八股,无暇他学,最足败坏人才"③。"科举得人与否全在考官",而"考官皆时文出身,不能辩策论高下",故"策论不足取材于时文等耳"。怎样培养人才? 他说:"愚意当径废科举,专由学堂造士,用外国考校之法,较有实际。但非得人办理,亦终归虚文。"④

吴汝纶在莲池书院执教期间,致力于书院的近代化变革,这就使得吴汝纶的思想认识走向了教育实践,很好地将理论与实践统一了起来。在具体的教学实践中,他意识到科举制度与广开西学之间的矛盾,科举不改,西学难兴,"不改科举,则书院势难变通;不筹天算、格致、出士之途,虽改课亦少应者。"⑤

维新派本来主张废除科举,但虑及政治影响,在百日维新中,光绪皇帝颁布的新政措施于科

---

① 翁飞.吴汝纶与京师大学堂.安徽大学学报(社会科学版),2000,(2).96.

② (清)吴汝纶.施培毅、徐寿凯校点.吴汝纶全集(三集).合肥:黄山书社,1994.194.

③ 吴闿生.桐城吴先生文·诗集(二).台北:文海出版社,1976.945.

④ (清)吴汝纶.施培毅、徐寿凯校点.吴汝纶全集(三集).合肥:黄山书社,1994.365.

⑤ (清)吴汝纶.施培毅、徐寿凯校点.吴汝纶全集(三集).合肥:黄山书社,1994.129.

举制度并未废除，只是废除八股，改试策论。光绪二十四年(1898年)五月十五日，吴汝纶在给李鸿章之子李季皋的信中谈及了自己的感想："端午诏书，竟废去时文不用，可谓大快。某窃有过虑，以为舍时文而用策论，策论之不足得人，仍恐不如时文，以其茫无畔岸，人竞抄袭，而考官皆时文出身，不能辨策论高下。宋世本号策论为时文，策论弊极，乃改用经义。今复策论不过一二年，其弊已不可究诘矣……窃谓废去时文，直应废去科举，不复以文字取士，举世大兴西学，专用西人为师，即由学校考取高才，举而用之，庶不致鱼龙混杂。"①维新派出于种种政治顾虑，不敢径直废除科举。吴氏认为维新派的科举改革措施弊端太多，不如"直应废去科举"。正是吴汝纶对于科举制度彻底的批判精神，故有学者这样评价：

当时朝野主张变法的知名人士没有任何人像吴汝纶这样始终主张废除科举制度。就连一些被现代学制誉为"资产阶级改良派"的人士，也无人发表过这样的议论。比吴汝纶晚生的康有为、梁启超都是"并存论"者。比吴汝纶早生的郭嵩焘、王韬、容闳及年纪与吴氏相近的郑观应、薛福成等人或出任过驻外使节，或曾到欧美游历，或本人就是西方著名大学的留学生，他们也都没有"径去科举"的文字。②

需要指出的是，吴汝纶在政体改革上有相当的保守心态与滞后认识，封建官僚及士大夫的思想意识较强，对维新政治有抵触或忧虑，这难免反映于其思想之中。他是从教育的而非政治的角度来看待科举与教育改革之间的关系，试图通过考试制度的废除为在书院中实行课程改革扫除障碍。维新派主张废除科举则意在促进维新变法运动的政治变革，两者之间的出发点显然不同。其实，这正是反映了不同社会职业角色在同一问题思考的缘由及目标指向存在的差异性，维新派代表人物主要的身份及活动中心场域在政治及社会变革，而吴汝纶则是以教育家的形象对教育问题加以思考及谋划，更带有教育专业化或教育理论的思想内涵及价值导向，其思维材料与结构组织也就同样有所不同。

2. 高度重视西学的价值

吴汝纶少贫力学，但"好文出天性，早著文名"，此前吴汝纶在曾国藩的羽翼下操持笔墨③。青年时代的他饱读孔孟书，习举子业，曾怀有"富贵极于一时，文章传于后世"的人生理想，但是他先后任职曾国藩与李鸿章的幕府，由于曾、李二人拥有决策权，吴汝纶得以参与奏疏的撰写。书生周旋于官场，数月后就不免产生了书生的感慨，但是他获得了与"洋务"和"洋人"接触的机会，逐渐对"夷狄之学"产生了兴趣。以声光化电为代表的"西学"，虽被时人称为"奇技淫巧"，而在他看来却有若甘露。19世纪后半叶，随着西方列强对中国加紧了侵略行为，吴汝纶对西学的功能及地位的认识进一步加强，成为在当时提倡西学、废科举的主要代表，堪称旧式书院院长中少见的激进教

① (清)吴汝纶.施培毅、徐寿凯校点.吴汝纶全集(三集).合肥：黄山书社，1994.194.
② (清)吴汝纶.施培毅、徐寿凯校点.吴汝纶全集(一集).合肥：黄山书社，1994.6.
③ 两个外省人的精神底色.《燕赵都市报》，2008-1-27(23).

育家。

吴汝纶对西学的涉猎极为广博，研究内容包括工业科技、农业科技、天文学、地理学、动物学、植物学、医学、数理化，西方的哲学、史学、政治、外交、法律、教育、军事等方面。他与桐城派宗师的不同之处在于：他讲求时务以图自强，广开民智以求国兴。保定莲池书院的讲学虽不离"中体西用"主旨，但勤勤导诱后生者，却偏重于欧美新学[①]。他时时向学生强调西学的意义，指导学生阅读西学书籍。"洋务，国之大事也，诸生不可不讲，今所出之书，有《泰西新史揽要》，西人李提摩太所编，而华人为之润色者，其中皆百年以来，各国转弱为强之事迹，最为有益中国，又有《自西徂东》一书，所分子目甚多，每篇皆历道中国盛衰，而结以外国制度，亦甚可观。……其外则同文馆及上海方言馆所译诸书，皆可考览，而尤以阅《万国公报》为总持要领，近来京城官书局有报，而上海又有《时务报》，皆可购而阅之。"[②]

提倡西学，是当时进步的社会潮流，它必然要遭到顽固守旧势力的反对，吴汝纶对此进行了有力的驳斥："天算格致等学，本非邪道，何谓不悖？西学乃是西人所独擅，中国自古圣人所未言，非中国旧法流传彼土，何谓礼失求野？……此等皆中儒谬论，以此偏见讲求西学，是所谓适燕而南辕者也。"[③]"中国之学，有益于世者绝少，就其精要者，仍以究心文词为最切。古人文法微妙，不易测识，故必用功深者，乃望多有新得，其出而用世，亦必于大利害大议论，皆可得其深处，不徇流俗为毁誉也。然在今日，强邻棋置，国国以新学致治，吾国士人，但自守其旧学，独善其身则可矣，于国尚恐无分毫补益也。"[④]吴汝纶以旧学取得进士功名，却能适应形势，试图将新学引入书院，充实书院的教学内容。"时文既废，科举用策论，亦恐不能久。将来后生，非西学不能自立于世。"[⑤]随着维新变法失败，"朝局一还旧贯，时文复用，窃谓于取士无甚损益，于长育人才实有妨碍。缘后生朝夕揣摩此业，即无暇可以兼习他学，不惟西人艺术，不获窥寻，即中国文史，亦复不遑探讨，无以造就成才"[⑥]。这种反复震荡的形势使他深为担忧，莲池书院"向有学古课程，诸生往往取给临时，并不能屏弃帖括小文，潜心研悦，且时局多变，后生为学，若不问津西国，终难成有用之才"[⑦]。他认为"国势孱弱，非尽当国者之过，乃吾辈学校中不能培壅真才，所学不能应时用，以此致贫致弱。虽江河日下，亦缘学问不讲，无能知其非者。变易风气，诚非居下者所能为役，若各尽其势所能，则惟相勉为有用之学，庶其近之。其西国格致之术，实能弥补造化"[⑧]。从国家的救亡图强大计出发，他呼吁"救之之法，必以士大夫讲求西学为第一要义。使我国人人有学，出而应世，足以振危势而伐敌谋，决不似今日之束手瞪目，坐为奴虏，万一不能仕宦，而挟吾学术，亦足以致殷富，自全于

① 陈兴德.近代教育家吴汝纶教育思想及实践活动研究.西南师范大学教育学院教育史专业硕士学位论文，2001.7.

② （清）吴汝纶.施培毅、徐寿凯校点.吴汝纶全集（三集）.合肥：黄山书社，1994.121.

③ （清）吴汝纶.施培毅、徐寿凯校点.吴汝纶全集（三集）.合肥：黄山书社，1994.130.

④ （清）吴汝纶.施培毅、徐寿凯校点.吴汝纶全集（三集）.合肥：黄山书社，1994.142—143.

⑤ （清）吴汝纶.施培毅、徐寿凯校点.吴汝纶全集（三集）.合肥：黄山书社，1994.209.

⑥ （清）吴汝纶.施培毅、徐寿凯校点.吴汝纶全集（三集）.合肥：黄山书社，1994.216.

⑦ （清）吴汝纶.施培毅、徐寿凯校点.吴汝纶全集（三集）.合肥：黄山书社，1994.216.

⑧ （清）吴汝纶.施培毅、徐寿凯校点.吴汝纶全集（三集）.合肥：黄山书社，1994.283—284.

败乱之时。救种之道,莫善于此”。[1]

吴汝纶深信“欲瀹民智,莫善于译书”[2]。多翻译一些外国书籍,作为学堂用书,“易使讲贯成才,备缓急之用”[3]。自然,翻译西书在洋务运动时已经开始,政府且以译书成绩定奖励标准,惟译书范围有限,所译者多为西方专门之学,至于有关西方富强政治之书则不得一二。对此,吴汝纶很不满意,认为“(西方)专门艺术不得师授未易骤通”,建议少译,而对于“有关政治、立制、兴化、富国、公法、律令各书”,建议“嗣后应多译,俾有志西学者得资考览”[4]。这表明吴汝纶的思想较洋务派前进了一步。同时,吴汝纶认为从日文中翻译西书乃为捷径,因日本维新后,锐意西学,西学精要之书,日本已翻译;东文易于西学,假使中文通畅,诸生学习东文,数月之间即能通译日本已译之西书,会收到多快好省之效[5]。但是,假借日本所译之书,仍为他途,并非直接,辗转之间会出现诸种漏洞,因此,就应直接阅读西书,“西学捷径,但读已译之书,其弊则苦于不能深入。其导源之法,则必从西文入手,能通西文,然后能尽读西书,能尽读西书,然后能识西国深处”[6]。由于报纸的种类很多,人们可以自发结成会社,“遍买各报,大家同阅,此开通知识之第一要义也”[7],这样人们就可以从报纸上学习西国的科学文化知识及专科技术。

3. 开办新式学堂

吴汝纶非常重视学堂的作用,多次论述学堂的重要性。如,他在《答方伦叔》中表达了自己的想法:“科举已改,但策论更难得人,又苦无考官,吾谓非废科举,重学校,人才不兴,但学校又难认真耳。”[8]在《与萧敬甫》中,他指出“朝廷已废时文,但用策论取士,亦难得真才。学校不兴,人才不出,即国家有殄瘁之忧”[9]。当时的“士大夫闻见壅塞,徒务软熟进取,不知中外大势,而环海诸国,已骎骎内响,若决潮水,不可遏止”[10],为此,吴汝纶殚心竭虑,认为“欲救世变,必先讲求西学,造成英伟奇崛之人才,使之深通中外之变,淬厉发扬,以备缓急一旦之用”[11]。他曾经在日记中对西方学堂进行了赞美:“欧洲前一千年间,各国京城创立大学堂,最著名者三:一为意大利布洛拿,一为英伦恶士佛,一为法国巴黎斯。而布洛拿学堂为法律科所祖,及学堂人才渐众,政府依其所定条例,著为国律。意王傅烈剔首颁执照与诸生以示奖励,各国从而效之,而学堂作育人才之大权,由此重矣。”[12]

尽管他赞成开办学堂,但是他对开办学堂的问题与困难提出了自己的担忧和疑虑。第一,课

---

① (清)吴汝纶.施培毅、徐寿凯校点.吴汝纶全集(三集).合肥:黄山书社,1994.229.
② 吴闿生.桐城吴先生文·诗集(二).台北:文海出版社,1976.566.
③ 吴闿生.桐城吴先生文·诗集(二).台北:文海出版社,1976.936.
④ 吴闿生.桐城吴先生文·诗集(二).台北:文海出版社,1976.935.
⑤ 王琴.吴汝纶教育思想初探.史学月刊,2003(8).121.
⑥ (清)吴汝纶.施培毅、徐寿凯校点.吴汝纶全集(三集).合肥:黄山书社,1994.129.
⑦ (清)吴汝纶.施培毅、徐寿凯校点.吴汝纶全集(三集).合肥:黄山书社,1994.210.
⑧ (清)吴汝纶.施培毅、徐寿凯校点.吴汝纶全集(三集).合肥:黄山书社,1994.365.
⑨ (清)吴汝纶.施培毅、徐寿凯校点.吴汝纶全集(三集).合肥:黄山书社,1994.365—366.
⑩ (清)吴汝纶.施培毅、徐寿凯校点.吴汝纶全集(四集).合肥:黄山书社,1994.1128.
⑪ (清)吴汝纶.施培毅、徐寿凯校点.吴汝纶全集(四集).合肥:黄山书社,1994.1128.
⑫ (清)吴汝纶.施培毅、徐寿凯校点.吴汝纶全集(四集).合肥:黄山书社,1994.512—513.

程问题。在维新变法时期,他对学堂的课程设置提出了自己的看法。如他在《答廉惠卿》中指出:“学堂开办,康公首唱大议,不为无功,惟其师弟于世事少阅历,皆以一人室中私见,遂可推行天下,是其失也。其谈中学尤疏谬,其欲将经、史、子、集荟聚一书,以授西学学徒,亦步趋日本故步……然未筹西学新徒应读何书,若令遍读四部,决为精力所不及。鄙意西学诸生,但读论语、孟子及曾文正杂钞中左传诸篇,益之以梅伯言古文词略,便已足用……至于振兴国势,则全在得人,不在议法。”①希望朝廷正确理解变法的意义,学堂内容要与学生实际结合起来,将教育变革与人才培养真正结合起来。同时,在课程设置中,不区倡西学转而废中学,中国传统的经史文化课程仍应占居一定比例,不过其优势地位只能下降,让位于西学。第二,办学中面临着经费与师资的严重短缺或困难。在维新运动以后,针对人们办学热情的高涨,他认为“科场不用制艺,书院改为学堂,圣主一意兴作,自是盛事。惟议事者,未尽中肯綮,学堂无经费,无西学之师,徒待译书,无从入门,势必有名无实”②。“庚子之乱”之际,吴汝纶“自六月初出保定,转徙数州县,辄无宁日”③。值此颠沛流离之际,又认为“两宫不回銮,并非意不求和,徒以京城失守,惊魂未定,和不开议,不敢以身试险。……来示以教育英俊、宏济时艰为勖,具承厚期。但恐来年财用匮竭,并无教育英俊之地。窃谓中华黄炎旧种,不可不保,保种之难,过于保国。盖非广立学堂,遍开学会,使西学大行,不能保此黄种。其最难者二端:一则财力不给,一则师资无人”④。也就是说,学堂是国家振兴的法宝,而经济基础、师资问题是其首要的条件或实践依托。

诚如上文所述,在戊戌维新时期,身为书院院长的吴汝纶在中国的第一次兴学热潮中走在前列,他关于创立学堂意义的论述及培养近代新型人才的渴求都那么明晰而深邃。一方面是改书院为学堂,另一方面则是设立新式学堂,形成学制体系,并在课程设计中将西学科目知识内容置于重心,占居更显著的比例及地位。但又反对走向另一个极端,不否认中学的知识与道德的课程价值,合理的比例,能发挥出更全面的育人效果。

吴汝纶对近代中国民族危机与社会灾难的深重,感同身受,苦心孤诣,寻求对策,以摆脱困境,将目标搜寻、集中并聚焦在改造教育内容、引进西学与创办新式学堂的策略举措上,应该说是深刻而富有远见的。“揆度大势,各国连横并进,或无割裂中土之心,惟中国自立之权从此恐遂尽失。国既不振,即难保民,民欲仍留种类,非处处设立学堂,讲求外国新学不可;若依前愚陋则,黄炎苗裔从此断矣。此开辟以来未有之变也”⑤。其力倡西学的愿望溢于言表。诗以言情达意,作为桐城派代表人物之一的吴汝纶常吟:“只今学术当全变,安得东西并一堂。”⑥“何当泛扫浮云尽,天汉东西一色明。”⑦足见其教育思想的宗旨是“中西合璧”。吴汝纶的这一思想理念并不是“中”与

① (清)吴汝纶.施培毅、徐寿凯校点.吴汝纶全集(三集).合肥:黄山书社,1994.206—207.
② (清)吴汝纶.施培毅、徐寿凯校点.吴汝纶全集(三集).合肥:黄山书社,1994.202.
③ (清)吴汝纶.施培毅、徐寿凯校点.吴汝纶全集(三集).合肥:黄山书社,1994.314—315.
④ (清)吴汝纶.施培毅、徐寿凯校点.吴汝纶全集(三集).合肥:黄山书社,1994.310—311.
⑤ (清)吴汝纶.施培毅、徐寿凯校点.吴汝纶全集(三集).合肥:黄山书社,1994.314.
⑥ (清)吴汝纶.施培毅、徐寿凯校点.吴汝纶全集(一集).合肥:黄山书社,1994.459.
⑦ (清)吴汝纶.施培毅、徐寿凯校点.吴汝纶全集(一集).合肥:黄山书社,1994.466.

“西”平分秋色,二者各领半壁江山,其实质内容都是倾斜西学的。因为无论是从其主理莲池书院时所设置的课程看,还是从《东游丛录》中设想的学校教育制度来说,都是德、智、体、美并重的培养目标,课程设置也是侧重或来源于西学。

4. 创办东西文学堂

戊戌年(1898 年)三月,光绪诏令各省书院一律改为学堂,吴汝纶对此虽有所批评,但仍积极响应,恰好“乡里父老与当国诸公,遥相应和,似是应运而生”①。这里是指设于 1899 年的西文学堂。当时戊戌变法失败,清政府取消新政,恢复旧制。而吴汝纶仍继续在莲池书院提倡西学,又于院内附设新式学堂,可谓有卓识远见。对此,他自己作了记述:“近劝此间诸生,自备束脩,附从在保定一英士学英文、英语。苦劝数月,得廿人。”②学徒每人月奉二金,“约以五年为限,五年之后,或出游外国,再学专门;或自出应务,以博升斗之人,均听其便。”③西文学堂聘请美国人士贝格耨教授英文,规定五年之内,不许告退,“或望有学成数人,亦渐于学校中开此风气”④。后来又办起东文学堂,聘请日本人中岛裁之、美国人贝格耨为教习,选拔书院高材生分往两班,学习日文、英文及欧美历史、政治宪法等。⑤ 他还写信到冀州,劝冀属后生来莲池书院接受西学,学习救国之法。信中写道:“救之之法,必以士大夫讲求西学为第一要义,使我国人人有学,出而应世,足以振危势而伐敌谋,决不似今日束手瞠目,坐为奴虏,万一不能仕宦,而挟吾学术,亦足立致殷富,自全于败乱之时。救种之道,莫善于此。”⑥

西文学堂和东文学堂分别聘请在华欧美教士,吴汝纶注意到要防止教士传教问题,他强调如果聘请欧美教士,要“与之言明:不学耶苏、天主教法,不用礼拜赞美教例”,⑦另外学堂生徒在学习语言文字方面要原汁原味,为此聘请专门的外文教师,如贝格耨、中岛裁之等人。起初他邀请中岛裁之先生前来任教,而中岛先生要在本国办理同文书院,当他与好友姚石泉谈及此事,姚向他推荐日人野口多内先生,认为此人“不鄙弃下走,可来教习”。⑧ 学堂教学内容除了英文和日文,还包括外国地理、历史、政治、格致之学等。由于知人善任,莲池书院所属东文学堂学生进步很快,收效明显。吴汝纶评价说:“中岛教肆东文苦心孤诣,实向来所未见,本拟学生六阅月可以译书,今始三阅月而诸生能译东文者十余人,其收效之速亦从来未见。”⑨他自豪地认为这样的教学“我国阎里诸生皆有生未见,即翰林部曹中能文好学,留心西法之士亦阐所未闻,此等教师至以多为贵,来者不拒,则正开化要策”⑩。吴汝纶在莲池书院期间,由于地理条件的便利,能够与京津互通音讯,加上

---

① (清)吴汝纶.施培毅、徐寿凯校点.吴汝纶全集(三集).合肥:黄山书社,1994.247.

② (清)吴汝纶.施培毅、徐寿凯校点.吴汝纶全集(三集).合肥:黄山书社,1994.247—248.

③ (清)吴汝纶.施培毅、徐寿凯校点.吴汝纶全集(三集).合肥:黄山书社,1994.248.

④ (清)吴汝纶.施培毅、徐寿凯校点.吴汝纶全集(三集).合肥:黄山书社,1994.255.

⑤ 马昌华.淮系人物列传.合肥:黄山书社,1995.156.

⑥ (清)吴汝纶.施培毅、徐寿凯校点.吴汝纶全集(三集).合肥:黄山书社,1994.229.

⑦ (清)吴汝纶.施培毅、徐寿凯校点.吴汝纶全集(三集).合肥:黄山书社,1994.127.

⑧ (清)吴汝纶.施培毅、徐寿凯校点.吴汝纶全集(三集).合肥:黄山书社,1994.274.

⑨ (清)吴汝纶.施培毅、徐寿凯校点.吴汝纶全集(三集).合肥:黄山书社,1994.363.

⑩ (清)吴汝纶.施培毅、徐寿凯校点.吴汝纶全集(三集).合肥:黄山书社,1994.363.

与李鸿章的私人交情,能窥见各项政策的制定过程。他对洋务派在近代军事、工业、教育方面的成绩予以肯定,认为"吾傅相三十年来日以变法求才为事,无如风气未开,一傅众咻,必欲反其所为"①。他认识到国家贫弱的根源在于旧的教育制度,而如何造育真才是摆在现实面前的重要问题,吴汝纶对西学的兴趣促使在莲池书院开辟了一扇窗口。

5. 筹集书院经费

教育经费是书院办学的物质前提,也是制衡书院命运的生命线,正因为如此,经费问题一直成为吴汝纶对教育存有的忧虑。当他入主莲池书院之初更深悟此点,指明:"凡书院振兴,舍宽筹经费,盖无他法。"②他也冷静地看到兴西学过程中面临的困难与问题,认为"欲立西学,此时殊难得师。且苦经费无出,若不能别筹经费,但就现有之款,则不能有益于西学,转大有损于中学"③,如果"莲池经费过绌,延聘西教习,非重金不能得,合省学堂额数不能过少,开办若从简略,将来必归敷衍④。而当书院遭受"庚子国变"的浩劫之后,吴汝纶睹物伤情,发出"书院已无居止之地,来年练饷局之千金,恐亦无从给发,书院会须旷废"⑤的感叹。

吴汝纶一直关注书院的教育经费问题,并采取了许多措施。他认为由于书院的耗资巨大,必须要加强书院的资金管理,使之产生良好效果。为了使书院增加经费,使诸生能够博览群书,他尽力通过各种渠道来筹措经费。如,1889年他通过李鸿章之子李季皋向李鸿章进言道:"窃见淮军公所岁修之费每年入数甚多,出数甚少,赢余之数易为经手所乾没……鄙意拟请命于师相,就存款之息中每岁提四百金以为学堂经费,教皖人子弟,令习东文。"⑥后来他在《电答荣相》中对于书院的经费和学堂办学的矛盾提出了自己的看法,指出"莲池经费过绌,延聘西教习,非重金不能得,合省学堂额数不能过少,开办若从简略,将来必归敷衍"⑦,他建议"西学筹费,亩捐最为上策,其次,则取之僧道庵田,然不如亩捐之可以通行无滞矣"⑧。这样用民之钱而培养其子弟,才能达到兴西学的目的。另外,他积极奔走于筹款之途,如在《与刘博泉侍郎》中,"拟请执事与同乡诸公,熟筹妥商,贻书当轴,再申前议,添筹经费,开倡西学,为之于举世不为之时,其获益必无限量"⑨。这表明了吴汝纶对办学经费筹措的重视和执着,同时也反映了他对投资兴学、培养近代新式人才所产生效用及意义的充分肯定或期待之情。⑩

(二)保定莲池书院的办学活动

清初满汉民族矛盾尖锐,为了防止汉族知识分子利用书院进行反清活动,统治者对书院的戒

① (清)吴汝纶.施培毅、徐寿凯校点.吴汝纶全集(三集).合肥:黄山书社,1994.354.

② 沈云龙.中国近代史料丛刊(73辑).台北:文海出版社,1976.107.

③ (清)吴汝纶.施培毅、徐寿凯校点.吴汝纶全集(三集).合肥:黄山书社,1994.128.

④ (清)吴汝纶.施培毅、徐寿凯校点.吴汝纶全集(三集).合肥:黄山书社,1994.209.

⑤ (清)吴汝纶.施培毅、徐寿凯校点.吴汝纶全集(三集).合肥:黄山书社,1994.322.

⑥ (清)吴汝纶.施培毅、徐寿凯校点.吴汝纶全集(三集).合肥:黄山书社,1994.255.

⑦ (清)吴汝纶.施培毅、徐寿凯校点.吴汝纶全集(三集).合肥:黄山书社,1994.209.

⑧ (清)吴汝纶.施培毅、徐寿凯校点.吴汝纶全集(三集).合肥:黄山书社,1994.144.

⑨ (清)吴汝纶.施培毅、徐寿凯校点.吴汝纶全集(三集).合肥:黄山书社,1994.216.

⑩ 以上关于吴汝纶莲池书院事业与思想的内容得到河北大学教育学院教育史专业博士研究生李占萍的合作,在此谨表感谢。

备心理而对书院采取抑制政策。受其制约,直隶地区绝大部分书院改为义学,只剩下衡水右山书院(顺治初建)、蔚州蔚罗书院(顺治三年建)、南宫南亭书院(顺治八年建)、巨鹿白鹿书院(顺治十六年建)。顺治后期至康熙时期,随着统治基础的稳固,统治者开始对书院的禁令有所松动。当时的社学、义学重心在于初级文化知识学习及道德的培养,不能满足知识分子的教育需求,更无法满足统治者宣传理学的需要,于是书院数量在全国范围开始增加,到了康熙末年直隶拥有了 40 所左右的书院。由于程朱理学被定为官方哲学思想,理学也成了当时书院的教育内容,多数书院逐渐沦为了科举制度的附庸,但同时这又成为书院发展的一种力量。雍正初年,清世宗胤禛出于专制统治目的,对书院的发展再次加以限制。后来他认为书院教育有利于他的政治统治,就逐渐改变了这些限制政策,采取扶持和控制并存的原则。雍正四年(1726 年),清世宗颁旨《选授白鹿洞书院掌教事宣谕》,重视通过书院、学校以培养人才、巩固社会的精神在北方重新焕发,付诸实践,而且发扬光大,后来居上。

保定莲池书院创建于雍正十一年(1733 年),是年,清廷诏令各省在省会建立省级官办书院一所,其规制相当于后来的省立大学,由总督亲自督查和领导。直隶总督李卫接诏后,立即召集司藩(布政使)王谟、司臬(按察使)窦启英、观察(清河道员)彭家廉、郡守(知府)朱寿图、清苑县令徐德泰等所属官员会商,决定在莲池"因旧起废,建为书院"。建院工作由徐德泰具体主持。经始于雍正十一年五月,落成于同年九月。共费金若干万,其中动支公费若干,所差款项由李卫捐养廉银补足。①

书院由两部分组成。一部在莲池西北,长 10 丈,宽 16 丈有余,占地约 3 亩。这里原有南向厅堂,堂后有精舍便室,东西廊庑,及大小曲房若干间。圣殿、考棚及院长校官厢舍都集中于此。一部在莲池东南红枣坡一带,旧有敞轩曲廊,又增建南向厅堂 5 间、东西精舍 3 间、亭 1 所,筑起三面砖墙,起名为"南园"。这里环境清幽,为学生自学、切磋研讨之胜地。②

乾隆时期,高宗皇帝熟读诗文,对汉文化极为热爱,因此对书院的政策更加放开,他曾颁旨要求加强书院建设与管理,提高书院在各地教育机构中的地位。乾隆十年(1745 年),古莲花池被定为行宫,莲池书院在这种盛况场景下,充满发展势头。一代帝王弘历,史称好大喜功,他继康熙帝之后,继续将清代社会推向鼎盛,造就了"康乾盛世"的高潮。乾隆皇帝先后六次巡游五台山,曾三次莅临书院,赐"绪式濂溪"匾,并赋诗来表达他对莲池书院的欣慰之情。从 1749 年开始,新任直隶总督方观承主持修建莲池,莲池书院经过大规模的修整后,呈现出一派胜景。莲池书院学者济济,文人荟萃,成为直隶省的文化中心,再加上乾隆皇帝的亲笔题咏和赞扬,使得莲池书院能够名扬中外。嘉庆时期(1796—1821),清仁宗颙琰曾巡幸五台山,驻跸莲池行宫。可见,清代前期的莲池书院一直为帝王所关注及褒奖,实为融园林艺术与教育学术为一体的特殊文化机构和带有政治色彩的教育场所。藏书为古代书院的功能及藏书史的一部分,其直接作用在于书院的教学、学生的自学探讨,而间接影响于社会文化思想。光绪四年,莲池书院院长黄彭年奏请直隶总督李鸿章,

---

① 保定市地方志编纂委员会编.保定市志(第四册),北京:方志出版社,1998.12—14.

② 保定市地方志编纂委员会编.保定市志(第四册),北京:方志出版社,1998.12—14.

筹集 2000 两银子,购书 33 711 卷,并在万卷楼内存放,这样丰富的藏书是大多数书院所不能比拟的,"藏书的增多,使得慕名前来的学习者日渐增多,以至将院长校官的住房腾出来也难以容纳,许多求学者"怅然而返"。针对这种情况,院长黄彭年于光绪七年(1881 年)禀请直隶布政使任道噬批准,由保定府负责为书院增建讲舍。当时在西院增建 9 间,东院增建 11 间,修葺旧房 4 间。经扩建,书院占地面积增至五六亩左右。光绪八年(1882 年),黄彭年院长又在万巷楼前建"学古堂"一座。开设朴学课。①

由此可见,这一时期莲池书院的发展得到了官府的强力支持,在一代又一代杰出院长的带领之下,书院规模逐步扩大,学生人数逐渐增多,学术探讨与研究愈来愈丰富,腾出校官住房以供学生居住,也体现了莲池书院以生徒为重,尊重知识,尊重学子的古代书院之精神,为历代各地书院之楷模。

保定莲池书院是清代著名的省级书院,一度成为北方学术中心之一以及南方桐城派学术传播重镇。由于清政府的特别关注以及近代教育家吴汝纶为代表的一批名师主讲书院,莲池书院在义理词章的旧学教育、实学实用的教育调整中独领风骚,人才辈出;而且在新旧博弈、西学导入、新式教育代替传统教育的冲突、转型与改革、突变中也翘楚同类书院,引领晚清官立书院之潮流。黄彭年在《莲池书院讲舍记》中对莲池书院的办学精神加以解释,体现了清代乾嘉学派以"朴学"教育为特征的思想内涵,其中表达了以下四点意思:一是"习举业而搏科第,登险要"不是在书院学习的根本目标;根本目标是"穷则以孝悌忠义化其乡,达则以经济文章酬乎世",使书院教育带有了实学教育的目的。二是如果以不当的心术和手段去博取功名,那么就"坏天下国家之事而有余",正确的态度与学习动机对个人成就关乎一生,而对社会则是养成积极、健康的士风、学风的关键。三是"空疏无用"也是害国的,学问不增广便会荒废,仁义没有实用知识的辅助便会孤立无援,必须考察中外的地势要塞,四方的风俗好坏,古今政治的盛衰得失以增广知识。如此,在莲池书院,经世致用的精神、实学功利教育内容获得充分反映。四是做学问应当聚集在清静之地,互相谈论、商讨、演习而熟练地掌握它,有善行则相互劝勉,有过错则互相规劝,这样才能做成学问。② 可见,黄彭年的这些主张,与众多清代书院专讲考课、词章、义理的办学理念是不同的。

朴学,是清代学者继承汉儒学风而治经的考据训诂之学,也叫汉学,形成于乾隆、嘉庆年间(1736—1820)。光绪四年(1878 年),黄彭年重领书院讲席,莲池书院除旧有的"四书""五经"课外,特增设了朴学课,即训诂考据之学,这样就使史学、文字学上升到与经学同等地位,使书院那种传统的毫无生气可言的专以习帖括应考为事的旧习为之一变。光绪八年(1882 年),院长黄彭年又建"学古堂"。据清光绪年间《保定府志·礼政略》卷 28 所载:"学古堂在书院东,光绪八年总督李鸿章、院长黄彭年因莲花池万卷楼置,广储书籍,明立章程,为诸生肄业古学之所。"学古堂是建立在万卷楼前面的一座讲舍,是开古课、进行朴学研究的场所。堂设堂长,并由斋长协助管理。学古堂对面的万卷楼底层是阅览室,是学生们观书之所。这种学术活动,一扫过去专事课艺的沉闷风

① 保定市地方志编纂委员会编.保定市志(第四册),北京:方志出版社,1999.12—14.

② 保定市教育史志办公室.保定教育史料类编.石家庄:河北人民出版社,1990.33—34.

气。黄氏创设学古堂所立"学规"九条，多具新意，注重指导学生学习和研究的基本方法和研读的门径。书院学习研究的对象是儒家经典、宋明理学以及文史著作，旁及诸子和天算、地志等教材；学习研究的要求是弄清材料的本来面貌以及把零散的或亡佚的材料系统化，即训诂、考证、订补、校勘、辑佚等；学习研究方法是用材料说话，讲求言必有据，旁参互证，反对空谈臆度；教学组织方式反对门户深闭、学派党伐、攻讦排斥，而力主拆落藩篱、整合吸纳、扬长避短、兼收并蓄。教学过程中师生合作，教师引导咨询、答辩解难，学生讨论自学，发挥自主能动性，主体的探求、思索，自我体悟的建构，极大增强知识的应用与发展的价值，是一种研究性教学型模式，无怪乎西方学者称中国书院为东方所独有的"研究性高等学府"。因此，莲池书院学古堂的建立及学习研究的对象、要求及方法上的改变，使书院由单纯的教学育人朝着学术研究方向转化，以致莲池书院成为当时名副其实的高等教育机构。

洋务运动后期，莲池书院一方面延续"朴学"教育经世致用的实学特色，同时大胆引进西学，批判科举，走在了官办书院的前列。光绪十五年(1889 年)，吴汝纶(1840—1903)开始担任莲池书院院长，他虽主桐城家法，但思想敏锐，崇尚西学。他主理莲池书院时，思之如此，行之亦然。"以为'文者，天地之至精至粹，吾国所独优；语其实用，则欧美新学尚焉。博物、格致、机械之用，必取资于彼；得其长，乃能共竞。旧法完且好，或犹将革新之，况其窳败不可用?'其勤勤诱后生，常以是为说"[①]《桐城吴先生尺牍(一)·答贺松涛书》中记载了吴汝纶对莲池书院如何由学习西文进而走向研修西学的深刻分析："西学至难，若但购已译之书阅之，则书院中高材生已优为矣，然无大益，其专门之学，宜弃百事为之，乃可望成，且非有师授不能冥悟"。他于光绪二十二年(1896 年)九月创立西文学堂，随后又创办东文学堂，作为莲池书院附属教育组织机构，两学堂从经费至学习及学成去向均有认真考虑，及相应措施。他开办两学堂的目的在于使学生更好地接受和领悟"西学"，"故西学捷径，但读已译之书，其弊则苦不能深入，其导源之法，则必从西文入手，能通西文然后尽读西书，然后能识西国深处"。这样，在继张裕钊之后，吴汝纶在莲池书院这种旧式教育机构的躯壳中注入了更多新式教育的内容，推动了书院教育的近代化进程。

张裕钊、吴汝纶掌书院时，还培养了一些日本留学生。其中宫岛在书院学习 5 年，潜心向张裕钊学习诗文、书法，回国后将张氏书法弘扬于日本，影响很大。张氏书法在日本形成一个很大流派。另有冈千仞、中岛裁之等师承张、吴，皆学成回国。吴汝纶创设的西文、东文学堂，开直隶外语学校之先声，为全省乃至全国培养了不少学贯中西的有用之材。[②]

义和团运动期间，直隶按察使廷雍等顽固派官僚，因吴汝纶提倡西学，主张废除科举，派遣留学，常与外国人交往并在莲池书院开办了外文学堂，遂怂恿义和团捣毁了莲池书院。1901 年初，吴汝纶最终带着遗憾离开了他苦心经营了十余年的莲池书院。莲池书院在以后社会发展中屡经波折，几易其名，最终关闭停办。保定莲池书院的中衰关闭，既有近代社会变革导致教育转型的内在趋势，也有特定区域环境的政治与文化缘由。

---

① 蔡冠落.清代七百名人传·吴汝纶(下册).北京：中国书店，1984.1808—1809.

② 保定市地方志编纂委员会编.保定市志(第四册)，北京：方志出版社，1999.12—14.

甲午战争失败后，人们也通过反思教育来探索出路，一场以变通书院为目标的书院改革加速了变革的历程。书院改革包括三部分，即创办中西书院、改革书院教学内容、书院改学堂。在传教士、官绅和知识分子以及其他社会各界人士的共同努力下，人们直接借鉴西方办学的体制和模式来创办中西实学书院；在原有书院中，开始增设西学课程。1896 年，礼部颁发了《议覆整顿各省书院折》，认为整顿书院是弥补学校不足的方法，要求各省书院从课程、师道、经费、考试等其他环节加以整顿。书院改学堂是书院改革的主要部分，王韬、郑观应、李端棻等人也先后提出有关设想，随着维新变法对新式人才的需求，更成了一股不可抗拒的潮流。为此，康有为上《请饬各省改书院淫祠为学堂折》，请求将书院改为新式学堂。书院改制直接成为"百日维新"改革的重要内容。1898 年 5 月，光绪皇帝颁发了书院改学堂的诏书，改制令下，各地奉旨执行，是为戊戌书院改制。同年的七月二十六日，莲池书院奏报要改为省会高等学堂。但是随着戊戌改制的昙花一现，莲池书院也没有完成新旧教育资源转换的历史使命。在光绪二十七年(1901 年)八月初二日发布上谕，提出要切实整顿京师大学堂，根据现有的层级将书院改为学堂，如省城均改设为大学堂，各府及直隶州均改设中学堂，各州、县均改设为小学堂，并要开设蒙养学堂，上谕对学堂的章程提出了专门的要求，即"所有礼延师长，妥定教规，及学生毕业，应如何选举鼓励，一切详细章程，着政务处咨行各省悉心酌议，会同礼部复核具奏"。① 接到朝廷上谕，"莲池诸生，虽甚依恋，无如寒舍无人，不得不割舍此席"②。但莲池书院却又一次与近代新教育历史进程失之交臂，未能实现在其基础上建立直隶高等学堂的理想目标。

莲池书院作为清代直隶省最高文化教育中心，是建立最晚、影响最大的一座省级书院。它在清末成为燕赵大地最高学府，被誉为"全国书院之冠"，名扬中华，蜚声海外。在近代虽然未能像其他书院那样成功转型，但莲池书院的精神和办学经验却被广大群体所接受和认同。

附：莲池书院历任院长

由于资料散失不存，书院自创建至咸丰年间，历任院长的情况已无文献可靠。从乾隆二十六年(1761 年)所绘莲池十二景的题词落款中，可知张叙作过书院教授。张叙之后，直隶方观承从广平府清晖书院聘榆林院汪韩门为院长。汪任教于乾隆三十至三十九年(1765—1774)。此后，清代著名学者章学诚和祁韵士亦于乾隆、嘉庆年间先后任书院主讲。两人同为乾隆三十四年(1769 年)进士。章学诚曾任国子监典籍，为清著名史论家和方志学家。其《章氏遗书》中收《月夜游莲池记》一文。祁韵士曾任榆林院编修、户部主事。他精通史学和地域、中西交通之学，著作宏富。之后的历任院长为：

黄彭年：贵州人，曾任榆林院编修、陕西提刑按察使。两次主持莲池讲堂。第一次由咸丰十一年(1861 年)至同治元年(1862 年)，第二次于光绪四年(1878 年)至光绪八年(1882 年)。

---

① 璩鑫圭、唐良炎.中国近代教育史资料汇编·学制演变.上海：上海教育出版社，1991.213.

② (清)吴汝纶撰，施培毅、徐寿凯点校.吴汝纶全集(三集).合肥：黄山书社，1994.6.

掌院期间,他创设考据课,增建讲舍,添购图书并整理造册,曾主修《保定府志》,建树颇多。

何秋涛:道光进士,曾任刑部员外郎。黄彭年第一次离职后继任,不久病故,年仅三十九岁。著有《朔方备乘》八十卷。

王振刚:新城县人,进士出身。同治十三年(1874年)至光绪四年(1878年)在任。主要著作有《礼记通义》二十卷,《学庸疏义》二卷,《史类发蒙录》四卷,另有《儒先碎语》《地理择言》等著作传世。

张裕钊:武昌举人,光绪九年(1883年)至光绪十五年(1889年)在任。著有《濂亭文集》。其文学书法均名重一时。

吴汝纶:桐城人,同治四年进士。曾任深州和冀州知州。光绪十五年(1889年)三月辞官来莲池书院掌教,光绪二十九年(1903年)离任。其间成就卓著,为世人称道。①

① 保定市地方志编纂委员会编.保定市志(第四册),北京:方志出版社,1999.12—14.

第七章　清末河北书院的近代改制

自唐代始源至清末改制之前，书院这种特殊的教育组织形式在中国古代教育史上已经发展延续达千年之久。在这漫长的千年当中，书院的命运曲线起起伏伏，时兴时衰，声势逐渐浩大起来，成为封建社会后期除官学之外最重要的教育承担者，在政府的支持之下，甚至呈现出取代官学之势。然而，发展到极致的书院逐渐形成定制的制度、形式和内容等已经开始慢慢僵化，失去了于鼎盛时期在学术研究、文化传承以及教育创新方面的活力。这朵史上独一无二的曾经绽放瑰丽光芒的奇葩最终衰落凋零。

清初的社会剧变和思想领域的高压控制，导致无论是河北地方政府还是普通民众，都无暇专注于文教事业，书院发展也遭遇抑制。在朝廷的压制下，直隶绝大部分书院改为义学，只剩下衡水右山书院(顺治初建)、蔚州蔚罗书院(顺治三年建)、南宫南亭书院(顺治八年建)、获鹿白鹿书院(顺治十六年建)。①

雍正、乾隆二帝在位期间，由于统治者解除了书院的禁令，直隶书院如雨后春笋般数量迅速回升。根据白新良先生在《中国古代书院发展史》一书中的统计，康乾盛世期间，直隶新建书院 119 所，修复重建前代书院 25 所。就数量而言，乾隆时期直隶书院发展迅猛，遍布直隶各州县，是前代书院所不及。

教育从未能独立于社会政治经济之外履行其职能，乾隆末期至咸丰朝的内外纷争，导致河北各州县书院的规章制度和田产膏火遭到不同程度的破坏。尤其是以道光二十年(1840 年)的鸦片战争和咸丰元年(1851 年)的金田起义为代表的内忧外患的纷沓而至，河北因其地处封建统治中心，从而成为国内外战争兵家必争之地。深处战争泥淖的书院数量锐减，根据白先生的统计，直隶于嘉道咸三朝共创建 43 所书院，修复书院 5 所；同光时期新建书院 46 所，修复书院 4 所。虽然清代河北书院于同光时期也曾出现短暂复兴，但是立足于农业与手工业生产方式为基础传统经济的书院教育难以招架近代河北工商业生产和商品贸易对新式知识和技术的要求，不再适应时代潮流的河北书院最终被改制为近代学堂。

1840 年鸦片战争后一系列丧权辱国条约的签订给中国社会带来了沧桑巨变，中国面临着被

① 袁森坡、吴运廷.河北通史(清朝上卷).石家庄：河北人民出版社，2000.236.

列强肢解和瓜分的危机。在这样的民族危机下，中国的仁人志士开始思索救亡图存的道路，艰难地迈出了学习西方的步伐。学习西方，教育首当其冲，而当时兴学育才最为有效的途径就是对书院进行改革。书院走向命运选择的十字路口。所有这些都被一些先进的知识分子所察觉，并且进行了一系列变革的尝试。清光绪二十年(1840 年)鸦片战争以后，先后受到洋务运动和维新变法的影响，河北地区开始改革教育，并进行书院的调整。然而这种局限于少数知识分子所认可的小修小补，不可能在书院的性质上带来根本性的变化，并且伴随西方洋枪洋炮的长驱直入而不断涌入中国的西方近代教育思想，已经无法等待中国书院缓慢的自身调适了。最终，在“西学”“西艺”的冲击下，书院改制以破竹之势汹涌而来，最终导致河北境内的书院和全国书院一样最后被废除，“书院”成为一个历史名词。然而从另一种意义上来讲，“古老而传统的书院跨向近现代，接通中国文化教育发展的血脉，在改制中获得了永生。”①

第一节　河北书院改制的原因

书院作为中国古代的一种文化教育组织，对中国古代文化、风俗的形成以及教育和藏书等事业的发展，做出了难以磨灭的贡献。然而时过境迁，清末书院逐渐沦为科举的附庸，士风浮动，制度腐朽，成为社会进步道路上巨大的障碍。书院改革，既是整个中国社会发生剧变向前发展的必然趋势，也是书院制度自身发展的必然结果。另外，也源于清末中国士人“不再局限于中国五千年的历史，不再向后看，只从历史中寻找依据，开始把目光转向国外，力图在狭隘的民族自尊心可以接受的前提下，接受西方教育制度并对中国传统教育加以改造”。② 总之，晚清书院改革的原因是复杂而多元的。近代河北书院的改制也是众多因素合力作用的结果，有着与其他地区书院改制相同或相似的背景，也有属于河北地区特有的因由。

一、晚清剧烈的社会变动

甲午战败之后，西方列强的强势逼近，给中国社会带来深刻的变革，伴随而来的还有精神领域的极大惶恐。一系列丧权辱国条约的签订，令曾经孤傲地翘楚东方的巨龙威严扫地。割地赔款，传教开埠，主权一再沦丧，民众所熟悉的一切都在经历着沧桑巨变。这种涉及社会政治经济方面的转型和思想文化领域的剧变终于由星星之火演变为燎原之势，并迅速蔓延开来。

(一)社会政治经济领域遭遇危机

外国资本主义的入侵和轰轰烈烈的太平天国运动令清政府腹背受敌、手足无措，严重动摇了清王朝的统治。鸦片战争后，中华帝国开始了沉痛的演变，由一个独立自主的封建社会沦为半殖民地半封建社会。中国传统的社会结构和社会模式受到猛烈的冲击并逐渐瓦解，近代资本主义的生产关系以及由此而产生的资产阶级和无产阶级开始发展，新型的社会结构成长起来。与此同

---

① 邓洪波.中国书院史.上海：东方出版中心，2004.589.

② 刘少雪.书院改制与中国高等教育近代化.上海：上海交通大学出版社，2004.39.

时,封建王朝的政治和经济结构也因此有所松动。新兴的资产阶级和无产阶级带领广大人民群众,肩负起反对封建主义和帝国主义的双重任务。由于中国逐渐沦为列强的商品市场和原料市场,中国社会自给自足的小农经济占统治地位的经济格局开始解体,城市的手工业和农民的家庭手工业也遭到破坏。然而另一方面,新的生产技术和生产方式的传播又促进了城乡商品经济的发展。传统教育赖以生存和发展的社会环境发生了翻天覆地的变化,社会变革要求教育顺应时代需求,体现新的时代精神。教育变革成为社会变革的客观需要,是教育近代化的必然趋势。

(二)思想文化领域面临变革

身处这样恢宏而纷扰的背景之下,书院不可避免地遭受到前所未有的冲击。西方各种教育理论和教育思想扑面而来,令梦醒于"天朝大国"的中国士林措手不及,开始反思以科举中鹄为目标的传统教育。"今日四邻日强,风气日变,泰西诸国各出奇技淫巧以赚我钱,而我之八股无言曾不足邀彼一盼,试问制艺能御彼之轮舰乎?曰不能也;能敌彼之枪炮乎?曰不能也。自知不能而尚不亟思变通,是犹讳疾忌医,必至不可救药也。"①显然,以儒家思想为基础的中国传统教育模式已经不足以容纳西方的科学文明了。"综观环球各国三十年来,莫不以兴教劝学为安内攘外之基。"②"国势之强弱视乎人才,人才之盛衰系乎学校。"③奕䜣、曾国藩、李鸿章、张之洞等洋务派代表在"中学为体,西学为用"思想的指导之下,将魏源等人"师夷长技"的思想付诸实践,启动了中国传统教育向近代教育过渡的进程。改革,尤其是教育改革,作为一种事关社会变动和国家未来,能够惠及当代、泽被后世的思想和行为,被提上日程。

剧烈的社会变革要求教育做出某些回应,以响应历史的潮流趋势。晚清河北书院所经历的种种调整和迈向学堂的痛苦蜕变是这场宏大变革的客观要求,难以抗拒。河北毗邻全国政治、经济和文化的中心京城,有着接受新思想和进行新尝试最为便利的条件。晚清河北的商品经济和城市发展已相当繁荣,生产秩序稳定,商会组织渗透于许多乡村市镇,百姓的生活有了相应的保障。然而立足于传统经济的书院难以招架近代工商业对新式知识和技术的要求,对内向自足的经济向开放外向的经济形态的转变更是束手无策。思想上的冲击,经济上的无力,再加上晚清政局的动荡,在这样的潮流涌动中,河北书院奉旨改制为学堂也是在情理之中。

在近代中国社会救亡图存急迫的历史背景下,科举、书院与传统学校教育一样面临着冲击、审视乃至于取消改制的命运抉择,书院教育在整体上逐渐下降,趋于边缘化。河北容城的正义书院亦不能回避,呈现中衰气象。如稍后编修的光绪《容城县志》所载书院房舍、学田数量锐减表明景况萧瑟,生气低迷。"正义书院,今存三厅三楹,中奉文昌帝君像,东西两斋,余俱倾圮无存。""书院地计六十四亩,四十八亩坐落县东五里,十六亩坐落县北王家庄。村民耕种,免差役,岁延掌教。"④从中可以窥见传统教育的凄凉归宿之一斑。灵寿县的松阳书院,是知县林调燮将陆公祠前

① 陈谷嘉、邓洪波.中国书院史资料(下册).杭州:浙江教育出版社,1998.1969.
② 陈谷嘉、邓洪波.中国书院史资料(下册).杭州:浙江教育出版社,1998.1985.
③ 舒新城.中国近代教育史资料(上册).北京:人民教育出版社,1961.73.
④ (清)俞廷献等修,吴思忠等纂.容城县志·卷3"书院志".光绪二十二年刻本.

院扩建而来的,在明代就曾“毁于兵燹”,虽然之后屡有修葺,但最终“至清末废科举而停办”。① 清末的义和团运动和八国联军的入侵是造成社会动荡不安的主要原因,许多书院都是在这样的背景下不堪重负,走向衰败或改制。例如高邑县千秋书院的知县高文才,刚刚于光绪二十五年(1899年)将书院修葺一新,“院宇颇宏敞。是时欧风东渐,朝野已有变法之议,因购置新旧书籍二百余种,延师课士,旋因义和团运动发生,内驻军队,书籍多有损失,及光绪三十年(1904年),清政府通令各县设立学堂,该书院遂改为高等小学堂校址。”②正定的尊闻书院,“由于战火渐废”。③ 雄县的雄文书院因资金不足而被迫停办,“光绪二十六年(1900年)德、法侵略者驻县城,县人某借口支应洋兵将本息银全部动用,由是月课遂停。二十九年(1903年)冬,雄文书院院舍改建为县立小学堂”。南皮县的清风书院也是“因受义和团运动和八国联军侵华历史变故书院被迫停办”。战争给教育带来的灾难是惨重的,尤其体现在书籍的大量毁灭和遗失。知州刘璠曾捐赠给安新县的渥城书院价值百金的书籍,然而“八国联军侵华时,书院为德法军需处,书籍大多遗失”。④

看来,社会剧变,历史动荡中改朝换代,必然诉诸武力战争,摧枯拉朽、江山朝政易位的同时,不仅是田园荒芜,经济萧条,人口迁移,而且人才养育之渊薮的教育机构总是成为浩劫扫荡的对象,真可谓是“城门失火,殃及池鱼”了。清代学者章学诚在《文史通义》中称“乱世则学校不修也”。但是,教育是永恒的事业,包括书院在内的古代教育机构又在新王朝下复苏或重建,以不同面貌或方式出现,亦可谓是“野火烧不尽,春风吹又生”,生生不息,天道恒毅的象征了。书院的新旧继承性,可见一斑。

二、书院自身的积弊

书院作为中国古代社会特有的一种独立于私学和官学的教育组织形式,曾经达到过与中央官学相媲美和抗衡的高度,这是其他任何形式的教育模式所无法比拟的,它所谱写下的辉煌篇章难以超越。然而在清代书院华美的外裳之下,腐朽老化的致命伤口已经迅速溃烂,书院再也无法恢复昔日的生机。如果说由于西方列强的入侵给中国社会所带来的严重的民族危机、巨大的社会变动、迫切的人才需求是清末书院改制的外部压力的话,那么书院自身的腐败、弊病丛生、难育奇才,就成为其改革的内在根据。

(一)学风消沉、士风浮夸

清代河北的书院多为官办,然而政府力量的大力介入无法挽救走向穷途末路的书院,相反加速了书院的瓦解。书院山长的聘任不再依据德行、学术和名望,而是政府官员的相互请托徇私。“省会书院大府主之,散府书院太守主之,以科第相高,以声气相结,其所聘为山长者,不必尽贤有德之士类,与主之者为通家故旧,或转因通家故旧之请托。降而州县书院,则牧令不能自主,其山

① 灵寿县地方志编辑委员会.灵寿县志.北京:新华出版社,1993.594.

② 宋文华.高邑县志.台北:成文出版社,民国二十二年.39.

③ 正定教育志编纂委员会.正定教育志.石家庄:河北教育出版社,1996.58.

④ 安新县地方志编纂委员会.安新县志.北京:新华出版社,2000.861.

长悉由大吏推荐，往往岁终弗得见，以束脩奉之上官而已。”徇私舞弊而来的山长，庸陋无能，滥竽充数者居多，其品行学问可想而知，何堪师表？一院之长尚且如此，院内肄业生童荒废学业、不学无术者更众。由于肄业生童寒素者居多，为了使其安心学习，书院往往给予一定的经济补贴，并且额外奖励考试成绩优异者。历朝历代都不乏为功名利禄所诱之士人，“将一身有用之精神销磨于无用之制艺。幸而早遂显扬，犹得讲求时事，不幸而文章憎命，落魄终身”。① 时至腐朽的晚清，甚至有人专门为了膏火而“求学”于书院，书院成了救济所、养老院，失去了其作为学术和教育机构的存在价值。“今之书院之流失，不特肄业之生徒敝敝焉淫心致力于帖括，以争此铢两之高下，即为之师者，大都嚜杘衰朽以营求得之，遥领而豢养焉。师师友友，曾不识人间有羞耻事，此何异于养济之局、孤贫之院也哉。”②

此外，书院的规章制度执行不力，形同虚设；经费管理一塌糊涂，又常被官吏巧取侵吞。凡此种种，弊病横生，风烛残年的书院吃力地苟延残喘，行走于生死边缘。譬如乾隆十一年建于抚宁县的骊城书院“……书院遂废，董事人将此地一顷二十余亩私换杨树巷地十五亩”。③ 由于地方官吏和士绅的管理不善而导致书院衰败的案例也是举不胜举。譬如望都县的尧台书院，由于“邑宰疲于差务，弗暇劝学，学田百余亩，奸胥侵蚀殆尽，院宇倾圮，移瓦木而济他工，曾四十余年间，盖将鞠为茂草之场矣”④，后“受义和团运动、八国联军侵华特定背景影响，书院停办”。晋州的湘殷书院，由城内乡绅董襄主办，“后上官懋本私卖充公，仅余田七亩二分零九毫一丝，庄基五亩四分七厘六毫三丝三息。”⑤志书中未记录卖者身份及出于何种缘由，但不管怎样，光绪三十年（1904 年），以鼓城书院基址房宇改为县立高等小学堂。⑥ 南宫东阳书院的兴废与整顿情况，可以视为清代河北大量书院由于管理不善或经费不继而屡建屡废、困顿曲折遭遇的一个侧影。史志资料对此又有补记，摘录如下：

> 东阳书院有学田顷数十亩，又得学宫、按院地十顷余，以作经费。乾隆末年间，此项膏火银两竟化子虚。乃浸衰浸息，山长虚设，斋室渐就顷圮。嘉庆二十年（1815 年）重修不久，未延山长，书院又几废。道光七年（1827 年）知县召邑绅谋所以经久之策，……严立条规，杜绝弊端，内有稽查，经费优裕，自三月开课，生童至二百余人。⑦

在导致河北书院走向衰败最终改制的各种积弊中，最为致命的莫过于书院不合时宜的教育制度。在整个国家面临着西方列强的瓜分，民族存亡悬于一线的危机之下，书院依旧固守着千年

① 陈谷嘉、邓洪波.中国书院史资料（下册）.杭州：浙江教育出版社，1998.1969.
② （清）汤震.书院.见：陈谷嘉、邓洪波.中国书院史资料（下册）.杭州：浙江教育出版社，1998.1962.
③ （清）张上和修，史梦兰纂.抚宁县志·卷 5“学校志”.光绪三年刻本.
④ （清）陈洪书原本，李星野重订.望都县志·卷 2“书院志”.光绪三十年刻本.
⑤ 孟昭章修，李瀚如纂.（民国）晋县志·卷 2“学校志”.民国十六年刻本.
⑥ 孟昭章修，李瀚如纂.（民国）晋县志·卷 2“学校志”.民国十六年刻本.
⑦ 河北省地方志编纂委员会.河北省志·教育志.北京：中华书局，1995.44.

不变的传统,津津于八股时文与科举考试,其教学内容、教学方法和培养目标与时局格格不入,亦不能满足国家培养救亡图存的人才的迫切需要。清末轰轰烈烈的洋务运动和戊戌变法,将学习西方的思想蔓延至全国。无论是洋务派的代表张之洞或是维新派学者康有为、梁启超,都站在挽救社会危机、促进社会变革的立场之上,在改革传统教育方面,发出了最为强烈的呼声。与此同时适应日益变化的形势需求,培养新式人才几乎成为全社会的共识。改革传统书院,已经成为当务之急。

(二)书院官学化和科举化严重

作为一种教育机构,书院自产生之日起,就与国家的抡才大典——科举取士——有着割舍不清的关系。由唐至清,官学一直是科举的附庸,而书院向来以反科举、崇自由而独立于官学之外,其独特的魅力吸引着众多名师大儒和平凡士子的关注。它细微如私学却不陷于偏僻狭隘,正统似官学却不失其自由灵活。然而到了清代,尤其是清中叶之后,河北书院却表现出严重的官学化和科举化的倾向,各级书院几乎全部被官方所把持,逐渐同官学一样沦为科举的附庸。

书院的官学化和科举化导致了一系列严重的不良后果。首先,连续不断的书院考试以及国家科举代替学术研究和交流成为书院最为主要的教学活动。考试制度于实行之初确实对生童的学习起到过一定的激励作用,也有助于评定学生的成绩和加强书院的管理。然而晚清时期教师和学生把侧重点完全放在如何应付考试之上,学术交流和研讨不再重要,这样就使得考试失去了其原有的积极价值。譬如井陉县的皆山书院,“其授课时间,全年除正月腊月停课外,其余每月课试四次,计官课一次,堂课二次,诗赋课一次。官课定于每月十八日举行,例由知县亲临书院课试。堂课于每月初八、二十八举行,由书院山长课试。诗赋课于每月十三日举行,由书院山长课试。本地生员多不住院,也非每天皆住,并不是在书院读书上课,而是自学修业到书院应考,参加岁试与科试,以取得参加乡试的资格”。① 一些书院几乎演变成单纯的考试机构,山长、院长甚至教师有名无实,常年不到院,即便是到院也只是为了参加考试。栾城县龙冈书院的章程记录了更为详细的考试时间和方式:“每月初二日官课一次,十七日馆课一次,作为正课,在院扃试,专试制艺试帖。初九日、二十四日两日散课二次,一由本县出题,一由山长出题,一文外,或论辩经解策赋,不拘一体。其不在院肄业者,准其领卷出院,现次日交卷。”②邢台市清河县的信成书院也有相应的描述:“每月课期生童群集分初三日,十八日两次,初三为官课,县官莅书院点名发题,生童各四子书题,一试帖诗题,一由官评定甲乙,十八为师课,则由山长发题评定甲乙。”③如此频繁的考试将书院师生束缚于艰涩无用的故纸堆中,根本无暇顾及八股之外的大千世界。统治阶级利用科举进行思想统治的计策可谓高明至极。其次,书院官学化以及由此而成为科举的附庸的现实,使得书院的教育教学活动离人们的日常生活越来越远,所学知识空疏无用,难以得到广大士人的接受和认可。书院不再能够适应历史进步的潮流,尤其是在清末新式学堂出现以后,书院的落后、僵化等弊病更

① 崔治先.井陉县教育志.石家庄:河北人民出版社,1991.28.

② (清)陈咏修,张惇德等撰.(光绪)唐县志・卷4“书院志”.光绪四年刻本.

③ 张福谦等修,赵鼎铭纂.(民国)清河县志・卷8“教育志”.民国二十三刻本.

加暴露无遗，难以培养社会所需要的人才，最终成为社会进步的障碍。

三、新式学堂和教会学校的冲击

晚清国门的被迫打开，西方近代的教育思想、理念、制度和内容等在以坚船利炮为先导和后盾的情形之下汹涌而来，席卷了近代中国封建教育的各个领域，冲刷着千百年来不曾洗去的污垢。与此同时，中国驻外官员和留学生也主动接触和引进西方的教育思想和教育理论，19世纪广泛传播的维新思想将这场波澜壮阔的运动推向高潮。新式学堂作为一种新型的教育机构出现在人们的视野，其教学内容的新颖丰富、实用科学，培养目标的讲求实学、博通时务适应了河北地区乃至全国各地社会生产和生活的需要，顺应了时代的潮流。

1862年，京师同文馆的设立使新式教育走上了历史舞台，在它的影响下，洋务派在各地相继创立了各类新式的实业学堂，较为著名的有上海广方言馆(1863年)、福建船政学堂(1866年)、上海机器学堂(1876年)、天津电报学堂(1880年)、北洋水师学堂(1881年)等。这些新式学堂比较讲究实用，获得了思想进步人士的青睐，加上统治者的支持，清末新式学堂的数量与日俱增。"甲午之前，官办新学堂平均每年只增加1所，而甲午后五年(1895—1899)官办或民办的新式学堂平均每年增加21所以上，总计共增加了107所。"①清代直隶的首府保定也逐渐出现了一批新式学堂。光绪二十八年(1902年)的北洋行营将弁学堂、光绪二十四年(1898年)创建的畿辅大学堂(后改为直隶高等学堂)是直隶省及全国最早设立的高等学堂之一；建于光绪二十八年(1902年)的直隶师范学堂是全国最早开办的师范学堂之一；光绪二十九年(1903年)的北洋速成武备学堂以及光绪三十二年(1906年)的保定军官学堂，是当时几所较为大型的军事学堂。此外，保定府还陆续创办了直隶农务学堂、直隶法政学堂、医学堂、蒙养学堂等一系列的新式学堂。需要特别指出的是光绪三十四年(1908年)，清苑知县黄国俊(莲池书院院长黄彭年之子)在七圣庵、养病堂、兴善寺旧址筹建了保定聋哑学堂，②这是保定第一所实施特殊教育的学校。显而易见，晚清河北的新式学堂类型之多样，层次之鲜明，是落后的书院望尘莫及的。在保定府的引领之下，河北其他地区的学堂建设也渐入佳境。这些新式学堂所要培养的是能够适应时代潮流的实用型人才，从教学到管理都采用较为先进的理念和方法。尽管他们数量有限，也没有形成完整的体系，但它们第一次把"西学"付诸实践，在办学目标、招生、学习年限、考试、学生毕业后的任用以及学校管理等方面都有了新的举措，这些新式学堂与腐朽的书院形成了鲜明的对比，他们是资本主义教育制度在中国实施的先声，无疑给书院带来了强烈的外部冲击。③ 相形之下，古老的书院愈显老态龙钟、腐败落后，再也无法恢复千百年来曾于人们心中建立起来的高大形象。

自西方传教士的脚步踏上中国领土的那一刻起，到清朝结束的将近半个世纪的时间里，传教士的传教活动从来就没有停止过。教育作为在华传教士的一项工作内容，长期以来被列为传教事

① 中国近代文化史丛书编委会.中国近代文化问题.北京：中华书局，1989.171.

② 河北省保定市地方志编纂委员会编.保定市志(第四册).北京：方志出版社，1999.179.

③ 张淑芳.晚清书院改制.河北大学硕士学位论文，2007.19.

业中的重中之重。尤其是咸丰八年(1858年)签订的《天津条约》准许外国人到中国内地游历、传教之后,西方传教士的活动更加活跃,他们企图通过教会书院和教会学校将西方的思想、制度、观念等渗透于中国知识分子的头脑,进而影响和控制中国教育的发展。可以说,"教会学校或教会所办的各类教育事业,是帝国主义列强对我国进行文化侵略政策的最重要的也是最大量的手段"。① 晚清教会学校大多散布在福州、澳门、香港、上海、宁波、广州等沿海城市,而河北境内也曾出现教会书院的身影,兹举三例,以见其概。光绪十五年(1889年),天主教保定总铎法籍林懋德创办教会师范学校。光绪二十七年(1901年),保定基督教会先后在南关设同仁学堂和培基女校,培养教会布道人员。② 唐山的华英书院是由英国传教士韩荫士于光绪二十八年(1902年)创办,虽然名曰书院,然而徒有书院之名,实为一所初级小学。③ 虽然这些教会学校建立的初衷倾向于培养教会的信徒,然而除去浓厚的宗教气氛,这些教会学校确实曾致力于向中国介绍西方近代自然科学知识和近代学校的课程内容、管理制度和方法,培养了大批实用人才,冲击了以书院教育为代表的旧式教育。面对新式学堂和教会学校的联合冲击,书院难以招架与抗颜,固守的最后防线终于轰然倒塌。

第二节　书院的正式改制

书院改学堂顺应了中国近代教育的发展趋势,虽然过程几经波折,几经磨难,反动守旧势力曾几度试图将历史的车轮拉回逆转,然而书院改制毕竟是一场符合历史发展潮流的运动,最终以不可阻挡之势完成了艰难的蜕变。综观而言,清末全国范围的书院改制经历了一个"改制—照旧办理—再次改制"的曲折过程,这其中种种的反复与波折,河北的书院概莫能免。

一、"戊戌"时期的书院改制

光绪二十二年(1896年)五月初二日,刑部左侍郎李端棻上书《请推广学校折》,提出"自京师以及各省府州县皆设学堂"。这种观点在当时虽未被否决,然而也仅是由各府县绅耆"查度情形,妥筹办理","或就原有书院量加课程,或另建书院肄习专门",虽未唤起当局足够的重视,却引发了各省热议,一时之间,请求整顿书院、变革书院为学堂的奏折铺天盖地地涌向清廷。是年六月,先有胡聘之《请变通书院章程折》,称:

> 奏为时事多艰,需才孔亟,拟请变通书院章程,并课天算格致等学,以裨实用,恭折仰启圣鉴事。
>
> ……

---

① 李楚才.帝国主义侵华教育史资料——教会教育.北京:教育科学出版社,1987.1.

② 河北省保定市地方志编纂委员会编.保定市志(第四册).北京:方志出版社,1999.176—177.

③ 河北省唐山市地方志编纂委员会编.唐山市志(第五卷).北京:方志出版社,1999.2809.

钦尊查升任顺天府府尹胡燏棻等条奏内，如练兵筹饷诸大端，皆为当今急务，应由臣酌核情形，此地奏明办理。惟裁改书院一事，关系人才之消长，学术之纯疵，不可不熟筹审议。夫国家书院之设，固欲多方造就，广育人才，以备任使。自教失其道，名存实亡，合天下书院，养士无虑数万人，而朝廷不免乏才之叹，从而议裁议政，畴曰不宜。然苟不控其本，眩于新法，标以西学之名，督以西士之教，势必举中国圣人数千年递传之道术而尽弃之，变本加厉，流弊何以底止。

……

方今外患迭起，创巨痛深，固宜有穷变通久之方，以因时而立政，但能不悖于正道，无妨兼取乎新法。顾深诋新学者，既滞于通今，未能一发其扃钥；过尊西学者，又轻于蔑古，不惮自决其藩篱，欲救二者之偏失，则惟有善变书院之法而已。

查近书院之弊，或空谈讲学，或溺志词章，既皆无裨实用，其下者专摹帖括，注意膏奖，志趣卑陋，安望有所成就？宜将原设之额，大加裁汰，每月诗文等课，酌量并减，然后综核经费，更定章程，延硕学通儒，为之教授。研究经义，以穷其理，博综史事，以观其变。由是参考时务，兼习算学，凡天文、地舆、农务、兵事，与夫一切有用之学，统归格致之中，分门探讨，务臻其奥。此外水师、武备、船炮、器械，及工技制造等类，尽可另立学堂，交资互益，以儒学书院会众理以挈其纲维，而以各项学堂操众事以效其职业，必贯通所有宰属，然后本末不嫌于倒置，体用不至于乖违。

今幸明奉谕旨，办法条陈，整顿书院，诚为陶冶人才之大机。臣等与学臣钱骏祥再四筹商，拟就令德书院，另订条规，添设算学等课，择院生能学者，按名注籍，优给膏奖。省外各府属，如有可造之士，由臣与学臣随同甄录调院。并于天津、上海，广购译刻天算格致诸书，俾资讲求。其一切费用，即于各书院汰额减课项下量为挹注，或有不敷，由臣等设法捐筹，不另开销公帑，庶经费省而易集，课程立而人知奋。遇有才能超越，新法明通，兼达时务者，不拘年限，由臣咨送总理衙门考试，以备器使。此外学者有心得算法通晓者，准令分教外府属各书院，递相传习，借资鼓舞，如此变通办理，自可收实效而祛流弊。

拟请旨饬下各省督抚，于现在所有书院，详议推行，不惟其名惟其实，不务其侈务其精，收礼失求野之近效，峻用夷变夏之大防，学术愈纯，人才日众，庶几自强之道，无在外求矣。臣愚昧之见，是否有当，谨会同山西学政臣钱骏祥，恭折具陈，伏乞皇上圣鉴训示。谨奏。①

九月又有《礼部议复整顿各省书院折》，如此上奏：

查原奏内称"国势之强弱视乎人才，人才之盛衰系乎学校。欲补学校之所不逮而切实可行者，莫如整顿书院之一法。各省书院之设，每府州县多或三四所，少亦一二所；其陶成后进

① （清）麦仲华.皇朝经世文新编·卷五.清光绪二十四年上海大同译书局刊本.

为最多,其转移风气亦甚捷。整顿书院约有三端:一曰定课程……一曰重师道……一曰核经费……此整顿书院之大概章程也。”

……现拟整顿书院,采西学之长而仍以中学为根柢,体用兼备,洵足以储远大之材。惟如该侍讲学士所奏诸生中学业有成者,乡试时由学政造册咨送监临,于卷面另加标识经学、史学等字样,待考官酌定取中等语,按之科场条例,殊多窒碍难行。至算学、译学别设专科,尤非一时所能遽议。

臣等公同商酌,拟仍查照光绪十三年会议成案,各省监生有通晓算法及格致等学者,由学政考取咨送总理各国事务衙门,复加考验,录送顺天乡试,不分满合贝皿等号,均编入算学字号,与通场士子一同试以时文、策问,每二十名取中一名。如果人数众多,文理优长,请毋庸拘定三名限制,以广其等进之路。至三场试策,一切时务并无例禁命题,明文嗣后乡试策问,应准考官兼问时务,除语涉讥刺、标榜仍屏斥不录外,如有精通中外各学,而试论恢宏,实能自抒所见者,即首次场文字稍平,亦准酌量取中。又学政经古场内已有考试算学之例,并令兼试时务策论,录取者予以补廪入泮。其省会书院肄业各生有学问渊通、材艺卓著者,准山长随时咨送学政存记。此外,考选优生及选拔各场,亦以通经致用为主,不得仍沿旧习,专于诗赋楷法中求材。以上各节,亦第就科举成法量为扩充,而推行尚无流弊,该督抚学政等果能留心培植,甄别真材,风气既开,人才亦当日出矣。①

此外还有康有为的《请饬各省改书院淫祠为学堂折》、翰林院侍讲学士秦绶章之的《请整顿各省书院预诸人才折》以及光绪二十三年(1897 年)梁启超的《上南皮张尚书论改书院课程书》等,书院改革已经是箭在弦上不得不发。甲午中日战争之后,书院改制经过了一段时间的酝酿,基本上在社会各界达成共识,然而在书院如何变革的问题上,却存在着不同的认识。根据史籍记载,大体上可归纳为以下三种方案:

(一)书院改学堂

这是清末书院改革当中最早送报朝廷也是最具革命性的一种改革方案。这一主张最先是由郑观应提出的,他在光绪十二年(1886 年)至十八年(1892 年)期间编撰的《盛世危言》一书中写道:“中国自州、县、省会、京师各有学官书院,莫若仍其制而扩充之,仿照泰西程式,稍为变通:文、武各分大、中、小三等。设于各州、县者为小学,设于各府、省会者为中学,设于京师者为大学。”②这可以看作是对书院改学堂意见的最初的表述,但是由于该书一直到 1894 年才得以刊行发表,所以郑的观点在较长时间里未能引起较大反响。书院改学堂的主张真正产生实际社会影响,是在光绪二十一年(1895 年)顺天府府尹胡燏棻重新提出后。胡燏棻在《变法自强疏》中提出要“设立学堂以储人材也”:

---

① (清)王树敏、王延熙.皇朝道咸同光奏议・卷七.清光绪二十八年上海久敬斋石印本.

② 夏东元.郑观应集(上册).上海:上海人民出版社,1982.299.

泰西各邦,人材辈出,其大本大源,全在广设学堂。商有学堂,则操奇计赢之术日娴。工有学堂,则创造利用之智日辟。农桑有学堂,则树艺饲畜之利日溥。矿务有学堂,则宝藏之富日兴。医有学堂,则生养之道日进。声光化电各项格致有学堂,则新理新物日出而不穷。水师陆师各项武备有学堂,则战守攻取日习而益熟。乃至女子亦有塾政,聋哑亦有教法,以故国无弃民,地无废材,富强之基,由斯而立。至其学堂之制,不必尽由官设,民间绅富,亦共集资举办,但国家设大书院以考取之。今中国各省书院义塾,制亦大备,乃于八股试帖诗赋经义而外,一无讲求,又明知其无用,而徒以法令所在,相沿不改,人材消耗,实由于此。

拟请特旨通饬各直省督抚,务必破除成见,设法变更,弃章句小儒之习,求经济匡世之材。应先举省会书院,归并裁改,创立各项学堂,将现在京师总署上海制造局已译各种西学之书,分印颁发;一面仍广译格致新闻,及近年新出西史,延积学之西士,及中国久于西学有成之人,为之教习。尤必朝廷妥定考取章程。垂为令典,务使民间有一种之学,国家即有一途之用,数年以后,民智渐开,然后由省而府而县,递为推广,将大小各书院,一律裁改,开设各项学堂。……

日本自维新以来,不过一二十年,而国富民强,为泰西所推服,是广兴学校,力行西法之明验。今日中国关键,全系乎此,益人材为国家根本,盛衰之机,互相倚伏,正不得谓功效之迂远也。①

而后,考虑到清末政府财政拮据,难以支付新设学堂的巨额费用,刑部左侍郎李端棻在光绪二十二年(1896年)五月的《奏请推广学校折》中也提出过书院改学堂的建议:

窃臣闻国于天地,必有兴立,言人才之多寡,系国势之强弱也。

……

惟育才之法匪限于一途,作人之风当遍于率土;臣请推广此意,自京师以及各省府州县皆设学堂,府州县学,选民间俊秀子弟年十二至二十者入学,其诸生以上欲学者听之。

或疑似此兴作,所废必多。今国家正值患贫,何处筹此巨款?臣查各省及府州县率有书院,岁调生徒入院肄业,聘师讲授,意美法良,惟奉行既久,积习日深,多课帖括,难育异才。今可令每省每县各改其一院,增广功课,变通章程,以为学堂。书院旧有公款,其有不足,始拨官款补之。因旧增广,则事顺而易行,就近分筹,则需少而易集。②

光绪二十四年五月十五日(1898年7月3日)康有为上书光绪皇帝《请饬各省改书院淫祠为学堂折》,这样叙述:

---

① 朱有瓛.中国近代学制史料·第一辑(下册).上海:华东师范大学出版社,1986.473.

② (清)朱寿朋.光绪朝东华录·四.见:陈谷嘉、邓洪波.中国书院史资料(下册).杭州:浙江教育出版社,1998.1980—1982.

奏为请改直省书院为中学堂，乡邑淫祠为小学堂，令小民六岁皆入学，以广教育，以成人才……窃顷迭奉上谕，开办大学堂，停止八股，举行经济常科，仰见我皇上除旧布新、兴学育才至意。泰西变法三百年而强，日本变法三十年而强，我中国之地大民众，若能大变法，三年而立。欲使三年而立，必使全国四万万之民，皆出于学而后智开而才足。我皇上若辨之既明，审之既定，行之以勇，则与二三大臣，聚精会神于兴乡学而开民智之事，昼夜课功，以全力赴之，其效之大小，必有与皇上心力之多寡以相应者。臣为我皇上思兴学至速之法，凡有二焉：我各直省及府州县，咸有书院，多者十数所，少者一二所，其民间亦有公立书院、义学、社学、学塾，皆有经费。惜所课皆八股试帖之业，所延多庸陋之师，或拥席不讲，坐受脯脩者。其省会间有及考据词章之学者，天下数所而已。师徒万千，日相率为无用之学，故经费虽少，虚糜则多。今既罢弃八股，而大学堂经济常科皆须小学、中学之升擢，而中学、小学直省无之，莫若因省府州县乡邑公私现有之书院、义学、社学、学塾，皆改为兼习中西之学校，省会之大书院改为高等学，府州县之书院为中等学，义学、社学为小学。①

康有为在奏折当中提出了两条“兴学至速之法”，一条是改祠堂寺庙为学堂，另一条将书院改为兼习中西学的学堂。七天之后，即光绪二十四年五月二十二日(1898 年 7 月 10 日)，光绪皇帝下令发布《改书院为学校上谕》，可见不想成为亡国之君的光绪皇帝采纳了康有为的意见，书院改学堂的主张经历了数十载的风雨历程，终于变成最高统治者的谕令，该谕令称：

前经降旨开办京师大学堂，入学肄业者由中学、小学以次而升，必有成效可睹。惟各省中学、小学尚未一律开办，总计各直省省会及府厅州县无不各有书院。著各该督抚督饬地方官各将所属书院处所、经费数目，限两个月详复具奏，即将各省府厅州县现有之大小书院，一律改为兼习中学、西学之学校。至于学校阶级，自应以省会之大书院为高等学，郡城之书院为中等学，州县之书院为小学，皆颁给京师大学堂章程，令其仿照办理。其地方自行捐办之义学、社学等，亦令一律中西兼习，以广造就。至各书院需用经费，如上海电报局、招商局及广东闱姓捐，颇有溢款，此外陋规滥费当亦不少。著该督抚尽数提作各学堂经费。各省绅民如能捐建学堂或广为劝募，准各督抚按照筹捐数目酌量奏请给奖，其有独立措捐巨款者，朕必予以破格之赏。所有中学、小学应读之书，仍遵前谕，由官设局编译中外西书颁发遵行。至于民间祠庙，其有不在祀典者，即著由地方官晓谕民间，一律改为学堂，以节糜费而隆教育。似此实力振兴，庶几风气遍开，人无不学，学无不实，用副朝廷爱养成材至意，将此通谕知之。②

该诏令要求将书院改为新式学堂：省会书院改为高等学堂，州府县书院改为中等学堂，义学、

① 知新报·第 63 册.见：陈谷嘉、邓洪波.中国书院史资料(下册).杭州：浙江教育出版社，1998.2466—2468.

② (清)朱寿朋.光绪朝东华录·四.见：陈谷嘉、邓洪波.中国书院史资料(下册).杭州：浙江教育出版社，1998.2482—2484.

社学改为小学堂。这些对书院改制的设想作为“百日维新”改革的重要内容,伴随着戊戌改制的昙花一现而归于沉寂。

(二)变通整顿书院

这是清末书院改革的意见当中较为保守的一种,持这种主张的代表人物主要是山西巡抚胡聘之、山西学政钱俊祥以及翰林院庶吉熊希龄和侍讲学士秦绶章。持这种观点者能够看到晚清书院的种种弊端,以及西学的先进之处,然而又无法抛弃千百年的传统观念,固守着“中学为体”的最后堤防,认为书院改革为学堂有损于华夏子孙多年来星火传递的儒学道术。然而腐朽的书院显然已经成为社会前进的障碍,不得不改,但是要坚决反对惟西学独尊的倾向,所以胡聘之、秦绶章等自认为站在较为中立的立场之上,提出了变通整顿传统书院的方案。

在具体如何整顿书院的问题上,每个人的观点不尽相同。山西巡抚胡聘之和山西学政钱俊祥主张通过变通书院章程以整顿书院,增加天文、算学、格致等实用学科;翰林院庶吉熊希龄认为改革的重点应放在师道及经费等问题之上;翰林院侍讲学士秦绶章的意见影响较大。他提出了三条整顿书院的措施:定课程、重师道和核经费。变通整顿书院的方案得到了社会广泛的响应,影响范围也较为深远。

(三)创建新型实学书院

该方案较为稳妥,改革的力度也相对缓和,同样也得到了清廷的认可。这种观点是光绪二十二年(1896年)四月十二日,由陕西巡抚张汝梅、学政赵维熙共同提出的。该奏折称:

> 窃维:世运之升降,视乎人材;人材之振兴,资于学校。书院者,所以辅学校之不逮也。陕西为文献旧邦,名臣大儒史不绝书,我朝教泽涵濡二百余年,尤称极盛。近经兵燹之余,元气未复,而关中宏道、味经各书院肄业诸生,多能讲求实学,研精典籍。盖陕人心质直而气果毅,贫不废读,故易于有成。惟其所服习者,经史之外,制艺、诗赋而已;明体或不能达用,考古或未必通今。迩来时局多艰,需材尤急,自非储其用于平日,万难收其效于临时。
>
> 兹据书院肄业举人邢延英、成安,生员孙澄海、张象咏等联名恳自筹款项,创建格致实学书院,延聘名师,广购古今致用诸书,分门研习,按日程功,不必限定中学西学,但期有裨实用,如天文、地舆、吏治、格致、制造等类,互相讲求,久之自能洞彻源流,以上备国家之采择各等情前来。
>
> ……
>
> 进来讲求实学,风气一变,然自京师之同文馆而外,如天津等处之武备各学堂,类皆选取幼童俾习西学,其于经籍典章未遑学问,恐亦难期得力。今该举人等请设书院,由学政调取年少聪颖之生员而肄习之,庶根底既深,程功更易,久之授受渐广,风气渐开,未必无杰出之才奋发而起,似于培植人材之方不无裨益。如蒙俞允,再由臣等商酌办理,敦请博通今古、体用兼备之儒主讲其中,分科学习,严定章程,总期不事空谈,专求实获,庶仰副圣主崇尚实学之圣意。所有据情请建书院缘由,谨会同署陕甘总督臣陶模合词具陈,伏乞皇上圣鉴训示。再,

此折系臣赵维熙主稿，合并陈明。谨奏。①

光绪二十四年(1898年)四月，直隶总督王文韶上奏清廷，创建畿辅大学堂，但是因为请不到能担任大学理科教程的教员而未能开学。持这种观念的人同样也认识到书院的腐朽和落后，但是他们认为改革的重点不在于整顿传统的书院。因为书院所有的弊病都是积习已久，整顿并不是一朝一夕就能够见效的。相对而言，另辟蹊径创设学习经世致用之学的新型书院更加稳妥，也更易见成效。

对于上述三种改革方案，清廷的做法颇能体现兼容并包的精神，并没有明确表示支持或反对，而是要求各省府州县根据自身的具体情况酌情办理。至于各省督抚学政如何根据当地的情况，采纳何种意见，如何对书院进行改革，各地做法不尽相同。清末直隶总督荣禄根据河北的具体情况，于光绪二十四年(1898年)七月二十一日将河北书院具体的改制方案上奏清廷，内容如下：

大学士北洋大臣直隶总督奴才荣禄跪奏，为直隶筹办学堂大概情形，恭折复陈，仰祈圣鉴事。

伏查直隶于本年四月间，在保定省城创建畿辅学堂。由外府州县考选年少聪颖，曾经入学者四十名，入堂肄业，作为正额；另选备取二三十名，俟有额缺，俟次请补。经费充裕，再行陆续添选。学堂正课，除经史外，兼习西国语言文字、图算、格致等项。现奉旨将各处书院一律改为学堂，当即督饬各该司道详加筹议。保定省城，向有莲池书院，规模宏大，肄业士子甚众，应即遵旨改为省会高等学堂。其新设之畿辅学堂，改为保阳郡城中等学堂。……至学堂延聘教习，购置图籍仪器，及生徒薪膳一切用费，需款甚巨。除各书院原有经费外，不敷之数，应由奴才督饬司道设法筹拨。综计保定、天津共已设立大小学堂七处，洵足为各属倡导。其外属府厅州县，地方有繁简，书院即有大小，应饬体察情形，分别设立学堂。先行试办，由浅入深，一切功课，均仍遵照京师大学堂颁行章程，认真开办。各书院原有经费，如不敷用，由地方官督饬绅民自行筹劝。

查此次改设学堂，中西并重，但各堂概习西文，则考求学术，取径较迂；而延聘洋师，需费尤巨。是研究西学，应以翻译西书为本原。中学之书，除四书五经外，将历代史舆、地志、九通等书，编为读本。西学之书，将算数、格致、外国舆图史鉴、工程矿学、声光电化等书，照西国学堂肄业次序，分为溥通学、专门两科，译成功课书，刊作定本，颁发各属学堂依次课授。县学堂均习溥通，仅备书籍，不备仪器；省府学堂须分习专门，所有测绘、格物、化学等仪器，均应购备。

各处学生，县学堂拟挑取聪颖文童，府学堂拟挑高等生员，省会高等学堂拟挑取各属举贡生监，酌定额数，分班肄业。每班设中学教习、西学教习各一员。每堂设监督一员。功课

---

① (清)麦仲华.皇朝经世文新编・卷五上.见：陈谷嘉、邓洪波.中国书院史资料・下册.杭州：浙江教育出版社，1998.2249—2250.

责成教习，学务责成监督。每月逢朔考中学，逢望考西学，年终由北洋大臣派员分赴各堂大考一次，严定去取。其出身等级，亦照京师大学堂奏定章程办理，以昭划一。

至各属绅民如有捐建学堂，广为劝募，即当按照筹捐数目奏请奖叙。庶几闻风鼓舞，渐推渐广，以仰副圣明兴贤育才之至意。①

可见，河北省大多数书院于“戊戌”书院改制中选择了改书院为学堂的方案，原因是多方面的：首先，书院发展至清代基本上已经取代官学成为社会上最主要的教育机构，聚集了大量的人才。在晚清激荡的社会变革下，风雨飘摇的清政府将希望寄托于所谓的新型人才，而人才转化的场所首选便是书院。第二，书院具备一定的物质条件和师资条件，甲午战败后的赔款已经令清政府的财政捉襟见肘，书院该学堂既无须大量的投入，又能短期达到广兴学校之目的，并且书院中有些教师是现成的，稍加改造即可胜任新式教育。第三，书院在改造“西学”上拥有得天独厚的优势，因为它有“清风朗朗”的学风，博大而深厚的中国传统文化基础，以它为重点消融“西学”似乎更得体、更放心。② 但是，由于当局者不够重视，或是出于经费的考虑，或者是由于其他条件的限制，这次书院改学堂的方案事实上并没有真正实施。据史料统计，就数量而言，晚清全国各省府州县对旧书院的变通整顿最为普遍。也许河北境内实际情况与当时其他地区没有多大差别，然而由于笔者所集资料不尽完备，并没有发现能够印证此观点的资料，因此只能作为一种想象和猜测，仅供读者参考。

二、“新政”时期的书院改制

戊戌变法期间的书院改制得到了全国范围内的响应，很多地方都计划或已经将书院改学堂的号召变为现实，近代中国教育开始焕发勃勃生机。然而由于以慈禧太后为代表的顽固保守派的阻挠与反对，光绪二十四年八月初六日(1898 年 9 月 21 日)的戊戌政变结束了这场轰轰烈烈的变法运动，并为其贴上了失败的标签。慈禧太后于九月三十日(11 月 13 日)发布懿旨，称“书院之设，原以讲求实学，并非专尚训诂词章，凡天文、舆地、兵法、算学等经世之务，皆儒生分内之事，学堂所学亦不外乎此，是书院之与学堂，名异实同，本不必定须更改”，故令各省书院照旧办理。

虽然经历了改制和照旧办理这样的波折过程，但是书院并未能挽回垂死挣扎的生命。书院改制已是大势所趋，不可回头。当义和团运动和民主革命派的武装起义风起云涌、八国联军疯狂入侵之时，摇摇欲坠的清政府几乎陷于灭顶之灾，加之“庚子事变”的重创，清廷想到利用“变法”的伎俩讨好各个帝国主义国家并协调统治集团内部各种势力的利益。于是，尚在“西狩”途中的慈禧以光绪皇帝的名义下罪己诏(1901 年 1 月 29 日)，认为积习相仍、因循粉饰才会带来奇耻大辱，决心切实整顿一切政事来图谋国家的富强。随后，清政府又陆续发布上谕，强调改革的紧迫性和重要性。此后，中国进入了长达十年的社会大变革时期，此即“清末新政”时期。

---

① 戊戌变法档案史料.见：陈谷嘉、邓洪波.中国书院史资料(下册).杭州：浙江教育出版社，1998.2475—2476.

② 张淑芳.晚清书院改制.河北大学硕士学位论文，2007.25.

在“新政”改革期间，兴学活动再次被提到了政府的工作日程上来，也促使政府开始关注办学体系的建立。改革科举是兴学活动的途径和手段。不少地方大员试图将改革科举作为变通书院、兴办新式学堂的突破口。为了将人才的选拔与培养集中在学校教育环节，人们感到必须建立起相应的近代教育体系，于是张之洞等人纷纷上奏，提出改书院为学堂的设想。① 光绪二十七年八月初二日(1901 年 9 月 14 日)，慈禧太后重新颁布了书院改制的诏令，时隔三年，书院改学堂再次成为最高统治者的谕令，通谕全国。诏令全文摘录如下：

> 人才为政事之本，作育人才，端在修明学术。历代以来学校之隆，皆以躬行道艺为重，故其时体用兼备，人才众多。近日士子，或空疏无用，或浮薄不实，如欲革除此弊，自非敬教劝学，无由感发兴起。除京师已设大学堂，应行切实整顿外，著各省所有书院，于省城均改设大学堂，各府及直隶州均改设中学堂，各州县均改设小学堂，并多设蒙养学堂。其教法当以四书五经纲常大义为主，以历代史鉴及中外政治艺学为辅，务使心术纯正，文行交修，博通时务，讲求实学，庶几植基立本，成德达材，用副朕图治作人之至意。著各该督抚学政，切实通饬，认真请班。所有礼延师长，妥定教规，及学生毕业，应如何选举鼓励，一切详细章程，著政务处咨行各省悉心酌议，会同礼部复核具奏，将此通谕知之。②

需要指出的是，光绪三十一年(1905 年)科举制度的废除，对书院改学堂是一个极大的促进。许多幻想通过科举入仕的人梦想破灭，原来那些对改制犹豫不决的书院终于不再观望，痛下决心改为学堂，所以书院改制于是年达到一个小的高潮。

总之，在中央政府的严令督饬之下，书院改制措施在各省陆陆续续执行，改制的浪潮已经以不可阻挡之势汹涌而来，但是在改制的过程当中所遇到的种种困难，不仅影响了改制的进度，更重要的是影响了改制的力度和深度。具体到河北，这些困难主要来自无章可循和缺乏必要的前期准备两个方面。③

首先，对于当局者而言，书院改制只不过是一道谕令。然而对于各地各级督抚学政来说，书院改制并没有具体的章法可循。河北的境况也是一样的，改革者看得到目标却寻不到抵达目标的途径，徒增枉然。所以很多情况下只是敷衍地进行了从书院到学堂名称上的转换，实际内容的转变程度并不乐观。

晚清河北书院改制所面临的另一个难题就是缺乏必要的前提准备。清末书院改制并不是简单的、独立的教育方面小修小补，它涉及的范围之广、影响之大是历代教育改革所不及的，其成败也被相关学者赋予事关社会变动和国家未来的深刻意义。重要如斯的改革，前期准备必不可少。这种前期准备包括思想舆论的铺垫、改革人员的就位以及所需材料的齐备等。晚清内忧外患的国

---

① 吴洪成、李占萍、苏国安.名胜之巨擘，文化之源泉——保定莲池书院研究.石家庄：河北人民出版社，2010.36.
② (清)朱寿朋.光绪朝东华录・四.陈谷嘉，邓洪波.中国书院史资料(下册).杭州：浙江教育出版社，1998.2489.
③ 刘少雪.书院改制与中国高等教育近代化.上海：上海交通大学出版社，2004.93.

情之下，清廷的软弱致使中国在与帝国主义国家的交涉之中节节败退。如果说一系列不平等条约的签订丧失的是中国的领土、主权和资源财富的话，那么顽固不化的当局者对爱国运动的镇压则熄灭了广大士人的爱国热情和改革图存的动力。

虽然书院改制之初遭遇到种种的困难，但是由于自1901年清政府推行“新政”改革，1902年至1906年，从“壬寅学制”“癸卯学制”教育法案规章的实施到1906年科举制的废除，学部独立的中央级教育行政机构的确立，已经建立完善的近代教育制度，发展近代教育是历史发展的必然趋势，因此，经过朝野上下的共同努力，清末新政时期全国范围的书院改制终于千呼万唤始出来，河北境内大规模书院改制也全面开始。

本书第五章中，河北各地重要书院的近代嬗变及改制转型已作了不同程度的梳理介绍，下面根据《河北教育大事记》的二次文献工具资料书，将其中内容作聚焦式集中反映，以收到取样来体现一般、整体的效果。

1901年，河间知府王守堃，召集乡绅会议，改瀛洲书院为河间府官立中学堂，招生70人，于10月15日开学。1912年(民国元年)改称河间府官立中学堂，1914年改称河间省立中学校，1917年改称直隶省立第三中学校，1928年(民国十七年)改称河北省立第三中学校。1933年改称河北省立河间初级中学校。

是年，全省开始设立官办小学堂。各县就旧有书院或庙宇祠堂改办小学，名为官立高等小学堂，修业年限定为四年。嗣后各乡镇相继设立初等小学堂，五年毕业。但以事属创举，人们多持怀疑态度，故入学者无多。入学年龄亦无限制，甚至高等小学堂学生年龄有在二十以上者，初等小学学生年龄在十四五左右。

是年，永平府(今卢龙县)之敬胜书院改设直隶官立永平府中学堂。1914年(民国三年)改称直隶省立第四中学校。1926年设立唐山分校。1928年卢龙本校校址被军队占据，乃迁并于唐山分校，改称河北省立第四中学，现为唐山市第一中学。中国共产党创始人之一的李大钊(乐亭县大黑坨村人)1905年入该校学习，后毕业于此。

是年，定州之定武书院改设为定武学堂，不久改称定州官立中学堂。1912年(民国元年)改为定县公立中学校。1913年改为直隶省立定县中学校，1917年改称直隶省立第九中学校。1928年改称河北省立第九中学校。1933年更名为河北省立定县初级中学校。现为河北省定州市中学。

是年，广平府之清晖书院改建为广平府官立中学堂，校址在永年县。1912年(民国元年)改称为广平府中学校。1917年改为直隶省立第十三中学校，1928年改称为河北省立第十三中学校。现为永年县中学。

是年，冀州信都书院改建为冀州中学堂。1914年(民国三年)改为直隶省立冀县中学校，1928年改称河北省立第十四中学校，1933年改为河北省立冀县初级中学校。1937年停办。1949年在十四中旧址设冀南建设学院，现为河北省冀县师范学校。

是年,赵州庆阳书院改建为赵州官立中学堂,1913 年(民国二年)改为直隶省立赵县中学,1917 年改称河北省立第十五中学校。1928 年改称河北省立第十五中学校,1933 年改为河北省立赵县初级中学校。1943 年国民党当局改建为县立农业工学校。国民党撤离时校舍被毁,1951 年重建校舍恢复为赵县中学。

是年,宣化府之柳川书院改建为宣化府中学堂。1914 年(民国三年)改称为直隶省立第十六中学校。现为宣化第一中学。

1903 年,大名府之天雄书院改建为大名府官立中学堂。1916 年(民国五年)改名为直隶省立大名中学校,1917 年改称直隶省立第十一中学校,1928 年改称河北省立第十一中学校,1933 年改为河北省立大名初级中学校。1937 年 11 月大名县沦陷,学校停办。

是年,正定府就恒阳书院旧址改设中学堂,1917 年改称直隶省立第七中学校,1928 年改称河北省立第七中学校,1933 年改称河北省正定中学校。①

下面又据笔者可查资料加以整理,可将相关信息以简洁的方式描述如下,既可对前面相关内容加以丰富,也可作为总结与全景浏览,具体情况见下表:

表 7—1　清代河北书院改学堂情况一览②

书院名称	所属地	改制具体情况
渥城书院	保定安新县	光绪二十九年(1903 年)改为新安高等小学堂
正义书院	保定容城县	宣统元年(1909 年)春,在书院旧址创办县立高等小学堂
堂阳书院	邢台新河县	光绪二十九年(1903 年)四月改为县立高等小学堂
宏州书院	张家口阳原县	光绪二十八年(1902 年)西宁县府奉令将宏州书院改为崇实学堂
湘股书院	石家庄晋州市	光绪三十年(1904 年)改为县立高等小学堂
涿鹿书院	张家口涿鹿县	光绪二十九年(1903 年),改为县立高等小学堂
澜阳书院	沧州吴桥县	光绪二十九年(1903 年)改为第一高等小学堂
棠荫书院	保定易县	光绪二十九年(1903 年)改为州立中学,民国三年改为省立第八中学
甘陵书院	衡水故城县	光绪二十八年(1902 年)易为县立高等小学堂
古邺书院	邯郸临漳县	光绪二十九年(1903 年)知县周秉彝将古邺书院改为县立高等小学堂
莲池书院	保定市	光绪三十年(1904 年)改校士馆,民国元年(1912 年)改为河北省立第二师范学校附属小学

① 周治华、钟毅主编.河北教育大事记(1840—1990).石家庄:河北人民出版社,1994.16、19、20、21、23.

② 本表资料来源:均根据本书“清代河北书院统计表”所列各书院所在地的地方志.

续表 1

书院名称	所属地	改制具体情况
瀛南书院	沧州泊头市	光绪二十九年(1903 年)改名为求实小学堂,随后改称官立高等小学堂
龙泉书院	石家庄行唐县	光绪二十八年(1902 年)改为官办初等小学堂
南池书院	石家庄辛集市	光绪三十年(1904 年)改为束鹿县速成师范传习所和模范学堂
香鱼书院	沧州盐山县	光绪末改为学堂
毓英书院	邯郸曲周县	光绪三十年(1904 年)改称毓英学堂,三十二年(1906 年)改称县立高等小学堂
千秋书院	石家庄高邑县	光绪三十年(1904 年)改为高级小学堂
萃升书院	衡水武强县	宣统二年(1910 年)改建为县立第一所高级小学堂
邯山书院	邯郸市	光绪二十九年(1903 年),邑令龚彦师呈请将邯山书院改为高等小学堂
平泉书院	承德平泉县	光绪三十二年(1906 年)改为平泉州高等小学堂
敬胜书院	秦皇岛卢龙县	光绪二十八年(1902 年)知府管廷献改为校士馆,宣统元年立中学,旋改为第四中学堂
海阳书院	唐山滦县	光绪三十年(1904 年)改立高等小学堂
文瑞书院	衡水深州市	光绪二十八年(1902 年)改建为深州中学堂
浭阳书院	唐山丰润县	科举制度废除之后,浭阳书院旧址改为学堂
柳川书院	张家口宣化县	光绪二十八年(1902 年),宣化知府王守堃将柳川书院改为宣化府学堂,后改为宣化府中学堂
紫金书院	邯郸武安市	光绪二十九年(1903 年)改为紫金学堂,三十二年(1906 年)改为高等小学堂
燕平书院	保定定县	光绪二十八年(1902 年)改为高等小学堂
定武书院	保定定州市	光绪二十八年(1902 年)绅士王振垚、谷钟秀等改名为定武学堂,旋改为中学堂。1913 年改为省立第九中学
槐阳书院	邢台柏乡县	光绪二十九年(1903 年)改置高等小学堂,现为高级小学校
凤台书院	邢台广宗县	光绪三十年(1904 年)改为高等小学堂。民国九年(1920 年),改为县立高级女学校。
瑞灵书院	保定曲阳县	光绪二十九年(1903 年)改为小学堂。清光绪三十年(1904 年),改小学堂为高等小学堂
天桂书院	石家庄平山县	光绪二十八年(1902 年)改为小学堂,光绪三十年(1904 年)改称官立高等小学堂
鹿泉书院	石家庄鹿泉县	光绪二十七年(1901 年),改为高等小学堂
文蔚书院	张家口蔚县	光绪二十八年(1902)改为蔚州官立高等小学堂
永安书院	沧州青县	光绪二十九年(1903 年),改为青县县立初高级小学堂
滦江书院	承德滦平县	光绪三十年(1904 年)十月,改为小学堂

续表 2

书院名称	所属地	改制具体情况
信都书院	衡水冀州县	光绪二十八年(1902年)与五县合立中学堂。民国二年(1913年),中学堂改归省立。民国三年(1914年),定名曰省立第十四中学校
启秀书院	保定阜平县	清朝末年到民国年间,改建为城厢小学
经正书院	邢台清河县	光绪三十一年(1905年)春,改为县立高等小学堂
桃城书院	衡水市	光绪二十九年(1902年),改为衡水县公立高等小学堂
联晖书院	邯郸成安县	光绪末年,知县石之璞改为成安县高等小学堂
滏阳书院	邯郸磁县	停科兴学,即书院地址改设高等小学堂
温州书院	邢台沙河市	清末,改为官立高等小学堂
渤海书院	沧州沧县	光绪二十九年(1903年)在渤海书院旧址建高等小学堂,宣统三年(1911年),渤海书院改称“沧县县立女子完全小学”,今为沧州市实验学校
鸣泽书院	保定涿州市	光绪二十八年(1902年),改为鸣泽学堂,次年又改称涿州学堂。民国三年(1914)又改称官立两等小学校
经州书院	唐山玉田县	光绪三十一年(1905年)改建为玉田县官立高等小学堂
唐岩书院	保定唐县	光绪三十一年(1905)改建为唐县东关小学堂
东川书院	张家口阳原县	光绪二十九年(1903年)改为东川学堂
济公书院	邯郸邱县	民国十二年(1923年)七月改为曲周县第二完全小学校
圣泉书院	石家庄无极县	光绪二十九年(1903年)改为高等小学堂。翌年继建县师范讲习所,后改简易师范学校
观津书院	衡水武邑县	光绪三十一年(1905年)改为初等小学堂
河阳书院	保定定兴县	光绪三十一年(1905年)改为高等小学堂
碣阳书院	秦皇岛昌黎县	光绪二十九年(1903)改为高等小学堂
紫泉书院	保定高碑店	光绪二十九年(1903年)改设高等小学堂
广陵书院	廊坊文安县	光绪三十年(1904)改设官立高等小学堂
方城书院	廊坊固安县	光绪三十年(1904年)就其院址成立直隶顺天府固安县官立高等小学堂
榆关书院	秦皇岛	光绪二十八年(1902年)改为校士馆。光绪二十九年(1903年),校士馆更名为榆关小学堂
观津书院	沧州东光县	光绪三十年(1904年)改为国民高等小学堂
益昌书院	廊坊永清县	光绪二十七年(1901年)改建为永清小学堂
尊道书院	唐山乐亭县	光绪二十九年(1903年)改建为乐亭县官立高等小学堂
雄文书院	保定雄县	光绪二十九年(1903年)冬,改建为县立小学堂
敬义书院	衡水枣强县	光绪二十九年(1903年)改为高等小学堂

续表 3

书院名称	所属地	改制具体情况
育英书院	邢台邢台县	光绪三十年(1904 年),改为高等小学堂
中邱书院	邢台内邱县	光绪二十六年(1900 年),知县张知珠把旧中邱书院改建为高等小学堂
景羲书院	石家庄新乐县	清末,县将景羲书院改办成县立高等小学堂
渚阳书院	邢台任县	光绪二十九年(1903 年)改为学堂
两圣书院	沧州泊头市	民国四年(1915 年)重修,后改为黎明学校,现为交河镇西关小学
安新书院	保定安新县	光绪二十九年(1903 年)改为安州高等小学堂
滹南书院	石家庄藁城市	光绪三十一年(1905 年)改建为高级小学校
心香书院	唐山丰润县	废科举立学校时,丰润师范讲习所及丰润教育会均曾利用心香书院旧址
清漳书院	邯郸涉县	光绪二十八年(1902 年)改为高等小学堂,民国元年(1912 年)改为高等小学校
安昌书院	唐山迁安市	光绪二十八年(1902 年)改为高等小学堂,民国五年(1916 年)改为师范讲习所,今又改为乡村师范学校
香泉书院	石家庄深泽县	光绪三十年(1904 年)改建为县立高等小学校,简称"北高等"
卫阳书院	衡水故城县	光绪二十八年(1902 年)易为郑口初等小学堂
益津书院	廊坊霸县	光绪二十八年(1902 年),书院被改建为高等小学堂。民国二十一年(1932 年)春,在此成立霸县初级中学
忠孝书院	保定定州	光绪二十八年(1902 年)改为高等小学堂
贞文书院	保定安国市	光绪三十年(1904 年)改为高等小学堂
正学书院	邢台宁晋县	光绪三十一年(1905 年)知县刘本清改为官立模范小学堂
洨滨书院	邢台宁晋县	光绪二十九年(1903 年)改为官立高等小学堂
淑阳书院	廊坊香河县	光绪二十四年(1898 年)改为县立高级小学堂,属官办正规学校教育机构,民国初年演变成香河完全小学
龙岗书院	邢台市	光绪二十九年(1903 年),知府梁丹铭在龙岗书院旧址增地扩建,创立顺德中学堂
庆阳书院	石家庄赵县	光绪二十八年(1902 年),在庆阳书院创办赵州官立中学堂,民国六年(1917 年)九月,改称直隶省立第十五中学校
清风书院	沧州南皮县	光绪三十年(1904 年)改为县立高等学堂
益津书院	廊坊霸县	光绪二十八年(1902 年)改为初级中学堂
春晖书院	邢台清河县	民国初年改为学校
和阳书院	邢台南和县	光绪三十年(1904 年),杨鹤翔(清末拔贡)改和阳书院为县官立高等小学堂
皆山书院	石家庄井陉县	光绪三十年(1904 年)改为高等小学堂

续表 4

书院名称	所属地	改制具体情况
恒阳书院	石家庄正定县	光绪二十八年(1902 年)改为正定府中学堂,民国元年(1912 年)改称直隶省立第七中学,民国二十一年(1932 年)更名为河北省立正定中学
文清书院	石家庄元氏县	光绪三十年(1904 年)改为元氏县官立高等小学堂
燕山书院	唐山遵化市	光绪二十八年(1902 年)改为遵化州官立中学堂
崇正书院	邯郸广平县	光绪二十九年(1903 年)改为高等小学堂
瀛洲书院	沧州河间市	光绪二十七年(1901 年)改为河间府官立中学堂
洺阳书院	邢台威县	光绪三十年(1904 年)改为县立高级小学堂
近圣书院	衡水饶阳县	光绪二十九年(1903 年)改为县高等小学堂
尧台书院	保定望都县	光绪二十六年(1900 年)停办,1901 年,邑人麻孟海在旧书院基础上改设初等小学堂
二程书院	邯郸磁县	20 世纪头一个十年,废科兴学,即书院旧址改设高等小学堂
东阳书院	邢台南宫市	至科举既停以后,书院皆改为学堂,其经费亦全归教育局
广川书院	衡水景县	光绪二十八年(1902 年),遂改筑为高等小学堂
抡才书院	张家口市	清朝末年废科举,兴学校,抡才书院按学制要求改为学堂
万全书院	张家口万全县	光绪二十九年(1903 年),改为高等小学堂。

(资料来源:河北省各县市相关地方史志文献资料的相关内容)

上表所列的 100 所书院,也许并不能显示出晚清河北进行改制的书院的全貌,笔者只是撷取了所见部分地方志中有书院改制时间记载的。以下两种情况,均未采录入表。

首先,所修县志只记载"×年停办"或"今改为××学校",并没有明确或大致的改制时间记载的。如民国《大名县志》记载,"今贵乡书院已改为县立第一高等小学校"①;民国《邯郸县志》记载五星书院,"现改为第九十六初小学校"②;还有《徐水县志》载古遂书院,"今改为第一高级小学堂"③。另外一种情况是史料中只记有书院基金或产业归于某学校者。如民国《清河县教育志》所载作新书院,"经知事傅徵源与诸绅相商变卖于贾振绍为业,卖价归公"④;民国《文安县志》载广陵书院,"书院已作为高等小学校所有,旧日之款概归学校之用"⑤。显然这两种类型,基本上也属于改制书院。所以实际情况是,清末河北大多数书院都改办为新式学堂。

河北书院改制的高峰期发生在光绪二十八年(1902 年)至光绪三十一年(1905 年),并于光绪

① 程廷恒等修,洪家禄等纂.中国方志丛书·河北省·大名县志.台北:成文出版社,1934 年铅印本.391—393.
② 李世昌等纂修.中国方志丛书·河北省·邯郸县志.台北:成文出版社,1939 年刊本.511.
③ 刘延昌修,刘鸿书等纂.徐水县志·卷 5"教育志",1932 年刻本.
④ 新河县教育委员会.新河县教育志.北京:教育科学出版社,1994.30.
⑤ 陈桢修,李兰增等纂.中国方志丛书·河北省·文安县志.台北:成文出版社,1922 年铅印本.1230.

二十九年(1903年)达到高潮,这四年进行改制的书院分别占据清末河北改制书院总数的22%、28%、19%和7%,共计76%,占据半壁以上的江山。改制后的学堂以小学堂居多,约占总数的70%,具体情况见表7—2。可以说,河北书院改制的这些趋势与全国其他地区是一致的。

表7—2 清末河北书院改制时间分布表

年份 类型	光绪二十七年前	光绪二十七年	光绪二十八年	光绪二十九年	光绪三十年	光绪三十一年	光绪三十二年	宣统年间	民国以后	时间不详	合计	比例
中学堂	0	0	6	2	0	0	0	0	1	0	9	9%
小学堂	2	3	11	23	15	6	1	2	1	6	70	70%
其他[注1]	0	1	5	3	4	1	0	0	2	5	21	21%
合计	2	4	22	28	19	7	1	2	4	11	100	100%
比例	2%	4%	22%	28%	19%	7%	1%	2%	4%	11%	100%	-

(1. 包括校士馆、师范、存古学堂、经馆以及不详等情况。2. 表中书院改制的时间和类型,均取其最初的。)

河北书院改制为学堂后,在横向上形成校士馆、师范馆、存古学堂以及经馆等并列的类型,在纵向上形成小学堂、中学堂和大学堂三个学级层次。直隶的省会书院莲池书院于1904年被改为校士馆,而非大学堂,加之搜集到的史料有限,笔者并未发现河北境内书院改制为大学堂的记载,遗憾之余,做出推测,就清末全国的总体情况以及河北所处的地理位置及发展水平而言,晚清河北境内势必也会有大学堂的出现,只是数量相对较少而已。清末河北的新式教育呈现出以小学堂为基础,中学堂、大学堂的数量依次递减而层次依次递升的金字塔形结构。

由书院改办而成的新式学堂,展露出许多与众不同的新特征。当时,河北境内存在较多的是中学堂、高等小学堂和初等小学堂。这些学堂一般都仿照西方的学校模式进行经营和管理,这些学堂同全国其他地区一样实行1904年颁布的癸卯学制。在课程设置上,除了开设传统的修身、读经讲经、国文以外,还增设了算术、外语、历史、地理、几何、物理、化学、音乐等,有的学堂还加授手工、农业、商业、体操等科目。教材的选择也逐步统一起来,“清末,各级各类小学堂均采用官设编书局出版的统编课本。如初等小学堂以《孝经》《四书》《仪礼》节本为读经讲经科必读课本,高等小学堂以《诗经》《孝经》《易经》及《仪礼》之一篇为读经讲经科必读课本。”①自然科学的教材多是从外国翻译来的。教学方式仍然沿用传统的注入式。

师资匮乏曾经是阻碍新式学堂发展的最大障碍。学堂创设之初,一般由延聘科贡名流为师,这些不通西学的科举之士,后来都受命进修,学习新式学堂的教材和教法,然而仍不能满足新式学堂,尤其是高等学堂的师资要求,所以聘请洋人充当教习成为学堂师资的另一个重要途径。直隶

① 河北省保定市地方志编纂委员会编.保定市志(第四册).北京:方志出版社,1999.28.

总督袁世凯不惜花重金聘请洋教习,其中大多数是日本人。其中较著名的学者有担任北洋法政专门学堂教学工作的吉野作造和今井嘉幸,他们是后来日本大正民主运动的领导者。据统计,1901年中国共聘用26名日本人,其中13名在直隶工作。1904年聘用的218名日本人中,直隶省占85人。至1908年聘用的555人中,直隶占174人。聘请这些外籍教习、顾问,对于解决高等学堂师资缺乏,提高我国高等教育质量,是非常必要的。[①] 与此同时,清政府抓紧兴办师范学堂并派遣留学生培养自己的师资,新式学堂的师资来源遂即多元化。学堂的教师待遇非常优厚,加之中国向来有尊师重教的传统,其社会地位也相当高。

在河北境内旧书院改制的过程中,并不是所有的书院都能够符合时代潮流的要求,真正完成由旧式教育到新式教育的转变。也许是出于对旧式教育的依赖和眷恋,也许是由于对新式教育的怀疑和反感,有些书院表面上改革为新式学堂,然而其教育目标、教学内容等并没有脱离传统,更未从根本上进行近代化改制。1904年莲池书院改为校士馆,不设学堂科目,自由读书作文,虽然不以仕进为图,但也仅以保存国粹、传授桐城古文为目的,在当时新学方兴的情势之下,显得有些不协调。省级书院的改制尚且如此,其他地区书院改制中的保守程度可见一斑。正是这些保守书院的存在为落后的传统教育提供了最后的栖息地,使得晚清书院改制的背后拖着一条长长的封建性尾巴。书院改制存在着较为严重的不彻底性,这也充分显示出进行教育思想观念的转变是一项长期而艰巨的工程。

第三节　河北书院近代改制的历史影响

从武则天永昌元年(689年)以前满城县建立张说书院开始,河北境内出现了书院的身影,直到清末民初书院改制的完成,河北书院经历了大约一千三百年的历程,终于完成了在教育史上的使命,走到了历史的尽头。虽然清末的改制匆忙有余并且力度不足,但仍然对所在区域产生了巨大的影响。

一、加速了科举制的废除

河北书院的近代改制作为全国改制浪潮当中不可忽视的一部分,加速了晚清科举制的废除。书院作为中国古代一种主要的培养人才的教育机构,自产生之日起,就与选拔人才的科举取士制度联系紧密。可以说,曾经交相辉映的书院与科举是中国古代教育史上两株几乎同时绽放,而又几乎同时凋谢的奇葩。清末,为科举储备生徒的书院的消亡,极大地动摇了科举制度的根基。书院改制改变了旧式教育惟科举独尊的教育目标、内容和方法,毒害中国士人的科举丧失了存在的重要条件,终于于光绪三十一年(1905年)被废除。

---

① 金淑琴.清末直隶新式教育述论.河北学刊,1988,(3):59.

二、推动了大量新式学堂的涌现

河北书院的近代改制推动了燕赵大地大量新式学堂的涌现。新式学堂作为一股新鲜的气流,吹拂着晚清河北封建教育之上的尘埃。旧式教育的代表书院和新式教育的代表学堂,两个对立的力量是此消彼长的。早在鸦片战争以前,书院教育对于顺应时局的发展就已经表现出吃力,为其最终的落寞埋下了伏笔。特别是鸦片战争后到甲午战争前,书院对社会时事变化的不敏感或者说是漠然终于引起了改制者的关注。滞后的书院的消逝,无疑是排除了新式学堂向前发展的最大障碍,更具生机活力、更加适应晚清时局需要的新式学堂终于蓬勃起来。

三、推动了河北地区教育近代化的进程

河北书院的近代改制推动了河北地区教育近代化的进程。无论清末书院如何腐朽退化,河北书院为燕赵文化特色的形成和传承,所建立的功勋是不可磨灭的。曾经似星辰般散发耀眼光芒的书院,却在清末慌乱的改制之中黯然陨落,匆忙而逝,不免惹人叹息。但是从另一个角度来看,新式教育取代旧的教育制度是历史的进步,是河北教育走向近代化的标志。军事学堂、农业学堂、医学学堂、法律学堂等各种类型、各种等级的学堂一一涌现,河北地区学校的类型和层次均得到丰富和发展。可以说,河北书院的近代改制是将书院这一传统的教学组织形式进行了改造,实现了教育资源由古代到近代的转换,使之重新成为符合社会发展和需要的近代教育形式,继续为河北的科学文化传播以及教育近代化做贡献。

附录1　主要参考文献

一、方志类

1.(清)许来音纂修.(康熙)深泽县志.清康熙十四年刊本.

2.(清)于成龙等修,郭棻等纂.(康熙)畿辅通志.清康熙二十二年刻本.

3.(清)唐执玉修,陈仪纂.(雍正)畿辅通志.清雍正十三年刊本.

4.(清)纪弘谟修,郭棻等纂.(康熙)保定府志.清康熙十九年刻本.

5.(清)万青藜等修,张之洞等纂.(光绪)顺天府志.光绪十二年刻本.

6.(清)李鸿章等修,黄彭年等纂.(光绪)畿辅通志.光绪十年刻本;

7.(清)吴山凤修,黄文莲纂.(乾隆)河间县志.清乾隆二十五年刻本.

8.(明)唐臣.真定府志.嘉靖间刻本.

9.(清)郑大进等纂修.(乾隆)正定府志.清乾隆二十七年刻本.

10.(清)韩志超等修,王其衡等纂.(光绪)蠡县志.光绪二年刻本.

11.(清)夏诒钰修,宋乡稷等纂.(光绪)永年县志.清光绪三年刊本.

12.(清)周邦彬修,部焕元等纂.大名府志.清康熙十一年刻本.

13.(清)马襄修,刘翔仪等纂.(雍正)魏县志.雍正五年刻本.

14.(清)刘统修,刘炳等纂.(乾隆)任丘县志.清乾隆二十七年刊本.

15.(清)庄日荣等纂修.沧州志.民国十八年铅印本.

16.(清)周植瀛修,吴浔源撰.(光绪)东光县志.光绪十四年刻本.

17.王德乾等修,刘树鑫等纂.南皮县志.民国二十一年铅印本.

18.李林奎,王自尊纂修.元氏县志.民国二十年铅印本.

19.(清)杜甲修,胡天游、黄文莲纂.河间府志.清乾隆二十五年刻本.

20.董天华等修,李茂林等纂.卢龙县志.民国二十年铅印本.

21.傅振伦等纂修.新河县志.民国十八年铅印本.

22.黄容惠修,贾恩绂纂.南宫县志.民国二十五年刊本.

23.(清)宋陈寿撰修.(同治)束鹿县志.同治七年刻本.

24.伊承熙等修,张震科等纂.宁晋县志.民国二十八年石印本.

25.(清)李文耀修,张钟秀等纂.(乾隆)束鹿县志.乾隆二十七年刻本.
26.(清)李符清修,沈乐善等著.(嘉庆)束鹿县志.嘉庆四年刻本.
27.(清)张上和修,史梦兰纂.抚宁县志.光绪三年刻本.
28.(清)常善修,赵文濂纂.(光绪)井陉县志.光绪元年刻本.
29.(清)黄岗竹纂修.赞皇县志.乾隆十六年刻本.
30.(清)史赓云修,赵万泰纂.(光绪)赞皇县志.光绪二年刻本.
31.(清)桂超万等修,高继珩等纂.栾城县志.道光二十六年刻本.
32.(清)刘赓年增纂.续灵寿县志.同治十二年刻本.
33.(清)王肇晋纂修.深泽县志.咸丰十一年刻本.
34.金良骥,刘云亭修,姚寿昌纂.清苑县志.民国二十三年刊本.
35.(清)劳辅芝纂修.阜平县志.同治十三年刻本.
36.(清)赵士麟修,李进光等撰.康熙容城县志.康熙十二年刻本。
37.(清)陈洪书原本,李星野重订.望都县志.光绪三十年刻本.
38.刘延昌修,刘鸿书等纂.徐水县志.民国二十一年刻本.
39.(清)俞廷献等修,吴思忠等纂.容城县志.光绪二十二年刻本.
40.(清)宝琳等纂修.定州志.道光二十九年刊本.
41.(清)吴殿福续修,卢瑞衡纂.涿州续志.同治十二年刻本.
42.(清)秦廷秀等修,刘崇本等纂.(民国)雄县新志.民国十八年排印本.
43.(清)陈咏修,张惇德等撰.(光绪)唐县志.光绪四年刻本.
44.(清)吴中彦修,胡景桂纂.(光绪)广平府志.光绪二十年刻本.
45.(清)沈奕琛修,申涵盼纂.(康熙)广平府志.康熙十五年刻本.
46.(清)吴大镛修,王仲蛙等纂.(同治)元城县志.同治十一年刻本.
47.程廷恒等修,洪家禄等纂.大名县志.民国二十三年刊本.
48.(清)戚朝卿.邢台县志.光绪三十一年刊本.
49.(清)王立勋修,李清芝等撰.(光绪)南和县志.光绪十九年抄本.
50.(清)黄汝香纂修.(光绪)清河县志.光绪九年刻本.
51.牛宝善、魏水弼.柏乡县志.民国二十一年刊本.
52.(清)萧应植纂修.济源县志.乾隆二十六年刻本
53.(清)何崧泰等修,史朴等纂.(光绪)遵化通志.光绪十二年刻本.
54.(清)吴士鸿等修,孙学恒纂.(嘉庆)滦州志.嘉庆十五年刻本.
55.(清)韩耀光等修,韩玉成等纂.(同治)迁安县志.同治十二年刻本.
56.(清)牛昶煦纂修.(光绪)丰润县志.光绪十七年刻本.
57.(清)张瑛修,范翰文等纂.故城县志.清光绪十一年修,民国十年重刊本.
58.(清)彭美等修,龙文彬等纂.(同治)武邑县志.同治十一年刻本.

59.(清)罗慎行等纂修.武强县新志.道光十一年刊本.
60.(清)张范东修,李广滋等纂.(道光)深州志.道光七年刻本.
61.(清)徐时作等修,胡淦纂.(乾隆)沧州志.乾隆八年刻本.
62.(清)龙诠等纂修,蔡启盛重修.(光绪)天津府志.光绪二十五年刻本.
63.(清)贡琛修,茹岱林等纂.(光绪)青县志.光绪八年刻本.
64.(清)赵端等修,徐廷璟等撰.(康熙)抚宁县志.康熙二十一年刻本.
65.(清)何崧泰修,马恂纂.(同治)昌黎县志.同治五年刊本.
66.(清)史梦兰纂.(光绪)乐亭县志.清光绪三年刊本.
67.(清)周家楣.光绪顺天府志.北京:北京古籍出版社,1987.
68.(清)王榕吉等修,张朴等纂.(咸丰)定州志.咸丰十年刻本.
69.(清)徐景曾纂修.(乾隆)顺德府志.乾隆十五年刻本.
70.陶宗奇等修,张鹏翱等纂.(民国)昌黎县志.民国二十二年排印本。
71.张福谦等修,赵鼎铭纂.(民国)清河县志.民国二十三刻本.
72.(清)王榕吉等修,张朴等纂.定州续志.咸丰十年刻本.
73.(清)吴履福等修,缪荃孙等纂.光绪昌平州志.民国二十八年重排印本.
74.(清)凌燮修,赫慎纂.(光绪)巨鹿县志.光绪十二年刊本.
75.(清)周栻修,陈柱纂.(道光)南宫县志.光绪十年刊本.
76.(清)夏子鎏修,李昌时纂.(光绪)玉田县志.光绪十年刻本.
77.(清)杨文鼎修,王大本等纂.(光绪)滦州志.光绪二十四年刊本.
78.(清)曹凤来等纂修.(光绪)无极县续志.光绪十九年刊本.
79.(清)熊寿钱修,周焕章等纂.(光绪)平山县续志,光绪二十四年刊本.
80.李世昌等纂修.邯郸县志.民国二十八年刊本.
81.陈桢修,李兰增等纂.文安县志.民国十一年铅印本.
82.金润璧修,张林等纂.民国平山县志料集.民国二十一年铅印本.
83.王兰荫.河北省书院志初稿.国立北平师范大学出版社,1936.
84.王天杰等修,宋文华等纂.高邑县志.民国二十二年排印本.
85.孟昭章修,李瀚如纂.(民国)晋县志.民国十六年刻本.
86.(清)王光燮纂修.鸡泽县志.乾隆三十一年刊本.
87.韩作舟等修纂.广平县志.民国二十八年排印本.
88.黄希文.磁县县志.民国三十年铅印本.
89.姜榓荣、韩敏.广宗县志.民国二十二年铅印本.
90.滕绍周修,王维贤纂.迁安县志.民国二十年铅印本.
91.河北省地方志编纂委员会.河北省志·教育志.北京:中华书局,1995.
92.河北省石家庄市志编纂委员会.石家庄市志(第五卷).北京:中国社会出版社,1999.

93.保定市地方志编纂委员会.保定市志(第四册).北京:方志出版社,1999.
94.南和县地方志编纂委员会.南和县志.北京:方志出版社,1996.
95.邱县地方志编纂委员会.邱县志.北京:方志出版社,2001.
96.滦平县地方志编纂委员会.滦平县志.沈阳:辽海出版社出版,1997.
97.新乐县教育志编纂委员会编.新乐教育志.石家庄,河北教育出版社,1999.
98.安新县地方志编纂委员会.安新县志.北京:新华出版社,2000.
99.河北省冀县地方志编纂委员会.冀县志.北京:中国科学技术出版社,1993.
100.安国市地方志编纂委员会编.安国县志.北京:方志出版社,1996.
101.涿州市地方志编纂委员会.涿州志.北京:方志出版社,1997.
102.正定教育志编纂委员会编.正定教育志.石家庄:河北教育出版社,1996.
103.藁城市地方志编纂委员会.藁城县志.北京:中国大百科全书出版社,1994.
104.行唐县地方志编纂委员会.行唐县志.北京:中国对外翻译出版公司,1998.
105.河北省馆陶县地方志编纂委员会.馆陶县志.北京:中华书局,1999.
106.武安市地方志编纂委员会.武安县志.北京:中国广播电视出版社,1990.
107.广平县地方志编纂委员会.广平县志.北京:文化艺术出版社,1995.
108.河北省泊头市地方志编纂委员会.泊头市志.北京:中国对外翻译出版公司,2000.
109.宁晋县地方志编纂委员会.宁晋县志.北京:中华书局,1999.
110.辛集市地方志编纂委员会.辛集市志.北京:中国书籍出版社,1996.
111.新乐教育志编纂委员会编.新乐教育志.石家庄:河北教育出版社,1999.
112.栾城县地方志编纂委员会.栾城县志.北京:新华出版社出版,1995.
113.灵寿县地方志编辑委员会.灵寿县志.北京:新华出版社,1993.
114.晋州市地方志编纂委员会.晋州市志.北京:新华出版社,1995.
115.平山县地方志编纂委员会.平山县志.北京:中国书籍出版社,1996.
116.无极县地方志编纂委员会.无极县志.北京:人民出版社出版,1993.
117.赵县地方志编撰委员会.赵县志.北京:中国城市出版社,1993.
118.阜平县地方志编纂委员会.阜平县志.北京:方志出版社,1999.
119.高碑店地方志编纂委员会.高碑店市志.北京:新华出版社,1997.
120.高阳县地方志编纂委员会.高阳县志.北京:方志出版社,1999.
121.容城县志编辑委员会.容城县志.北京:方志出版社,1999.
122.徐水县地方志编纂委员会.徐水县志.北京:新华出版社,1998.
123.唐县地方志编纂委员会.唐县志.石家庄:河北人民出版社,1999.
124.望都县地方志编辑委员会.望都县志.北京:方志出版社,2000.
125.易县地方志编纂委员会.易县志.北京:中央编译出版社,2000.
126.邯郸市地方志编纂委员会.邯郸市志.北京:新华出版社,1992.

127.临漳县地方志编纂委员会.临漳县志.北京:中华书局,1999.
128.平泉县地方志编纂委员会.平泉县志.北京:作家出版社,2000.
129.清河县地方志编纂委员会.清河县志.北京:中国城市出版社,1993.
130.新河县教育委员会.新河县教育志.北京:教育科学出版社,1994.
131.沙河市教育委员会.沙河市教育志(1107—1990).北京:教育科学出版社,1994.
132.滦县志编纂委员会.滦县志.石家庄:河北人民出版社出版,1993.
133.玉田县文教局教育志编写组.玉田县志.出版社不详.1990.
134.唐山市教育志编委会.唐山市教育志(1840—1990).北京:教育科学出版社,1993.
135.故城县地方志编纂委员会.故城县志.北京:中国对外翻译出版公司,1998.
136.武邑县地方志编纂委员会.武邑县志.北京:方志出版社,1998.
137.沧县地方志编纂委员会.沧县志.北京:中国和平出版社,1995.
138.东光县地方志编纂委员会.东光县志.北京:方志出版社,1999.
139.大城县地方志编纂委员会.大城县志.北京:华夏出版社,1995.
140.固安县志编纂委员会.固安县志.北京:中国人事出版社,1998.
141.永清县志办公室.永清县志.石家庄:河北人民出版社,2000.
142.秦皇岛山海关区地方志编纂委员会.山海关志.天津:天津人民出版社,1994.
143.阳原县地方志编纂委员会.阳原县志.北京:中国大百科全书出版社,1997.
144.吴桥县地方志编纂委员会编.吴桥县志.北京:中国社会出版社,1992.
145.邢台市教育委员会.邢台市教育志(1251—1993).北京:教育科学出版社,1998.
146.河北省唐山市地方志编纂委员会.唐山市志(第五卷).北京:方志出版社,1999.
147.崔治先.井陉县教育志.石家庄:河北人民出版社,1991.
148.吕愚然.威县教育志(1105—1997).北京:教育科学出版社,2000.
149.韩书林.新乐县志.北京:中国对外翻译出版社,1997.
150.胡卓川.饶阳县志.北京:方志出版社,1998.
151.刘得志.晋州市教育志.石家庄:河北人民出版社,2001.
152.高平.秦皇岛教育志(1436—1985).秦皇岛:秦皇岛教育委员会,1991.
153.赵万泰.赞皇县志.台北:成文出版社,1969.

二、著作类

1.邓洪波.中国书院史.上海:东方出版中心,2004.
2.季啸风.中国书院辞典.杭州:浙江教育出版社,1996.
3.张柳泉.中国书院史话——宋元明清书院的演变及其内容.北京:教育科学出版社,1981.
4.《教育大辞典》编纂委员会.教育大词典(8).上海:上海教育出版社,1991.
5.《教育大辞典》编纂委员会.教育大辞典(9).上海:上海教育出版社,1992.

6.朱作仁.教育词典.南昌:江西教育出版社,1987.
7.胡昭曦.四川书院史.成都:四川大学出版社,2005.
8.李春宁.河北自助游.石家庄:河北人民出版社,2002.
9.吴泽、杨翼壤.中国历史大辞典・史学史.上海:上海辞书出版社,1983.
10.赵国璋,潘树广.文献学大辞典.扬州:广陵书社,2005.
11.周德昌.北宋教育论著选.北京:人民教育出版社,1998.
12.张载.张子正蒙.上海:上海古籍出版社,2000.
13.顾树森.中国古代教育家语录类编(下册).上海:上海教育出版社,1983.
14.中国大百科全书出版社编辑部.中国大百科全书・教育.上海:中国大百科全书出版社,1985.
15.李才栋.中国书院研究.南昌:江西高校出版社,2005.
16.(明)宋濂等.元史.北京:中华书局.1976.
17.(元)张铉.至正金陵新志.清乾隆年间文渊阁四库全书本.
18.(元)任士林.元松乡先生文集.明初刻本.
19.(元)黄溍・金华集.四部丛刊本.
20.(元)脱脱等.金史.北京:中华书局,1975.
21.(元)刘将孙.养吾斋集.四库全书本.
22.孟繁森.古莲花池.石家庄:河北人民出版社,1994.
23.陈谷嘉、邓洪波.中国书院史资料.杭州:浙江教育出版社,1998.
24.中国历史大辞典编纂委员会.中国历史大辞典・辽、夏、金、元史卷.上海:上海辞书出版社,1986.
25.孟宪承、陈学恂等.中国古代教育史资料.北京:人民教育出版社,1961.
26.魏文华.儒学大师董仲舒.北京:新华出版社,2000.
27.张鸣歧.辽金元教育论著选.人民教育出版社,1991.
28.叶新民.辽夏金元史徵・元朝卷.呼和浩特:内蒙古大学出版社,2007.
29.《中国教育大系》编纂出版委员会.中国教育大系・历代教育名人志.武汉:湖北教育出版社,2004.
30.周予同.(民国丛书)中国学校制度.上海:商务印书馆,1933.
31.邓洪波.中国书院诗词.长沙:湖南大学出版社,2002.
32.阎国华等.河北教育史・第一卷.石家庄:河北省教育出版社,2003.
33.周治华、钟毅.河北教育大事记(1840—1990).石家庄:河北人民出版社,1994.
34.齐木德道尔吉.辽夏金元史徵・金朝卷.呼和浩特:内蒙古大学出版社,2007.
35.徐梓.元代书院研究.北京:社会科学文献出版社,2000.
36.吴洪成.重庆的书院.重庆:西南师范大学出版社,2008.
37.李兵.书院与科举关系研究.武汉:华中师范大学出版社,2005.
38.李国钧.中国书院史.长沙:湖南教育出版社,1994.

39.陈谷嘉、邓洪波.中国书院制度研究.杭州:浙江教育出版社,1997.
40.河北省制图院编制.新河北地图册.长沙:湖南地图出版社,2007.
41.赵尔巽、柯劭忞.清史稿.北京:中华书局,2003.
42.陈高华.元代文化史.广州:广东教育出版社,2009.
43.孟宪成、孙培青.中国古代教育文选.第三版.北京:人民教育出版社,2003.
44.解维汉.中国牌坊书院楹联精选.西安:陕西人民出版社,2007.
45.孟昭晋、马佩欣.纪晓岚诗文选.北京:燕山出版社,1994.
46.政协香河县委员会学习文史工作委员会.香河文史资料集存.香河:政协香河县委员会,1991.
47.左宝.漫话张家口.出版社不详,2002.
48.安俊杰.张家口历史文化丛书——灿烂的文化.北京:党建读物出版社,2007.
49.河北省万全县委员会文史资料征集委员会编,万全文史资料.chubanshe1988.
50.白新良.中国古代书院发展史.天津:天津大学出版社,1995.
51.刘锦藻.清朝续文献通考.杭州:浙江古籍出版社,2000.
52.吴洪成、李占萍、苏国安.名胜之巨擘,文化之源泉——保定莲池书院研究.石家庄:河北人民出版社,2010.
53.胡青.书院的社会功能及其文化特色.武汉:湖北教育出版社,1996.
54.王炳照.中国古代书院.北京:商务印书馆,1998.
55.河北省社会科学院地方史编写组.河北简史.石家庄:河北人民出版社,1990.
56.严兰绅、袁森坡、吴运廷.河北通史.石家庄:河北人民出版社,2000.
57.吴洪成、张阔.重庆的书院.重庆:西南师范大学出版社,2007.
58.杨布生、彭定国.中国书院与传统文化.上海:湖南教育出版社,1992.
59.丁钢、刘琪.书院与中国文化.上海:上海教育出版社,1992.
60.杨慎初.中国书院文化与建筑.武汉:湖北教育出版社,2002.
61.谢国桢.近代书院学校制度变迁考.出版社不详,1936.
62.政协河北省委员会文史资料研究会编.河北文史资料选辑(第一辑).石家庄:河北人民出版社,1980.
63.张亚群.科举革废与近代中国高等教育的转型.武汉:华中师范大学出版社,2005.
64.毛礼锐.中国教育史简编.北京:教育科学出版社,1984.
65.程勉中.中国书院书斋.重庆:重庆出版社,2002.
66.杨慎初.中国书院文化与建筑.武汉:湖北教育出版社,2002.
67.王星贤、张芥尘、郭征.颜元集.北京:中华书局,1987.
68.保定市教育史志办公室.保定教育史料类编.石家庄:河北人民出版社,1990.
69.蔡冠落.清代七百名人传·吴汝纶.北京:中国书店,1984.
70.璩鑫圭、唐良炎.中国近代教育史资料汇编·学制演变.上海:上海教育出版社,1991.

71.(清)吴汝纶撰,施培毅、徐寿凯点校.吴汝纶全集.合肥:黄山书社,1994.
72.刘少雪.书院改制与中国高等教育近代化.上海:上海交通大学出版社,2004.
73.舒新城.中国近代教育史资料(上册).北京:人民教育出版社,1961.
74.中国近代文化史丛书编委会.中国近代文化问题.北京:中华书局,1989.
75.邓洪波.中国书院楹联.长沙:湖南大学出版社,2004.
76.李楚才.帝国主义侵华教育史资料——教会教育.北京:教育科学出版社,1987.
77.(清)麦仲华.皇朝经世文新编.清光绪二十四年上海大同译书局刊本.
78.(清)王树敏,王延熙.皇朝道咸同光奏议·卷七.清光绪二十八年上海久敬斋石印本.
79.夏东元.郑观应集(上册).上海:上海人民出版社,1982.
80.陈美健等.莲池书院.北京:方志出版社,1998.21.
81.朱有瓛.中国近代学制史料·第一辑下册.上海:华东师范大学出版社,1986.

三、学位论文类

1.王志勇.清代书院藏书制度研究.山东大学硕士学位论文,2008.
2.吕凯.关中书院建筑文化与空间形态研究.西安建筑科技大学硕士学位论文,2009.
3.张淑芳.晚清书院改制研究.河北大学硕士学位论文,2007.
4.刘晓喆.清代陕西书院研究.西北大学博士学位论文,2008.
5.孙建平.元代理学官学化初探.湖南大学硕士学位论文,2003.
6.王有英.清前期社会教化研究.华东师范大学博士学位论文,2005.
7.谢丰.晚清湖南书院改制研究.湖南大学硕士学位论文,2006.
8.车红霞.书院官学化研究.山东师范大学硕士学位论文,2009.
9.李芳.中西交汇下的教会书院.湖南大学硕士学位论文,2008.
10.陈兴德.近代教育家吴汝纶教育思想及实践活动研究.西南师范大学硕士学位论文,2001.
11.慕容勋.清代广州书院城市化研究.华南师范大学硕士学位论文,2005.
12.郑飞.明清江西书院学规初探.江西师范大学硕士学位论文,2007.
13.秦熠.承先与启后——吴汝纶教育思想研究.安徽大学硕士学位论文,2005.
14.王瑜.颜元教育思想研究.华中师范大学硕士学位论文,2005.
15.张梦.颜元书院教学改革思想研究.西南大学硕士学位论文,2008.

四、期刊论文类

1.张彦娟、赵敏.河北教育史上的名山——封龙山.河北教育.2005,(2).
2.李月红.北宋时期河北地区的御河.中国历史地理论丛,2000,(4).
3.陈鑫.北宋蝗灾浅探.内蒙古农业大学学报(社会科学版),2008,(4).
4.郭志安、李京龙.北宋黄河水患与河北农业生产条件的恶化.保定学院学报,2009,(6).

5.熊明安.古代最早的地方官学辨.教育评论,2010,(4).
6.赵平分.李冶和封龙书院.保定师范专科学校学报,2001,(7).
7.王子今.《封龙山颂》及《白石神君碑》北岳考论.文物春秋,2004,(4).
8.李兵.元代书院与程朱理学的传播.浙江大学学报,2007,(1).
9.李良玉.清代书院与历史教育.清史研究,2006,(1).
10.蔡志荣.清代书院的经费运作特点及现实意义.教育学术月刊,2008,(4).
11.刘虹.明清河北疏远与科举关系刍议.河北师范大学学报(社会科学版),2008.(1).
12.胡佳.浅议我国古代书院的营造艺术.规划师,2007,(8).
13.肖东发、钟洪、王波.中国古代书院藏书概论.图书馆,2001,(1).
14.金淑琴.清末直隶新式教育述论.河北学刊,1988,(3).
15.徐雁平.书院与同城文派传衍考论.南京校长学院学报,2006(1).
16.刘虹,张森.明清河北书院与科举关系刍议.河北师范大学学报(社会科学版),2008(1).
17.柳春蕊.莲池书院与以吴汝纶为中心的古文圈子的形成.东方论坛,2008(1).
18.田海龙、赵宏欣.莲池书院办学特色探析.安康学院学报,2008(5).
19.李墨.黄彭年与莲池书院藏书.贵图学刊,2008(1).
20.靳志朋.从经世致用到融和中西——晚清莲池书院研究.河北经贸大学学报(综合版),2008(4).
21.吴君楠、李占萍等.保定莲池书院与近代西方科学技术的传播.河北大学成人教育学院学报,2010(1).
22.吴洪成.清代保定莲池书院与科举制度.河北大学学报(哲学社会科学版),2010(3).
23.衣长春.清代河北书院述论.商业文化,2010(3).
24.汪效驷.吴汝纶与莲池书院.安庆师范学院学报(社会科学版),2004(3).
25.彭小舟、周晓丽.曾国藩与莲池书院.贵州社会科学,2006(3).
26.杨佑茂.李鸿章与莲池书院.衡水学院学报,2008(3).
27.王浩、张倩.黄彭年与莲池书院.唐山师范学院学报,2010(3).
28.袁彩楚.清末书院改学堂历史评述.社会科学家.2004(3).
29.王胜军、邓洪波.实学思潮影响下的漳南书院.河北师范大学学报(社会科学版),2004(6).
30.吴洪成、于洋.明清之际实学教育家颜元与河北漳南书院.江西教育学院学报(社会科学版),2009(4).

附录2　近年来本书作者发表的相关论著

1.吴洪成、闵正国、胡青主编.历史时期重庆地区书院的变革.中国书院论坛.中国文联出版社2005年版.

2.李定开、吴洪成主编.重庆教育史(三卷).重庆:西南师范大学出版社,2006.5.

3.吴洪成、高峰、胡青等主编.宋代重庆书院与学术文化的发展.中国书院论坛.作家出版社,2007,(1).

4.吴洪成.重庆的书院.重庆:西南师范大学出版社,2008.

5.吴洪成.名胜之巨擘,文化之源泉——保定莲池书院研究.石家庄:河北人民出版社,2010.

6.吴洪成.传统向现代转型的失落——保定莲池书院个案研究.保定学院学报,2008,(4).

7.吴洪成.明清之际教育改革家颜元的教学思想论述.保定学院学报,2009,(1).

8.吴洪成.明清之际实学教育家颜元与河北漳南书院.江西教育学院学报,2009,(4).

9.吴洪成.颜元教育思想的现代性探微.教育实践与研究,2009,(11).

10.吴洪成.论保定莲池书院的课程与教学.河北师范大学学报(教育科学版),2009,(12).

11.吴洪成.试论近代教育家吴汝纶的事业与思想——以主持保定莲池书院为中心的考察.华东师范大学学报(教育科学版),2010,(2).

12.吴洪成.清代保定莲池书院与科举制度.河北大学学报(哲学社会科学版),2010,(3).

13.吴洪成、张振.清代保定莲池书院课程变革探究.安庆师范学院学报,2010,(12).

14.吴洪成.清代保定莲池书院的办学经费及其效益初探.保定学院学报,2009,(6).

15.吴洪成.保定莲池书院教学活动的若干问题探讨.保定学院学报,2010,(4).

16.吴洪成.唐宋元历史时期保定书院初探.教育实践与研究,2010,(11).

17.吴洪成、李占萍.清代保定莲池书院与科举制度.河北大学学报(哲学社会科学版),2010,(3).

18.吴洪成、刘园园.唐代河北书院考论.江西教育学院学报,2010,(2).

19.吴洪成、刘园园.明代保定书院述论.保定学院学报,2010,(6).

20.吴洪成、张阔.元代河北书院述论(上).衡水学院学报,2011,(2).

21.吴洪成、张阔.元代河北书院述论(下).衡水学院学报,2011,(3)

22.张阔、吴洪成.宋代河北书院述论.河北科技师范学院学报,2010,(3).

23.吴洪成、段颖.直隶总督与保定莲池书院.江西教育学院学报,2011,(1)

24.吴洪成、刘园园.河北书院的近代改制研究.江西教育学院学报(社会科学),2012,(2).

25.吴洪成、刘园园.近代中国传统书院改制研究——以河北省为中心.河北大学学报(哲学社会科学版),2012,(2).

26.吴洪成、张会哲.封龙山与河北古代书院.教育实践与研究,2012,(2)

27.吴洪成、张会哲.唐宋元历史时期石家庄书院初探.衡水学院学报,2012,(2).

28.吴洪成、张钰.明代河北书院述论.江西教育学院学报,2013,(4)

29.吴洪成、刘长宽.古代衡水书院教育.衡水学院学报,2013,(5).

30.吴洪成、刘长宽.北方传统书院的一个缩影:河北邢台古代的书院教育.南昌师范学院学报,2014,(4).

后　记

大约10年前，我在西南师大(现改为西南大学)历史文化与旅游学院任教授，受浓郁醇厚的地方历史文化研究氛围的陶冶，尝试着探索西南古代教育史，甚为粗略，甚至有些疏漏，但鉴于同类成果稀落，《重庆书院史》斗胆出版问世。这本书可以算是我与“书院”结缘之始，在以后的大学工作生涯中，我深感书院教育在中国文化史上的重要地位与独特价值，甚至于今天的大学教育、研究生培养都在反思书院办学模式及组织管理，重新呼唤书院的人文精神与学术追求。尤其是到燕赵学府河北大学工作后，潜藏于内心的心愿又重新燃起，再著有关河北书院的念头始终萦绕于脑海。于是搜集阅读相关资料，力图认真梳理燕赵大地的书院教育，探讨其演变、布局、活动、教学及考评、典藏与刻书等诸多问题。

河北省作为环绕全国政治、经济、文化中心北京的要地，其重视教育的传统由来已久，而明清以来书院一直是教书育人、进行学术研究的最主要的场所，自然备受关注。清代河北的书院同全国的书院一样经历了最巅峰的发展和最落寞的改制，在河北教育史上留下了深深的印记，在中国教育史上也占有不容忽视的一席之地。清代河北书院培育出了一大批学者名流，为燕赵文化的传承和发展做出了不可磨灭的贡献，对地方社会政治、经济、思想和生活等方面都产生了直接或间接的影响。书院堪称古代高等教育的成功典范，在长期的办学过程中积累了大量宝贵而可资借鉴的经验教训。在河北省高等教育改革日益升温的今天，对河北书院的资料进行整理与分析，重新审视其从辉煌走向衰落的历程，以期古为今用，应该是一项颇具价值的教育史探索。

在中国古代教育体制中，书院与学校一样，同属教育机构，但由于书院与社会的联系更为多样广泛，且学术思想性深厚，影响深远，故更应成为社会文化的重要部分，甚至核心内容。以此来评价书院在区域历史文化中的角色与地位，尤为如此！那么，是不是可以推断，“河北书院史”的出版不仅有助于推动河北省历史文化的挖掘与整理，实现河北文化强省的战略，而且可以直接为当今环渤海经济开发中人力资源的有效利用、旅游经济、招商引资活动中人文品位的提升、文化精神的健康培育等社会经济的诸方面，起到催化剂或启迪的积极作用，发挥出应有的意义。

现代的新史流派十分强调考察与访谈，对历史考古地下挖掘的遗留物加以勘核、比较、利用，同时对地上实体遗迹精细辨析、考订、训诂、吸收，参照口碑、传闻、调查访问的记录，加以整理讨论，以提供多层面、多角度图景，还原历史本然的真实。与此相应，教育学新的研究方法也偏向于